현대 이탈리아 정치사회

현대 이탈리아의 정치사회
—굴절과 미완성의 역사와 문화

2012년 2월 20일 초판 1쇄 발행

지은이 ㅣ 김종법
펴낸이 ㅣ 이문수
교정·편집 ㅣ 이만옥
펴낸곳 ㅣ 바오출판사

등록 ㅣ 2004년 1월 9일 제313-2004-000004호
주소 ㅣ 서울시 마포구 서교동 247-17 신한빌딩 303호
전화 ㅣ 02)323-0518/문서전송 02)323-0590
전자우편 ㅣ baobooks@naver.com

ISBN 978-89-91428-10-2 93340

*값은 뒤표지에 있습니다.
*잘못 만든 책은 바꿔드립니다.

현대
이탈리아
정치
사회

굴절과 미완성의 역사와 문화

Repubblica Italiana

김종법 지음

일러두기

이 책에 나오는 이탈리아어 인명이나 지명 등의 표기는 외래어 표기법에 따랐다.
　예) 치꼬띠→치코티. 그람쉬→그람시
하지만 인용문의 경우에는 원래 표기대로 두었다.
　예) "이탈리아 남부문제에 대한 정치사상적 기원: 치꼬띠에서 그람쉬까지."

1996년 그람시 한 사람을 공부하기 위해 주저 없이 이탈리아로 떠났던 필자에게 이탈리아는 생각보다 높은 벽과 같은 학문 대상이었다. 무엇보다 언어적으로 어려움에 처한 30대 늦깎이 학도에게 이탈리아어는 괴물 같은 존재였고, 그 언어로 쓰인 그람시를 읽기에도 벅찬 현실에 좌절과 절망했던 때가 한두 번이 아니었다. 그런 필자를 용케도 붙잡아주었던 것은 이탈리아였다. 그람시를 통해 읽었던 이탈리아의 역사를 시작으로 당시의 이탈리아 정치·경제·사회·문화를 알아가고 습득해가던 필자에게 이탈리아라는 국가의 상대성과 독특함은 충분히 학문적인 매력이었다.

이 책은 그렇게 시작하고 현재까지도 필자의 학문 영역 대부분을 차지하고 있는 이탈리아 정치사회에 대한 종합판이다. 그런 의미에서 이 책은 유학을 마치고 2003년 말에 귀국한 이래 수많은 이탈리아 관련 논문과 보고서, 그리고 다양한 형태의 글들을 쓰면서 언젠가는 보다 체계적으로 정리해야겠다는 생각을 행동으로 옮긴 이탈리아학 총서의 성격을 갖는다. 비록 여전히 많은 부분이 부족하고 좀 더 정교한 세부 주제들과 다양한 소주제들을 함께 담지는 못했지만, 오늘의 이탈리아를 이해하는 데는 어느 정도 유용한 책이기를 바란다.

2012년 한국은 새로운 전환기에 놓여 있다. 총선과 대선만을 의미하는 것은 아니지만, 대한민국 사회의 많은 영역에서 새로운 출발을 준비하고 있다. 이탈리아 역시 2011년 12월 '스캔들의 제왕'이라는 애칭을 가지고 있던 베를루스코니가 총리직에서 불명예 퇴진을 한 뒤로 새로운 시대적인 전환을 요구받고 있다. 베를루스코니가 없는 이탈리아의 모습에 익숙하지 않은 이들에게 앞으로의 이탈리아는 흥미진진하고 어떤 변화의 굴곡점을 가질지 자못 궁금하지 않을 수 없다. 비록 베를루스코니가 무대 뒤로 사라졌다고는 하지만 그가 소유한 기업이나 정치문화의 특성상 막후정치를 통한 영향력 행사는 한동안 지속되리라 보아야 할 것이다.

그러나 무엇보다 중요한 것은 어째서 베를루스코니와 같은 인물이 등장할 수 있었으며, 그렇게 오랫동안 정치권력의 정점에 설 수 있었던가에 대한 정치적이고 사회문화적인 이해이다. 이 책은 그런 시각과 관점에서 현재 이탈리아를 되돌아보고 있다. 현재의 이탈리아를 이해하기 위해서 필요한 다양하지만 필수적인 영역들을 이탈리아 통일 시기를 출발점으로 하여 현재까지 돌아보고자 했다. 리소르지멘토라는 통일운동, 그람시가 학문적인 수준에서 제기했던 남부문제, 파시즘의 등장과 체제의 공고화, 제2차 대전과 저항운동 세력과 이탈리아의 해방의 상관성, 이탈리아 공화국의 성립과 현대 이탈리아 공화국의 출범, 경제기적과 노동운동, 68운동을 통한 이탈리아의 문화적인 변혁, 테러리즘 시대와 마피아 그리고 부정부패한 사회, 마니폴리테와 제2공화국의 시작, 베를루스코니의 등장과 새로운 정치시대의 개막, 중도좌파연정의 집권과 정치적 양극화, 경제기적을 이끈 경제구조와 이탈리아의 힘, 선거와 권력구조 그리고 지방자치 등의 제도적인 분석과 정치문화적인 해석, 그리고 그러한 과정에서 끊임없이 영향을 미치고 있는 가톨릭을 비롯한 수많은 대내외적인 요인들에 대한 분석까지 이 책은 어떻게 보면 지나치게 다양한 주제들의 나열이 아닐까 하는 우려도 갖게 한다. 그러나 이탈리아 정치사회의 이해가 그 어느 요소도 중요하지 않은 것이 없으며, 이를 종합적으로 분석하고 연계시키지 않으면 이탈리아의 단면만을 볼 수 있는 위험성이 있는 것이다.

　이 책의 구성은 그러한 집필 의도와 온전하고 종합적인 모습의 이탈리아를 독자들에게 보여주기 위해 짜여 있다. 각각의 장이나 항목은 필자가 지금까지 발표했던 이탈리아 관련 논문이나 저서들의 내용을 기반으로 체계적이고 종적縱的인 시간의 흐름에 따라 재구성하고, 재편집한 것이다. 구체적으로 각각의 내용을 좀 더 학문적으로 들여다볼 수 있는 출처들은 다음과 같다.

　제2장의 1항 리소르지멘토에 대한 내용은 책의 완성도를 높이기 위해 새롭게 작성한 글이다. 이탈리아 통일 과정과 통일이 가져온 영향 등을 이후의 지역문제로서 남부문제와 연결시키기 위한 내용을 중심으로 삼았다. 같은 장의 2항은 기존의 세 논문을 종합하여, 필요한 부분을 간추리고 발췌하여 작성하였다. 첫 번째 논문은 "이탈리아 남부문제와 그람쉬"(『인문과학연구소』, 2003)이며, 두 번째 논문은 "이탈리아 남부문제의 역사—카부르에서 니띠까지 부르주아 지배계급의 관점에서—"(『이탈리아어문학』, 2003)이고, 세 번째는 "이탈리아 남부문제에 대한 사상적 기원—치꼬띠에서 그람시까지—"(『세계지역연구논총』, 2006)이다. 이들 세 논문에서는 남부문제의 역사적 배경과 정치적 의미, 그리고 사상적인 기원을 정리하고 있으며, 이 항의 내용을 이를 적절하게 재편하고 편집한 것이다. 동일 장의 3항 파시즘에 대한 내용은 "파시즘의 기반으로서 젠틸레의 정치사상—힘의 철학과 실천 개념을 중심으로"(『이탈리아어문학』, 2006)의 내용을 중심으로 책의 구성에 맞게 여러 가지 사항과 내용을 보강하여 서술하였다. 같은 장의 4항은 제2장의 종결을 위해 새로이 서술하고 내용을 보강하여 정리한 것이다.

　제3장의 전체적인 내용은 『이탈리아 노동운동의 이해』(노동사회연구소, 2004)의 저서 중에서 해당 내용을 발췌하여 책의 성격에 맞게 재구성하였다. 특히 1945년 이후 이탈리아의 경제발전 시기를 노동운동의 시각에서 정리하고 있다. 더불어 제3장의 소주제들 중에서 68운동 및 시민사회와 관련하여서는 "이탈리아 68운동과 시민사회의 성장"(『한국국제지역학회보』, 2005)을 참조하였다.

제4장의 내용은 주로 제도와 정치적인 소주제 및 사건 등을 다룬 논문들과 글에서 발췌하여 편집하고 수정 보완하였다. 1항의 내용은 앞 장에서 언급했던 『이탈리아 노동운동의 이해』 일부분과 "이탈리아 '마니뿔리떼'의 사회적·정치적 의미"(『세계지역연구논총』, 2005)의 내용을 기반으로 책의 구성에 맞게 부분 발췌하여 정리하였다. 2항의 정치제도와 국가체계 부분은 제도적인 내용을 다루고 있는 항목이어서 논문 역시 이를 집중적으로 다루고 있는 논문의 도움을 받았다. 특히 "이탈리아 의회개혁"(『이탈리아어문학』, 2009)과 "이탈리아 권력구조 전환가능성과 시도: 연방주의와 대통령제로의 전환 모색"(『세계지역연구논총』, 2007) 및 "이탈리아 지방자치제도의 비교연구"(『이탈리아어문학』, 2003)와 "이탈리아 지방 선거제도의 정치동학"(『현대정치연구』, 2010), "재외동포 참정권이 국내 정치에 미치는 영향 분석"(『정책연구』, 2009) 등의 논문은 본문의 내용을 정리하는 기본적인 출처였다. 3항의 주요 선거는 이탈리아의 선거와 정당의 모습을 들여다볼 수 있는 항목으로 다음의 논문들을 참조하였다. "하부정치문화요소를 통해 본 베를루스꼬니 정부의 성격"(『한국정치학회보』, 2004), "변화와 분열의 기로에 선 이탈리아: 2006년 이탈리아 총선"(『국제정치논총』, 2006), "2008년 이탈리아와 한국의 총선비교―정치문화와 투표행태 분석을 중심으로"(『지중해지역연구』, 2009) 및 『지구촌의 선거와 정당』(이정희 외 저: 한국외국어대출판부, 2007) 등에서 기본적인 내용을 채우고 있다. 4항의 경제적인 부분에 대한 내용은 "지역혁신개발정책 사례연구: '제3의 이탈리아'와 에밀리아 로마냐 주 패션산업을 중심으로"(『이탈리아어문학』, 2008)의 논문을 중심으로 앞에서 언급한 지방자치 논문 중에서 경제적인 부분을 참조하여 서술하였다. 마지막 5항은 "이탈리아 부패의 정치문화 및 구조적 요인 분석"(『동북아연구』, 2010)을 재구성하였다.

이외에도 그동안의 많은 연구 결과물들이 간접적으로 이 책에 도움을 주었다. 출처라고 할 수는 없지만 적어도 이 책을 보다 정교하고 근거 있는 이탈리아 정치사회 전문서로 완성하는 데에는 많은 부분 빚을 지고 있는 셈이다. 물론 그동안의 연구 결과들에게만 빚을 진 것은 아니다. 이 책이 나오기까지 걸린 9년여의 시간만큼이나 수많은 이들의 도움이 없었다면 결코 출판되지 않았을 것이다. 유학기간 내내 나의 곁에서 모든 투정과 어려움을 받아준 가족에게 가장 먼저 감사의 말을 전하고 싶다. 그리고 그 누구보다 부족하고 모자란 자식을 이해해주고 한없는 사랑으로 기다려주시는 아버님과 어머님, 그리고 장인어른과 장모님께도 진심으로 감사하다는 말씀을 올린다.

가족이라는 범주에 포함되지는 않지만, 여전히 가족과 같은 지지와 사랑을 보내주시는 모든 분들께도 이 자리를 빌려 심심한 감사의 말씀을 전한다. 특히 부족한 필자를 학문적으로 이끌어주셨던 이탈리아 토리노 대학의 마시모 살바도리Massimo Salvadori 교수와 현재의 필자를 있게 하는 데 많은 도움을 주신 한국외대 이성훈 교수님께 간단한 몇 자 글로 은혜와 감사의 말을 전할 수밖에 없는 부끄러움을 이해해주시기를 바란다. 그리고 한국으로 돌아와 학문적으로 부족한 필자에게 격려와 도움을 주신 많은 선배, 동료, 후배 학자들에게도 이 자리를 빌려 심심한 감사를 드린다. 그분들의 고언과 학문적인 지도가 없었다면 이 책이 출간되기 어려웠을 것이기 때문이다. 끝으로 보잘것없고 부족한 책의 출판을 흔쾌히 허락해주신 바오출판사 이문수 사장님께도 진심어린 감사의 말을 전하면서, 원그를 정리하고 작성하는 데 도움을 준 임동현 박사과정생과 황인정 조교에게도 고마움을 표하고자 한다.

마지막으로 원고 정리와 책의 내용에 대한 오류와 부족함은 전적으로 미천한 필자의 책임이며, 필자의 학문적인 정진과 발전에 도움이 될 수 있는 가혹하고 냉철한 질책과 충고를 독자들에게 구하면서 출간의 변을 대신한다.

2012. 2

김종법

I

시작하며

I. 시작하며

한 국가를 알기 위해서는 여러 가지 조건들이 필요하다. 가장 기본이 되는 것은 해당 국가의 언어일 것이고, 그 다음에는 그 언어를 바탕으로 하는 문서를 통한 접근 방법이 두 번째 절차일 것이다. 그리고 다양한 분야의 종합적인 분석을 토대로 하나의 건축물을 쌓듯이 하나하나 그 내용물을 구축하면 지역학이라는 기본 골격은 어느 정도 완성된다. 이러한 과정을 전개해나가면서 가장 중요한 토대가 되는 것은 아무래도 역사적인 배경과 그 과정에서 발생한 전환기적인 사건들일 것이다. 이 책 역시 이탈리아라는 지리적인 국가를 범위로 하여 이탈리아 국가의 형성에서부터 발전 과정에서 나타난 여러 분야의 사회문제들과 사건을 중심으로 전개하고 있다.

이탈리아학學이라는 차원에서 보다 바람직한 학문적인 접근을 하자면, 지리적인 연원에서부터 일반적인 학문 분류의 다양한 영역에 이르기까지 체계적인 분류와 분석이 바람직하겠지만, 편의상 이 책에서는 정치학의 관점에서 통일 이후 나타났던 사회문제를 비롯해 다양한 현상과 사건들을 중심으로 서술하고자 한다.

다른 유럽의 근대 역사와 달리 이탈리아의 현대사는 상대적으로 늦게 출

발하였다. 근대적으로 '국민국가'라 할 수 있는 통일왕국 이탈리아는 1861
년에야 그 모습을 드러냈다. 이는 그만큼 지리적이고 영토적인 통일이 늦었
다는 의미이며, 정치 형태로서 이탈리아는 우리가 알고 있던 것보다 훨씬 늦
게 유럽의 정치계에 등장했다는 사실을 뜻한다. 역사학자들은 이러한 이탈
리아 통일운동의 과정을 시기적으로 묶어 하나의 개념으로 정리하고 있는
데, 그것이 바로 '리소르지멘토Risorgimento' 1)이다.

오랜 통일 과정에도 불구하고 이탈리아는 준비된 통일이나 국민적인 기대
또는 대중들의 여망과는 다른 모습으로 등장하였다. 대다수의 국민들이나
통일의 주체세력이라 할 수 있는 피에몬테Piemonte 왕국은 통일에 대한 준비
나 강렬한 의지를 가지고 있지 않았다는 점에서 갓 태어난 이탈리아의 문제
들이 불거지기 시작하였다. 이 책의 출발점은 바로 이와 같은 준비되지 않았
던 이탈리아의 통일에서부터 시작한다. 이 책에서 제기하고 있는 문제와 현
상들은 바로 이와 같이 준비되지 않은 상태에서 갑자기 이룩한 통일에 대한
해석을 기준점으로 삼음과 동시에 이후 불거지는 여러 사회문제들과 연관시
켜 전개해나가겠다. 따라서 이탈리아 통일 과정에 대한 해석이 본서의 첫 내
용이 되는 것은 이러한 이유에서이다.

이탈리아 리소르지멘토에 대한 해석은 크게 보아 두 가지이다.2) 하나는
리소르지멘토의 국민 국가의 통합이라는 다소 긍정적인 해석이며, 다른 하

---

1) 이탈리아 원어로 Risorgimento의 뜻은 '다시' 혹은 '재'의 의미를 갖는 'ri'와 '솟아오름' 혹은 '떠
오름'의 의미를 갖는 'sorgimento'의 합성어이다. 따라서 '재생' 혹은 '부활'이라는 뜻을 가지며, 문
예부흥운동으로 해석되는 르네상스와 유사한 의미로 19세기 말 이탈리아 통일 운동을 정치 · 사회 ·
문화적으로 총괄해서 일컫는 말이다.
2) 여기서 이야기하는 두 가지 해석은 리소르지멘토에 대한 가장 대표적인 해석방향을 말한다. 첫째는
리소르지멘토를 사보이적인 측면에서 영토적인 외연확장과 당대 상황에서 사보이Savoy 왕가 중심
의 통일이 어쩔 수 없는 선택이자 바람직한 방향이었다고 해석하는 사보이 왕가 중심의 입장이다. 두
번째는 리소르지멘토를 정치적이고 문화적인 측면에서 해석하면서 단순한 영토적 확장에 머무르는
것이 아니라 이탈리아 통일이라는 관점에서 광의적 해석을 하고자 하는 것이다. 그러나 이외에도 리
소르지멘토를 어떤 기준에서 해석하느냐에 따라 수많은 다양한 해석이 존재할 수 있다는 점을 미리
밝힌다.

나는 통일과 함께 오히려 국가의 동질성이나 통합과는 거리가 먼 분열되고 굴절된 역사의 시작이라는 해석이 그것이다. 여기서는 후자의 해석에 보다 중점을 두고 리소르지멘토의 긍정적인 면을 첨가하는 방식으로 글을 전개해 나가겠다. 불완전하고 미완성적인 통일이라는 기준에서 리소르지멘토를 해석하고, 이를 바탕으로 '남부南部문제'라는 고착화된 사회문제를 연결시켜 이탈리아 사회문제가 어떤 역사적 배경에서 탄생하였는가를 중점적으로 다루고자 한다.

특히 그람시Antonio Gramsci에 의해 소개된 이탈리아의 지역문제로서 남부문제를 통일 이후 부르주아 지배계급의 접근방법과 다소 사회주의적 경향을 띤 피지배계급의 관점에서 이분하여 분석하고 있는 점은 이후 남부문제가 어떻게 국가의 정책이나 제도로 귀결될 수 있었는가를 알아보는 유용한 방법이 될 것이다. 카보우르Camillo Cavour 이후 주요 실제 권력을 잡고 있던 정치가들이나 사상가들이 바라보고 해결하려그 했던 남부문제의 접근은 20세기 초 이탈리아 사회분석에 유용한 분석의 틀을 제공하고 있으며, 치코티Ciccotti 이후 그람시에까지 이어지는 남부문제에 대한 사회주의적인 시각은 어째서 현재까지 해결되지 않은 사회문제로서 남부문제가 이탈리아 사회에 대한 이해의 핵심 개념의 하나로 작용하는지를 알게 해준다.

세 번째로 등장하는 파시즘Facism에 대한 분석은 당시 이탈리아 사회를 배경으로 등장하게 되는 파시즘이 하나의 역사적인 현상으로 의미를 갖는 원인과 그 전개 과정을 잘 볼 수 있게 한다. 어떻게 하여 이탈리아에서 파시즘이 탄생하였는가는 바로 이와 같은 통일 이후 불완전하고 불안한 사회구조를 배경으로 하고 있다는 결론 도출이 가능한 것이며, 통일 이후의 다양한 역사적인 사건과 사회문제의 결합이라는 측견에서 파시즘을 해석할 수 있다는 근거를 제공하고 있다.

네 번째는 파시즘이 시작한 제2차 대전 중에 파시즘 몰락에 가장 커다란 기여를 했던 저항운동Resistenza을 다루고자 한다. 사실 현재의 이탈리아의 모습을 이해하는 데 가장 중요한 시기이자 요소였던 저항운동은 아직 한국에 명확하게 소개되지 않았다. 레지스탕스를 단지 프랑스의 지하 저항운동으로만 이해할 뿐 그 이외 국가의 저항운동에 대해서는 잘 모르고 있는 것이 우리의 현실이다. 하지만 이탈리아에서도 제2차 대전 말부터 본격적인 저항운동이 시작되었고, 이 저항운동의 주체들이 현재 이탈리아 사회의 주요 정치세력들과 연관되어 있는 것이다. 따라서 저항운동의 성격과 주체, 그리고 어떤 과정을 거쳤는지에 대한 이해는 1948년 이탈리아 공화국 출범의 과정을 알 수 있다는 점에서 중요한 의미를 갖는다.

다섯 번째는 독립된 장으로서 이탈리아 노동운동에 대한 소개이다. 통일 이후 전개되는 이탈리아의 사회변혁이라는 흐름 속에서 항상 변화와 변혁의 주체였던 노동자들의 움직임을 하나의 역사로 정리하여 2011년에 물러난 베를루스코니Silvio Berlusconi 정권까지 연결하였다. 이는 이탈리아 사회계층 구성의 가장 중요한 부분인 노동자들에 대한 이해가 갖는 중요성을 사회문제의 영역 속에서 분석해보고, 이를 다른 여러 문제들과 연관시켜봄으로써 현재의 사회구성체 문제와 정치에 대한 이해의 매개체로 제시하고 있다.

끝으로 결론 부분에서는 스캔들의 제왕이었던 베를루스코니가 2011년 불명예 퇴진한 뒤 몬티Monti 내각이 들어선 이후 이탈리아의 정치사회를 제3자의 입자에서 조망해보고자 한다. 특히 앞으로의 이탈리아 정치사회를 바라보는 주요 요인들과 초점들을 통해 이탈리아라는 멀고도 가까운 국가의 모습을 들여다볼 것이다. 이는 우리의 모습이자 미래 대한민국의 또 다른 거울이 될 수 있으리라는 가능성과 조심스런 전망 속에서 반면교사의 중요한 서구 사례가 될 수 있을 것이다.

II

미완성의 통일과 굴절된 해방

Ⅱ. 미완성의 통일과 굴절된 해방

1. 리소르지멘토의 해석과 의미

1-1. 19세기 이탈리아의 상황과 유럽 각국의 정치적 각축

19세기 유럽의 역사뿐만 아니라 이탈리아 역사를 이야기할 때 그 출발점을 삼을 수 있는 것은 1789년의 프랑스혁명과 그에 뒤이은 나폴레옹 시대라는 두 가지 사건일 것이다. 이탈리아의 19세기 역사와 리소르지멘토의 배경 역시 이에서 시작하여야 할 것이다. 프랑스혁명 이전의 이탈리아는 계몽주의 사상이 전파되면서 지식인들의 확충과 함께 사회 전반에 새로운 사상적인 기운이 싹트기 시작하였다. 이는 평등사상과 공상주의적 사회주의 사상[1]에 의해 촉발된 것으로, 대중이나 인민 같은 새로운 개념들이 등장하면서 더욱

---

[1] 이탈리아의 경우 오랜 사회주의 경향의 사상적인 전통이 있어왔고, 실제로 저서나 연구 등을 통해 표출되었다. 캄파넬라Campagnella의 유토피아Utipia 사상이라든지 17세기부터 여러 사상가들은 이러한 공상주의 사상을 집중적으로 연구하였다.

구체화되었다. 이탈리아 지식인들은 군주와 기존의 절대적인 믿음의 대상이었던 종교에서 탈피하면서 그 학문적 연구의 대상을 국가나 국민, 또는 새로운 학문이나 사상 및 정치 제도 등으로 확대시켰다.

인민에게 권리가 있다는 '천부인권'이나 '국민국가'의 개념이 등장하게 된 것도 바로 이 무렵이었다. 계몽주의로부터 촉발된 이와 같은 새로운 사상의 전파는 '이탈리아'라는 지리적·정치적인 단위에 대한 자각과 의식을 유발시켰다. 여전히 계몽주의의 성격이 세계 지향적이었지만, 이전과는 다른 의미를 부여할 수 있었다. 다시 말해 르네상스 시기의 이탈리아와 18세기의 이탈리아는 정치적인 의미에서 전혀 다른 성격을 가지게 되었던 것이다. 르네상스 시기에는 '군주'나 '절대왕정' 개념의 이탈리아였다면, 이 시기는 지리적으로 이탈리아 반도에 국한한 인민이나 국민에 기반을 둔 국가의 개념이 부여되었다는 의미에서 중요한 차이를 나타낸다.[2]

이러한 때에 발생했던 프랑스혁명은 대부분의 지식인들에게 중요한 촉매제가 되었다. 그러나 혁명의 과격함에 놀라고 실망하던 지식인들과 군주들은 소요와 사회불안이 갖는 두려움으로 새로운 시대로의 전진보다는 보수주의와 절대주의로 회귀하는 경향을 보였다. 검열의 강화, 자유 결사체들에 대한 탄압 강화, 소요에 대한 폭력적 대항 등으로 대표되는 낡은 관습으로 후

---

2) 이탈리아에서 '국민'이라는 용어와 '민족'이라는 용어의 선택문제는 상당히 난해하다. 역사적 사건에 근거한다면 이탈리아 민족 또는 이탈리아 민족주의는 고대 로마제국에서 르네상스 시기까지는 어느 정도 개념적으로 허용될 수 있는 부분이 있지만, 근대 특히 리소르지멘토 시기의 이탈리아 역사에서 'nazione'란 단어를 '민족'으로 'nazionalismo'를 '민족주의'로 볼 수 있는가에 대해서는 여전히 논란 중이다. 여기에는 이탈리아 민족의 주체를 누구로 설정할 수 있을 것인가의 문제와 이탈리아가 다민족으로 구성된 다민족국가라는 사실로 인해 역사적으로 민족이라는 개념에 의해 통합된 적은 한 번도 없다는 사실 등이 이러한 논란의 근거이다. 따라서 논란의 설명을 더하기보다는 이탈리아 통일의 현대적인 해석이라는 저서의 성격에 맞추어 본문에서 사용되는 '민족' 개념은 사용이 제한적이며, 상황에 따라 적절하게 사용할 경우에 한하겠다. 리소르지멘토 시기의 '민족'과 '민족주의'에 대한 연구는 2002년 이탈리아 토리노에서 개최된 리소르지멘토 국제학술회의에서 많은 연구 결과들이 발표되었다. *Nazioni, Nazionalita, Stati Nazionali nell'Ottocento europeo*: Atti del LXI Congresso di storia del Risorgimento italiano (Torino, 9~13 ottobre 2002).

퇴하는 모습을 보이게 되었다. 그러나 반도의 각 지역정부들은 국민의 지지나 새로운 시대를 향한 개혁적 모습을 보이지 못하고 있었으며, 단지 자신들의 기득권 유지에만 골몰하고 있었다.

나폴레옹의 이탈리아 반도 지배가 시작된 것은 바로 이 무렵이었다. 1796년 봄에 나폴레옹은 알프스를 넘어 이탈리아를 공격했다. 그는 이탈리아의 수 많은 지방정부들을 복속시킨 뒤 1797년 10월에 오스트리아와 캄보 포르미오Campo Formio 조약을 맺어 베네치아를 오스트리아에게 넘겨주었다. 이후 오스트리아 전쟁을 끝내고 1797년 11월에 이탈리아에서 물러났다. 이후 나폴레옹이 계속해서 전 유럽을 향한 정복과 전쟁을 시작한 것은 이탈리아 반도에서의 군사적 성공으로부터 시작된 것이었다.

1년 반이라는 짧은 기간이었지만 나폴레옹의 이탈리아 지배는 많은 흔적을 남겼다. 적어도 외형적으로 이탈리아 북부는 나폴레옹에 의해 해방된 여러 자치도시들이 등장하였고, 이들 자치도시들은 절대군주 체제가 아닌 혁명적이고 자유로운 체제를 통해 통치되었다. 또한 이들은 치열한 외교적인 노력을 통해 자신들의 영토 확장을 위해 노력하였으며, 이익확대에 열을 올리고 있었다. 그러나 유감스럽게도 이와 같은 분열은 프랑스 혁명의 이상과 희망을 퇴색시켰고, 실제로 아무런 정치적인 결실도 맺지 못하였다.

1799년 초 탄생한 나폴리 공화국(파르테노페아Partenopea 공화국)3)에서 전형적으로 보여준 이와 같은 행태는 인민들과 농민들의 이반과 '공화국' 형태에 대한 불신을 키워갔다. 남부에는 무거운 세금과 가혹한 혹정이 계기가 되어 가톨릭 단체들이 연이어 반혁명 활동을 시작하였다. 결국 나폴리 공화국은 파브리치오 루포Fabrizio Ruffo 4)가 이끄는 농민군에게 전복되고 말았다.

---

3) 1799년 1월 23일 프랑스 군대의 지지를 받아 20명의 위원에 의해 공화국 형태로 건국된 나폴리 공화국을 일컫는다. 그러나 나폴리 민중들의 참여나 지지를 받지 못하는 상황에서 루포 추기경의 농민군에게 패배하여 동년 6월 13일에 단명한 남부의 전형적인 봉건 국가였다.

　나폴레옹은 이와 같은 이탈리아 국내 상황의 혼란을 틈 타 다시 한 번 이탈리아에 침입했다. 이후 50년간 이탈리아 반도는 필요에 따라 국가가 만들어지기도 하고 국경이 변경되는 일이 수없이 반복되었다. 이탈리아라는 국가 정체성이 사라지게 되는 계기이자 통일의 의미가 분명해진 동기이기도 했다. 실제로 피에몬테는 리구리아, 움브리아, 라치오 등과 함께 프랑스에 합병되었고, 토스카나는 에트루리아 왕국Regno d'Etruria 5)이 되었다. 1805년 이탈리아 북부에서는 밀라노를 수도로 이탈리아 왕국이 세워졌고, 재건된 치살피나Cisalpina 6) 공화국과 합병되었다. 다시 이듬해인 1806년 나폴레옹은 나폴리를 정복하여 자신의 처남인 조아키노 뮈라Gioacchino Murat 7)에게 왕위를 계승시키도록 하였다.

　반도의 상황에 비해 사르데냐Sardegna와 시칠리아Sicilia는 영국의 영향권 아래 들어서게 되었다. 나폴레옹이 시칠리아 정복에 실패한 뒤 1806년 영국은 시칠리아 보호라는 명분으로 부르봉가의 왕이 도피해 있던 시칠리아를 정복한다. 또한 사르데냐에 일부 군대를 주둔시켜 사르데냐 왕국을 프랑스로부터 지켜내었다. 이와 같은 일련의 점유 사태는 영국 무역 상권의 이익에 부합하

---

4) 파브리치오 루포(1744~1827) 이탈리아 조그마한 도시 산 루치도에서 태어난 가톨릭 성직자로 반쟈코뱅 의용군이었던 가톨릭 농민군 '산타 페데(상스런 신의의 의미)' 군을 이끌고 나폴리의 파르테노페나 공화국을 멸망시킨 것으로 유명하다.

5) 에트루리아 왕국Regno d'Etruria은 1801년부터 1807년까지 존속했던 중부 지방의 지역 왕국으로 나폴레옹에 의해 건국되었으며, 1803년 스페인 왕국의 지배를 받게 되었다.

6) 치살피노 공화국은 1797년 6월 29일에 세워졌으며, 밀라노 공작에 의해 세워진 트랜스파나다 Transpadana 공화국과 합쳐진 뒤 다시 나폴레옹에 의해 세워진 자매국가 이탈리아 공화국과 통합되었다. 이후 어느 정도 독자적인 세력 확장과 통치에 힘을 기울였지만, 나폴레옹의 이복동생 조아키노 뮈라의 프랑스 군대에게 패배한 뒤 이탈리아 왕국으로 통합된 밀라노가 중심이 되었던 19세기 초의 공화국이었다. 역사적으로 치살피노 공화국에 대해 한 가지 주목할 사실은 우리가 알고 있는 현대 이탈리아 공화국의 삼색기가 이 시기 치살피노 공화국의 국기로 처음 등장하여 이후에도 계속 사용되었다는 점이다.

7) 조아키노 뮈라Gioacchino Murat(1767~1815) 프랑스 나폴레옹의 막내 여동생과 결혼한 이로 나폴리 왕국의 왕에 올랐다. 그러나 1815년 나폴레옹 제국의 멸망과 함께 파리로 도망치다 체포되어 칼라브리아 주지사에게 체포되어 총살되었다.

여 발생된 것이었는데, 시칠리아의 경우 값비싼 유황과 지중해 상권에 대한 것이었고, 사르데냐의 경우에는 프랑스의 세력 확장 저지를 위한 것이었다.

그러나 여기에서 중요한 것은 어느 순간어도 이탈리아 일반 국민들의 생각이나 의사가 반영되지 못했다는 젇이다. 디는 나폴레옹이 정복 후 시행했던 혁신적인 제도와 법령의 이식과정에서 아무런 결과도 도출되지 않았던 근본적인 결과로 작용하는 요소가 되었다. 실제로 나폴레옹은 점령지에 수많은 제도와 법을 시행하였다. 중앙집권제에 의한 도량형의 통일, 교육제도의 개혁, 세제의 정비, 나폴레옹의 형사법·민사법·상법이 도입되었지만, 이탈리아는 변한 것이 없었다. 구귀족제도나 관습은 여전히 현실에서 기득권에 의해 작동되었고, 나폴레옹의 지배가 통치자와 지방의 귀족들을 더욱 밀착시켜 구귀족이나 지방 호족들의 보이지 않는 인민에 대한 통치를 묵인해주는 정치적이고 역사적인 계기가 되었다.

따라서 자유와 평등 그리고 사회적 연대라는 프랑스 혁명의 이념이 이탈리아에서는 전혀 도입되지 않았으며, 오히려 구귀족들의 이익을 확립시키는 계기가 되었던 것이다. 프랑스의 경우 부르주아라는 신흥계급을 비롯한 평민계급의 정치·사회적 우위가 혁명을 계기로 이루어짐으로써 구제도의 몰락을 발생시켰지만, 이탈리아의 경우 이와 같은 혁명이나 개혁정책이 거의 발생하지 않고 오히려 구귀족의 영향력을 증가시키는 계기가 되었던 것이다. 특히 남부의 경우 새롭게 등장한 지주계급이나 귀족들은 이와 같은 경향을 더욱 가속화시켰다.

이는 토지제도 개혁이라는 명분으로 실시된 토지몰수와 그에 따른 재분배 과정에서 신흥귀족들의 등장을 촉진시킴으로써 분명해졌다. 다시 말해 몰수된 땅이 소작농이나 빈농들에게 분배된 것이 아니라 새로운 지방의 귀족들이나 신흥 부르주아 가문에게 분배됨으로써 경제 개혁을 통한 새로운 국가 형성이 이루어지지 않았다. 결국 부의 재분배로 인한 최종 귀착지가 또 다른 귀족이나 신흥 가문이었다는 점은 오히려 토지의 귀족집중을 강화시키는 작용을 하게 되었다. 이때 새롭게 등장한 유력한 가문들이 이탈리아 통일의 주역이었던 카보우르Cavour나 다젤리오D'Azeglio 8) 등의 가문들이었다.

나폴레옹의 이탈리아 지배가 이탈리아에 아무런 직접적인 결과들을 가져오지 못했음에도 불구하고, 봉건적이던 이탈리아 사회를 상징적으로나마 개방하는 데 일조하였고, 새로운 시대의 공기를 맛보게 하였으며, 특히 대중들에게 자유와 평등이라는 사상적인 흐름에 눈뜨게 하는 계기를 부여하였다는 점은 부인할 수 없는 사실이었다. 흔히 '문화적 민족주의'라는 이름으로 시작된 이와 같은 흐름은 15세기에 있었던 예술가들과 문인들의 조류와 유사한 것이었지만, 이전에 비해 훨씬 구체적으로 정치적인 의미를 부여하면서 새롭게 시작되었다. 이미 유럽 전역에서 영향을 받은 낭만주의 사조로부터 출발한 이 흐름을 주도한 것은 이전과 마찬가지로 시인과 작가들이었다.

우고 포스콜로Ugo Foscolo 9)의 『무덤들Dei Sepolcri』(1807), 알렉산드로 만초니Alessandro Manzoni 10)의 『약혼자들I promessi sposi』(1827 초판), 마시모 다젤리오의 『에토레 피에라모스카Ettore Fieramosca』(1833)와 같은 작품들이 이탈리아 민족주의 문학의 대표적으로 출발하게 된 것도 이 시기였다. 이러

---

8) 마시모 다젤리오(1798~1866) 1798년 토리노에서 태어난 정치가이자 화기이며 문학가였던 이탈리아 통일의 주역 중 한 사람이다. 1849년과 1852년 사이에는 피에몬테 왕국의 수상을 역임했던 정치가로 1853년 상원의원이 되었던 신흥 귀족이었다. 1860년 이탈리아 통일왕국에서 밀리노 주지사를 역임하였고, 알렉산드로 만초니의 딸과 결혼한 인물이었으며, 이탈리아 민족주의를 고양한 유명한 작품 에토레 피에라모스카Ettore Fieramosca의 작가이기도 하다. 태어나서 죽을때까지 피에몬테를 사랑했던 애국자로 이탈리아 낭만주의 문학을 대표하는 작가이기도 하다.

9) 우고 포스콜로(1778~1827)는 이탈리아 낭만주의 시대의 시인이자 작가였다. 신고전주의와 초기 낭만주의 계열의 작품을 통해 이탈리아라는 민족적인 정체성을 고양하는데 힘섰다. 특히 그의 작품 중에서 가장 잘 알려진 『무덤들Dei Sepolcri』(1807)은 자유와 사랑 그리고 애국이라는 소재를 가장 잘 보여주는 작품으로 평가받고 있다. 특히 그는 오랜 기간 해외에서 망명 생활을 하면서 저명하고 중요한 작품들을 집필했다.

10) 알레산드로 만초니(1785~1873)는 밀라노에서 태어난 이탈리아 낭만주의의 중요한 문학가이다. 이탈리아 민족주의를 다루고 있는 유명한 작품 『약혼자들I promessi sposi』(1827 초판)을 저술했으며, 이탈리아 근대 희곡에도 상당한 공헌을 하였다. 그는 특히 자신들의 작품에서 사용된 이탈리아어를 통해 현대 표준 이탈리아어가 형성되고 보급할 수 있도록 많은 기여를 했던 이탈리아 근대 문학가였다.

한 민족주의 문학은 로마 시대나 과거 이탈리아에서 번성했던 영광에 대한 회상과 찬양을 통해 새로운 민족국가 건설을 꿈꾸게 하였다. 이는 외세에 시달리고 있던 이탈리아를 통일하고 새로운 민족국가로 태어나고자 하는 이탈리아의 문화적인 흐름으로 해석할 수 있다. 그러나 여전히 이탈리아의 정체성 문제와 국가로서의 이탈리아의 성격 등은 해결되지 못한 채 유럽의 정치 상황에 따라 휘둘리게 된다.

빈Wein 회의의 여파로 인해 이탈리아 역시 1814년 나폴레옹 통치가 종식되면서 구체제로의 복귀가 이루어지게 되었다. 그러나 이탈리아의 기득권 세력들과 구체제 세력들은 어떤 새로운 이념이나 체제를 원했던 것이 아니라 나폴레옹 지배의 몰락을 수용하는 막연한 정치적인 목적을 가지고 있었을 뿐이었다. 이들 중 대표적인 것이 피에몬티의 그리스도교 친목 단체11) 칼라브리아Calabria와 풀리아Puglia의 칼데라리Calderari 12) 등의 종교단체 그리고 '자유주의' 성향의 비밀단체인 카르보네리아Carboneria 13)였다. 이들은 독일과 달리 민족주의라는 이념으로 결합된 것도 아니었으며, 그저 나폴레옹의 몰락에 따른 반사이익에 불과했다. 오히려 국민에 대한 호소는 영국이나 오스트리아, 그리고 나폴리의 뮈라에게서 나왔다.

결국 이탈리아의 지배권은 빈체제의 주역이었던 오스트리아에게로 돌아갔다. 그에 따른 결과로 이탈리아 반도 전역에 구체체 복귀가 일어났다. 비토리오 엠마누엘레Vittorio Emmanuele 1세는 토리노로, 페르디난도Ferdinando 3세는 피렌체로, 교황은 로마로 귀환했다. 1815년 빈 회의는 오스트리아의 이탈리아 반도의 지배권을 확인해준 외교적인 입증과 공인 수단이었을 뿐이

---

11) 토리노를 중심으로 활동했던 산타 로자Santa Rosa를 일컫는다.
12) 칼데라리라는 비밀결사는 왕정복고 시대인 19세기 초 뒤라 시대에 만들어진 반동적인 보수단체였다. 공화주의 지지지파에 반대하여 왕정복고와 프랑스의 부르봉 왕가의 부활 등을 주장했다.
13) 카르보네리아는 나폴리에서 19세기 초 결성된 비밀결사단체였다. 애국주의와 자유주의를 표방하면서 철저하게 점조직 형태로 운영되었고, 절대왕권과 보수적인 왕정에 반대하였던 비밀단체였다.

었다. 소수의 롬바르디아 지역 자유주의자들을 제외하면 반도의 오스트리아 지배는 별다른 저항이나 이견 없이 진행되었다. 이는 왕정복고 이후의 정부들이 나폴레옹 시대의 체계를 수용하고 있었을 뿐만 아니라 지배계급의 이익에 별다른 손실을 발생시키지 않았기 때문이었다.

그러나 피에몬테 정부는 구체제의 복귀 이후에도 프랑스와 오스트리아의 상호대립적인 외교 입장 때문에 비교적 자유로운 편이었지만, 복귀한 엠마누엘레 1세는 노골적인 구체제로의 회귀를 시도하였다. 로마법의 재再채택, 교육 주체로서 예수회의 재등장, 새로운 관세제도의 도입이 실현되었다. 왕정복고는 진보를 거부하고 전통과 권위 및 종교가 허용하는 계급제도의 우월성을 다시금 주장하였다. 다시 말해 이들에게 있어 통치의 최대 목표는 현체제 유지였다.

이와 같은 왕정복고는 이탈리아 반도의 경제와 상업적인 이익에는 부합하지 않았다. 이 점이 오스트리아에 의한 이탈리아 지배를 달갑지 않게 생각하는 주요 이유의 하나였다. 특히 산업의 대부분을 농업에 의지했던 이탈리아는 경제 침체와 함께 많은 타격을 받았다. 농촌은 황폐화되었고, 빈곤은 이제 일반적인 사회현상이 되었다. 많은 농민들은 일용노동자가 되었고, 노동력 보충을 위해 인구 증가와 이동이라는 현상이 초래되었다. 그러나 동시에 이러한 상황은 교육의 확대와 자유주의 사상의 전파라는 이율배반적인 상황을 발생시키기도 하였다. 결국 이들 늘어난 자유주의 사상과 이를 뒷받침하고 있던 중간계급 출신의 지식인들은 왕정복고 하에서 지하로 숨어들었다.

가장 잘 알려진 단체들은 북부의 경우 필립포 부오나로티Pilippo Buonaroti 14)가 창설한 SPM(비밀결사단체)과 남부의 카르보나리였다. 대개의 지하조직

---

14) 필리포 부오나로티Filippo Buonarroti(1761~1837)는 피사에서 태어난 혁명주의자이다. 1837년 파리에서 숨을 거두기까지 프랑스 혁명의 영향을 받아 이탈리아의 근대 자유주의 혁명과 통일을 주장했던 19세기 초 유럽의 주요한 혁명주의자의 한 사람이다.

이 그러하듯 이들 역시 조직적으로 엉성했을 뿐만 아니라 이루고자 하는 목표나 통일성 등에서 구체성을 결여하고 있었다. 먼저 조직 면에서 보면 상층부를 구성하고 있는 지도자들의 대부분은 군인 출신이거나 귀족들이었다. 이는 당시 군이 갖는 혁명적인 성격을 십분 이해한다 하더라도 일반 대중과 전全 계층이 골고루 참여하는 자발적이고 능동적인 결사체의 특징을 가지지 못했다는 점을 의미한다. 특히 행동과정에서 상명하달식의 지휘체계는 전체 대중의 자발적인 행동을 이끌어내는 데 커다란 걸림돌이 되었다.

두 번째는 조직을 지탱하고 있는 이데올로기 측면에서 보면, 상충적인 여러 이념들이 혼재되어 있었다는 점이다. 어떤 지역에서는 봉건적 질서를 여전히 기본으로 하는 절대왕정을 선호하기도 하고, 다른 지역에서는 공화주의를 신봉하기도 했으며, 또 어떤 지역에서는 프랑스와 같은 급진적이고 혁명적인 이념이 조직의 행동강령으로 제시되기도 했던 것이다. 이는 결국 조직 전체의 통일성이나 정체성 등에 커다란 걸림돌로 작용하게 되었다. 실제로 남부에서 이야기하는 혁명이나 독립의 의미와 북부에서 말하는 그것들과는 커다란 의미상 차이가 존재했다. 남부의 경우 혁명이란 진정한 의미에서의 통일보다는 개혁적인 입헌군주제의 확립을 의미하는 편이었고, 북부의 경우 통일이란 북부중심의 북부지역만의 통일이자, 당시 북부를 지배하고 있던 오스트리아 세력과의 전쟁을 의미했을 뿐이다.

이와 같은 조직상의 엉성함과 이념적인 부조화는 1820년에 나폴리와 시칠리아에서 기획되었던 두 번의 혁명 기도가 실패로 돌아갔던 원인이 되기도 했다. 1820년 발생한 나폴리와 시칠리아에서의 혁명은 두 가지 요인에 의해 시도되었다. 하나는 당대 유럽의 혁명적인 분위기와 카르보나리 단체가 전 유럽적인 조직이었다는 외부 요인이었다. 두 번째는 적어도 이탈리아 남부에서는 변화되고 있는 국제정치 환경에 적합한 새로운 입헌군주제 정착과 내정개혁의 요구를 열망했던 내부 요인이었다. 어떻게 보면 이전부터 축적되어왔던 통일과 독립의 열망들이 본격적으로 분출되었던 시발점이라고 생각할 수 있는 혁명 시도였다. 그러나 전술한 한계는 실제로 행동으로 옮겨지면서 더욱 심각한 문제점을 노출시키면서 정치적인 경험 미숙의 문제와 겹치게 되었고, 결국 실패로 끝나고 말았다. 그러나 보다 심각한 상황은 이러한 실패로 인해 또다시 외세의 적극적인 개입을 초래했다는 점에서 이탈리아 반도의 통일세력 미성숙과 의지결여 등의 한계를 확인시켜준 계기였다.

남부의 이러한 상황과 북부의 피에몬테는 다소 사정이 달랐다. 피에몬테 왕국에서 이야기하는 '독립'이나 '통일'이란 곧 오스트리아와의 전쟁을 의미했다. 1921년 알렉산드리아에서는 혁명위원회가 결성되었고, 북부를 중심으로 이탈리아 왕국 건설이라는 목표 아래 오스트리아와의 전쟁도 불사한다는 방침을 세웠다. 그러나 전반적으로 피에몬테 지식인들의 성향은 중도 성향의 자유주의자들이 대세를 이루고 있었다. 특히 체사레 발보Cesare Balbo 15)나 다젤리오 같은 이들로 대표되는 일단의 자유주의자들은 중도 온건주의를 표방하였다. 1821년 3월 기병장교 산토레 디 산타로자Santorre di Santarosa가 주변의 도움으로 새로운 국가건설을 위해 쿠데타를 일으켰지만, 동조를 약속했던 이들 온건 자유주의자들이 함께 행동하지 않음으로써 쿠데타가 실패로 돌아간 사례는 행동하지 않는 피에몬테 자유주의의 성향을 잘 알려주었던 역사적인 교훈이었다.

남부와 북부에서 발생한 유사한 혁명 시도와 봉기들은 당시 정치적으로나 경제적으로 사각지대였던 중부 지방에서도 등장하게 되었다. 1831년 이탈리아 중부지역에서 1830년 파리의 7월 혁명의 영향으로 시도된 봉기가 있었다. 그러나 봉기를 조직했던 지도자들 간의 분열로 인해 자발적이고 대규모의 혁명 시도는 1833년에도 무산되는 결과를 초래하였다. 이들 혁명의 성격

---

15) 체사레 발보Cesare Balbo(1789~1853)는 토리노 태생으로 피에몬테 왕국의 수상까지 역임했던 리소르지멘토 시기의 주요한 정치가였다. 온건 자유주의자로 문학적인 소질과 훌륭한 작품들을 많이 쓰기도 한 근대 문학가이기도 하다. 1948년 피에몬테와 롬바르디아의 합병을 통해 강력한 이탈리아 건설을 주장하기도 했다.

은 자유주의적면서 민족주의 경향을 가진 마치니의 전통에 근거하고 있었고, 이를 적대시하였던 피에몬테의 국왕 카를로 알베르토Carlo Alberto는 혁명 시도를 진압하였다. 또한 혁명 시도를 진압한 뒤에는 오스트리아와 동맹을 체결하는 등 보다 보수적이고 반동적인 입장을 견지하였다.

이런 이유들은 1830년에서 1833년 사이에 존속하던 몇몇 보수적인 혁명정부가 인민 대중의 지지를 획득하지 못한 원인이었다. 더군다나 당시 봉기의 협력세력이어야 할 각 지역정부들은 서로를 외국인으로 취급하였고, 이런 상황에서 통일이나 통합은 더 이상 진전될 수 없었으며, 오히려 분열의 영속화에 기여하게 되었다. 볼로냐와 모데나, 파르마 등에 있던 지역정부들이 대표적이었으며, 이들은 자신들의 자주성과 독자성 고집하면서 중부 이탈리아의 정치 상황을 더욱 복잡하게 만들었다.

복잡한 이탈리아의 상황만큼이나 유럽의 국제정치 상황 역시 급변하고 있었다. 1830년대 이후 유럽은 혁명의 소용돌이 속에서 프랑스와 오스트리아, 영국과 러시아와 같은 강대국들이 상호 대립하고 갈등하던 시기였다. 특히 프랑스는 예상을 깨고 오랫동안 적대적이었던 오스트리아와 우호적 관계를 형성하였는데, 오스트리아라는 외세로부터 득립과 통일을 위해 프랑스에 기대를 걸고 있던 수많은 이탈리아의 자유주의자들에게는 커다란 실망감을 안겨주었다. 이에 이탈리아는 프랑스와 오스트리아를 견제하기 위해 영국과 친밀한 관계를 구축하려 노력하였고, 이탈리아 반도에서 오스트리아와 프랑스의 영향력을 감소시키려 하였다.

이러한 상황에서 이탈리아 내부적으로 오스트리아에 반대하는 기운이 확산되고 팽배해졌다. 특히 교황과 오스트리아와의 대립을 통해 더욱 구체화되었다. 여기에 1948년 2월에 발생한 프랑스 2월 혁명은 독일과 오스트리아에까지 확산되면서 전 유럽적 혁명으로 발전하였다. 더군다나 오스트리아의 정치 상황과 직접적인 관계에 있던 이탈리아에서의 반향은 컸다. 오스트리아에서 혁명이 발발하자 롬바르디아와 베네토 지방은 불가항력적으로 이탈리아 반도 안으로 편입되었다. 이는 당시 통일이니 독립이니 하는 문제까지는 아니더라도 이탈리아의 영토로 편입되었음을 의미하는 것이었고, 통일의 종착지 문제는 이 지역을 떠나서는 논의가 불가능해졌음을 의미했다. 더불어 이러한 상황에서 이들 지역에 대한 피에몬테 왕국의 개입은 언제든지 가능하고 즉각적인 상태로 전환되었다.

이 와중에 롬바르디아와 오스트리아 사이에 발발한 밀라노의 5일 전투는 피에몬테를 군사적으로 움직이게 하였다. 밀라노의 보수 성향 자유주의 귀족들의 요청을 빌미로 해방된 밀라노에 알베르토 국왕이 입성하였고, 다시 후퇴하는 오스트리아군을 공격하였다. 이와 같은 상황 전개는 알베르토 국왕의 영토적인 야심과 밀라노의 자유주의자들이 주창하는 공화주의 연방제에 대한 사전 방해 작업의 일환이었다. 알베르토 국왕의 입장에서 보면 피에몬테 왕국이 밀라노의 독립을 방해하고 롬바르디아가 피에몬테 영토로 편입되기를 원했던 것은 당연한 바람이었다.

치열한 논쟁 끝에 결정된 피에몬테와의 합병문제에 대한 주민투표는 결국 승인되었다. 이 사건은 리소르지멘토 과정과 절차에서 가장 결정적인 국면으로 평가할 수 있다. 정치적으로 보면 왕정 연방제나 공화주의 연방제에 대한 피에몬테 중심의 왕정주의 승리이고, 문화적으로는 피에몬테 중심의 편협한 지역주의 문화가 전통적인 이탈리아 문화에 대한 승리였다.16) 또한 리소르지멘토의 민족주의적이거나 대중적인 성격이 피에몬테 중심의 통일 이후 절대적으로 왕정주의가 중심이 되면서 소수의 엘리트들과 기득권 계급 중심으로 진행되었다는 것을 의미하였다.

피에몬테가 거둔 승리의 기쁨은 오래 지속되지 않았다. 피에몬테 왕국은 군사적으로 준비가 부족했으며, 전략적으로 실패하여 베네토를 두고 오스트

---

16) *Cento anni di storiografia sul Risorgimento*: Atti del LX Congresso di storia del Risorgimento italiano (Rieti, 18–21 ottobre 2000).

리아와 대치하였지만 전투에서 패배하였다. 비록 영국과 프랑스가 중재하여 오스트리아와 협상하였지만, 자유주의 독립의 상징적인 의미를 갖는 밀라노가 다시 함락됨으로써 피에몬테는 롬바르디아에서 철군할 수밖에 없었다.

보다 대중적이고 민족적인 성격을 지녔던 1948년의 혁명이 실패로 끝나자 이탈리아 반도는 다시 한번 수구와 복고의 기운이 감돌았다. 대표적인 것이 나폴리와 피렌체의 경우와 교황청과 교황을 비롯한 가톨릭 세력의 태도였다. 부르봉가를 지지하면서 왕위에 복귀한 피렌체의 페르디난도 2세는 자유주의를 탄압하고 개혁적이던 헌법의 효력을 정지시키면서 반동적인 태도를 취했다. 이에 더하여 정치 지도자들과 지배세력의 무능과 혼란이 겹치면서 걷잡을 수 없는 수렁으로 빠져들게 되었다. 결국 피렌체 대공이 도피하는 사태로까지 발전하게 되었으며, 독자적인 자치능력을 키우지 못하고 외세의 개입 여지를 남기는 상황으로 악화되었다. 교황과 교황청 역시 자신들의 세속 권력을 강화하고 가톨릭 영향력을 유지하고자 외국군대의 개입을 통해 세력을 유지하고 안정화하려는 신교황파적인 입장을 고수하였다.

중남부의 이와 같은 복고적 경향에 비해 피에몬테는 위기의 강도가 덜하긴 했지만, 정치적인 위기상황을 벗어나진 듯했다. 가장 치열한 논쟁은 정치 체제에 대한 것이었다. 당대 사회주의 사상의 전파와 함께 피에몬테 지배계급들 사이에는 온건파들과 민주파들의 대립이 격렬했다. 이로 인해 피에몬테는 정치적인 교착상태로 빠졌지만, 롬바르디아가 다시 오스트리아의 지배하에 들어가자 위기 상황은 반전되었다. 특히 카보우르는 이러한 내부 위기를 전쟁을 통하여 해결함과 동시에 외세로부터의 '독립'이라는 명분 및 국면 전환의 실리를 취하고자 했다. 비록 노바라Novara에서 오스트리아군에게 패배하여 알베르토 국왕이 유배를 선택해야 했고 그 여파로 피에몬테가 위축되었지만, 유럽으로 하여금 다시 한번 이탈리아 문제에 관심을 갖도록 하였다. 더불어 이탈리아의 통일과 외세로부터 독립의 필요성을 부각시킴과 동시에, 피에몬테가 그 주체가 될 수밖에 없다는 인식을 심어주었다.

1-2. 리소르지멘토 시기 주요 사상적 흐름과 방향

리소르지멘토를 지배하던 사상의 흐름을 갈라놓았던 것은 통일에 대한 방법론적인 접근과 구체적인 개념에 대한 입장 차이였다. 특히 이탈리아 통일에 대한 구체성이 드러나고 혼란한 정치적 상황을 전환시킨 상황의 전환 계기는 1846년 비오Pio 9세의 사면령 공포였다. 사면령 이후 1861년 통일 시기까지 약 15년간이 리소르지멘토를 지배하던 주요 사상과 흐름들이 이론적으로나 현실적으로 다듬어지고 풍부해지던 시기였다. 이 시기 가장 두드러진 사상적 흐름은 크게 세 가지로 나눌 수 있으며,17) 이는 곧 리소르지멘토 기간 중 정치적으로나 사상적으로 가장 주요한 흐름으로 자리 잡게 된다.

가장 먼저 대중적 차원에서 가장 폭넓은 공감과 주류의 위치를 점하게 된 것은 마치니주의였다. 마치니의 사상을 집약하여 하나의 정치적인 흐름을 형성하였던 정치사상으로, 이탈리아의 전통적인 공화주의 이념을 기반으로 정신적이고 도덕적인 측면이 강조되었던 흐름이었다. 두 번째로 나타난 것은 온건적인 자유주의 흐름이었다. 이 흐름은 가장 나중에 나타났지만, 결국 리소르지멘토를 완성했던 사상 분파로 입헌왕정과 외국지배의 종식 등이 주요 정치적인 목표였다. 세 번째는 급진적인 자유주의였다. 급진적인 자유주의는 당시 발전하고 있던 과학과 기술과 연관이 깊은 정치사상의 흐름이었다. 특히 실증적이고 합리적인 사상적 기반을 갖추었던 사상적 흐름으로, 정치와 사회적인 측면에서 이탈리아 사회의 해방을 주장했으며, 공화주의에 기반 한 연방제를 통한 통일이 목표였다.

리소르지멘토 시기 이와 같은 사상적 대립과 발전과정에서 가장 중요한 역

---

17) 마치니를 대표로 하는 가톨릭적인 공화주의 계열과 카보우르를 대표로 하는 입헌군주제를 주장하는 온건 자유주의자들 그리고 공화주의의 기반 위에 연방제를 주장했던 급진 자유주의자들이었다. 이에 대한 자세한 설명은 후술할 것이다.

할과 영향력을 가졌던 이는 당연히 마치니였다. 또한 그와 대립적이던 카보우르나 상호보완적임과 동시에 때로는 상극적이던 가리발디 세 사람은 당시의 사상적인 흐름에서 정점에 있던 이들이다. 특히 마치니에 대한 이해야말로 리소르지멘토의 보다 정확한 이해의 밑거름이 될 수 있다. 그의 사상 기조는 계몽주의적이라기보다는 낭만주의적이었으며, 철학적인 사유의 바탕은 종교성 그 자체였다. 가톨릭이라는 종교적인 직관을 통하여 그는, 신이 규정한 인류의 기본 단위는 국가라고 생각하였다. 따라서 궁극적으로 그의 사상은 자유주의적인 기반을 갖고 프랑스나 영국에 영향을 받은 계몽주의자나 혁명적인 민주주의자들과는 융합하기 어려운 사상적인 기반을 갖고 있었다.

마치니와 항상 대립적이던 또 다른 주요 인물은 카보우르였다.[18) 카보우르는 신생 귀족을 대표하던 가문의 인물로 다젤리오와 함께 피에몬테 왕국의 새로운 지배계층을 구성하였던 인물이었다. 그는 젊은 시절 이미 영국과 프랑스 등의 유럽 선진 국가들을 돌아보고 자유주의 사상을 오래 전부터 간직했던 인물이었다. 사보이 왕국에서 농업상을 비롯하여 여러 번 장관직을 수행하다 수상에 올라 단기간에 사보이 왕국을 신흥 열강의 하나로 끌어올렸던 인물이었다. 그러나 그는 처음부터 이탈리아나 이탈리아적인 것이 무엇인지 잘 몰랐으며, 통일에 대한 이상이나 희망을 가져본 적도 없었다. 그에게 중요했던 것은 자신의 조국 피에몬테를 유럽의 열강으로 성장시키는 것이었다. 결국 그러한 구상 속에서 영토 확장과 전쟁 등의 필요성을 느낀 것뿐이었다.

실제로 그는 이탈리아어를 잘 하지 못했으며, 그에게 있어 이탈리아란 피에몬테를 중심으로 하는 반도의 북부만을 의미했고, 통일 역시 그러한 관점에서 접근하였다. 이는 통일 이후 남부를 북부산업 발전을 위해 광범위하게

---

18) *Pensiero e azione: Mazzini nel movimento democratico italiano e internazionale*, Atti del LXII Congresso di storia del Risorgimento italiano (Genova, 8–12 dicembre 2004).

희생시키는 정책을 입안하게 되는 계기로 작용했다. 그럼에도 그는 외교수완이나 현실 정치력이 뛰어났기 때문에 피에몬테 왕국을 단시간 내에 신흥 강국으로 발전시키는 데 중요한 가교역할을 하였으며, 왕과 지배계급들을 움직여 통일이 이루게 된다.

1948년과 1949년의 혁명 이후 이탈리아 반도에서는 오스트리아의 중앙집권 강화와 절대주의 행정체계가 부활되었다. 그러나 피에몬테는 카보우르의 지도 아래 1948년 헌법을 고수하고 영토 확장과 부국강병을 위한 준비에 힘을 썼다. 카보우르는 왕과 의회와의 적절한 협력관계 그리고 의회와 행정부 간의 조화에 역점을 두면서, 유럽의 정치 상황을 외교적으로 적절하게 활용함과 동시에 자신의 입지를 구축하고 온건적인 중도파를 연합하여 1951년부터 수상에 취임하였다. 수상에 취임한 뒤 그는 피에몬테의 산업 발전을 도모하기 위한 재정 및 금융정책을 수립하였다. 이를 바탕으로 외교를 통한 위상 강화에도 힘써 1854년 발생한 크림전쟁[19]에 참가하기도 했다.

마치니주의와 온건 자유주의 사이에서 정치적으로나 사상적으로 걸쳐 있던 또 다른 주요 흐름은 급진 자유주의였다. 급진 자유주의를 대표하는 정치적 정치형태는 연방제였으며, 대표적인 사상가로는 카타네오[Cataneo 20]와

---

19) 1854년 발생한 전쟁으로 영국과 프랑스가 러시아의 극동지역팽창을 저지하기 위해 발발하였다. 이탈리아 역시 유럽에서의 외교적인 입지강화를 위해 카보우르는 여러 반대에도 불구하고 참가하였다. 영국과 프랑스의 승리로 끝난 이 전쟁은 1856년 파리강화회의에서 이탈리아 문제가 제기되었지만, 오스트리아에 대해 지나친 적대감을 표시하면서 영국의 견제로 카보우르의 의도는 성공하지 못했다.

20) 카타네오는 리소르지멘토 시기 가장 대표적인 연방주의자로 오랜 역사적인 지방주의의 전통을 이탈리아의 특수성으로 보고, 이를 정치적으로나 제도적으로 해결하기 위한 방안으로 연방주의를 주창했다. 당시 그는 이탈리아 중산계층의 대표적 지식인으로서 이탈리아 민족을 중시하는 민족주의 통일보다는 지역과 계층에 맞는 통일, 즉 연방주의 통일을 주장했다. 그가 보기에 민족주의 운동은 필연적으로 경제적으로나 행정적으로 사회적인 불평등을 야기할 수밖에 없는 것으로 간주했다. 이로 인해 그의 연방주의가 갖는 이론상이나 적용 면에서의 탁월함에도 불구하고 민중적인 지지를 받지 못했던 원인이었다. 그러나 그의 연방주의 사상은 현재까지 이탈리아 연방주의자들에게 많은 지지를 받고 있다.

페라라Ferrara 21) 그리고 피사카네Pisacane 22) 역시 이 범주 안에 포함시킬 수 있다. 특히 급진 자유주의자들 중에 카타네오와 페라라는 항상 함께 묶어 논의해야할 정도로 리소르지멘토 시기 연방주의Federalismo 주장에 중추적인 역할을 했던 인물들이다.

이 두 사람은 사상적으로나 이론적으로 상당히 밀접한 관계와 연관성을 갖고 있지만, 철학적인 기반에서 조그마한 차이가 존재한다. 먼저 카타네오는 실증주의를 기반으로 하였지만 실증주의 사상가로 분류하기에는 다소 어려운 점이 있다. 이에 반해 페라라는 철저한 실증주의자로 19세기 이탈리아 실증주의 철학에 상당한 영향력을 끼친 인물이었다. 이 두 사람은 공통적으로 18세기 이탈리아 철학을 이어받아, 과학과 당대에 발달하던 현대의 기술 문명과 밀접한 관계를 맺고 있다.

이들은 과학과 기술을 바탕으로 자유라는 절대적 가치를 실현하는 데 모든 노력을 기울였다. 이들 역시 온건적 자유주의자들과 마찬가지로 혁명보다는 진보와 진화에 의한 현실의 발전을 바랐다. 이는 마치니주의와는 확연하게 구별되는 것이었고, 온건 자유주의자들과는 유사점을 갖는 것이었다. 그러나 온건파들이 주로 현상 유지와 세부적인 방법의 변화를 위한 개혁을 주장했던 데 반하여 급진 자유주의자는 혁명의 수단으로서 반란이나 폭동과 같은 수단은 아니지만 사회 구조의 내용을 바굴 수 있는 근본적인 개혁을 선택했다는 점이 다르다. 연방주의에 대한 사고도 온건 자유주의자들과는 다소 다른 점

---

21) 페라라는 실증주의자로 역사 속의 경험들을 통해 혁명에 이르는 방법을 찾으려 했다. 그 과정에서 이탈리아의 경우 가장 적합한 정체로서 연방즈의를 주창한 것이었고, 많은 후학들을 배출하여 이탈리아 연방주의 지지자들을 길러내었다. L. Salvatorelli(1975), 337~366.

22) 피사카네는 리소르지멘토 시기 이탈리아의 급진 자유주의를 대표하는 사상가이다. 마치니의 공화주의 주창자들과 온건 자유주의자들 사이에 대립하고 있던 정치적인 지향점과 목적에 대한 대안을 제시하고 일반 민중의 문제를 먼저 해결하고자 했다. 통일 역시 민중이 주체가 되는 방향에서 지역적 특성을 감안한 연방주의를 주창했던 인물이다. N. Rosselli, *Carlo Pisacane nel Risorgimento italiano*, Einaudi, 1977.

이 있었다. 온건 자유주의자들이 이야기하는 연방주의는 연방제 구성원으로서 개별 국가의 자율권을 인정하는 범위 내에서 하나의 국가연합체 성격을 의미하지만, 급진파들은 기존의 주권국가들을 해체한 뒤 다시 인민주권 원리와 자유를 기반으로 하는 새로운 연방제 형태의 국가를 세우고자 했다.

종교에 대한 생각에서도 양자는 확연한 차이를 갖고 있었다. 온건 자유주의자들은 종교, 즉 가톨릭을 중심으로 하는 종교에 대한 믿음을 갖는다. 그러나 급진 자유주의자들은 종교보다 과학과 이성을 우위에 두었다. 이는 온건적 자유주의자들이 전통과 신앙을 지키면서 변화를 통한 현실주의적 개혁을 주장했던 것에 비하여 급진 자유주의자들은 기존 제도와 종교의 해체라는 다소 극단적인 방식을 통한 급진적인 주장을 했다는 차이가 있다. 따라서 이들에게는 국가 역시 이성과 지성의 산물이었으며, 국가와 국가가 결합되는 연방주의 기본 틀을 주장하였다. 이 점은 마치니주의에서 주장하는 민족에 바탕 한 민족 간 정치연합체와는 분명히 다른 사상이었다.

종교에 대한 확연한 관점의 차이가 급진 자유주의자들과 마치니주의자들과의 접합점이나 협력 관계를 설정할 수 없는 지점이었다. 급진 자유주의자들에게 민족이란 존재하지도 않았고, 민족에 바탕 한 국가란 아무런 의미가 없었던 것이다. 따라서 이탈리아의 통일이라는 과업보다는 과학과 이성의 빛이 충만한 다른 유럽의 문화와 지성이 어떻게 하면 빠르게 이탈리아에 보급될 수 있을 것인가가 이들의 시급한 과제였다. 이들에게 중요한 점은 자유를 완전하게 누릴 수 있는가였으며, 그 전제는 바로 국가의 독립이나 통일이 자유를 보장할 때에만 의미 있는 것이라는 주장이었다. 결국 이탈리아 통일 역시 이러한 관점에서 이해하고 추진하려는 것이었다.

카타네오와 페라라 두 사람 모두 민족이나 종교에 대하여 부정적 입장을 취하긴 했지만, 그 존재 자체를 부정하거나 무시한 것은 아니었다. 특히 페라라는 종교를 구질서의 기반으로 생각했기 때문에 종교를 거부했지만, 칸트가 이야기했던 보편적 교회의 필요성을 반대하지는 않았다. 또한 역사적인 관점에서 민족의 지속성은 어느 정도 인정했으며, 이탈리아와 이탈리아인이라는 문제도 이러한 관점에서 그대로부터 이어져 내려온 하나의 연속 개념으로 그는 인식했다. 고대 로마에서 시작된 인류의 발전은 중세에 이르러 코무네comune라는 형태로 이탈리아에서 나타나 르네상스를 통해 지속되었고, 이후 종교혁명기에 독일로 그리고 다시 프랑스로 넘어갔으며, 이탈리아 역시 이를 지속시켜나가기 위해 리소르지멘토를 통해 부활해야 한다는 것이 페라리의 생각이었다. 이렇듯 그는 문화와 문명의 진화라는 관점에서 자연스럽게 민족이나 종교 등을 리소르지멘토에 결합시킴으로써 리소르지멘토를 유럽적인 발전의 연장선에서 파악하고, 이탈리아라는 근대 국가발전과 유기적으로 연결시켰다.

따라서 페라리나 카타네오가 주장할 수 있는 최선의 정치체제는 바로 연방주의였다. 이미 여러 개의 지역으로 분할되어 있던 지역을 하나의 왕조나 체제로 통일시킨다는 것은 다른 지역의 희생을 통해 이룩될 수밖에 없는 것이며, 이는 두 사람이 절대 가치로 상정한 자유의 발전을 가로막는 것이었다. 이 점 때문에 온건적 자유주의자들이 이야기하는 피에몬테 왕국 중심의 연방주의는 카타네오와 페라라가 주장하는 공화주의적인 연방주의와는 전혀 다른 입장에 있었던 것이다.

결국 이와 같은 급진 자유주의자들은 1848년 이후에는 사회주의와 결합하면서 이탈리아 사회주의 사상의 발전에 공헌을 하였다. 이러한 면에서 피사카네가 주장했던 사회주의 혁명이 이탈리아 혁명의 절대적이고 유일한 목표라는 사고는 바로 급진 자유주의자들이 주장했던 사회주의 접목의 전형으로 볼 수 있다. 이러한 사상적인 흐름은 다시 19세기 후반부터 이탈리아 학계를 지배했던 실증주의 학파로 전달되거나, 사회주의와 공산주의로 흡수되었다.

이들 세 가지의 사상적인 흐름은 이 기간 내내 상호적으로 교차하거나 대립하면서 리소르지멘토를 완성시키고 지속될 수 있게 하였던 사상의 기반으로 작용하였다. 그러나 이들 사상적인 흐름은 지역과 지방정부의 상황과 얽히면서 더욱 복잡한 양상을 띠게 되었고, 이전의 혁명 열기가 사상적인 논쟁으로 옮겨가게 되었으며, 더군다나 그렇지 않아도 대중적 참여를 이끌어내지 못하던 운동의 흐름이 지식인이 중심이 되는 사상논쟁의 소모전 양상을 띠기도 하였다. 그럼에도 불구하고 결국 이들 세 가지 사상적인 흐름은 종합적으로 완성되어 1948~49년 혁명으로 재현되기도 하였다.

또한 1849년 6월에 끝난 로마의 방어나 베네치아의 방어는 어째서 이탈리아가 통일을 이루어야 하는가에 대한 당위성과 그것이 대중들의 자발적이고 적극적인 의지 없이는 불가능하다는 사실을 확인시켜주었다. 이는 이탈리아 리소르지멘토의 성격을 결정지을 수 있었던 여러 계기가 작용하였던 기간이었으며, 리소르지멘토 자체가 민족적인 운동의 방향에서 흘러갈 수도 있었다는 사실을 보여주는 것이었다. 그러나 1848~49년 혁명이 실패로 돌아가면서 이탈리아의 운명은 피에몬테와 그 궤를 같이 하게 되었고, 결국 피에몬테의 정치적인 우월권을 강화하고 피에몬테 주도의 리소르지멘토로 전개되는 계기가 되었다.

그러나 1948년 혁명이 실패함으로써 이탈리아의 운명은 사회적으로 태생적 한계를 내포하게 되었고, 결국 여러 사회문제를 촉발시키게 되는 잠재적 원인으로 작용하였다고 볼 수 있다. 이와 같은 1948년 혁명의 실패 원인에 대해 특히 살바토렐리Salvatorelli의 관점은 매우 의미심장한 것이다. 그는 실패의 원인을 두 가지 요인으로 집약하여 설명하고 있다. 그에 의하면 첫째 요인으로는 자유주의와 사회주의와의 충돌이었고, 둘째 요인은 자유주의와 민족주의와의 대립과 반목이라는 것이다.[23] 따라서 이탈리아의 통일은 이탈리아 전체의 문제로 귀속되기 보다는 피에몬테의 세력 확장과 온건 자유주의의 승리로 귀결될 수밖에 없었다고 해석되는 것이다.

---

23) 루이지 살바토렐리, 곽차섭 역, 『이탈리아 민족부흥운동사』, 한길사: 서울, 1997, p. 195.

1-3. 리소르지멘토의 주요 사상가들과 사상적 배경

이 시기 사상가들을 분류하는 것은 리소르지멘토를 언제부터 시작할 것인가
라는 시기의 문제에 따라 다소 유동적이다. 철학적으로 이탈리아에는 이미
17세기부터 각 지역별로 철학분파들이 활동하고 있었는데, 그중 가장 영향
력이 큰 학파는 나폴리 학파였다. 그러나 이들이 철학적인 측면에서 이탈리
아 사상계를 지배했지만, 리소르지멘토 시기에 국민과 대중에게 사상적인
기반을 제공한 것은 마치니와 온건주의를 대표하는 카보우르 및 카타네오
Cattaneo나 페라리Ferrari 같은 급진적 자유주의자들이었다. 이는 리소르지멘
토 연구에 저명한 루이지 살바토렐리Luigi Salvatorelli가 이야기하는 세 가지의
주요 흐름을 말한다. 살바토렐리는 1830년 이후 이탈리아 사상계의 주요 흐
름을 마치니주의, 카보우르로 대표되는 온건주의, 연방주의를 내건 급진적
자유주의로 나누어서 이야기하고 있다.[24] 가장 먼저 이야기할 수 있는 사람
은 마치니이다. 이탈리아 통일을 이루는 데 주요한 세 명의 인물 중 한 사람
으로 평가받고 있는 그는 이탈리아라는 문학작품 속에만 있던 정치사상으로
구체화시킨 인물이었다.

1805년 제노바에서 태어난 마치니Giuseppe Mazzini는 의사인 아버지와 현
명한 어머니 슬하에서 어려서부터 엄격하지만 분별 있는 교육을 받고 자랐
다. 당시는 나폴레옹이 몰락했던 때이기에 제노바 역시 외세에 복속되었던
역사적인 배경을 갖고 있었다. 이는 마치니가 어렸을 때부터 가졌던 자유주
의 공화국 또는 자유민주주의 체제 선호의 원천적인 동기였다. 실제로 그는
어린 시절에 받았던 영향을 다음과 같이 기술하고 있다. 첫째, 사회의 어느
계층에 대해서도 차별하지 않는 부모의 일관된 행동과 처신. 둘째, 집안의
주요 이야기 주제였던 프랑스 공화정 쟁취를 위한 전쟁에 대한 회상. 셋째,

---

24) Salvatorelli, Luigi, *Il pensiero politico italiano dal 1970 al 1870*, Einaudi, Torino, p. 337.

프랑스혁명 당시 온건공화국 파인 지롱드 당의 신문과 서류들. 넷째, 자신의 라틴어 교사의 지도하에 읽었던 그리스 로마 시대의 공화정 관련 고전들이 바로 그것이었다.[25]

그는 아버지의 뜻을 따라 의학공부를 시작했지만, 적성에 맞지 않아 곧 그만두고 법학공부를 위해 제노아 대학에 14세에 입학하였다. 법학 역시 그의 지성과 지적인 호기심을 붙잡기엔 역부족이었지만, 그럭저럭 마치니는 자신의 학업에 충실했다. 단테, 셰익스피어, 바이런 등에게서 가장 큰 문학적·사상적 영향을 받았다. 단테로부터 인간의 통일과 법의 통일에 대한 개념, 뜨거운 애국심, 세계의 운명을 이끌 지도자로 운명 지워진 이탈리아와 로마에 대한 신념, 통일 이탈리아에 대한 열망, 종교적이고 도덕적인 선과 신앙의 힘 등에 대한 수많은 단서들에서 자신의 사상적인 영감을 얻었다.

독일의 괴테나 쉴러, 헤르더 등에게도 깊은 매력을 느꼈다. 특히 헤르더로부터 인생에 관한 철학 개념이나 영혼의 불멸사상, 인류 진보의 이론, 신의 역사에 대한 인간의 동참을 배웠거나 확인했다. 이탈리아인들 가운데서는 브루노Bruno와 비코Vico, 마키아벨리 같은 사상가와 알피에리나 포스콜로 등의 근대 문학가들에게 많은 영향을 받았다.

젊은 시절 『안톨로지아Antologia』라는 당대 저명한 비평지에 글을 기고하면서 19세기 이탈리아의 주요 문학비평가로서 활동하였다. 또한 이 시기부터 본격적인 정치에 관심을 보였으며, 곧이어 '카르보나리에라'라는 비밀결사에 가입했다. 여기에서 그는 자신의 방식으로 지하운동을 주도하였지만, 결국 1930년 체포되어 주거제한과 망명의 기로에서 파리 망명을 선택하였다. 1931년 2월 알프스를 넘어 파리로 가던 중 리용에서 이탈리아 망명객들과 합류하기 위해 파리 행을 취소하고 리용에 머물렀다. 1831년에는 '청년이탈리아당'La Giovine Italia이라는 비밀결사체를 조직했다. 이 당은 이탈리아

---

25) 볼튼 킹, 한의방/송재원 역, 『마치니 평전』, 서울, 한길사, p. 12. 인용.

'민중'에 의한 공화국이어야 한다는 분명한 입장을 내세우며, 그때까지 분열되어 있던 이탈리아 민족주의자들에게 통합의 계기를 제공하였다. 중세의 분열 상태를 극복하지 못한 이탈리아 정치 상황은 마치니에게 통일에 대한 열망을 심어주었고, '청년이탈리아당'은 이러한 그의 발걸음의 시작이었다.

프랑스 7월 혁명의 영향으로 1831년 2월 이탈리아 모데나 지방에서 일어난 봉기를 필두로 확산된 중부 이탈리아의 혁명은 오스트리아군의 간섭으로 실패로 끝나고 말았다. 이에 마치니는 민족 지도자와 혁명 목표의 부재가 혁명 실패의 원인이었으며, 따라서 새로운 혁명조직의 필요성을 느꼈다. 그것이 바로 '청년이탈리아당'이었다. 마치니는 새로운 운동의 원천을 신과 민중에게서 구했다. 따라서 새로운 조직체를 '민족적인 종교'라는 목표 아래 당의 임무를 '신조이자 사도로서 수행해야 할 임무'로 규정하였다. 덧붙여 사회개혁이라는 부수적인 목표를 제공하였다. 정치 현안으로 이루어야 할 목표는 공화주의와 이탈리아 통일이었다. 마치니와 당원들의 열화와 같은 활동으로 세를 확장하던 청년이탈리아당은 1833년에 이르면 무려 5만에서 6만에 이르는 당원을 확보하였고[26] 이들은 통일 후에도 이탈리아의 지식인들과 지도자로서 활동하게 된다. 이 시기에 입당한 유명한 지도자 중의 하나가 바로 가리발디였다.

그러나 마치니는 개인적으로 어려운 시기를 맞고 있었다. 마르세유를 떠나 스위스에서 국내의 반란을 기도했지만 실패로 돌아가자 새로운 때를 기다려야만 했다. 이 시기에 마치니가 고민한 것은 혁명과 종교의 차이점과 성공한 혁명에 대한 방법론적인 모색이었다. 혁명 실패의 원인에 대하여 고민하던 마치니가 그 해결점을 찾은 것은 종교적인 정신력의 구심점이라는 것으로 귀결시켰다. 즉 기독교가 궁극적으로 승리할 수 있었던 것은 종교적인 정신력이 있었기 때문이며, 사회 구원이라는 동질한 성격의 사회개혁이나

---

26) 앞의 책, p. 42.

혁명이 실패한 것은 그와 같은 정신력이 부재했기 때문이라는 것이다. 새로운 혁명은 인간의 의무감을 이야기하였으며, 이는 새로운 통일운동과 사회개혁 운동에도 동일하게 적용되는 것으로 마치니는 생각하였다.

스위스 체재 중에 발간했던 『청년 스위스』지로 인해 마치니는 스위스 의회로부터 영구추방을 당했지만, 그의 이상은 1948년 스위스 헌법에 고스란히 묻어나게 되었다. 또한 이 시기 이탈리아인, 독일인, 폴란드인들로 구성된 17명의 망명자들과 함께 '청년유럽협약'을 작성하여 서명하였다. 이는 근대 유럽통합운동의 선구자로도 평가할 수 있다.

1837년 런던에서 다시 망명생활을 시작한 마치니는 이 시기에 이전부터 가지고 있던 포스콜로에 대해 관심을 부활시켰다(포스콜로가 잠들어 있던 곳이 바로 런던의 치스위크 교회 묘지였다). 포스콜로의 "신곡에 관한 주해서"와 "변명서한"에 대한 출판에 심혈을 기울였다. 또한 이탈리아 소년들을 위한 학교를 개설하고 정치적 지위 향상을 위한 활동을 시작하였다. 이 시기에 마치니가 가장 크게 경험한 것은 당대 사회사상과의 만남이었고, 혁명운동의 주체를 노동운동계급에 두어야 한다고 생각하는 계기를 마련하였다. 그럼에도 불구하고 이 운동이 새로운 사회를 위한 계급운동으로 나아가지는 않았다.

1847년 '청년이탈리아당'의 재건기구 성격의 '인민국제동맹'을 창설하였다. 마치니의 런던에서의 활동에도 불구하고 국내 정세는 마치니에게 불리한 방향으로 진행되고 있었다. 새로이 선출된 교황 비오 9세나 지오베르티 Gioberti와 같은 이들이 민족주의 입장에서 연방주의를 주창하였고, 이러한 방향에서 통일의 흐름이 진행되었다. 마치니는 자신의 공화주의 입장을 수정할 생각을 가졌고, 이를 위해 중도파의 입장 전환을 기다렸다.

1948년의 1월 팔레르모에서 반란이 일어나 부르봉 왕가를 몰아내는 데 성공하였다. 2월에는 토스카나와 피에몬테에서 헌법이 공포되었고, 오스트리아와의 전쟁은 불가피한 것으로 여겨졌다. 그러나 피에몬테의 카를로 알베르토 국왕의 우유부단함으로 인해 오스트리아와의 전쟁은 일어나지 않았고, 오히려 오스트리아 국내 사정에 의한 불가항력적인 개입이 발생하였다. 3월이 되자 오스트리아 빈에서 혁명이 발생하였고, 이를 틈타 밀라노에서 반란이 일어났다. 5일간의 처절한 전투 끝에 오스트리아를 물리치고 밀라노에 입성한 것은 피에몬테 군대였다. 그들은 민족주의자들의 대의를 저버리고 명목뿐인 자유주의 귀족들에게 손을 내밀었다. 결국 알베르토를 등에 업은 밀라노의 귀족들은 마치니의 공화주의를 두려워하여 자신들에게만 이익이 되는 무모하고 편협한 정책을 받아들여 후일 오스트리아에게 반격의 기회를 주고 말았다. 그리하여 통일은 다시 12년을 더 기다려야 했다.

어쨌든 이후 마치니는 로마를 중심으로 르마공화국이라는 자신의 이상을 위해 노력하였다. 그러나 당대의 또 다른 사상가였던 지오베르티는 교황 중심의 통일을 주장하는 신교황파의 인물이었다. 이와는 상대적으로 피에몬테 군대는 노바라에서 오스트리아군에게 패배함으로써 피에몬테를 중심으로 하는 이탈리아 통일은 결국 실현되지 못하였다. 그러자 마치니는 다시 로마공화국의 집정관이 되어, 로마공화극을 기반으로 하는 통일 이탈리아의 구상에 매달렸다.

그러나 이와 같은 구상은 우호적이었던 프랑스의 침공으로 파멸을 맞고 말았다. 프랑스의 침공에 맞서 로마는 마치니와 가리발디를 비롯한 지휘자들을 중심으로 오랫동안 저항했지만 결국 마치니와 가리발디, 마치니와 의회가 서로 반목하면서 프랑스에 항복하였다. 가리발디는 이에 불복하여 3천여 명의 병사들을 이끌고 로마를 빠져나갔고, 마치니 역시 로마에 며칠 더 머물다 주변의 권유로 로마에서 탈출하여 제노바를 거쳐 런던으로 향하였다.

런던에서는 평소처럼 소박한 생활을 하면서 이전부터 관계를 맺어왔던 저명한 지식인들은 물론 보다 폭넓은 고류를 하였다. 그중에는 아놀드 토인비, 케인즈, 디킨즈 같은 당대의 저명인도 끼여 있었다. 이 시기 마치니가 주로 힘을 쏟았던 것은 통일 이탈리아에 대한 구상과 이를 위한 선전 활동 및 자금준비 등의 총괄적인 준비 작업이었다. 이를 위해 마치니는 1851년 가을 이 태리지원협회를 창설하였다. 4년 전 마치니가 창설했던 인민국제연맹의 창설자가 주축이 되었고, 영국 자유주의자들이 가입하여 설립된 이 협회는 영국에서 이탈리아에 대한 여론 환기와 동조 분위기 조성에 커다란 역할을 하였다.

마치니와 카보우르는 성격이나 기질 면에서 거의 정반대의 성향을 보였다. 귀족 출신인 카보우르는 냉정하고 현실적인 기회주의자로 이야기할 수 있다. 민주정과는 거리가 멀었고, 신하로서 왕정체제 유지와 발전이 목표였다. 게다가 이탈리아 통일에 부정적이었으며, 이탈리아의 번영보다는 프랑스와의 동맹을 통해 오스트리아를 견제하면서 피에몬테의 번영과 발전을 이룩하는 것이 최대의 정치 목표였다. 그는 목적을 위해서는 수단이나 방법, 명예 따위는 그다지 중요하게 생각하지 않았던 실리주의자였다. 따라서 카보우르는 종종 자신의 목적을 위해 자유주의자를 이용하기도 했으며, 혁명주의자들을 박해하고 탄압하는 데에도 주저하지 않았다.

이와 같은 정반대의 성격과 기질은 마치니가 피에몬테와 카보우르를 불신하고 오판하는 데 결정적으로 작용하였으며, 카보우르 역시 마치니의 이상과 열정을 정확하게 판단할 수 없었다. 다만 현실적으로 마치니보다 카보우르가 이탈리아 당대의 정치 상황과 진행 방향에 대한 올바른 판단을 하고 있었던 것은 사실이었다. 특히 마치니는 프랑스의 루이 나폴레옹을 너무나 혐오한 나머지 당시 오스트리아와 대적할 수 있었던 최선의 외교 방책인 프랑스와의 동맹이나 협조를 전혀 구하지 않았다. 이는 마치니가 가진 한계였다.

카보우르는 마치니에 대하여 그다지 좋은 평가를 하지도 않았으며, 마치니가 가졌던 정치성향이나 이상에 대하여도 찬성하지 않았다. 마치니는 국내에서 이탈리아 민족위원회를 1850년에 창설하고, 이탈리아의 민족통일 운동을 지원하려고 하였다. 그러나 혁명 전술과 행동을 위한 자금모금과 봉기 지원 사업 등이 실패로 끝나면서 1853년 위원회는 해산하고 자신의 국내 기반 역시 허물어지게 되었다. 이와 같은 마치니에게 결정적으로 철퇴를 가한 것은 제노바에서의 봉기 실패였다. 가리발디와 피사카네Pisacane 등을 끌어들인 이 계획은 정부의 탄압으로 실패하였고, 결국 궐석 재판으로 사형까지 언도받은 마치니는 국내에서의 운동기반을 모두 잃어버리게 되었다.

다시 영국으로 돌아온 마치니는 이후 카보우르와는 적대 관계가 되었다. 그러나 마치니와 달리 피에몬테는 카보우르의 주도하에 크림전쟁과 뒤이은 유럽의 외교인 분할에 참가하였다. 특히 카보우르는 나폴레옹 3세와 밀약을 맺고 대오스트리아 전쟁을 선포하려고 하였다. 1859년이 되면서 오스트리아와의 전쟁을 준비하는 한편, 피에몬테가 이탈리아의 유일한 정치 세력체라는 인식을 심어주기 위해 노력하였다. 가리발디를 대장으로 하는 지원병들과 일단의 공화주의자들까지 모두 카보우르와 엠마누엘레 2세의 깃발아래 모였다. 그러나 베네치아에서 잠시 주춤거리는 사이 나폴레옹 황제가 배반하여 오스트리아와 협정을 맺어 베네치아를 오스트리아에게 양도하고, 중부 이탈리아 공국들을 제후들에게 분배하는 일이 벌어졌다.

카보우르의 이와 같은 비민족적이고 친피에몬테적인 정책과 전략에 의심의 눈초리를 보내고 있던 가리발디는, 니스를 프랑스에게 넘기고 중부 이탈리아에 대한 합병을 승인하는 카보우르와 프랑스 간의 밀약에 분노하여 카보우르와 반대 입장에 서게 되었다. 그러던 중에 1859년 4월 시칠리아에서 농민봉기가 일어나고, 그 지도자들이 민족혁명으로 이끌기 위해 가리발디에게 도움을 청하자 1천 명의 군대를 제노바에서 조직하여 시칠리아 원정을 떠나게 되었다. 이 계획에는 마치니도 가담하였고, 훗날 통일 왕국의 수상이 되는 크리스피Crispi도 가담하고 있었다. 가리발디는 열악한 조건에도 승승장구하였고, 마치니는 이와는 독자적으로 교황령 침공계획을 수립하였다. 카보우르는 이를 반대하고 다시 엠마누엘레 2세를 부추겨 교황청과의 전쟁을 먼저 선포하였다. 중부 이탈리아를 거의 점령한 가리발디는 나폴리에 입성하였다. 이렇게 하여 중부와 남부 이탈리아가 거의 오스트리아로부터 해방되었다. 가리발디는 계속하여 로마 진군을 원했고, 마치니 역시 이를 지지하면서 베네치아까지 진군하도록 재촉하였다.

카보우르는 이와 같은 로마로의 진군이나 베네치아로의 전진이 무엇을 의미하는지 잘 알고 있었다. 프랑스와의 단절과 함께 전면전으로의 확대는 물론, 오스트리아와도 전쟁을 해야만 하는 어려움에 처할 수 있다는 것이었다. 물론 이러한 어려움을 뚫고 충분히 결행할 수 있는 국내 상황은 무르익었지만, 마치니와 카보우르 그리고 가리발디라는 통일의 세 축은 이를 조정하여 감당할 만큼 협력적이거나 우호적이지 않았다. 더군다나 마치니는 여전히 공화주의적인 원칙을 고수하고 있었고, 통일 후 이탈리아 국민회의의 소집을 제안하고 있었기 때문에 피에몬테나 당시의 상황과 결합되기 힘든 조건이었다. 이에 가리발디와 피에몬테의 왕은 그에게 나폴리를 떠날 것을 권하였고, 가리발디는 카보우르의 의견을 받아들여 자신이 정복한 남부를 왕에게 바침으로써 마침내 이탈리아는 통일을 이룩하게 되었다.

그러나 마치니는 자신의 구상이 실패로 돌아가자 나폴리를 떠나 또다시 영국으로 돌아갔다. 이 시기 마치니는 통일헌법의 내용에 대하여 생각하기 시작하였다. 마치니가 구상하였던 '국민협약'의 내용은 보편적인 지원병 제도, 철도·광산·교회토지의 국유화, 산업재편, 생산조합의 국가적의 장려, 12개 지역을 기초로 하는 지방정부의 재구성, 대규모로 재편되는 코무네 Comune 제도 등이 그것이었다.[27] 그러다 다시 이탈리아로 돌아와 가리발디와 암묵적으로 동의하였던 베네치아로의 진군계획을 다시 한번 추진하고자 했다. 그러나 계획은 이미 실패로 돌아갔으며, '신성전선'이라는 결사체를 만들고 공화주의에 대한 선전을 재개하였지만, 지원세력을 규합하는 데 실패하였다.

1864년 한때는 제1인터내셔널의 결성에 참여하지만, 마르크스파와 의견

---

27) 앞의 책, p. 160. 참조.

대립 끝에 탈퇴하였다. 이후에는 고국에서 공화주의 통일을 위해 노력하다, 1870년 제노아와 시칠리아 등에서 반란을 기도하다가 그해 8월에 체포되었다. 주변의 도움으로 석방되어 스위스로 망명의 길을 떠났고, 1872년 피사Pisa에 정착하였지만, 돌연 사망하였다. 이렇게 그는 자신이 평생 목표하였던 통일 이탈리아의 건설을 보기는 했지만, 그것이 자신에 의해서 이루어지지도 또 자신이 원하는 방식으로 달성되지 않았다는 것을 아쉬워하며 죽었다. 그러나 마치니 자신의 이상주의적인 공화주의 이념은 20세기 이탈리아의 노동운동과 사회주의 운동에까지 영향을 미쳤을 정도로 20세기 이탈리아 정치사상의 커다란 한 축을 구성함으로써 정신적·사상적으로 통일을 이루는 데지대한 공헌을 했다는 평가를 받을 수 있다.

1850년대의 이탈리아 상황, 특히 피에몬테의 상황은 새로운 전기를 맞고 있었다. 카를로스 알베르토Carlo Alberto의 뒤를 이어 비토리오 엠마누엘레Vittorio Emmanuele 2세가 즉위한 뒤 유럽의 신흥강국으로 부상하고 있었다. 이탈리아 민중의 보수성과 종교적인 영향력, 그리고 민족통일이라는 대의에 대한 무관심은 마치니의 희망과 기대를 무산시키기에 충분했다. 마치니가 가진 막연한 대의명분만으로는 이탈리아 민족을 오스트리아나 기타 유럽 열강으로부터 지켜내고 통일을 이룩하기에는 현실성이 없었다. 이와 같은 현실을 인식하고 있으면서 대안 세력으로 떠오른 것이 바로 피에몬테의 중도주의 일파들이었다. 카보우르는 이들의 수장으로서 당시 유럽의 정치 지형에서 피에몬테가 살아남을 수 있는 정확한 방향을 알고 있었지만, 이탈리아 통일에 대해서 만큼은 상당히 부정적인 입장을 견지하였다.

가톨릭에 바탕을 둔 이상주의자였던 마치니와 대립적이던 카보우르는 마치니보다 다섯 살 아래였다. 그는 신흥귀족 출신으로 가톨릭의 영향을 덜 받았으며, 자유주의 성향을 가진 가정에서 자라고 교육받았다. 그러나 가부장적인 사고를 바탕으로 급진적인 변화나 개혁에 대해서는 상당한 거부감을 보일 정도로 보수적인 성향을 가졌다.28) 이러한 그의 성향은 '진보'와 '개혁'을 온건한 질서에 따라 정당한 절차를 통한 자유주의 문명의 발달 과정으로 바라보게 하였다.

특히 카보우르에게 있어 1848년에 일어난 혁명은 적색혁명에 대한 혐오와 공포를 가져다주었고, 그에 대한 반발로 자유주의 노선을 채택할 정도였다. 이러한 카보우르의 입장은 당시 유럽 각국의 정치 상황과 맞물리면서 보다 현실적인 노선으로, 그리고 이탈리아의 당대 현실에 적합한 방향으로 흘러갔다. 이는 카보우르의 의도가 성공할 수 있었던 이면에 국내의 상황뿐만이 아니라 국제적 상황, 즉 유럽의 외교 역학관계 등이 상당히 작용하였다는 사실을 의미한다. 다시 말해 마치니 등이 주도하는 이탈리아 공화주의로의 통일은 결국 이탈리아인들에 의한 민족주의 혹은 국민주의 통일이라는 측면에서 프랑스를 비롯한 유럽의 우려를 자아내었던 것이다. 그러나 카보우르에 의한 피에몬테 중심의 통일왕정은 유럽에서 보면 단순한 영토 확장 이외의 그다지 큰 정치적·역사적 의미가 없다고 볼 수도 있는 것이다. 또 다른 새로운 민족국가 혹은 국민국가의 등장은 유럽에서 힘의 균형을 깨트리는 것일지도 모르지만, 하나의 왕조에 의한 동일 지역 내의 정복전쟁은 당시의 현실에서 보면 혼란과 분열의 위험을 내포한 영토 확장 이외의 정치적인 의미는 없었던 것이다.

바로 이와 같은 왕정 중심의 통합에는 카보우르의 정치 신념이 가장 강력하게 작용하였다. 카보우르에게 공화주의는 그가 그토록 증오하던 혁명이나 사회주의와 그다지 차이가 없는 혐오스러운 것에 지나지 않았다. 그렇지만 카보우르가 싫어했던 것은 혁명 이후에 오는 인민에 의한 독재정이나 국민주권에 기반을 둔 공화주의 독재를 혐오했다. 적어도 카보우르는 의회주의에 대한 절대적인 신뢰를 가지고 있었으며, 당대 이탈리아 현실에서 왕정이야말로 가장 적합한 이탈리아의 정치형태로 보았다. 그래서 이 두 요소의 결

---

28) Salvatorelli, Luigi, *Il pensiero politico italiano dal 1970 al 1870*, pp. 296~99. 참조.

합인 입헌군주국 형태야말로 카보우르의 의도와 신념에 부합하는 것이었다.

　이와 같은 카보우르의 정치 신념은 당대의 마치니의 그것과도 다르지만, 세계관이나 도덕적인 인식에서도 근본적인 차이를 보이고 있다. 카보우르는 다수에 의한 민주라는 개념보다는 제도와 엘리트 중심의 소수에 의한 진보나 개혁을 더 선호하였다. 이는 결국 정치 제도인 정당에 의한 의회주의를 신봉하게 된 원인이 되었으며, 목적을 위해서 윤리와 도덕이 절대적으로 준수되어야 하는 것으로 보았던 마치니와 달리 목적을 위해 수단을 정당화하는 현실주의 입장을 표명하였다. 또한 이는 자유주의에 대한 두 사람 사이의 근본적 인식의 차이를 보여주고 있다. 마치니의 이상주의적 경향은 자유 획득을 위한 투쟁과 다수를 위한 자유를 중시하는 데 반해 카보우르에게 자유의 정착은 제도를 통해서, 또 이를 위해 다수의 정치적인 술책이나 타협도 가능하다는 입장이었다.

　또한 카보우르의 현실적이고 합리적인 실용주의는 종교와 정치를 구분하였지만, 마치니는 종교와 정치를 결합하는 이상주의적인, 다소 신비주의적인 경향을 띠는 원인이 되었다. 결국 통일운동의 과정에서 마치니의 이상주의는 카보우르의 현실주의에 패배하였고, 승리한 카보우르가 이를 이상적으로 펼치기 전에 죽음을 맞이함으로써 보다 바람직하고 발전적인 통일 이탈리아 왕국은 완성되지 못했다. 이외에도 앞에서 언급한 것처럼 온건한 자유주의 경향을 대표하는 발보나 다젤리오, 지오베르티 등의 사상은 피에몬테 중심의 통일에 대한 사상적인 근거를 제공하였으며, 리소르지멘토의 필요성을 국민 차원에서 확산시키는 데 기여하였다. 아울러 마치니주의나 급진 자유주의의 완충적 역할을 함으로써 국가 안에서 제도를 통한 점진적인 개혁과 진보의 가능성을 열어주었다는 평가를 받고 있다.

1-4. 이탈리아 통일에 대한 해석과 정치적인 의미

이탈리아의 통일운동이 카보우르의 의지와 피에몬테 중심으로 흐르게 된 것은 1850년 이후의 국내외적인 상황에서도 잘 드러나고 있다. 카보우르는 크림전쟁의 결과 고립된 오스트리아에 대항하고, 북부 중심의 이탈리아 통일을 구상하였다. 1858년 7월의 비밀 회담[29]은 그러한 결과였고, 오스트리아와의 통일 전쟁이 수행되지 못한 것도 유사한 정치적인 결과였다. 그러나 우연하게도 전쟁의 발발은 이탈리아가 아닌 오스트리아에 의해 일어났다. 1859년 4월 오스트리아는 롬바르디아를 넘어 피에몬테로 진격하였고, 나폴레옹 3세는 즉시 개입하였다. 그러나 마젠타Magenta와 솔페리노Solferino에서 승리를 거두었음에도 나폴레옹은 카보우르의 야심과 음모에 의혹을 품고, 오스트리아와 휴전협정을 맺었다.[30] 전쟁은 카보우르의 의지와는 전혀 다른 방향에서 진행되었지만, 이 전쟁을 통하여 피에몬테는 다시 한 번 영토를 확장하였다. 중부 이탈리아 자치도시들과의 합병을 추진하면서 나폴레옹과 카보우르는 독단적으로 밀약을 맺어 니스와 사보이를 넘겨주고 중부 이탈리아 자치도시들과의 합병을 인정받았다.

북부의 이와 같은 상황과 달리 남부, 특히 시칠리아의 상황은 더욱 복잡하고 혼란스러워졌다. 여전히 봉건적이고 중세적인 전통이 남아 있던 지주와 농민들의 관계는 급기야 여러 차례 걸친 봉기로 이어졌다. 이중에서도 1859년 4월에 억압적이고 착취적인 지주들에 대항해 일어난 농민 봉기는 시칠리

---

29) 카보우르와 나폴레옹 3세가 대표로 참석한 이 회담에서 이탈리아가 교황 지배하의 4개 지역으로 분할된 연방국가 설립이 합의되었다.

30) 당시 카보우르는 교황령을 합병하려고 비밀리에 계획을 수립하고 있었지만, 오스트리아에 대한 전쟁이 주변국들과의 이해관계가 얽히면서 프러시아를 중심으로 유럽 국가들의 개입 움직임이 있었다. 이에 나폴레옹은 오스트리아에게 베네토를 넘겨주고 롬바르디아를 이양 받는 조건으로 휴전협정을 체결하였다. 당시 이 전쟁 기간 중에 이탈리아 중부의 자치도시들은 오스트리아에 대항해 각 지역에서 봉기를 일으켰다. 이는 다시 이듬해 피에몬테와의 합병을 추진하는 계기가 되기도 하였다.

아뿐만 아니라 이탈리아 통일에 주요한 전환점이 되었다. 봉기가 일어난 뒤 시칠리아의 일군의 지식인들은 농민봉기를 정치 혁명으로 이끌 필요성을 느끼고 이를 가리발디에게 요청하였다. 마침 런던에서 돌아온 마치니와 그 일파들은 이를 실행시키기 위해 계획을 세우고 준비를 하였다. 가리발디는 천인부대라고 불리는 1천 명의 군사들을 이끌고 시칠리아에 상륙하여 성공을 거두게 되었다.[31]

가리발디는 시칠리아를 평정한 뒤 다시 본토까지 진격하여 10월초에는 나폴리에 입성하였고, 남부 전역을 회복하여 교황령과 대치하는 상황을 만들어냈다. 이에 당황한 카보우르는 나폴리에서 국민투표를 제안하여 피에몬테와의 합병에 대한 투표를 실시하였그, 결국 압도적인 표 차이로 합병 안이 통과되었다. 또한 가리발디보다 먼저 교황령을 점령하기 위해 나폴레옹의 양해를 구하고 엠마누엘레 2세를 동원하여 나폴리 북부에 있는 테아노Teano까지 진격하였다. 여기에서 가리발디를 만나 설득하는 데 성공함으로써 가리발디가 점령했던 남부를 합쳐 로마를 제외한 통일을 이룩하였다. 일단 통일의 기초를 다지자 이후의 이탈리아 국가는 피에몬테 왕국의 연장으로 재구축되었다. 즉 모든 지방의 제도와 법령 및 행정과 세금은 피에몬테의 제도로 대체되었는데, 결국 통일의 의미보다는 지배왕권의 교체에 지나지 않는 결과를 초래했다. 이는 지배계층과 통일운동의 주류가 새로운 시대와 국가를 위한 이념이나 주의가 아니라 카보우르가 내세웠던 중간계급 중심의 중도 온건주의만이 존재하게 되었던 이유가 되었다.

따라서 1861년 이후의 시기는 오히려 이칼리아 내부의 지배계급과 귀족들의 경제적이고 정치적인 이익을 공고히 하기 위해 신흥 상공업 중간계급들을 끌어들이는 시기였다. 따라서 마치니주의나 지방 간 차이를 인정한 정

---

31) *Garibaldi: cultura e ideali*: Atti del LXIII congresso di storia del Risorgimento italiano (Cagliari, 11~15 ottobre 2006)

치적인 연방주의 중심의 통일운동과 급진 자유주의는 사라지게 되었다. 지배계급의 정치 이념이 단순화되고 영토적으로 통일이라는 국가 목표가 완성되었지만, 상황은 정리되거나 단순하게 전개되는 것이 아니라 상당히 복잡한 문제들을 드러내었다.

외부적으로는 새로운 국가 이탈리아에 대한 유럽의 주요 국가들은 우호적이지 않았으며, 오히려 피에몬테 왕국이 아닌 이탈리아 왕국의 출현에 대해 우려하는 입장이었다. 내부적으로는 단지 영토만이 확장된 지리적인 통합 이외의 사상적이고 정신적이며 문화적인 통합과 통일은 오히려 그 차별성을 더욱 두드러지게 할 따름이었다. 그에 따른 여러 사회문제들, 예를 들면 국가와 가톨릭의 관계설정 문제, 남부에 대한 지역차별 문제, 자유주의적 이념을 기반으로 하기는 했지만 이것이 경제적인 자유주의나 부의 확산이 아니라 오히려 자본주의 체제의 불완전성과 허약성을 드러나게 됨으로써 이후 발생하게 될 파시즘에게 성장의 토양을 제공하였다는 점 등은 두드러지게 드러나는 사회문제들이었다.

비록 로마가 제외된 미완성의 통일이었지만, 서기 479년 서로마 제국 멸망 이후 처음으로 영토적인 통일을 이룩한 리소르지멘토의 결과에 대하여 많은 학자들이 규정하고 해석을 하고 있다. 리소르지멘토의 성격을 어떻게 볼 것인가에 대하여는 크게 세 가지 방향이 존재한다. 하나는 이탈리아 민족의 부흥운동이라는 시각에서 리소르지멘토의 성격을 규정하는 방향으로 주로 민족주의 계열의 사상가들과 역사가들의 주장이다.[32] 두 번째는 통일운동으로서 이탈리아가 봉건적 질서를 해체하고 본격적인 국민국가로서 근대 자본주의 국가의 틀을 다지는 기초를 형성하여 부르주아 중심의 자본주의

---

32) 이 주장의 중심은 고대 로마 제국과 같은 영광을 구현하고, 이탈리아 민족의 부활과 재생을 이룩하기 위한 운동이 바로 리소르지멘토라는 것이다. 로돌리코N. Rodolico와 같은 민족주의 역사가들이 대표적이다.

체제를 위한 출발점으로 보는 방향이다.33) 세 번째는 다소 부정적인 시각에서 미완성의 리소르지멘토로 인해 이탈리아의 정체성이 왜곡되었고, 민중이 주도하는 보편적이고 평등적인 국가의 출발이 아닌 기득권을 가진 지배계급 중심의 재구성에 불과하다고 보는 방향이다.34)

리소리지멘토를 규정하는 이러한 세 가지 방향은 다시 해석의 주체와 정치적 · 역사적 의미를 두고 앞에서 이야기한 대로 두 가지 입장으로 나뉜다. 하나는 통일의 주역이었던 피에몬테 왕국의 입장을 반영한 것으로, 주로 리소르지멘토를 통해 이탈리아가 근대국가로 발전할 수 있었으며 이탈리아 반도가 자본주의 체제 아래 국민국가 형성의 토대로 나아갈 수 있었다고 보는 입장이다. 다른 하나는 피에몬테 중심의 리소르지멘토에 반대하는 입장으로 통일이 새로운 시작이라기보다는 수많은 사회문제와 이탈리아의 전근대성을 분명하게 일깨워주는 계기였고, 아울러 르네상스의 이탈리아와 현대 이탈리아를 단절시키는 계기였다고 해석하는 입장이다.

리소르지멘토에 대한 해석이 다양한 것은 이러한 다양하고 복잡한 해석과 방향들이 서로 얽히고 설키면서 어떤 기준으로 이러한 방향과 입장을 수용하느냐에 따라 또 다른 해석과 의미 규명이 일어나고 있기 때문이다. 리소르지멘토에 대한 끊임없는 논쟁은 이탈리아 통일 이후 지속적으로 제기되고 진행되고 있다.35) 이미 알려진 대로 가장 일반적인 리소르지멘토 해석의 대

---

33) 이는 피에몬테라는 지역이 산업화를 통해 이룩한 자본주의 체제의 시작이 공고화되면서, 통일에 의한 새로운 민족국가의 창달보다는 오히려 근대국가로서 이탈리아라는 국가의 발전과 미래지향적인 국민 성격을 강조하는 것이다. 이 주장의 대표적인 학자로는 칸델로로C. Caldeloro와 같은 이들이 있다.

34) 이 주장의 근거는 주로 좌파적인 관점에서 사회주의나 마르크스주의 입장에서 리소르지멘토를 해석하는 경우이다. 살베미니나 그람시 등으로 대표되는 입장이라 할 수 있다.

35) 참고할 만한 주요 논문과 자료들은 다음과 같다. Nicola Raponi, *La storiografia sul Risorgimento fino alla prima guerra mondiale*; *Gennaro Sasso, Croce, Gentile, il Risorgimento*; Romano Ugolini, *L'organizzazione degli studi storici*; Giuseppe Talamo, *La storiografia sul Risorgimento tra le due guerre mondiali*; Fausto Fonzi, *La storiografia sul Risorgimento nel*

표적 관점은 통일의 주체였던 피에몬테 왕국 중심의 해석이다. 통일에 의해 리소르지멘토가 완성된 이탈리아의 역사적이고 정치적인 운동으로 바라보고 있는 이 해석은 파시즘 시대를 거치면서 공고해졌고, 이는 다분히 민족주의적인 측면이 강조되고 있는 해석이다. 그러나 리소르지멘토 시기의 이탈리아의 국내외적인 상황에 비추어 과연 '민족적'이라는 의지와 현상이 이탈리아에 얼마나 존재하였던가를 본다면, 리소르지멘토의 '민족적'인 특징과 성격은 부족한 부분이 많다고 볼 수 있다.

두 번째는 이와 같은 사보이 왕가 중심의 해석에 반하는 것으로 리소르지멘토를 사보이 왕가의 영토 확장과 그 노력의 과정으로 접근하는 방법이다. 이탈리아라는 지리적이고 영토적 형성 과정이라는 측면에서 접근하는 해석으로 정치적으로 통일된 근대국가의 등장으로 해석할 수 있는 시도이다. 이 해석의 주요 논지는 리소르지멘토를 제2의 이탈리아 르네상스로 확대해석하는 경향에 반대하고 근대국가의 등장 과정에서 산업화를 먼저 시작한 지역을 중심으로 자연스럽게 정복과 합병 등의 방법을 통하여 영토 확장을 하였던 과정으로 평가한다는 입장이다.

세 번째는 보다 통합적이고 문화적인 시각을 중시하는 문화통합운동으로서 제2의 르네상스로서 리소르지멘토를 해석하는 방법이다. 이 해석은 특히 문화적이고 사상적인 측면에서의 또 다른 문화운동으로 확장하여 영토적인 확대보다는 정신적으로나 문화적으로 이탈리아라는 국가와 국민들의 총체적인 사회운동으로 보는 입장인 것이다. 특히 이 점에 관해서는 르네상스와 리소르지멘토의 차이 비교라는 측면에서도 흥미로운 문제가 될 수 있다. 르네상스가 지중해 연안과 유럽을 잇는 매개 역할을 통해 외부의 자양분을 공

---

secondo dopoguerra (1945~1965); Alfredo Capone, *Tradizione del Risorgimento e identita nazionale*; Filippo Mazzonis, *La storiografia straniera sul risorgimento*; Mauro Ferri, *Risorgimento e politica*; in *Cento anni di storiografia sul Risorgimento*: Atti del LX Congresso di storia del Risorgimento italiano (Rieti, 18~21 ottobre 2000).

급받은 내부의 문화발전과 개혁운동이었다던, 리소르지멘토는 유럽적 상황에 일방적으로 영향을 받아 내부적으로 국지적인 차원에서 외형적인 변화의 모습에 그친 미완성적인 문화와 사상의 개혁운동으로 볼 수 있다는 것이 이러한 입장의 요체이다.

그러나 이탈리아 통일 150주년을 맞이한 2011년에도 이와 같은 해석은 또 다른 논란과 논쟁을 끊임없이 분출시키고 있다. 특히 역사학계에서 주장하는 리소르지멘토에 대한 재해석과 정치학계에서 주장하는 그것이 분명한 차이를 나타내고 있다. 특히 이러한 양 학계의 대표적인 해석으로 평가할 수 있는 빌리오네와 살바도리의 주장과 해석은 현재의 이탈리아에 대한 정치적인 의미를 다시 한번 생각하게끔 한다. 이에 다음 장에서는 미완성의 통일문제가 이탈리아 특유의 사회문제인 남부문제로 전환되는 과정과 카보우르에서 그람시까지 이어지는 남부문제의 역사와 의미를 살표 보고자 한다.

2. 카보우르에서 그람시까지 남부문제의 형성과 역사

2-1. 남부문제의 시작

역설적이게도 근대 이탈리아가 통일하면서 시급하게 해결해야 할 문제는 남부문제였다. 통일과 반대 개념인 분열과 갈등이 내포된 지역문제가 통일 이탈리아 왕국의 가장 골치 아픈 사회문제로서 등장하게 된 것이다. 이 문제는 곧바로 국가적으로 해결해야 될 가장 시급한 일이자 동시에 구조적으로 발전시켜야 할 국가정책이 되었다.

너무나 우연히 찾아온 이탈리아 통일은 그 기쁨과 흥분이 채 가시기도 전에 커다란 어려움에 봉착하였다. 갑자기 통일을 손에 쥔 피에몬테 왕국은 아무런 대책이나 계획 없이 국가체계를 피에몬테의 그것으로 바꾸기 시작했다. 행정, 법령, 조세, 무역 등 거의 모든 국가 시스템은 피에몬테에서 사용하던 것으로 바뀌게 되었다. 너무나 다른 경제적·사회적·정치적 여건을 갖고 있던 남부와 피에몬테를 중심으로 한 북부의 결합은 부조화의 극치였던 것이다. 심지어 일반 국민들은 피에몬테를 정복자로 받아들였고, 자신이 살고 있는 땅이 정복당했다는 생각을 갖기까지 했다.

정작 통일은 이룩되었지만 지역 간 불균형과 갈등이 새롭게 시작되었던 것이다. 이후 약 150년이 지난 오늘까지 이탈리아의 지역문제는 '남부문제'라는 이름으로 존재해오고 있다. 통일 이탈리아가 갖는 구조적 사회문제로서 남부문제는 이렇게 시작되었고, 당대의 지식인들을 비롯한 위정자들은 이를 해결하기 위한 방법과 연구 결과물들을 제시하였다. 이 같은 관점에서 이탈리아 남부문제가 형성된 역사와 주요 사상가, 정치가들에 의해 구상된 정책과 입장은 현대적 의미의 남부문제를 이해하기 위해서 반드시 파악해야 할 필수 조건일 것이다. 이는 영남과 호남이라는 지역문제가 언제나 정치적 화두로 존재하는 한국적 상황에 비추어보아도 그 중요성은 크다고 볼 수 있다.

통일의 주역 중 한 사람인 카보우르부터 그람시에 이르기까지 당대의 주요 사상가들은 남부문제를 나름의 시각으로 바라보았다. 방법론적으로 이를 구분하는 기준은 여러 가지가 있을 수 있겠지만, 여기서는 누가 어떤 관점에서 접근했느냐에 따라 크게 두 가지로 구분할 수 있겠다. 첫째는 지배적 관점에서 부르주아 사상가들이 바라본 통일국가의 사회문제로서 남부문제를 분석하고 그에 따른 해결방안을 제시한 것이고, 둘째는 피지배적 관점에 따른 것으로 사회주의적 접근방법에서 시작하여 그람시에 이르기까지 좌파적 시각을 가진 사상가들이 분석한 것이다.

이탈리아 통일 이후 150년이 넘는 시간이 흘렀지만 '남부'라는 지역문제가 여전히 사회성을 갖는 이유는 여러 가지가 있을 것이다. 남부라는 지역의 특수성이나 통일 자체가 갖는 한계와 오랜 역사성에서 비롯된 이유 등에서 그 원인을 분석하고 찾아보는 일은 그리 간단한 작업이 아니다. 여기서 이를 본격적으로 다루는 것은 또 다른 연구의 영역이기에 그에 대한 논의는 그람시Antonio Gramsci 연구나 유사한 분석에서 좀 더 집중적으로 다루도록 하고, 이와 같은 여러 원인을 이해하기 위한 필수 기본 사항인 남부문제의 역사성과 전개 과정 등에 대해 충분히 논의하고자 한다. 아울러 '남부'라는 지역문제를 통해 현대 이탈리아가 갖는 모든 사회적·문화적 문제들에 대한 올바른 이해와 접근에 동기를 제공함과 동시에 이후 등장하는 파시즘과의 연관성 문제 등 남부문제에 대한 연구는 현대 이탈리아 이해의 주요한 출발점이라고 할 수 있다.

2-2. 카보우르36)와 남부

이탈리아 통일을 이야기할 때 가장 먼저 거른되는 사람은 마치니와 가리발디, 카보우르다. 통일에 대한 이상과 열망을 주었던 이가 마치니라면, 무력에 의한 국토 확장과 틀을 제공한 사람은 가리발디였다. 카보우르는 머리와 입을 이용하여 유럽 각국의 세력관계를 적절하게 활용하여 이탈리아의 국제 정치적 위상 확립과 영토적 통일을 완수하는 데 결정적인 역할을 했던 정치가였다. 귀족 출신이었던 카보우르는 이탈리아 통일 이후의 남부문제와 그 해결책을 위한 정책을 구체적으로 입안하여 실행하지는 않았다. 통일 직후 사망했다(1861년 6월)는 역사적 사실뿐만 아니라 실제로 그는 피에몬테를

---

36) 카보우르에 대한 전기적 삶과 사상에 대하여는 다음의 책을 참고하시오: 살바토렐리Salvatorelli, 『리소르지멘토의 행동과 사상Pensiero e Azione del Risorgimento』, 토리노, 토리노 문서보관서, 1944.; 마투리Maturi, 『리소르지멘토의 사상적 조류와 정당들Partiti politici e correnti di pensiero nel Risorgimento』, 『리소르지멘토와 이탈리아 역사의 문제들Questioni di Storia del Risorgimento e dell'Unita d'Italia』, 밀라노, 밀라노 문서보관서, 1951, 등.

중심으로 한 북부지역만을 새로운 이탈리아 통일왕국에 편입시키려고 했던 의도를 가지고 있었기에 남부문제의 실체조차 제대로 알지 못했다.

단지 그는 통일 전부터 민족이라는 개념을 통하여 '애국심'이나 '국가' 같은 개념에 대한 이성적 이해만 하고 있었으며, 베네치아 공화국을 세웠던 다니엘레 마닌Danielle Manin 37)이 주장하던 통일론을 지나친 이상주의로 몰아붙이기도 하였다. 게다가 그는 귀족주의의 전통과 함께 프랑스와 영국 등 유럽 선진문화에 대한 사대주의적 편견에 빠져 있었다. 따라서 그는 통일을 통하여 귀족과 자본가 계급의 경제적 이해와 자유무역주의를 증진하는 쪽으로 정책 방향을 수립하였다. 또한 남부를 비롯한 각 지방의 지나친 정치적 자치성은 그로 하여금 강력한 중앙정부의 필요성을 각인시키는 동인이 되었다. 강력한 중앙집권제란 곧 국가의 일부분(당연히 남부를 지칭)을 희생시켜서라도 수립해야 하는 절대적인 통일국가의 체제였다.

카보우르는 위정자로서 남부의 경제적·정치적 정황을 인지하고 있었다. 산업적으로 불균형할 뿐만 아니라 대토지 소유자들을 중심으로 한 전통적 지배계층은 여전히 지방행정에 막강한 영향력을 미치고 있으며, 일반 민중들 사이에는 통일왕국의 국왕보다 가리발디를 더 찬양하는 등 북부와는 다른 경제적·문화적 양상을 띠고 있었다. 따라서 카보우르는 남부를 북부의 산업을 발전시키기 위한 중간 거점으로 활용하고자 했다. 이는 유명한 아르톰E. Artom 경의 논문에서 보다 명확하게 표현되고 있는데, "카보우르는 남부 이탈리아가 동양과 서양을 잇는 교량 역할을 하게 하여 신생 이탈리아를 보다 빠르게 발전시키려는 의도를 갖고 있었다. 그러나 그의 이 같은 의도와는 달리 남부 이탈리아는 세계 교통의 중심부에서 벗어나 있었다"38)고 지적하고 있다.

---

37) 다니엘레 마닌Daniele Manin(1804~1857)은 이탈리아 리소르지멘토 시기의 정치가이자 사상가이다. 그는 베네치아를 모델로 공화주의를 주장하였다. 그의 애국적인 행위로 오스트리아의 감옥에 갇히기도 했으며, 북부 이탈리아인에게 이탈리아인과 이탈리아라는 국가에 대한 애국심을 고취했던 인물이다.

어쨌든 카보우르의 의도와 기도는 성공하지 못하였다. 농업이라는 1차 산업을 기반으로 하는 지역의 지배계층에게 카보우르의 정책은 곧 영향력과 세력 감소를, 일반 민중들에게는 과중한 세금부과와 자유무역제도에 따른 농업기반 생활의 붕괴를 의미하는 것이었기에 쉽사리 받아들여지지 않았다. 통일 후 발생했던 남부의 농민봉기를 도덕적 문제로 치부하였던 카보우르가 사고의 전환을 통해 남부문제의 사회적 심각성을 받아들이기 시작하였지만, 그의 죽음과 함께 남부문제에 대한 해결책은 구상도 하기 전에 끝나게 되었다. 결국 강력한 중앙집권적 통치제도를 통해 통합된 이탈리아를 건설한 뒤 점차 지방에 자치 권력을 이양하는 방식으로 남부문제를 해결하고자 했던 그의 의도는 중앙집권이나 지방자치 어느 하나도 제대로 실현되지 못한 채 다른 정치가의 몫으로 남겨지게 되었다.

2-3. 보수주의적 남부주의자 빌라리 Villari 39), 손니노 Sonnino 40), 프란케티 Franchetti 41)

카보우르를 중심으로 한 자유주의자들은 통일 이탈리아 초기의 정치적 입장을 대변하였다. 여전히 정치적으로 다양한 입장들이 상존하고 있었지만 주

---

38) 1901년 11월 1일자 『새로운 선집Nuova Atologia』에 실린 아르톰 저, 카보우르 백작과 나폴리 문제 Il Conte di Cavour e la Questione Napoletana, p. 356의 글을 마시모 살바도리Massimo Salvadori, 『좋은 정부의 신화Il mito del buongoverno』, Einaudi, Torino, 1981. pp. 29~30에서 재인용.

39) 빌라리의 전기와 사상에 대하여는 다음의 책을 참고하시오: Pistelli, 『파스콸레 빌라리에 대한 소개 Profilo di Pasquale Villari』, 밀라노, 밀라노 문서보관소, 1916.; Baldasereni, 『파스콸레 빌라리 Pasquale Villari』, 피렌체, 토리노 문서보관소 1918. 등.

40) Tagliacozzo, 『1870년 이후 정치적 현실주의에 대한 개요Voci di realismo politico dopo il 1870』, Bari, 토리노 문서보관소, 1937. 등 참즈.

41) Zanotti-Bianco, 『프란케티에 관한 역사 평론Saggio storico su Leopoldo Franchetti』, Firenze, 토리노 문서보관소, 1950. 등 참조.

로 국가의 기본정책과 제도에 대한 차이였을 뿐 적어도 남부문제에 대한 입장 차이는 그다지 크지 않았다. 그러나 남부가 곧 신생 이탈리아의 가장 심각한 사회적 문제가 되는 데는 그리 많은 시간이 필요하지 않았다. 통일에 대한 환상이 깨지면서 남부 인민대중들에게 국가란 그저 기존의 지배계급과 크게 다를 바 없다는 생각이 확산되었다.

지식인들 역시 '낭만적 민족주의'에 기반을 둔 피상적인 문제의식을 갖고 있었을 뿐 일반 민중이 느끼는 문제 인식과는 너무나 괴리가 컸다. 이는 북부 중심의 산업정책과 자유주의적 무역정책을 골자로 한 통일왕국의 경제적·정치적인 정책 기조에 기인한 바가 컸다. 남부의 대중들은 이에 불만을 품게 되었고, 부르주아 지배계급 중에서도 일방적인 북부 중심의 산업화 정책에 대한 재검토가 불가피하다는 입장을 견지하는 이들이 있었는데, 그중 가장 대표적인 인물이 빌라리Villari와 손니노Sonnino, 그리고 프란케티Franchetti였다.

빌라리는 부르주아 지배계급의 주요 인물 중에서 어느 누구보다 남부의 실상을 직접 확인한 인물이었다. 나폴리에서 태어난 그는 국회의원과 교육부 장관을 거치면서 나폴리의 실정과 현실에 대하여 많은 관심과 애정을 가졌던 정치가였다. 나폴리를 포함한 남부의 후진성과 사회에 대하여 가장 먼저 문제의식을 가졌던 인물로 카보우르에게 이에 대한 편지를 쓰기도 했다.[42] 또한 그는 나폴리의 카모라[43] 문제와 남부 전역에 퍼져 있던 마피아 문제의 심각성을 가장 먼저 거론했던 사람이기도 했다. 그는 카보우르의 외교술에 바탕을 둔 국가 통일이란 명목상의 국가일 뿐이며, 이를 유지하고자 하는 지배계급과 부르주아 역시 비난받아야 한다고 주장했다.

---

[42] 「좋은 정부의 신화Il mito del buongoverno」, p. 40.
[43] 이탈리아에는 지역 별로 마피아들이 제각기 다른 명칭으로 활동하고 있는데, 나폴리를 무대로 하고 있는 마피아가 카모라이다.

데 상티스 학파의 일원으로 부르주아 남부주의자들의 스승으로 평가받고 있는 그의 철학적 기반은 준법과 윤리에 기초한 도덕적 사고에 바탕을 둔 보수주의라고 할 수 있다. 그는 남부에서 확산되고 있는 사회주의의 팽창을 막기 위해서 국가가 직접 변혁과 개혁에 나서야 한다고 주장했다. 또한 혁명에 의한 사회주의 방식이 아닌 부르주아 주도하의 점진적 발전의 모습을 가진 이탈리아를 원했고, 시민적 가치들을 존중하는 보수주의 부르주아들이 지도하는 이탈리아를 꿈꾸었다.

정치 체계는 초기 자유주의적 보수주의에 기반을 둔 영국 모델을 선호했는데, 후기로 오면서 프로이센의 전체주의 모델을 혼용하는 등 정치체계 선호에 대한 혼란을 보이기도 하였다. 또한 사회문제를 판단하는 기준이 지나치게 윤리적이어서 모든 기준을 정의의 문제로 접근하는 경향이 있었고, 사회의 진리 역시 도덕적 기준에서 생각하였다. 남부문제 해결을 위해 소작농들에게 일정한 토지가 분배될 수 있는 제도적 개혁을 주창하기도 했지만, 실질적인 정책으로 발전시키지는 못했다.

이에 반해 손니노는 자신만의 철학적 원칙을 가지고 있었고, 전통과 질서를 중요시하는 도덕적 입장을 견지하였으며, 지나치게 모호한 추상성으로 인해 관념론자라는 오해를 받기도 하였다. 자유적 보수주의라는 관점에서 보통선거권을 통하여 이탈리아의 자유주의 성향의 보수세력의 확충을 도모했다. 이는 당시 선거권 부여의 기준이 재산과 연령이었다는 점을 감안하면 그가 정치적으로 부르주아의 계급의 안정과 확산을 기획하였던 것으로 볼 수 있다. 손니노가 보기에 보통선거권은 자유주의 정부 구성에 있어 절대 불가결한 조건이었다. 이를 통해 부르주아 정부가 소수 부르주아와 자본가 계급의 이익만을 대변한다는 비난을 보완할 수 있고, 부르주아에게는 자신들만의 독재를 '헤게모니' 형태로 변형시킬 수 있는 제도적 장치라는 설득이 가능한 것으로 보았다.

손니노는 후일 자유주의적이었던 졸리티Giolitti 44) 정부에 맞서는 정치적 반대 그룹의 수장이 되었다. 이때부터 젊은 날의 도전적이고 모험을 좋아하는 성격 대신 보다 온화하면서 덜 진보적인, 아니 오히려 반동적 성격의 보수주의로 회귀하게 된다. 특히 식민주의에 대한 주장이나 사회주의에 대한 혐오를 표명하면서 보다 극우 보수주의 성향을 갖게 되었다. 이는 포괄적인 사회적 문제에 대한 관점이 자신의 정치적 이해관계로 옮겨가게 되었다는 것을 의미한다. 즉 그는 남부라는 사회문제를 식민지나 이민이라는 정치적 정책으로 단순화시키는 우를 범했던 것이다.

다소 애매한 성격에 사물이나 현상을 단편적이고 극단적으로 생각했던 손니노에 비해 프란케티는 자애로운 성격과 긍정적인 사고를 하는 박애주의자였으며, 비교적 자유주의를 신봉했던 사회경제학자였다. 손니노와 마찬가지로 『주간평론Rassegna settimanale』45) 지에 사회적·경제적 문제에 대한 논문을 자주 발표하였다. 베를린에 잠시 체류하고 있던 때 읽었던 영국의 한 일간지를 통해 남부문제를 접했을 정도로 초기 그의 관심은 남부가 아니었다. 그러나 남부문제가 자신의 연구 영역과 이해에 직접적으로 관련이 되자, 남부문제 해결을 위해 친구들과 '남부지역의 이익을 위한 전국협회' 라는 단체를 창설하기에 이르렀다.

제각기 활동을 하던 이들 두 사람이 본격적으로 함께 일을 시작한 것은 남부문제에 대한 공통의 관심사 때문이었다. 이 두 사람은 아브루조Abruzzo와 몰리제Molise, 칼라브리아Calabria, 바실리카타Basilicata 등 네 개 주에 대한 제반 여건의 조사를 하면서 지역 주민들의 실정이 일반적으로 생각했던 것보다 심각하게 후진적이고 봉건적이라는 사실을 밝혀냈다. 또한 이들은 토스카나를 중심으로 중부 지방에 대한 보고서를 작성하였으며, 시칠리아에 대

---

44) 1901년부터 1914년까지 이탈리아 정부의 수상으로 영국식 자유주의적 경제정책과 우호적인 노동자 정책을 견지했던 20세기 초 이탈리아 정치를 대표했던 정치가이자 사상가.
45) 1877년부터 1881년까지 존속했던 잡지로, 주로 자유주의적 보수주의 경향의 부르주아 사상가들이 기고하던 문학잡지였다.

한 지역 보고서도 함께 만들었다. 그들은 당시 남부문제에 대한 정부의 낙관적인 예상이나 전망과는 정반대로 부정적인 의견을 피력하여 보고서를 작성하였다. 두 사람 모두 토스카나 출신인 관계로 토스카나를 모델로 하는 남부문제 해결책을 제시하였다. 즉 영구임대제도나 중산 지주계급의 육성 같은 정책을 통하여 내부적 개혁을 주도하고, 외부적으로는 이민이나 식민지 확장정책 등을 병행함으로써 후진적 남부를 발전시킬 수 있다고 보았다.

이 두 사람이 계몽적 관점에서 남부문제와 기타 사회적 · 정치적 문제들을 해결하고자 했던 동인은 크게 두 가지였다. 하나는 사회주의에 대한 공포였고 다른 하나는 이탈리아의 경제적 · 행정적 · 정치적 전통과 과학에 기반을 둔 개혁주의를 완성하고자 하는 의지였다. 손니노나 프란케티 모두 지방자치 정부형태에 보다 우호적이었다. 킬라리가 현실 정책 실행으로까지 발전시키지 못했던 것에 비해 두 사람은 적극적으로 정책을 제시하고 실행하는 단계까지 이르는 등 이탈리아 보수주의 세력에게 남부문제 해결에 대한 여러 단초를 제공하였다.

2-4. 투리엘로Turiello 46), 이탈리아 제국의 식민지를 위하여

투리엘로는 초기 보수주의 사상가 중에서 신헤겔주의적 경향을 가졌던 나폴리 태생의 인물로, 특히 '힘의 신화'를 자신의 철학적 기반으로 받아들였다. 당시 신생 이탈리아가 갖는 사회문제 중 가장 해결이 시급하였던 남부문제와 이탈리아를 다른 유럽의 열강들과 어깨를 겨룰 수 있을 만큼 선진국으로 발전시키는 문제를 한꺼번에 해결하려 하려고 했던 것이 그의 남부문제에

---

46) W. Langer, 「제국주의의 외교La diplomazia dell' imperialismo」(1890~1902), 밀라노, 밀라노 문서보관소, 1942. 등 참조.

대한 접근 동기였다.

투리엘로는 로마제국의 이상을 동경하여, 이탈리아 국가형태의 이상형을 제국주의와 식민지주의에서 찾았다. 특히 산업과 함께 팽창될 식민지주의는 국내생산품과 상업발달의 배출구 역할을 할 것으로 생각했다. 또한 이를 통해 남부문제 역시 해결할 수 있는 사회문제로 보았다. 그는 식민지주의 도구로 무력사용, 즉 전쟁을 옹호하였다. 전쟁이라는 수단을 갈등해결의 유력한 도구로 생각하였으며, 유럽 대륙 안에서 발생하고 있는 여러 문제들도 결국 전쟁을 통해 해결할 수 있다고 주장했던 사상가였다.

손니노나 프란케티가 전반적인 사회문제들의 치유책으로 식민지정책을 제시한 것과 달리 투리엘로는 제국주의와 식민지주의를 역사적으로 가장 우월한 정치적·사회적 형태로 보았던 점이 이들 사이의 차이이다. 특히 식민지주의를 역사적으로 모든 세계 역사의 근간을 이루는 대외정책으로 보았으며, 이에 대한 이론적 근거로 다윈의 진화론을 거론하면서 진화론을 전쟁과 투쟁을 불러일으켰던 촉진제로 보고 있다. 또한 그는 애국주의를 기반으로 하는 아주 견고한 보수주의적 색채를 지닌 인물이었으며, 후일 이탈리아 파시즘 요소를 일정 부분 공유하고 있었다. 그리고 지역에 근거한 파벌주의를 남부문제나 사회문제 전반의 가장 커다란 해악이라고 보았다. 지나친 지방 분권으로는 남부나 기타 지역의 파벌주의를 타파하지 못할 것으로 보았으며, 파벌주의가 중앙집권에 의해 초래된 것이 아니라 이탈리아인들의 고유한 성격 중 하나라고 보았다.

투리엘로는 이탈리아 연구 분석의 출발점으로 리소르지멘토를 상정하였다. 리소르지멘토를 이룩했지만 강력한 국가 건설에 실패한 것이 이탈리아인들 내부에 사회적으로 내재되어 있는 무관심과 무엇이든 쉽게 포기하는 마음에서 연유한 것이라고 주장했다. 그래서 그는 이와 같은 리소르지멘토에 대한 분석을 르네상스 시대 메디치 가문으로까지 거슬러 올라가 근본적 문제와 원인을 제시하였다. 즉 메디치 가문에 의해 주도된 이탈리아 르네상스는 개인주의적인 것이었고, 이 개인주의가 곧 이탈리아를 쇠락의 길로 이끌었다는 것이다. 개개의 위대한 천재들에 의해 훌륭한 작품들이 많이 창조되고 후대에 남겨질 수 있었지만, 결국 강력한 통일국가를 창출할 수 있는 집합적인 정신과 역량을 이끌어내는 데까지는 가지 못했다고 보았다.

그 역시 사회주의를 퇴치해야 할 악으로 보았고, 특히 이탈리아 사회주의는 프랑스 사회주의에 기원을 둔 외래 사상으로 간주하였다. 사회주의와 무정부주의에 대한 부정은 결국 사회문제의 근본적 해결에 대한 치유책으로 봉건적 보수주의 색채의 민족주의적 이탈리아주의를 표방하는 원인이 되었다. 이는 자유주의 기반이 아닌 여러 사상의 조합이라는 형태를 띠면서 정치적 · 경제적 분야에서 전체주의 성격을 갖게 되는 이유이기도 했다.

투리엘로가 가장 이상적인 국가기구 형태로 삼았던 것은 전성기의 피렌체 공화국이었다. 손니노는 가장 이상적인 국가 형태로 영국을 선택했지만, 투리엘로가 보기에 영국은 국가 내부적으로 더미 강력한 에너지를 갖고 있는 단합된 국가였고, 이탈리아는 중부나 남부의 이질적인 특성이 혼합된 조합체적 국가이기 때문에 비교가 불가능하다고 인식했다. 종교적인 면에서도 손니노가 가톨릭 세력에 비교적 우호적이었을 뿐 아니라 국가기구나 체제 유지와 운영의 주요한 세력으로 인정한 것에 비해 투리엘로는 가톨릭에 상당히 적대적이었다. 심지어 젊은이들의 교육, 그중에서 젊은이들의 군사교육과 관련해서 가톨릭에 반대하는 입장을 보였다. 국가의 미래와 부를 축적하기 위해서 젊은이의 교육, 특히 현실적이고 군사적인 면에서 젊은이들에 대한 교육제도를 강화해야 한다고 역설했다.

투리엘로는 남부문제에 대한 실제적 접근과 지나치게 분권적인 이탈리아를 통합시키고자 하는 의도를 가졌음에도 불구하고, 국가지상주의와 식민지 전쟁을 주장하는 등 전체주의로 흐를 위험이 다분했다는 부정적 평가를 함께 받았던 보수주의자였다.

2-5. 남부의 위대한 계몽주의자 포르투나토Fortunato 47)

포르투나토의 저작과 사상은 남부문제를 연구하는 학자들이나 사상가들에게 중요한 단초를 제공해주고 있으며, 특히 19세기 말과 20세기를 잇는 전환기에 이탈리아 역사를 가장 잘 설명하였던 사상가라는 평가를 받고 있다. 당대 이탈리아 사상계의 두 기둥이었던 그람시와 크로체의 포르투나토에 대한 평가는 이를 간접적으로 증명하고 있다. 크로체는 그를 일컬어 당대 가장 중요하고 위대한 남부 '계몽주의자'라고 말했다.48) 그리고 여러 면에서 크로체는 전 생애에 걸쳐 포르투나토에 대한 열등감을 자주 표현하곤 했다. 그람시 역시 포르투나토를 이탈리아의 주요 반동적 사상가로 크로체와 함께 위치시키고 있을 뿐만 아니라, 남부 지식인의 대표적 유형으로 간주하고 있다.

포르투나토는 세템브리니Settembrini 49)의 제자로, 당대 그가 주로 교류하였던 이들은 투리엘로를 비롯해 저명한 부르주아 지식인들이나 정치가들이었다. 이러한 사상적 교류를 통해 그는 초기 보수주의적인 부르주아 사상의 영향을 많이 받았다. 그가 선호했던 정치 형태는 입헌군주제였으며, 사상적 기반으로 자유주의적 보수주의를, 역사의식 기준으로는 부르주아 정당성을 옹호하는 입장을 취했다. 따라서 이러한 그의 성향을 하나의 흐름으로 보면 보수주의적 개혁론자로 분류할 수 있을 것이다.

그는 리소르지멘토에 대한 평가에서도 한정적이고 부분적인 해석을 하고

---

47) Zanotti-Bianco, 「포르투나토에 대한 소개Introduzione a Giustino Fortunato. Pagine storiche」, 피렌체, 토리노 문서보관소, 1951.; Della Sala, 「친밀한 삶의 포르투나토Giustino Fortunato nella vita intima」, Calabria, 토리노 문서보관소, 1932. 등 참조.

48) 크로체, 「나폴리 왕국의 역사La storia d'Italia」, 바리, Laterza, 1953, pp. 293~4.

49) 민족주의 계열의 보수주의 사상가이자 문학가였다. 나폴리에서 태어나 부르봉 왕조에 반대하는 운동을 이끌어 여러 차례 투옥되기도 하였다. 이로 인해 1842년 추방되었고, 1948년에 나폴리로 돌아와 '이탈리아 통일 분파Setta dell' Unita Italiana'를 창립하였다. 1859년 다시 추방되었고 이듬해 돌아와 나폴리 대학 문학 교수와 상원의원으로 여생을 보냈다.

있다. 그에 의하면 리소르지멘토를 이탈리아 자본주의 혁명의 일환이자 귀결점으로 인식하면서, 하나의 '기적과 동화'로 표현하였다.50) 통일 후 이탈리아 현실 모습을 남부 실정에서 찾았고, 이 문제의 해결이야말로 국가의 사회적 문제 해결로 인식하였다. 그러나 인식의 깊이만큼 남부에 대하여 잘 알고 있지는 못하였다. 더욱이 그는 그가 가지고 있던 농민들과 부르주아, 그리고 상류 귀족 간 관계에 대한 현실을 전혀 모르고 있었다.51) 그가 보기에 강력한 통일 이탈리아야말로 남부문제를 해결할 수 있는 근본 치유책이지만, 당대 현실은 그렇지 않다고 생각했다. 그는 이러한 원인을 당시 이탈리아 사회계층 구조에서 찾았다. 즉 남부에는 진보적인 계층이 없고 다만 비참한 부르주아와 부르봉 왕조 시절 봉건적 사크에 젖은 귀족과 역사의 수레바퀴에서 이미 일찌감치 벗어나 있는 농민들만이 있을 뿐이라는 것이다.

그의 이러한 사고와 문제의식은 현실의 정책과 당대 정부에 의해 거부당하고, 결국 이러한 국가 현실에 실망하여 교육제도의 개혁을 통한 정치적 해결책 모색으로 방향을 전환하게 된다. 특히 당대 어느 특정한 정파에 따로 구속되지 않고 남부문제를 학자적 시각에서 해결해야 할 문제로 인식하였다. 이 시기 그는 자신의 철학적 인식 기반을 좌파도 우파도 아닌 중도적 입

---

50) 『좋은 정부의 신화』, p. 169.
51) 남부의 실정에 대한 포르투나토의 인식을 가장 잘 보여주는 것이 다음에 나오는 편지 구절이다: ……남부지방에는 무엇보다도 보다 관용적이고 정직한 유형의 상위계층이 없다. 즉 이는 귀족적이고 일단의 연합적인 상류계층을 의미한다. 단지 부르주아라고 할 수 있는 중류계층이 나폴리 주변 지방만을 지배하고 있을 뿐이다. 이 중류계층은 알피에리 백작이나 프란케티에 의해 묘사된 그런 유형의 계층이며, 이들이 남부 농민들의 모든 해와 불행의 근원으로, 끊임없는 수탈과 억압으로 농민들을 지배하고 있으며, 보다 발전된 형태의 '민주주의'는 찾아볼 수 없다. 여기서 이야기할 수 있는 '민주적'이라는 의미는 스파르타적 의미의 민주주의를 의미할 수 있으며, 따라서 노예들이나 최하층민들을 위한 것이 아닌 보통의 인간들을 위한 민주주의이고 여기서 의미하는 최하층민들이란 바로 농민들을 가리킨다. 남부의 좌파는 급진적이지도 진보적이지도 않다. 그럼으로 이 지역에서의 민주주의는 이 지역을 유일하게 대표할 수 있는 상류와 하층 부르주아를 위한 것이며, 따라서 농업을 위한 법률이나 보통 선거권을 주장하는 법률에 이들 나폴리 좌파들은 투표하지 않을 것이다. 앞의 책, p. 151.

장에서 사회문제와 제반문제를 해결하고자 하였다.

이후 그는 『주간평론』지에 기고하면서 남부문제 해결을 위한 보다 근본적인 법률 제정을 요구하게 되었고, 구체적으로 세금감면, 선거권 보장, 새로운 행정입법의 필요성 등을 호소하였다. 새로운 혁신적 부르주아의 등장을 촉진하는 방향으로 개혁을 주장하면서 정치적인 이탈리아와 현실적인 이탈리아 사이의 차이를 보다 명확하게 지적하였다.

그는 자유방임주의 추구로 국가가 경제 문제에 지나치게 관망하는 자세를 취함으로써 발생하는 사회적 불평등과 불화를 해결해야 한다고 주장하였다. 그렇게 하려면 국가 자체적으로 개혁을 위한 힘이 축적되어야 하며, 국가는 농민들에 대한 고대로부터 전해오는 부정적 편견을 버려야 한다고 주장했다. 투리엘로와의 교류에서 많은 영향을 받았지만, 국가숭배라는 측면에서 투리엘로가 주장했던 제국주의나 반동적 성격에는 반대하는 입장을 견지하였다. 활기 넘치고 역동적인 새로운 국가 건설은 제국주의나 막연한 국가 우월주의가 아닌, 빌라리나 손니노 및 프란케티와 연결될 수 있는 민주주의 기반 아래 보수주의 성격의 개혁으로 달성될 수 있다고 보았다.

그가 제시한 남부문제 해결책 중 가장 절실했던 것은 바로 사유화된 곡물 저당 수단과 방법들에 대한 개혁이었다. 당시 남부에서 쉽게 볼 수 있는 농민들에 대한 불법 착취와 수탈의 전형적 방법이 곡물을 저당하여 고리대나 소작료와 같은 농민 부채를 상계하여 해결하는 방법이었다. 이 제도는 통일 이후 새로이 제정된 법률에 의해 시행된 것이었지만, 이 제도로 인해 어려운 농민들이 노예 상태에서 벗어나기 더욱 힘들다고 보았다. 문제 해결을 위해 포르투나토가 주장한 것이 바로 인민상호부조 은행 설립이었다(물론 당시 여건, 즉 자본 부족과 은행설립 여건의 결함, 은행이라는 가면을 통해 합법화될 수 있는 고리대 피해 등으로 보아 이는 해결되기 어려운 과제였다).

또한 그는 사회주의적 관점에서 이탈리아 남부문제의 진정한 사회적 해결을 위한 토지 국영화 정책을 제안하기도 하였다. 이를 실천하기 위한 구체적

방안으로는 소규모 토지 소유자들의 토지를 국가관할로 하여 토지 구획화를 통한 영구임대 방안을 제시하였다. 그가 제안한 정책들은 강력한 중앙집권적인 윤리적 국가, 즉 개혁적 의지와 발전 에너지가 있는 보수적 색채의 정부가 추진하는 개발계획에 포함시키려는 의도에서 나온 방안이었다. 이에 대한 현실 제도개혁으로 선거제도 개선을 제시하였는데, 이는 이미 손니노가 주장하였던 보통선거권 확대와 관련이 있는 것으로, 단기명 소선거구 제도를 도입하려는 의도였다.

포르투나토의 사고와 문제의식은 기본적으로 이상주의를 기반으로 하였던 다른 기존 남부주의자들과 크게 다르지 않았다. 당시 사회적 여건을 보다 명확하고 올바르게 직시하지 못했기에 다른 이상주의적 보수주의자들과 큰 차이점을 가질 수가 없었던 것이다. 그가 생각하기에 이러한 이상은 정치적 권력과 도덕 혹은 윤리가 충분히 뒷받침되면 이룩할 수 있다고 보았다. 그러나 세상을 바꾸고 사회를 변혁하는 힘은 권위주의적이면서 추상적인 제도가 아니라 변화를 원하고 변화를 주도하는 일반 대중들의 의지와 노력으로부터 나온다는 점을 간과하였다고 볼 수 있다.

그가 관심을 기울였던 북부와 남부 간 제반 문제들 중 특히 관심을 기울였던 부분이 국세의 불균형한 부과 문제의 해결이었다. 그는 남부와 북부의 산업적 격차와 국부의 차이가 존재함에도 불구하고 세금의 일률적, 아니 오히려 남부로 갈수록 북부에 비해 상대적으로 많은 세금 부담이 있음을 날카롭게 지적하였다. 1889년 『정치의 의무Il Dovere Politico』에서 그는 당시 지역별 국부와 세금 부담과의 관계를 다음과 같이 기술하고 있다. "이탈리아 북부는 이탈리아 국부의 약 40%에 달하는 부를 가지고 있으면서도, 단지 전全 국세의 40%만을 부담하고 있다. 이에 반해 중부는 25%의 국부를 소유한 대신 세금 부담률은 28%에 이르고, 남부는 겨우 27%의 국부를 가지고 있으면서도 32%에 이르는 세금 부담을 안고 있다."52)

이와 같은 수치는 남부와 북부 간 소유에 따른 불평등이 심화되고 있다는 것을 나타내고 있을 뿐만이 아니라 세금 부담이라는 측면에서도 소득에 비해 남부는 지나치다는 사실을 보여준다. 또한 그는 당시 정부에서 1887년부터 자국 내, 특히 북부의 미약한 산업을 보호하기 위하여 취했던 보호무역정책을 강력히 반대하면서, 남부 농민들의 굶주림의 대가로 북부 산업가들의 호사와 노동자들의 빵을 공급되고 있다고 이야기하였다.[53] 그가 제안한 자유무역주의에 기반을 둔 남부문제 해결책들은 국가정책적으로나 정치적으로 성공하지 못했지만, 후대 이탈리아 학자들과 정치인들에게 커다란 영향을 미치게 된다.

그러나 그는 뒤이어 일게 된 인종주의에 기반한 실증주의의 관점에서 남부인에 대한 분석과 연구 논쟁에 보다 적극적으로 개입하지 않고 관망하는 자세를 취함으로써 일종의 암묵적인 동조 태도를 나타냈다. 그는 인종이라는 것이 필연적인 원인까지는 아니더라도 하나의 잠재적 원인으로 보았던 것이다. 생물학적으로 열등하다는 이유는 자연적인 빈곤이나 경제적·역사적 조건을 설명하는 데 있어 아주 중요한 요소가 될 수 있으며, 남부문제라는 커다란 사회적 문제의 틀 안에서도 특정 지역의 지체성과 후진성에 상당한 원인으로 작용할 수도 있다는 입장을 취하였다.

그의 정치적 사상과 자유주의를 이해하기 위해서는 그가 사회주의에 부여했던 평가들을 무시할 수 없다. 특히 사회적·경제적 문제들에 대한 국가 개입이라는 관점에서 그는 이와 같은 사상의 열렬한 옹호자였으며, 근대화로 이전하는 시기에서나 사회적 유용성이라는 면에서 사회주의는 나름대로의 장점이 있다는 것이 그의 생각이었다. 그의 이와 같은 사회주의에 대한 관점은 당시의 모스카(Mosca [54])에게서 많은 영향을 받은 것이었다. 그러나 그가 보기에 사회주의가 개인주의를 파괴하고 지나치게 극단적으로 흐르는 점이

---

52) Giustino Fortunato, 「남부와 이탈리아 국가Il Mezzogiorno e lo Stato Italiano」, vol. II, Bari, 1911, p. 114.
53) 「좋은 정부의 신화」, p. 157.

있다고 생각함으로써 부분적으로만 사회주의를 옹호하였다. 그의 사회주의에 대한 생각 중에서 비교적 의미를 가지는 두 가지는, "노동자 운동은 당대 가장 중요한 사회적 사실을 대표하고 있다는 것"[55]과 "노동자 운동이 부르주아 진영에서 벌이고 있는 사회적 선전보다 사상적으로나 내용적으로 보다 중요한 의미를 가진다는 점"[56]이다.

이와 같은 포르투나토의 정치사상은 다음의 세 가지 실제적 수단으로 명확하게 표현되고 있는데, 바로 철도와 군대 그리고 주州이다. 그에게 있어 철도는 매우 상징적인 의미를 갖는데, 이탈리아 통일을 완성하는 지역간 연결을 가장 적절하게 나타내고 있다는 것이다. 철도라는 근대문명을 통하여 몇 세기 동안 고립되어왔던 두 지역, 특히 남부가 북부와 결합하여 보다 완벽한 통일국가를 이룩할 수 있다는 것이 그가 가진 인식의 요점이다. 남부라는 후진 지역이 철도를 통해 지형적 · 기후적 · 역사적 조건들을 초월할 수 있을 뿐만 아니라 문맹이나 기술적 진보를 함께 가져올 수 있는 근대적 수단이라고 생각하였다.

이에 반해 군대에 대한 포르투나토의 생각은, 빌라리의 생각과 마찬가지로 남부인과 북부인들이 함께 생각과 사고의 폭을 넓힐 수 있는 교류와 이해의 학교 역할을 하는 장소라고 생각하였다. 서로 다른 환경에서 자란 이들이 동시기에 동일한 장소에서 상호간 이해를 구하고 서로 다른 모습을 볼 수 있다는 사실은 남과 북이라는 공간적 차이를 일정한 시일 안에 해결할 수 있는 최상의 제도라고 생각하였다. 그러나 그는 이 같은 생각을 곧 폐기해버리는데, 군대에 대한 자신의 생각이 군국주의라는 틀 안에서 해석될 여지가 있었

---

54) 모스카Mosca(1858~1941)는 이탈리아의 정치학자로 파레토 및 미헬스와 함께 파시즘의 이론적 토대를 제공한 사상가이자 정치학자이다. 그는 대중에 의한 대의제 민주주의의 비효율성에 의혹을 품고, 정치를 소수의 엘리트들이 벌이는 행위로 이해했다. 그는 이를 토대로 정치를 담당하는 주체를 정치 계급으로 개념 짓고, 이를 이론화했다. 주요 저서에는 ≪통치 이론≫ ≪정치학 원리≫ 등이 있다.
55) 「남부와 이탈리아 국가」, p. 464.
56) 앞의 책, p. 179.

기 때문이었고, 실제로 그의 군대에 대한 생각은 군국주의적 오해를 살 여지가 많이 있었다. 그러나 그가 결정적으로 군대에 대한 자신의 생각을 폐기하였던 근본 이유는 군국주의야말로 현대 국가의 부르주아 조직체 중 국가 체제 안에서 가장 위험스러운 요소라고 보았기 때문이다.

마지막으로 그는 주와 관련하여 지역분할주의에 입각한 연방주의적 요소를 크게 반대하였다. 그 이유는 연방주의야말로 해당 지역을 조합적 이기주의뿐만 아니라 배타적 의미에서 해당 지역 계층들의 이익을 추구하는 지역 이기주의에 빠뜨릴 위험이 많다고 보았다. 따라서 이러한 지역주의에 근거한 행정 권력의 분권주의야말로 보다 강력하고 광범위한 대중들의 실질적 이해에 반하는 것이라고 보았다. 당시 이탈리아 각 지역의 파벌주의나 지역주의 수준에 비추어보면 당시 그의 주장은 어느 정도 설득력을 지닌다.

그러나 그가 주장한 이와 같은 세 가지 동인 중에서 철도라는 수단은 그가 이야기한 대로 국가의 단일한 시장 형성과 경제적 통일성 및 문화적 동질성을 전달할 수 있는 매체일 수도 있지만, 그와는 반대로 사용될 경우, 특히 연결되는 지역 간 격차가 크면 클수록 우월한 쪽에서 우월하지 않은 쪽을 착취하고 정복하는 유용한 도구라는 사실을 간과하고 있다. 군대 역시 그가 의미한 대로 문화와 의식의 이해를 넓힐 수 있는 학교 역할을 할 수도 있는 반면에, 획일적이고 일률적인 한 쪽의 사고와 사상을 전달할 수 있는 선전장이 될 수도 있다는 점을 무시하고 있는 한계가 있다. 또한 지역주의에 대한 그의 생각 역시 단순한 지방분권이냐 중앙집권이냐는 제도적 관점에서만 논의될 수 있는 성질의 것이 아니라는 점에서 지역문제에 대한 그의 한계를 여실히 보여주고 있다.

여기서 중요한 사실은 그가 간파하고 있던 남부에 대한 정부의 기본적인 태도였다. 당시 정부는 남부를 단지 북부 산업제품들을 소비할 수 있는 광활한 국내 시장으로 인식하였다는 점이다. 그가 비록 당대 이탈리아의 현실 여건들과 상황들을 정확하게 인식하지는 못했어도 부르주아의 반동적 책동과 사고를 정확하게 인식하였다는 점은 눈여겨볼 만하다. 그는 파시즘의 등장을 지켜보면서 아마 가장 정확하게 그들의 실체를 파악하고 있었던 최초의 몇 안 되는 지식인이었다. "파시즘은 하나의 혁명rivoluzione이 아니라 하나의 폭로rivelazione이다"57)라고 지적했는데, 이는 어쩌면 파시즘을 가장 잘 드러내주는 표현이라고 할 수 있다. 그가 만약 부르주아 계급을 지도하고 교육하지 않았다면, 그람시나 고베티Gobetti, 도르소D'Orso와 같은 보다 진보적이고 뛰어난 정치 사상가들을 교육했을 것이라고 흐대 역사가들은 평가한다.

2-6. 실증주의와 인종주의라는 새로운 관점에서의 남부문제58)

통일 왕국 초기 남부문제 관점은 주로 빌라티, 손니노, 프란케티, 포르투나토 등으로 이어지는 계몽주의 성격의 보수주의적 자유주의자들에 의해 주도되었으며, 이후 연구자들에게도 많은 영향을 미쳤다는 것은 주지의 사실이다. 그에 따라 사회문제를 연구하는 학자들에게 남부문제는 대단히 중요한 연구주제였으며, 실제로 국가정책 여러 부문에서 확장되어 나타났다. 이런 이유로 이미 살베미니는 이들의 영향을 받고 남부주의자로 활동하기 시작하였으며, 니티Nitti 역시 이 문제와 관련된 서적들을 출간하기 시작했다.

그러나 이 시기 또 다른 주요한 연구 방향이 등장하였는데, 남부문제를 인종학적·생물학적인 접근을 통해 규명하려는 시도였다. '관찰'과 '과학'이라는 수단을 통해 시작된 실증주의 연구 방법으로 콜라얀니Colajanni에게서 처음 시도되었다. 이후 다른 인종주의적 관점을 가진 사회학자들을 거치면

---

57) 『좋은 정부의 신화』, p. 182.
58) 이번 항에서 거론되는 사상가들에 대하여는 Salvemini, 『남부문제에 대한 글Scritti sulla questione meridionale』, Torino, Einaudi, 1955.을 참조하여 요약한 부분이라는 점을 미리 밝힌다.

서 다소 왜곡되고 변형된 방향으로 연구의 흐름이 바뀐 뒤에도 여전히 연구가 계속 진행되고 있었다. 이는 당시 이탈리아에 전파되어 일기 시작한 실증주의 철학의 영향에 따른 것이었는데, '관찰'을 명분으로 '사실'에 근거한 연구가 하나의 커다란 조류를 형성하게 된 것이다. 몇몇 경험적 관찰로 얻어진 결과와 수치를 통해 현상을 설명하려는 이와 같은 경향은 이탈리아의 정치와 경제, 사회, 역사 등 제반 학문 분야에 깊숙이 침투하여 이후 이탈리아 학계의 주요한 연구 방향이 되었다.

인류학적 관점에서 남부문제에 대한 연구는 여전히 오늘날까지 계속되고 있는데, 초기에 이 연구가 시작되자마자 곧 부르주아지들의 관심을 끌게 되었고, 더 나아가 북부 프롤레타리아트 계층이 중심이 된 사회주의 정당에서도 이를 받아들이게 된다. 이들 인류학적인 연구 결과들은 곧 이탈리아를 북부인들과 남부인들이라는 두 개의 범주로 나누어버렸다. 가장 먼저 이러한 연구를 시작한 인물은 언론인 출신의 오라노Orano였다.

그는 『사르데냐의 심리Psicologia della Sardegna』(Roma, 1896)라는 글에서 사르데냐를 여행하면서 관찰한 사실들을 기행문 형식을 빌어 해당 지역에 대해 쓰고 있다. 이 책에서 저자는 문명인이라는 입장에서 야만인들을 관찰하는 형식을 취하고 있는데, 예를 들면 범죄를 통해 사르데냐의 후진성과 야만성을 설명하고 있다. 사르데냐의 모든 범죄적 집단(흔히 브리간테Brigante라는)들은 바로 이와 같은 환경에서 유래되었으며, 문명의 흔적보다는 야만의 흔적이 더 많이 남아 있다고 기술하고 있다. 그러나 기대와는 달리 그가 이러한 문제를 타파하기 위한 해결책으로 제시한 것은 고작 군대와 헌병대 파견이었다.

두 번째로 거론할 수 있는 이는 니체포로Niceforo이다. 그는 이와 관련하여 세 권의 주요 저서를 남겼는데, 『사르데냐 범죄La Delinquenza in Sardegna』(Palermo, 1897), 『현대의 야만적 이탈리아L'Italia barbara contemporanea』(Milano-Palermo, 1898), 『북부 이탈리아인들과 남부 이탈리아인들Italiani del Nord e Italiani del Sud』(Torino, 1901)이다. 니체포로의 서술은 아주 단순하고 명료한 생각을 담고 있다. 사르데냐인들은 아주 후진적 민족이며, 범죄는 섬 지방 민족의 가장 전형적인 의사표현 방법이라는 것이다. 또한 사르데냐의 후진성 원인으로 역사적으로 고립되어 있었다는 섬의 지정학적 요인과 인종적으로 그다지 개화되지 못한 민족성을 들었다. 그러나 이러한 사르데냐에 대한 해결책으로—책의 내용이나 예상과는 전혀 다르게—근본적인 경제구조의 개조라는 방법을 제시한다. 이를 위해 국가는 비록 중앙집권체제를 지향할지라도 사르데냐와 같은 도서에서는 지방분권적 체제를 혼용하는 것이 바람직하다고 결론을 맺는다.

세 번째로 거론할 수 있는 이는 롬브로조Lombroso이다. 그는 『범죄인간 L'uomo delinquente』과 『칼라브리아에서In Calabria』라는 책을 통하여 남부의 미개성과 저개발성을 보여주고자 했다. 특히 그가 칼라브리아 지역에 대해 분석한 『칼라브리아에서』를 보면, 당대 실증주의에 근거한 저술들이 얼마나 과학적으로 빈약한가를 상징적으로 코여주고 있음을 알 수 있다. 제시된 사실들 중 대부분이 지역 설화나 구전되는 민중가요에서 유래했으며, 주로 정치·사회적 규범을 통해 인과관계를 설명하기보다는 문화인류학적 관찰과 기준에서 이를 구명하고자 했다. 예를 들면 미학은 민감성 문제이며, 민감성은 생물학적 조직체와 같은 유형에서 그 뿌리를 갖는데, 그 뿌리가 곧 인종이라는 주장과 같은 것이다.

이와 같은 인종적 해석은 아니지만 그람시에게 혹독한 비판을 받았던 로리아Loria 59) 교수도 남부와 북부의 경제적·사회적 여건 차이에 대하여 유사한 견해를 가졌다. 즉 남부와 북부가 여러 면에서 차이를 갖게 된 이유가

---

59) 그람시가 다니던 토리노 대학의 경제학 교수르 훗날 그람시에게 로리아리즘이라는 신종어를 탄생시킨 장본인이다. '역사적 경제주의'를 내세운 경제학자였지만, 실제로 그의 이론은 단순한 경제학과 속류 마르크스주의의 혼합이었다. 학자 스스로 독창적인 것으로 평가하고 단순한 이론의 혼용을 새로운 이론으로 포장하려는 주의주의적 경향을 빗대어 그람시는 '로리아주의'라고 불렀다.

인구 조밀도에 따라 결정되었다는 '인구조밀도론'이다. 북부는 인구가 조밀하고 이에 따른 발전을 지속할 수 있었지만, 남부는 인구가 산재하여 그다지 집중적인 조밀도를 보여주지 못하고 있는데, 이것이 남부의 후진적 발전의 원인이라는 것이다.

남부인을 생물학적으로 그리고 인종학적으로 열등하다고 해석하는 이들에게 치코티Ciccotti는 결론적으로, "인종은 역사 안에서 형성된다(살베미니 역시 이와 같은 말을 했다). 남부의 경제적 열등에 대한 설명은 절대적으로 남부의 경제적 생활 조건 안에서 찾아야 하며, 남부의 경제적 조건으로 남부의 모든 도덕적이고 사회적인 조건들을 설명할 수 있다. 의심할 바 없이 자본주의와 문명의 일반적 요건들이 대부분 북부에서 발달하였다는 사실이 원인은 아니지만 환경적 요인일 수는 있다. 그러나 이것이 인종적 요인에 의해 발생했다는 것은 있을 수 없다"[60]라고 반론을 폈다.

지금까지의 인종적인 관점에 기반을 둔 해석은 당시의 시대적 흐름일 뿐이었다. 이는 가장 쉽게 또 강력하게 남부 후진성을 설명할 수 있었던 당시 시대적 조류에서 비롯된 연구 방향이었을 뿐이다. 그러나 이러한 연구의 영향력은 향후 50년간 남부문제를 부정적으로 보는 이들에게 그 이론적 근거를 제공하는 불행한 역사의 단초가 되었다.

2-7. 실증주의적 연방주의―공화주의자 콜라얀니(Colajanni 61)

당시 남부문제에 대한 인종학적 해석에 반대하며 남부인들의 정서를 대변한

---

60) 『좋은 정부의 신화』, pp. 203~4.
61) Ganci, 『이탈리아에서의 민주주의와 사회주의Democrazia e Socialismo in Italia』, 밀라노, 밀라노 문서보관소, 1959. 등 참조.

학자들 중 대표적인 인물이 콜라얀니기다. 그는 실증주의라는 학문적 방향만큼은 인종적 관점을 가진 다른 사회학자들과 같았지만, 그 기조나 철학적 바탕은 상당히 차이가 있었다. 그는 인종이라는 요소를 남부문제의 주요 원인으로 해석했던 인류학적 사회주의자들을 향해 인종문제는 결코 한 지역 또는 한 국가의 사회적 문제 해결에 유용한 도구가 아니라고 분명하게 반박하였다. 역사적으로 중국 같이 유색인종이 살았던 지역이나 그리스 또는 이집트 등에 의해 세계가 지배되던 경험을 그 예로 제시하였다. 이탈리아의 남부와 북부라는 지역 특수성을 문화적 · 사회적 관점에서 설명함으로써, 인종과 같은 특정한 한 요소에 의해 지역적 특수성이 결정될 수 없다고 주장하였다.

그는 전 생애를 인간의 진보라는 측면에서 규명하고자 했으며, 실제로 평생을 그에 대한 연구에 바쳤다. 마치니에게서 정신적으로 많은 영향을 받았던 그는 카타네오Cattaneo 62)의 자유주의적 사상—특히 자유주의 헌법 사상—에 많은 부분 동조하였다. 그 역시 실증주의자였지만, 구체적 사실에 근거한 진실을 옹호하였고, 자의적이고 신학적인 궤변적 요소를 거부하였다.

그는 남부라는 관점을 어떤 특정 지역주의가 아닌 이탈리아 남부 전체를 의미하는 보다 확장된 의미에서, 즉 보다 유럽적인 시각에서 바라보았다. 그리고 부패한 행정부나 관료에 대한 비판도 그의 저술 곳곳에 나타나 있다. 중앙집권체제에 따른 모순과 한계 등에 대하여 날카롭게 지적하면서 카타네오 식의 연방주의에 많이 동조하였다. 그에게 연방주의는 북부와 남부 간 대립을 공식적으로 해결하기 위한 최상의 시도였고, 중앙집권체제에 대한 대항책이었다.

따라서 연방주의를 선호한 콜라얀니에게는 입헌군주제보다 공화정 형태

---

62) 롬바르디아 출신으로 이상적인 통일 이탈리아의 정체체계로 연방주의를 주장한 대표적 사상가였다. 그가 연방주의를 주장한 가장 큰 이유는 활동 무대인 롬바르디아가 국가라는 통제나 제도적 뒷받침 없이도 나름대로의 번영과 발전을 누리고 있었기에 피에몬테 방식의 중앙집권제가 필요하지 않았기 때문이다.

의 정치체제가 더욱 매력적이었다. 그러나 그는 다소 진부한 고대적 개념의 공화제로 기울게 되는데 "자유라는 덕목과 공공복리 등이 공화적 요소의 장점이며, 전횡적이고 가부장적인 면이 입헌군주제의 단점이다. 입헌군주제는 혁명에 의해 전복될 수 있는 허약하고 낡은 체제"[63]로 인식했다. 콜라얀니는 이탈리아 통일의 위대한 인물인 마치니와 가리발디, 카타네오 등이 모두 공화주의를 주장한 이들이었으며, 단지 외교술 하나만으로 통일을 이룩한 카보우르가 중심이 된 피에몬테 통일은 부당하다고 생각했다.

그는 또한 남부 사회에서 만연하고 있는 변형주의trasformismo [64]에 대해 깊이 있는 연구와 원인 규명에 많은 노력을 기울였으며, 마피아의 성격을 입헌군주제와 관료사회의 부패 등과 연관한 현상으로 파악하였다. 그는 마피아의 기원을 부르봉 왕조의 오랜 악정과 부패에서 탄생된 것으로 보았는데, 지방의 유력한 집안이나 가문 또는 일단의 세력이 합법적이든 비합법적이든 행정적 절차와 법 집행 과정에 지나치게 개입함으로로써 발생한 것으로 인식하였다.

그와 동시에 그는 남부 후진성 원인을 "산업발전 결여와 그에 따른 노동자계급 조직화와 결속 부족, 문맹률, 계속되는 불행, 정치적 교육과 자유 부족 등 수세기 동안 누적되어 민중들의 골수에까지 각인된 노예정신, 그리고 각각의 지역 안에서도 구별되는 지역 반목과 갈등, 항상 잔존해온 수취적 태도 등에서 찾았다."[65] 남부의 이 같은 실상을 타개하기 위한 정책은 산업화밖

---

63) 『좋은 정부의 신화』, pp. 212~213 재인용.
64) 19세기 후반 이래 이탈리아에서 정당들이 일정한 원칙이나 기준 없이 반대파를 제거하거나 다수당이 되기 위하여 개별적으로나 집단적으로 변형시켜 외형을 바꾸는 정치양태를 가리킨다. 1882년 선거에서 데 프레티스De Pretis가 선거 모토로 내세웠던 Trasformarsi에서 유래한 단어이다. 그람시는 리소르지멘토기에 이미 존재하던 정치행태의 하나로 파악하였다. 그람시에 의하면, 대표성을 가진 마치니가 카보우르에게 복속되어 이끌리게 된 것을 빗대어 이야기했다. 『최장집, 한국민주주의의 조건과 전망』, 1996, 나남, pp. 203~240. 이경일, "이탈리아 세기 말 위기", 『서양사 연구』 제17집, 1995, 4월호, p. 101. 참조.

에는 없으며, 남부의 경제적 진보를 통해 진정한 민주주의를 이룩할 수 있다고 주장하였다.

콜라얀니 주장의 근거 중에는 사회주의적 시각에 바탕을 둔 것이 많다. 그는 공화주의와의 비교를 통하여 사회주의에 접근하고 있다. "진보적 국가 행동은 절대적으로 사회적인 것이어야 한다.…… 공화정은 그 자체로 목적이 되어서는 안 되며, 경제적 · 지적 · 도덕적 복지를 이룩하기 위한 수단이어야 한다.…… 공화정 형태의 내용은 결국 사회적인 것을 담고 있어야 한다."[66] 그러나 그는 역사적으로 자본가와 노동자, 부르주아와 프롤레타리아의 투쟁 등을 관찰하면서 진보의 역사적 필연성을 자유에 대한 열망과 추구라는 의미로 다소 축소시켰다. 즉 그는 혁명이나 폭력에 의한 진보라는 개념보다는 평화적이고 안정적인 수단에 의한 진보라는 개념을 선택했던 것이다.

콜라얀니의 궁극적인 목표이자 희망은 통일 이탈리아에 지방분권적 형태의 대중 민주주의를 표방하는 국가를 건설하는 것이었다. 그러나 보수적 사상가들이 남부문제와 사회문제 해결책으로 주장했던 식민주의와 이민정책에는 반대하였다. 콜라얀니가 보기에 식민주의란 제국주의를 의미하는 것이며, 자유와 제국주의는 양립할 수 없는 것이기에 결국 식민지 국가에서도 자유의 가치를 위한 독립 투쟁과 반란이 도모될 것이고, 이는 미래의 국가적 이익에 그다지 부합하지 않는다고 보았다. 이민정책에 대해서도 결국 일시적일 뿐 근본적인 문제해결에 도움이 되지 않는다고 보아 반대 입장을 분명히 하였다.

콜라얀니는 이탈리아를 위한 바람직한 '체제'의 방향으로 다음 세 가지를 주장했다. 첫째는 연방주의를 통한 국가 전체 에너지의 강력한 최대 집중이

---

65) 콜라얀니, 『1898년의 이탈리아. 소요와 반동L'Itala nel 1898. Tumulti e reazioni』, Milano, 밀라노 문서보관소, 1951. pp. 45~6.
66) 『좋은 정부의 신화』, p. 219 재인용.

었고, 둘째는 모든 실현 불가능한 식민지적 야망의 배제를 기반으로 정치적 세력을 규합하는 것이었으며, 셋째는 국가경제 이익에 부합하는 관세정책 실시였다.[67] 이미 국가 번영을 이룩한 영국이나 미국, 독일 등의 경우에서 볼 수 있는 경제적 부의 밑바닥에는 보호무역주의가 가장 커다란 공헌을 했는데, 이는 농업의 절대적 희생을 통한 산업발전을 의미하는 것이라고 그는 인식했다. 보호무역주의는 북부 산업 발전에 필요한 정책일 뿐 이탈리아 농업 실정에 보아 그다지 바람직한 것은 아니며, 남부 농업을 보호하고 북부와 남부 간 균형 있는 산업 발전을 위한 해결책으로는 곡물세를 폐지하는 미봉책보다는 남부의 체계적인 산업화가 시급하다고 역설했다.

결국 그는 이제 막 태어난 이탈리아를 위해서는 부분적 보호무역주의를 통한 남과 북의 적절한 산업발전 정책의 시행이 필요하며, 그렇지 않을 경우 북부 산업발전의 토대란 남부 농업의 희생에 따른 대가일 뿐이라는 것이 주장의 요지이다. 그러나 그의 모든 주장과 사상은 다소 애국적 요소들이 많고, 역사발전에 대한 고전적 개념에 바탕을 두지 않았다는 것을 알 수 있다.[68]

그러나 무엇보다 남부문제의 영역에서 콜라얀니의 가장 큰 공헌은 당대의 인종학적 실증주의자들에 이론적으로 맞서서 남부문제를 분석하고 연구했다는 점이다. 그는 남부의 생물학적 열등성을 다루는 인종학적 실증주의자들에게, 모든 인종들은 역사적으로 경제적이고 문화적인 발전 시기의 부침이 존재하며, 이는 당시의 사회적·정치적 요소에 따르는 것일 뿐 영속적이고 결정적인 요소는 아니라고 응답하였다. 그는 당시 이탈리아 북부와 남부의 분석에 이러한 생각을 적용했다. 즉 남부에는 농업이 기반인 상태에서 대지주, 문맹, 넓게 퍼져 있는 조방적 문화, 커뮤니케이션 도구의 부족과 지체 같은 사회적 요소들이 역사적으로 형성된 결과에 따라 남부 사회를 특징짓

---

67) 앞의 책, p. 225.
68) 앞의 책, p. 229.

고 있다고 보았다. 이에 반해 북부는 다소 반대적 개념의 요소들, 즉 산업 발전, 중소 지주와 계급의 존재, 집중 생산성에 따른 인구분산, 높은 문자 해독률, 기술적 문화 요소들이 존재한다는 것이다.[69] 따라서 이와 같은 북부와 남부 간 사회적 차이에 기반을 둔 국가정책을 수립하여 시행함으로써 통합적인 사회로 변형시킬 수 있다고 역설하였다.

콜라얀니는 결국 법률적 이탈리아와 현실적 이탈리아의 격차를 줄이기 위해서 실증적이고 과학적인 남부에 대한 연구를 수행함으로써 19세기 말부터 20세기 초에 이르는 기간에 남부주의자들의 사상에 많은 영향을 끼쳤다.

2-8. 통제주의적 발전론자 니티Nitti [70]

니티는 위대한 남부주의자로 인정받고 있는 포르투나토와 치코티 등과 함께 이탈리아에서 가장 척박하고 저개발된 바실리카타 주에서 태어난 사상가이자 정치가였다. 그는 1892년 나폴리 대학에서 강의를 시작하면서 비교적 순탄한 길을 걸었다. 1894년에 하원의원으로 선출된 뒤 시작된 정치가로서의 삶 역시 비교적 성공적이었다. 특히 졸리티와 오를란도Orlando 정부 시절 여러 차례 장관직을 역임할 정도로 정치적으로 상당히 성공한 인물로 평가받는다. 파시즘 정권 하에서는 독일로 추방되었고, 결국 독일에서 생을 마감하였다.

정치적 성공과 파시즘 정권에 의한 추방이라는 상반된 이력만큼이나 남부문제 연구 분야에서 니티에 대한 평가는 상당히 엇갈린다. 제1차 대전 무렵까지 가장 위대한 남부주의자라는 평가에서부터, 단지 국가통제주의를 주창

---

69) 앞의 책, p. 235.

70) Cafagna, 「니티와 남부문제Nitti e la questione meridionale」, 「사회주의의 문제들Problemi del socialismo」 1959년 1월 호, 밀라노, 밀라노 둔서보관소. 등 참조.

했던 보수적 남부주의자에 불과했다는 평가까지 그 폭과 기준 역시 다양하다. 빌라리의 표현을 빌자면, 니티는 치코티와 함께 가장 사회주의적이고 진보적인 관점에서 남부문제에 대한 자유주의의 기초를 형성한 인물이라는 것이다. 그러나 사회주의에 대한 그의 지식과 견해는 매우 단편적인 것으로 마르크스 사상을 일부 수용하기는 했지만 종국에는 다른 당대 이탈리아 지식인들과 마찬가지로 마르크스 사상과 결별하게 된다.

니티가 남부문제를 하나의 국가적 문제로, 그리고 해결해야 할 사회문제로 상정하게 된 동기는 초기 이탈리아의 자유주의적 산업정책에 따라 사회의 제반 문제들이 부각되기 시작하면서였다. 특히 그는 이 시기에 "과학적 사회주의와 공상적 사회주의Socialismo scientifico e socisalismo utopistico"(1892년, 『정치학 및 사회학 논평에서』)라는 논문에서 사회문제에 대하여 다소 진보적 시각으로 마르크스주의를 주장한다. 그러나 마르크스주의의 수용은 일반적 관점에서 경제적 필요에 따른 것이었을 뿐 구체적이고 현실적인 의미에서 사회주의적 수용은 아니었다.

이와 같은 다소 혼돈스러운 사고를 잘 보여주는 것 중의 하나가 남부문제에 대한 자신의 사상을 담고 있는 『남부문제에 관한 글Scritti sulla questione meridionale』이라는 저서이다. 여기에서 니티는 남부문제의 해결을 위한 전제조건을 언급하면서, 노동운동의 강화와 실제로 경작하는 이들에게 토지를 활용할 수 있도록 하는 과감한 토지정책의 수립을 주장하였다. 또한 개혁의 중심지로서, 그리고 최상위 조직으로서 국가의 중요성을 인식하고 기능을 이해하고 있는 정치 계층의 창출을 표명하고 있다.71)

이와 같은 혼돈스런 모습은 같은 책 제2권에서 전개되는 시칠리아 상태에 대한 조사와 평가에서도 드러난다. 여기서 그는 시칠리아의 상태를 다소 이중적인 기준으로 접근하여 고찰하였다. 니티는 1860년의 시칠리아 상태에

---

71) 『좋은 정부의 신화』, p. 247.

대해 다음과 같이 기술하고 있다. 1) 세금은 반도의 다른 국가들에 비하여 비교적 덜 부과되었다. 2) 국유재산과 사유재산 모두 상당한 정도의 규모로 이를 합치면 반도의 다른 국가들의 부보다도 훨씬 많았다. 3) 공공부채는 아주 미미하여, 피에몬테의 공공부채의 1/4수준이었고, 토스카나 공국의 공공부채보다도 훨씬 적었다. 4) 1860년에 연금생활자 수를 기준으로 산정된 고용자의 수는 토스카나 공국의 1/2 수준이었고, 사르데냐 왕국의 거의 1/2 수준이었다. 5) 유통되는 화폐의 양은 반도의 다른 국가들의 화폐 양을 모두 합친 것보다 두 배 정도 많았다.72)

이는 지나치게 낙관적인 평가로 실제 시칠리아의 상황과도 어긋나는 서술이었다. 동일한 저서 안에서 이와 유사한 정반대의 상황과 판단에 대한 묘사가 여러 곳에서 발견된다. 시칠리아는 산업적 경향을 거부하며, 주식회사나 은행 같은 근대적 의미의 경제 제도를 거부하는 것으로 묘사하고, 남부는 많은 저축을 하였고, 공공재산이 많으며, 변화를 위한 여러 요소들을 가지고 있다. 그러면서도 남부는 이탈리아에서 가장 후진적 지역이라고 표현하기도 한다.73) 이와 같이 남부를 평가하는 관점이 상당히 이중적이면서 모순적이고 다소 혼란스럽기까지 하였다.

그럼에도 불구하고 그는 자신의 연구를 통해 남부문제 해결 수단으로 교육을 제시하였다. 또한 북부의 강력하고 선진화된 자본력으로 남부에 대한 경제개발과 남부 농업의 역동성을 일깨워야 한다고 주장하기도 하였다. 이와 관련해 니티가 구체적으로 제시한 정책은, 세금 감면을 통해 이를 산업자본화 하고, 포르투나토의 계보를 이어받아 강력한 중압집권 정부체제를 채택해야 한다는 것이었다. 이 과정에서 그는 경제계획 방안으로 주요 산업 기

---

72) 니티Nitt, 「남부문제에 관한 글Scritti sulla questione merridionale」, vol. II. 바리, Laterza, pp. 483~4.
73) 앞의 책, pp. 482~83.과 앞의 책 I, p. 133. 등.

반에 대한 국유화를 주장함과 동시에 보호무역주의를 주창함으로써 전체주의적이고 통제주의적인 국가를 위한 정책을 입안하였다.

따라서 니티는 신생 통일왕국의 발전이라는 측면에서 남부 자본주의 산업 발전을 제시한 것일 뿐 남부라는 지역의 발전을 위해 남부의 산업화를 주창한 것은 아니라고 볼 수 있다. 이는 자본주의 지배 하에서 국가의 균형적 발달을 위한 제안으로 남부문제를 바라보았다는 것을 의미한다. 결국 졸리티 정부와 오를란도 정부에서 산업정책을 입안할 때 보여주었던 성향이나 정치적 행보, 여러 저서에서 나타나는 혼돈에 가까운 사상적 모호함은 후대 비평가들이 그를 여러 각도에서 평가하는 근거가 되었다. 그리고 실제로 그 자신도 보다 명확하고 시종일관된 사상적 기반을 보여주지 못함으로써 다양한 성격을 지닌 남부주의자로 해석되는 빌미를 제공하였다.

2-9. 사회주의적 접근의 주창자 치코티Ciccotti 74)

카보우르 이후 전개되었던 남부문제가 전환점을 맞게 되는 것은 치코티에 의해서이다. 치코티로부터 남부문제의 관점은 자유주의적이거나 또는 보수주의적 부르주아 지배의 관점 일변도에서 탈피하여 본격적으로 사회주의적인 관점에 의한 연구와 방향들이 등장하게 된다. 사회주의적 성향을 지닌 치코티는 빌라리의 도덕주의적 관점을 부정하고 계급간의 투쟁이라는 새로운 개념을 제시한다. 그의 첫 번째 철학적 방향은 실증주의였다. 이후 현실 사회에서 진행되는 인간 중심의 역사발전 과정에 대한 연구를 통해 그는 점점 마르크스의 관점으로 철학적 이동을 감행한다. 사회에 대한 분석 과정에서 그는 이탈리아의 현실과 상황에 대하여 고민하였고, 통일 이탈리아의 가장 큰 사

---

74) 『이탈리아에서의 민주주의와 사회주의』, 1959. 등 참조.

회적 문제인 남부에 대하여도 사회주의적 관점에서 분석하기 시작하였다.

전투적 사회주의자 성격을 지닌 남부주의자로서 치코티가 갖는 근본적인 문제 제기는 다음의 두 가지 조건을 가진 남부에 대한 학문적 규명을 위한 것이었다. 1) 남부에 자신의 독자적 시장이 있고 자체적인 반동적 보수가 있는 이탈리아 자본주의적 구조가 존재하는지 여부 2) 자본주의적 기반들을 전복시킬 만한 직접적인 사회주의 정당이 존재하는가에 대한 연구[75]이다. 이를 위해 그는 모든 다른 남부주의 학자들과 마찬가지로 리소르지멘토에 대한 분석과 해석을 남부문제 연구의 출발점으로 삼았다.

그러나 그의 분석은 다른 이들과 다소 차이가 있었다. 그가 보기에 리소르지멘토는 다음과 같은 특징을 가지고 있었다.

리소르지멘토 기간 중에 민중이 주체적으로 개입하지 않았으며, 통일 후 남부에서 동맹세력 확보와 남부의 정의의 가치를 억압하였다는 것이다. 또한 그는 경제적 구조 안에서 역사적 사건 전개에 대한 동기들을 추적하였다. 통일 이후 북부에서는 하나의 통일된 국가를 세움으로써 외국의 지배에서 벗어나 새로운 산업적 구조를 가질 수 있는 기반을 조성하였지만, 그와는 반대로 봉건적 구조를 갖는 남부에서는 리소르지멘토란 그저 '반사조건'이었으며, 남부의 여러 주들이 북부의 정치적·경제적 발전의 부수적 역할을 하는 데 그쳤다는 것이다. 이는 부르봉 왕조 치하에 미미하게나마 존재하던 소규모 산업적 흔적이 비교할 수 없는 경쟁력을 가진 북부 산업에 종속되고 부속될 수밖에 없는 조건이 되었으며, 과중한 세제는 당시 형성 과정에 있던 남부 산업에 결정적인 타격을 입혔고, 북부는 이를 토대로 새로운 경제발전의 축을 구축할 수 있었던 원인이 되었다. 사유재산과 국유재산의 판매는 이후 자본주의적 토대에 기인

---

75) 『좋은 정부의 신화』, p. 267.

한 그와 같은 경제적 구조를 강화하는 작업을 실현시켰고, 이는 모든 자
본들을 국가에 그리고 이를 통하여 북부에 이전시킴으로써 완성시킬 수
있었다.76)

이와 같은 치코티의 분석은 리소르지멘토와 통일왕정 및 남부문제 간의
관계 설정에 대한 근거 있는 설명이 되고 있다. 이는 이전 남부주의자들의
해결책과 결론이 대부분 도덕주의에 한정되었다는 한계를 극복하고 보다 발
전된 차원에서 남부문제를 조망할 수 있게 하는 의미 있는 결론이라고 볼 수
있다.

치코티는 이를 발전시켜 국가에 대한 분석으로까지 나아갔다. 그에게 국
가란 계급국가를 의미했다. 따라서 남부의 농업적 형태의 경제구조는 그에
따른 합리적인 방법에 의한 적절한 소유구조와 생산성 구조를 가질 수 있도
록 땅에 대한 자본투자와 생산성 향상에 힘을 기울여야 한다는 것이다. 이
과정에서 그는 사적인 이익은 사회적 이익으로 대체되어야 하며, 이를 위한
제도적 장치의 마련이 필요하다고 역설했다.

이렇게 형성된 새로운 국가는 부르주아를 위한 국가도 아니며, 소수의 부
유한 이들을 위한 국가도 아니라는 것이다. 그 국가는 사회주의 국가가 될
것이며, 세상을 변화시키길 원하는 이들로 구성된 새로운 국가가 된다. 여기
서 그는 역사적 과정에서 변증법적 성격을 적용시켜 자신의 이론을 발전시
켰다. 지도계급의 갱신을 통해 새로운 제도는 구제도에 종속되지도 구속되
지도 않으면서 새로운 국가의 경제체계를 형성해야 한다. 바로 이 시점에서
사회주의 정당이 필요하며, 이와 같은 변혁과 개조의 과정에서 대중을 투쟁
의 방향으로 이끌 선구자 역할을 해야 한다는 것이다. 따라서 남부에서는 이

---

76) 치코티Ciccotti, 「남부문제에 관하여Sulla questione meridionale」, Milano, 1904, pp. 60~63, e
271~74. 요약 인용.

와 같은 과정에서 당의 정치적 역할이 매우 중요하며, 인민대중의 정치적 역량을 집중시킬 수 있도록 투표제도의 개혁과 사회주의자로서의 교육 및 공공의 정치적 일상에 인민대중을 편입시키는 일 등의 임무를 완수해야 한다는 것이 치코티 주장의 요지이다.

이와 같은 그의 사회주의에 대한 캉향성은 다음 두 저서에 잘 드러나 있다. 하나는 『이탈리아 남부에서의 사회주의 정당의 역할에 대하여Sulla funzione del Partito Socialista nel Mezzoggiorno d'Italia』(1899)이며, 다른 하나는 『사회주의 운동과 남부Il Movimento Socialista e il Mezzogiorno』(1900)이다. 그는 이들 저서에서 남부의 정치적 상황과 관련하여 사회주의적 분석을 하고 있다. 그에 따르면, 남부에는 공통적 이익에 기반을 둔 진정한 프롤레타리아의 부족과 의식의 공유가 가능한 지적인 교육체계의 부족 등으로 새로운 국가 건설의 기초세력인 프롤레타리아 계급이 절대적으로 부족하다는 것이다. 따라서 이를 타개하기 위해서는 인민 대중의 공통된 이익 창출이 필요하며, 이와 같은 공통된 이익을 집결시키기 위해서는 남부 인민의 대다수를 이루고 있는 농민들의 이익을 대변할 수 있는 정당을 지향하는 것이야말로 유일한 방법이 될 수 있다고 주장하였다.[77]

그러나 그는 이탈리아에서의 혁명 가능성을 믿지 않았을 뿐더러 폭력이라는 수단에 의한 정권 탈취나 권력의 쟁취는 반대하였다. 이는 도덕적 차원에서 그의 신념일 뿐만 아니라, 역사적으로 관찰된 사실로부터 그가 이끌어낸 결과였다. 하나의 행동이 한 사회에 해를 입히는 것은 결국 그 정당성과 정체성에 있어 용납될 수 없는 오점을 안는 것이며, 이는 그 행동이 비도덕적인, 즉 정당한 행동이 아닌 폭력에 불과하다는 것을 의미한다고 설명했다. 그러나 파업이나 저항을 위한 연대, 그리고 협동조합을 통한 공공권력의 획득은 가능한 수단으로 보았다. 사회주의는 부르주아 계급의 자연적 산물로 여겼기

---

77) 『좋은 정부의 신화』, p. 272. 요약 인용.

에 사회주의 국가의 정당성은 인정될 수 있다는 것이 그의 생각이었다.

또한 그는 사회주의 교육이라는 측면에서뿐만 아니라 국가 차원에서 남부는 교육제도 등에서도 후진적이며, 절대적으로 기본적 교육기관이 부족하다고 지적하였다. 아울러 남부에서의 농업 생산성 향상을 위한 전문가를 양성할 수 있는 직업학교 제도의 도입 필요성과 이와 같은 전문교육기관의 필요성을 역설했다. 또한 국가 장래를 위해서도 전 이탈리아에 전문적이고 기술적 자격을 갖출 수 있는 전문가 양성 교육기관의 설립과 확대를 제안하였다.78)

한 가지 흥미로운 점은 그가 보호무역주의와 수입곡물에 부과하는 세제에 대한 상세한 연구와 검토를 전개하면서, 곡물세가 북부 산업자본가들이 남부의 대토지 소유자들에게 선사한 선물에 불과하다고 언급했다는 것이다. 그러나 보다 중요한 점은 곡물에 대한 세금부과가 아닌 농업 일용노동자들의 고용을 보장하고 농업생산성을 증진시킬 수 있는 실질적인 대책과 정책이 필요하다고 주장했다. 실제로 곡물세는 남부농업에 아무런 기여도 하지 못하며, 북부의 비싼 공산품의 구입으로 가뜩이나 어려운 농민생활을 더욱 어렵게 만들 뿐이라고 주장하였다.

실제로 곡물세를 통해 남부의 주 생산물인 곡물을 보호하겠다는 의도로 수입곡물에 관세 형식의 세금을 부과했지만, 당시 농민의 궁핍한 생활에 도움을 주고 있던 수입 곡물들에 대한 갑작스런 가격 상승은 농민들에게 식품과 공산품 가격 상승으로 인한 생활고를 겪게 만드는 계기가 되었다. 또한 군비증강과 식민지 전쟁을 위한 준비 비용 등은 남부의 생활을 극빈 상태로 몰고 갈 뿐이라고 주장하며 식민지와 군국주의 정책에 반대하였다.

치코티는 남부 일반 농민들의 열악한 상태와 지지부진한 가내 수공업적 중소기업의 분포의 문제를 지적하면서, 이들 기업의 저생산성에 비해 강력

---

78) 『남부문제에 관하여』, pp. 198, 199, 241. 요약 인용.

한 북부 산업 부르주아지들의 공격적인 지원을 받는 대규모의 생산업자들은 남부의 이익보다는 북부의 이익을 대변하고있을 뿐이라고 주장했다. 이런 상황에서 결국 남부는 북부 발전을 위한 희생양일 뿐이며, 국가의 정책 역시 이를 정당화하기 위한 도구에 지나지 않는다그 역설했다.

당시 이와 같은 이탈리아 상황에서 어느 한 쪽만으로의 경제적 통일, 즉 완전한 산업국가나 농업국가로의 재편이나 형성은 불가능했으며, 산업국가로의 편재를 지나치게 급작스럽게 그것도 남부 농민대중들의 희생을 통해 이룩하려는 것은 지배계급의 경제정책과 산업자본주의에 따른 것일 뿐이라고 치코티는 지적하였다. 이와 같은 주장은 당시의 상황에 비추어 보면 어느 정도 타당성과 근거가 있는 논리였다.

2-10. 진정한 남부주의자 살베미니(Salvemini 79)

지금까지 전개되었던 남부문제가 주로 정치적이고 정책적 차원에서 국가 지도계층에 의해 주도되었던 문제였다면 살베미니에 의해 비로소 대중이라는 관점으로 이전되고 발전될 수 있는 계기를 마련했다고 볼 수 있다. 그러나 순수한 이상주의를 철학적 기반으로 삼음으로써 현실 정치와의 조화에는 실패하였다. 그는 다른 남부주의자들이 비교적 정치적으로 주목을 받거나 당대의 정치권력의 핵심에 위치했던 이들이 대부분이었던데 반하여, 몇 년간의 하원의원 생활을 제외하면 주로 대학 교수와 역사가로서 인생의 대부분을 보냈다.

그 어느 누구보다도 역사가이자 학자로서 뛰어난 연구 활동과 저술을 했

---

79) E. Garin, *Salvemini nella societa italiana*, :n Vari, *Gaetano Salvemini*, Bari, Laterza, 1959. 등 참조.

지만, 연구의 결과들인 추상적 개념들과 당대의 현실적 계기들을 연결하여 구체화시켜 통일시키는 역량이 부족하여 현실과 거리가 있는 이상주의자로 남게 된다. 그러나 그의 연구는 철저하게 사실에서 출발하여 사상으로 발전시키거나 반대로 사상에서 출발하여 그 근거를 사실에서 찾는 실사구시의 정신에 입각한 것이었다.

남부문제에 대한 그의 접근과 연구는 당대의 다른 남부주의자들과 마찬가지로 통일 이탈리아의 현실적인 사회문제의 해결이라는 측면에서 시작되었다. 기존의 남부주의자들과 사상적으로나 방법론적으로 많은 면에서 달랐다. 특히 기존의 남부주의자들이 공통적으로 기반하고 있는 도덕적이고 윤리적 인식과는 다른 문제의식이 살베미니에게는 있었다. 즉 기존의 남부주의자들 사이에는 남부문제가 자연적으로 그리고 도덕적·윤리적으로 형성된 어떤 정신적인 문제라는 생각이 지배적이었던 데 반하여, 살베미니는 이를 진정으로 하나의 사회적 모순과 구조의 불균형에서 기인된 사회문제, 특히 지배자의 관점이 아닌 피지배자의 관점에서 바라본 선각자라는 점이다.

그의 최초의 공식적인 남부문제에 대한 저술은 『정치 교육Educazione politica』(1898~99)이라는 책에 수록된 "남부문제La questione meridionale"라는 글이다. 이 글에서 그는 국가가 남부문제의 주역이 될 수 없다고 주장했다. 또한 남부문제야말로 모든 국가적 문제의 최우선 과제이며, 다른 문제들은 남부문제에 비하여 부차적일 수밖에 없다는 것이 그의 생각이다. 이렇게 시작된 살베미니의 문제 제기는 남부 사회에 대한 분석에서 출발하였다. 그는 남부 이탈리아는 세 가지의 병폐에 시달리고 있다고 주장했다. 그 세 가지는 첫째, 중앙집권적 국가형태로 인한 병폐이며, 둘째, 북부의 경제적으로 과중한 압력으로 인한 병폐이고, 셋째, 반半봉건적인 지방구조로 인한 병폐가 바로 남부를 병들게 하고 있다는 것이다.[80]

그는 계속하여 남부문제를 다루고 있는 여러 글에서 남부문제의 계층적 구조를 밝히는 데 힘을 쏟았다. 그에 의하면, 당시 남부의 대토지 소유자들은 소부르주아들과 일종의 암묵적 협약을 맺어 남부 농민들을 지배하고 있었으며, 이러한 협약은 외부로부터 압력이나 개입이 존재하지 않았기에 상당히 오래 지속되고 있다는 것이다. 또한 이러한 공생관계 위에 국가적 차원에서는 남부 대토지 소유자들과 북부의 자본주의가 결탁하여 국가를 지배하게 되었고, 이는 남부문제와 국가의 지배구조를 밝히는 두 개의 주요한 열쇠인 계층 간 협력 구도라는 것이다. 남부 대토지 소유자들과 북부의 자본주의가 결탁하여 국가를 지배하고 있던 제도적 장치가 바로 보호무역주의라고 그는 분석했다.

이를 해결하기 위하여 먼저 남부 대중들을 적극적으로 조직하고 교육하여 국가의 정치 기반을 바꿀 수 있는 역량을 길러야 한다고 주장했다. 남부문제의 해결을 위해 남부의 농민대중들을 개화시키고 행동하게 해야 한다는 그의 전제에는 살베미니가 제안하는 사회주의 발전 과정에서 살펴볼 수 있는 중요한 세 가지 계기가 있다. 1) 사회주의 발전에 유리한 의미에서 한 지역(남부)의 정치 상황을 변화시킬 목적으로 폭력 행동 전까지 당 차원에서 아주 강경한 정책이 필요한 극단적 계기. 2) 연방주의를 지향하는 동요의 계기. 이 경우 연방주의는 중심과 배경 요소가 된다. 3) 보통선거제도 도입과 관세제도의 개혁 및 남부를 변혁시키기 위한 기반이 될 수 있는 적합한 제도를 위한 투쟁의 계기가 그것이다.[81]

이미 이 시기에 그는 범국가 차원에서 계급투쟁의 문제와 구체적 실천을 위한 제안도 제기하고 있다. 살베미니가 주장하는 계급투쟁의 형태는 어떤 것이었을까? 그것은 혁명이라는 수단과 형태는 아니었다. 폭력 없는 개혁이라는 형태를 주장했다. 폭력으로 혁명이 발발하면 정작 개혁을 위해 필요한

---

80) 가에타노 살베미니Gaetano Salvemini, 「남부문제에 관한 글Scritti sulla questione meridionale」, Torino, 1955. pp. 32~35 요약 인용.
81) 「좋은 정부의 신화」, p. 300.

국가체계가 무너져버려 이미 개혁을 착수하기 힘들 정도의 무력함을 보인다는 것이 그가 주장이다. 여기서 눈여겨보아야 할 점은 이와 같은 개혁의 성공을 위해 정비해야 할 공고한 당(사회당)내 조직 강화의 필요성이다. 이를 위해 다른 세력, 즉 급진주의자들이나 공화주의 세력 등과의 동맹 문제를 제기하였다.

살베미니는 이를 위해 동맹 과정에서 최소한 다음의 세 가지 조건을 충족시켜야 한다고 주장하였다. 첫째, 사회주의 운동을 하나의 폭동으로 간주하는 사고를 버려야 한다. 둘째, 보다 확실한 공화주의적이고 급진주의적 태도를 보일 것, 다시 말해 정부의 정책에 반대적인 입장과 태도를 명확히 밝힐 것을 요구했다.[82] 셋째, 사회당을 계급투쟁의 방법으로부터 격리시키려는 기도를 하지 말 것이다. 이 세 가지 조건은 향후 살베미니가 의미하는 계급투쟁의 방향을 암시하는 중요한 단초가 된다.

더 나아가 그는 1898~99년 사이에 『남부문제에 관한 글』을 통해 남부 농민대중과 북부 노동자들 간의 동맹을 제안하였다. 새로운 국가건설을 위한 동맹 대상을 급진주의자들뿐만이 아니라 남부 농민으로까지 확장하고 있는 것이다. 그가 보기에 농촌 프롤레타리아야말로 유일하게 사회주의 사회와 국가로의 이전을 원하는 계층이라는 것이다. 북부 산업자본가들과 남부 대토지 소유자들이 연합하여 이탈리아를 계속적으로 지배하게 되면, 진정으로 변화되고 개혁적 모습의 이탈리아를 이룩할 수 없을 뿐만 아니라 그 시도조차 불가능하다고 살베미니는 인식하고 있었다.

그러나 젊은 날의 살베미니가 보인 모습은 진정한 혁명을 원하는 사회주의 입장이라기보다는 1890년대 말부터 부르주아 집권세력들이 보여온 보수적이고 반동적인 여러 정책에 기인한 결과물이었다고 보는 것이 더 정확할 것이다. 그런데 이 시기 살베미니에게 중요한 사건이자 계기가 발생한다.

---

82) 『남부문제에 관한 글』, pp. 102~3.

1900년을 넘어서면서 이루어진 카타네오와의 만남은 그의 남부문제에 대한 시각과 사회 전반의 문제들에 대한 노선과 방향 등에 중대하고 결정적인 변화를 가져오게 하였다. 즉 보다 구체적인 사상적 기반을 카타네오의 역사 실증주의에서 찾게 되었고, 카타네오를 비롯한 기존의 연방주의 주창자들—예를 들면 페라리Ferrari나 연방주의적 공화주의자 아르칸젤로 기슬레이 Arcangelo Ghislei 등—을 연구하였다. 특히 19세기 이후 사회당은 이러한 카타네오 식의 사상을 실현하는 도구로서는 적합하지 않다고 보았으며, 남부 주의자들의 국가에 대한 주장들이 한결같이 중앙집권 형태의 정책이나 압제적인 수준의 정책을 선호하였다는 점게 한계가 있다고 나름대로 결론을 내렸다. 그래서 모든 근대 자유주의 국가의 근간이 될 수 있는 실질적 제도들, 즉 보통선거제도나 연방주의 국가 등에 더욱 가까이 다가서게 되었다. 따라서 그는 이러한 정책들과 제도들을 사회당의 강령과 정책들에 도입하여 남부문제의 해결책으로서 뿐만이 아니라 새로운 이탈리아 건설의 기본 정책으로 활용하고자 했다.

1899년에서 1901년 사이에 살베미니가 쓴 글들을 보면 연방주의 경향이 무척 강하게 느껴진다. 특히 그는 중앙정부의 권한 중에서 최소한 다음의 세 가지 권한은 주 정부나 광역도시들에 이관해야 한다고 주장하였다. 즉 재무 행정권과 경찰권, 군대의 관할권이 그것이다.83) 그는 다시 연방제야말로 남부문제의 유일한 해결책이며, 이는 경제적으로 남부 민중에게, 정치적으로는 북부 민주주의자들에게, 도덕적으로는 전全 이탈리아에 유익하고 주장했다. 이를 달성하기 위한 투쟁의 기본조건은 다음의 두 가지이다.84) 첫째, 사회당은 푸르동의 사상을 받아들여 정치적 분야에서 연방주의 정책을 확고히 다져나가야 한다. 둘째, 보통 선거권을 획득하야 한다. 살베미니에게 연방주

---

83) 앞의 책, pp. 62~3.
84) 앞의 책, pp. 105~6.

의와 보통 선거권은 북부 자본가와 남부 대토지 소유자들의 연합지배를 분쇄하고 남부문제를 비롯한 사회문제를 해결할 수 있는 가장 강력한 투쟁 수단이자 불가분의 요소로 인식되었다.

이후 살베미니는 당시 사회당 지도자 투라티Turati 85)와의 불화를 계기로 사회당에서 멀어지게 되고 역사가와 학자의 자격으로 보통선거권과 건전한 농민세력의 육성을 위하여 소작농민의 토지소유를 적극 권장하는 정책들을 제안하였다. 또한 당시 보호무역주의를 기본정책으로 삼았던 정부와 이탈리아 부르주아 지배계층에 반대하여 자유무역주의를 주장하기도 하였다. 지속적으로 사회당의 개혁과 정체성을 환기시키면서 프롤레타리아 계급을 위한 계급정당으로서 역할을 강조하고, 『통일Unità』86) 지에 지속적으로 기고하면서 남부문제를 비롯한 사회문제에 대하여도 정책 제안을 하였다. 파시즘 정부의 등장으로 망명생활을 하기도 했으며, 전쟁 후에도 계속적으로 남부문제에 대한 연구를 하는 등 현재까지 남부문제 역사에서 가장 뛰어난 사상가의 하나로 평가받고 있다.

남부문제의 역사에서 살베미니가 제기한 남부문제는 다음의 두 가지 면에서 중요성을 갖는다. 첫째는 남부 농민대중을 남부문제의 주역으로 등장시킬 필요성을 처음으로 제기하였고, 이 경우 단독적인 힘이나 역량보다는 북부의 사회주의나 프롤레타리아로부터 도움 혹은 동맹이라는 형태를 통하여 사회주체가 되도록 한다는 방법론을 제기하였다.(특히 이 부분은 초기 살베미니

---

85) 1891년 『사회비평Critica Sociale』을 창간하여 독일 사민주의 사상을 전파하였다. 1892년 이탈리아 사회당PSI의 창당 주역으로 1896년 하원의원에 당선된 이후 사회당을 지도하였다. 1922년 개량주의 노선에 반발하여 탈당하고 통합사회주의정당Partito Socialiata Unitario를 창당하였다. 파시즘 정권에서 파리에 망명하여 넨니Nenni와 함께 이탈리아 사회당 재건에 힘을 기울이다 1932년 파리에서 사망했다.
86) 1911년 살베미니가 창간한 주간지로 당대의 주요 현안에 대한 비평과 논평이 주류를 이루었던 문화사상지였다. 논자로는 살베미니외에도 포르투나토, 크로체, 에니나우디, 몬돌포 등이 있었고, 1920년 폐간되었다.

가 사회당에서 활동하던 시기와 매우 밀접한 연관성을 갖는다). 두 번째는
국가보다는 정당과 계급을 통한 문제 해결을 제기하였다는 점이다. 이는 다
시 그람시에게로 연결되는 중요한 논거점이 되는 역사적 의의라 할 수 있다.

2-11. 가톨릭 남부주의자 스트루조Struzo 87)

그람시의 표현에 따르면 중세 이후 리소르지멘토에 이르기까지 가장 반동
적인 세력으로 이탈리아를 사분오열시켰던 세력이 가톨릭이었다. 그들 역시
통일 이탈리아의 당면한 사회문제 남부에 대하여 커다란 관심을 가질 수밖
에 없었다. 그러나 대부분 교세 확장과 영향력 문제라는 측면에 국한하여 남
부문제에 접근하였을 뿐 진정한 의미에서 사회문제나 대중의 문제로 인식하
지 않았다. 이와 같은 가톨릭의 상황에서 스트루조Struzo는 아주 특이한 예외
였다. 가톨릭이라는 범주에서 남부문제를 전 국민적 사회문제로 인식하였던
이가 바로 스트루조였고, 20세기 초 이탈리아 정치적 상황에서 인민당PPI을
이끌면서 중요한 역할을 담당한 인물이었다.

보수적이기만 했던 가톨릭 내에서 사회적 가톨릭주의란 이름으로 진보 색
채를 띤 세력이 독일을 비롯한 유럽 대부분의 국가에는 이미 상당한 세력을
이루어 확산되었지만, 이탈리아에서는 이들 세력의 형성이 비교적 늦게 일
어났다. 중세 수도원이 중심이 된 코르포라티비즘Corporativismo 운동에서 유
래된 사회주의적 가톨릭 운동은 노동과 자본의 공조와 조화를 통해 유토피
아적 가톨릭 세계를 구축하는 데 목표를 두었으며, 이탈리아에서는 스트루
조에 의해 본격적으로 시작되었다.

---

87) G. De Rosa, *Il Partito popolare iataliano I, II*, Bari, Laterza, 1974., F. Catalano, *Luigi Struzo*,
   in 「Belfagor」, n. 2, 31 marzo 1960. 등 참조.

어렸을 때 철학 교수가 되기를 원했던 시칠리아 태생의 스트루조는 로마의 그레고리안Gregorian 대학에서 신학을 공부한 뒤 고향으로 돌아가 수사修士의 길을 걷게 되면서 사회주의적 가톨릭의 전도사로서 나서게 된다. 그는 역사적으로 진보와 보수가 항상 대립각을 형성하여 왔고 현재에도 그와 같은 구도가 전개된다고 이야기하였다. 가톨릭이라는 종교 안에서도 보수 대 진보는 양분되어 있기 때문에 사회주의에 대항하기 위해 먼저 가톨릭 안에 있는 보수주의자들과의 투쟁에서 승리해야 한다고 주장하였다. 처음에 스트루조는 가톨릭의 정치세력화를 위해 '경제협의회Unione economica'와 '선거협의회Unione elettorale' 등을 결성하고 활발하게 활동한다. 당시 가톨릭 내에서 정치적 활동을 주도한 중요한 인물로 스트루조와 함께 무리Murri 88)를 들 수 있는데, 정치적 이념과 방법 등에서 이 두 사람은 상당한 공감대를 형성하였다. 그러나 새 교황 비오 10세가 즉위하면서 이 두 사람은 결별89)하게 되었고, 이후 가톨릭 안에서 정치세력화의 중심축은 스트루조에게 집중되었다.

스트루조가 관심을 가졌던 사회적 문제는 노동자와 남부였다. 스트루조는

---

88) 1893년 사제가 된 뒤 이탈리아 가톨릭의 진보적인 사회운동과 정치운동을 이끌었다. 1898년에는 『사회문화Cultura Sociale』를 창간하기도 했다. 스트루조와 함께 이탈리아 인민당PPI을 창당했고, 1907년 신에 대한 불경죄로 파면되었으며, 1909년 하원의원으로 당선된 뒤 진보적 가톨릭 의원으로 정치적 활동을 하였다.

89) 교황 비오 10세는 보수주의적 인물의 전형으로서 가톨릭 안에서의 어떠한 변화나 개혁의 시도를 한 번도 실행하지 않았던 인물이었다. 새 교황은 협의회l' Opera dei Congressi의 해산을 명했고, 협의회를 이끌고 있던 무리Murri는 정치적 방향을 수정할 수밖에 없었다. 새로운 교황의 등장은 가톨릭 중심의 운동에도 커다란 변화를 몰고 왔는데, 당시 바티칸과 교황 세력 밑에 존재하던 세 가지 협회는 다음과 같았다: 민중협회, 경제사회협회, 선거협회가 바로 정치적 협의체들이었다. 그런데 무리는 교황에 의해 해체 선고를 받은 정치 조직체였던 국민민주주의동맹Lega democratica nazionale에 활력을 불어놓고자 했으며, 결국 무리는 교황의 지시를 어기고 동맹의 활성화에 힘을 쏟았다. 이를 계기로 무리와 스트루조는 결국 갈라서게 된다. 스트루조가 보기에 지나친 강경책과 반대는 결국 가톨릭 진영의 여러 세력의 힘을 분산시키고 분열시키게 될 것이라 보았기 때문이다. 실제로 당시 바티칸의 입장은 외교적이고 정치적인 이유에서 뿐만이 아니라 교황청의 권위라는 면에서도 가톨릭 세력의 정치화에는 반대하였다.

남부주의자들 중에서 자유주의 국가에 대하여 가장 강하게 비난하였고, 이러한 자신의 정치적 방향을 시종일관 지켰다. 남부문제에 대한 정치적 견해역시 이를 보수적 기득권들의 시각에서가 아닌 대중들의 정치 자각을 통하여 해당 지역에서 직접적으로 영향을 미치게 하려는 의도를 담고 있었다. 즉변형주의Trasformismo적인 엘리트적 입장에서의 정치 방향성을 노동자와 농민들에 의한 국가라는 쪽으로 그 축을 옮기려 한 것이다.

이탈리아의 부르주아의 정치 지배수단, 변절주의의 부정적 본질, 북부에의한 남부 착취 등의 인식에 관한 입장에서 다른 강경파 사회주의자들의 시각과 스트루조의 입장은 그다지 커다란 차이가 나지 않는다. 남부에서의 정치 부패와 변형주의의 과정을 몸소 체험했던 스트루조에게는 그 어떤 정치가의 정책 역시 한계를 지니고 있었고, 오히려 남부의 족쇄가 가중되는 것으로 생각했다. 그는 남부에서 강력한 노동세력의 부재를 깨달았고, 이를 위해농민과 대중들을 조직하고 그를 통한 국가정책의 개입만이 이를 개선할 수있는 방법이라고 생각했다.

스트루조 식의 남부주의는 다른 사회주의자들의 그것과 마찬가지인 남부의 모든 문제에 대한 정치화 그 자체였다. 남부문제에 대한 전통 기조 중의하나인 손니노나 빌라리의 정책들 역시 이런 면에서 결국 자유주의적 부르주아에 기반을 둔 것으로, 그들의 주장이 실제 정책으로 변하는 순간 이와같은 자유주의적 부르주아의 입장을 대변하게 된다고 보았다. 그의 이러한생각들은 특히 1901년에 쓴 '남부문제'라는 글과 '북부와 남부 그리고 중앙집권주의와 연방주의'라는 글에 잘 담겨 있다. 다음은 '남부문제'에 담겨 있는 관련 글이다.

보다 분명하게 말해보자. 남부와 북부라는 용어는 절대 소멸할 수도 없고 화합할 수도 없다. 바로 이것이 진실이다.…… 우리의 잘못은 아니지만, 그렇다고 북부 형제자매들의 잘못도 결코 아니다.…… 그렇다면 현재 국가는 기조를 바꾸고 재정정책을 북부의 희생을 통해 남부에 유리한 방향으로 바꿀 수 있는 길은 있는가? 산업 방향을 농업 기조로 바꿀 수는 있을까?…… 남부대중은 국가의 삶 안에 편입하지 못하고 있으며, 정책 개념들과 사상 운동에 대해서도 알고 있지 못하다.…… 향토애, 의원 등 바로 이것이 남부 생활의 전부이다. 정치적 이해집단들의 썩을 대로 썩은 부패와 폭정, 시정에서의 이런 다툼과 갈등, 마피아와 카모라의 암흑 지배만이 있을 뿐이다.…… 그러한 불균형적인 상태에서 산출된 불균형은 삶의 모든 실행 과정에서 반영되었다. 이러한 상태에서는 이를 바꾸기 위한 남부나 나폴리의 운명을 개선시키기 위한 하원의원들의 만장일치 표결 역시 의미가 없다. 근본 치유책은 하나 오직 하나뿐이다. 나는 통일론자이지만, 절대적인 연방주의자이다. 여러분들은 우리 남부 인들이 우리 스스로가 통치하도록 내버려두시오. 우리 스스로 우리의 재정 방향을 설정하게 하고, 세금의 통제와 적절한 배분을 하도록 하며, 우리의 작업에 대한 책임을 맡기고, 우리의 악행에 대한 치유책을 우리 스스로 발견할 수 있도록 놓아주시오. 우리는 피후견인이 아니며 더욱이 북부의 이익에 부합하는 보호가 필요하지 않다. 그저 동포애로 하나가 되며 정부의 통일이라는 면에서 하나가 되어야지 행정적인 획일화는 더더욱 아니다. 우리는 각자 모두가 우리의 삶 안에서 실행되는 우리의 경제적 · 행정적 · 도덕적 길을 따를 것이다.[90]

'북부와 남부 그리고 중앙집권주의와 연방주의'라는 글에는 다음과 같은 글이 담겨 있다.

어쨌든 모든 남부와 북부 문제의 원인들 중에서 가장 중요한 원인은

---

90) 『좋은 정부의 신화』, pp. 404~5. 재인용.

국가의 중앙 집중적인 정책과 세금 및 재정 정책의 획일성에 기인하는 것으로 보인다. 따라서 그 악의 근본을 파헤치길 원한다면 문제를 극복하려는 용기를 가져야만 하듯이 일상의 우유부단함에서 벗어나 그러한 치유책을 찾아야 한다.…… 자유주의 성향의 정치가들은 역사적으로 이미 고정화된 그러한 잘못된 개념들 중의 하나를 제안하는 것에 두려움을 가지고 있다. 치유책은 행정적으로 절제된 지역 분권과 중앙정부가 개입하지 않는 다양한 지역들의 연방주의일 것이다.…… 이탈리아의 다양한 여러 지역을 '봉합' 하는 데 사용되고 국가의 중앙집중 정책을 추진할 수 있는 '획일화' 는 결국 현대 국가를 분쇄시키는 정책일 뿐이다. 남부문제는 정치적인 것이 아니라 행정적이고 재정적인 성격의 문제이다.91)

소트루조는 당시 남부를 지배하고 있던 일부 정치가 개개인의 사당私黨적 성격이야말로 남부 대중들의 정치의식 발전의 방해물로 간주했다. 이를 타파하는 것이야말로 전체 대중의 정치의식 고양과 새로이 세력을 얻고 있는 사회주의에도 대항할 수 있는 방법이라고 생각하였다. 살베미니가 사회주의의 영역에서 남부문제를 하나의 국민 관심사로 단기간에 전환시켰듯이, 스트루조는 가톨릭 세계에서 남부문제를 하나의 정치적이고 조직적인 영역으로 단기간에 옮겨놓았다. 이에 그는 이탈리아 민중당Partito Popolare Italiano을 창당하고 다음과 같은 기조를 원칙으로 삼았다. 1) 반反변형주의 2) 비례 대표제의 원칙 3) 지역주의 4) 소규모 토지소유자의 증가와 보호를 위한 거대하고 강력한 대토지 소유자들과의 투쟁 등이 그것이다.92)

스트루조는 자신이 의도했던 새로운 사회 구축의 행동방식과 수단 및 방법으로 노동 분야에서는 사유재산 제도를, 이념적으로는 기독교 민주주의를

---

91) 앞의 책, pp. 405~6. 재인용.
92) 앞의 책, pp. 434~5. 요약 인용.

제시했다. 이를 위해 스트루조는 다음과 같은 원칙을 통해 구체적 행동을 전개하려고 하였다. 첫째, 자본주의적이고 자유주의적 사회에 대한 거부, 둘째, 사회문제에 대한 치유책으로서 계급투쟁의 거부, 셋째, 부자와 가난한 자들의 상호 권리와 의무 부분에 대한 재인식에 기반을 둔 조화로운 사회의 재구축을 위해 사회주의나 자유주의의 사상을 넘어설 수 있는 기독교의 사회사상들을 구성하는 것 등 세 가지 기본 원칙을 천명하였다.

그는 더욱이 노동자 계급과 자본가 계급의 융화를 통한 새로운 사회적 · 정치적 질서를 모색하고자 했는데, 이를 위해 가톨릭의 우파와 보수주의 개념을 일부 수용하게 된다. 즉 노동자와 자본가는 수평 관계를 통한 새로운 조합 결성이라는 보수주의적 제안을 받아들여야 하며, 이를 조직화하도록 해야 한다는 것이다. 하나의 조합 안에서 노동자와 자본가의 공동 이익이 동일하게 작용하여 실행될 수 있다면 그것으로 유토피아의 실현이 가능할 것으로 믿었다. 이는 20세기의 최초 몇 년간에 걸쳐 남부문제에 대한 해결책으로 그가 추진하고자 했던 기본적 방향이 된다.

소규모 생산자의 보호, 무관심한 대토지 소유자와 그들의 협동조합적 운영에 대한 투쟁, 농업 소유관계의 변질에 대한 정정과 새로운 관계 모색 위해 투입될 모든 공공사업들과 코무네의 국유 재산 및 농업 대출의 할당 문제가 스트루조가 남부문제를 해결하기 위해 가졌던 경제적 측면에서의 시행원칙이었다. 그러나 이러한 모든 시행원칙이 각 지방 대중들의 삶에 침투할 수 있기 위해서는 강력한 중앙집권 정책을 되돌릴 수 있는 지방분권 정책이 필요하다고 그는 판단했다. 학교 교육이나 종교, 그 외의 모든 사회적이고 문화적인 것들이 지역별로 차이가 있는 이탈리아의 현실에 이처럼 지나친 중앙집권적 정책은 오히려 반발과 많은 문제를 불러올 수 있다고 생각하였다.

따라서 그는 코무네 자치제, 국민투표제, 비례대표제라는 세 가지의 정치적 해결책을 제시했다. 문화적 측면에서도 지역 특성에 적합하고 새로운 시대에 적합한 교육과 출판 및 언론 등의 분야에 대해서도 커다란 관심을 가졌다. 특히 대학에서의 종교적 영향력이 지나치게 감소하는 것을 우려하여 대학에서도 종교 교육과 이에 합당한 시스템의 필요성을 강조하였다. 그러나 시대적으로 사회주의 사상의 전파가 지니는 위력을 인정하였고, 단지 고대적 가부장주의로 사회주의와의 투쟁에서 승리할 수 없다는 점을 인정하였다.

남부문제의 경제적 해결방식 등 그람시와 여러 면에서 유사하였던 스트루조의 접근은 몇 가지 면에서 한계를 가지고 있었다. 교황과 가톨릭의 세력 확장이라는 비난을 감수해야 할 만큼 지나치게 교회 중심적 문제해결 방식에 집착했으며, 진정한 산업화와 노동 및 공장에 대한 개념에 대해 잘 몰랐다. 이는 당대의 산업화 조류를 제대로 이해하지 못하였을 뿐만 아니라 이탈리아의 부르주아 지배세력의 산업정책과도 융화될 수 없는 것이었다. 또한 지나치게 농업적인 관점에서 남부문제를 해결하려고 하였기 때문에 남부의 경제구조 전체를 재조정하고 새롭게 구축하는 데 실패했다고 볼 수 있다. 이와 같은 한계는 결국 인민당의 약화로 이어지고 스트루조 역시 정치적으로 명확한 이념을 지니지 못한 채 파시즘 속으로 통합되는 방향으로 나아가게 되었다.

2-12. 혁명적 엘리트 남부주의자 도르소Dorso 93)

캄파냐의 고도 아벨리노Avellino의 소부르주아 집안에서 태어난 도르소는 전형적인 남부 소부르주아 출신의 지식인이다. 태어날 때부터 몸이 불편했던 도르소는 정치가로서의 열망과 꿈을 접고 연구와 저술을 통한 학문적 길로 나섰다. 제1차 대전이 발생하자 참전론을 주장했던 그는 전쟁을 통해 남부 농민을 핍박하는 보수주의자와 그 구조를 깨뜨리고자 했다. 그래서였을까? 그는 이후 파시즘 정권 하에서 국가와 계급, 그리고 법과 같은 정치학의 주요 주제들에 대한 연구와 집필에 몰두하였다. 특이하게도 그는 1938년부터 무솔리니 전기를 집필하기도 하였다. 파시즘 정권이 몰락하자 그는 행동당 Patito d'Azione 94)에서 활동하였고, 더불어 그의 남부문제에 대한 저술과 사상은 행동당의 주요 이념적 좌표가 되었다. 그러나 1945년 돌연 모든 정치적 활동을 중지하였고, 1947년 52세의 나이로 남부혁명론의 꿈을 접은채 죽음을 맞이했다.

남부혁명론자가 되었던 계기는 고베티와 함께 『자유주의 혁명Revoluzione Liberale』을 집필하면서부터였다. 그의 지적 전환기 중 가장 커다란 영향을 미쳤던 시기이기도 했던 이때 그는 고베티와의 공동작업을 통해 남부문제와 혁명에 대한 사상적 지평을 확장시킬 수 있는 계기를 마련하였다. 1925년 남부문제와 혁명에 대하여 쓴 『남부 혁명La rivoluzione meridionale』이 발간되자, 곧 그는 전국적으로 유명한 남부주의자가 되었다. 이후 그는 혁명적 남부론자라는 애칭을 들으며 남부문제에 대한 연구와 저술에 전념하였다.

그는 이 책에서 이탈리아 통일과 리소르지멘토의 성격에 대한 규명을 통하여 남부문제의 기원과 한계에 대하여 이야기하고 있다. 아울러 남부문제의 해결책으로 혁명론을 주장한다. 기존의 다른 남부주의자들과 마찬가지로 도르소 역시 리소르지멘토에서 남부문제를 시작하였다. 피에몬테 헤게모니에 의해 완결된 리소르지멘토는 이념적으로 실패한 것이었으며, 이는 결국 당대 이탈리아의 여러 폐해들로 귀결되었다는 것이 도르소의 생각이었다. 그는 계속해서 피에몬테 중심의 통일이야말로 당대 이탈리아의 사상적 흐름을 단절하고 진보적 관점에서 이탈리아를 정체시키고 말았던 원인이 되었으며, 카보우르야말로 이러한 정체의 가장 완벽한 도구였다라고 말한다.95) 이탈리아

---

93) C. Muscetta, "Guido Dorso", in 『Belfagor』 n. 5. 1947. 등 참조.
94) 파시즘 치하에서 지하정당으로 출발하였다가 1942년 파시즘이 붕괴하면서 공식적으로 출범하였다. 정체로서 공화정을 지향하였고, 전매산업과 금융산업에 대한 국유화를 통한 혼합경제체제를 주장하였다. 진보적 색채에도 불구하고 1946년 제헌의원 선거에서 일곱 석밖에 얻지 못하자 대부분의 당원들이 1947년에 이탈리아 사회당에 입당하여 해체되었던 진보정당이다.

정치의 가장 큰 폐해의 하나인 변형주의의 시작은 피에몬테 통일로 인해 본격적으로 시작되었으며, 카보우르를 비롯한 보수주의적 자유주의자들은 진정한 이탈리아의 통일을 이루는 데 실패하였고, 사회 혁명의 시기를 놓쳐버리는 우를 범했다고 그는 주장했다.

또한 계속되는 졸리티 시대에 대해서도 명백한 반대 입장을 표명하였고, 졸리티 이후 통일문제뿐만 아니라 서로운 사회문제로서 남부 문제가 고착화되는 불행한 역사를 걷게 되었다고 이야기한다. 특히 졸리티 정권에 대한 심도 있는 분석을 통하여 통일 이탈리아의 한계와 본질에 대하여 정확하게 파악하고 있었다. 도르소가 보기에 졸리티는 사회주의 운동을 보수주의적이고 특이한 의미를 갖는 도구로 변형시켰을 뿐만 아니라, 보호무역주의를 통해 산업 프롤레타리아를 보호하는 대신 농민 대중을 희생시켰다는 것이다.[96]

이러한 그의 졸리티 정부에 대한 해석은, 흔히 일반적으로 졸리티 정부를 평가하는 주장들과 달리, 자유주의 정부라는 기존 평가들을 뒤집는 것이었다. 자신의 이와 같은 주장에 대한 근거를 다음 세 가지로 요약하여 제시하고 있다. 첫째, 사회주의 운동을 보수적이고 특이한 의미를 갖는 단순한 도구로 변형시켰으며, 둘째, 지역에 기반을 둔 남부 후견인주의clientelismo [97] 야말로 졸리티 정치의 가장 큰 특색 중 하나이다. 셋째, 졸리티주의는 두 개의 다른 정부 형태를 가진 이탈리아가 되게 하였으며, 이는 결국 남부문제라는 커다란 사회문제를 낳게 했다는 것이다.[98]

---

95) Guido Dorso, *La rivoluzione meridionale*, Piero Gobetti, Torino, 1945, pp. 42~3 요약 정리.

96) 앞의 책, pp. 6~7. 요약.

97) 대토지 소유자와 그의 지배를 받는 소작농이나 계약 관계의 농민이나 평민을 모두 총칭하여 부르는 말로 후견인이란 바로 이와 같은 계약을 통해 맺어진 우력한 권력자와 그의 보호와 지배를 받는 이들을 의미한다. 절대절명의 권력을 쥐었던 대토지 소유자들의 절대적인 권한에 기대어 자신들의 영향력과 지위를 보전하는 방식을 의미하는 용어로 이탈리아의 전형적인 권력관계를 나타내는 개념으로 사용된다. Ginsborg Paolo, 「현재의 이탈리아L'Italia del tempo presente」, Torino, Einaudi, 1998. p. 192~197. 참조.

아울러 졸리티 정부가 성공적일 수 있었던 것은 당시 유럽의 정치적 상황이 세력균형에 의한 평화 상태를 지속하였고, 내부적으로 정부를 견제할 만한 강력한 야당이 존재하지 않았을 뿐더러 국가가 주도하여 사회주의적인 것으로 보이는 정책을 통해 노동자와 국민들의 불만을 잠재울 수 있었다는 것이다. 도르소는 다시 한번 졸리티 정부의 세 가지 부정적 요소를 제시하면서 이들 중 어느 한 가지라도 균형이 맞지 않으면 졸리티 정부는 붕괴되고 말 것이라고 주장하였다. 첫째는 국가로부터 희생을 강요당하는 소부르주아와 전문직 계층이 프롤레타리아트에게 가하는 압력이며, 둘째는 프랑스와 프로이센 전쟁의 종료 이후 시작된 오랜 기간의 평화가 곧 끝날 것이라는 유럽의 정치적 현실이고, 셋째는 이탈리아 인민대중들이 오랫동안 바랐던 정치적 이해와 계층들의 요구, 다시 말해 보통선거권의 도입과 같은 정책들에 대한 요구가 일시에 터져나올 수 있는 긴박한 상황에 대한 위기가 바로 그것이었다.[99]

이와 같은 주장에서 볼 수 있는 예리함은 도르소가 이탈리아 변형주의 정치의 동기와 원인에 대한 분석 가능성을 제시하고 있다는 점이다. 즉 카보우르 이후의 현실 정치에서 변형주의 전통을 갖고 있는 이탈리아에 또 다른 전형으로서 졸리티 정부를 분석하고 비판하였던 것이다. 도르소가 보기에 졸리티는 다음과 같은 이중적인 전략을 통해 정권을 유지할 수 있었다는 것이다. 첫째는 자본가들에게 부과되는 예외적인 과세를 통해 프롤레타리아 혁명을 잠재우면서 감언이설로 프롤레타리아 계급을 유혹하였고, 둘째는 보수적 왕정 체계 안에 파시즘을 편입시킴으로써 사회주의 경향의 소부르주아 지배에 대한 대안으로서 자유주의적 성격으로 해석하는 파시즘을 인정하였다는 것이다. 도르소의 파시즘 분석은 후에 그람시의 파시즘 등장과 분석에

---

98) 『좋은 정부의 신화』, pp. 461~2.
99) 앞의 책, p. 462.

상당히 영향을 끼치게 되었고, 이러한 파시즘이 졸리티 정권 시절에 이미 형성된 것으로 도르소는 분석하고 있다.

그렇다면 도르소가 구체적으로 제시하고 있는 남부문제에 대한 분석의 방향과 내용은 무엇이었는지가 중요한 의미를 갖는다. 살베미니의 남부문제에 대한 유산을 직접적이고 즉각적으로 받아들였던 대표적 사상가들이 바로 도르소와 그람시였다는 점을 고려하면 도르소의 남부문제에 대한 사상적 핵심은 중요하다.[100] 살베미니 남부문제의 핵심은 바로 대중의 혁명적 정치세력화였다. 그는 일반 대중의 정치세력화와 이를 통한 대중 혁명을 주장했던 혁명주의자였다. 도르소는 살베미니의 그러한 주장을 비판하였지만, 그의 혁명론만큼은 자신의 사상적 기반으로 수용하였다.

도르소에게 혁명이란 모든 혁명세력의 집합이었다. 즉 정치적으로 변형주의적 타협 체제를 반대하는 모든 혁명세력들의 집합을 의미했다. 도르소는 이탈리아가 혁명을 이루지 못한 원인으로 항상 지도계급이 부족했던 점을 들었다. 그가 상정한 남부문제의 '군주'는 바로 집합적 의미에서의 엘리트였다. 혁명적 엘리트론이야말로 남부문제의 해결을 위한 핵심적 사상과 개념이었던 것이다. 그는 엘리트의 역할을 할 수 있는 정치기구를 정당에서 찾았고, 당시 이와 같은 역할을 할 수 있는 정당의 부개에 대하여도 언급하고 있다.

그 어떤 정당도 이탈리아 현실 문제를 해결하지 못하고 있을 뿐만 아니라 남부문제를 해결하지 못했다. 통합 사회주의 정당은 북부 중심의 지역당으로 전국 차원에서 적용할 수 있는 정책적 비전이나 전략이 없다고 그는 보았다. 이탈리아 공산당에 대한 평가 역시 농민계급을 마르크스주의에 끌어들일 만한 여하한의 대책이 부재하였을 뿐만 아니라 노동계급과 농민계급 사이의 이해관계를 둘러싼 대립구도를 영구화하고 있다고 보았다.[101] 그러나 도르소는 그람시의 '신질서' 운동을 통한 새로운 공산당은 이탈리아 현실을

---

100) 이와 같은 평가를 하는 가장 대표적인 이가 다시모 살바도리Massimo L. Salvadori이다.

직시하면서 사회주의 정당 가운데서 처음으로 진지한 시도를 하고 있다고 평가하였다. 또한 당대 또 다른 주요 세력이었던 인민당에 대하여도 이탈리아 당대 정치적 변형주의 안에서 분산되고 흡수되어 결국은 조각나버리고 말았다고 평가하였다.

도르소의 다른 중요한 사상적 핵심은 자치주의autonomismo인데, 이는 지역주의나 분리주의, 그리고 연방주의와도 다른 개념이다. 이는 정치적 혁명을 당대 이탈리아 지역주의에 맞추어 각 지방의 자치능력의 정치적 고양과 이를 조직화하는 것을 내용으로 삼았다. 도르소는 이탈리아 역사에서, 특히 제1차 대전 후 어떤 정당도 이탈리아 남부문제를 해결하지 못하고 있는 것을 보고 엘리트 혁명정당의 역할을 할 수 있는 정치정당의 필요성을 역설하였다. 도르소가 가장 본받을 만한 귀감으로 지목한 정당은 에밀리오 루수Emilio Lussu의 사르데냐 행동당Partito sardo d'azione 102)이었고, 이 정당을 통하여 자치주의 개념을 발전시키고자 하였다. 그는 이를 위해 남부 행동당Partito meridionale d'Azione을 결성할 것을 제안하기도 하였다. 제2차 대전 후 혁명적 남부주의 단초가 될 수 있는 정당을 설립하고자 행동당Partito d'Azione에 가입하였고, 이를 자신의 혁명적 엘리트론을 실현할 수 있는 정당으로 활용하고자 하였다.

이와 같은 혁명적 엘리트들에 대한 개념은 그람시의 현대 군주 개념과 연결될 수 있으며, 실제로 그람시는 도르소의 이와 같은 이론을 발전시켜 '현대 군주Principe moderno' 103)로서 공산당의 역할과 기능을 재검토하게 되었다.

도르소가 구체적으로 남부문제 해결을 위한 정책으로 제시한 것은 남부 농민생활의 안정을 위한 자유무역제도의 도입이었다. 통일 이후 북부의 조

---

101) *앞의 책*, p. 464.
102) 1921년 에밀리오 루스Emilio Lussu에 의해 창당된 사르데냐 지방의 진보적 민주정당이었다. 사르데냐 민족주의를 기본으로 하고 있고, 사르데냐 지방의 정치적 자치와 경제적 발전을 당 강령의 목표로 삼았던 진보정당이었다.

잡한 산업을 보호하기 위해 시작된 일련의 보호무역정책은 남부 주민들에게 값비싼 희생을 강요하게 되었고, 결국 농민들의 생활이 어렵고 힘든 것은 이와 같은 보호무역 정책에 기인한 바가 크다는 것이다. 외국의 값싼 공산품이 전국적으로 유통된다면 국민 생활과 농민들에게 유리한 환경이 조성될 수 있을 것이라는 점이 도르소가 자유무역주의를 주장하게 된 이유였다.

그렇다면 여기서 도르소가 혁명적 엘리트론을 주장하는 계층적 기반은 어떤 것이었는가가 중요한 문제가 된다. 그가 의미하는 엘리트들은 과연 어떤 사회적·계급적 신분과 위치를 가지고 있는지가 중요한 의미를 갖기 때문이다. 도르소는 기존 남부문제 사상가들이나 마르크스주의 사상가들이 제시하고 있는 소부르주아piccola borghesia의 개념을 따르지 않고 새로운 의미에서 '인문 부르주아borghesia umanistica'라는 보다 확장된 개념을 제시한다.104) 이들은 인민대중을 정치적으로 고양시키고 지배계급이 될 수 있는 정치적 역량을 갖고 있다고 도르소는 이야기한다.

도르소가 보기에 인문 부르주아 계급은 이탈리아에서 두 번의 전쟁과 이에 수반된 두 번의 인플레이션을 거치면서 내부적으로 거의 프롤레타리아가 되었다고 판단했다. 이를 토대로 진보적이고 반변형주의 계급이 될 수 있는 기반을 조성할 수 있다고 도르소는 생각했다. 도르소의 이와 같은 분석에서 흥미로운 사실은 인문 부르주아 개념이 후일 파시즘을 지지하는 중산층 개념과 이론적으로나 개념적으로 중복되거나 겹치는 부분이 많다는 것이다. 국가 위기의 순간에 이들 계급은 혁명의 주체세력이 될 수도 있지만, 반대로 반동의 주체세력으로 변할 수도 있다는 것이다.105) 실제로 이탈리아에서 파시즘 지지 세력으로 급격하게 부상한 소부르주아 계급은 도르소의 이론에서

---

103) 그람시는 나중에 『옥중수고Quaderni del carcere』에서 현대군주로서 공산당의 역할과 기능을 검토하게 된다. 이탈리아의 프롤레타리아 혁명을 이끌 수 있는 전위정당으로서 당의 역할을 강조하는 이 분석은 도르소의 혁명적 엘리트 정당론과 많은 이론적 연관이 있다.

104) *앞의 책*, pp. 471~3. 요약 및 참조.

주장하는 개념과 유사한 면이 많다.

도르소에 대한 다양한 평가에도 불구하고, 그는 당시 남부에서의 새로운 계급 창출이라는 측면에서 그 어느 누구도 통찰하지 못했던 개념을 발전시켰다. 혁명적 엘리트라는 자발적이고 혁명적인 세력의 창출과 움직임에 대한 필요성을 통찰함으로써 남부문제에 대한 이론적인 공헌을 하였다. 아울러 당대 남부문제의 귀결점이었던 그람시와 함께 남부문제의 지평을 보다 확장시켰다는 점은 평가받을 만하다. 남부문제의 해결을 위한 새로운 계층인 혁명적 엘리트들의 정치적 역할과 의미는 진정한 사회변혁의 의미를 제시하는 중요한 단초가 되기에 충분할 것이다.

2-13. 그람시[106]와 남부문제

남부문제의 역사에서 어째서 그람시가 귀결점이 될 수 있는가는 관점에 따라 다소 차이가 있을 수 있다. 그러나 그람시에 와서야 문제의 본질과 개념적 · 이론적인 체계를 갖추었다는 점에서 그람시가 제기했던 문제의식과 접근방식은 상당히 중요한 의미를 갖는다고 할 것이다. 우리는 앞에서 이탈리아 남부문제의 역사를 지배계급 관점에서의 전기와, 사회적이고 좌파적 시각에서의 후기 두 시기로 구분하였다.

그렇다면 자본주의 지배계급의 보수주의 관점뿐만 아니라 치코티 이후 여러 남부문제 사상가들이 어떻게 그람시에게 투영되고 있으며, 이를 그람시

---

105) 이 부분에 대한 이론적 이의와 해석에 대한 다양성은 아직도 종결되지 않은 상태이다. 도르소의 인문적 부르주아에 대한 해석은 소부르주아 계급의 단순한 외형확장인지 아니면 엘리트 지식인 계층을 의미하는지는 여전히 논란 중이다. 따라서 여기서 의미하는 바는 그만큼 그의 인문적 부르주아 개념 해석이 정반대의 결과를 가져올 수도 있다는 것으로 이를 언급하고자 한다.

106) G. Fiori, *Vita di Antonio Gramsci*, Bari, Laterza, 1989, W. Mauro, Gramsci, Milano, Mursia, 1981, Bruno Maier, Paolo Semama, *Antonio Gramnsci*, Firenze, Le Monnier, 1982, 등 참조.

가 어떤 방식으로 수용하고 있는가는 대단히 중요한 의미를 가진다. 이에 대한 검토는 많은 시간과 노력이 필요하고 후속 연구에서 밝힐 일이겠지만, 여기에서도 일정 부분 검토할 필요가 있다고 생각한다. 그렇다면 무엇보다 필요한 것은, 그람시가 가졌던 남부와 남부문제에 대한 의식의 형성 과정을 돌아보는 것이다.

사르데냐 민족주의라는 협의의 지역주의 관점에서 탈피하여 노동자와 농민이라는 프롤레타리아 계급 차원으로 확대하였던 그람시의 사상적 배경과 전이 과정은 자신의 사상 발전 경로를 그대로 보여줌과 동시에 그람시 자신이 추구하고자 했던 이론 형성 과정을 알 수 있게 해준다. 따라서 그람시가 가졌던 남부문제에 대한 분석과 저술은 그람시 연구의 단초를 제공해준다.

고등학교를 졸업하고 토리노 대학에 장학생으로 입학한 그람시에게 토리노라는 도시 자체가 갖는 삶의 변화는 충격 그 자체였을 것이다. 농촌이라는 성장배경을 가진 그람시가 산업도시로 생활공간을 이동하면서 새로운 사상과 사고들을 접하는 동안 받은 사상 변화의 폭은 매우 컸을 것임이 분명했다. 더군다나 토리노는 더욱 그랬다. 통일왕국 초기 왕족과 귀족의 도시였던 토리노가 19세기 말과 20세기를 거치면서 산업화의 도시, 자본가와 부르주아의 도시, 그리고 이에 대항하는 노동자와 소부르주아의 도시가 되었다. 특히 토리노의 산업 부르주아 계층은 당시 졸리티즘의 대변자로서 노동자와 국가개혁의 전도사 노릇을 했다. 이들은 노동자들에게 산업자본가들과 부르주아 계급의 성공과 산업화 신화라는 허상을 심어주기도 하였다.

1913년 이후 졸리티즘의 위기 이래 노동자들은 하나의 독자적 세력이 되어갔다. 토리노는 그러한 노동자 도시였고, 프롤레타리아 도시였다. 그람시 주변에 모여든 사람들은 더이상 사르데냐의 농민과 친지들이 아닌 노동자와 프롤레타리아, 그리고 마르크스주의에 심취한 좌파 지식인들이었다. 새로운 문화적 경험과 학문은 그로 하여금 사상과 사고의 폭을 넓히고 자신이 가졌던 막연한 개념과 이론에 구체성을 불어넣기 시작했다.

그람시에게 있어 남부문제 역시 이렇게 시작되었다. 통일이 되었음에도 너무나 다른 사르데냐와 북부의 산업도시 토리노를 직접 느끼면서, 또한 농민이라는 사회 계급을 거쳐 노동자나 프롤레타리아 계급의 중심에 서서 그람시는 현실과 이론의 지평을 확장할 수 있었다. 그람시는 먼저 문화평론가로서, 정치평론을 쓰기 시작하면서 사회주의 혁명에 눈을 뜨게 되었다. 이를 실현하기 위한 방법과 이론적 토대 구축에 힘을 기울이게 된다. 토리노는 이러한 그람시에게 아주 적합한 환경을 갖고 있었고, 그는 노동자를 비롯한 프롤레타리아 계급 속에서 혁명의 가능성과 구체성을 찾아낼 수 있었다.

특히 러시아 혁명의 과정을 눈으로 목도하면서 그람시는 이탈리아에도 이와 같은 혁명을 담당하고 수많은 노동계급을 이끌어갈 새로운 조직체에 대한 구상을 하게 된다. 새로운 질서와 문화를 통한 프롤레타리아 혁명을 담당할 전위대로, 그리고 당과 국가 형태의 전前 단계로서 그람시가 모델로 삼은 것은 러시아 소비에트의 이탈리아적 형태라 볼 수 있는 공장평의회이다. 당시 이탈리아에서 혁명의 역할을 담당할 만한 역량과 의지를 갖고 있는 주체 계급으로 노동자 계층을 설정하였고, 노동자 계층과 농민 계층 등을 묶어 광범위한 대중 기반에서 혁명 조직체가 필요하다고 그람시는 생각하였다.

농민은 전통적으로 혁명 세력이 될 수 없는 우둔하고 보수적인 습성을 지닌 세력이지만 전쟁을 통하여 의식의 각성이 이루어짐으로써 혁명을 담당할 수 있는 세력으로 전환될 수 있었다.107) 전쟁을 위해 각 지역에서 동원된 노동자와 농민들이 함께 전쟁터에 나서게 됨으로써 이전에 볼 수 없었던 동지애와 친근감을 발생시켰다. 그리하여 노동자와 농민은 "국가를 막연한 세계가 아니라 구체적인 객체로서 의식하기 시작하였다"108)고 보았던 것이다. 다시 말해 그는 농민도 하나의 세력으로 성장할 수 있음을 부정하지 않았고,

---

107) 『신질서L'Ordine Nuovo』(1919~1920), A. Gramsci, Torino, 1972, pp. 22~23.
108) *앞의 책*, p. 24.

또 노동자와 농민이 결속하여야 안정되고 광범위한 혁명의 기반을 구축할 수 있다는 믿음을 가졌다.

그럼에도 불구하고 노동자가 주축이 되어야 한다고 생각하게 된 것은 그람시가 "공산주의 혁명을 본질적으로 조직과 규율의 문제"109)로 보았고 이러한 조직과 규율을 가질 수 있는 세력으로는 노동자 세력밖에 없으며, "공장 노동자와 빈농은 프롤레타리아 혁명의 두 추진 세력"110)일지라도 빈농은 보조하는 역할, 안정되고 광범위한 기반을 제공하는 역할을 하는 데 그칠 뿐이라고 보았기 때문이다. 여기에서 노동자 계급만이 혁명의 전위에 설 수 있다는 결론이 도출되며, 그람시의 평의회에 대한 구상은 노동자들의 공장평의회뿐만 아니라 농촌에까지 그 범위를 확장하려 했지만, 그의 관심이 주로 공장평의회에 머무르는 이유도 또한 여기에 있는 것이다.

그는 공장평의회의 필요성을 당시 유럽 여러 국가에서의 경험을 통해 우선 제시한다. 러시아, 헝가리, 오스트리아, 독일 등에서 발생한 노동자 계급의 구체적인 경험을 통해 여덟 개의 테제를 제시하고 있는데,111) 그에 따르면 기존의 프롤레타리아 계급의 조직체는 그것이 본질적으로 경쟁적인 성격을 가졌기 때문에 생산을 공산주의 방식으로 관리하고 프롤레타리아 독재를 실현하기에는 적합하지 않다는 것이다. 공산주의의 사회 권력을 집행하고 프롤레타리아 독재를 실현하는 노동자 계급의 조직이 될 수 있는 것은 평의회 체제뿐이다. 평의회는 노동한 곳에서 선출되고, 이 노동하는 곳은 공업과 농업 생산 과정에 밀접한 관계를 맺어야 하며 전국적 통일을 이룩할 수 있어야 한다.

지금까지의 사회주의나 프롤레타리아 운동의 모든 제도가 외적 강제 하에서 발생하였다는 사실을 지적하면서 전쟁은 이러한 사실에 내용적인 변화를

---

109) 앞의 책, p. 26.
110) 앞의 책, p. 25.
111) 앞의 책, p. 28~31.

가져왔다고 그람시는 주장한다. 즉 전쟁의 결과 자본주의자들의 우위는 상실되고 그들의 자유는 제한되었다.112) 반면 자본주의 집중에 상응하는 근로자 대중의 집중은 혁명적 프롤레타리아 계급에 미증유의 힘을 주고 있다는 것이다.113)

젊은 그람시는 자본주의 국가 내에서 사회주의가 구현될 수 없다는 믿음을 갖고 있었다. 따라서 새로운 제도와 문화를 위해서는 구성원만을 바꾸는 것이 아니라 구성원을 포함한 의식과 조직 및 구현체가 모두 바뀌어야 한다는 것이 그람시의 생각이었고 이를 대중적인 기반 위에 노동자 계급을 중심으로 구상하였던 것이 바로 공장평의회라고 볼 수 있다. 전쟁 이후 혼란스러웠던 사회 분위기와 노동자 계층의 무질서를 극복하고 엄격한 규율을 통해 하나의 잘 조직된 결사체로서 구상하고자 했던 공장평의회의 필요성을 인식하였다.

공장평의회 구상을 통하여 그람시는 이제까지의 다소 막연했던 프롤레타리아 혁명과 권력이라는 정치 관계에 대하여 보다 구체적인 상관관계를 구성하게 되었다. 특히 계급투쟁을 통한 정치권력의 획득이라는 차원에까지 다가서게 된다. 이와 같은 그람시의 사고는 공장평의회를 다르게 보았던 당시의 노동운동 지도자들과는 확연한 차이를 나타내고 있다.

당대 그람시보다 더욱 확고한 명성과 추종자들을 가지고 있던 보르디가는 공장평의회를 '경제적 도구'로, 그리고 소비에트를 집권 후의 유일한 정치 조직체114)로 보았다. 이와는 대조적으로 그람시는 공장평의회가 전후 노동계급의 정치 토대로서 이탈리아 노동자의 정치 결사체가 될 것이라고 이야기하면서, 그와 같은 잠재력은 생산관계와 방식에 있어 철저한 노동자 중심

---

112) 앞의 책, p. 17.

113) 앞의 책, p. 17.

114) De Felice, 『세라티, 보르디가, 그람시Serrati, Bordiga, Gramsci』, Torino, Einaudi, 1982, pp. 189~192. 참조.

이라는 생산력의 경제 조건의 확립으로 달성될 수 있는 것으로 보았다. 이제 그는 복합적인 사회조직, 구체적인 사회형태로서 '국가'를 인식한다. 왜냐하면 그 현태는 작업장의 생활—그 자체의 극악성 속에 내포된 모든 기발하고 고상한 연계관계와 기능들을 통해서—을 반영하고 있는 거대한 생산기관의 형태에 불과한 것이기 때문이다. 이것은 노동자의 산업, 그의 작업장, 그리고 생산자로서의 그의 인격까지도 포함한 자신의 생존과 발전의 복합적인 조건들을 조화롭고도 위계적 형태로 대표하기 때문이다.115)

이 글에서 그람시는 두 가지의 중요한 주장을 하려고 했다. 첫째는 프롤레타리아 계급이 공장평의회를 통하여 '국가'라는 정치체를 이해할 수 있으리라 믿었으며, 둘째는 국가에 대한 보다 광범위한 정의를 시도하였다는 점이다. 공장평의회라는 경제적 기반에 기초하여 노동자들은 자본주의 국가의 생산체계 안에서 하나의 구성 성분으로서만 주체로서 국가 생산체계 내에서 일관성을 갖는 생산의 주체로 인식할 수 있으며, 이를 통해 사회적 계층으로서의 노동자라는 신분을 획득함으로써 자본주의 생산 과정의 단순한 경제적 존재를 뛰어넘어 사회 신분으로서의 노동자라는 정치 지위까지 획득할 수 있는 것으로 그람시는 말하고 있다. 또한 국가를 부르주아나 특정 계급의 지배 도구에 불과한 것으로 묘사한 것이 아니라, 사회 전반의 생산관계에 대한 계급성을 뒷받침하는 하나의 조직으로 표현하고 있다는 사실 역시 중요성을 갖는다. 그러나 아직까지는 경제주의 성격을 벗어나지 못하고 있을 뿐만 아니라 경제와 정치를 연결함에 있어서 보다 발전된 단계로서의 정당이나 정치권력과의 관계 및 두 영역에 대한 적절한 관계설정이 나타나 있지 않다는 미숙함을 동시에 드러내고 있기도 하다.

공장평의회는 프롤레타리아 국가의 모델이다. 프롤레타리아 국가의

---

115) 『신질서』, p. 47.

조직에 내재하는 모든 문제들이 평의회의 조직에도 내재한다. 시민이라는 관념은 쇠락하게 되고 그 자리를 동지라는 단어가 대신하게 된다. 부를 생산하기 위한 협동은 서로간의 애정과 형제애를 배가시킬 것이다. 모든 이들은 이 속에서 필수불가결하다. 모든 이들은 자신의 위치에 서서 자신의 기능을 한다. 노동자들 가운데 가장 무지하고 후진적인 자나, 기술자들 가운데 가장 '시민적'이고 쓸모없는 사람조차도 공장생활의 경험을 통하여 이러한 진실을 확인하게 된다. 모든 사람은 공산주의 경제가 자본주의 경제를 압도하게 되는 위대한 발자국의 전진을 이해하게 됨으로써 결국에는 공산주의적 관점을 획득하게 된다. 평의회는 상호적인 교육과 프롤레타리아 계급이 성공적으로 창조해낸 새로운 사회 영혼의 발전을 위해 가장 적합한 조직이다.…… 평의회 내에서의 노동자 계급의 연대는 긍정적이고 영원하며 산업생산의 가장 보잘것없는 시기에 조차도 존재하고 있다. 그것은 유기적인 전체가 될 수 있다는 기쁨에 찬 각성 속에 담겨 있는데, 그 전체란 유용노동과 사회적 부의 공정한 생산에 의하여 그것의 지배권을 주장하며 그것의 권력과 역사 창조로서의 자유를 실현시키는 그런 동질적이고 복합적인 체제를 의미한다.[116]

위의 글에서 그람시가 제안하고 있는 공장평의회는 프롤레타리아 국가의 기초 조직으로서 행정과 교육 및 새로운 프롤레타리아 공동체 사회의 사회정신을 발전시키는 국가와 유사한 기능으로 묘사하고 있다. 모든 혁명 기능을 무난히 완수한다면 부르주아 국가를 대체할 수 있는 조직으로까지 그람시는 생각하였다. 이러한 이유로 그람시는 "평의회의 탄생은 인간 역사의 신기원을 여는 것"[117]이라고 말하였다. 그러나 그람시가 공장평의회라는 조직

체가 이탈리아에서 1919년에서 20년 사이에 거칠게 일었던 노동자 혁명이라
는 파고의 최정점이었다는 사실을 인식하게 되는 것은 한참의 시간이 흐른
뒤였다.

그람시는 계속하여 프롤레타리아 혁명의 성격에 대하여 이야기하면서 자
본주의 국가 내에서 새로운 질서의 수립을 위한 새로운 유형의 국가 설립이
야말로 프롤레타리아 혁명이라고 인정할 수 있다고 말한다. 이는 정치 조직
체의 형성이라는 전제 이외에도 생산체계의 근본 변화를 기반으로 하며, 프
롤레타리아 계급 역시 궁극적으로는 전체의 이익을 증대시킴에 따라 스스로
소멸한다고 그람시는 주장하고 있다. 여기서 한 가지 중요한 점은 자본주의
사회에서의 지배계급을 비롯한 정치권력까지도 전환시킬 수 있다고 생각한
점일 것이다. 이는 결국 사회 구성체의 분석과 이를 통한 정치권력의 획득이
라는 부분까지 나아갈 수 있는 여지를 남겨둔 것으로 유추할 수 있다.

따라서 그의 남부문제 분석에 대한 심화는 이와 같은 이탈리아의 현재 상
황에 대한 분석을 통해서 방법론 모색 과정에서 등장하였다. 그람시는 다음
의 글에서 당대 이탈리아 북부와 남부의 실정을 이야기하면서 계급 간의 동
맹과 연대를 통한 새로운 국가 창출을 역설하고 있다. 다소 긴 글이지만, 여
기에는 그람시가 인식하고 있는 당대의 이탈리아 현실과 해결방법, 그리고
동맹의 인식 등이 잘 표현되어 있다.

북부 부르주아는 주변 도시들과 남부 이탈리아를 지배하였고, 그들을
식민지 착취의 영토로 축소시켰다. 북부 프롤레타리아는 자신들을 자본
예속상태에서 해방시킴과 동시에 북부의 기생적인 산업주의와 은행에
예속된 남부 농민 대중을 해방시킬 것이다. 농민들의 정치적이고 경제적
인 재생은 메마르고 척박한 토지의 분할에서가 아니라 산업 프롤레타리
아의 연대에서 찾아야만 한다. 산업 프롤레타리아는 자신의 입장에서 보
아 농민들과의 연대가 필요하며, 자본주의가 토지 소유자들에 의해 경제

적으로 재생되지 않는다는 점에서 그리고 남부와 도서들이 자본주의 수
구의 군사 토대가 되지 않는다는 점에서 이해관계가 있다. 산업에 대한
노동자들의 통제를 허용하면서 프롤레타리아는 산업을 농민들을 위한
농기계와 직물 및 제화 그리고 전기 에너지 생산으로 전환시킬 것이다.
이에 덧붙여 산업과 은행이 농민들을 착취하는 것을 막을 것이며, 그들
이 농민들을 그들 금고에 갇힌 노예와 같이 지배당하는 것도 막을 것이
고, 공장에서의 전횡을 분쇄함과 동시에 자본적 국가의 억압장치 역시
분쇄하며 아울러 효율적인 노동법 아래 자본가들을 복종시키는 노동자
국가를 창설함과 동시에 노동자들이 농민들 자신을 비참함과 절망으로
몰아넣은 모든 속박들을 깨부술 것이다. 이는 프롤레타리아트가 노동자
독재를 출범시키면서, 산업과 은행을 수중에 장악하고, 농민들을 가진
자들과 자연상태 및 온갖 재해에 대항하는 자신들의 투쟁에 동참시키기
위하여 국가의 조직화와 관련한 광범위한 권력을 전개할 것이다. 이를
위해 농민들에게 대출을 하고, 협동조합을 창설할 것이며, 약탈자들에
대항하여 재산과 개개인의 안전을 보장할 것임과 동시에 농지 개발과 관
개를 위한 공공사업을 할 것이다. 이 모든 것을 할 것인데, 이는 그들의
이익이 농업생산의 증가를 기할 수 있으며, 농민 대중의 연대를 유지하
고 지속할 수 있고, 또한 산업생산을 도시와 농촌 그리고 북부와 남부사
이의 동맹 및 평화를 위한 효율적 노동에서 전개할 수 있기 때문이
다.118)

  그람시가 후일 쓰게 되는 '남부문제에 관한 몇 가지 주제들'이라는 글의
전조로 보이는 이 글 속에서 남부에 대한 이론적이고 체계적인 분석과 접근
이 이미 시작되었음을 알 수 있다. 그람시가 남부문제에 대한 보다 깊고 체

---

118) *앞의 책*, pp. 318~9.

계적인 분석을 시작하였다는 것은 당대 남부주의자들에 대하여 이미 잘 알고 있었다는 사실에서도 드러난다.[119] 또한 남부문제와 관련된 주제의 글들도 상당히 많아, 남부문제에 대한 형성 과정이 오랜 기간 서서히 자신의 정치적 투쟁 과정과 사상의 지평확장을 통해 이루어졌다는 사실을 어렵지 않게 알 수 있다.

그러나 그람시가 가장 관심을 가졌고 이론적 비교가 가능했던 남부문제 관련 사상가는 도르소와 고베티Gobetti였다. 특히 그람시는 리소르지멘토의 해석과 연관 지어 도르소와 고베티의 혁명관을 비교하고 있다. 그람시가 보기에 도르소와 고베티는 1860년 이후 자신들이 속해 있던 계층의 몰락을 지켜보면서 이에 대한 반동으로 엘리트 혁명을 꿈꾸었다는 것이다. 그렇지만 그람시는 구지배계급의 재등장이나 혁명이 아닌 새로운 사회계급으로서 산업 프롤레타리아와 농민에 의한 혁명을 주장하였다. 그람시가 새로운 계급

---

119) 거론한 내용에 대한 언급은 지면 관계뿐만 아니라 그에 때한 또 다른 내용 분석이 요구된다는 점에서 어렵겠지만, 그람시가 신질서 시기 전후로 남부주의자들의 글과 이론을 잘 알고 있었다는 사실은 그들을 인용하고 있는 여러 글들을 통해 잘 알 수 있다. 예를 들면 치코티나 니티, 손니노, 빌라리 등에 관하여도 이미 1918년 이전에도 다루고 있으며, 신질서 시기(1919~1920)나 그 이후의 공산당 창당 시기(1921~1922) 및 정치적 활동 시기에 쓴 글에서도 꾸준하게 언급하여 분석하고 있다는 점은 그람시가 구상한 남부문제에 대한 이론적 접근이 상당한 시간을 두고 발전된 것으로 유추할 수 있다. 여기서는 이에 대하여 하나하나 거론하기는 힘들지만, 관련 글들이 실려 있는 근거만을 열거하는 것으로 대신하겠다. 1. 『젊은 날의 글Scritti giovanili』(1914~1918), Torino, Einaudi, 1972. 중에서 빌라리는 p. 373에, 손니노는 pp. 302, 355, 365에, 니티는 pp. 211, 276, 277, 332에서 인용하고 있다. 2. 『신질서L'Ordine Nucvo』(1919~1920), Torino, Einaudi, 1972. 중에서 손니노는 pp. 204, 212, 213, 278~80, 284, 293, 384에, 니티는 pp. 75, 84, 168, 215, 255, 270, 274~76, 282, 284, 303~305, 314. 336, 342, 388에, 치코티는 pp. 246, 382, 383에, 살베미니는 pp. 189, 204, 257~59, 346, 362, 363에서 인용하고 있다. 3. 『사회주의와 파시즘Socialismo e Fascismo-신질서L'Ordine Nuovo』(1921~1922), Torino, Einaudi, 1978. 중에서 손니노는 pp. 135, 136, 442, 459에, 세르지는 p. 13에, 페리는 pp. 12, 13, 49, 50, 172, 173, 174, 194, 214, 218, 349~51에, 니티는 pp. 112, 213, 214, 465, 469, 470, 482, 526에, 스트루조는 p. 459에, 고베티는 p. 122에서 인용하고 있다. 4. 『공산당 설립La Costruzione del Partito Comunista』(1923~1926), Torino, Einaudi, 1972. 중에서 페리는 pp. 55, 111, 336에, 니체포로는 p. 140에, 니티는 pp. 79, 122, 173, 195, 196, 420, 437, 496, 497, 519, 522, 543에, 살베미니는 pp. 553에, 고베티는 p. 377, 412, 418에서 인용하고 있다.

에게서 혁명의 주체세력을 구했던 것은 리소르지멘토의 해석을 통해서 카보우르를 비롯한 온건론자들이 통일을 이룰 수 있었던 이유에 대하여 이야기하였다.

무엇보다 카보우르를 대표로 하는 온건론자들은 자신들의 헤게모니를 유지하고 확장하는 데 필요한 실천 행동이나 임무에 대해 명확하게 알고 있었지만, 이에 반해 가톨릭 행동당을 비롯한 당대의 정치세력들은 이를 인식하지도 수행하지도 못했다는 것이다.[120] 그람시가 보기에 통일 이탈리아란 곧 피에몬테의 통일이었으며, 국가의 발전 역시 피에몬테의 그것일 뿐이라고 생각하였다. 피에몬테 지도자들은 자신들의 지적 이데올로기를 헤게모니로 전환시키는 데 성공하였으며, 이를 정치적 헤게모니로 승화시킬 수 있었다는 점에서 리소르지멘토가 피에몬테의 주도권으로 귀결될 수 있었다고 이야기한다.[121]

리소르지멘토에 대한 이와 같은 그람시의 해석은 남부를 그저 하나의 사회문제가 아닌 헤게모니와 이를 주도하는 지식인 문제로 확장시키고 심화시키는 데 많은 기여를 하게 되었다. 또한 통일 이후 지식인들이 어떻게 지배계층에 포섭되어 갔는가를 변형주의trasformismo의 관점에서 설명하였다.[122] 그람시는 리소르지멘토의 변형주의를 카보우르와 졸리티에게까지 연결시키면서 졸리티 정부에 대한 평가와 분석을 통해 당시 이탈리아의 정치적 지형관계를 설명하고 있다. 그람시가 보기에 자본가 계급과 노동자 계급의 블록이 형성할 수 있었던 계기는 졸리티와 같은 자본가를 대표하는 정치가들이 제도적 제휴, 예를 들면 보통선거권의 확장, 보호무역주의, 중앙집권체제의

---

120) 보다 자세한 내용은 『남부문제Questione meridionale』, Antonio Gramsci, Roma, Riuniti, 1951, pp. 46~48. 참조.

121) *앞의 책*, pp. 43~5. 요약.

122) 이에 대하여는 『리소르지멘토Il Risorgimento』, A. Gramsci, Roma, Riuniti, 1991, pp. 22~40, 98~121. 참조.

유지 등과 같은 정책적 기조를 통해 노동자 계급이나 남부 지식인들과의 블록을 형성한다는 것이었다.

이와 같은 정치적 상황 분석을 통해 그람시는 자신의 시각을 남부문제라는 사회문제를 설정하여 헤게모니와 지식인 문제 등과 연결된 탁월한 사회 분석에 이를 수 있는 있었던 것이다. 그람시 자신이 이와 같은 일련의 과정에서 남부문제 분석의 전형으로 삼았던 이는 살베미니였다. 특히 살베미니가 주창했던 남부에서의 소규모 토지소유자 계급을 형성하고 새로운 산업체계에 따른 북부 노동계급과의 동맹은 직접적으로 그람시에게 영향을 미치게 되었다. 살베미니와 그람시의 차이는 방법론에 따른 것이라기보다는 근본적인 것이었다. 그람시가 보기에 살베미니는 피상적인 문화주의나 조합주의적이고 동업자적인 동맹의 관점에서 그리 많이 벗어나 있지 않았으며, 과학적인 엄밀성이나 실천성이 부족하다고 보았던 것이다.

이와 같은 차이를 깨달으면서 그람시는 자신의 이론적 구축과 실천적 행동을 위한 프롤레타리아의 조직화 문제와 '현대적 군주'로 표현되는 공산당 건설을 위해 매진하게 되었다. 결국 그람시의 남부문제에 대한 몇 가지 주제로 집약되면서 후일 『옥중수고』에서 볼 수 있는 수많은 이론 첨삭과 성숙을 시작할 수 있었던 계기가 되었다.

2-14. 그람시의 유산과 그 이후

카보우르 이후 그람시에 이르는 남부주의자들을 사상적 · 이념적으로 분리해보면 두 개의 시기와 그룹으로 분리할 수 있다. 하나는 카보우르에서 니티에 이르는 초기와 치코티에서 그람시에 이르는 후기이다. 초기 사상가들의 가장 큰 공통점은 모두 지배계층 출신일 뿐만 아니라 모두 자본주의 교육과 훈련을 통해 사상이 형성되었다는 점이다. 이에 반해 후기, 치코티 이후 그람시까지는 주로 사상 기반이 좌파에서 유래되었다는 점과 이들 사상가들의 출신과 사상 형성기 역시 지배계층의 그것과는 조금 다르다는 점이다. 이는 전기와 후기가 각각 다른 특징들을 보이고 있음과 동시에 사상 단절에 따른 시기 구분이 아닌 전환점이라는 측면에서 새로운 시각과 분석이 진행되었다는 것을 의미한다.

초기 남부문제에 대한 접근 관점과 시각이 지배자의 그것에서 이를 국가 정책에 활용하기 위한 여러 시도였다는 것이다. 이들이 제시하고 있는 남부문제 접근법과 해결방식들은 당대 이탈리아 지식인들과 위정자들의 생각을 잘 알 수 있는 것들이다. 자유주의에서부터 보수주의, 그리고 여러 사상이 혼용되어 나타나는 정책과 사상들은 여전히 오늘날까지 진행형인 남부문제 역사에 생생하게 살아 있는 것이기도 하며, 실제로 많은 부분 세부적인 계획과 정책에 반영되었다.

통일왕국의 사회문제로서 남부문제가 제기되면서 위정자들과 지배계급 사상가들이 접근했던 정책과 방향은 그 효율성이나 실효성에도 불구하고 결국 부르주아 지배를 지속시키는 데 있었다. 역사적 · 문화적 · 지리적으로 이질적인 '남부'를 하나의 국가 안으로 통합시키기 위한 시도로 여러 정책과 해결책들이 제안되었지만, 남부의 입장이 제대로 반영되지 못한다면 일정한 한계를 가질 수밖에 없다는 것을 여실히 보여주고 있다. 그럼에도 불구하고 이들이 제안했던 여러 정책들과 해결책들은 이후 전개되는 사회주의 사상가들이나 남부 민중의 입장에서 남부문제를 보았던 여러 사상가들에게 전해진다.

치코티 이후 그람시까지 이어지는 남부문제의 계보가 더욱 중요성을 갖는 것은 바로 이와 같은 초기 정치 사상가들의 입장이 민중의 관점에서 재생되고, 거시적 측면에서 여전히 유용한 하나의 흐름으로 자리 잡게 된다는 점이다. 실제로 오늘날 현실적으로 전개되고 있는 남부문제 관련 정책의 기본 흐름은 이들 후기 사상가들에서 연유된 바가 크다.

그러나 이론적으로나 학문적으로 중요한 것은 남부문제라는 주제가 어떤 식으로 전개되어 그람시까지 연결되고 있는가 하는 사실이다. 남부문제라는 주제가 어느 날 갑자기 그람시에게서 튀어나온 것이 아니라 전대와 당대의 주요 사상가들과 지식인들의 연구 결과와 노력들이 중첩되어 그람시에게로 전달되었으며, 이를 그람시가 자신의 사상체계 핵심주제로 발전시켰다는 가정이 가능한 것이다. 따라서 당대의 여러 남부문제 연구 결과에 대하여 그람시가 얼마만큼 알고 있었고, 이해했던가를 밝히는 작업이 필요할 것이다.

『옥중수고』나 수감되기 이전에 종종 이들에 대하여 언급하고 있고, 지식인 문제나 남부문제를 다루고 있는 글에서 간접적으로 이를 다루고 있다는 사실은 적어도 그람시가 어느 정도 이들의 사상을 이해했다고 보는 것이 옳을 것이다. 이는 그람시가 이야기하려 했던 남부를 지배자들의 남부와 대비시키기 위해서도 꼭 필요한 일이었을 것이다.

물론 여기서 그람시가 언급했던 인용들을 모두 언급하고 비교하기에는 또 다른 연구가 필요하지만, 이탈리아 남부문제가 우리가 아는 것보다는 상당한 역사와 연구 결과물들이 존재하고 있다는 점을 분명하게 밝히고자 한다. 특히 지금까지 모든 사상가들이 남부문제의 출발점으로 리소르지멘토라는 이탈리아 통일운동을 거론할 정도로 단순한 현상으로 남부문제가 불거진 것이 아니라 사회적·역사적 사건들이 중첩되는 과정에서 서서히 생성된 역사적인 사회문제라는 점은 남부문제 접근을 어떻게 해야 할 것인가에 대한 보다 올바른 지침을 제공하리라 믿는다.

결론적으로 이와 같은 결과들과 접근을 통해 그람시는 지식인 문제와 리소르지멘토라는 주제에 보다 명확하게 다가설 수 있는 계기를 마련하게 되었고, 이탈리아 지식인 역사까지 나아간 것으로 볼 수 있다. 또한 지배계급의 지식인들의 이 같은 정책수립 노력이 어떻게 지배계급의 헤게모니 형성을 가능케 했는가라는 문제로 확대될 수 있다는 문제의식을 가질 수 있게 한 중요한 동인이 되었을 것이다. 그람시는 다시 뒤에 거론될 후기 남부주의자들을 거치면서 대중들에 의한, 그리고 피지배계층에 의한 정책 제안과 해결이 가능하다고 생각하게 되며, 결국 헤게모니의 형성이라는 문제로 발전하게 되는 주요한 토대를 구축하게 된다.

예상치 못한 채 실현된 피에몬테 중심의 이탈리아 통일은 태생적으로 문제를 안고 갈 수밖에 없었다. 북부 중심의 산업정책에 끼워진 경제정책과 제도들은 국가 제도나 정책, 그리고 현대적 의미의 '국가' 또는 '왕국'에 대하여 무지하였던 남부의 지식인들과 농민들 모두를 혼란과 어려움에 빠뜨렸다. 피에몬테 중심, 보다 확장하여 말하면 북부 중심의 국가발전 계획은 상대적 이질성을 무시한 정책 오류를 범하게 되었고, 부르주아 지배계급과 지식인들은 이를 합리화하기 위하여 이론과 정책 개발에 박차를 가하였다. 그러나 차이의 격차를 메우지 못하고 사회문제로 변질시켜 해결이 시급한 과제로 만들고 말았다.

정치적으로 통일이 되었지만, 북부 산업과 남부 농업의 존재는 정치적 타협책을 찾을 수밖에 없었고, 이를 정책적으로 표현한 것이 부호무역주의와 곡물세였던 것이다. 그러나 이와 같은 경제정책 기조는 당시 이탈리아의 지역 간 불균형과 이질성으로 인해 성공할 수 없는 정책이었고, 변형주의라는 독특한 정치적 특색을 견지하면서 구조적으로 고착화된 사회문제로 발전되었다. 이를 해결하기 위한 좌파 시각에서의 남부문제 연구들은 본질적인 접근보다는 피상적이거나 혹은 북부 산업자본가들이나 프롤레타리아의 온정과 양보에 근거한 정책과 이론에 기대는 우를 범하게 되었다.

그람시의 시각과 분석이 더욱 설득력을 얻는 이유는 바로 이와 같은 피상성과 수동성에서 벗어나 남부문제의 논의 차원을 한 단계 높였다는 점이다. 단순한 사회문제의 영역에서 국가문제로 또 국가에 대한 분석에 바탕을 둔 정권획득과 정권창출이라는 국면으로까지 발전시킨 것이 바로 그람시였기 때문이다. 그람시의 파시즘에 대한 분석 역시 동일한 맥락에서 이해되어야 할 부분이다. 이탈리아 사회에서 파시즘의 형성과 등장, 그리고 정권획득에 이르는 일련의 과정에서 어떤 동기와 요인에 의하여 파시즘이 형성되어왔는

지에 대한 분석은 남부문제 해결의 단초를 제공해줄 수 있었기 때문이다.

그러나 역설적으로 그람시는 파시즘에 의해 체포되어 기나긴 세월을 바깥 세상과 단절된 채 옥중에서 지내게 됨으로써 자신의 이론 구상과 개념들을 더욱 발전시킬 수 있었다. 1922년 '로마 행진' 이후 정권을 획득한 무솔리니 정부는 남부를 정권 유지의 전략 거점으로 삼았지만, 문제 해결을 위한 국가 정책으로 발전시키지 못했다. 결국 파시즘 치하에서 남부라는 사회문제는 수면 속으로 가라앉게 되었고, 파시즘이 몰락한 후 새로운 정부가 구성될 때 까지 기다려야만 했다.

종전이 되었지만 이탈리아는 연합국에 의해 군정기간을 거치게 되었고, 공산주의 정부 설립 가능성에 대한 우려로 미국은 급격하게 마셜 플랜을 추 진하면서 이탈리아를 경제적·군사적으로 영향력 아래 두고자 하였다. 공산 주의 세력을 둔화시키고 미국식 자본주의 체제에 맞는 새로운 유럽 질서를 위해 실행되었던 마셜 플랜은 적어도 이탈리아에서만큼은 미국의 의도대로 진행되었다.

새로운 이탈리아 건설이라는 국가적 당면과제는 미국식 자본주의 체제의 구축이라는 목표 앞에서 의미를 잃게 되었고, 결국 이탈리아 북부 중심의 산 업발전 계획이 집중적으로 실행되면서 북브는 다시 한번 산업자본 축적의 기회를 갖게 되었다. 그러나 남부 인민대중들의 불만과 이탈리아 공산당을 중심으로 하는 좌파 지식인들은 그람시 개념의 남부문제의 해결을 국가적으 로 해결해야 할 시급한 사회문제로 인식시키기 위해 노력하였다. 기민당 정 부 역시 자신들의 강력한 지지 기반인 남부를 위해 무언가를 해야 할 처지였 고, 보다 확실한 지지를 구축을 위한 가시적인 성과가 필요한 때였다.

결국 기민당 정부는 1950년 남부문제를 위한 정책을 통한 해결책으로 남 부기금Cassa per il Mezzogiorno을 설립하였다. 10년간 매년 1천억 리라를 배 정하여 이탈리아 남부의 지역개발과 경제적 성장을 이루고자 설립한 이 기 금은 유감스럽게도 당장 정책에 활용되지 못했다. 사회간접자본이 부족했던 남부에 이를 효율적이고 즉각적으로 활용할 수 있는 기반시설이 부족하였던 것이다. 결국 여건이 좋은 지역을 중심으로 예산이 책정되었으며, 이는 남부 안에서 또 다른 지역 불균형을 낳는 원인이 되었다.

1955년 10월 팔레르모Palermo에서 개최된 국가경제개발위원회 회의에서 남부문제가 국가의 구조적인 문제라는 인식을 공유하게 된 것은 그나마 커다란 진전이었다. 경제인연합회Confindustria와 국가는 남부를 성장거점poli di sviluppo 정책으로 전환하여 단기적이고 즉각적인 이익을 추구하는 민간기업의 확충보다는 주로 공사나 국영기업체를 이 성장거점을 통하여 발전시킴으로써 해당 지역과 남부 전체의 균형 발전을 꾀하고자 했던 것이다. 그렇지만 그와 같은 성장거점 지역의 선택이나 업종 역시 북부 산업자본가들이나 민간기업의 의지에 의해 결정됨으로써 본래적 의미에서 남부기금에 대한 취지나 목적을 만족할 만한 수준으로 끌어올려 활용하는 데 실패했다. 이는 정책 방향이 북부산업의 성장과 발전에 도움이 되는 쪽으로 남부개발을 유도했다는 의미일 뿐 남부라는 지역 전체의 경제발전과 성장을 유도하기 위한 것은 아니었다는 비난을 받게 되는 이유였다.

정부의 입장에서 국가의 균형 발전이나 합리적인 국토개발이라는 목적에서 정책을 추진하는 것은 당연한 논리지만, 문제는 이탈리아 경제가 민간기업 중심이었고, 더군다나 80%에 달하는 중소기업 위주로 움직여왔다는 데 있었다. 또한 이탈리아 경제와 정부의 가장 커다란 문제 중 하나인 재정적자 문제가 정부의 효율성 측면뿐만 아니라 대기업에 집중되어 있는 국영기업들의 적자에서 많은 부분 기인하고 있다는 진단은 정부의 남부정책에 대한 한계를 분명하게 노출시켰다.

상황이 이렇게 되자 남부정책과 개발이 진행되는 과정에서도 남부 노동력이 북부로 유입되는 현상이 지속적으로 진행되었고, 이는 1980년대까지 하나의 일반적인 사회현상이 되었다. 더군다나 기민당 중심의 집권당과 정부는 후견인 제도를 통하여 지역과 지방을 사적으로 통제해왔으며, 국가란 왕조시대의 헌병대나 경찰 이상의 역할을 담당하는 것이 아니라는 인식이 남부에 뿌리 깊게 자리 잡게 되었다.

그람시의 남부문제에 대한 분석이 오늘날 더욱 유용하고 교훈적이라는 점은 바로 자본의 세계화에 맞서는 노동자와 프롤레타리아의 세계화 전략을 구축해야 한다는 시사점이다.[123] 남부문제에 대한 그람시의 가르침은 더 이상 그람시 자신의 경험에서 우러나온 단순한 교훈이나 가르침이 아니라 모든 정치 영역에서 적용될 수 있는 하나의 일반 원칙과 논리로서 우리가 받아들여야 할 것이다. 그런 면에서 자본주의 체계 안에서 노동자 계급의 조직화와 농민계층의 조직화는 그람시적인 의미에서 더욱 중요성을 갖는 것이다.

남부기금은 1984년까지 존속되다 1986년 남부개발공사Azienda per il Mezzogiorno로 바뀌었다. 현재에도 이탈리아 남부라는 지역문제는 여전히 상존하고 있다. 그러나 더욱 큰 문제는 여전히 해결되지 않은 채 남아 있는 남부문제가 또 다른 사회문제인 외국인 문제와 겹치면서 중층의 복합구조를 갖는 사회문제가 되어가고 있다는 사실이다.

1989년 베를린 장벽의 붕괴와 더불어 소련을 비롯한 동유럽 사회주의 국가들의 몰락은 유럽 사회에 커다란 건환점을 가져왔다. 흔히 '이데올로기의 승리'라고 불리는자본주의 국가의 승리는 상처뿐인 영광에 따르는 대가는 너무나 컸다. 유럽 지역 내에 전쟁과 대립의 위험이 사라진 대신 그 빈자리를 새로운 지역문제와 인종이나 종교에 기반한 민족주의가 채우게 되었다. 더군다나 많은 동유럽 국가 국민들이 자본주의 체제를 동경하며 서유럽 국가로 이주하면서 이미 1960년대 이후 식민지 국가였던 아프리카와 중동 국가들로부터의 유럽 이주와 맞물리면서 통제하기 어려운 사회문제가 되었다.

경제가 지속적인 성장을 하던 1980년대까지는 이와 같은 외국인 노동자 전입문제가 국가경쟁력에 도움이 되는 방향으로 전개되었지만, 수용능력이

---

123) 『좋은 정부의 신화』, p. 534.

한계에 달하면서 커다란 사회문제가 될 수밖에 없었다. 이탈리아의 경우 이와 같은 문제는 더욱 커다란 사회적 논란이 되었다. 아직 해결되지 않고 있는 남부문제에 외국인 불법노동자 이주문제가 사회적으로 커다란 반향을 불러일으키며 새로운 인종주의와 파시즘의 발흥 조짐을 보였기 때문이다. 최근 일련의 유럽 국가에서 벌어진 선거에서 극우파가 거둔 승리는 이와 같은 정치 상황 변화의 뚜렷한 증표라고 볼 수 있다.

통일 이후 150여 년이라는 시간 동안 두 개의 이탈리아로 나누었던 남부문제가 21세기에도 여전히 유효한 정치적·사회적 의미를 갖는 이유는 바로 이와 같은 중층의 사회 현상들과 문제들이 겹치면서 새로운 전환점을 맞고 있다는 점이다. 국내적인 통합의 문제가 남과 북이라는 지역문제를 뛰어넘어 인종과 민족이라는 문제까지 겹쳐지면서 더욱 혼란스러운 양상을 나타내고 있다는 사실은 남부문제의 접근과 그 해결책 역시 새로운 기준과 방향에서 다가서야 한다는 것을 의미한다.

더구나 이탈리아 내부의 이와 같은 사회문제들이 제대로 해결되지 않은 상태에서 유럽통합은 그 발걸음을 재촉하고 있다. 따라서 이탈리아와 같은 지역문제를 갖는 나라들에서 유럽통합 과정에서 정책의 우선 문제를 어떻게 해결할 것인가는 유럽통합의 궁극적 성공 여부를 가늠할 수 있는 중요한 문제라고 할 것이다. 따라서 내부 문제의 해결이 먼저인가 통합이 먼저인가라는 문제 제기는 이제는 변형되어 각 국가에 존재하고 있는 지역문제와 외국인 노동자 문제, 그리고 다시 한번 그 모습을 보이고 있는 네오파시즘이나 네오나치즘의 문제 해결의 시작이라는 점에서 여전히 현재 진행형의 사회문제인 것이다.

3. 파시즘

3-1. 파시즘의 시대적 배경

20세기 초까지만 해도 이탈리아에 파시즘은 존재하지 않았다. 파쇼[124]라는 명칭을 가진 각종 사회단체들은 있었지만, 주로 사회주의 계열의 단체들이었다. 어느 날 갑자기 하나의 사회 현상으로, 그리고 하나의 주의主義로 자리 잡게 된 것은 국가의 묵인과 자본가들의 암묵적 지원에 기인한 결과였다. 사회주의를 공공의 적으로 간주하면서 국가와 애국심이 주된 이데올로기 요소로 자리 잡게 된 배경에는 바로 이와 같은 1920년대 이탈리아의 정치적 · 사회적 상황이 있었다.

제1차 대전의 승전국임에도 불구하고 이탈리아는 상처뿐인 영광만을 안은 채 경제적으로 어려움을 겪게 되었다. 또한 그토록 원하던 옛 영토의 수복은 이루어지지 않았다. 제1차 대전의 승전국들은 파리 평화회담에서 유럽의 세력균형과 보상 문제 등을 다루었는데, 이탈리아는 트렌토, 남부 트롤, 이스트라를 얻기는 했지만 그토록 원하던 피우메와 달마치아를 얻는 데는 실패하였다. 이에 단눈치오D'Annunzio라는 으익 성향의 민족주의 문학가가 의용대를 이끌고 피우메를 점령하면서 이탈리아 전역은 이전에는 존재하지 않던 애국심과 이탈리아라는 국가가 새로운 이데올로기가 되었다. 이를 고

---

124) 이탈리아어로 파쇼fascio란 본래 '여러 사람의 의견을 하나로 묶는다' 는 의미를 갖는다. 일반적으로 연대를 의미하는데, 19세기 말 남부 이탈리아에서 발생한 소요와 농민봉기 등에서 일단의 그룹들을 지칭할 때 사용되기도 하였다. 이후 카포레토Caporetto 전투에서 패배한 뒤 정부에서 국민 에너지 결집을 촉구하는 선전문으로 사용하기도 했다. 전체적이고 군국적인 의미를 띠기 시작한 것은 무솔리니가 1919년 밀라노에서 발족한 전투연대Fasci di Combattimento라는 단체를 이끌면서부터였다. 특히 1919년 선거에서 전투연대는 단 한 명의 당선자도 내지 못했고, 무솔리니도 자신의 고향에서 낙선하는 사태가 벌어졌다. 이후 무솔리니는 다소 사회주의 성향의 단체를 우익 단체로 탈바꿈시켰고, 이때부터 본격적인 전체주의와 군국주의 성격을 띠기 시작했다.

취시킨 것은 단눈치오와 같은 민족주의 계열의 우익 인사들이었지만, 결국 이를 지원했던 것은 당시의 정치가들과 산업자본가들이었다.

이때까지도 파시즘은 여전히 사회주의 색채를 띠고 있었고, 피우메 점령 같은 사건도 국가가 개입하여 해결한 극우적이고 반동적인 것으로 여겨졌다. 파시즘의 창시자인 무솔리니가 이와 같은 변화의 흐름을 감지한 것은 바로 이때였다. 최초의 파시스트 단체인 전투연대Fasci di Combattimento가 1919년 밀라노에서 창설되었을 때만 해도 그 강령에 포함된 내용은 다분히 사회주의적인 성격을 띠었다. 상원제의 폐지, 농민들을 위한 토지분배, 유권자 모임을 표방하는 등 그 기조는 여전히 사회주의의 잔재와 흔적을 볼 수 있었다. 이는 무솔리니가 본래 사회당에서 정치생활을 시작하였고, 사회당의 일간지 『전진Avanti!』에서 편집장으로 일했던 경력을 고려하면 당연한 것이기도 했다.

이와 같은 무솔리니의 파쇼 단체가 전국적인 규모에서 많은 지지와 지원을 받게 된 것은 1919년 선거가 끝난 뒤였다. 단 한 명의 의원도 당선시키지 못한 정치단체가 되자 무솔리니는 자본가들의 지원을 얻기 위해 단눈치오의 예에서 보듯 우익으로의 전환이 필요하다고 판단했다. 결국 1920년 강령 개정을 통해 애국심과 국가, 그리고 전쟁 등과 같은 요소를 최우선시하여 우익과 보수의 지원을 구하고자 했다. 더군다나 사회주의 계열의 정당과 노동조합 등이 국가의 위협세력으로 인식되면서 이들이 하루아침에 국가의 적으로 부상하기 시작하였다. 이들 정당과 노동조합들은 공공의 불만과 욕구를 해소할 수 있는 공격 대상으로 인식되면서 자본가들과 우익세력이 결집할 수 있는 사회 여건이 마련되었던 것이다.

파시즘의 부상은 바로 이와 같은 여러 정황과 맞물리면서 갑자기 전국적인 현상으로 떠올랐다. 산업자본가들과 국가의 묵인과 지원은 사회당의 몰락 그리고 아직 공고한 조직을 갖추지 못하고 있던 사회주의 성향의 노동계급의 분해를 촉진시키게 되었다. 파시스트들은 공격의 대상을 사회주의 계열의 정당과 언론, 그리고 노동자들에게 집중하여 그들의 사무실과 본부 및 저택 등을 방화하거나 파괴하였다. 이에 따라 사회주의 세력과 노동자들은 커다란 타격을 받았고 사회당은 1920년 20만 명이던 당원 수가 22년 10월에는 2만 5천 명이 되지 않을 정도로 급격하게 약화되었고, 노동총동맹 역시 조합원수가 200만 명에서 50만 명으로 떨어지게 되었다.

노동자들에 대한 회유도 뒤따랐다. 파시스트들의 폭력을 목도하던 많은 노동자들은 위협에서 벗어나기 위해 점점 파시스트에게 협력하게 되었다. 특히 산업자본가들이 은행과 재정 지원 등을 통하여 정부를 장악하면서 노동자들은 더더욱 체제 순응적인 태드를 보이게 된다. 이를 기화로 파시스트들은 자신들만의 노동조합을 볼로냐에서 창설하였다. 1922년 1월에 창설된 노동조합전국연맹Confederazione Nazionale delle Corporazioni Sindacali은 노동운동의 파시스트화를 목적으로 창설된 것이었다. 파시즘 노동조합은 정치적으로 계급에 기반을 둔 노동운동 전반에 커다란 타격을 주었고, 파시스트 정당에 협조적인 어용 노동조직으로 활동하고 조직되었다.

파시스트의 불법 폭력은 갈수록 더해갔다. 파시스트 국민당의 당수인 무솔리니도 이를 통제하지 못할 정도로 파시스트 행동대원들의 폭력성은 점점 전국적으로 확산되었다. 1922년 5월 1일 노동절에 사회주의 계열의 노동자들과 정치가들이 이들 파시스트에 공격을 받아 10여 명이 죽는 사태까지 일어났지만 정부는 방관할 뿐이었다. 국가의 안정과 번영이라는 미명하에 파시스트들에 의해 자행되는 폭력을 방관하고 오히려 동조하는 태도를 보였다. 파시스트의 폭력에 맞서 1922년 7월 31일 총파업이 선언되었지만, 노동총동맹의 지도자들은 파업을 거부하였다. 이에 파시스트의 역공이 시작되었고, 이에 대항하기 위해 대중에 의한 마지막 저항이라 할 수 있는 7월의 총파업이 일어났지만 결국 실패로 돌아갔다. 파시스트에 의한 권력 장악은 기정사실화되었고, 결국 그해 10월 28일 나폴리에서 개최된 파시스트 전당대회에서 일단의 젊은 파시스트들이 민중에 의한 국가수립이라는 구호를 외치면

서 로마로 진군하여 비 오는 로마의 관공서를 무력충돌 없이 점령하는 사태
가 벌어졌다.125)

'로마진군La Marcia su Roma' 이라는 사건은 이렇게 발생했고, 밀라노에 있
던 무솔리니가 30일 로마로 내려와 무혈입성하였고, 39세의 젊은 나이에 수
상에 올라 국가 전체를 파시스트에 의한 합법적 지배 상황으로 만들었다. 권
력에 오른 무솔리니는 국가의 번영과 안정을 위한 회유 정책을 펴면서 보수
세력과 자본가들, 그리고 가톨릭 세력에게 우호적인 태도를 보였다. 또한 파
시즘의 철학과 사상 기반을 위해 젠틸레Gentile 126)를 앞세워 사상과 이념을
정비하였고, 크로체를 비롯한 자유주의자들과 단눈치오와 같은 민족주의 계
열의 보수적 우익 인사들, 그리고 미래파127) 등을 결집시켜 명실상부한 지
배권력 집단이 되었다.

불법적인 폭력은 이제 국가기관을 동원한 합법적인 폭력으로 바뀌었다.
계속적으로 사회주의 계열의 정당과 노동자들은 탄압을 받았고, 1924년 6월
파시즘에 비협조적이던 사회당 의원 마테오티Matteotti가 파시스트 당원에게
살해되는 사건이 발생하기도 했다. 무솔리니가 연루되었다는 의혹에도 불구
하고 국가와 파시즘은 더욱 공고해졌다. 노동자들에 대한 통제가 가능해지자
무솔리니와 파시스트들은 노동자들의 관심을 다른 곳으로 돌리기 위하여 공
장과 구역 내에 수많은 클럽과 여가 장소를 만들었다. 노동자들에게 안락한

---

125) 당시 왕은 무장도 안 된 폭도들이었던 이들 파시스트 청년단원들을 진압하라는 명령을 하지 않았
　　다. 이는 아직까지도 풀리지 않는 의혹이며, 무솔리니 자신도 이에 대한 성공 여부를 확신하지 못
　　해 밀라노에서 사태 추이를 지켜볼 정도로 성공 가능성이 거의 없었던 역사적 사건의 하나였다. 후
　　세 역사가들은 만약 파시스트들의 로마진군을 왕과 정부가 진압했다면 이탈리아는 무솔리니가 지
　　배하지 못했을 뿐만 아니라 파시스트 국가라는 오명에서 벗어날 수 있었을 것이라고 이야기한다.
126) 지오반니 젠틸레Giovanni Gentile는 이탈리아 파시즘의 철학을 완성시킨 인물로 무솔리니 정부
　　의 교육부 장관을 맡으면서 전체적인 파시즘의 방향 정립에 힘을 쓴 인물이었다.
127) 1909년 마리네티Marinetti에 의해 선언된 미래주의 운동에 가담한 일련의 예술가들을 가리킨다.
　　마리네티와 함께 『예수의 생애』를 쓴 파피니Papini 등이 주도한 미래주의 운동은 기계에 대한 찬양
　　과 국가를 고양시키는 예술적 작업을 했으며, 파시즘의 예술적 기반으로 무솔리니에 협력하였다.

삶을 제공함으로써 체제 순응적인 노동자상이 정립된 것도 바로 이 시기였다. 파시즘은 이제 국가 자체였다. 해방의 날은 너무나 멀었고, 그로 인해 이탈리아 사회주의와 노동운동은 비합법적인 저항의 시대를 맞이하게 되었다.

3-2. 파시즘에 대한 이념적 분석

파시즘을 이념적으로 하나의 개념이나 의미로 정의하기는 쉽지 않다. 상황이나 용도에 따라 파시즘은 여러 의미로 사용될 수 있기 때문에 이념적인 성격 분석의 한계가 존재한다. 또한 국가와 시기에 따라 당면한 현실의 문제들을 해결하는 과정에서 나타나는 경우가 많기 때문에 일반 기준을 설정하기가 쉽지 않다. 이러한 점을 고려하여 여기서는 체제나 제도의 특징을 기준으로 하는 이념 분석을 하기보다는 파시즘이 배척하는 사상과 선호하는 주의를 중심으로 몇 가지 본질적인 특징을 살펴보겠다. 보통 세 가지의 본질적인 특성을 거론하는 것이 일반적인데, 비합리주의와 전체주의 및 군국주의가 바로 그것이다.

비합리주의란 파시즘이 갖는 봉건적이고 그대적인 성격의 반동주의 특징에서 연유한다. 파시즘은 먼저 민주주의 제諸이념들을 싫어한다. 자유주의나 제도로서의 복수정당제, 천부인권, 인간의 존엄성, 평등 등의 사상을 태생적으로 싫어한다. 또한 이성적인 사고에 의한 행동도 좋아하지 않으며, 계급을 기반으로 하는 마르크스주의나 사회주의 등과도 친하지 않은 사상이다. 따라서 개인이라는 인간에 바탕을 둔 일반적인 자유, 평등, 박애의 천부인권적인 사상을 매우 싫어하는 경향이 있다.

이는 유럽이 사상적으로 계몽주의 이래 인간의 존엄과 자유를 증진시키는 방향으로 발전되어온 경향에 비추어 상당히 반동적인 성격을 갖는다. 이성과 과학이라는 두 요소는 유럽 지성사의 가장 주요한 개념임에도 불구하고 파시즘은 이 두 요소를 거의 무시하거나 부정한다. 오히려 고대의 개념인 신화를 신봉하고 장엄한 의식이나 절차를 통해 개인주의적인 요소를 탈색시켜 하나의 목적과 대상에 집중하는 경향을 갖는 것이다. 이와 같은 경향은 이성보다는 이성을 현실화하는 힘을 중시하게 되었고, 소렐Georges Sorel적인 비합리적인 사상을 이념의 근간으로 삼게 되는 원인이 되었다.

두 번째로 무엇보다 파시즘은 집단과 전체를 최우선으로 하는 전체주의를 중시한다. 이탈리아의 경우 집단과 전체의 종합적인 개념과 실체로서 국가를 내세우게 된다. 무분별하고 우매한 개인들의 집합체인 대중으로는 그것이 집단이든 전체이든 그리 커다란 힘을 가질 수 없기 때문에 이를 대신할 정치체가 필요했다. 특히 이탈리아의 경우 지역 분열과 대립이라는 오랜 역사적인 배경이 존재했으며, 이를 극복하기 위해서는 보다 강력한 전체주의의 구현체가 필요했으며, 그것이 곧 국가였다. 따라서 이탈리아에서는 국가를 통한 전체의 이익과 목적 추구를 가장 중요한 통치 이념으로 내세운다. 이를 위해 세 가지의 근본적인 개념과 원칙이 도입된다. 보통 국가론, 엘리트주의, 조합국가 개념과 이론이 그것이다.

이탈리아 파시즘의 구현자라고 할 수 있는 무솔리니는 자신이 구상하고 있던 국가관을 철학적으로 확립하기 위해 헤겔의 국가 개념을 빌려왔다. 헤겔이 주장하고 있는 신에 의한 국가와 국민이라는 개념은 어쩌면 당시 이탈리아의 상황에 가장 적합한 개념과 이론이었을지 모른다. 헤겔에 의해 주장된 것으로 국가의 의지Volont? dello Stato는 사회의 모든 가치판단의 기준이자 척도였다. 국가는 곧 선이자 도덕이고 윤리였으며, 국가 규범을 벗어난 개개인의 가치는 국가의 틀 안에서만 의미를 가질 수 있는 것이었다. 국가를 신화적인 이상으로 삼고 국가의 질서 안에 국민들의 삶을 복속시킴으로써 이탈리아인들의 생활 기준으로 국가를 우상화하였고, 국가유기체설을 활용하여 개개의 총합으로서 국가의 역할과 기능을 중시하였다. 국가는 모든 권력과 권리의 창조자이며, 가치와 행동의 기준이기 때문에 국가에 복속하는 모든 제도와 구성원은 저항할 수 없는 것이었다. 이와 같은 국가에 대한 개념과 위상은 '국가는 현재일 뿐만 아니라 과거이기도 하며 더 나아가 미래의 모든 것이다'라는 무솔리니의 의도를 충분히 반영할 수 있는 것이었다. 결국 무솔리니는 이를 국가주의Statismo로 변형하여 발전시킴으로써 오랜 기간 국가를 중심으로 파시즘을 지속시킬 수 있었다.

이와 같은 국가 개념은 국가를 종교보다 신성한 것으로 판단하고, 역사적으로 가장 번성하고 발전했던 경험들에서 국가의 이상을 찾았다. 즉 고대 로마나 그리스 제국주의 시대와 게르만 민족주의 시대 및 부르봉 왕조 시대를 인류 역사상 최상의 시대라고 평가하고, 국가 숭배주의를 정당화한다. 이를 위해 내부적으로는 정치, 사회, 민족(또는 인종)이 삼위일체가 되어야 하며, 대외적으로는 폭력이나 전쟁에 의한 식민지나 전쟁 등을 통해 국가주의를 확립해야 한다고 주장한다.

파시즘에서 이야기하는 절대적이고 신성한 국가를 운영하고 제대로 작동시키기 위해서는 일반 민중의 의도와 참여를 중시하는 민주주의보다는 소수의 뛰어난 몇몇의 엘리트 혹은 엘리트 집단에 의해 작동되는 체제를 갖추는 것이 중요하다. 바로 이 점 때문에 엘리트주의가 파시즘을 지탱하는 인적 구성의 원리가 되었다. 파시스트 체제하에서 일반 시민들은 보다 나은 자들, 즉 엘리트에게 복종하고 순종해야 하며, 이는 체제 유지의 주요한 규범이자 원칙이다. 이와 같은 원칙은 엘리트와 그들을 지도하는 지도자와의 관계에서도 똑같이 적용되는 것이었다. 동일한 목표를 향해 노력하는 엘리트들의 살아 있는 총체라는 지도자 개념은 지도자에 대한 절대 복종과 충성을 가능케 하였다. 지도자가 곧 국가였고 국가를 지도자를 통해 구현된 것으로 인식했다. 두체Duce라고 불리던 무솔리니가 절대적 추앙으로 황제와 같은 이미지로 숭상화되고 완벽한 인간으로 그려졌다는 것은 당시 이탈리아 초등학교에서 일과의 시작을 알리는 구호로 '무솔리니는 항상 옳다Mussolini ha sempre ragione'가 많이 사용되었다는 사실에서 충분히 알 수 있다.

그렇다면 이와 같은 엘리트주의에 따라 움직이는 국가를 어떻게 조직할 것인가 하는 통치의 문제가 현실에서 가장 중요한 점이었다. 이탈리아의 경우 이를 위해 선택한 원칙이 조합주의Corporativismo였다. 무솔리니는 다시 한번 소렐Georges Sorel에게서 조합주의의 원칙을 빌려온다. 노동조합운동에서 소렐이 차지하고 있는 위상은 이미 잘 알려져 있다. 소렐은 혁명의 주체를 노동조합에 두고 이를 이론적으로 발전시켰던 사상가였다. 소렐의 노동조합에 대한 개념은 대중의 자발적·독립적인 정치조직으로서 국가를 조직하고 통치하는 기본조직의 의미를 갖는다. 그러나 무솔리니가 이를 정반대의 개념으로 원용했다. 다시 말해 국가를 통치하기 위한 자치적·독립적인 조직으로서가 아니라 국가가 대중을 지배하고 통제하기 위한 적절한 기구로서 조합을 활용하고자 했던 것이다.

흔히 조합국가라고 하는 파시즘 체제의 경제적 성격을 드러내는 이 말은 국가의 생산을 각 부문과 분야에 따라 분류된 조합을 통해 완성하고, 동시에 국민에 대한 통제와 통치를 구현하는 장으로서 조합을 활용하겠다는 의미이다. 실제로 무솔리니는 기업, 산업, 지방 등을 총 22개의 조합으로 분류하여 국민들이 어느 한 곳에 강제로 가입하도록 하였다. 이를 구체화한 중앙집권적 조직이 파시즘이 주장하는 민족주의에 기반한 군국주의이다. 파시즘의 세 번째 특징인 이 논리는 여하한의 개인주의적 가치나 사고는 전체라는 커다란 집합적 대상을 위해 희생될 수도 있다는 것이다. 이를 위해서는 비록 독재자나 일당독재와 같은 전체주의 독재의 필요성을 인정한다는 것이다. 따라서 이와 같은 파시즘 체제에서 지도자, 일반 민중, 그리고 이를 매개로 하는 단일정당의 구조를 갖는 것은 바로 이와 같은 논리에 의해서이다. 또한 소수의 몇몇 뛰어난 지도 그룹의 중요성을 강조하기 때문에 엘리트 이론이 구체적으로 현실화되어 나타나며, 이는 엘리트 정당론과 같은 현대 정치이론의 토대가 되기도 한다. 그리고 이를 뒷받침하는 '힘의 철학'이나 '초인'과 같은 위대한 인물이나 영웅에 대한 숭배가 일상적으로 나타나게 되는 것이다.

이 외에도 파시즘은 대중의 구성이 하나의 단일한 민족이나 인종에 의해 이루어지는 것을 매우 선호한다. 다양한 민족이나 구성원들의 인종적 다양성은 전체성을 해치는 커다란 해악이기 때문에 가능한 단일민족 또는 단일인종을 선호하게 된다. 이는 국가 구성의 단위가 민족이나 인종이라는 인류학적인 측면이 강조됨으로써 계급을 구성의 기본단위로 삼는 마르크스주의나 프롤레타리아 사회주의 등을 배격하게 되는 것이다. 계급 타협이나 협동을 강조하긴 해도 계급 갈등이나 프롤레타리아 계급투쟁을 허용하지 않는 이유는 바로 이것 때문이다.

경제적으로는 산업이나 업종에 따른 협동조합체제를 장려하고 이를 통한 집단 중심의 생활과 단체를 가치판단의 기준으로 삼는 생활이 장려되었다. 이를 통한 자급자족의 경제활동을 추구하며, 국내 산업의 자립화를 목표로 하는 등 국가라는 체제 안에서 모든 것을 해결하는 방향으로 정책을 입안하였다.

이와 같은 파시즘은 자체의 이념 확산과 확대를 위해 선전이나 슬로건, 집회, 엄숙하고 장엄한 의식 등을 하나의 중요한 이념 전파의 수단으로 사용하며, 파시즘을 조직적으로 공고하게 해주는 교육을 강조하는 것이다. 이와 같은 전체주의적인 국가주의의 토대 앞에 일당독재를 통한 교육과 선전 수단을 활용한 영구 독재체재를 특징으로 하는 것이 바로 파시즘이라 할 수 있을 것이다.

3-3. 이탈리아 파시즘의 철학적 · 문화적 · 예술적 기반과 구현

이탈리아에서 가장 먼저 파시즘이 하나의 사회 현상으로 등장했다는 것은 파시즘 발생 이전부터 그 근간을 이루는 사상적 · 철학적 기반이 조성되어 있었다는 것을 의미한다. 따라서 파시즘이 갑작스럽게 하나의 사회현상으로

등장한 이면에는 이를 뒷받침하는 여러 명의 사상가들과 철학자들 및 일군
의 예술가들이 이미 존재하고 있었다.

　이탈리아 파시즘의 출발은 민족주의와 국수주의, 그리고 보수주의 등이
결합한 형태를 띠었다. 일반적으로 파시즘은 힘의 철학이나 행동철학을 중
요시하였으며, 로마제국에 대한 향수와 함께 강력한 민족국가의 출현을 열
망하였다. 또한 그 수단으로 전쟁과 무력을 채택하였고, 특히 당대의 유럽
강대국들에 의해 시작된 식민지 개척에 적극적인 의지를 보였다는 공통점이
존재한다. 이러한 기본적인 특징을 고려하면서 19세기 후반부터 20세기 초
까지 파시즘에 직간접적으로 이론적·정치적인 공헌을 하였던 사상가와 정
치가들을 간략하게나마 설명해보기로 하겠다.

　첫 번째로 거론할 수 있는 인물은 코라디니Corradini(1865~1931)일 것이
다. 그는 19세기 후반부터 이탈리아에서 민족주의의 필요성을 주장하면서,
민족주의의 전파에 노력하였다. 코라디니가 이러한 자신의 생각을 구체화시
킨 것은 『왕국Il Regno』이다. 1903년에 창간한 이 잡지를 통해 이탈리아 민족
주의의 보급에 힘썼으며, 이탈리아의 우파 지식인들을 민족주의 우산 아래
끌어 모을 수 있었다. 이를 기반으로 코라디니는 1910년에 이탈리아 민족주
의 연합Associazione Nazionalista Italiana를 창립하였고, 이 단체를 통하여 본격
적인 민족주의를 표방하였다. 결국 이 단체는 1923년 파시스트가 정권을 잡
게 되면서 파시스트당으로 흡수되었다. 또한 그는 1911년에는 보다 많은 국
내외의 지식인들을 끌어들이기 위하여 『민족사상Idea nazionale』이라는 잡지
를 창간하였다.

　그가 주장하는 민족주의는 다소 기이한 형태를 띠었다. 먼저 그는 이탈리
아인만으로 구성된 인민대중을 기반으로 하여 생산자들을 결합시키고, 이를
조합이라는 형태로 구체화시킨 뒤에 부르주아 중심이 아닌 무산자 계급, 즉
프롤레타리아 계급에 입각한 조합주의 국가 건설을 주장했다. 이러한 국가
의 완성과 성립을 위해서는 아프리카로의 식민지 확장과 정복전쟁을 통하여

국력을 강화하고, 국내의 실업자와 농민들의 식민지 이주정책을 활용하여 이탈리아의 전체적인 경제력을 강화하려고 했다. 19세기 이전까지 다소 분열적이던 이탈리아에 민족이라는 개념을 통하여 통일국가를 이룩하고자 했던 그의 의도는 유감스럽게도 파시즘과 결합하면서 전체주의적이고 전쟁 지향적인 파시즘 국가 등장에 상당한 이론적인 기여를 했다.

코라디니와 함께 거론할 수 있는 또 다른 이탈리아 민족주의자로 프레졸리니Prezzolini(1882~1982)를 들 수 있다. 그는 여타의 사상가들이나 학자들과는 여러 면에서 다른 점들이 있는 인물이었다. 정규 과정의 교육을 받지 못하고 독학으로 공부를 했던 그는 20세기 초 민족주의와 파시즘을 연결하는 매개체 역할을 하였다고 평가받을 만큼 당대 민족주의를 파시즘으로 전환시키는 데 상당한 기여를 했던 인물이다. 당대 가장 커다란 영향을 미치고 있던 크로체의 영향을 받았으며, 다소 비타협적 입장을 보였던 학자이자 문인이었다. 그는 미래주의 운동의 이론가였던 파피니Papini(1881~1956)의 친구이자 동료로 파피니와 함께 『레오나르도Leonardo』라는 비평지를 1903년에 창간하여 1905년까지 활동했다.

그러나 프레졸리니가 가장 중요한 역할을 했던 것은 그 이후인 1908년부터였다. 1908년에 그는 생디칼리즘과 전투적 크로체주의, 그리고 민족주의를 한 데 모아서 당대 가장 영향력 있는 비평지 『라 보체La Voce』를 창간했다. 『라 보체』는 1914년까지 활동하면서 당대의 주요한 사상가들과 문화론자들을 집필진에 포진시켜, 민족주의에서 파시즘으로 나아갈 수 있는 사상적·문화적 토대를 제공하였다. 1914년에 발발한 제1차 대전에 참전할 것을 주장했던 참전론자로서 지원병으로 전쟁에 참가하기도 했던 그는 자신의 논지를 보다 적극적으로 펼치기 위해 『일 포폴로 디탈리아Il popolo d'Italia』에 참여하여 소렐적인 생디칼리즘과 초기 파시즘을 연결하는 중개 역할을 하였다.

이후에는 무솔리니와의 개인적으르 친분을 유지하면서 파시즘이 정권을 잡을 때까지 파시즘에 우호적인 입장을 보였다. 그러나 1925년 이후에 파시즘의 반자유주의적 성격과 전체주의적인 특징이 두드러지자 이탈리아를 등지고 파리로 이주하였다. 다시 1930년에 미국으로 건너가 뉴욕에 거주하였고, 컬럼비아 대학의 이탈리아어과 학과장으로 재직하면서 파시즘과 결별하는 입장을 보였다.

세 번째로 거론할 수 있는 이는 단눈치오(1863~1938)이다. 그는 특이한 문학적 성향과 입장을 가졌던 이탈리아 데카덴티즘모Decadentismo 128)의 대표적인 시인이자 소설가였으며, 모험가였고, 다소 과격한 민족주의자였다. 그는 19세기 말부터 유럽에 불기 시작한 세기 말 사상과 자본주의 발전에 따른 혼란한 사회, 불안정한 정치 등을 지켜보면서 인간 이성에 대한 회의와 신비스럽고 이상적인 삶을 동경하였다. 이러한 그의 문학 성향은 사회에 대한 반동과 질서의 이탈, 쾌락의 추구, 전쟁을 통한 새로운 시대를 열망하게 하는 원인이 되었다.

결국 그는 이와 같은 자신의 성향을 니체의 초인사상과 연결시켰고, 이는 곧 이탈리아 민족을 이끌 만한 새로운 초인을 고대하고 동경하는 문학 소재로 발전되었다. 이러한 이유로 그는 이탈리아의 제1차 대전 참전에 적극적인 찬성 의사를 보였고, 실제로 1915년부터 1918년까지 자원하여 전쟁에 뛰어들었다. 그러나 앞서 보았듯이 제1차 대전의 승전국이었지만, 연합국으로부터 약속한 땅을 되돌려 받지 못하자, 퇴역 군인들과 생디칼리스트, 민족주의자들로 구성된 의용군을 이끌고 피우메Fiume를 점령하기도 했다. 이와 같은 그의 사상은 제국주의에 대한 옹호는 물론 힘과 폭력의 예찬으로 이어졌고, 이탈리아 역시 이를 실현시킬 새로운 지도자를 원하고 있다고 보았다. 또한 그 지도자는 부르주아 지배체제를 연장하기 위한 인물이 아닌 인민과 대중

---

128) 데카덴티즘모를 하나의 주의나 용어로 정리하기 어렵지만, 일반적으로 19세기 유럽에 나타났던 세기 말 사상과 결합한 낭만주의와 퇴폐주의 등이 혼합된 부정적 의미의 사조로 정의할 수 있다. 특히 이탈리아에서는 이를 하나의 주의와 경향으로 정리했으며, 이러한 데카덴티즘모를 문학적으로 표현한 대표적인 문학가가 바로 단눈치오였다.

을 이끌 영웅이어야 했다. 바로 이러한 단눈치오의 사상은 무솔리니의 등장을 용인하고, 제국이라는 이미지를 고양시키는 경례와 의식 등을 찬양하게 했던 이유가 되었다.

다음은 예술 분파로서 미래주의Futurismo파에 대한 것이다. 앞서 이야기한 대로 19세기 말과 20세기 초는 자본주의 발전에 따른 모순점들이 사회적 혼란으로 나타나고, 새로운 물질문명의 시대를 맞이하였다. 이는 그때까지의 전통적인 가치나 도덕 등을 혼란에 빠뜨렸고, 새로운 가치와 사상이 등장하는 원인이 되었다. 이러한 움직임의 하나가 바로 미래주의였다. 세기 말의 혼돈, 인간 이성에 대한 불신, 과학에 대한 맹신, 새로이 등장한 기계문명에 대한 동경 등이 복합적으로 작용하여 나타난 것이 바로 미래주의라고 할 수 있다. 특히 미래주의가 처음으로 선언되었던 1909년만 해도 자동차와 비행기의 속도 등에서 쉽게 볼 수 있을 만큼 기계문명의 창조성과 역동성을 강조하였다. 미래주의는 산업사회의 도래에 따른 새로운 동인으로서 기계와 기술에 의한 창조와 발전을 찬양하고 이를 고양시키기 위한 일종의 문화운동의 성격을 띠었다.

그러나 민족주의와 결합하고, 민족주의 구현을 위한 예술운동으로 성격이 변질되면서 보다 폭력적인 면을 띠게 되었고, 그 실현 수단인 전쟁에 대한 갈망 등을 하나의 이념으로 표방하였다. 미래주의가 비록 무솔리니에게 호감을 얻었다고는 하지만 파시즘 체제를 지탱하는 단일한 파시즘 예술사조로까지 발전하지는 못했다. 이 사조는 후일 러시아의 미래주의 운동과 연관을 갖기도 하지만, 20세 초의 혼란기를 정점으로 자본주의가 점차로 정착되면서 사조로서의 세력도 약화되었다. 이탈리아 미래주의를 이끌었던 주요 인물로는 마리네티Marinetti(1876~1944)와 파피니Papini(1881~1956) 등을 들 수 있다.

마리네티는 미래주의의 창시자이자 지도자로서 1909년 미래주의 선언서를 집필했던 인물이다. 젊은이들에게 제1차 대전에 참전하도록 격려했을 만큼 전쟁과 무력을 숭상하였고, 자신도 전쟁에 참가했다. 이 일이 계기가 되어 무솔리니와 친분을 쌓게 되었으며, 상호 협력적인 관계는 오랫동안 유지되었다. 마리네티는 무솔리니 정권이 몰락한 뒤에도, 북부에 건설된 독일 나치즘의 괴뢰정권 살로Salò 공화국을 지지했으며, 1944년 그가 사망하자 무솔리니는 그에 대한 경의와 추모의 의미로 국장을 지낼 만큼 마리네티의 사상과 예술은 파시즘을 지탱하는 주춧돌이었다.

또 한 사람의 주요 인물인 파피니는 특이한 성향을 가진 인물이었다. 그는 특별한 정규 과정의 교육기구에서 수학한 것이 아니라, 독학으로 자신의 사상을 전개시킨 문인이자 사상가였다. 초기에는 민족주의에 경도하면서 민족주의에 바탕 한 비평지 『레오나르도Leonardo』를 1903년 창간하여 활동하였다. 그의 철학적인 기반은 사상의 저장소라 할 정도로 다양한 우파의 사상과 조류의 대부분을 끌어들인 토대에 기초하였다. 그중 대표적인 것으로는 니체의 초인 사상과 힘의 철학을 기반으로 하는 실용주의였으며, 여기에 엘리트론, 인종에 기반을 둔 민족주의, 신비주의, 가톨릭 등을 끌어들였다. 따라서 그의 사상적 전개 과정은 혼란스럽고 여러 번의 변화를 겪었다. 초기에는 민족주의에 경도되었다가, 다시 미래주의로 회귀했으며, 『레오나르도』지가 폐간되었던 1908년부터는 가톨릭에 귀의하였고, 무솔리니와 관련을 맺으면서부터는 파시즘을 추종하였다.

그 외에도 문학적으로나 문화적으로 파시즘에 직간접적으로 관여하거나 관련을 맺은 이들은 상당히 많았다. 현대 희곡을 정립하고 발전시켰으며, 1934년 노벨문학상을 수상했던 피란델로Pirandello(1867~1936)를 비롯하여, 『라 보체』나 『레오나르도』와 같은 민족주의 계열의 비평지에서 활동하던 일군의 문인들이 그들이었다. 이와 같은 문학적이고 문화적인 관점에서 파시즘을 지지하고 지탱했던 이들이 국민들에게 파시즘에 대한 환상과 감성을 불러일으켰다면, 지식인들과 정치가들에게 이론적·사상적으로 파시즘의 토대를 제공했던 주요 인물들로는 투리엘로, 파레토Pareto, 젠틸레Gentile, 미헬스Michels, 데 제르비De Zerbi, 페리Ferri(1856~1929), 로코Rocco(1857~1935) 등을 들 수 있다.

가장 먼저 이야기할 수 있는 이는 앞서 남부문제와 관련해서 설명한 바 있는 투리엘로이다. 신헤겔적 경향의 보수주의 사상가로 고대 로마의 이상을 동경하면서 '힘의 신화'를 자신의 철학적 기반으로 받아들였다. 그는 국가의 가장 이상적인 형태로 로마제국과 마키아벨리 시대의 피렌체 공화국을 꼽았다. 고대 세계를 평정했던 로마제국의 이상을 다시 실현하는 방법은 전쟁뿐이며, 그것도 정복과 식민지 전쟁을 통해서 구하고자 했다. 특히 산업과 함께 팽창될 식민지주의는 국내 생산품과 상업발달의 배출구 역할을 하리라 믿었다. 전쟁이라는 수단을 갈등해결의 한 도구로 생각했으며, 유럽 대륙 안에서 발생하고 있는 여러 문제들도 결국 전쟁을 통해 해결될 수 있다고 주장하였다. 또한 그는 애국이라든지 애국자, 애국주의를 강조하면서 여기에 견고한 보수주의적 색채를 결합시킨 인물이었다. 이는 자신이 주장한 '힘의 철학'과 함께 후일 파시즘에 철학적으로 일정 부분 기반을 제공한 것으로 볼 수 있다.

두 번째는 파레토(1848~1923)이다. 파레토는 경제학자이자 사회학자이며 동시에 정치사상가이기도 하다. 경제학 분야에서 그에 대한 평가는 긍정적이며 상당히 높은 편이다. 자유주의 시장의 분석을 통해 합리적 선택이론에 상당한 공헌을 한 경제학자로 평가되고 있다. 그러나 정치학이나 사회학에서는 엘리트 개념을 통한 군국주의의 고양이라는 다소 부정적인 평가가 주를 이루고 있다. 이와 같이 다소 상반된 평가는 전기와 후기로 분류할 수 있는 파레토의 사상적 특징 중에서 어떤 쪽에 더 중점을 두는가에 따라 달라진다. 사상적 전기와 후기의 구분은 어떻게 보면 파레토의 삶에서 드러난 직업적·학문적 구분과 특징에서 기인한 것이다.

그는 사회과학자로는 드문 이공계 출신으로, 1874년까지 이탈리아 철도청에서 근무하였으며, 간간히 정치적 토론이나 집회에 참여하며 자유주의 성향을 드러낸 공학기사였다. 특히 그는 리소르지멘토를 직접 접하면서 이탈리아가 통일되는 과정을 목도하고 이를 자신의 정치 연구의 주제로 삼았다. 통일 이후 이탈리아에 대한 발전방향을 제시하고 자유민주주의적 사회의 실현을 위한 분석과 연구가 그의 학문 동기였다. 더군다나 통일 이후 이탈리아는 사회 통합이 더욱 어려워졌으며, 남부와 북부의 대립은 경제적인 이해관계로 인해 사회문제화 되었다. 이러한 혼란을 틈 타 농촌에서는 바쿠닌 계열의 무정부주의에 물든 농민들이 폭동과 반란을 일으키는 상황까지 발생하였다.

이와 같은 상황에서 파레토는 영국의 의회주의 제도와 자유무역 정책을 지지하면서 처음으로 자신의 정치적인 논지를 전개하였다. 이를 뒷받침하기 위해 일반 국민들까지 참여하는 보통선거제를 주창하고, 의무교육 실시를 주장하였다. 선거라는 제도를 활용하여 특권계급이나 특정계층의 기득권 유지를 위해 정치가 필요한 것이 아니라 모든 국민의 의사를 집약하고 일반 대중의 이익을 위해 정치를 활용하고 이를 위해 전 국민이 참여하는 보통선거제가 이루어져야 한다고 주장했다. 그는 이 보통선거제를 가장 중요한 민주주의의 정치 요소로 보았다. 또한 보통선거에 어울리는 무지한 대중이 아닌 민주 시민을 양성하기 위해서는 의무교육을 적극적으로 도입해야 한다고 주장했다. 19세기 중반 이탈리아의 문맹률이 거의 95%에 달했다는 점에 비추어 볼 때, 그의 주장은 가장 시급하고도 중요한 국가정책의 문제와 직결되는 것이었다.

일면 노동운동에도 관심을 갖던 그는 노동권리에 대하여 우호적인 편이었으며, 1889년 이탈리아 철강회사를 그만둘 때까지 주요한 연구주제로 삼았다. 이후 그는 사회학을 주된 연구 분야로 삼고, 정치학과 사회학의 결합을 통한 정치사회학이라는 분야에 집중적으로 자신의 역량을 쏟아부었다. 그러나 이 시기 그는 주로 경제학, 특히 크리스피 내각의 경제정책에 대한 신랄한 비판을 통해 경제학 연구에 천착했다. 마르크스에 대한 접근과 이해는 계몽주의적 시각이 동기였다. 따라서 마르크스를 자신의 사상체계에 적극적으

로 끌어들었다기보다는 자신의 사상적인 한계의 돌파구로 삼고자 했다고 보
는 것이 옳을 것이다.

그가 내세운 개념 가운데 특이한 것은 '부르주아 사회주의' 라는 것이며,
아울러 이를 '대중 사회주의'로 전환시키려는 이론적 탐구에 대한 것이다.
파레토가 보기에 자유, 민주, 평등을 추구하는 부르주아 계급의 열망은 단지
새로운 사회주의 권력에 대한 대항 개념일 뿐이며, 이는 노동자를 중심으로
떠오르고 있는 새로운 계급이 주도할 권력을 거부하고 기득권과 헤게모니를
유지하기 위한 표현에 지나지 않는다고 보았다. 이 과정에서 결국 사회적인
충돌이 발생할 것이며, 이들 새로운 계급을 지도할 엘리트 그룹과 지도자들
이 등장하여 사회 갈등을 해소하고 사회주의 권력 수립에 성공할 수 있다고
보았던 것이다.

파레토는 이 과정을 설명하면서 자신이 추구했던 정치사회학의 기본 개념
으로 삼았다. 그의 이와 같은 이론 전개는 다음의 저서에서 종합적으로 제시
되고 있다. 흔히 『일반사회학 개요Trattato sociologia generale』129)로 해석되는
파레토의 저서는 그의 정치사회학의 완성판이라 볼 수 있다. 이 책에서 파레
토는 인간 행위의 기준이라 할 수 있는 이데올로기에 대한 규명과 그것을 뒷
받침하고 있는 사회의 구조를 밝히려고 했다.130) 이 논의에서 그가 사회구
조를 지탱하고 유지하는 계급으로 제시하고 있는 것이 바로 엘리트이다. 역
사적으로 모든 사회가 이들 엘리트들의 교체에 의해 유지되거나 새로이 탄
생할 수 있었다고 보았다. 이를 그는 '사자'와 '여우'의 비유를 들어 설명했
는데, 결국 지배계급이 지향하는 정부의 주요 특질을 설명하는 집약적이고

---

129) V. Pareto, 1964, *Trattato sociologia generale*, ec. da N. Bobbio, Edizioni di Comunita,
Milano.

130) 여기서 파레토의 철학적 논의를 전부 거론할 수는 없지만, 논의의 중점은 인간행위를 '논리적' 인
것과 '비논리적' 인 것으로 구분한 뒤, 이 행동의 근거와 원칙 등을 밝히고 있다. *Trattato sociologia
generale*, 1964, 84~85, 149~151, 867~870까지의 절(단락)을 참조.

축약적인 표현으로 자리 잡게 되었다. 역사는 이러한 순환 과정을 통해 지속되어왔으며, 설사 정부가 이러한 과정을 통해 교체되었다 할지라도 이들 지배계급의 중추인 엘리트들은 교체되기보다는 순환한다고 보았던 것이다.[131]

바로 이와 같은 '엘리트 순환론'을 가지고 사회지배 세력과 구조에 대한 분석을 완결했으며, 당대 파시즘이 악용한 것도 파레토의 그러한 생각이었다. 대중 사회주의로의 이전 과정에서 소수 엘리트들에 의한 과도기 지배를 정당화하고, 무솔리니라는 독재자의 존재를 용인하는 사상적인 공헌을 하게 된 것은 바로 이러한 파레토의 이론이었다.

파레토보다 오히려 파시즘의 이론에 가장 중요한 역할을 했던 이는 젠틸레Gentile (1875~1944)였다. 이탈리아에서 신헤겔주의 철학을 부흥시킨 인물로 당대 크로체Croce와 함께 이탈리아 문화의 철학적인 기반을 제공했던 사상가이자 정치가였다. 특히 그의 철학을 집대성하고 현실에 적용한 교육 시스템의 구축은 파시즘 체제의 교육 기반이 될 정도로 중요한 의미를 갖는다. 그는 헤겔로부터 관념론을 차용하여 이를 현실에 적용시켜 '사유와 실천의 통일'이라는 모토로 대표되는 현실 관념론을 주장하였다. 이를 위해 젠틸레는 스파벤타Spaventa의 철학을 계승하여 내재적 인간 행위라는 것은 사유를 통해서 혹은 역사 경험에서 존재했던 실재의 절대적인 구현이라는 개념 속에 근거하고 있다고 이야기한다. 따라서 젠틸레가 의미하는 인간 행위는 사유와 구체성의 결합을 통해 현실적으로 나타나고 표출되는 양상이라는 것이다. 이것은 자신의 내면 안에서 사유와 이를 구현시키고자 하는 의지의 통일이라고 보았다.

이와 같이 실천의 행위적·행동적 측면을 중시했던 젠틸레 철학은 파시즘의 목표나 구현에 상당 부분 공헌을 하게 된다. 특히 세계의 창조와 행위로

---

131) *Trattato sociologia generale*, 1964, 2025~2059, 2178, 2227~2279까지의 절 참조.

서 '힘'의 강조는 이탈리아 파시즘의 제국주의 경향과 무력 사용에 대한 정당성의 근거로 작용하였다. 젠틸레의 저서 중에서『순수행위로서 정신에 대한 일반론Teoria generale dello spirito come atto puro』(1915)과『권리에 관한 철학의 기초I fondamenti della filosofia del diritto』(1916)는 이와 같은 젠틸레 철학을 다루고 있다.

여기에서 그는 다음과 같이 말한다. 사회에 내재하고 있는 보편 가치는 개별적 대상에 대한 내재적인 억압을 통해 확립되며, 인간성을 발전시키고 성장시키는 단일 인간이 사회 안에 내재된다고 주장하였다. 이는 결국 국가의 귀속된 개별 대상들이 따라야 할 절대적인 목표가 개인의 자유와 권리의 고양이 아니라 국가나 집단 안에서 구현되는 것이고, 이를 발전시키고 성장시키는 것은 엘리트라는 존재라고 인정한다.

그는 강제에 의한 사회적인 합의와 가치를 인정함으로써 자유를 강제할 수 있는 것으로 축소시켜버렸다. 이 점이 헤겔이 이야기하는 민족성이나 문화와의 차이점이라 할 수 있다. 헤겔은 국가 내에서 공동체 생활의 조건을 이루는 요소로 민족성과 민족이 공통적으로 향유하고 있는 문화로 보았다. 그러나 젠틸레는 민족성과 문화를 창조하는 것이 국가의 강제력을 포함하는 국가의지의 산물로 보았다. 젠틸레에 따르면 국가는 개개인 모두의 총합 의지의 실재가 아니라 국가를 성공적으로 실현시키는 범위에서만 존재의 의미를 갖는다는 것이다. 이는 국가를 성공적으로 실현시키는 주체가 폭군이든 독재자이든 중요하지 않다는 의미이며, 개인의 의지나 자유 역시 국가의 의지를 실현시키고 구현하는 범위 내에서만 존재할 수 있다는 점을 분명히 밝히고 있다. 젠틸레는 국가 의지의 구체적인 실현 제도로서 법을 중시했다. 무정부주의나 공동체 사회규범으로서 더 중요성을 갖는 사회주의로 흐르지 않고 국가를 규범적으로나 제도적으로 구현하기 위해서는 법이라는 수단을 통해 강제적 규범과 국가의지에 정당성을 부여하는 것이 중요하다는 것이다.

다소 추상적으로 보이던 젠틸레의 국가 개념과 철학에 보다 확실한 계기를 제공한 것은 제1차 대전이었다. 제1차 대전의 승전국이었음에도 전쟁의 말미에 발생한 카포레토Caporetto 전투의 패배는 이탈리아에게 상처뿐인 영광을 가져다주었다. 젠틸레가 보기에 카포레토 전투의 패배는 애국심과 국가 전체의 도덕적인 목표의 부재에 기인한 것으로 보았다. 국가를 견고하게 유지하기 위해서는 국민이나 민족에 의한 애국심과 국가가 제시하고 있는 도덕적인 목표가 중요하다는 것이 그의 생각이었다. 더 나아가 국가와 사회 내부의 이와 같은 사고의 부족을 초래했던 이유를 교육체계 전반에 만연해 있던 실증주의 태도를 들었다. 결국 젠틸레가 보기에 새로운 교육체계를 통해 실증주의 사고를 탈피하고 새로운 국가관과 이를 굳건히 해줄 수 있는 공통의 의식—예를 들면 민족의식, 국민의식, 문화의식 등—을 고양시켜야 한다고 주장했다. 젠틸레의 이런 입장은 수동적인 태도를 버리고 능동적으로 역사의 주체로서, 또 역사를 형성하려는 적극적인 자세를 요구하는 것이었다. 젠틸레가 주장하던 공통의사의 실현과 구현은 교육을 통해 완성할 수 있는 것이었고, 무솔리니야말로 그런 그에게 기회를 제공해주었다.

오랫동안 통일 이탈리아 왕국을 통치하던 피에몬테의 자유주의 정당과 졸리티로 대표되는 자유주의자들의 정치 태도를 비난하던 젠틸레에게 무솔리니의 등장은 국가에 대한 자신의 사고를 실현시킬 기회가 도래한 것으로 믿기에 충분했다. 더군다나 무솔리니가 제의한 교육부장관직은 자신의 교육철학을 실현시킬 수 있는 호기였고, 실제로 그는 젠틸레 법안을 구체화하여 전全 이탈리아에 실행하였다. 젠틸레가 입안하여 1923년 5월에 31일에 실행시킨 교육법안의 주요 내용은 헤겔이 주창했던 세 개 영역에 대한 교육체계의 조직화였다. 헤겔이 주창했던 절대적인 지식을 쌓고 이를 바탕으로 완벽한 시민으로서 행동할 수 있는 인간을 양성하기 위한 것이었다. 예술, 종교, 철학으로 대표되는 3단계를 구분하여 이를 초등학교부터 대학에 이르는 국가교육 체계 내에 조직적으로 확립하는 것이 주요 내용이었다.

따라서 초등학교에서는 새롭게 종교 교육, 다시 말해 가톨릭의 교리와 이

넘이 주된 교육의 목표와 과목이 되었으며, 고등학교라 할 수 있는 리체오 Liceo에서는 그리스와 로마의 고전을 중심으로 하는 고전 양식과 이를 뒷받침하는 철학 교육이 가장 중요한 교과목이 되었다. 또한 대학의 이수과목도 고등학교 교과목들을 발전시키거나 세부적으로 확장시킨 것이었으며, 국가에서 주관하는 시험에서도 이러한 원칙이 지켜졌다. 학교 교육을 통해 국가가 바라는 시민의 자질을 양성하고자 했던 것이 젠틸레 교육철학의 핵심이었다. 가정-시민사회-국가로 이어지는 헤겔의 3요소를 젠틸레는 가정-개인의 사회화-국가로 대체하면서 이를 교육에 의해 실현될 수 있는 것으로 보았다. 강한 국가를 이룩하기 위해 법이라는 제도를, 그리고 법을 유지하기 위해서는 도덕적인 의무의 덕목을 시민에게 요구하며, 도덕적인 의무를 불러일으키기 위해서는 새로운 교육체계를 정비하여야 한다는 것이 젠틸레의 기본 사고였다.

젠틸레는 자신의 사상을 뒷받침하기 위해 이탈리아 역사에서 실례를 구하고자 했다. 멀게는 로마제국의 이상에서부터 가깝게는 리소르지멘토에서 파시즘의 정당성을 구했던 것이다. 젠틸레가 브기에 파시즘의 권력 획득은 리소르지멘토의 연속선상에서 이루어진 것으로 사유와 행위의 통합으로 나타난 것이라고 주장하였다. 그 근거로 제시하고 있는 이가 바로 마치니였고, 마치니가 한때 파시스트 전신이었던 전위대의 수석대원이었다는 점을 상기시키고, 이러한 마치니의 이상과 사상이 파시즘에 의해 완성되었다고 주장하였다. 결국 이를 근거로 현실에서 파시즘을 통해 '신의 의지'가 성립한 것으로, 그리고 무솔리니를 이를 완성하기 위한 세계사적인 개인으로 설정할 수가 있었던 것이다.

파시즘의 정당화와 무솔리니에 대한 인정은 이를 뒷받침하기 위한 국가통치제도로서 설정한 조합대표제에서 구체화된다. 조합을 통해서 대중들의 도덕 의지를 조직화하고, 도덕 의지를 통일시켜 하나의 민족성으로 결집해낼 수 있다는 것이다. 국가의 틀 안에서 조합과 법을 통해 개인과 국가를 유기적으로 연결시켜 유기체 국가를 건설하고 식민지 전쟁을 거쳐 국가의 완성 형태인 제국주의를 완성하고자 하는 목적이 바로 젠틸레 사상의 근원 목적이라 할 수 있는 것이다.

그러나 젠틸레가 제시하고 있는 기본 사상들은 여러 측면에서 한계와 결점들을 갖고 있다. 우선 개인의 의지를 통일시키고 도덕 의지를 주입하고 이를 조합을 통해 문화적인 공유의 수준으로 결집해낸다는 것은 자유주의와 민주주의라는 원칙을 벗어난 전체주의 아래에서는 결코 성공할 수 없는 것이다. 개인의 의지를 국가의 의지와 동일시해서는 결코 개인의 자유나 의지는 실현될 수 없는 것이기 때문이다. 더군다나 조합을 통해 국가와 개인을 유기적으로 연결시키기는커녕 개인적 자유를 제한하고 통제하는 국가 통치 기구로 전락할 가능성이 더욱 크다는 점을 간과한 것이었다. 또한 조합원의 공통 관심을 국가의 보편 관심과 동일시한다는 것은 결국 국가의 이익 앞에 개인이나 조합의 이익 역시 희생될 수밖에 없는 결과라는 사실을 의미한다.

그럼에도 불구하고 젠틸레는 파시즘 사회에서 점점 모순적으로 되어가는 자신의 이론을 완성하기 위해 사회의 기원과 구조를 밝히려는 작업을 시도한다. 『사회의 구조와 기원Genesi e struttura della società』(1943)라는 제목으로 파시즘의 종말이 다가오던 1943년에 출간된 이 책에서 젠틸레는 파시즘 이론의 종합과 타협을 시도한다. 개인 사유의 활동 무대인 사회에 대한 우위를 이야기하고 있는 이 책에서 그는 세계란 자아와 타인의 존재를 인식하고 상호 대화와 표현을 통해 표출되는 것으로 상정하였다. 인류의 이상을 실현하기 위해서 이상적인 사회를 구축해야 하며, 이는 개개의 인간이 아닌 전체로서의 사회가 기반이 되어야 한다고 젠틸레는 주장했다.

개개 인간은 자아를 통해 사유하고 행동하지만, 타자 없는 개인이란 존재할 수 없으며, 개인의 의식 역시 세계 안에서 그 실체를 인정받을 수 있다는 것이다. 따라서 젠틸레가 보기에 자아를 실현하는 것은 개인의 초월적인 존재가 아닌 사회이며, 그 사회란 곧 실천적 실재로서의 윤리 국가를 의미한다. 그러한 국가 안에서 개인의 실천적인 의지를 완전하게 복속시킴으로써 개인의 의식을 현실에서 완성시키고자 하는 것이다. 이는 결국 국가가 전체주의적으로 될 수밖에 없는 이유가 되며, 국가를 통해 개인과 가족, 사회가 완전성을 갖출 수 있다고 주장했다. 바로 이 점이 젠틸레가 파시즘을 통해 구현하고자 했던 개인 사유와 실재의 총합에 대한 근거이다.

젠틸레는 "모든 인간 활동이 어떠한 차원에서든 명확하게 되는 인간의 근본적 통일을 실현할 수 있는 파시즘적 전체주의 국가 안에서 조직화되어야 한다"132)고 주장하면서 파시즘 체제를 정당화했던 것이다. 결국 그는 마지막까지 자신의 이러한 신명을 굳게 믿으면서 무솔리니의 곁에 남아 있다 암살되었다.

그러나 지금까지 그 어떤 사상가나 이념보다도 이탈리아 파시즘의 완성자는 무솔리니(1883~1945)라고 할 수 있다. 그는 파시즘을 현실 운동으로 시작하고, 정치체제로서 발전시켰으며, 결국 몰락까지 함께했던 인물로 이탈리아 파시즘을 대표하고 전체주의 국가체계를 정립했던 정치가였다. 따라서 무솔리니에 대한 소개는 다른 어떤 정치사상가보다 파시즘을 이해하는 데 도움이 될 것이며, 그를 통해 이탈리아 통일 왕국 이후 여러 사회문제의 복합적이고 상징적인 의미를 이해할 수 있다는 정치적이고 사상적인 의의도 있다.

그는 무정부주의자이며 반교권적反敎權的 사회주의 성향을 지녔던 대장장이의 아들로 태어났다.133) 아버지의 직업은 평범했지만, 어머니는 교사였기에 어린 시절을 그렇게 어렵게 보내거나 특별히 힘든 생활을 한 것은 아니었다. 아버지는 때때로 사회주의 서클에 가입하여 사상논쟁을 벌일 만큼 사회

---

132) Gentile, *Genesi e struttura della societa*, 1975, Sansoni, Firenze, pp. 61~66, 114.
133) 이하 무솔리니의 전기와 젊은 시절의 활동에 대한 사항은 다음의 책을 참조하시오. Renzo De Felice, *Mussolini il rivoluzionario(1983~1920)*, 1966, Einaudi, Torino.

주의적 성향을 가진 인물이었고, 그런 아버지의 영향 아래 청소년기를 보냈다. 그러나 성격이 비교적 거칠고 반항적이었던 탓에 학교에서 모범생은 아니었다. 여러 차례 폭행으로 학교에서 정학과 퇴학 처분을 받기도 하였지만, 그럼에도 불구하고 무사히 학교를 졸업할 수 있었던 것은 무솔리니의 명석함 때문이었다고 볼 수 있다.

교육계 고등학교를 졸업하면서 교사자격증 시험을 통과한 그는 잠시 교사로서 학생들을 가르치기도 했지만, 이내 자신의 적성과 동떨어진 직업이라는 것을 깨닫고 스위스를 향하였다. 1902년부터 2년여 동안 스위스 각지를 돌아다니며 사회주의 운동을 체험하고, 다양한 독서를 통하여 여러 사상가들의 사상과 접하였다. 이때 주로 읽은 사상가들이 칸트, 스피노자, 소렐, 블랑키, 니체, 헤겔, 카우츠키 등이었으며, 이들은 그의 사상적 기반을 형성하는 데 많은 영향을 끼쳤다. 이후 고국으로 돌아와 병역에 복무한 뒤 여러 곳에서 교사생활을 하면서 지방 사회주의 신문에 기고하였다.

1910년 로마니아 지방에서 『계급투쟁La Lotta di Classe』지를 발간, 반교권주의와 혁명적인 사회주의를 선전하면서 전국적으로 촉망받는 젊은 전투적 사회주의자가 되었다. 이런 그를 사회당은 주목하기 시작하였고, 1912년 무솔리니는 곧 당의 기관지 『아반티Avanti』의 편집장이 되었다. 그는 당시까지만 해도 모든 제국주의 전쟁에 반대하는 반전론자였으며, 실제로 리비아 전쟁에 반대하여 5개월 동안 투옥되기도 했다. 그의 지도로 『아반티』는 비타협적 좌파의 다수파를 이루게 되었으며, 생디칼리스트를 포함한 혁명적인 좌파의 가장 중요한 논단이 되었다. 그러나 1914년 제1차 대전이 일어나자 그는 당의 방침대로 절대중립의 입장을 옹호하였지만, 이후 전쟁을 통하여 혁명을 기대하는 생디칼리스트의 논리에 맞추어 1914년 10월 당 기관지에 참전론을 발표하면서 사회당의 비난을 받고 당에서 축출 당하였다.

참전론의 주장을 행동으로 옮긴 무솔리니는 베르살리에리Bersaglieri라는 저격부대에서 복무하다 부상을 입고, 전역하여 고향으로 돌아왔다. 이후 그는 구체제와 악습을 뿌리 뽑고 새로운 국가정립을 위해서는 새로운 사상과 단체가 있어야 한다고 주장하면서, 가침내 1919년 3월에 공화주의자, 무정부주의자, 생디칼리스트, 사회주의 혁명가 및 일부 참전용사들과 함께 밀라노에서 '전투파쇼Fasci di Combattimento'를 결성하였다. 이 단체는 무솔리니의 뛰어난 웅변술과 대중 집회 능력으로 인해 단번에 전국적인 규모의 정치단체로 성장하기 시작하였다.

전투파쇼는 1920년 말부터 사회당에 필적하는 세력으로 급속히 팽창하여, 1921년 가을에는 파시스트당으로 정당으로서의 규모와 조직을 갖춘 단체로 개편되었다. 이듬해에는 사회당의 전국 총파업에 맞서 파업을 저지하기 위한 대안세력으로 전 국민을 상대로 선전하고 선언하였다. 나폴리에서 거행된 전국전당대회에서 이를 분명히 밝히고, 국가권력의 접수를 공식적으로 요구하는 수준까지 이르게 되었다. '로마진군Marcia su Roma'은 이렇게 발발했고, 결국 엠마누엘레Emmanuele III는 무장도 하지 않은 파시스트 폭도들에게 굴복하여 조각권을 무솔리니에게 위임했다. 이렇게 하여 39세의 무솔리니는 이탈리아 왕국의 총리에 공식적으로 취임하였다. 이후의 정치는 정치라기보다는 통치였으며, 파시즘을 공고히 하는 과정에 불과했다. 처음에는 연정으로 출발했지만(1922년 10월부터 1924년까지), 새르운 선거법Legge Acerbo 134)에 의해 파시스트 일당독재가 확립되어, 파시스트 정당 이외의 모든 정당과 조직을 해체하고 일당독재체제를 수립하기에 이르렀다. 전국의 산업가들과 중소지주 및 중산계층이 파시즘의 열렬한 지지 세력이 되었던 것은 이와 같은 무솔리니 일당독재 정권이 코여준 강력한 이탈리아에 대한 환영을 가지면서부터였다. 더군다나 왕국으로의 통일 이후 무려 60여 년간

---

134) 아체르보 법안Legge Acerbo은 1923년 제정된 선거 관련 법안이다. 1924년 총선에 적용하기 위한 법률적인 근거로 제정된 이 법안은 무솔리니가 파시스트 정당이 의회 의석 점유에서 다수를 차지할 수 있도록 후보자 입후보 자격과 의석 배분 방식 등을 바꾸어 파시스트 정당이 제1당이 될 수 있도록 만든 법안이다.

이나 적대적인 관계에 있던 교황청과 라테라노Laterano 조약을 통해 말 그대로 전 국민적인 통합을 달성함으로써 새로운 이탈리아가 완성되는 듯했다.

로마제국의 부활을 꿈꾸는 파시스트 국가체제는 이렇게 완성되어갔고, 초기 강력한 산업통제를 통한 경제와 정치의 안정을 이룩하는 한시적인 효과를 보기도 하였다. 그러나 전체주의 체제의 비효율성과 식민지 전쟁에 뛰어들면서 파시즘은 몰락의 길을 걷게 되었다. 1935년 10월에 실행된 에티오피아 침략은 바로 이러한 몰락의 출발이었다. 유럽과 미국은 이를 항의하는 뜻에서 제재조치를 취하였지만, 석유를 비롯한 주요 산물을 제외한 금수조치란 항의 이외의 실질적 효과를 발생시키지 못했다. 이에 따라 이탈리아는 항의하는 국제여론과 국제연맹에 대항하기 위하여 독일과의 접근이 불가피하게 되었다. 더군다나 이듬해인 1936년 스페인 내전 개입은 두 나라 간의 관계를 급속하게 밀착시켰으며, 히틀러와 공동전선을 구축하기에 이르렀다.

이어 1937년 국제연맹을 탈퇴하고, 1939년에는 로마와 베를린을 축으로 하는 '강철동맹'을 맺기에 이르렀다. 다시 1940년 6월 제2차 대전에 참전하였으나, 10월에 시작된 그리스 침공이 패배로 돌아가면서 나치즘 정권인 독일에 보다 종속적이 되었다. 이후 연합군과의 전선에서 잇따른 패배로 1943년 7월에는 군부 쿠데타가 발생하는 지경에까지 이르렀다. 이때 실각한 무솔리니는 한때 그란사소Gran Sasso의 산중에 구금되기도 했지만, 9월 독일군에게 구출되었다. 남부를 탈출한 무솔리니는 독일군의 지원을 얻고, 나치즘의 꼭두각시 정권으로 전락한 살로Salò라는 이탈리아 사회주의공화국을 수립하였다. 이 시기 이후는 남부의 연합군 군정과 북부의 무솔리니 살로 공화국과의 대치 상태가 지속되었고, 살로 공화국 내부는 저항시대Resistenza로 돌입하였다.

결국 1945년 4월 유격대의 총공격으로 북부 이탈리아의 나치즘과 파시즘의 지배는 막을 내렸고, 스위스로 망명하기 위해 몇몇 측근들과 코모Como 호수의 별장에서 은둔하고 있던 무솔리니는 측근에게 암살당하여 전투파쇼를 출범시켰던 밀라노의 한 광장에 주검이 매달린 채로 일반인들에게 공개되는 치욕을 당하면서 파란만장한 삶을 마쳤다.

파시즘이란 새로운 전체주의 정치 제제를 수립한 그는 언변과 연설, 그리고 화려하고 장엄한 의식을 수행하는 데 뛰어난 능력을 가졌지만, 철학적으로나 사상적으로 체계적인 자신만의 세계를 갖지는 못한 것으로 평가받고 있다. 다만 개인의 뛰어난 카리스마와 '강력한 이탈리아'라는 목표를 위해 자신의 리더십을 조직화할 수 있었던 개인적인 능력에 기인하여 당대의 여러 사상과 흐름을 하나로 묶어냈던 현실 정치가이자 리더십을 갖춘 인물로 볼 수 있다.

3-4. 이탈리아 파시즘의 특징과 원인

파시즘이 출현하게 되는 원인은 여러 각도에서 살펴볼 수 있다. 파시즘이 발생하는 시기나 장소에 따라 동기들과 원인들이 다소 다르게 나타날 수도 있으며, 또 복합적으로 나타나기도 하기 때문이다. 일반적으로 파시즘이 도래하게 되는 역사적·사회적인 원인으로 이야기하는 것은 다음과 같다. 대기업의 출현과 거대한 자본의 등장은 중산계급으로 하여금 실직이나 도태의 위기의식을 느끼도록 하였으며, 기술의 진보나 물질문명의 도래 및 과학기술의 잇따른 발명과 발견은 새로운 사회에 대한 일반 소시민들의 공포를 자아내기에 충분한 것이었다. 국가에 따라 그 원인과 동기는 다소 차이가 있다. 그것이 인종인 국가도 있고, 영토적 불만족이나, 전쟁의 대가에 대한 불만족, 정치제도의 불안정에서 오는 체제불안의 심리 등 수많은 요인들이 국가와 상황에 따라 존재한다.

이탈리아의 경우 국제적·경제적 정치적인 거의 모든 요인들이 복합적으로 결합하여 파시즘이 등장하게 되었다고 볼 수 있다. 이탈리아는 유럽의 다른 나라들에 비하여 비교적 늦게 통일을 이룩한 신흥 근대국가였다. 그러나 국제적으로 당대의 외교적인 역량이 영국이나 프랑스 및 독일에 비하여 상당히 뒤떨어진 국가였으며, 실제로 제1차 대전에 연합국의 일원으로 참가하여 승리하였음에도 외교적인 성과나 영토에 대한 가시적 성과가 두드러지지 않았다.135) 이는 전 국민의 불만을 유발했고, 이를 촉발시킨 것이 바로 단눈치오의 피우메 점령사건이었다.

피우메Fiume는 이탈리아 동북쪽의 항구도시이다. 현재는 슬로베니아의 도시지만, 제1차 대전 이전에는 이탈리아의 영토였다. 이탈리아가 연합국의 일원으로 참전하게 된 가장 큰 동기가 종전이 되면 피우메를 비롯한 미수복지를 이탈리아에게 할양한다는 약속을 연합국에게 받았기 때문이었다. 그러나 종전이 되어 파리강화조약이 체결되었지만, 연합국이 피우메를 이탈리아에 넘겨주지 않자 평소 민족주의를 주창하면서 이를 바탕으로 강력한 국가건설을 표방하던 문학가 단눈치오는 일단의 의용군을 이끌고 1919년 피우메를 무력으로 점령했다. 단눈치오는 이 도시를 15개월간 통치하였고, 1920년 라팔로 조약으로 자유도시가 되었다가 다시 1924년에는 이탈리아로 귀속되었다. 그러나 제2차 대전이 종전되면서 다시 유고슬로비아에 귀속되어 현재에 이르고 있다.

이 사건으로 이탈리아 국민들은 환호했고, 가리발디 이후 전 국민적 열광 속에서 단눈치오와 의용군들의 행동에 박수를 보냈다. 특히 보수적인 성향의 지배계급들, 현역 및 퇴역 군인들, 그리고 혁명적인 노조주의자(생디칼리스트)들의 지지를 얻었고, 일정 부분 국민적 지지와 동의를 획득하는 데도

---

135) 원래 이탈리아는 오스트리아를 지지하던 동맹국의 일원이었지만, 이를 파기하고 연합국 측의 일원으로 전쟁에 참가하게 된다. 전쟁에서 승리하지만, 연합국들은 비밀협약에 따라 이탈리아 지역의 미회수 지역—남부 트롤, 피우메, 달마치아, 이스트라 등의 예전 이탈리아 지역의 영토들—을 이탈리아에 돌려주지 않았다. 이는 새로운 강국의 출현을 원하지 않던 기존 강대국들의 횡포에 가까운 약속파기였다. 이는 국민적인 불만을 가져오게 되었고, 결국 이탈리아에 군국주의 국가체제를 국민들이 승인하게 된 국제적인 동기가 되었다.

성공하였다. 이후 국가의 정책과 방향이 군국주의 증강과 해외 식민지 확대에 적극적으로 나서도록 하는 계기가 되었음은 두말할 필요가 없을 것이다.

국내적으로 사회적인 혼란과 경제적 침체는 파시즘 탄생과 발전에 커다란 동기를 부여했다. 통일이 되었지만 이탈리아는 새로운 사회문제들이 나타났다. 남부문제, 이민, 농업문제, 사회주의와 무정부주의 전파에 따른 이념적 혼란, 극우적 경향의 단체들과 사상들이 난무하는 등 사회는 불안정한 모습을 띠게 되었다. 이와 같은 혼란스러운 사회의 모습은 전쟁의 참가 여부를 놓고 첨예하게 대립하였으며, 종전이 되자 많은 퇴역군인들의 실직문제와 노동자들의 권리투쟁 등이 시위와 파업 등으로 나타나게 되었다. 더군다나 1917년 러시아 혁명은 전 유럽에 사회주의 혁명의 도래를 믿어 의심치 않을 정도로 격동의 시기를 보내고 있었다. 이에 지배계급들은 혁명의 기도를 무력화시키고 날로 확장되는 노동자 세력을 저지할 수 있는 새로운 세력의 출현을 고대하고 있었다.

바로 이와 같은 시기를 타고 파시즘은 하나의 커다란 새로운 대안세력으로 지배계급의 지원과 국가의 묵인 등을 통하여 단번에 커다란 사회세력으로 부상할 수 있었다. 따라서 당시 파시즘은 이와 같은 이탈리아 국내 상황에 대처하기 위하여 사상적으로 마르크스주의나 계급에 기반을 둔 사회주의 및 혁명을 꿈꾸는 프롤레타리아 계급을 탄압하였다.

경제적으로도 전쟁은 극심한 인플레를 수반하였고, 퇴역 군인의 증가에 따른 실업 문제, 갈수록 심화되는 빈부 격차, 노동자들의 실질임금 하락 등의 현상을 낳게 하였다. 또한 국가의 경제는 전쟁수행을 위한 전시체제를 거치면서 국민의 실생활과 직접 관련이 없는 중공업 발전에 매진하게 되었고, 식민지 확장을 위한 대외전쟁을 위해 국민들의 가정경제를 희생하는 방향으로 흘렀다.

이에 따른 계급적이고 계층적인 불만은 여러 형태로 표출되었다. 지배계급은 지배계급 나름대로 자신들의 이익을 지켜줄 강력한 정치세력의 등장을 원했고, 당시의 허약한 자유주의 정부나 졸리티로 대표되는 노동자 지향적인 정부는 이러한 의도에 커다란 걸림돌이라고 생각하였다. 또한 중산계급 역시 무산자 폭동이나 프롤레타리아 혁명을 두려워하며, 자신들이 전면에 나서지 않더라도 이를 해결할 수 있는 새로운 세력의 출현을 지원했고, 소시민이나 농민 역시 자신들의 사회적·경제적 불만을 해결할 수 있는 강력한 정치제도의 출현을 기다리고 있었다. 이러한 상황에 대해 지적하고 분석하고 있는 다음의 글은 여러 가지 측면에서 시사하는 바가 크다.

전투파쇼Fasci di combattimento는 전쟁 직후에 출현했으며, 그 시기에 등장한 다양한 참전용사 단체들과 동일한 쁘띠부르주아 성격을 지니고 있었다. 사회주의 운동에 대한 그 결연한 적대—부분적으로는 전쟁기간 동안 사회당과 참전주의 단체들 사이에서 발생한 갈등의 유산—로 인해 파쇼는 자본가들과 정부 당국의 지지를 받았다.

그들의 출현이 성장하는 노동자 조직의 세력과 싸우기 위해 백색 테러단을 구성하려던 지주 측의 요구와 우연하게 일치했다는 사실로 인해 대지주들에 의해 창조되고 무기를 지급받은 무장 패거리들의 체계가 똑같은 파쇼의 이름을 얻을 수 있었다. 그리고 이들 패거리가 발전해나감에 따라 그 이름은 프롤레타리아 계급 기관에 대항해 싸우도록 길들여진 자본주의의 백색 테러단으로서 그들의 정체성과 결합되어갔다.

파시즘은 그 성격상 이러한 애초의 결점을 결코 탈피해본 적이 없다. 최근까지 현저히 의회적이고 협조주의적인 도시의 소부르주아 중핵들과 주로 농민들과 농민조직들에 대한 투쟁에 관심 있는 대-중지주와 농장주 자신들에 의해서 조직된 농촌 중핵들 사이의 균열은 무장 공세의 열정을 통해 그 악화가 억제되어왔다. 특히 후자는 완고하게 반노조적이고, 성격상 반동적이며, 국가의 권위와 의회주의의 효능보다는 직접적인 무장력에 더 신뢰를 보내는 경향이 있다.

파시즘은 농업지역들(에밀리아, 토스카나, 베네토, 움브리아)에서 거대한 발전을 이루었으며, 자본가들의 재정 지원과 국가의 민간 및 군사 기관들의 보호를 통해 무제한의 권력을 확보했다. 그러나 한편으로는 프롤레타리아 계급 기관들에 대한 난폭한 공격 행위들이 자본가들—그들은 1년의 과정을 통해 사회주의 노조의 전치 투쟁 기구들이 산산이 부서지고 변화되는 것을 목격했다—에게 이득을 주어왔지만, 그럼에도 불구하고 더욱 극악해져 가는 폭력이 사회의 중간층 및 민중 사이에서 파시즘에 대한 광범한 혐오감을 유발시켜 결국 종식되고 만 것을 부인할 수 없다.

사르자나Sarzana, 트레비소Treviso, 비테르보Viterbo, 로카스트라다Roccastrada의 사건들은 무솔리니에 의해 상징되는 도시 파시스트 중핵들에게 깊은 충격을 주었고, 그들은 농촌 지역들에서 파쇼에 의해 추구되는 명백히 부정적인 전략들에서 위험성을 발견하기 시작했다. 하지만 다른 한편으로, 이러한 전술을 통해 파시스트들은 사회당을 농촌과 의회에서 그들과 기꺼이 그리고 유연하게 협력하려는 입장으로 끌어냈으므로 이는 이미 훌륭한 결실을 맺기 시작한 것이었다.

이 국면에서 잠재했던 균열은 참으로 심각하게 그 모습을 드러내기 시작했다. 도시의 협조주의적 중핵들은 자신들이 설정했던 목적을 성취한 것으로 평가했다. 사회당이 계급적 비타협의 입장을 포기하도록 만드는 것. 그들은 자신들의 승리를 평화조약으로 문서화하길 원했다. 반면에 농업자본가들은 파업과 노동조직으로부터의 어떠한 교란도 없이 농민 계급들을 자유롭게 착취할 수 있도록 보장해주는 그 유일한 전술을 단념할 수 없었다. 파시스트 진영을 휘저어놓으며 평화조약의 지지자들과 반대자들 사이에서 벌어진 총체적인 논쟁은 그 뿌리가 이러한 기본적 불일치로까지 거슬러 올라가는 것이다. 이러한 불일치의 원인은 바로 파시스트 운동의 기원에서 찾아야 한다.

자신들의 노련한 타협 기술을 통해 파시스트 운동 내에 분열을 조장했던 것이라는 이탈리아 사회주의자들의 주장은 그들이 참주정치를 선동하고 있다는 심원한 증거에 다름 아니다. 실제로 파시스트의 위기는 전혀 새로운 것이 아니며, 언제나 존재했던 것이다. 반프롤레타리아 계층들을 결집시켰던 우발적인 요인들이 일단 작동을 멈추자 필연적으로 당내의 균열이 보다 분명하게 돌출되었다. 따라서 위기는 이전부터 존재했던 실제 상황을 명백히 한 것 이외에 아무것도 더 보탠 것이 없다.

파시즘은 둘로 분열되어 이 상황에서 벗어날 것이다. 중간 계급들(화이트칼라, 소상점주인들, 소공장주들)의 지지에 의존하고 있는 무솔리니의 영도하의 당내 의회 부분은 자신들의 지지자들을 정치적으로 조직화할 것이며, 필연적으로 사회당원 및 인민당원들과 협조하는 방향으로 기울어지게 될 것이다. 농업 자본가의 이해들에 대한 직접적 무장방어의 욕구를 대변하는 당내 비타협주의 부분은 그들의 특징인 반프롤레타리아 행동을 계속할 것이다. 후자의 경우에—노동계급이 연관되어 있어서 가장 중요한 부분인데—사회주의자들이 스스로 하나의 승리라고 자랑스러워하는 '평화합의'는 궁극적으로 아무런 가치도 지니지 못한다. '위기'의 유일한 현실적 성과는 파시즘을 전반적인 정치정당의 프로그램을 통해 정당화하려는 기대와 희망을 가졌던 쁘띠부르주아 지지자들의 분파가 파쇼로부터 떠나는 정도에 그칠 것이다.

그러나 에밀리아, 토스카나, 베네토의 농민들과 노동자들이 지난 2년간의 백색테러의 고통스런 경험을 통해 아는 바와 같은 진정한 파시즘은 그 이름을 바꾸는 한이 있어도 계속될 것이다.

결국 이는 파시즘이라는 현상과 이념이 일시적이고 당대 유행하던 하나의 사조로 등장한 것이라기보다는 위에서 언급과 과정과 상황을 통해 이탈리아에 등장하여 커다란 하나의 새로운 대안세력으로 성장할 수 있었던 결정적인 원인이라고 말할 수 있다. 국가의 묵인과 산업자본가들의 지원, 그리고 중산계급과 소시민들의 절대적 지지를 바탕으로 국내외적으로 이탈리아의 불만을 잠재우고 강력한 국가를 원했던 이탈리아 국민들에게 파시즘은 새로운 동기를 부여할 수 있었고, 그 정점에 무솔리니를 내세워 현대 정치사의 오점을 대표하는 체제와 이념으로서 파시즘이 등장할 수 있었다.

새로운 현상으로서 파시즘에 대하여 이탈리아 지식인들은 커다란 혼란을 겪었다. 체제의 성격이 우파의 현상인지 좌파의 현상인지에 대한 구별뿐만 아니라 보는 이에 따라 파시즘의 사회주의로 가는 과도기 체제로 보기도 하였으며, 반동적인 보수 정치체제로 코기도 하였다. 이러한 혼란의 와중에서도 몇몇 정치가들과 사상가들은 비교적 파시즘에 대한 정확한 판단을 하고 있었다. 이러한 관점에서 그람시와 같은 이들의 파시즘 분석은 오늘날까지도 전체주의 국가 출현 과정을 설명하는 아주 중요한 실례를 제공하고 있다. 물론 파시즘이 정권을 잡기 전인 1921년에 주로 쓰인 글들이 대부분이지만, 그 유용성과 파시즘에 대한 특징 파악에는 상당한 시사점이 있는 것이다.

4. 저항운동과 제2차 대전

4-1. 저항운동의 시작

저항운동의 시작을 언제로 할 것인가는 관점에 따라 차이가 있다. 파시즘 체제에 대한 초기 반대 운동을 펼쳤던 시기를 기점으로 볼 것인가 또는 중북부 이탈리아에 파시즘과 나치즘 정부가 성립하였던 시기를 그 시작으로 볼 것인가에 따라 시점은 확연히 차이가 난다. 여기서는 해방 전에 중북부 이탈리아를 중심으로 반파시즘과 독일 나치즘 치하에서 벗어나기 위한 이탈리아 국민과 정치세력에 의한 해방운동을 저항운동으로 정의하겠다. 따라서 남부 이탈리아가 미국을 주축으로 하는 연합군에 의해 해방되고, 이에 몰락하던 파시즘 정권이 같은 동맹국의 일원이자 전체주의라는 측면에서 일맥상통하였던 독일 나치즘의 지원을 받아 중북부를 지배하던 시기부터 저항운동의 기점으로 삼을 것이다.

이 시기는 1943년 9월 8일을 기점으로 할 수 있는데, 바로 남부에서는 파시즘으로부터 해방됨과 동시에 독일 나치즘의 지원을 통해 수립한 괴뢰정부 살로 공화국(혹은 이탈리아 사회주의 공화국Repubblica Sociale Italiana)을 준비하던 시기이다. 북부의 괴뢰정부에 대항해서 남부에서는 여섯 개의 정당—기독민주당, 사회당, 공산당, 행동당, 자유당, 노동민주당— 대표들이 모여 전국해방위원회CLN(Comitato di liberazione nazionale)가 건설되었다. 오랫동안 반파시즘 운동의 주체였던 여섯 개의 정파들이 만든 전국해방위원회는 곧바로 남부를 중심으로 새로운 이탈리아의 건설과 아직 해방되지 않았던 북부의 저항운동을 조직했다.

그러나 독일군이 통제하고 있으며, 파시즘 정부가 수립된 지역에서의 무장투쟁은 너무나 어렵고 힘든 것이었다. 이러한 이유로 인해 대부분이 지하조직이나 험난한 산악 등으로 본거지를 옮길 수밖에 없었다. 빨치산(파르티쟈니partigiani)이라는 명칭의 유래가 바로 이러한 조건에 처한 정파가 게릴라 전술이나 유격대 형식을 띠고 소규모 전투를 벌이게 될 수밖에 없었던 상황에서 유래한 것이다. 당시 가장 주요한 무장조직들은 세 가지 정도로 정리할 수 있다. 먼저 농촌이나 산악지역을 중심으로 활동했던 무장단체들이 그것이다. 주로 공산주의 세력에 의해 주도되었던 가리발디 여단Brigate Garibaldi, 사회주의 정파가 주도권을 장악하고 있던 마테오티 여단Brigate Matteotti, 그리고 정의와 해방그룹i gruppi di Giustizia e Libertà이 대표적인 단체였다. 두 번째는 주로 도시에서 결성된 소규모 무장단체를 지도했던 조직으로 애국행동단Gap(Gruppi di azione patriottica)나 애국행동부대Sap(Squadre d'azione patriottica)가 대표적 단체였다. 세 번째는 정치 기구로 무장투쟁보다는 정치적·법적 정통성을 갖고 지도적인 입장에서 북부 지역의 수복을 목표로 했던 정치기구이다.

전국해방위원회는 정치적으로 모든 조직과 기구들의 대표성을 띠고 있었다. 특히 북부에는 이들의 지휘를 받았던 지하조직으로 북부이탈리아 해방위원회CLNAI(Comitato di liberazione per l'Alta Italia)가 있어서 이 단체가 정치적으로 전술적인 하부조직으로 활동하였다. 이들 조직들은 단순히 북부 점령지의 회복을 목표로 했다기보다는 대중들과 노동자들의 반나치즘-파시즘 운동조직의 성격을 함께 가졌다. 이런 이유로 북부가 해방되었을 때 이들 기구들이 법적인 대표성뿐만 아니라 정치적·사회적 대표성을 함께 가질 수 있었던 이유가 되었다.

4-2. 저항운동 세력의 구성

이탈리아 저항운동 세력을 구성하는 이들은 크게 보면 세 가지 정도로 압축할 수 있다. 첫 번째 구성 요소는 노동자들이 주축이 되어 설립한 노동운동 단체였다. 파시즘 정권 시기에 이미 반정부 투쟁을 비밀리에 수행하고 있던 노동자들은 파시즘 정부가 붕괴하고 괴뢰정권인 살로 공화국이 설립되자 본격적인 국토수복과 해방전쟁을 수행하는 주체로 전면에 나서게 되었다. 이들 조직에 파시즘이 몰락한 후 새로운 이탈리아 재건을 두고 수많은 정파들과 세력들이 모여서 논의를 했다. 이중 가장 중요한 세력은 반파시즘 운동을 이끌었던 여러 정파들과 미국이 주도하는 연합군이었다. 무솔리니 정부가 무너진 뒤에도 연합군은 독일군의 강력한 저항으로 한동안(1943년~45년) 이탈리아 반도를 해방시키지 못했고, 그사이 반파시스트 저항운동이 북부를 중심으로 광범위하게 조직되었다. 노동운동 지도자들 역시 이들 저항운동을 지도하면서 예전의 노동조직을 재건하는 데 심혈을 기울였다.

흩어진 노동조직을 새롭게 정비하는 일은 이탈리아 노동운동의 향후 방향을 마련하는 것은 물론 전후 노동운동의 현실 측면에서도 중요한 일이었다. 이를 위해 각 정파들 간의 모임과 회합이 활발히 이루어졌다. 특히 파시즘에 의해 약화된 노조의 재건을 위한 통합 논의의 필요성이 자주 거론되었다. 1944년 공산주의 계열의 대표 카네바리Canevari와 사회주의 계열의 대표 디 비토리오Di Vittorio, 그리고 기독민주주의 계열의 대표 그란디Grandi 사이에 체결된 '로마협약patto di Roma'은 이러한 시도의 결정판이었다. 분열된 노동조직을 하나의 통일기구로 통합하고자 했던 이 협약은 이탈리아 노동운동 역사에 기념비와 같은 사건이었다. 노조의 통합논의가 처음 시작되었던 것은 프랑스에 망명 중이었던 부오치Buozzi와 디 비토리오가 감옥에서 나눈 대화에서 비롯된 것이다.136) 초기 가톨릭을 배제한 통합논의에서 가톨릭을 포함한 통합논의로 방향을 바꾸면서 이탈리아 노동운동사 최초로 통합노조 CGIL(Confederazione Generale Italiana del Lavoro)가 결성되었다.

최초의 통합노조였던 만큼 조직의 강령이나 구체적인 내용은 매우 중요한 의미를 갖는다. 1944년 6월 14일에 발표된 '로마협약'의 합의 사항은 다음과 같다. 첫째 내부 민주주의의 보장으로 노조간부들과 지도부 선출에 있어 소수파에게도 비례에 따른 참여와 기회 보장, 둘째 정치적인 입장과 종교적인 신의에 대한 상호보장과 존중, 셋째 국가 이익과 노동자 대중의 자유와 이익

---

136) '로마협약'의 기원은 1941년까지 거슬러 올라간다. 당시 프랑스에는 이탈리아에서 망명 온 공산당과 사회당 및 노동조직들이 활동하고 있었는데, 특히 CGT라는 프랑스 노동총동맹에 13만 명 정도의 이탈리아 노동자가 가입해 있었으며, 부오치를 비롯하여 디 비토리오 등도 지도부로서 함께 활동하고 있었다. 그러던 중에 1941년 투옥 중이던 부오치와 디 비토리오가 구두로 밀약을 맺어 공산주의 계열과 사회주의 계열 노조의 통합을 약속하였다. 이후 다시 1942년 토리노에서 가톨릭 계열의 그란디Grandi와 공산주의 계열의 로베다Roveda가 만나 확장된 의미에서의 통합노조에 대한 논의를 하게 되었고, 결국 이들 세 방향의 노조들이 만나 통합을 전격적으로 약정하게 된 것이 '로마협약'이라 할 수 있다. 보다 자세한 내용은 다음의 책을 참고하시오. Turone, *Storia del Sindacato in Italia*, Laterza, Roma−Bari, 1975, pp. 8~24.

을 보장하고 발전시키는 범위 내에서 정당과의 관계 설정이 가능하며, 원칙적으로 정당으로부터 독립적인 위치를 갖는다는 것 등이 기본적 합의 내용이다.[137) 성향이 다른 세 정파의 이념을 통일시키기 위한 원칙을 합의한 것이 아니라 조직 수준에서 기본원칙을 천명한 이와 같은 합의사항은 통합노조 건설이란 현실의 한계를 담고 있었다.

오랜 파시즘 지배 하에서 탄압받던 노동자들은 새로운 통합조직을 열렬히 지지하였다. 연합군이 점령한 지역과 북부 농장지대를 중심으로 급속하게 세를 확장하던 CGIL은 1945년 1월 나폴리에서 개최된 제1차 전국대의원회의를 기점으로 100만 명이 넘는 회원 수를 확보하게 된다. 조합원 수는 이탈리아 전역이 해방된 이후 기하급수도 늘어났다(1945년 7월에는 약 300만에 달하게 된다). 이런 확대는 CGIL이 1948년에 분열되기 전까지 계속되었다. 전쟁의 종결과 국토 해방은 CGIL에게 조직강화와 경제건설이라는 두 가지 임무를 함께 주었다.

파시즘 정권기의 경제상황은 당시 유럽의 여러 국가들에 비하여 형편없는 수준이었다. 합리적이고 바람직한 산업발전을 추구한 것이 아니라 국가의 토대와 사회 안정을 추구하면서 군수산업 위주의 경제질서 개편에 힘을 쏟아 전체 국민경제는 그다지 개선되지 못하였다. 이는 지나친 관료주의와 함께 정권유지를 위한 재정정책, 그리고 세계경제와의 동반발전이 아닌 자급자족적 경제성향에서 비롯된 것이었다. 실제로 1922년부터 1938년 사이 일인당 국민소득은 매년 1%의 성장에 불과한 16.1%를 기록했고, 이에 반해 실질임금은 오히려 19%나 하락하는 등의 뚜렷한 경기침체와 역행의 결과들이 나타났다.[138) 따라서 통일노조의 시급한 과제는 노동자들에게 경제 번영과 안정을 통한 실질임금을 보장하고 이전의 높은 실업률을 해소하는 것

---

137) 앞의 책, pp. 49~51. 참조.
138) P. Grifone, *Il capitale funzionario in Italia*, Torino, Einaudi, 1971, pp. 37~9.

이었다.

그러나 종전은 높은 인플레를 가져왔고 실질임금의 하락과 높은 실업률을 가져왔다. CGIL의 당면목표 역시 노동자들의 실질소득 보장과 경제적 지위 향상이었기에 이의 해소를 위해 전력을 기울이게 된다. 그런데 여기서 한 가지 눈여겨보아야 할 것이 있는데, 당시 CGIL의 조직과는 별도로 북부 이탈리아의 산업지대에 광범위하게 존재하던 공장 내부의 경영평의회Consigli di Gestione이다. 경영평의회는 파시즘 정권기에 형식적으로 설치된 것이었는데, 1945년 국가해방위원회의 행정명령에 따라 경영자와 노동자가 동수로 참가하는 노사합동 공장경영위원회로 성격이 바뀐다. 이 위원회는 반파시즘 운동을 통해 경영권 참여를 획득한 노동자들이 기업내부의 발전계획이나 노동자들의 임금과 복지까지 관여할 수 있었던 제도적인 장치였다.

그런데 이 경영평의회의 역할과 위상을 두고 CGIL과 당시 정치 실권을 쥐고 있던 3당(공산당, 사회당, 기민당)이 대립하게 되었다. 다시 말해 CGIL의 입장에서는 이 경영평의회를 활용하여 조직 강화와 세력 확장을 도모하려 했고, 3당 역시 경영평의회가 CGIL의 지배하에 들어가는 것을 막으려 했던 것이다. 결국 경영평의회는 노동운동에게 가장 바람직한 형태의 노사협의체였음에도 불구하고 서서히 본래의 기능을 상실하게 되었고, 1950년대에는 이름뿐인 기구로 전락하였다. 한편 CGIL은 노동자들의 사회적·경제적 보장을 위한 실질 대책이라 할 수 있는 임금연동제Scale Mobile를 시행하는 데 성공하게 된다. 임금연동제는 높은 인플레와 실질임금의 하락을 보전하기 위하여 1947년 입법화됨으로써 1950년대의 경제성장기에 노동자들의 소득 증대에 커다란 기여를 했던 제도이다.

CGIL의 현실적이고 실효성 있는 정책들에도 불구하고 최초의 통합노조의 운명은 그리 오래 갈 수 없었다. 동상이몽을 꿈꾸는 세 개의 다른 정파가 한 지붕 아래 오래 동거할 수는 없었던 것이다. 물론 CGIL의 분열은 전후 이탈리아의 정치 상황이 가장 커다란 분열 요인이었다. 국내적으로는 기민당과 공산당 그리고 사회당이 연합하여 정권인수 활동을 하고 있었고, 미국 주도의 연합국 입장에서는 공산당이나 사회당의 정권 참여를 탐탁하게 생각했을 리 만무하였기 때문이었다. 이와 같은 배경으로 CGIL의 역사적 성과는 또 다시 재편과 분열이라는 수순을 밟게 된다.

이들의 광범위한 대중 차원의 참여와 규모는 생각보다 큰 것이었다. 저항운동이 시작되었던 1943년 9월부터 해방이 되었던 1945년 4월 말(실제로 이탈리아는 해방일로 4월 25일을 국경일로 제정하고 있다)까지 약 20만 명의 파르티잔이 참여했고, 이중에서 5만 5천 명 정도가 사망한 것으로 알려져 있다.139) 규모의 방대함만큼 이들의 전투적·정치적 중요성은 1944년 겨울이 시작하면서 두드러지게 나타났다. 피에몬테와 롬바르디아 주의 산악지대를 중심으로 점령군으로부터 수복한 마을들에 자치 성격의 해방공화국들이 건설되었고, 이를 기반으로 하여 알프스 산악지대와 아펜니니Appennini 산맥을 따라 움브리아 주까지 이와 같은 해방공화국들이 설립되었다.

그럼에도 불구하고 이들 해방공화국들은 연합군과 관련된 국제적정치 상황에 영향을 받아 그 활동의 폭과 정치적 대표성 등에서 한계를 가질 수밖에 없었다. 연합군과 소련이 주도적으로 성사시킨 1944년 얄타Yalta 회담은 이들 해방군과 남부의 독립정부에 대한 지위와 처리 문제를 상정할 수밖에 없었다. 그러나 1944년 12월 7일 연합군과 북부이탈리아해방위원회CLNAI 사이에 체결된 로마협약에서 이미 결론이 난 사항이었음에도 불구하고 남부의 이탈리아 정부는 북부의 CLNAI를 법적으로 공식적인 북부 이탈리아 정부로 인정하지 않았고, 이는 결국 연합군의 개입을 용이하게 하는 계기가 되었다.

---

139) Oreste Massari, *La Resistenza*, in *La politica italaina*, *Dizionario critico 1945~95*, a cura di Gianfranco Pasquino, 1995, Roma-Bari, Laterza, p. 509.

4-3. 제2차 대전과 저항운동의 역할

국제정치의 현실 속에서 저항 기구들이 갖는 여러 한계에도 불구하고 이들이 갖는 정치적인 상징성은 큰 것이었다. 파시즘 체제를 완전히 무너뜨리고 이탈리아 대중이 이탈리아 해방의 주체가 되어 독자적인 목소리를 낼 수 있었던 점이나, 1948년 이탈리아 공화국 출발의 일정 부분 가교 역할을 했다는 점 등은 이탈리아 저항운동이 갖는 가장 주요한 정치적인 의의라 할 수 있겠다. 그러한 점에서 기타 인접국—프랑스, 유고슬라비아, 그리스 등의 국가—들의 레지스탕스 운동과 연계될 수 있는 대표적 레지스탕스 운동이라고 하겠다.

저항 운동의 세 가지 성격을 전쟁이라는 측면에서 구해보면 다음과 같다. 파보네의 정의에 따르면, 그것은 애국전쟁이었고 계급전쟁이었으며 시민전쟁이었다는 것이다(Pavone 1991). 애국전쟁의 성격은 1943년 9월 8일 이후의 상황에 의해 발생한 것이다. 독일군에 의해 점령당한 북부 이탈리아를 외국으로부터 되찾겠다는 순수한 해방운동의 성격을 말하는 것이다. 이러한 측면에서 혹자들은 이를 두고 '제2의 리소르지멘토' 라는 표현을 쓴다. 이는 외국의 지배로부터 해방이라는 큰 틀에서 볼 때 이탈리아라는 국가의 정체성과 연관이 있는 문제라고 보았던 것이다. 파르티쟌나나 노동자 또는 지하 정당원들 모두 이와 같은 목적에서 힘들고 어려운 전투에 기꺼이 자신의 몸을 던질 수 있었다. 실제로 이 당시의 많은 소규모 유격대들의 명칭이 리소르지멘토 시기의 유명한 사상가들이나 운동가들의 이름을 빌렸다는 사실에서도 이러한 특징은 충분히 드러나고 있다. 또한 이와 같은 이유가 아니고서는 공산주의자들부터 군주정 지지자들까지 거의 모든 정파들이 반파시즘과 이탈리아 영토의 회복이라는 목적 아래 모일 수 없었기 때문이었다.

두 번째의 사회적 혹은 계급적 성격은 정치적인 동기와 목적에서 기인한 것이다. 국토 수복이라는 애국적인 목적 아래에는 수많은 정치적인 동기들이 함께 작용하였다. 그런데 이와 같은 목적을 가장 명확하게 표방했던 정당과 분파의 대부분이 좌파계열인 공산당, 사회당, 행동당이었다. 따라서 이념적으로 프롤레타리아 지향적이거나 친노동자 성향을 가졌으며, 사회변혁의 목적을 가진 정당과 정치 분파들이었다. 레지스탕스 기간에도 자연스럽게 프롤레타리아의 입장을 대변하는 정치 입장을 가지게 되었다.

반파시즘이라는 커다란 목적 앞에 이러한 당파성은 어느 정도 수면 아래로 가라앉기는 했지만, 시간이 가면서 저항운동이 파업이나 노동운동과 자연스럽게 어울리면서 다시 한번 프롤레타리아 지향적인 계급투쟁의 양상이 나타나게 된 것이다. 실제로 1943년 3월의 북부 주요 도시의 공장들에서 발생한 총파업이나 1944년 파업투쟁은 이러한 경향을 잘 보여주는 사건들이었다. 더군다나 대기업이나 공장 소유주들은 대개의 경우 파시즘에 협력하거나 지지를 표명하고 있었기 때문에 노동자들과 가까운 반파시즘 전선과의 갈등은 여러 면에서 피할 수 없는 것이었다.

세 번째의 레지스탕스 운동의 성격은 시민전쟁, 즉 내전의 의미를 갖는다고 보는 시각이다. 이는 북부 이탈리아에서 파시즘을 지지하는 이들과 파시즘을 반대하는 이들 사이에서 벌어진 내전이라는 성격을 이야기하는 것이다. 물론 여기에는 독일군과 연합군과의 전쟁이라는 성격도 있지만, 기본적으로 북부 레지스탕스와 살로 공화국 군대와의 내전이라는 것이 가장 주요한 성격이라고 이야기한다. 그러나 최근에는 이러한 성격에 대하여 보다 철저한 사실에 근거하여 1943~45년의 레지스탕스를 해석해야 한다고 주장하는 이들이 생겨나고 있다.140)

이와 같은 레지스탕스는 결국 북부 이탈리아를 해방시키는 데 상당한 기

---

140) 가장 대표적인 이들이 봅비오Bobbio와 파보네Pavone 등이다. 이들은 어네스트 놀테Ernest Nolte와 같은 이들이 주장하는 '유럽시민전쟁'이라는 개념에 의하지 않고, 파시즘의 몰락 과정에서 발생한 역사적 전쟁의 성격을 갖는다고 주장한다.

여를 했고, 실제 해방 이후 북부 이탈리아에서의 정치 주도권을 잡게 된다. 이렇게 하여 정치적으로 두 개의 주요 세력이 대치하는 형국이 되었다. 남부의 군주정 지지 세력과 남부의 반파시즘 세력으로 이분화된 이들 세력들은 다시 사회주의와 남부의 보수주의로 나뉘게 되었다. 레지스탕스의 존재와 이탈리아 공화국의 출발은 이렇게 하여 밀접한 연관관계를 갖게 되었고, 결국 통일 이전부터 존재하던 남부와 북부라는 이중의 실체가 정치 이념과 결합하게 되는 원인을 제공했다. 또한 이러한 이념과의 결합은 기민당의 창당이나 성장과 밀접한 관계가 있으며, 서유럽 국가 중에서도 유별나게 공산주의 세력이 강대했던 만큼 반공주의가 득세할 수 있었던 요인이 되었다.

그러나 무엇보다도 이들 레지스탕스의 주요 기본원리인 '전체주의에 대한 저항' '자유와 민주' '청산과 반성' 등 여러 원칙들은 헌법에 하나의 원칙으로 반영되기는 하지만 데 그치고, 실제로 청산해야 할 과거와 잔재는 고스란히 남겨둔 채 해방과 국가수립을 맞이했던 잘못된 시작이라는 점이다. 결국 이러한 복잡하고 청산되지 않은 과거는 공산주의를 표방하는 강력한 야당의 존재와 반공주의를 표방하는 집권여당의 기묘한 공존을 가능하게 했고, 미국과 소련이 대립하던 냉전체제 안에서 1950년대까지 지속되었다.

그러나 사회주의 세력이 주축이었던 이들 레지스탕스의 주도권은 얼마가지 못하고 새로운 국면을 맞이할 수밖에 없었다. 무솔리니에 의해 건설되었지만 독일 나치즘 정부의 괴뢰정부였던 살로 공화국을 붕괴시켜 이탈리아 해방의 가장 중요한 주체세력으로 떠오른 레지스탕스는 외부세력인 미국을 중심으로 하는 연합군의 개입에 의해 역사적 굴절이라는 왜곡된 역사 경로를 밟게 되었다. 흔히 '구스타프 라인'이라고 불리는 동쪽의 페스카라Pescara 와 서쪽의 나폴리 북부 조그마한 지역인 가릴리아노Garigliano 대치전선이 1943년 11월에서 1944년 5월까지 형성되어 치열하게 대치하였다. 구스타프 라인의 남쪽에는 이탈리아 왕국이 연합국의 도움을 받아 지배하였고, 북부는 독일군의 지배 하에서 나치의 괴뢰정부 살로 공화국이 건립되어 두 개의 이탈리아가 존재하는 기이한 형국이 전개되었다. 더군다나 중부전선에서는 여전히 독일군의 군사적인 우위가 지속되면서 두 개가 아닌 세 개의 서로 다른 통치체계가 형성되었다. 이탈리아는 외부의 적이 아닌 내부 적들 간의 대치와 대결이라는 내부전선이 뒤엉키그 말았다.

1944년 5월 이후에는 군사적으로 분산되었던 독일군의 전력이 약화되면서 로마와 피렌체 등을 지나 1945년 4월에는 파다나 평원까지 진격하였다. 그러나 이러한 상황 전개가 기존 이탈리아를 분할 점령하고 있는 세 개의 다른 세력에 의한 분할 통치로 종식되지 않았다. 남부는 연합국에게, 중부는 독일군이 그리고 북부는 무솔리니의 살로 공화국이 분할통치하면서 1945년 종전 이후 찾아온 해방이 더욱 어렵고 복잡한 정치 상황으로 변하게 되는 원인이 되었다.

4-4. 종전, 그리고 또 다른 굴절의 역사: 미국의 개입

제2차 대전의 종전은 적어도 이탈리아 반도에서만큼은 지루할 정도로 오랫동안 지속되었다. 미국을 주축으로 하는 연합군이 이탈리아 반도에 상륙한 이후 3년여에 걸친 내부의 분열과 내전은 이탈리아의 미래를 결정하는 데 너무나 많은 문제를 발생시켰다. 가장 커다란 문제는 북부의 살로 공화국을 멸망시켰던 파르티잔 세력이었다. 이탈리아 파르티잔을 이끌었던 지도부가 대부분 사회주의와 공산주의 계열의 정치가들과 노동자들이었지만, 더욱 중요한 사실은 거의 모든 계층의 국민들이 파르티잔 세력에 참여하고 있었다는 점이다. 당시 피에몬테 지역의 파르티잔의 구성비를 보면 이와 같은 사실은 더욱 확연하게 드러난다.

서로 다른 계급 구성과 이데올로기를 갖고 있었지만, 파르티잔의 뛰어난 전술과 게릴라전의 성과는 이탈리아 해방을 앞당기는 데 적지 않은 영향을

〈표1〉 피에몬테 파르티잔 구성원 비율

구분	구성 비율(%)	구분	구성 비율(%)
노동자	30.5	자영업자	13.6
중산층	29.8	하층계급	5.6
농민	20.4	기타	0.1

출처: F. Chabod(1961, 128)

미쳤다. 또한 파르티잔 세력들과는 별도로 반파시스트 정당들은 1944년 9월 28일과 29일 양일간 바리Bari에서 반파시스트정당 전국대회를 개최하여 종전 이후 이탈리아 정수 수립에 대한 논의를 요청하기도 하였다. 남부의 이탈리아 왕국의 입장 역시 이들 파르티잔과 함께 이탈리아 해방 이후의 정치적 상황에서 무시할 수 없는 존재였다. 그러나 연합군은 이들 모두에게 일정한 역할 이상의 과도하거나 지나친 군사적 · 정치적 영향력이 이탈리아에서 행사되는 것을 원치 않았다. 이는 종전 이후의 복잡해질 정치 상황을 미리 고려한 조치였기 때문에 실제로 연합군과 파르티잔 사이에는 일종의 비밀협약이 맺어질 수밖에는 상황이었다.

실제로 1944년 12월 7일 전국해방위원회CLN 소속 네 명의 위임대표와 당시 연합국 측의 장교 매틀랜드 윌슨Maitland Wilson이 로마에서 서명한 합의서는 상당히 의미 있는 내용을 담고 있다.[141] 첫째, CLN의 군사지휘권은 이탈리아 정규군의 지휘계통에 두는 것으로 규정하고 있다는 점이다. 당시 이탈리아 군대의 최고 지휘자였던 카도르나Cadorna 장군에게 귀속시켜, 결국은 연합군의 통제 하에 두겠다는 것을 명시적으로 밝혔다는 것이다. 둘째, 적(독일군과 살로 공화국 군대)의 점령 기간 동안 모든 행동 지침은 연합군

---

141) F. Chabod(1961), 134~135 요약 정리.

의 상위 지휘체계를 따르도록 한다는 것이다. 셋째, 해방지원대의 군사적 지휘 체계는 연합군의 지휘 아래 귀속시킨다. 넷째, CLN은 적이 후퇴한 뒤 해당 지역의 질서를 유지하고 경제적 자원을 보호하며 이를 연합군 정부에게 이양할 때까지 기다린다. 이와 같은 합의서의 내용은 파르티잔의 군사적 협력과 공헌은 인정하지만 궁극적으로 모든 결정과 지휘는 연합군에게 귀속시키겠다는 의미로 해석할 수 있는 것이다.

이러한 합의서는 실제로 독일군이 모두 돌려난 뒤, 거의 모든 파르티잔 부대가 스스로 해체하고, 연합군에게 무기와 군사장비들을 순순히 이양한 사실에서도 충분히 알 수 있는 것이다. 그러나 이와 같은 진행은 종전 후 이탈리아 해방과 함께 새로운 정부 구성이 이탈리아만의 독자적인 힘과 해방 주체들 간의 연합을 통해 구성된다는 전제였다. 그러나 해방 시기의 정치 상황은 파르티잔이나 이탈리아 왕국이 원하는 쪽으로만 흘러가지 않고 더욱 복잡한 상황이 기다리는 방향으로 전개되었다.

1945년 4월 이탈리아 전역이 해방을 맞이하면서 북부 도시들의 행정권도 전국해방위원회로 이양되었는데, 전국해방위원회 내부에 참여하고 있던 정당들은 모두 다섯 개였다. 자유당il partito liberale, 기민당il partito democristiano, 행동당il partito d'azione, 사회당il partito sociale 그리고 공산당il partito comunista이었다. 초기 이들 다섯 개 정당들 간 힘의 역학관계는 비교적 동등했으며, 정당들 역시 이를 인정하고 당연시하는 분위기였다. 이런 인식의 바탕에는 파르티잔 부대 내 구성하고 있던 군사적 역량에 따른 자연스런 결과였다. 그러나 이들 정당들이 정치적 영향력이나 지분까지 동등하게 공유할 수 있으리라 생각했던 것은 상당한 오판이었다. 실제로 해방 이후 지명된 당시 밀라노의 행정수반prefetto은 행동당 소속의 사회주의자였고, 토리노의 경우 행정수반은 사회당 소속이었으며 시장은 공산당 출신이었음에도 실제 시민들을 통제하고 영향력을 비친 세력은 연합군의 군사행정위였다는 사실에서 충분히 드러난다.

더군다나 더 큰 문제는 남부 대부분 국민들은 북부 파르티잔 활동이나 해방위원회와 같은 기구에 대해 전혀 알고 있는 바가 없다는 점이었다. 따라서 이들의 정치적 대표성이나 유효성 문제는 정부 수립에 있어 가장 큰 문제의 하나였다. 이와 같은 현상을 가져오게 된 데에는 몇 가지 원인들이 복합적으로 작용한 결과로 볼 수 있는데, 가장 커다란 요인을 다음 세 가지 정도로 정리할 수 있다. 하나는 파시즘의 잔재로 1922년 파시즘 통치 이후 전국적으로 퍼져 있던 권위주의적이고 보수적인 행정 관료와 지방 정치세력의 그늘이었고, 둘째는 1929년 라테란 협약 이후 다시 한번 막강한 영향력을 갖기 시작한 교황과 교황청이었다. 마지막으로는 미국을 비롯한 연합국의 보이지 않는 영향력과 개입이었는데, 여기에는 당시 영국을 비롯한 프랑스 등 다른 국가의 정치적 상황과 연관 지어서 생각해볼 필요가 있다.

1945년 종전 이후 영국은 미국의 예상과 기대와는 달리 처칠의 보수당이 노동당에게 정권을 내어주었고, 프랑스 역시 레지스탕스의 주역이었던 사회당과 공산당의 지지율이 50%를 넘기면서 동유럽뿐만 아니라 서유럽의 주요 국가들에 합법적인 좌파정부의 성립 가능성이 상당히 높았다. 이에 미국은 상당히 당황하였으며, 지중해와 유럽 안보의 요충지였던 이탈리아의 좌파정부 성립 가능성을 그대로 보고 둘 수 있는 상황이 아니었다. 결국 이러한 요인들이 복합적으로 작용하여 이탈리아 정부 수립에 큰 영향을 미치게 된다.

이탈리아가 전쟁에서 벗어난 뒤 정부 수립을 위해 진행되었던 과정 중에서 첫 번째 단계는 어떤 정부를 수립할 것인가의 문제였다. 이를 위해 선택한 방법이 국민투표였다. 국민투표의 결과는 여전히 논란의 여지가 있었다. 이유는 투표 자체의 유효성 문제인데, 과연 전체 유권자의 50%가 넘는 유효투표가 진행되었는가의 문제이다. 약 200만 표 차이(공화국 지지투표수: 12,717,000표와 군주국 지지투표수: 10,719,000표)로 공화국 지지자들이 승리를 거두었지만 백지표와 무효표를 합해 과반수를 넘었다고 주장하지만, 당시 여건상 전체 유효 유권자의 수를 산정하는 것은 거의 불가능에 가까웠기 때문에 이러한 문제가 제기되고 있는 것이다.

그러나 이 문제는 국가의 존립 자체에 대한 즉각적인 위험요소가 되었을 뿐만 아니라, 자칫하면 공화국 지지자들(주로 북부의 유권자들—쿠네오Cuneo와 파도바Padova를 제외한 지역의 유권자 대부분)과 군주국 지지자들(주로 남부의 유권자들—라티나Latina와 트라파니Trapani를 제외한 지역의 유권자 대부분) 간에 내전이 벌어질 우험이 상당히 컸다. 특히 파도바의 법률가들은 이 문제를 공식적으로 제기하면서 공론화시켰다. 이에 고무된 군주국 지지자들은 유효 과반수 유권자 산정을 위한 정밀한 검토가 이루어져야 하며, 이 검토가 끝나기 전까지는 공식적인 공화국 선포는 연기되어야 한다고 주장했다. 이에 따라 공화국 선포는 미루어졌고, 투표일에서 10일이나 지난 1946년 6월 12일에서야 그 결과가 발표되었다.

그런데 문제는 이날의 발표가 있기까지는 나폴리에서 발생한 시위 사태가 중요한 결정 요인이었다는 사실이다. 4월 12일 아침 나폴리에서는 일단의 군주국 지지자들이 공산당 연맹본부를 습격하던서 경찰과 충돌한 사건이 발생했다. 경찰이 개입했음에도 11명이 사망하고 수십 명이 부상을 입은 이날의 유혈 충돌은 내전의 위험성을 알리는 전조나 마찬가지였다. 표면적으로는 우익의 극단주의자들과 공산당 연맹 간의 충돌 형태를 띠었지만, 결국 군주국 지지자들과 공화국 지지자들 간의 내전으로 비화할 수 있는 위험성을 내포한 사건이었다. 결국 이날의 나폴리 소요 사태는 국민투표와 함께 치러진 제헌의회 선거에서 다수당이 된 기민당의 데 가스페리De Gasperi의 선택을 앞당기게 했다. 더 이상 공화국 선포를 미루다가는 자칫 전국이 내전으로 휘말릴 위험이 있었기에, 보다 안정적인 정국으로 이끌기 위해서는 논란의 종지부를 찍는 공화국 선포만이 유일한 해결책이라 보았다. 소요 사태가 있던 날 저녁 일군의 정치가들과 데 가스페리는 공화국 선포가 시급함을 깨닫고, 며칠간의 논의 끝에 약 200만 표 차이로 이탈리아 공화국이 선포되었음을 알렸다(1946년 6월 18일).

투표 결과를 이미 알고 있었던 움베르토Umberto 국왕은 군주국이 될 수도 있다는 희망을 접은 채, 공화국 선포 다음날인 13일 가족과 함께 리스본 Lisbon 행 비행기를 타고 망명을 떠날 수밖에 없었다. 그는 투표 결과를 데 가스페리에게 전해들은 뒤 곧바로 떠나려 했으나 공화국 선포가 늦어지면서 일말의 희망을 가지고 사태의 결말을 지켜보았던 것이다. 물론 이러한 사태에 불복하고 군주정 지지자들을 규합하여 재선거나 새로운 수상의 임명이라는 방법을 선택할 수도 있었지만, 자신이 지은 원죄—파시즘을 인정하고 협력했다는 의미에서—를 속죄하고 또 다시 이탈리아를 분열로 빠뜨리지 않으려는 개인적 결단이 더해져 외국 망명을 선택하였던 것이다.

'군주국 선택의 패배' 142)는 여러 가지의 정치적 의미를 수반하게 되었다. 우선 정치적으로 국왕인 움베르토가 아닌 데 가스페리라는 정치가를 선택한 것이다. 이 선택에 의해 북부 이탈리아의 주도권을 쥐고 있던 CLN의 입지는 상당히 약화되었다. 이는 법적인 정당성을 인정받았던 CLN가 정치적으로 가톨릭 정치세력, 특히 당대 교황 비오 12세의 영향 아래 창당된 기민당과 당수였던 데 가스페리가 제헌의회의 제1당과 정부수반의 위치를 차지하는 것에 따른 정치적 약화와 일맥상통하는 것이었다. 다시 말해 북부의 공산당과 사회당을 중심으로 하는 급진적 성향의 공화국 지지자들은 공화국이라는 정체의 목표를 달성함으로써 자신들의 정치적 입장을 보상받았다고 생각하였으며, 이를 공산당과 사회당의 집권으로까지는 연결시키지 않았던 주요 요인이었다.

이러한 입장은 당시 사회당의 당수였던 넨니Nenni의 회고록에도 그대로 드러나 있는데, 넨니는 움베르토 국왕이 망명을 떠난 뒤에 다음과 같이 적고

---

142) 1946년 6월 12일 이탈리아 공화국의 선포는 이전까지 논쟁적이던 국가의 정체문제와 함께 이탈리아의 정체성 문제에 대한 새로운 출발을 의미하는 것이었고, 이에 따른 정치적 의미들이 새롭게 해석되는 출발점이 되었다. 따라서 군주국 선택의 패배란 용어는 정치적 의미를 지닌다는 측면을 강조하기 위한 필자 자신이 제기하고자 하는 정치적 용어이다.

있다. "온 세상이 너무나 평온하다. 이 순간 정부수반이 데 가스페리인 것은 일종의 행운이다."143) 결국 이러한 보상심리는 급진 정부의 필요성을 반감시켰고, 당대의 시급한 여러 사회문제를 미국을 비롯한 연합국의 국제정세와 연결시켜 고려함으로써 보다 중도적인 입장으로 흐르게 하는 결정적 요인이 되었다. 이러한 상황에서 전후 공화국 수립 과정에서 CLN의 정치적인 영향력은 급속히 감퇴하였으며, 오히려 이데올로기 스펙트럼에 의해 설립한 여러 정당들로 분산되었다. 이는 정치형태를 결정하는 국민투표와 함께 치러진 제헌의회의 구성 정당의 득표율을 보면 확연히 드러난다.

총 556석의 제헌의회 의원을 선출하는 선거에서 기민당은 35.2%를 득표하여 207석을 얻었고, 사회당은 20.7%를 획득하여 115석, 이탈리아 공산당은 19%를 획득하여 104석을 획득함으로써,144) 레지스탕스의 주축이었던 사회당과 공산당이 과반을 획득하지 못하고 오히려 세력이 약했던 기민당이 두 당과 거의 동등한 득표를 획득함으로써 이탈리아 정치의 흐름을 일순간에 바꾸어놓았다. 여기에는 여러 상황들이 복잡하게 얽혀서 작용한 결과이기는 했지만, 공화국 이탈리아의 출발에 그다지 긍정적인 신호는 아니었다. 이 문제는 다시 서술하겠지만, 반파시즘 투쟁을 전개하던 정당들이 정치적 주도권을 잡지 못함으로써 청산되지 않는 역사와 미완성의 역사를 그대로 다시 한번 떠안고 가야 하는 상황이 되었던 것이다.

두 번째의 정치적인 의의는 군주국 지지지역과 공화국 지지지역의 확연한 구분이 이전부터 간간이 잠재적으로 표출되던 남부문제라는 실체를 보다 명확히 하였고, 지역을 바탕으로 한 지역 간의 대립과 반목이 시급히 해결해야 할 사회문제로 등장했다는 점이다. 남부를 중심으로 한 군주국 지지자들은

---

143) Cangini Franco, *Storia della Prima Reppublica*, 1994. Newton Compton, Roma, p. 13.

144) 기타 다른 군소 정당의 득표율은 다음과 같다. Udn 6.8%(41석), Uq 5.3%(30석), Pri 4.4%(23석), 행동당(PdA) 1.8%(9석), Bn 2.8%(16석), 기타 2.7%(4석)이었다.

자신들의 선택에 대한 실패를 정당에 대한 지지로 표현했다. 특히 보수적이고 종교적 성격을 갖는 정당과 유사한 색깔의 정당들이 정치적으로 우위를 점할 수 있게 되었다.

더구나 이 문제는 시급한 경제원조 문제와 연결되면서 미국의 입장을 대변하고 미국과 원활한 관계를 유지할 수 있는 정당을 선택하려는 유권자가 늘어났다. 이는 미국이 지지를 표명했던 기민당이 어떻게 그렇게 짧은 기간에 전 국민적 지지를 얻을 수 있었던 가에 대한 대답이 될 수 있으며, 실제로 미국은 이러한 자신의 입장을 이탈리아의 내부 정치 상황과 신속하게 연결하는 민첩성을 보였다.145) 이런 연유로 인해 북부의 사회주의 정당 계열의 지지도는 급속하게 바뀌어 미국과 미국이 표방하고 있는 자유민주주의 정치 이념을 표방하는 정당들이 급속하게 세력을 얻게 되었다. 결국 이러한 이념적 회귀는 다시 한번 전체주의를 표방하는 파시즘 잔당 성격의 정당이 출현할 수 있는 정치적인 토대가 되었다.

세 번째 정치적인 의의는 군주국의 실패는 곧바로 세속적인 군주로 대표되는 정치세력의 약화로 이어졌고, 이를 대신할 세력의 부상을 용이하게 하였다. 특히 남부에서는 절대 왕권 또는 봉건적인 정치권력의 상징이었던 왕이 사라진 자리에 교황이라는 종교권력이 재빨리 자리 잡을 수 있는 여건이 조성되었다. 파시즘 지배기에 협상을 통해 어느 정도 세속적인 위치를 회복한 교황청은 왕이라는 존재가 사라지자마자 정치적인 세속 권위를 거의 통일 전의 수준으로 회복하게 된 것이다. 더욱이 교황의 영향을 직접 받는 정당의 설립은 단시간에 정치 권력까지 거머쥘 수 있는 여건이 조성되었고, 기민당이야말로 이러한 교황과 가톨릭의 의도와 목표에 부합하는 정당이었다.

이러한 여러 가지 요인들이 복합적으로 작용하여 기민당은 단기간에 이탈

---

145) 이 문제는 '북쪽의 바람Vento di Nord' 과 '서쪽의 바람Vento dell' Ovest' 이라는 문제로 설명할 수 있으며, 이와 관련한 당시 중앙정부의 입장 등에 대하여는 후술하겠다.

리아 정치세력을 대표하는 주요 정당이 되었고, 향후 이탈리아의 정치적인 지형을 결정하는 가장 중요한 변수가 되었던 것이다. 전후 50여 년 넘게 이 탈리아 정치의 핵으로 등장하게 된 기민당의 등장과 성공은 단순히 정당의 유형이나 정책으로 설명하기에는 어려운 측면이 존재한다. 그렇다면 어떻게 기민당이 만들어졌으며, 제2차 대전의 종전과 함께 제1당으로 부상할 수 있 었던 요인에 대해서는 약간의 설명이 필요하다.

한국에서 낯설지 않은 정치 용어 중의 하나가 이른바 북풍北風이니 동풍東 風이니 하는 바람이 들어가는 단어이다. 이탈리아의 경우에도 제2차 대전을 전후로 이러한 바람을 나타내는 용어들이 등장했다. 그것은 북부의 바람 Vento del Nord과 서쪽의 바람Vento dell'Ovest이라는 용어였다. 북부의 바람은 북부 지역에서 파르티잔 활동을 통해 정통성을 주장하고 있던 좌파계열의 정치조직들이 일으킨 정치적인 방향성으로 주로 공산당과 사회당을 중심으 로 노동자 세력들이 하나가 되어 커다란 세력을 형성한 것을 말한다. 이들의 지도자로 가장 유명한 이는 당시 제헌의회를 통해 정부의 수반에 오르고자 했던 페리Ferruccio Parri였다. 그는 원래 유격대 출신으로 행동당 지도자의 한 사람이었다. 반파시즘 운동의 지도자로서 분명한 정치 색깔을 갖고 있던 이 로 자신의 정치적인 정통성을 통해 국가의 지도자가 되고자 했다. 제헌의회 가 성립될 당시에는 북부지역에서 이와 같은 공산당과 사회당 출신의 반파 시즘 운동가들이 정치 주도권을 쥐고 있었으며, 그로 인해 서구 유럽에서는 처음으로 공산주의 정권의 성립 가능성을 우려하기도 했다.

그러나 이와 같은 기우는 말 그대르 기우어 지나지 않았다. 전쟁 이후라는 사회 여건에서 혼란스러움은 어쩌면 당연한 현상이었다. 그러나 이탈리아는 좌우의 대립과 공화국 지지자들과 군주국 지지자들 간의 반목, 거기에다 남 부와 북부라는 지리적인 갈등구조, 공산주의와 반공주의와의 대결구조 등이 얽히면서 더욱 혼란했다. 미국이나 영국 등 서방국가의 원조가 절실했던 이 탈리아에게 다소 혼란스러운 당시의 사회상은 해결해야 할 사회문제이자 이탈리아의 독자적인 위상정립에 커다란 방해 요인이었다.

특히 미국의 입장은 단호했다. 1946년 초까지 북부를 중심으로 군정을 실시했던 미국의 입장에서 보면 공산당과 사회당 세력의 강력함에 놀라고 있었고, 행여나 이들에 의해 정치적 주도권이 넘어가는 것은 아닌지 우려하고 있었다. 더욱이 파시즘 잔재와 부역자들을 색출하는 과정에서 다소 혼란스러운 모습을 지켜보는 미국의 입장은 그다지 우호적이지 않았다. 따라서 미국의 입장에서 보면 이러한 공산주의 세력을 차단하고 정치적인 우호세력의 성장을 돕기 위해 쓸 수 있었던 수단은 경제지원과 전후복구 재정의 조달 문제였다.

당시 이탈리아 중앙은행과 아메리카 은행의 총재였던 아마데오 지안니니 Amadeo Giannini는 다음과 같은 말로 미국의 단호함을 표현했다. "이탈리아 내부의 질서가 정리될 때까지 미국과 서방의 금융과 자본은 손가락 하나 까딱하지 않을 것이다."146) 이와 같은 상황에서 미국의 지원과 교황청의 지지를 얻고 있던 기민당은 재빠르게 당의 성격을 확장했다. 다소 종교적인 색채가 명확했던 당의 정체성을 대중정당과 반공주의 성향의 미국은 물론 서방세계와의 유대를 강화하는 노선으로 정립한 것이다. '서쪽의 바람'이라는 용어는 이렇게 하여 등장했다. 북부의 친공산주의 성향에 대항하여 미국과 영국과 같은 서방 국가들 쪽에서 오는 정치 영향력을 빗대어 이야기한 것으로 전후 이탈리아의 친미국적이고 친영국적인 경향을 일컫는 말로 사용되기도 했다. 이러한 변화의 정점에는 데 가스페리가 있었다.

그는 상황을 잘 읽는 정치가였다. 이러한 상황에서 그는 재빠르게 당의 모습을 바꾸었다. 종교 색채에서 탈피하고 친서방적 입장을 공고히 했다. 또한 행정 권력을 장악하고, 기존의 재산권을 인정하는 등 미국과 서방국가들이 요구하는 '집안 정리'에 공을 들였다. 또한 제헌의회에서 대통령을 선출하고

---

146) Franco Cagini(1994), p. 15.

자 했다. 이 과정에서 데 가스페리는 남부의 지지를 이끌어낼 수 있는 인물인 오를란도Orlando를 원했지만 다른 정치세력들이 그를 탐탁지 않게 여겼다. 특히 오를란도는 좌파정당들이 반대했으며, 당시 명망이 높았던 자유주의자 크로체는 사회당의 지지를 받고 있었기 때문에 썩 내켜하지 않았다. 결국 톨리아티와의 합의에 따라 남부에서 국민의 지지를 일정 부문 확보하고 있던 데 니콜라De Nicola를 추대하여 초대 공화국 대통령으로 선출했다.

결국 이렇게 하여 이탈리아의 정체성은 반파시즘 운동을 주도했던 세력들이 아닌 기존의 자유주의자들과 가톨릭 세력, 그리고 친미 성향의 보수주의자들이 결합한 연합세력이 정치 주도권을 잡게 되었다. 민주주의 혁명은 미완으로 남게 되었고, 파시즘에 협력했던 기회주의적이고 전체주의 성향의 지식인들은 여전히 이탈리아 공화국의 지배세력이 되었다. 불완전한 통일과 남과 북이라는 지역문제를 떨쳐버리고 새로운 출발에서 다시 한번 청산되지 않은 과거를 안고 굴절된 역사 속으로 뛰어들게 되었다.

III

노동을 통해 본
현대 이탈리아의 발전과 성장

III. 노동을 통해 본
현대 이탈리아의 발전과 성장

1. 근대성을 향하여

근대성을 이야기할 때 가장 대비되는 국가- 바로 이탈리아일 것이다. 중세라는 멍에를 가장 오랫동안 짊어진 서구 국가였던 이탈리아에는 애당초 노동운동이라는 것이 존재하기 힘들었던 척박한 토양을 가지고 있었다. 가톨릭의 본산으로 종교적 영향력이 가장 컸고 국토의 분열과 외국세력의 각축장이었다는 역사적인 배경은 근대 산업혁명이 싹트지 못했던 원인이기도 하다. 그저 수공업과 장인들을 중심으로 조합이 일찍부터 존재했던 이탈리아에서는 노동하는 이들의 권익이라는 측면보다는 생산 주체들의 이익집단이라는 성격이 더 강했다. 산업혁명과 그에 따른 근대 노동운동의 역사가 비교적 일찍 시작한 영국이나 다른 유럽의 국가들과 달리 이탈리아에서 노동운동은 따라서 매우 늦게 시작되었다.

보통 19세기를 그 역사적인 기점으로 삼는 이탈리아에서는 노동시장이 개인적이고 불안정하게 형성되어 있었다. 노동계약은 고용주와 노동자가 일대 일로 체결하고 그에 대한 집단적인 요구나 행동이 불가능했던 시기였다.

동시대의 영국이나 다른 유럽 국가들에 비하여 너무나 후진적인 노동시장이었다. 특히 생산품이 정기적으로 생산되지 않고 계절에 따라 유동적이었다는 사실은 노동시장의 고용불안과 계속되는 이직으로 이어지게 되었다. 이는 가족 경제를 어렵게 만들었는데, 일반적으로 5인 가족의 생계를 위해서는 가장의 수입만으로는 생활을 할 수 없는 상황이었다. 보통 열 살 이상이 되는 어린 자녀 중에서 한 사람은 일을 하거나 주부가 일을 해야 하는 식으로 어린이와 여성 노동착취가 발생했다. 실제로 섬유나 식료품 산업들에는 노동자들의 신분 불안과 이를 악용한 여성과 어린이들에 대한 노동착취가 심각한 수준에 이르렀다.

특히 10세에서 15세 미만의 아동 노동과 여성 노동은 많은 문제점들을 가지고 있었다. 최소한의 기본적인 노동조건이 갖추어지지 않은 상태에서 이들 어린이와 여성의 노동은 고용 불안정과 함께 노동시장의 커다란 문제가 되었다. 당시의 자료[1]를 보면 실제로 활동 중인 전체 노동인구에서 총 38%를 차지할 정도로 이들 어린이와 여성의 노동인구 비율은 매우 높았다. 이와 같은 노동조건과 상황에서 노동자들을 위한 사회적이고 국가적인 보장정책이 존재하지 않았음은 두말할 필요도 없을 것이다. 작업 중 사고로 인한 재해나 고용에 대한 안정을 보장할 수 있는 제도적·기구적 보호 장치가 없는 상태가 상당 기간 지속되었다. 이런 와중에서 이탈리아 노동운동의 역사상 최초로 근대적인 결사 형태가 탄생하게 된 것은 바로 열악한 당시의 이탈리아 노동계의 상황을 타파하기 위한 것이었다.

가장 최초로 노동자들의 권익보호를 위해 결성된 단체는 상호부조회società di mutuo soccorso였는데, 1870년 이후에 처음으로 결성된 결사로 일종의 공제조합의 성격을 가졌다. 설립과 운영방식은 지역이나 사업장에 따라 다소 차이가 있었지만, 대개의 경우 후원자들과 회원들로부터 일정한 금액을 받

---

1) Stefano Musso, *Il Sindacalismo Italiano*, Fenice 2000, Milano, 1995, p. 8 표 참조.

아 기금을 적립한 뒤 실직과 질병 또는 기타 비상의 경우에 사용될 수 있도록 하는 목적을 가지고 있었다. 지역이나 단일기업 또는 일정한 공업지대 및 단일 업종 등이 주체가 되어 결성되었지만, 순수한 의미에서의 노동단체라기보다는 일종의 자선협회와 상호공제 협회의 중간 성격을 갖는다. 노동자들의 권익이나 스스로의 자발적인 참여에 의한 것이 아니라 재력가나 회원 중심으로 운영되었다는 사실, 그리고 그 목적이 주로 비상시에 대처하기 위한 활동에 국한되었다는 점 등은 중세 성격의 길드와 현대 성격의 노동조합 중간에 위치하는 과도적인 단계의 결사체 형태였다.

최초의 노동조합의 성격을 갖는 기구의 형태가 만들어진 것은 이보다는 좀 더 시간이 지난 후였다. 최초로 결성된 단체 상호부조회가 조합원 상호간의 부조와 보장이라는 본래의 목적에서 점차로 파업을 위한 재정적인 지원 기구 역할을 수행하면서 보다 발전된 형태의 노동운동 기구가 된다. 바로 이와 같이 노동자들이 자율적으로 임금투쟁이나 노동조건을 위한 투쟁 등에 조합의 기금을 사용하면서 본격적으로 현대적인 성격의 노조 형태가 마련되기 시작하였다. 그러나 이 역시 일정한 지역과 사업장 및 계열에 한정되었기 때문에 전 지역적이거나 전국적인 규모의 노동 투쟁이나 보다 명확한 통일된 입장을 정리하고자 할 때는 커다란 노동세력으로 발전할 수 없다는 한계를 보여주었다. 즉 전국적인 규모의 잘 짜인 조직체의 구성이 절박하게 필요했던 시점이었다.

상호부조회가 파업을 위한 노동자들만의 노동조합으로 발전되어가면서 그에 따른 명칭도 변하게 되었다. 저항연대leghe di resistenza란 이름의 기구가 생긴 것이 바로 이 무렵이었다. 설립의 목표가 단순하게 '고용주들에게 하루라도 더 저항한다'라는 것일 정도로 파업 투쟁에서 연대와 결속이 주요 목적이었다. 이들 기구들은, 비밀리에 그리고 비공식적으로 출범한 당시의 상황 때문에, 정확한 설립연도를 이야기하기는 어렵지만 보통 1880년대를 전후하여 설립된 것으로 추정된다. 기업주들과 피고용인 노동자들 사이의 이해를 조정하고 노동자들의 경제적 법적 지위에도 관심을 갖게 된 이와 같은 노동단체들이 보다 전국적이고 정치적인 성격을 갖게 된 것은 이탈리아 통일운동 과정과 긴밀하게 연결되어 있다.

봉건적인 전근대성을 떨쳐버리고 현대적인 모습의 이탈리아가 형성되는 시기가 19세기 말부터 20세기 초의 격동기였던 만큼 이탈리아 노동운동 역사에서 가장 중요한 전환점이 되었던 것도 바로 이때였다. 통일 후의 북부 중심의 산업개발정책으로 노동자 수가 급격하게 증가하였고, 이미 산업혁명을 거친 다른 서유럽 국가들과의 교류, 그리고 이탈리아 노동자들의 이민으로 서서히 눈을 뜨기 시작한 노동운동의 조직화 등이 시급한 과제로 대두되었다. 따라서 이탈리아 노동운동의 전반적인 틀을 재조정하고 가다듬어야 할 필요성이 여러 노동운동 세력들에 의해 제시되었다.

이 시기의 이탈리아 노동계는 이미 많은 면에서 변화된 모습들을 보였고, 무엇보다 다양한 세력들에 의해 노동운동이 전개되고 있었다. 사회주의 정당, 생디칼리스트(노조운동가), 온건 공화주의자, 마치니 계열 급진주의자, 개량주의자들 그리고 무정부주의자들에 이르기까지 수많은 사상적인 스펙트럼을 통하여 조직된 단체와 조직들로 인해 이탈리아 노동운동이 다소 혼란스러운 양상을 보이고 있던 시기였다. 따라서 노동자들은 구심점을 올바르게 선택하기 어려웠고, 유럽의 다른 노동운동과 달리 정치 투쟁이 효율적으로 동반되지 못하였다. 게다가 노동운동 안의 대립은 운동 방향이 아니라 방법론적인 측면을 통하여 표출되었다.

노동운동 자체의 목표를 사회주의로 설정하면서 이를 달성하기 위한 방법론 문제를 두고 뚜렷한 입장 차이를 보이게 된다. 특히 사회변혁을 어떻게 바라보고 설정할 것인가라는 문제에 직면하여 양분하게 되는 노동운동의 커다란 두 흐름은 개량주의(개혁주의)와 혁명주의였다. 혁명적인 노동운동가들은 프롤레타리아라는 계급성을 통하여 총파업이라는 수단으로 사회주의에 도달해야 한다고 주장하였고, 개량주의자들은 정치영역에서 합법적인 정당 활동을 통한 사회주의의 조직화로 사회변혁을 점진적으로 이루어야 한다고 믿었다. 결국 이와 같은 입장 차이는 당시의 그리고 이후의 노동운동을 주도하는 거의 모든 단체 안에서 벌어지는 세력 투쟁의 변천과 궤를 같이 하게 된다.

제1차 대전은 그런 측면에서 보자면 중요한 전기를 제공했고, 파시즘과 제2차 대전 역시 이탈리아의 노동운동에 중요한 전환기적인 사건이었다. 다른 유럽 국가들과 마찬가지로 식민지 확장 시대라는 군국주의를 거치면서 이탈리아 노동계는 모든 면에서 어려운 상황에 놓이게 된다. 이 같은 상황이 결정적으로 반전되는 계기는 국내 상황이 아닌 국제 사건이었다. 전쟁이 종식되기 전에 일어났던 기념비적인 사건 '러시아혁명'은 이탈리아뿐만 아니라 유럽의 노동자들과 프롤레타리아 계급, 그리고 지식인 계층에까지 혁명의 당위성을 주장하게끔 하였다.

이는 러시아의 이 사회주의 혁명이 차르 군주제를 붕괴시키고 봉건농업국가였던 러시아를 사회주의 소비에트 공화국으로 탈바꿈시킴으로써 단순한 일과성 사건으로 끝난 것이 아니라 사회체제의 전복과 새로운 사회의 도래라는 점 때문이었다. 마르크스가 예견하였던 자본주의 말기 형태로서 공산주의 실현이 아닌 혁명을 통해 봉건농업국가에서 사회주의 국가로 변화한 것이다. 러시아의 혁명은 유럽에 커다란 파장을 몰고 왔고, 지식인들과 노동자들은 도래할 혁명을 의심치 않았다. 혁명은 이제 시간이 되면 도래할 숙명적인 사건에 불과할 뿐이라고 거의 모든 이들이 믿었다. 이탈리아의 노동자들 역시 혁명의 도래를 확신하였고, 혁명적인 노조주의자들은 운동의 주도권을 다시 넘겨받았다.

전국 각지에서 파업과 공장 점거 등의 투쟁이 조직되었고, 이에 영향을 받아 각 지역에는 자치정부들이 생겨나기 시작하였다. 1919년에는 100만 명이 넘는 이들이 파업에 동참할 정도로 수많은 이들이 혁명을 기다리고 있었다. 그러나 혁명은 오지 않았으며, 오히려 반동의 파고가 기다리고 있을 뿐이었다. 파시즘이라는 현상이 갑자기 하나의 정치 사실로, 이념으로, 그리고 실체로 등장하게 된 게 바로 이 시기였다. 혁명 분위기를 우려하던 산업자본가와 우익 세력은 이를 저지하기 위해 새로운 세력에게 이탈리아를 맡기려 했고, 이에 합당한 세력이 바로 민족주의 세력인 파시스트였다.

러시아에서의 혁명 성공은 유럽의 어느 지역에서나 혁명이 가능하다는 생각은 전염병처럼 퍼졌다. 이탈리아 역시 좌파 성향의 지식인들과 노동자들을 중심으로 혁명을 준비하고 있었다. 그러나 지나치게 혁명을 낙관한 나머지 운동의 방향이 수동적으로 흘렀고, 도래할 혁명을 기다리면서 아무 대책이나 준비를 하지 않았다. 더군다나 정치 상황은 노동자들에게 더욱 유리한 방향으로 흐르는 듯 했다.

1918년 12월, 모든 성인 남자에게 보통선거권이 주어져 이듬해 11월 선거에서 사회당은 200만 표 이상을 획득, 총 159석을 차지함으로써 이탈리아의 제1정당이 되었다. 1913년 설립된 가톨릭 인민당 역시 100석을 차지함으로써 자유주의 정부는 붕괴되는 것 같았다. 당시 가장 강력한 노동단체였던 노동총동맹CGL 역시 회원 수가 증가해 노동자들로부터 가장 강력한 지지를 받는 조직으로 성장하였다. 또한 토리노에서는 피아트를 중심으로 한 공장들의 내부위원회Commissione Interna가 강화되어 이탈리아의 소비에트 조직인 공장평의회가 급속하게 확산되고 있었다.

북부에서의 노동자 세력의 확대와 정치적 권력 강화는 전후 불어 닥친 경제적 위기와 더불어 좀 더 폭력적이고 무장봉기의 형태로 이어졌다. 특히 1919년에 들어서면서 경제 위기는 북부와 중부에서 식료품 소동으로 이어지게 되었고, 급기야 상점에 대한 약탈과 방화가 잇따랐다. 지방에 대한 중앙 정부의 통제력이 약화되면서 전국 각지에는 자유주의 자치 정부가 들어섰고, 수많은 파업과 투쟁에 100만 명이 넘는 인원이 참가했다. 1919년과 1920년에도 이와 같은 정치 상황이 강화되었다. 노동자들을 중심으로 강화되고 있던 혁명 분위기는 1920년 4월의 피에몬테 지역 노동자들이 참가한 총파업

으로 이어졌다. 그러나 '시계바늘 사건'2)이라 불리는 이 총파업은 11일 만
에 패배했다.

총파업의 실패는 노동운동 전부를 어렵게 하고 약화시켰다. 이것은 일련
의 운동이 혁명의 파고가 절정에 달했던 순간에 조직적이고 전국적인 차원
에서 발생한 것이 아니라 혁명의 파고가 밀려나고 있는 시점에서 비조직적
이고 국지적인 차원에서 일어났다는 것을 의미했다. 특히 노동운동의 비조
직화와 정체성 문제가 이 시기에 심각하게 대두되었으며, 노동조직 재건과
정치 지도력 부재가 이탈리아 노동운동의 새로운 문제로 떠올랐다.

새로운 노동조직 모델로서 '붉은 2년' 동안 이탈리아에서 조직된 공장평
의회는 이탈리아 노동운동사에 의미하는 바가 크다. 공장평의회는 『신질서
Ordine Nuovo』라는 새로운 노동운동 문화잡지와 함께 출발하였다. 그람시,
톨리아티Togliatti 3), 타스카Tasca 4), 테라치니Terracini 5)를 비롯한 토리노 사
회당 지부의 젊은 운동가들이 모여 '새로운 프롤레타리아 문화지'를 내걸고

---

2) 이는 경영자 측이 1920년부터 적용하려던 새로운 노동시간에 대하여 노동자들이 시계바늘을 돌려놓
   았던 사건에서 연유한 것이었다. 현재도 이탈리아에는 서머타임제가 시행되고 있는데, 하절기에는
   한 시간을 앞당기고 동절기에는 원래대로 한 시간을 늦추는 시간 제도를 말한다. 당시 경영자 측에서
   는 한 시간을 앞당김으로써 노동시간을 늘리려는 의도로 이를 시행하고자했으며, 노동자들은 이를
   반대하여 한 시간 앞당겼던 각 공장의 시계바늘을 원래대로 환원시켰다. 이에 경영자 측에서 공장을
   폐쇄하였고, 결국 주도인 토리노를 중심으로 피에몬테 전역에서 총파업이 발생한 사건을 말한다.
   1920년 8월, 금속기계 노동자들의 임금인상을 둘러싸고 발생한 태업으로 기업주들이 공장을 폐쇄하
   려하자 공장폐쇄를 거부한 노동자들이 4주 동안 공장을 점거하고 스스로 공장을 경영하는 시도도 있
   었다.
3) 톨리아티 팔미로Togliatti Palmiro(1893~1964)는 그람시와 가장 절친했던 동료로 전후 이탈리아 공
   산당의 당수였다. 그는 그람시 유고집 『옥중수고』를 편집했고, 전후 이탈리아 공산당의 당수가 된 뒤
   공산주의 사상가로 '사회주의로 가는 이탈리아만의 길'을 주창하면서 사회주의를 제도권을 통하여
   이룩하고자 했던 사상가이기도 하다.
4) 타스카 안젤로Tasca Angello(1892~1960)는 대학 시절부터 사회주의 '파쇼'에 가담할 정도로 정치
   적 활동을 활발하게 전개하였던 인물이다. 그람시와는 같은 학부의 친구로 관계가 시작되었다. 『신
   질서』지 창간 동료였고, 이탈리아 공산당의 창당위원이었지만 이내 공장평의회를 둘러싸고 이견을
   보이게 되었다. 이후 그람시가 체포되기 전까지 정치적 입장과 사상에서 지속적으로 갈라지면서 정
   적으로 남는다.

1919년 6월 17일에 처음 발행한 이 신문은 새로운 노동운동 조직으로서 공장평의회 조직의 목적과 의의를 선전했다.

그람시가 주축이 되어 주장한 이 노동조직은 러시아와 헝가리 및 오스트리아 등에서 실행되었던 소비에트 모델을 기반으로 하여 구상된 것이었다. 그들은 단순히 혁명을 수행하기 위한 노동자 조직이 아니라 혁명 후의 국가 조직으로 확장될 것을 염두에 두고 공장, 건설 현장, 광산, 농장, 상점 및 일반 농민 개개인을 망라하는 모든 노동 계층의 생산 단위를 기본으로 평의회를 조직하고자 했다.

그람시가 구상했던 공장평의회 조직은 다음과 같다. 이미 각 공장에 존재하고 있던 내부위원회를 기반으로 구성원을 대표하는 대표위원을 선출한 뒤 다시 대표위원회를 구성한다는 것이다. 이때 선거를 통해 대략 노동자 15명당 한 명의 대표위원을 선출하고, 공장의 각 계층과 분야의 대표자를 선출한 뒤 공장대표위원회를 조직한다. 공장대표위원회가 각 지구나 구역별로 지구위원회를 구성하는 단위가 되며, 구역에 속한 모든 노동자, 즉 운전기사, 상점 종업원, 식당 웨이터, 청소부, 개인 고용 노동자 등의 대표가 포함될 수 있도록 한다는 것이다.

그람시는 공장평의회를 공장이나 도시를 근간으로 하는 직종에만 국한시키지 않았다. 농촌에서도 농민평의회를 조직해서 명실상부한 전국 조직으로 확대하려는 의도를 갖고 있었다. 그러나 혁명의 문제를 다루기 위해선 '조직과 규율'이 중요하다고 생각하고, 우선 도시와 공장에 국한하여 평의회를 조직했다. 노동자 대표성과 일반투표의 원리, 그리고 직장대표의 원리가 고스란히 반영된 공장평의회는 1919년과 1920년 사이에 토리노 지역을 중심으로

---

5) 테라치니 움베르토Terraccini Umberto(1895~1983)는 신질서 그룹 중에서 가장 나이가 어렸다. 법학도로 톨리아티의 후배이며, 타스카와 함께 사회주의 '파쇼'에 가담하여 정치 활동을 했다. 그람시와 정치적 입장을 오랫동안 같이 하였던 사회주의 사상가였다.

급속히 확산되었다. 공장평의회는 '붉은 2년' 간의 총파업 투쟁과 공장점거 투쟁에서 주역이었고 이탈리아 노동운동사에 커다란 족적을 남겼다. 그러나 1921년 1월 이탈리아 사회당PSI의 보르디가6), 그람시, 타스카, 톨리아티, 테라치니가 이탈리아 공산당PCI을 창당하면서 『신질서』는 새로운 공산당의 일간지가 되었고 공장평의회 운동은 막을 내렸다.

독창적이고 새로운 시도로 평가받던 공장평의회 운동이 커다란 결실을 보지 못하고 도중하차한 이유는 기존 노동운등 조직과의 마찰과 지나친 노동자 중심성(어느 정도 조직 효율성과 지도력이 뒷받침되지 않은 상태에서 하부조직원들에게 의존한 점), 당시의 정치 경제 상황에 대한 충분한 이해와 인식의 부족을 포함한 여러 요인들이 어우러진 결과였다. 그람시는 이를 계기로 당과 지식인 문제, 그리고 헤게모니에 대한 연구를 하게 되었다.

1920년의 총파업으로 토리노와 밀라노를 비롯한 여러 지역에서 노동자들이 공장을 점거하여 독자적인 경영과 자주적인 생산에 참여하는 등 노동운동사에 획기적인 성과와 공헌을 했음에도 불구하고 정치 지도력의 부재와 기존 노동조합의 비협조적 태도 때문에 평의회 운동이 실패한 것은 당시 이탈리아 노동계의 현실을 그대로 반영하는 것이었다. 정치 지도부 격인 사회당은 공허한 논쟁과 웅변만을 되풀이하고 있었고, 직업별 노조, 노동회의소, 산업별 노조, 노동총동맹을 비롯한 기존 노동조직들은 기득권과 영향력, 그리고 세력의 축소를 우려한 나머지 마치 방관자처럼 남아 있었다.

이후 등장한 파시즘 시대에서 이탈리아 노동운동은 지하로 숨어들 수밖에 없었다. 노동총동맹 역시 비합법 조직으로서 활동을 하게 되었고, 파시스트

---

6) 보르디가 아마데오Bordiga Amdeo(1889~1970): 이탈리아 공산당의 창당위원으로 초기 이탈리아 공산당의 실질적 지도자였다. 나폴리의 청년 소비에트 연합이라는 단체를 기반으로 20세기 초 이탈리아 공산당 최고의 지도자였다. 완고하고 비타협적 성격으로 다소 교조적인 공산주의자였다. 코민테른과의 마찰로 이탈리아 공산당 내의 소수파가 되기까지 1920년대 이탈리아 공산주의 가장 대표적인 논객이자 사상가였다.

노조들은 국가의 묵인 아래 거의 유일한 합법 노조로 세력을 확장하였다. 그러나 이 어려운 시기에도 자발적이고 조직적인 투쟁과 파업은 끊이지 않고 일어났다. 1931년에 발생한 곡물수확 일용직 여성노동자들의 파업부터 1935년 토리노 노동자들의 파업까지 매년 끈질긴 저항투쟁이 이어졌다. 투쟁은 끊임없이 일어났지만 전국에 걸친 대규모 연대파업으로는 발전하지 못했다. 그 원인은 투쟁조직의 비합법성 외에도 파시스트 노조의 방해, 그리고 가톨릭계 노조의 개입 때문이었다.

가톨릭계 노조는 1918년 교황 레오 13세의 칙령을 근거로 성립된 '흰색동맹'을 말하는데[7], 흔히 좌파적인 적색노조와 대비하여 백색노조로 불렸다. 가톨릭이 무솔리니 정권에 호의를 갖기 시작한 것은 정권 초기 단행됐던 교육개혁이 시발점이 되었다. 이후 교황과 무솔리니는 1929년 2월11일 라테란 조약을 체결함으로서 공식 협력관계를 맺었다. 라테란 조약은 파시즘과 가톨릭을 동등하고 독립적인 실체로 인정한다는 내용을 담고 있었다. 이 조약으로 가톨릭은 초등학교에 이어 중등학교에서도 종교 교육을 시행할 수 있게 되었고 정신적으로 온 국민을 지배할 수 있는 토대를 마련하였다. 또한 정치 영역을 제외한 모든 분야에서 가톨릭 신도운동 조직이 파시즘으로부터 합법성을 인정받음으로서 사회적으로 문화적으로 여전히 막강한 영향을 미칠 수 있었다. 한편 무솔리니는 가톨릭과의 협력 관계를 맺음으로서 도덕적으로 정권의 정당성을 입증 받을 수 있었고 정권유지를 위한 가장 커다란 국내 세력을 자신의 영향력 안에 놓음으로서 그토록 오래 유지될 수 있었다.

지하로 숨어 들어간 노동총동맹을 비롯한 노조들이 파시즘 정권에 반대하

---

7) 김종법, "이탈리아 노동운동사Ⅱ" 2절, 『노동사회』, 노동사회연구소, 2003년 2월호 참조.

8) 코포라티즘의 기원에 대하여는 다음의 책을 참고하시오. P. Togliatti, *Lezioni sul fascismo(1935)*, Critica Marxista, No. 4/5, 1962, pp. 242~261. 이 책은 조합주의의 기원이 이탈리아 사회당과 노조 지도자들의 우파 경향에서 출발한 것으로 보고 있다. 20세기 초반의 이탈리아 사회당과 노조의 우파 지도자들은 노동운동의 혁명 경향에 반대하여 사회의 정황과 제도 안에서 노동운동의 방향을 결정한다는 '결정론'적인 시각을 갖고 노동운동을 이끌었다는 주장이다.

는 활동을 하는 동안 무솔리니는 파시스트 노조와 백색노조들을 동원하여 새로운 노조 원리를 제시하였다. 흔히 '코포라티즘Corporativismo 8)'이라고 부르는 이 원칙은 기존 노동운동의 원칙과 목표를 수정하여 노동운동을 새로운 전체주의 국가 건설의 목적에 부합시키려는 의도를 갖고 있었다. 새로운 노조원리를 따르는 노동운동은 당시 노조기구의 법적 근거였던 노사협의체를 두지 않았다. 노조의 정치 목표나 경제 목표는 조합원들인 노동자들의 일반 이익에 기반을 둔 것이기 때문에 계급투쟁에 의한 혁명이나 국가 전복이라는 공산주의 목표를 노조 원칙어서 삭제하였다. 물론 이 원리 자체를 파시즘이 처음으로 고안한 것은 아니었지만, 파시즘이 초기의 조합주의 원리를 국가 통치의 기본 원칙으로 받아들이면서 조합주의 성격이 이탈리아 노동운동의 가장 두드러진 특징의 하나로 자리 잡게 되었다.

실제로 조합주의에 근거한 노동운동은 사회주의 혁명을 포기하고, 노동운동의 방향을 자본주의 체제와 질서에 부합되도록 하였다. 이와 같은 방향 설정은 초기 파시즘의 노동정책에 상당히 유리하게 작용했다. 그러나 체제 후반으로 갈수록 조합주의 성격의 노조는 파시즘의 경제정책을 비판하고 경제투쟁에 나서게 되었다. 파시즘의 몰락과 함께 이들 노조와 지하로 잠입했던 노동총동맹 지도부들이 전후 이탈리아 노동운동을 재건할 수 있었던 것도 바로 이와 같은 요인에 의해서였다.

2. 근대 이탈리아의 성립과 노동운동의 현대적인 출발

파시즘에게 가톨릭과의 동거는 지지기반 확충이란 무형의 효과를 가져왔지만 궁극적으로 파시즘과 가톨릭은 양립하기 어려운 세력이었다. 사회주의나 자유주의에 반대한다는 사실, 계급이나 혁명을 부인한다는 점, 그리고 도시

보다는 농촌을 지향하는 요소가 파시즘과 가톨릭이 갖는 공통점이었지만, 근본적으로 파시즘과 가톨릭은 서로 다른 사상과 이념이었다. 결국 국민적인 합의를 끌어내는 데 실패한 파시즘이 선택한 최후의 해결책은 군국주의와의 전쟁이었다. 이를 계기로 이탈리아는 제2차 대전에 참여했고 전쟁의 패배와 함께 파시즘은 몰락하였다.

파시즘 몰락 후, 새로운 이탈리아 재건을 두고 수많은 정파들과 세력들이 모여서 논의를 했다. 이중 가장 중요한 세력은 반파시즘 운동을 이끌었던 여러 정파들과 미국이 주도하는 연합군이었다. 무솔리니 정부가 무너진 뒤에도 연합군은 독일군의 강력한 저항으로 한동안(1943년~45년) 이탈리아 반도를 해방시키지 못했고, 그사이 반파시스트 저항운동이 북부를 중심으로 광범위하게 조직되었다. 노동운동 지도자들 역시 이들 저항운동을 지도하면서 예전의 노동조직을 재건하는 데 심혈을 기울였다.

이와 같은 노동운동의 지형 변화를 수반했던 결정적인 요인은 여러 가지가 있을 수 있지만,[9] 무엇보다 중요한 것은 이탈리아 국내외의 정치 상황 변동이었다. 이미 기술했듯이 전쟁이 종료된 후 반파시즘 운동의 주도 역할을 했던 3당의 연정과 연합군정의 정치적인 개입은 1950년대 이탈리아 노동운동에 결정적인 요소로 작용했다. 공산당PCI과 사회당PSI 및 기민당DC은 초기 반파시스트 저항정신에 합당한 개혁정책들을 입안하였다. 그러나 연합군정은 공산당에 대한 우려를 표명하고 유일한 권력 파트너로 기민당을 선택하게 되었다. 막대한 비용을 들여 기민당을 지원하면서 미국이 중심이 된 연합군정은 냉전논리를 들어 공산당과 소련과의 연결고리를 끊고, 공산당을 국가권력에서 배제시키려고 하였다. 결국 연합군정은 나토 가입과 마셜 플랜

---

9) 이에 대한 사항을 기술한 책으로는 다음과 같은 것이 있다.: Turone, *Storia del Sindacato in Italia*, Laterza, Roma-Bari, 1975; P. Craveri, *Sindacato e Istituzioni nel Dopoguerra*, Bologna, il Mulino, 1977. 등

에 의한 경제원조 등의 정책을 통하여 일반 국민들의 호의를 이끌어내고, 행정관료 부문과 산업경제 부문에서 이전에 파시즘에 동조하였던 세력들을 중용하면서 공산당과 비우호적인 사회당 세력들을 약화시켜나갔다.

1948년이 되자 이와 같은 정황에서 CGIL의 분열은 시간문제로 여겨졌다. 초기 소수파였던 기민당은 데 가스페리를 정점으로 미국의 절대적 지원과 가톨릭이라는 교권을 바탕으로 자본가 계급의 옹호 속에서 분리의 구실만을 찾고 있었다. 결국 1948년 7월 14일 발생한 톨리아티 암살 기도사건으로 발생한 총파업 요청을 구실로 일방적으로 탈퇴 결정을 하는 동시에, CGIL의 대답도 기다리지 않은 채 탈퇴함으로써 한 지붕 세 가족의 동거는 파국을 맞이하게 되었다.

기독민주계의 탈퇴에 가장 커다란 영향력을 발휘하였던 것은 ACLI Associazioni Cristiane di Lavoratori Italiani라는 가톨릭계 노동단체와 '가톨릭 행동단체' 및 미국의 AFL-CIO 등이었다. CGIL에서 탈퇴한 뒤 가톨릭 노조단체들은 7월 22일 '자유이탈리아 노동총동맹LCGIL' 이라는 노조를 결성한다. 1949년 또 다시 CGIL 내에 남아 있던 사회민주 계와 공화계가 사회당에서 탈당한 일부 지도자들과 함께 탈퇴하고, 이들 중 소수가 뜻을 같이하는 가톨릭계와 함께 1950년 4월 이탈리아 노동조합동맹CISL(Confederazione Italiana dei Sindacati Lavoratori)을 결성하였다. 이어서 지나친 기독민주계의 세력 확장을 우려한 나머지 다수 그룹들은 이탈리아 노동자연맹UIL(Unione Italiana dei Lavoratori)이라는 새로운 노조를 결성함으로써 통합노조의 시대가 종말을 고하고 이후 노동조직의 '3국 시대' 가 새롭게 시작된다.

2-1. CGIL

일부 세력의 이탈에도 불구하고 적어도 노동운동 내부에서만큼은 CGIL의 위상은 그다지 커다란 타격을 입지 않았다. 더군다나 탈퇴한 새로운 두 단체가 기본적으로 표방한 반공 이념은 노동운동 내에서 커다란 비중을 차지하는 것이 아니었기에 외부환경의 변화에 따른 세력축소는 없었다고 보아야할 것이다. 오히려 내부 모순과 침체에 따른 위상 저하로 CGIL은 CISL과 UIL의 상대적 역량강화의 빌미를 제공하게 되었다.

CGIL은 직종과 이해가 다른 전체 노동자들의 입장을 대변하다보니 지나치게 중앙 집중적인 조직 구조를 갖게 되었다. 이는 공장 단위나 하부의 기층 노조원들의 의사반영이 제대로 이루어지지 않음으로써 노조원들과 지도부가 다르게 생각하고 행동하는 양상을 보이는 원인이 되었다. 또한 수많은 개별 직종과 분야의 노동자들을 대변하고 각기 다른 이해관계를 조정하기에는 너무나 복잡하여 한계가 있을 수밖에 없었다. 임금노동자뿐만이 아니라 사무직과 전문직노동자들까지 포괄하는 구조로서는 이해관계가 다른, 때로는 반대적이기까지 한 이들의 관계를 조정하기에는 어려운 점이 많았다.

그러나 CGIL의 기본 정책 방향은 분열된 노동운동 세력을 다시 한번 결집하고, 사회 세력관계를 기반으로 노동자들의 이해관계를 사회가 수용할 수 있도록 영향력을 미쳐 개혁과 사회의 전반적 방향이 노동자들에게 유리하게 조성될 수 있는 기반을 마련하는 것이었다. 이를 위해 CGIL은 임금노동자들의 실질적인 노동조건의 개선과 임금인상을 통한 생활기반의 상승이라는 전술 목표를 세웠다. 또한 장기적으로는 사회주의 색채의 경제정책을 통하여 사회구조를 바꾸는 것을 최대전략으로 삼았다.

CGIL의 이와 같은 기본방침은 이후 여러 번의 전국대의원대회를 통하여 구체적으로 가시화되었지만, 기민당 연합정부에 의해 좌절되거나 변경되었다. 좌절과 변경은 노동운동 세력의 분열 이후 경제성장이라는 국가 목표를 실현하기 위해 노동자들의 희생을 강요하는 모습을 띠고 있었다. 이것은 경제지표를 통해서도 잘 알 수 있다. 전후 이탈리아 경제는 빠른 속도로 성장하여 매년 평균 9%의 성장률을 기록하였다. 이에 반해 임금인상률은 1948년에서 1954년 사이 1% 미만을 기록하였고, 실질 임금인상률 역시 평균 2%에 그치게 된다.[10] 따라서 국가는 고도의 경제성장 발판을 마련했지만 실질적 의미에서 선진산업 형태를 갖거나 노동자를 위한 복지사회 건설은 여전히 요원한 것이었다. 따라서 여전히 CGIL은 이념과 종교를 달리하는 여러 직종과 계층의 노동자들을 대변하는 노동운동의 구심점으로서 1950년대와 1960년대를 맞이하게 되었다.

2-2. CISL

CISL가 초기의 반공주의 입장을 버리고 노조 본연의 자세를 취하게 된 것은 CGIL에 반대하는 투쟁만으로는 노동자들의 지지를 받을 수 없다는 현실 요인 때문이었다. 그러나 조직 지도부의 구성원들이 여전히 기민당의 당직을 유지하거나 간부를 겸하는 것이 현실이었다. 게다가 계속 지원을 받아온 미국의 대표적 반공노조인 AFL-CIO의 이념과 원칙에 동조하는 경향이 남아 있었다. 따라서 노동자의 이해관계를 반영하는 폭도 이와 같은 입장 안에서 결정되었고, 이는 조직 확장의 한계 요인으로 작용했다.

　CISL은 노동원칙에 의한 노동조직이라기보다는 종교와 정치적인 입장에서 노동운동을 지배하는 우익 노조로 보는 것이 합당한 단체였다. 국가경영의 원칙에 맞추어 순응적이고 종속적인 성격을 갖으며, 다소 배타적인 행태를 보이는 것도 CISL의 전형적인 특징이다. 그러나 1950년대의 노조운동 약

---

10) P. Grifone, *il capitale funzionario in Italia*, Einaudi, 1971, p. 54.

화기를 거치면서 세력 확장의 토대를 마련하였고, 1950년대 말부터 시작된
경제부흥 기간에는 현상유지 원칙이 노동자들에게 영향력을 발휘하면서
CGIL에 이어 제2의 노동조직으로 발전하게 된다.

2-3. UIL

CGIL이나 CISL에 비하여 조직의 규모가 비교적 작았던 UIL은 초기 CISL보
다 보수적인 입장을 견지했다. 이들의 기본 입장은 '민주적 사회주의자' 라는
표어로 집약될 수 있을 만큼 중도적인 사회주의를 표방하였다. 1960년대 이
후 이탈리아 중도-좌파 연정이 성립하던 시기가 이들의 모토에 걸맞은 성장
시기일 것이다. 초기 반反CGIL 투쟁 방식에서 탈피하면서 이들 노조가 세력
확장의 정책 기조로 삼은 것은 현장 노동자들의 이익을 충실히 대변한다는
것이었다. 실제로 이와 같은 투쟁 방향은 어느 정도 효력을 발휘하여 CISL보
다도 강경한 임금투쟁을 벌이기도 하였다.

　어떻게 보면 이들은 기회주의 성격을 띠기도 했는데, 이는 사안에 따라 연
대와 협력의 대상을 결정하는 원칙이 없는 행동강령을 갖고 있었기 때문이
었다. 특히 이들은 사회문제나 국가의 민감한 정치 문제에는 철저하게 무관
심한 입장을 표명하여 조직 내의 진보성향의 조직원들로부터 비난을 받는
사태가 종종 벌어지기도 하였다. 주로 CISL과 경쟁적인 관계를 가졌으나
1950년대 후반부터 선별적으로 우호관계를 유지하였고, 1960년대 중도-좌
파정부의 수립으로 세력 확장의 일대 전기를 맞이함으로써 제3의 노동단체
로 성장하게 된다.

3. '경제기적'에서 노조활동 강화로

1950년대 후반 이탈리아 경제는 상당한 변화와 발전된 모습을 보였다. 특히 1957년 유럽공동체 창립회원국이 됨으로써 이탈리아는 단번에 경제선진국 반열에 올라설 수 있었다. 1950년대 초까지만 해도 이탈리아는 산업구조에서 다른 유럽국가의 하청국가였다. 종속적인 경제구조를 갖고 있던 이탈리아에게 유럽공동체 가입 문제는 뜨거운 감자였다. 당시의 산업자본가들과 정치가들 사이에는 유럽공동체 가입 문제를 두고 많은 이견과 논란이 있었다. 이는 이탈리아의 산업적 여건에서 가입 후에도 독자적인 산업경쟁력을 유지할 수 있을 것인가에 대한 염려 때문이었다. 그러나 우려했던 경제종속의 심화나 경쟁력 저하는 나타나지 않았고, 오히려 세계의 수요로부터 발생하는 경제이윤을 얻을 수 있는 위치에 이르렀다.

이와 같은 경제발전의 이면에는 몇 가지 요인들이 있었다. 첫 번째는 국가의 계획경제체제가 어느 정도 효력을 발휘하였으며, 두 번째는 석탄을 대체하는 석유나 가스와 같은 새로운 에너지원이 이탈리아에서 발견되어 생산되었고, 세 번째는 남부로부터 유입된 값싼 노동력을 바탕으로 제품 경쟁력을 잃지 않았기 때문이다.

이 시기 경제발전 양상의 일반적인 특징은 다음과 같다. 40% 비중을 차지하고 있는 농업과 여전히 전근대적인 형태로 운영되는 제조업을 기반으로 자동차, 철강, 화학 분야 등의 중공업이 지역적으로 분화되어 발전하였다. 외형적으로도 비교적 높은 경제성장률을 보이게 되며[11] 산업구조 전반에 걸친 구조조정으로 이어졌다.

---

11) 공업생산성이 1959년 10.9%, 1960년에는 무려 15.3%에 달했고, 2년간의 수출 증가율 역시 평균 14% 이상의 증가율을 나타냈다. 1971년 국세조사Censimento, Istat(이탈리아 통계청), 1971, Roma. 참조.

　그러나 흔히 '경제기적'이라고도 일컬어지는 1950년대 중반 이후 이탈리아 경제는 외형적인 성장 이면에 감추어진 보다 심각한 내부문제를 안게 되었다. 국토의 균형 발전을 통한 전반적인 국가발전이라기보다 밀라노, 토리노, 제노바를 축으로 하여 주변 중소도시들이 중심이 된 북부만의 발전이자, 불균형적이고 노동집약적인 산업 중심의 발전이라는 한계를 내포하고 있었던 것이다. 이 과정에서 남부의 노동력이 북부 산업지대로 유입되면서 북부 중심 산업화는 더욱 가속화되었고, 중남부에서는 농업인구 감소와 낮은 농업 생산성, 그리고 전통적인 토지소유 관계가 붕괴되기 시작하였다. 또한 이탈리아 자본의 국내외 합병과 독점이 강화되고, 대규모 기업들은 국가경제 정책에까지 영향을 미치게 되었다. 이는 국가 경쟁력 강화라는 측면에서는 바람직하였지만, '남부문제'가 해결될 기미를 보이지 않았을 뿐만 아니라 오히려 산업 불균형이 더해 간다거나 기업 내의 노동자들에 대한 착취가 심화되는 부정적인 측면들로 나타났다.

　그럼에도 불구하고 노조활동이라는 면에서 보면 조직역량의 강화와 세력 확장이라는 새로운 전기가 마련되기도 하였다. 북부를 중심으로 급격하게 증가된 노동자 수는 노동조합에 조합원 수가 증가하면서(단, CGIL만이 이 시기 조합원 수가 다소 감소하였다) 역량강화를 위한 새로운 방향 설정이 필요하였고, CGIL, CISL, UIL로 나뉘어진 이탈리아 노동조합의 전술적인 변화를 통한 공동투쟁의 필요성이 다시 한번 제기되었다.

　변화된 환경에 적응하고 조합원 수와 노동자가 증가함으로써 CGIL을 비롯한 세 노조의 새로운 전략과 전술을 마련하는 것이 시급한 과제로 떠올랐다. 특히 CGIL은 한때 조합원이 370만 명(1958년 기준)으로 줄어들 정도로 조직 약화가 뚜렷했기 때문에 더더욱 새로운 전략과 전술이 필요했다. CGIL의 커다란 문제는 공장 내에서의 노사갈등에 개입하지 않는다는 점과 단위 조직의 관심이나 이해에 상당히 둔감했다는 사실이다. 이는 상대적으로 CISL이나 UIL이 현장의 소리에 귀를 기울이고 그에 대한 조직 차원의 해결에 노력했다는 사실에 비추어 보면 CGIL의 조직 약화는 어느 정도 이해할 수 있다. 1956년 2월 로마에서 개최된 전국 대의원회의에서 CGIL의 이와 같은 입장 변화를 읽을 수 있는데,[12) 사업장 단위의 개별조직 강화와 요구를 상당부분 수용하게 된다. 이와 같은 방향 전환과 함께 가장 두드러진 전술 변화는 기업별 단체협약의 채택이었다. 당시 전국 단협에 전술적인 우위에 있었던 CGIL의 입장에서는 상당한 변화였고, 이는 1960년대 이후 노동운동 전략의 근본적 방향 전환을 의미할 만큼 중요한 의의를 갖는 것이었다.

단일 기업이나 사업장 내의 요구사항(대기의 경우 임금인상)을 수용함과 동시에 전국 차원에서 노동조건의 일반 요구사항(사회적 노동조건과 국가정책에 노동관련 정책의 반영 등)을 결합하는 전술적인 배려만이 노동자 계급의 정치적·경제적·사회적 보장이 확립될 수 있는 것으로 CGIL은 입장을 정리하였다. 상황 변화에 따른 정치적 여건과 다른 노동조직과의 관계도 많이 개선되었다. 이탈리아 공산당과도 정치적으로 독립적인 위치에서 상호불간섭 원칙을 유지했다. 오랫동안 기업별 단협 원칙을 고수하고 있던 CISL과의 관계를 개선함으로써 장기적으로 보아 노동조직 전체의 전술적인 통일에 한 걸음 다가설 수 있는 계기를 만들게 되었다. 이와 같은 노동운동 방향 전환이 가져온 구체적인 성과는 1958~59년년 사이에 전개되었던 단협 투쟁에서 현실화되었다. 더군다나 1959년 6월 투쟁의 성과물 중 하나로 제정된 법률에서, 노조나 사용자단체의 가입 여부와 관계없이 산별 차원에서 모든 임금 노동자와 기업들은 단체협약에 따라야 한다는 내용을 포함시키게 됨으로써 노조의 입장은 더 한층 강화되었다.

---

12) 노동관계의 모든 분야를 노조가 주도하는 단협 대상이 되도록 하기 위해서는 언제나 임금노동자들의 요구들을 실현시키고 노동조건의 실질적 개선을 목표로 하는 교섭과 단체협약 체결이 동일 산업 분야의 개개 부문에서도 이루어질 필요가 있다……. 전도적 차원에서의 협약이나 단협은 이탈리아 노동자들의 절대적인 성과물이며, 노동운동의 통일에 결정적 공헌을 하게 될 것이다. CIGIL 총회 제1권, CGIL, Roma, 1970. p. 98~99에서 요약.

이와 같은 노동운동의 상징적인 변화를 초래할 수 있었던 요인에는 당시의 정치 지형과 조건들이 일정 부분 공헌했다는 점을 간과할 수 없는데, 가장 중요한 것은 기독민주당의 약화였다. 1950년대 초반까지 정권유지를 위한 절대 다수 의석을 확보하고 있던 기민당은 1953년의 투표를 기점으로 상대적 다수당의 위치로 축소되었다. 이는 정부 구성에 있어 기민당 단독으로 가능한 것이 아니라 다른 당과의 연합이나 연정을 해야만 한다는 사실을 의미했다. 이에 대한 극우 보수 세력들의 저항도 만만치 않았다. 특히 기민당 내 우파를 중심으로 신파시스트 세력의 부활 기도가 있었으며,13) 당시 정부 수반이었던 탐브로니Tambroni 14)가 이를 주도하였다. 그러나 국민적인 저항에 부딪쳐 탐브로니는 하야하고 판파니Fanfani 15)를 수반으로 하는 중도-좌파 연정이 출범했다.

1960년에 발생한 일련의 사태들은 결국 기업별 단협 투쟁의 성공으로 이어졌고, 민간부문 이외에 철강을 비롯한 공공부문까지도 적용되는 계기를 마련했다. CGIL와 CISL, UIL은 이 과정에서 일정 한도에서 공동보조를 취하였지만, 요구한 노동조건에 대한 사항들이 통일되지 못하여, 결국 전국단위의 단협 투쟁에서는 괄목할 만한 성과를 거두지는 못하였다. CGIL와 CISL, UIL이 거둔 1960년의 전국 단협 투쟁의 부분적인 성과는 노동조직 강화나 노동여건의 일반적 개선과 관련해서는 기대에 미치지 못하는 것이었다. 새

---

13) 신파시스트 정당의 전당대회 개최 문제를 두고 벌어진 일련의 사태를 말한다. 1960년 정부 지지의 반대급부로 신파시스트 당의 전당대회를 제노바에서 개최하도록 허락해준 정부의 결정에 대하여 노동조합뿐만 아니라 일반 국민들까지 반대하였던 사건이었다. 결국 유혈충돌로 치달은 이 사태로 내각이 사퇴하고 판파니를 수반으로 하는 새 내각이 만들어졌다.

14) 탐브로니 아르마롤리 페르난도Tambroni Armaroli, Fernando(1901~1963)는 파시스트 출신으로 전후 창설된 기민당의 하원의원을 여러 차례 역임하였다. 1960년에는 네오파시시스트 정당인 MSI 의 지지를 얻어 수상에 올랐지만, 국민들의 반대로 사임하였고, 얼마 지나지 않아 사망하였다.

15) 판파니 아민토레Fanfani Amintore(1908~1999)는 두 차례(1953~59, 1973~75)에 걸쳐 기민당 사무총장을 역임하고 네 차례(1958~59, 1960~62, 1963~64, 1982~83)나 이탈리아 정부의 수상을 역임했던 정치가이다. 1972년 종신 상원의원으로 활동했다.

롭게 들어선 판파니 정부 역시 노동자들의 이해와 요구에 합당한 조치들을 취하지 않고 기업과 사용자들의 입장에 보다 가까운 조치들을 시행하고자 했다. 특히 1962년 기업별 단협 투쟁의 촉매제가 된 금속노조와의 협약체결 시도에 나타난 여러 가지 문제들은 판파니 정부의 개혁 의도와 의지를 충분히 가늠할 수 있는 것이었다.

이와 같은 정부의 책략에 맞서 금속노조는 파업을 선언하고 투쟁에 돌입하였다. 피아트, 올리베티 같은 민간기업들은 결국 노조의 요구사항을 담은 합의서에 서명하게 되었고, 연이은 전국적 규모의 총파업으로 사용자단체는 노조의 요구조건[16]을 수용하게 되었다. 이와 같은 성공의 이면에는 노동조직의 단결과 연대가 커다란 요인으로 작용했지만, 무엇보다도 각기 입장이 다른 세 노조(CGIL 소속의 FIOM, CISL 소속의 FIM, UIL 소속의 UILM을 지칭)가 공동으로 조직하고 연대하여 투쟁했다는 사실이 가장 커다란 요인이었다.

1962년 금속노동자들의 성공은 다른 분야에도 상당한 파급효과를 가져왔다. 기업별 단협 체결권을 산업의 여러 부문에서 갖게 되었다는 사실 이외에도 건축 분야에서는 국민주택의 건설 확대라는 사회적인 요구들까지 관철시키는 성과를 보이기도 했다. 보다 구체적인 결과물들은 다음과 같다. 1962~63년에는 총 3천여 개의 기업별 또는 분야별 단협이 각각 270만 노동자들과 250만 노동자들을 대상으로 체결되었다. 내용은 인금 인상을 비롯해 노동시간 단축과 임금체계(1963년 협약의 약 18%를 차지), 그리고 기업 내 노조 권한(1963년 협약의 31%를 차지)에 관한 쟁점들을 포함하고 있었다. 기존 내용과 달리 1963년 협약들은 모든 사안들의 80%에 대해 노조만이 아니라 직장평의회도 함께 책임을 지도록 했다.[17]

---

16) 10~13%의 즉각적인 임금인상, 2시간의 주간노동시간 단축, 병가 시 첫 사흘간은 임금 계속 지급 등의 세부적 요구조건들이 있었다.
17) 정병기 편역, 『이탈리아 노동운동사』, 현장에서 미래를 p. 149에서 재인용.

공업 분야의 노동조건 개선과 성과들은 지역적으로 후진적이었던 남부의 산업기반에도 영향을 주었다. 농업부문 노동자 수가 안정적이라는 점과 농촌 실업률이 감소하였다는 점, 그리고 국가정책으로 남부문제를 해결하기 위한 여러 중장기 계획들을 입안하게 되는 등 제반 여건 자체가 많이 향상된 모습을 보였다. 이는 곧바로 농업부문 노동자 투쟁으로 이어져 높은 비율의 임금을 인상하게 되었다.[18] 이는 이탈리아 노조들의 입장을 강화시켰고, 산업자본가들의 개입과 정부의 통제에서 벗어나 독자적인 역량을 갖게 되었으며, 그동안의 수세적인 입장에서 탈피하여 단협 체계와 노동조건의 혁신을 위한 투쟁에서 주도적 입장에 서게 되었다는 점에서 1962~63년 단협 투쟁은 어느 정도 성과를 거둔 것으로 평가되었다.

4. 노동조합의 침체와 사회적 갈등

경제기적이라고 할 정도로 1950년대 후반 이후 1960년대 초까지의 이탈리아 경제는 눈부시게 성장하였다. 더군다나 단협 투쟁 전략을 놓고 세 노조가 행동 통일을 이루는 등 노동운동 내부도 커다란 변화가 있었다. 그러나 유럽 전체가 경기 퇴조의 조짐을 보이면서 이탈리아 경제도 후퇴 조짐을 보이기 시작했다. 자본가들은 이를 틈타 노조 세력의 약화를 기도하였다. 주로 해고를 통한 노조 무력화 전략은 노조에게 상당한 타격을 주었고, 기업별 단협의 성과들을 하나둘씩 제거하였다.

이는 세 노조의 공동 투쟁을 가로막는 장애물로 작용하기도 하였다. 즉 기업별 단협이 약화되면서 전술에서 입장 차이를 보였다. 세 노조 모두 사업장

---

18) *Ibid.* p. 149.

과 공장의 현장 노동자들의 요구와 소리에 귀를 기울여야 한다는 점에는 이론의 여지가 없었지만, 구체적으로 그 방법을 놓고 다른 해석과 입장을 표명했다. CGIL은 단협의 합의사항 중에서 평화의무 사항을 제거해야 할 독소조항으로 상정하고 철폐를 주장하였다. 이에 반해 CISL이나 UIL은 산업자본가들과 협의하여 점진적인 개혁 내용을 담는 합의체와 전국 규모의 조정기구 등의 설치에 큰 관심을 가지고 있었다.

단협의 세부 실천 방법에 따른 차이 외에도 국가가 주도하는 경제계획에 대하여도 입장 차이를 드러냈다. 중도파와 좌파의 연합정부는 보다 종합적이고 균형적인 국가 발전을 위해 5년 단위의 국가경제계획을 세우게 된다. 그러나 이 경제계획이 이탈리아가 갖고 있는 심각한 사회문제인 남부문제의 해결이나 노동자 복지에 대한 구체적인 실천 과제들을 담고 있지 못하였다. 더군다나 이 계획안에는 노동자들의 임금정책을 통제하기 위한 '국가소득정책' 등과 같은 제한 규정들을 명기하였다. 이와 같은 부분에 대하여 세 노조는 모두 반대하는 입장을 보이기는 했지만, 그 전제조건에서 다소 다른 견해와 방향을 제시하고 있었다. CISL은 임금인상 요구를 전체 평균 인상률로 결정하는 것이 아니라 각 부분에 따른 실질 생산성 향상과 연결시켜야 한다는 입장을 견지했다. CGIL은 이에 반해 임금인상을 노동생산성의 추상적인 개선에 종속시키는 모든 형태의 시도를 단호히 거부하고 여러 입장 표명을 통해 그 확산과 그에 따른 모순을 저지할 필연성을 반복하여 강조하였다.[19]

세 노조의 이와 같은 입장 차이는 이탈리아 경제침체와 맞물리면서 1960년대 중반까지 계속되었고, 사회적으로 여러 분야에서 혼란과 갈등이 내재되는 원인의 하나가 되었다. 1960년대 중반 이후 이탈리아 사회의 불안정과 혼란스러움은 1960년대 후반부로 가견서 세계적 흐름인 '68운동'에 휩쓸리면서 결국 1969년 '뜨거운 가을autunno caldo'로 이어지게 된다.

---

19) 앞의 책, p. 155. 재인용.

5. 68운동과 사회변혁

5-1. 68운동의 경과와 대상

현대 사회의 물질적 풍요와 가치의 다양화라는 동전의 앞뒤와 같은 새로운 현실은 기성세대뿐만이 아니라 젊은 세대에게도 가치관의 혼란을 가져왔다. 어느 사이에 이것은 곧 세계적인 현상으로 표출되게 되었다. 이와 같은 젊은 세대들의 변화에 대한 열망은 다양한 영역에서 표출되었다. 학교와 공장 그리고 문화계 전반에서 하나로 분출했던 힘과 운동이 68운동이었다.

흔히 68운동으로 불리던 세계적인 현상은 이탈리아에서도 예외가 아니었다. 현대 국가라고 하지만 1960년대까지 이탈리아에는 매우 보수적이고 전통적인 봉건성이 남부를 비롯한 지역 곳곳에 남아 있었다. 가톨릭 전통과 농업사회 특유의 보수적인 사고가 사회의 전반적인 기조였다. 그러나 이와 같은 전통적이고 보수적인 사회 분위기가 가정과 학교, 교회와 일터 등에서 68운동의 세찬 파고에 제대로 저항 한 번 해보지 못하고 무너져버렸다. 변화의 흐름 가운데서도 '4P'로 지칭되던 상징적인 부분에서 그 변화와 갈등의 폭은 컸다. Padre(파드레, 아버지), Prete(프레테, 신부), Partito(파르티토, 정당), Padrone(파드로네, 주인)의 첫 글자를 딴 '4P'는 당시 사회와 정치 변화의 흐름과 대상이 어떠했던가를 분명하게 보여준다.

이탈리아의 경우 '68운동의 시점을 어디에서부터 잡을 것이냐는 문제는 관점에 따라 상당히 다를 수도 있다. 당시 전 세계의 일반적인 흐름이 사상적으로 사회주의와 네오마르크시즘에 대한 부활과 함께 사회를 바꾸고자 하는 혁명에 대한 열망 등이 어우러지면서 문화적으로는 '비틀즈'에 열광하였고, 사회적으로 베트남전에 대한 반대와 히피족의 등장이라는 현상을 어느 정도 공유하고 있었기 때문에 이를 기준으로 삼을 수도 있겠지만, 이탈리아에서는 앞서 언급한 외부 현상들 외에도 국내에서 발생한 몇몇 사건들을 상징적으로 꼽는다.

가장 먼저 이탈리아 사회를 되돌아볼 수 있는 계기가 되었던 것으로 이탈리아 현대 역사에서 가장 심각하고 커다란 피해를 주었던 1966년 11월 4일 피렌체에서 발생한 재난이었다.[20] 이탈리아 자체가 기후적으로 강우량이 많은 지역이 아닐 뿐더러 특히 피렌체는 강우로 인한 범람지역이 아니었기에 그 피해가 더욱 컸다. 피렌체에서 일어난 자연재해로는 가장 커다란 재난이었던 1966년 '아르노 강 범람'은 이탈리아 전역에 새로운 사회상 정립의 필요성을 일깨운 사건이었다.

피렌체를 비롯한 많은 토스카나의 도시들이 물에 잠기자 이탈리아 전역에서 구호의 손길이 보내졌다. 재앙과 재난에 대한 사후대책은 국가의 몫이라고만 생각하고 있던 이탈리아인들에게 국민적 구호운동은 아도르노 강의 범람만큼이나 커다란 시대의 사건이었다. 그중에서도 가장 상징적이고 의미가 있었던 움직임이 '자원봉사 젊은이들'이었다. 이탈리아 전역에서 수천 명의 젊은이들이 피렌체를 향하여 모여들었다. 특히 20대 젊은이들의 대부분은 '비트beat'라는 모임 소속이었는데, 오늘날까지 그 전통을 이어오고 있는 '자원봉사 조직'이다. 이 모임은 인류애에 입각하여 진보적인 사회운동을 지향하는 단체였다.

이후 전국 각지의 대학생들과 시민단체, 그리고 노동자들은 기존의 사회질서와 전통에 대한 회의와 의문을 가지고 세계적으로 확산되고 있던 문화

---

20) 피렌체를 관통하던 아르노 강이 넘치면서 피렌체 도시 전체와 그 주변 도시들을 수상도시로 만들어 버렸다. 도시의 2/3가 1~2미터 내외의 물에 잠길 정도도 심각했던 최악의 홍수는 시내 여기저기에 처참한 잔해와 흔적을 남겼다. 진흙과 쓰레기는 그다지 큰 문제가 아니었다. 먹을 물이 절대적으로 부족했고, 전기가 끊어졌으며, 전화는 불통되었다. 대부분의 건물들이 물에 잠기면서 귀중한 예술품들과 유적들도 커다란 피해를 입었다. 르네상스의 보고라는 우피치Uffizi 미술관도 진흙더미에 떠밀려 들어와 소장품들이 피해를 입었고, 산타 크로체 성당 등의 주요 유적들도 적지 않은 손실을 입었다. 사망자도 상당한 수여서 홍수로 인하 70여 명의 사람들이 목숨을 잃거나 실종되었다. A. Longo e G. Monti, *Dizionario del '68*, Roma, Riuniti, 1998. pp. 59~60.

적인 변화의 흐름에 주도적으로 참여하였다. 자신들이 속한 사회에 대한 근본적인 문제제기는 내면적인 자아성찰의 기회를 부여함과 동시에 그동안의 경제 성장의 이면에 가려진 부정적인 사회상과 비민주성 등에 대한 각성의 기회가 되었다. 전쟁 이후 이탈리아 사회가 갖는 남부문제를 비롯한 구조적인 모순과 여전히 건재하던 파시스트 잔당들, 그리고 가톨릭의 수구적인 모습 등에서 새롭게 지향해야 할 사회에 대한 비판의식이 자연스럽게 불거졌다. 이 과정에서 발생한 '시파르Sifar 사건'은 이탈리아 사회 분석과 자아성찰의 계기를 부여했다.

'시파르 사건'이란 당시 집권세력 내 파시스트 성향의 극우파에 의한 쿠데타 음모 사건을 말한다. 이 사건은 1967년 5월 11일 두 명의 기자 스칼파리E. Scalfari와 얀눈치L. Jannuzzi에 의해 친위 쿠데타 과정에 대한 내막이 폭로되었다.21) 데 로렌조De Lorenzo라는 헌병대 장군이 미국의 지원과 정부 내 무장 친위대의 지지를 바탕으로 공산주의자와 사회주의자 및 진보적인 학생단체, 노조 지도자들을 체포함으로써 극우파정권의 설립을 기도하였다는 것이다. 1964년 7월 14일에 쿠데타를 일으키려 했지만, 준비 과정에서 발생한 일련의 상황으로 실행에는 옮기지 못한 친위 쿠데타 음모사건이라고 앞의 두 기자가 알리면서 세상에 알려졌다. 그러나 당사자들을 비롯한 정권은 이를 부인하고 이를 폭로한 두 기자는 유죄판결을 받았다. 이 사건은 당시 이탈리아 사회를 크게 흔들어놓았다. 하지만 정작 주모자로 지명된 데 로렌조 장군이나 관련 인물들은 기소조차 되지 않은 채 사건이 마무리되어 많은 의혹이 남게 되었다.

이 사건으로 이탈리아 사회는 격론에 휩싸였고, 학생들을 비롯한 젊은 층을 주축으로 사회의 부조리와 비민주성을 고발하고 바로잡으려는 시위들이 조직되었다. 이러한 활동들이 전국의 각 대학에서 벌어지기 시작하였고, 대

---

21) 보다 자세한 내용은 앞의 책, pp. 67~69. 참조.

학에 따라 그 계기와 이유는 달랐지만 변화와 변혁에 대한 열망이 그 밑바탕에 도사리고 있었다. 그중 가장 중요한 의미를 갖는 대학 주도 시위는 1968년 3월 1일 로마의 스페인 광장에서 벌어진 학생들과 경찰과의 충돌사건이었다.[22]

대학 내부 사정으로 학교를 점거하여 시위하고 있던 라 사피엔차La Sapienza 대학에서 총장이 사태의 해결책으로 경찰 병력에 의한 강제해산을 선택하자 이를 항의하기 위해 학생들이 건축학과 본부로 평화행진을 한 것이 사태의 시발점이었다. 행진대열이 빌라 보르게제Villa Borghese로 진입하는 과정에서 갑자기 경찰 병력과 시위대 사이에서 무력충돌이 벌어졌다. 저녁 뉴스를 통해 전국에 걸쳐 생방송된 이날의 충돌은 시가전을 방불케 하는 것이었다. 양측에서 수백 명의 부상자들 발생케 할 만큼 큰 충돌이 벌어졌는데, 특히 이 사건이 갖는 상징성은 이후 발생한 점거사건들과 무력충돌의 도화선이 되었다는 점이다. 즉 이전의 시위와 행진이 거의 평화 수단에 의해 조직되었지만, 이 사건을 계기로 일거에 폭력 수단을 사용하는 무력 시위를 불러일으켰던 것이다. 이날의 사건은 68운동 과정의 시위 중에서 가장 중요한 의미를 갖는 것으로 평가받고 있다. 이 사건은 결국 3월 7일 토리노 대학 인문학부 본부인 팔라초 캄파나Palazzo Campana 건물점거 시위, 3월 15일 피사 역 시위, 3월 25일 밀라노의 라르그 제멜리largo Gemelli 시위 사건 등의 기폭제가 되었다.

학생들의 시위와 더불어 교수들이나 지식인들이 행동하는 모습도 점차 조직화되고 단체화되었다. 1960년대 가장 유명했던 마르크스주의 강의를 담당했던 루치오 콜레티Lucio Colletti나 『노동계급Classe Operaia』지를 창간하였던 알베르토 아소르 로자Alberto Asor Rosa, 토리노 학생운동을 이끌면서 후일 PCI의 좌파 리더가 된 루이지 봅비오Luigi Bobbio(아버지가 Norberto

---

22) 앞의 책, pp. 65~67. 참조.

Bobbio로 유명한 인물), 자율주의 철학을 탄생시킨 토니 네그리Toni Negri, 1960년대 저항 영화인의 대명사였던 피에르 파올로 파졸리니Pier Paolo Pasolini 감독 등은 각자의 영역에서 기성의 질서에 반대하고 새로운 변화와 변혁을 지도하는 역할을 담당하였다. 이와 같은 행동하는 지식인의 모습이 가장 먼저 조직화된 것은 우리에게도 잘 알려진 베네치아 영화제에서였다.

1968년 3월 베네치아 영화제의 파시스트화와 지나친 상업성을 비난하는 105명의 이탈리아 영화인들이 영화제본부에서 항의 성명서를 낭독하고 대회 당일에 산 마르코San Marco 광장까지 시위를 벌이는 사건이 발생했다. 경찰의 무력진압으로 수십 명의 기자와 영화인들, 일반인들이 부상당한 이날의 시위는 이탈리아 지식인들이 행동에 나서는 기폭제가 된 것으로 유명하다. 당시 시위에 나선 영화인들 중에 우리에게도 낯설지 않은 이들은 베르톨루치Bertolucci 감독을 비롯해 페레리Ferreri, 마셀리Maselli, 자바티니Zavattini 등도 끼여 있었다.

이 사건으로 전국의 지식인들이 하나의 단체나 협회를 조직하여 한 목소리를 내기 시작하였으며, 각지에서 학생들과 노동자들과 결합하여 운동을 지도하고 이끌었다. 학생들과 지식인들의 이와 같은 행동에 일반인들, 특히 가톨릭교도들의 동참은 전통적인 가톨릭 사회로 인정받고 있던 이탈리아에 커다란 충격을 주었다.

당시 가톨릭 사회 안에서도 '성서와 혁명' 23)이라는 주제는 가장 열띤 토론의 주제였지만, 이런 것들이 행동으로 표출된 것은 각 도시에서 발생한 본당 성당(흔히 두오모Duomo라고 한다) 점거사건들이었다. 가톨릭 내부에서 사회변혁과 참여에 대한 방법과 방향 등을 논의하는 과정에서 결론을 내리

---

23) 당시 전 세계 가톨릭 사회는 사회변혁의 이와 같은 움직임 속에서 1968년 3월 22일부터 4월 15일까지 파리에서 '성서와 혁명' 이라는 주제로 국제회의를 개최하였다. 이후 각국에서는 이에 대한 논쟁이 들불처럼 일게 되었다. *앞의 책*, p. 15. 참조.

지 못하자, 이견을 제시하였던 사회참여 분파들이 자신들의 의견을 행동으로 보여주었던 것이다. 평신도들의 이와 같은 행동은 어느 정도 예상된 것이었지만, 신부나 수도사들이 가톨릭 개혁에 동참하는 계기가 된 사건도 있었다. 바로 이졸로토Isolotto의 엔초 마치Enzo Mazzi 신부 사건이었다.

피렌체의 한 교구였던 이졸로토의 신부였던 엔초 마치는 파르마Parma 성당 점거사태에 대하여 점거한 신도들을 격려하고 동조하는 입장의 편지를 전 교구에 발송하였다. 그러자 피렌체 주교였던 플로리트Florit는 마치 신부에게 사임을 하든지 아니면 편지의 입장을 철회하라고 지시했다. 이 사태를 두고 이졸로토 교구와 주교 사이에 갈등이 빚어지게 되었고, 결국 평신도들과 마치 신부는 시위를 통해 자신들의 주장을 알리기 위해 시위에 나섰다. 전국적으로 큰 논란을 일으켰던 이 사건은 신부나 성직자의 사회참여에 관한 의견이 봇물처럼 터져나오는 계기가 되었다.

그러나 무엇보다도 68운동 과정에서 가장 두드러진 변화와 열망이 소용돌이 쳤던 곳은 역시 노동계였다. 1950년대와 1960년대를 거치는 경제성장의 과정에서 여전히 소외되었던 노동계는 사용자의 진정한 파트너로서, 그리고 사회변혁의 주체로서 68운동을 주도하였다. 68운동의 과정 중에서 가장 커다란 의미를 지닌 사건은 아무래도 1969년 가을에 발생한 '뜨거운 가을Autunno caldo' 이라는 일련의 사태였다. 1969년 가을 금속노동자들의 계약 갱신을 둘러싸고 벌어진 노동쟁의와 파업사태가 전국적으로 노동자 대 사용자라는 큰 틀에서 대결국면을 보였던 68운동의 귀결적인 사건이었다. "우리는 모든 것을 그리고 당장 원한다"라는 모토가 말해주듯이 노동계 전반의 근본적 문제제기와 그 해결을 요구했던 커다란 사건이었다.24)

유혈사태 끝에 먼저 이탈리아 중소기업연합Confapi과의 합의가 이루어졌고, 다시 산업경영자협회와 극적인 합의에 도달하게 되었다. 합의된 주요 내

---

24) 보다 자세한 내용은 『이탈리아 노동운동사』, pp. 132~5. 참조.

용은 주당 노동시간을 40시간으로 하며, 일정시간의 유급집회 허용 등이었다. 4개월간의 기나긴 파업과 일련의 집회는 이탈리아 노동운동사에 중요하고 전환점이 될 만한 결과를 이끌어냈다. 이듬해 국회에서 통과된 '노동자 지위에 관한 법률'은 전 노동 분야에서 노동자들이 파업과 집회 및 노조활동의 권리를 부여한 법안으로 상당한 중요성을 갖는 것이었다. 공장 안에서 고용자와 노동자, 그리고 노동조합 사이의 관계가 재정립되었으며, 궁극적으로 사회의 수동적 계층으로 인식되던 노동자가 능동적인 존재로서 사회변혁과 진보의 주요 주체로 자리 잡았다는 사실은 68운동이 갖는 가장 큰 의미로 볼 수 있다.

이와 같이 학생과 지식인, 일반 시민, 노동자, 가톨릭교도까지 동일한 구호와 목적 아래 뭉치게 하였던 근본적인 요구는 변화를 갈망하는 힘이었다. 기성 질서를 거부하고 새로운 것에 대한 열망과 진정한 사회변혁을 원했던 모든 이들의 힘이 결집되어 하나의 사회변혁운동으로 나타난 것이 바로 68운동이라고 볼 수 있는 것이다. 68운동의 여파는 컸다. 68운동을 통하여 이탈리아 사회의 보수적인 멍에들을 떨치고 새로운 진보성을 담보하는 조직적이고 변혁적인 이탈리아 시민사회의 형성이 시작되었다고 볼 수 있다. 동성애, 여성해방, 반전, 히피, 환경, 전위예술 등의 새로운 사회현상들과 개념들이 사회운동의 차원에서 펼쳐지게 되었으며, 조직적 활동을 주도했던 이들이 곧 68운동의 주체세력이었던 학생과 노동자, 그리고 진보적인 지식인들과 일반시민들이었다.

다시 말해 가정에서 부모자식의 관계, 교회에서 사제와 평신도의 관계, 현실 정치의 주역이었던 기존 정당들에 대한 불신과 정치에 대한 의식 변화, 일터에서 소유주와 노동자들의 관계 변화를 수반하면서 사회 각 분야가 일순간에 변화의 물결 속에 휩싸였고, 이를 실질적인 변화로 이끌었다. 물론 68운동이 사회변혁의 흐름으로 나타난 것은 1960년대 중반부터였지만, 1968년이 되면서 사회 각 분야에서 서로 다른 주제와 목적을 가지고 전국적인 수준에서 시민단체들이 결성되면서부터였다.

특히 당시 전국적으로 가장 뜨거운 주제의 하나는 여성해방과 관련된 주제들과 가톨릭 사회 안에서의 낙태와 유산 등의 문제였다. 이에 대한 여성들의 조직적인 활동과 투쟁은 전 유럽의 귀감이 될 정도였으며, 이후 사회운동의 전반적인 수준을 향상시키는 기폭제 역할을 하였다. 이외에도 동성애 문제나 베트남 전쟁을 통한 제국주의 전쟁 반대, 환경문제, 제3세계 국가문제에 대한 관심, 인권 문제 등을 다루는 많은 시민단체들이 출범하였다. 사회변혁이라는 의미를 가장 적나라하게 보여준 사회현상이자 운동이라고 평가받을 만한 이유가 바로 이것이었다.

그러나 구조적으로 여전히 잔존하는 후견인주의나 마피아와의 연계문제, 그리고 사회적 부패에 연루되었던 한계를 탈피하지 못한 것도 사실이었다. 그래서 진보적인 관점에서의 정치개혁의 몫은 시민사회 단체들과 보다 급진적이고 폭력적 수단에까지 호소하는 극좌단체와 무정부주의 단체들에게 넘겨지게 되었다. 그러나 결국 알도 모로Aldo Moro 당시 수상의 암살사건과의 연루 등으로 중도에서 국민들의 관심에서 벗어나게 되었고, 정치는 보다 개혁적 계기를 기다려야만 했다.

사회변혁의 흐름이 가장 강하게 작용했던 곳은 노동계였다. 그 어느 분야보다도 운동의 지형과 세력을 바꿔놓을 만큼 커다란 영향을 끼쳤다. 전통적 상하관계, 아니 지배와 복종이라는 표현이 더 정확할 것 같았던 노사관계가 수평적이고 대등한 관계로 진일보할 수 있는 계기를 제공했다. 특히 기존의 노동자 대표성에 심각한 의문을 가지고 노조의 기본 방향에 대한 전반적 재검토를 요구하며 설립된 하층통합위원회CUE(Comitati Unitari di Base)는 기존 노조 활동의 재고와 함께 근본적인 전략 변화를 요구하였다.

이런 결과로 기존의 노동조합에서는 공장평의회Consigli di fabbrica가 조직되고 일반 노동자들의 대표성 문제와 조직의 문제를 해결하고자 했다. 종전의 내부위원회Comissioni interne를 대체하게 된 공장평의회는 각각의 분야와 직종 및 직급 등을 기준으로 직접 산출된 노조원들로 구성된 조직으로 그람시의 사상에서 연유된 것이었다. 결국 1969년 12월 당시 최대의 노동조합인 CIGL은 공장평의회를 내부위원회를 대체하는 공식 노조의 합법적인 대표기구로 인정하였다. 이듬해 다시 금속노조의 전체 대의원회에서는 노조의 하부구조로 승인받게 됨으로써 노동운동 조직의 신기원을 마련한 것으로 평가받았다.

이와 같이 이탈리아의 거의 전 분야의 구성원들은 68운동을 거치면서 사회구성의 모든 요소들과 분야에서 변혁과 변화의 바람을 불러일으켰고, 이들은 이후 시민사회의 구성원으로서 이탈리아 사회의 역동성과 진보성 등을 기반으로 인간 제諸 권리의 증진을 위하여 각자의 분야에서 사회적 역할과 기능을 지속적으로 수행하는 디딤돌이 될 수 있었다.

변화와 혼란의 소용돌이 속에도 68운동이 가져다준 이탈리아 사회의 변화는 컸다. 가정, 학교, 정치, 교회, 노동 등 모든 사회적 분야에서 새로운 사회적 변혁이라는 공통 주제를 갖고 앞으로 나아갈 수 있는 교두보를 마련하였고, 이는 복지사회라는 정책 목표로 구체화되었다. 그러나 68운동의 성과만큼 이탈리아 사회의 전반적인 구조 변혁이나 구성 변화는 일어나지 않았다.

모든 사회적 움직임과 이념들은 결국 정당과 시민단체, 그리고 노동계로 분화되어 녹아들었으며, 이는 전 사회운동에서 분야별 운동으로 그 의미와 역할이 축소되는 결과를 초래하게 되었다. 따라서 70년대와 80년대는 68운동의 사회적 한계[25]를 반영한 또 다른 정체기와 발전기를 동시에 맞이하게 된다. 운동의 영역이 축소됨으로써 정체적 징후를 보이게 되었고, 특별한 사회적 이슈가 등장하지 않은 채 사회개발과 남부발전을 통한 국가의 경제정

---

25) 이에 대한 보다 자세한 내용은 A. Mangano, 『68년의 문화. 60년대, 잡지들, 운동Le culture del sessantotto. Gli anni sessanta, le riviste, il movimento., Centro di Documentazione di Pistoia-Fondazione Micheletti-, Comune di Pistoia』, (1989)와 G. Viale, 혁명과 복구 사이의 '68운동Il sessantotto tra rivoluzione e restaurazione, Milano, (1978). 참조.

책에 따라 시민사회와 노동계 등의 활동이 이에 집중되었다. 이는 한동안 잠잠했던 현대적 의미에서의 후견인주의와 가족주의Familismo 26)에 의한 전근대적 망령의 부활로 시민단체는 이익 단체화 되었고, 개인 명망가들은 사당私黨화 길을 걷게 되었다.

이와 같은 흐름과는 반대로 68운동이 제시하였던 수많은 이슈들을 토대로 여러 분야에서 시민사회와 노동계의 영역이 확장되었고, 조직의 확대라는 발전기를 맞기도 하였다. 이는 사회의 다양성을 반영하듯 많은 분야에서 조직적이고 능동적인 역할과 활동을 시작하게 되는 대중문화 시대의 도래를 의미했다.27) 국가 주도가 아닌 일반 국민들과 대중들에 의해 사회가 움직이면서 정치, 경제, 사회, 문화, 노동 등의 분야에서 많은 사회단체들이 설립되었다. 1987년을 기준으로 일반적으로 공인된 이탈리아 시민사회 단체들의 수는 153개였다.28) 수적으로 그리 닳지는 않지만 이들의 활동 영역은 한국에서 흔히 말하는 '진보'라는 기준에서 보자면 상당히 급진적인 이념과 활동 목표를 가졌다고 할 정도로 이들은 이탈리아 사회변혁의 주체로서 충분한 역량과 활동을 보여주고 있다.

이후 1990년대에 들어서면서 이탈리아 시민단체와 노동계는 국가 체제 안에서 보다 공식적이고 능동적인 역할을 하게 된다. 정부 조직인 외무부 내에도 시민단체와의 교류와 관계를 조정하는 부서가 생겼으며, 노동계 역시 새로운 코포라티즘이라는 질서 안에서 노사정 협의체제의 한 축을 구성하는

---

26) Paul Ginsborg, 『현재의 이탈리아L'Italia del tempo presente』, Torino, Einaudi, 1998, pp. 185~192. 참조. 여기에서 저자는 이탈리아의 전통적 행동방식으로 가족주의를 꼽으면서 혈연과 지연 등에 얽매인 이탈리아의 전통적 가부장 제도를 가족주의로 부르고 있다.

27) 앞의 책, pp. 183~5.

28) 이 기준은 단체의 목적과 의도 그리고 실제 활동의 영역이 이익단체가 아니고 기득권 수호나 지역 이익을 옹호하는 것이 아니라 인간의 권리 증진과 민주주의와 사회변혁의 원칙을 견지하는 단체들만을 선정하여 인정한 수치이다. 이에 대한 근거는 1987년 2월 26일 49호 법률 제28조에 규정되어 있다. 자료는 www.noglobal.it에서 인용.

등 주체적인 역할을 하게 되었다.

이 시기 시민사회에서 중요한 사건은 전국·차원에서 결성된 NGO(이탈리아어로는 ONG라고 하는데, Organizzazioni Non Governative의 약자이다) 협회의 탄생이었다. 1997년 10월 25일 수도 로마에서 출범한 NGO협회는 각 분야별로 시민단체를 규합하고 공동의 행동강령과 목표를 설정하였다. NGO협회에서 표방한 세부적인 활동목적은 크게 다음의 세 가지로 이야기할 수 있다. 첫째, NGO 상호간 활동의 협력과 조화를 통해 시민사회와 사회기구들과의 관계를 유지하면서 정책적 전략을 증진하고 공유한다. 둘째, NGO 이탈리아 협회를 통해 유럽의 관련 NGO와의 협력을 증진하고 분야별 연계성과 활동의 효율성을 높이며 공통의 문제에 국제 연대를 강화한다. 셋째, 회원 단체 상호간의 활동경험과 정보를 공유하며, 공통의 이익과 세력 증진에 함께 노력한다.[29]

이와 같은 결속력 있는 움직임들은 실제로 2001년 제노바에서 열렸던 G8 정상회담에서 강력한 조직적인 힘으로 표출되었고, 당시의 반대운동을 주도했던 제노바 소셜포럼Genova Social Forum은 현재에도 가장 강력하고 조직적인 반세계화 운동의 기수로서 역할을 하고 있다. 또한 이후 베를루스코니 Berlusconi 정부의 대對노동정책의 악의적 의도에 대항하여 노조단체들과 연계한 조직적 투쟁을 이끌 수 있는 힘이 되고 있다.

5-2. 노동자 지위에 관한 법률

아볼라Avola의 대학살 이후 노동부장관이었던 사회당의 자코모 브로돌리니

---

29) 이하 서술하는 세 가지 목표에 대한 것은 www.noprofit.org 사이트 또는 NGO 발전헌장과 COCIS 라고 하는 기본강령을 담은 헌장 등에서 발췌하였다.

Giacomo Brodolini는 노동자 지위와 권리에 관한 포괄적인 개념을 담은 법안을 입안하였다. 그것은 사용자에 비해 사회적 약자였던 노동자들을 보호하고 노조 활동과 권리를 보장하기 위한 기념비적인 법안이었다. 이 법안은 1969~1970년 초까지 15개월이 넘는 토론을 거쳐 완성되었다. 1970년 5월 1일 노동절을 기념하여 공포된 이 법안으로 모든 노동자가 권리와 함께 그에 합당한 지위를 법률로써 보장받게 되었고, 이는 모든 노동 분야에서 노동자의 권리가 행해질 수 있는 법률적인 근거가 되었다.

입법 과정 중간에 브로돌리니 장관이 죽고, 도나 카틴Donat-Cattin이 취임하여 통과된 까닭에 도나-카틴법으로 불리기도 하는 이 법안은 준비 기간이 길었던 만큼 수많은 에피소드와 어려움을 간직한 법안이었다. 또한 사용자의 압제행위를 반대하고 제한하는 내용과 노동 3권이 적법하게 모든 노동 장소에서 행해질 수 있다는 점을 명확하게 밝혔다. 이 법안으로 인해 1948년 이후 분열되었던 세 노총이 전후 처음으로 노동절 행사를 공동으로 할 만큼 커다란 상징성과 의미를 부여할 수 있는 법안이었다.

이 법안의 내용 중에서 중요한 것들은 다음과 같다. 첫째 노동자의 기본권이 사용자로부터 노동자에게 돌아갔다. 예를 들면, 과거 사용자의 권한이었던 집회 허용권이나, 집회 참가를 위한 유급휴가권 등의 기본 권리들이 노동자와 노조에 돌아갔다. 둘째로 사용자 측에서 별다른 제재 없이 사용했던 노동자 개개인의 자유와 존엄성을 훼손하는 즈치들(직장 내에 감시기구를 설치하거나 몸을 수색한다거나 징계권을 남용하고 노동자를 차별하는 인권유린 행위 등)을 현격하게 제한하는 규정을 두었다. 그러나 무엇보다 중요한 의미는 노동자의 권리를 노동자에게 귀속시키면서 노조의 합법성과 대표성을 인정했다는 점이다.

물론 개개의 노동자 모두에게 그 대표성을 부여하지는 않았지만, 포괄적인 개념에서 지역과 생산단위를 기준으로 노동자를 대표할 수 있는 조직에게 그 합법성과 대표성을 부여했다는 사실은 국가가 법률로써 노조활동을 보장하고 보호한다는 원칙을 표명한 것이었다. 이전에는 소규모 공장이나 기업(보통 15인 이하 소규모 사업장)의 노동자는 대표성을 획득하기 어려웠지만, 지역과 생산단위를 기준으로 대표성을 부여한다는 사실은 개개의 노동자가 단위 조직에 가입하면 어느 정도 법의 보호를 받을 수 있다는 근거로 활용되었고, 실제로 1970년대에는 이와 같은 유연한 해석이 사업장과 쟁의 과정에서 많이 적용되었다.

5-3. 강력해진 노조와 조직

1969년 '뜨거운 가을'을 겪고 얻은 1970년 5월 1일의 노동자 지위에 관한 법률은 이전의 노동자 권리와 노조활동 전반에 커다란 변화를 가져왔다. 그러한 변화들 중에서 가장 커다란 것은 무엇보다 CGIL, CISL, UIL로 나누어져 있던 노동조직에 대한 기층노동자들의 통합에 대한 열망이었다. 1970년 가을 피렌체에서 통합을 위한 회의가 처음으로 개최되면서 보다 구체성을 띠기 시작한 통합 움직임은 '뜨거운 가을'을 이끌었던 세 개의 금속노동연맹(CGIL 산하 금속연맹 FIOM, CISL 산하의 FIM, UIL 산하의 UILM)이 주축이 되었다.

당시 세 노총은 국내정치 역학관계뿐만이 아니라 국제정황과도 연결된 복잡한 상황에 직면하고 있었는데, 통합의 걸림돌은 이와 같은 조직의 내외의 관계들로 인한 문제였다. CGIL은 안으로는 이탈리아 공산당과 연계되어 있었고, 밖으로는 세계노동총동맹WFTU에 가입하고 있었다. 이에 반해 CISL과 UIL은 기민당, 사회당, 사민당과 관계를 맺고 국제자유노련ICFTU에 가입하고 있었다. 이는 통합의 전제조건으로 제시된 소속 국제연맹으로부터 탈퇴 및 각 정파들과의 합의문제등이 복잡하게 얽혀 있었던 것이다.

더군다나 당시 집권당이었던 기민당은 노동조직의 통합에 분명한 반대 입장을 밝혔다. 이는 CISL 내에서 많은 반대와 연정 파트너였던 사민당 계열의 UIL 지도부의 부정적 입장을 반영하는 것이었다. 수많은 반대와 부정적인 입장에도 불구하고 통합의 초석을 다질 수 있었던 것은 1972년 초에 세 노동조합 간에 합의된 '연맹협정' 때문이었다. 이 협정의 주요 내용은 다음과 같다. 첫째 일정 기간 세 개 노조 조직에 대한 기득권과 조직 인정, 둘째 통합조직의 지분에 대한 상호균등 원칙 적용, 셋째 단위노조 사이에도 동일한 형태의 연합조직을 구성하며, 단체협상이나 노동권에 관련된 모든 영역에서 결정권을 가질 수 있도록 한다.

결국 통합 과정의 여러 어려움에도 불구하고 통합연맹Federazione unitaria 이라는 조직체가 건설되었다. 통합연맹은 이탈리아 노동운동사에서 두 번째로 건설된 통합조직이었고, 이 조직은 향후 이탈리아 노동세력의 조직 강화와 세력 확장에 크게 공헌하였다. 1948년 이후 사용자와 국가에게 예속되어 있던 노동자의 관계와 지위가 1968~69년의 투쟁을 거치면서 상당히 개선된 수준까지 이르게 되었고, 여기에 기층 노동자의 조직에 대한 변혁과 혁신 요구까지 받아들여 이탈리아 노동운동은 새로운 전환기에 이르게 되었다.

개개의 노동자 지위와 조직의 통합은 모든 노동자들이 직간접으로 노조활동에 참여할 수 있는 여건을 조성하였다. 이는 곧바로 노조의 정치적·사회적·경제적 역량 강화로 이어지게 되었다. 통합연맹은 이탈리아 사회에서 정당과 가톨릭 세력들과 거의 동등한 힘을 가진 하나의 공식 세력으로 인정받았고, 이와 같은 정황은 모든 분야에서 적용되었다. 이를 계기로 노조는 1970년대와 1980년대 초까지 국가경제의 중추로서 강력한 힘을 발휘할 수 있었으며, 이는 집권 기민당의 세력 약화와 야당이던 좌파 세력, 즉 이탈리아 공산당이나 사회당의 정치세력이 보다 강력해질 수 있었던 주요 요인이었다.

그러나 각론 차원에서 노동자와 관련된 정당이나 야당의 정치적인 세력 확장은 노조운동에 심각한 장애를 가져오는 역설적인 상황을 낳았다. 이탈리아 노동운동은 전통적으로 정치와 다소 분리된 채, 각각의 영역에서 활동하고 있었는데 이와 같은 수평적인 분리 관계가 정치적인 영향력이라는 정당 우위의 세력재편으로 전환함으로써 수평적인 협력관계가 다소 종속적인 수직관계로 이동하게 되었던 것이다. 노조와 정당 간의 관계 변화는 1980년대 중반 이후 경제가 침체하자 노동자에게 불리하도록 국가정책과 방향이 결정될 수밖에 없다는 것을 의미했으며, 실제로 이탈리아가 경제적으로 침체되기 시작하는 국면에서 노조의 사회적인 영향력과 위상은 하락하게 되었다.

6. 임금연동제와 변화된 노조전략

1970년대와 1980년대를 가르는 이 시기는 이탈리아 노동운동과 노조활동이 강력하고 왕성했던 시기였다. 1980년대 중반 이후 노동운동의 침체기가 시작되기 전까지 이탈리아 노조는 유럽에서도 보기 드물게 강력한 조직을 구축하면서 계급 차원에 국한되었던 운동의 흐름과 방향을 사회 계층과 국민 차원으로 확장하였다. 이러한 외형적인 발전과 확장의 요인으로 제시할 수 있는 것은 다음과 같다. 첫 번째는 육체노동자 중심의 노조운동이 외연 확장과 함께 전문직종과 중견간부들이 또 다른 중심축으로 등장하게 되었다(전문직이나 엔지니어 또는 중견간부들을 일컫는데, 이탈리아어로 콰드리quadri라고 칭한다). 두 번째는 공공부문 노조활동의 강화와 자율주의 철학을 바탕으로 하는 새로운 형태의 노동운동이 등장하였다. 세 번째는 대기업 일변도의 노동운동 흐름이 중소기업부문에까지 확산되었으며, 이는 중소기업이 경제발전의 주축으로 자리 잡게 된 결과였다.

새로운 시기의 도래와 함께 노동운동의 목표와 전략 역시 많은 변화가 있었다. 노동이 행해지는 곳이면 어디서나 노동자의 권리와 노조활동의 자유가 법률적으로 보장되면서 사무직과의 임금 격차나 불평등한 지위는 많이 개선되었다. 이에 따라 노조가 전략적으로 가장 먼저 내세웠던 사항은 임금에 대한 것이었다. 새로이 등장한 임금 관련 전략 중에서 중요한 것으로는 임금연동제(흔히 Scale mobile이라고 하는데 물가에 따라 임금이 변동하는 시스템을 말한다)와 임금보조기금이다.

임금연동제는 직급이나 직위에 상관없이 노동자들의 임금이 생계비 상승에 따라 자동으로 조정되는 임금결정 시스템을 말한다. 1975년에 합의된 임금연동제는 여러 면에서 노동자들의 임금, 특히 저임금 노동자들에게는 획기적인 임금 보장책이었다. 주로 3개월마다 물가인상률에 맞추어 임금이 자동 조정되었고, 저임금 노동자들에게는 인플레이션에 따른 실질소득 감소의 위험에서 벗어나 임금이 실제로는 인상되는 효과를 가져왔다.

임금연동제가 정치와 경제에 미친 영향은 상당했다. 당시 노동자 정당이었던 공산당은 이 제도를 상당히 지지하고 있었으며, 사용자연합이었던 콘핀두스트리아Confindustria와의 적극적 중재노력을 통해 이 제도가 노동정책으로 성공할 수 있도록 기여하였다. 즉 전통적으로 대립관계이자 다소 지배적인 관계였던 사용자집단과 노동자들이 동등하게 협의를 이끌어냈다는 사실은 향후 노동운동에도 긍정적인 효과를 가져왔다. 특히 이후 제정되는 노동관계법안이 사용자와 노동자가 주체가 되어 정당을 매개로 사회적인 협의를 도출하는 전통을 낳았다.

긍정적인 효과를 가졌던 임금연동제가 이탈리아 경제구조에 미치는 영향은 다소 부정적이었다. 노동자들이나 노조들은 임금연동제에 따라 경제위기의 상황에서도 상대적인 임금보전 또는 임금인상의 효과를 가져올 수 있다고 믿었으며, 불평등한 사회적인 부의 재분배라는 사회보장효과를 가지고 있는 것으로 간주했다. 물론 일리가 있는 주장이지만 임금연동제의 본래 기능을 단순히 임금보전이나 임금상승에 국한시킴으로써 임금연동제의 기능에 대해 의심하게 했다. 또한 국가경제의 해악인 인플레이션을 극복하려는 노력 자체를 거부하는 경향을 보여 국내외의 많은 비판에 직면하게 되었다.

정부뿐만 아니라 사용자단체, 그리고 국제통화기금IMF과 유럽공동체의 회원 국들에게 비난의 표적이 되었던 임금연동제를 둘러싸고 국가 위기사태까지 발생했지만, 새로운 법안을 도입하여 문제가 되었던 '퇴직보상'에 관한 임금 연동제가 다시 실시됨으로써 국민투표까지 제안되었던 위기는 해소되었다.

1975년은 세계적으로 석유위기가 경제의 암초로 다가왔고 경기침체와 실업률이 문제가 되었던 해였다. 이탈리아 역시 경기침체의 조짐을 보였지만 경제구조가 이미 경쟁력 있는 중소기업체제에 의해 유지되고, 상대적으로 높은 경제생산성을 유지하고 있었기 때문에 어느 정도 위기를 피할 수 있었다. 그러나 경기후퇴가 심각해지면서 국가 차원의 대책이 마련되었고 그중 하나가 바로 임금보조기금의 창설과 실행이었다. 1977년 발효된 이 법안에 따르면 신규 노동자를 채용할 경우 기금으로부터 지원을 받을 수 있는데, 노조나 사용자측은 기본적인 노사문제에 이 기금을 활용하였다.

그럼에도 불구하고 세계적인 경기침체는 이탈리아 경제에도 악영향을 미쳐 거시경제의 측면에서 노사관계와 임금정책 등이 새로운 하강국면으로 진입하게 되었고, 이는 곧 노조가 재정적으로나 경제적으로 부유하게 되는 경향과 귀족화의 경향이 도래하였다. 이러한 경향은 유감스럽게도 1980년대 중반 이후 노조운동이 이기주의적이고 자신들의 경제적인 이익에 너무나 집착하게 되는 원인으로 작용하였으며, 결국 일종의 침체기에 들어서는 계기가 되었다.

7. 자율노조의 출현과 침체국면의 노동운동

이탈리아 노동운동의 역사에서 자율주의가 등장하게 된 배경은 1960년대 초반 이후 획일적이고 대량생산 중심의 미국적인 생산방식과 관련해 노동의 본질에 대한 고민이 본격화되면서부터이다.[30] 특히 노동운동의 조직화와 기술혁신이라는 문제가 쟁점이 되면서 이탈리아 자율주의 철학은 시작되었다. 자율주의의 출발점은 안토니오 그람시가 제공한 바가 크다. 자율주의 철학자들은 안토니오 그람시가 1929년 미국 대공황을 관찰하고 쓴 '미국주의와 포드주의' 란 글에서 노동자와 기계 사이의 관계와 계급과 생산관계 사이의 주체 문제를 다루고 있다고 이야기한다.

안토니오 네그리Antonio Negri [31]와 세르지오 볼로냐Sergio Bologna [32] 등이 시작한 이탈리아 자율주의 철학의 핵심은 제2차 대전 이후 국가의 생산관계와 사회관계에서 소홀히 다루어지거나 빠져 있던 주체들이 새롭게 등장하여 자율적으로 사회의 주체로 자리를 잡았으며, 사회투쟁이나 활동 분야에서 주체로 등장하고 있다는 것이다. 특히 이와 같은 움직임은 세계적으로 하나의 운동으로까지 평가받았던 68운동을 기점으로 해서, 학교에서는 학생이, 가정에서는 주부가, 일터에서는 노동자가, 문화·예술계에서는 지식인과 예술가가 주체로 등장하여 조직과 운동의 자율적인 주체가 되었다는 것이다. 즉 모든 운동에는 자율적으로 주체가 될 수 있는 세력이 있으며, 노동자 역시 생산관계에서 주체로서 조직하고 운동한다는 것이 이 철학의 요점이다.

자율주의 운동의 여파는 컸다. 좌파 진영은 자율주의를 지나친 혁명주의

---

30) 이에 대하여 한국에 소개된 책으로는 『이탈리아 자율주의 정치철학』, 세르지오 볼로냐, 안토니오 네그리 저, 이원영 편역, 갈무리, 1997., 『디오니소스의 노동 I』, 안토니오 네그리, 마이클 하트, 이원영 역, 갈무리, 2000. 등이 있다.

31) 1974년 세르지오 볼로냐와 함께 출간한 『위기의 노동자 조직』으로 노동계의 이목을 받았던 자율주의 철학의 창시자이다. 이탈리아 정부로부터 정치범으로 선고받아 수감되기도 하였으며, 이후 프랑스로 망명하여 현재 파리 8대학의 교수로 재직하고 있다. 주요 저서로는 『디오니소스의 노동』, 『자유의 새로운 공간』 등이 있다.

32) 역사학자이자 철학자로 1970년대 이탈리아 자율주의 운동의 이론적 지도자이자 조직가이다. 자율주의 철학 잡지 『프리모 마조Primo Maggio』를 창간하고 편집자를 역임했다. 노동운동에 관한 글을 여러 편 발표했으며, 특히 유명한 논문 '이탈리아의 계급 구성과 당 체제'를 써서 세계 이론가들의 주목을 받기도 했다.

적 경향이라 비난하거나 소아병적 마르크시즘에 지나지 않는다는 비난을 쏟아부었다. 이 운동의 유력한 지도자인 안토니오 네그리는 1979년 알도모로 Aldo Moro 수상 피살사건에 연루되어 투옥되기도 하였다. 그럼에도 불구하고 이탈리아 자율주의 운동은 이후 이탈리아 노동운동에 상당한 파장을 불러일으키며 꺼지지 않는 논쟁거리를 제공하였으며, 생산 현장에서의 노동자 지위를 국가 법률에 반영시킬 만큼 상당히 긍정적인 영향을 미쳤다. 또한 여성과 사회적인 약자들이 사회의 주체로 등장하는 등 사회 전반에 걸친 파장이 컸던 것이 사실이다.

자율주의 운동이 노동계에 미친 영향에도 불구하고 1970년대 중반 이후 시작된 경기침체는 국가적으로 커다란 부담이 되었다. 이것은 집권여당이었던 기민당뿐만 아니라 공산당과 사회당에게도 커다란 부담이었다. 특히 1975년 총선 이후 정부에 참여하고 있던 야당들은 경제상황에 적합한 새로운 선택을 강요받고 있었다. 결국 임금교섭이 자제되었고 임금연동제의 축소는 충분히 예견할 수 있는 것이었다. 이와 같은 정치 지형의 변화를 토대로 이탈리아 노동운동사의 새로운 지형이 구축되었다.

흔히 3자 협약이라 불리는 전통이 시작된 1983년부터 정부와 사용자, 그리고 노조가 협상 테이블을 마주하고 노동 관련 문제에 대한 3자간 협상을 시작한 것이다. 제안자였던 노동부장관의 이름을 붙여 스코티Scotti 협약33)이라 불리는 이 협약은 향후 이탈리아 노동운동에 커다란 분기점이 되었다. 노조는 정치적인 개입을 공식화하였고, 국가경제의 조화로운 세 주체의 합의 전통을 이끌어내었으며, 이탈리아 산업계가 노사정 3자가 맞물리면서 돌아가게 되는 결정적인 역할을 하게 되었던 것이다.

---

33) 이 법안의 주요 내용은 임금연동제의 자동조정비율의 20% 인하, 1983년 이후 3년간 전국협약의 임금인상 한도설정, 기업별 인금협상 만기로부터 18개월에서 24개월 유예, 노동자의 무단결근 통제 강화 및 노동시간 유연화 허용, 정부의 새로운 노동 관련법안 입안의 찬성 등이다. 정병기 편역, 『이탈리아 노동운동사』, op. cit. p. 196. 참조.

3자 협약은 경제적인 합의 도출이나 거시경제의 측면에서 긍정적인 면을 갖고 있는 반면, 노동운동과 노조의 입장에서 보면 커다란 후퇴이자 향후 조직의 축소와 운동 침체를 수반하게 되는 계기로 작용하였다. 이전까지 노사관계의 일방적인 국가개입은 거의 없었지만, 3자 협약을 통하여 공식적인 국가개입이 이루어질 수 있었다. 이후 1984년 단체교섭의 규제사항들이 법적으로 규제대상이 되는 법안—흔히 성 발렌티노 날에 입안되었다 해서 성 발렌티노 법령으로 불린다—이 제안되어 국회를 통과하기에 이르렀다. 이 법안이 갖는 상징성은 매우 컸다. 노동조직이 위축되고 노동자들의 계급적 연대의식이 희박해지는 단초를 제공했던 이 법안으로 세 노조는 정치 성향을 분명하게 달리하였으며, 계층과 직종에 따른 새로운 노동조직이 출현되는 계기가 되었다.

8. 기민당의 부패와 테러리즘의 시대

비교적 짧은 기간에 급변한 이탈리아는 사회적으로 혼란스러웠다. 1960년대 말의 사회변혁 운동을 시작으로 1970년대를 거치면서 자유와 이념은 봉건적이고 전통적인 이탈리아 사회를 커다란 회오리 속으로 밀어넣었다. 1970년대의 변혁의 열망과 시도가 실패로 돌아가면서 이탈리아 사회 전반에 대한 재검토가 요구되었고, 오랫동안 집권해온 지배계층, 특히 기민당과 관련한 정치 지도자들의 부정부패 연루 사건들이 불거지게 되었다.

당시 이탈리아는 여러 사회문제들에 직면해 있었다. '남부문제'에 대한 해결의 끝은 보이지 않았고 더더욱 남부와 북부의 경제적인 격차가 벌어졌다. 통일 이후부터 남부문제는 지배계급의 주요 정책 기조의 하나였다. 이의 해결을 위해 수많은 정책들이 입안되고 실행되었지만, 근본적인 구조적 결함을 가지고 있던 남부에 대한 정책적인 해결은 이루어지지 않았다. 더구나 남부의 산업 발전을 도모하기 위해 설립한 남부산업발전기금공사가 실패하자 남부의 경제 예속화와 산업 불균형은 국가경제 전반에 커다란 부담으로 남았다.

여기에 집권 20년을 넘기면서 기민당 지도자들의 도덕적 해이와 부정부패는 갈수록 정도를 더해 갔다. 1974년 정유회사로부터 뇌물을 받은 기민당 소속 정치가들을 시작으로 많은 정치가들의 부패 사건이 계속 이어졌다. 그와 동시에 1973년 불어 닥친 세계유류파동으로 원유의 대부분을 수입하고 있던 이탈리아 경제는 커다란 위기를 맞았다. 정부의 리라화 평가절화 정책은 악성 인플레이션을 수반하였고, 그로 인해 이탈리아 경제는 다시 한번 깊은 수렁으로 빠져들었다. 악성 인플레에 따른 경기침체, 남부정책의 실패, 사회보장비용의 증가, 증가하는 실업률, 이탈리아 전체 산업 대비 20%에 달하는 공기업들의 채산성과 부채 증가 등 여러 요인들이 정부의 공공부채 규모를 통제 불능의 수준으로 끌어올렸다.

만성적인 재정적자의 원인은 정부의 정책 운영상의 비효율성과 관련이 있지만, 보다 근본적으로는 기민당 정권의 국가지배 기조와 깊은 관계가 있었다. 정권 초기부터 보수적인 반공 이데올로기를 토대로 한 지배 기조는 공산당을 철저하게 배제하면서 단독으로 혹은 연정으로 정부를 구성해왔다. 이와 같은 정치 입장의 근본에는 각 정파의 파벌주의와 후견인주의가 자리하고 있었다.34) 이들 파벌과 후견인은 중앙정부뿐만 아니라 지방이나 하부조직까지 연결되어 있었는데, 이는 국가경영의 비효율성과 심각한 폐해를 초래하는 가장 커다란 원인이었다. 지역과 하부조직으로부터 국가정책의 결정권자인 상위 정치가들까지 연결된 봉건적인 혈연 및 지연 구조는 국가지출

---

34) 파벌주의란 특정 지역이나 계파를 중심으로 연정 안에서도 하나의 세력으로 작용하고 있는 현상을 말하며, 후견인주의는 각 정파의 대표 인물—보통 후견인이라 부르는 이—이나 유력한 정치가를 중심으로 관계를 맺고 인사나 정책 등에서 막강한 영향력을 끼침으로써 하나의 세력이나 파벌이 형성되는 관계를 말한다.

규모의 축소나 효율적인 배분과는 거리가 멀었다. 정치 지도자들 역시 자신들의 영향력 존속을 위해서는 국가 대의보다는 파벌적이고 지엽적인 문제에 더 매달렸으며, 그래서 매표나 부패 같은 악순환으로 이어지게 되었다.

이탈리아 전 지역에서 이와 같은 파벌과 후견인 제도가 성행했는데, 지리적으로나 경제적으로 낙후한 남부와 섬 지역이 훨씬 심했다. 남부가 전근대성을 벗어버리지 못하는 근본 이유가 바로 여기에 있었다. 더욱이 후견인 제도는 마피아라는 이탈리아 특유의 범죄조직과 연결되면서 그 폐해는 더욱 심각해졌다. 각종 이권과 함께 국가정책 사업에까지 손을 뻗칠 수 있었던 마피아들은 지방의 경제와 행정을 더욱 굳건하게 장악할 수 있었고, 이들 범죄조직들은 유력한 정치가들과 연결되기도 하였다. 경기가 침체되었던 1970년대 중반 마피아들은 내부의 위기 상황을 마약밀매를 통해 외부적으로 해결하고자 했다. 더욱 막대한 검은 부를 획득하게 된 마피아들은 합법 사업체를 통하여 남부와 섬들을 중심으로 확고한 영향력을 구축할 수 있었다. 이러한 결과로 1980년대 초반까지 남부와 시칠리아 등 도서 지방에서는 중앙정부가 마피아 소탕을 위해 범죄와의 전쟁을 벌이게 되었고, 여러 차례의 성공적인 개입에도 불구하고 많은 사람들이 희생되는 결과를 낳았다.35)

이에 반해 북부와 중부 산업지대의 사정은 달랐다. 경제성장을 배경으로 분리주의 운동과 신파시스트들이 등장하게 되었고, 이는 곧 남부의 마피아 조직과 대응될 수 있을 만한 테러 형태로 표출되었다. 우익 계열의 '백색테러'를 시작으로 촉발된 테러리즘은 좌익계열의 테러로 확산되면서 1970년대 이탈리아를 테러리즘의 중심에 위치시켰다. 1976년 무렵 100여 개의 테러단

---

35) 특히 시칠리아에서의 희생은 컸다. 마피아에 반대하며 민주적인 인물들이 희생되었는데, 대표적 인물로는 지사였던 피에트로 스칼리오네(1971년), 체사리 테라노바(1979), 피에르산티 마타렐라(1980) 등과 유력한 공산당 지도자인 비오 라 토레(1982년)와 반마피아 책임자였던 알베르토 달라 키에자(1982) 등이 있다. 이외에도 일선 마피아 담당 검사들과 그 가족들은 항상 암살의 위협에 노출되어 있었고, 1980년대까지 이들에 대한 암살이 종종 발생했다.

체가 있었던 것으로 추정될 만큼 당시 중부와 북부의 테러리즘은 마피아와 함께 국가존립의 최대 위험물이었다. 1978년 기민당 당수로 수상을 역임했던 알도 모로를 납치하여 살해한 사건은 테러리즘의 절정이었다.[36] 이후 정부는 마피아와 함께 테러리즘을 소탕하는 데 전력을 기울여 1982년에 들어서면서 어느 정도 소기의 성과를 거두고 국가의 통제권을 회복하였다.

9. '역사적 합의'와 중소기업 중심의 경제구조 변환

1970년대 발생했던 일련의 위기 사건에도 불구하고 정치·경제적으로 1980년대 이탈리아 전체가 위기의 수렁에 빠지지 않을 수 있었던 것은 몇 가지 사건과 정황이 가져다준 결과였다. 정치적 지형에 가장 커다란 변화를 가져온 것은 '역사적 합의Compromesso storico' 라고 불리는 공산당의 정치 전략기조의 전환이었다. 1950년대 톨리아티에 의해 제안된 '사회주의에 이르는 이탈리아의 길' 이라는 공산당의 기본전략은 칠레의 사회주의 정권 붕괴로 새롭게 고민해야 할 전략이었다. 이제 막 당수에 당선된 베를링게르Enrico Berlinguer는 공산당의 재건을 위해서는 현실 정치에 참여하는 것이 바람직하며, 이를 위해 집권 기민당과 제휴할 수 있다는 제의를 하였다. '역사적 합의' 로 명명된 공산당의 방향 전환은 정치적인 무력감과 권위 회복을 바라던 기민당도 관심을 가질 만한 제안이었다. 전통 공산당 지지자에게는 당혹감

---

36) 이 사건에 대한 진상은 여전히 명확하게 밝혀지지 않고 있는데, 당시 정부에서는 알도 모로가 '붉은 여단Brigate Rosso' 이라는 극좌 테러조직에 의해 납치되어 살해되었다고 발표했다. 그러나 '붉은 여단' 과 좌파 그룹은 암살 사건이 정부와 기민당 극우파들에 의해 기도된 음모라고 주장하였다. 당시 알도 모로는 공산당의 연정 참여와 정책 반영 등에 비교적 적극적이었는데, 이를 우파와 정부에서 좌파 탄압의 명분을 위해 테러를 획책했다는 것이다. 어쨌든 25년이 지난 오늘날에도 여전히 명확히 풀리지 않는 의혹사건으로 남아 있다.

을 안겨주었지만, 공산당은 새로운 지지 세력을 얻는 데 일정 정도 성공하였
다. 기존 지배질서에 새로이 편입하였다는 비난에도 불구하고 지방자치제도
의 정비, 낙태의 합법화, 의료제도의 재정비, 방송규제의 철폐 등이 '역사적
합의'가 낳은 긍정적인 결과물이었다.

두 번째는 산업구조 전체의 변화였다. 공공기업의 재정적자가 커지고, 민
간기업들도 기업의 생산성과 이익창출에서 고전을 면치 못하면서, 중북부의
중소기업들을 중심으로 새로운 경영방식과 노조정책이 등장하였다. 가내수
공업 형태에서 벗어나지 못하고 있던 이들 작은 기업들은 가족중심 경영방
식을 도입하여 가능한 노조원이 아닌 노동자를 고용하고, 편법 운영을 통하
여 기술 축적과 상품 경쟁력을 제고시켰다. 오늘날 성공 모델로 평가받고 있
는 이탈리아 중소기업들의 성공은 역설적이게도 노동자들의 희생과 편법을
통해 얻어졌고, 이들의 경쟁력은 이때부터 싹트게 되었던 것이다.

세 번째는 1960년대 말부터 사회 전반에 불어 닥쳤던 의식개혁 운동이 오
랜 기존 정치체제의 개혁과 변화를 바라는 국민들에게 그 당위성과 제도개
혁의 필요성을 일깨웠던 점이다. 집권 여당인 기민당뿐만 아니라 야당이던
공산당에게도 실망한 국민들은 국가체계 전반에 대한 변화와 개혁을 필요로
했으며, 이를 추진하기 위해서는 제도 개혁과 함께 인식 전환이 시급하다는
것을 깨달았다. 부패하고 낡은 정치사회를 대신할 새로운 주체는 시민과 노
동자였고, 이를 토대로 하는 시민사회와 노동권리, 그에 합당한 역량을 위한
새로운 움직임이 요구된다는 사실을 인식했다. 소비자, 여권, 성 평등, 사회
보장, 주택, 환경문제, 국가권력 등과 같은 개념이 새롭게 등장하거나 재해
석되었던 것도 바로 이 시기였다.

국내적으로 변화된 정치·경제적 환경은 곧이어 전개되는 세계경제의 활
성화 기운을 타고 동반 상승하게 되었다. 1983년을 고비로 이탈리아 경제는
또 다시 도약하게 되는데, 흔히 이 기간을 '제2의 경제기적'이라고 칭할 정
도로 이탈리아의 경제는 놀라울 정도로 빠르게 도약했다.[37] 그러나 그 이면

에는 노동계급의 일방적인 희생을 통한 이탈리아 자본의 성장일 뿐이라는 구조적인 허약성이 존재했다. 구조조정이라는 명목으로 1980년에 들어와 피아트사를 비롯한 수많은 기업들이 노동자를 감원하였고, 노동자들의 임금은 1960년대로 하향조정 되었다. 또한 노동자 희생의 대표적 모델이었던 기계, 섬유, 가구 산업 분야의 중소기업들이 이러한 고성장을 주도했다는 사실도 장기적으로 구조적 문제가 불거질 수 있는 요인이었다.

이탈리아 정치 · 경제적 상황 변화는 노동운동에도 상당한 의미를 부여하였다. 대기업 노조의 전략 실패에 따른 침체와 중소기업의 성장에 따른 노동운동의 전반적인 퇴조, 대기업 중심의 노조운동이 침체하고 자율노조와 중간 전문직 노조기구인 쾌드리의 확대, 민간 분야 노조보다 공공부문 노조활동이 활성화되는 등 상황 변화에 따른 영향이 적지 않았다.

10. 공공부문 노조의 태동

비교적 오랜 역사의 민간부문 노동운동에 비해 공공부문은 상대적으로 노조활동 자체가 경우에 따라서는 금지되었거나 제한적으로만 허용되었다. 이는 이탈리아 노동조직의 체계가 다른 유럽 국가들과 많은 차이가 있다는 사실을 의미한다. 이탈리아의 경우 노동운동의 성격이 현장노동자와 육체노동자 중심의 발전 역사를 가지고 있었고, 국가가 개입되는 그 순간부터 행정이라는 이름으로 얽히는 복잡성과 법률지상주의 원칙이 오랜 전통으로 내려오고

---

37) 1980년 21%였던 인플레이션율이 1987년에는 4.6%까지 감소했고, 1978년에서 1982년 사이의 국내총생산 연평균 증가율이 0.8%에 불과했지만, 1983년에서 1987년 사이에는 연평균 2.5%에 달하는 성장률을 기록할 정도였다. ISTAT(이탈리아 통계청) 국세조사, ISTAT, 로마, 1990, 참조.

있었다. '공공' 또는 '공무'와 직간접으로 관련을 맺는 노동자나 단체들이 오래 전부터 유무형의 국가 개입이나 간섭을 받게 되었던 것도 바로 이러한 이유에서였다.

이탈리아의 공공부분 노동운동의 역사가 겉으로 드러나지 않고, 그 기원을 최근으로 두는 것은 공공부문 노조가 가지는 이와 같은 외형적인 모습에 기인한다. 따라서 이탈리아에서 공공부문의 노사관계와 제도는 국가의 통제에 따르며 주로 법과 법령에 의존한다. 이것은 무솔리니가 국가 공무원과 공공부문에 종사하는 이들에게 국가에 대한 충성을 요구하기 위해 시행한 1923년 '공공행정개혁'으로부터 비롯되었다. 무솔리니는 수상에 취임하면서 전체주의 체제에 적합한 체제유지와 강화를 위한 정책과 법안들을 계획하여 시행하였는데, '공공행정개혁'도 그중 하나였다. 따라서 공공부문에 대한 국가통제는 자유주의적이거나 민주적이라기보다는 다소 전체주의적인 색채를 띠고 있다.

이후부터 공공부문과 공무원들은 법으로 신분을 보장받는 대신에 단체교섭이나 노동조합 설립 또는 파업 등과 같은 쟁의 수단의 사용을 엄격하게 제한받았다. 이와 같은 상황이 전환된 계기는 58운동의 결과로 얻어진 1970년 '노동자 권리에 관한 규정'이 제정되면서였다. '노동 있는 곳에 권리 있다'는 원칙을 확인하는 이 법률에 의해 기존의 노동 3단체들은 공공부문 노동자들이 법률적 제약을 탈피할 수 있는 방안을 모색하였고, 결국 1973년 3월에 공공부문 협약을 3년 주기로 체결하는 데 합의하였다. 그러나 이 협약의 문제점은 노조의 대표성을 전국 규모의 조직으로 한정하고 있어 기존 노동조직에만 대표성을 부여했다는 사실이다. 노조 가입률이 낮은 기존 노조들에 한정하였다는 것은 다른 노동조직(보통 자율노조나 지역노조 등을 의미한다)을 배제한다는 것이기에 실제로 많은 영향을 주지는 못하였다.

공공부문 노동자들의 단체협약권은 동시에 법적인 신분 차원에서 이중적이라는 비난을 받기도 했는데, 그것은 국가의 법으로 보장된 신분보장과 함게 비록 부분적인 것일지라도 노동권리에 의한 보장을 함께 부여함으로써 다른 노동자들에 비하여 특권적이라는 것이었다. 실제로 이러한 이중성으로 노조운동 자체의 목적보다는 성과물이나 조합원들의 신분보장에 치우친 행태를 보이기도 하였으며, 국가의 기본 전략 역시 이를 적절하게 이용하여 조직을 통제하고 통치에 활용하기 위한 수단으로 악용하였다.

이와 같은 상황은 1983년까지 지속되었으며, 같은 해 실시된 총선거를 계기로 공공부문 노동운동에 커다란 전기가 마련되었다. 집권당이던 기민당은 지난 총선 득표율보다 무려 5%나 하락한 32.9%만을 획득하는 데 그쳤고, 공산당은 29.9%를 득표하였다. 또한 집권당의 연정 파트너로 중요한 역할을 하는 사회당도 11.4%를 득표함으로써 기민당은 사회당을 포함하는 연정을 구성하여 사회당 당수였던 크락시Craxi에게 조각을 의뢰하였다. 크락시 자신은 수상직을 맡게 되었다. 연정 안에 사회당이 참여한 것이 처음은 아니었지만, 수상을 비롯한 주요 요직에 사회당 출신 정치가들이 등장한 연립정부는 이전의 보수주의 정책에서 다소 전향적인 방향으로 정책 방향을 바꾸게 되었다. 공공부문에 대한 전향적인 입법 역시 이와 같은 정치 상황 변화에 기인한 바가 크며, 국가와 기존 노동조직들이 합의하여 제정하게 된 '공공고용 기본법'이 대표적이었다.

1983년 3월 29일 제정된 이 법안의 기본 원칙은 다음과 같다.[38] 공공부문의 행정 효율성과 투명한 임금 정책 및 행정 체계의 동질화 및 균등화를 대원칙으로 내세우고 있는 이 법안은 공무원 조직과 직급에도 일반 노동자들에게 적용되는 단일기능 분류체계(형식적이고 위계적 의미에서의 순위나 직급에 중점을 둔 것이 아니라 수행하는 직무에 따른 임금과 보상을 규정하는

---

38) Silvana Dragonetti, 1883년 93호 법률로부터 1998년 개혁에 이르기까지 공공부문이 어떻게 바뀌었는가?*Come cambia il settore pubblico: dalla legge n. 93 del 1983 fino alla riforma del 1998*, *Quaderni di rassegna sindacale*, 2002년 가을호, pp. 75~77. 참조.

임금결정 체계)를 도입하고, 보다 세분화된 공공부문의 영역구분을 명확히 하고 있다. 그러나 동시에 정부의 통제적인 입장이 반영된 파업에 대한 자기규제조항(제11조)도 함께 포함됨으로써 일방적인 단체교섭 제약조건으로 작용하는 문제점을 안게 되었다. 그럼에도 불구하고 1983년의 이 법안은 공공부문 노동운동의 초석을 여는 기본 법률이 되었고, 이후 1990년대에 들어서면서 공공부문 노동운동과 관련된 법률의 준거점이 될 수 있었다.

공공부문의 발전은 이러한 법률적인 정비 외에도 기존 노총을 대신하는 새로운 노조조직, 다시 말해 자율노조 혹은 독립노조들의 활성화와 깊은 관련이 있다. 1970~80년대의 대표적 공공부문은 운송과 관련된 분야라 할 수 있는데, 이들 분야는 1960~70년대 경제성장과 함께 조직의 양적인 성장과 발전을 이루었다. 운송(특히 버스, 철도, 항공 등) 부문은 기존 노동조직에 가입하지 않고 독립적인 노조를 조직하는 경우가 많았는데, 이들 조직의 형태가 자율노조의 형태를 띠게 되었다. 공공부문의 기존 노동조직들에 비해 상대적으로 독립적 지위를 누리고 있던 이들 노조는 1983년 이전에는 대표성을 인정받지 못하고 있었지만, 1983년의 법률에 의해 지역과 업종만으로도 대표성을 인정받을 수 있는 토대가 마련되어 노동조직에 가입하지 않더라도 일정 부분 대표성을 획득할 수 있게 되었다. 더군다나 이들 자율노조들은 1983년 법률의 파업에 대한 자기규제 조항에 동의하지 않고 독자적인 규정조항을 만드는 등 기존 노동조직과는 다른 전술 방향을 제시하였다.

다소 복잡한 상황을 띠는 1980년대의 노동운동은 민간부문 노동조직과 운동이 침체기에 들어간 반면, 공공부문에서는 법률적인 제도화와 보호에 힘입어 노동운동 전체를 주도하는 세력으로 성장하게 되었고, 이는 1990년대 중반까지 이어지게 된다. 특히 1980년대 피아트사를 비롯한 대기업들과 공공부문에서 전문직 단일노조 형태인 콰드리가 확산되면서 기존 노동조직이 전반적으로 침체하게 되고 이를 대신하여 공공부문이 주축이 된 자율 혹은 독립노조들과 전문직 단일노조 조직이 주도하는 상황 변화가 일어났다.

11. 협동조합과 코포라티즘의 발전과 양상

1970년대 말부터 시작된 경제위기와 함께 노동운동 역시 침체의 늪에 빠졌다. 세계경제의 동반침체라는 외적인 요인 외에도 기존 노동조직이 정당으로 귀속하고, 새로운 노동조직의 출현으로 세력이 파편화되는가 하면 국가와 협력하는 정도가 높아지는 등의 내적인 요인의 영향도 컸다. 1970년대 말에서 1980년대 초까지의 이와 같은 침체 과정에서 두드러진 사건들과 경향들은 협동조합의 발전, 노사정 협력관계의 시작과 증진, 그리고 임금교섭 대상으로서 기업과 지역 대표의 협상 증진 등을 들 수 있다.

이탈리아에서 협동조합은 그 기원이 오래되었지만, 1970년대 중반까지 노조가 강력했던 시기에는 그다지 커다란 주목을 받지 못했다. 그러나 경제위기 과정에서 많은 기업들이 도산하게 되었고, 이의 처리 과정에서 많은 경우 노동자가 주체가 되는 조합으로 전환되었으며, 청소년 실업문제의 해결을 위해 정부가 협동조합의 설립을 법률적으로 권장하고 장려하였고, 노조 역시 노동운동에서 협동조합의 역할을 증대시키면서였다.[39]

협동조합은 노동자가 주체가 되어 운영과 경영을 책임진다는 의미도 있었고, 노사 간 갈등의 폐해를 줄인다는 부수적인 목적도 동반하였다. 그러나 노동운동이라는 측면에서 부정적인 효과도 동반했는데, 주로 정체성과 대표성의 문제였다. 노동자가 주체가 되고 또 그 책임 아래 회사나 공장이 운영되면서 노동자들의 대표성을 외부 조직에서 찾을 필요성이 없어졌고, 조합원들의 의사를 반영하는 기구 역시 평의회나 기존 노조의 하부조직으로서 기업노조가 아닌 단순한 집행부로 전환하면서 이러한 문제는 더욱 불거졌

---

[39] 1977년 제정된 법률로 시간제 근로라든가 특수한 경우에 있어 휴학을 인정하는 조항 및 15세에서 29세에 이르는 청소년들을 위한 협동조합의 설립을 추진한다는 등의 내용을 담고 있다. 정병기 편역, 『이탈리아 노동운동사』, op. cit. p. 220.

다. 결국 협동조합이 노동조직이라는 성격보다는 자립형 경영협의체로 본질이 변경되면서 노조의 한 형태로 존속하기보다는 회사 경영의 한 형태로 자리 잡게 되었다. 1980년대 중반까지 확장되던 협동조합은 이후 기존 노총 중심의 운동으로 방향이 전환되면서 그 세력은 미미하게 되었다.

1970년대 중반까지 갈등과 대립이라는 국가와 노동 간의 관계는 노동운동의 침체와 동반하여 새로운 협력관계를 구축하게 되었고, 비록 불안정하기는 했지만, 국가의 정책 과정에서 이를 반영하는 징표들이 등장하였다. 흔히 코포라티즘이라고 일컬어지는 노사정 3자의 협동과 협력을 토대를 하는 이 원칙은 북유럽, 특히 스웨덴에서 1970년대까지 번성했던 모델이었다. 이탈리아의 경우 제반 여건들이 북유럽과는 다른 역사적인 상황에서 이러한 코포라티즘의 시도 자체가 무의미한 것으로 평가받았다. 그러나 1970년대 후반부터 경제위기 타개와 '역사적 합의' 선언 이후 수립된 연립정부에 대한 기대 등이 어울려 새로운 협의 체제를 위한 상황적인 요건은 무르익게 되었다.

1976년 통일연합은 전국적인 차원에서 산별 교섭을 준비하는 과정에서 고용문제의 해결을 위한 임금문제의 전향적인 검토가 가능하다는 입장을 공식적으로 밝혔다. 이듬해 다시 경제인연합회Confindustria와 노동비용협정40)을 체결하였으며, 1978년에는 정부의 노동정책에 협력하는 내용을 담은 새로운 노선을 채택하였다. 2월 로마에서 열린 회담을 통하여 발표된 주요 내용은 임금정책에 대한 수정, 임금정책의 기준이었던 임금연동제의 축소, 정부의 반인플레이션 정책 지지 등이었다. 이는 노조의 근본적인 전략수정에 해당하는 것으로 사용자와 정부에 대한 협력 의지를 공개적으로 표명하고 실현하겠다는 의지를 나타낸 것이었다. 정부 역시 노조를 협상 파트너로 인정

---

40) 이 협정의 주요 내용으로는 다음과 같다: 임금연동제에 따른 해직보상의 동결; 자동급여인상 수정; 7개항의 유급휴가의 삭제; 노사협의하의 연장근로 허용; 노동시장의 유연성 확대적용 등. CGIL, 1979년 연간 보고서*Rapporto annuale 1979*, CGIL 토리노 지부 문서보관소, 1979. pp. 64~70. 참조.

하고 국가 전반의 노동정책과 경제정책에 노조의 입장이나 의견을 조율하여 국가정책의 구성요소로 참여시키겠다는 의지를 천명한 것이었다. 이와 같은 상황은 1983년 스코티Scotti 협약으로 재확인되었고, 이듬해 제정된 성 발렌티노 법령으로 고조되었다.[41]

사회적인 합의에 대한 노조와 정부의 분위기만큼 기업의 입장도 변화가 있었다. 정치적인 노조운동이 약화되면서 전국 차원의 노조가 중심이 된 임금협상의 틀이 기업이나 지역 중심으로 이동하였다. 이 과정에서 기업 역시 내부적인 정보 접근이나 경영참여 등의 형식을 통하여 노동자와 노조의 기업참여를 허용하였다. 구체적으로 시작된 영역은 공공부문이었고, 특히 국영기업이었던 이탈리아 산업재건공사IRI에서는 노사가 합의하여 '통합협의위원회Comitato consultivo unito'를 설치하였다. 위원회 구성 시 노사 양측이 동수로 구성된다는 점에서 당시 상당한 반향을 불러일으켰다. 기능과 구성에서 상당히 혁신적이었음에도 불구하고 이 모델은 공공부문에 한정되었다. 민간부문에서는 경영자 측의 반대가 심하여 구성과 시행 자체가 무산되었고, 1987년에서야 금속부문을 중심으로 정보 근접과 공유에 대한 협약이 체결되는 수준에 머물렀다. 기업별 협약의 증가와 함께 지역별 협약 역시 꾸준히 증가하였는데, 이는 지역이나 지방에서 활성화되었던 자율 혹은 독립노조의 증가에 힘입은 것이었다.

이와 같은 노사정 협의를 주요 내용으로 하는 1980년대의 이탈리아 코포라티즘은 상황에 따라 일시적으로 작용하기는 했지만, 제도를 통한 안정적인 구조로 정착되지는 못했다. 특히 기존 노조들이 대표성과 정체성의 문제를 들고 나오면서 거시적인 차원에서의 사회적인 합의는 점점 어려워졌고, 기업이나 지역 단위의 미시적 차원에서의 합의는 갈등 속에서도 유지되었다. 따라서 보다 안정적인 코포라티즘은 1990년대를 기다려야만 했다.

---

41) 이에 대한 내용은 김종법, "이탈리아 노동운동사", 『노동사회』 7월호, 2003. 참조.

1980년대 말은 전반적으로 민간부문의 노조활동이 위축되고, 세력판도 역시 노정 갈등과 대립에서 노조에 비해 정부와 사용자측의 상대적인 우위로 기울어진 시기였다. 이 시기 노동운동에서 가장 두드러진 특징의 하나는 민간부문보다 공공부문의 조직과 활동이 우월했다는 점이다. 이는 공공부문의 노동운동이 국가의 법률에 의해 보호될 수 있는 근거를 통해서였다. 그러나 1983년의 법안을 기초로 하여 3년마다 적용되는 임금협상 재개가 정부의 연기방침으로 2년간 유예되면서 공공부문 노동자들과 의사와 교사 및 공무원 등의 불만은 커져만 갔다. 이들은 특히 기존 노동조합 조직에 대한 불신을 표출하면서 새로운 노동조합 조직을 결성하게 되는데, 가장 대표적인 것이 하층위원회COBAS(Comitati di base)이다.

1987년 초에 결성된 이 조직은 공공부문의 노동자와 전문기술직 그리고 숙련노동자들의 입장을 대변하고자 설립되었다. 보통 여덟 개 부문(공무원, 학교, 국립병원, 지방자치 단체, 사회보장 기구, 대학, 연구소, 공사)의 하위 조직을 가지고 있다. 공공부문에 대한 기존 노총들의 전술을 비판하며 등장한 이들은 정부와의 1987년 협상 과정에서 강력한 투쟁 방침을 유지하였다. 이는 기존 노동조직의 입장에서 보면 세력 축소와 대표성 훼손이라는 부정적인 효과를 가져올 수 있었으며, 또한 정부의 입장에서도 이들의 요구가 지나친 재정적자와 인플레이션의 위험을 야기할 수 있는 것이었기에 받아들일 수 없는 것이었다. 그럼에도 불구하고 COBAS의 입지는 1987년 협상 기간에 많은 공공부문 노동자들의 지지를 획득하였다.

그러나 보다 근본적으로 이탈리아 공공부문은 해결하기 어려운 구조적인 문제를 안고 있었다. 오랜 역사적인 배경과 함께 근대에 만연되었던 후견인주의나 파벌주의의 유산으로 중앙이나 지방 할 것 없이 지나치게 비대하고 중복되는 기능과 제도를 가지고 있었다. 이는 비효율성 과 함께 국가재정에 커다란 부담으로 작용하였고, 공공부문의 개혁은 단지 임금협상이나 노동권 획득 차원에서 이해될 수 있는 것이 아니었다. 이에 이탈리아 정부는 자유주의적인 요소를 받아들이지 못하고 점진적인 방식으로 공공부문 문제 해결에 접근하게 되었다. 이러한 배경에서 등장한 법률적인 근거가 1990년 제정된 공공부문의 파업규제 법안이다. 공공부문 중에서 필수공익 분야에서의 파업을 제한하고, 파업 시 전제되어야 할 규정 등에 관한 법률로서 이후 이탈리아 공공부문의 기본적인 방향을 결정하게 되었다.

정부와 사용자 주도로 흐르던 노사정 관계는 1991년에 이르러 새로운 국면에 진입한다. 1983년 스코티 협약 이후 중단되었던 노사정 삼자협상의 재개는 1990년대 노동운동이 국가정책과 제도로 편입되는 서막을 알리는 것이었고, 불안정하던 코포라티즘이 북유럽 모델과는 다른 이탈리아만의 형태로 전개됨을 알리는 신호탄이었다. 1991년의 삼자협상 전에도—비록 형식적일지라도—1990년 초반에 제도화된 '경제사회협의회'라는 기구가 만들어져 노동과 산업 정책에 대한 국가자문역할을 하고 있었으며, 이를 지방 자치정부 산하의 산하기구로 발전시키려는 시도도 있었다.

그러나 이는 형식적인 협력관계였으며, 실질적으로 그리고 본격적으로 전개되는 노사정 3자협상이 제도화되는 것은 1993년 무렵이었다. 동시에 이 시기를 전후하여 이탈리아 노동운동과 정치 상황은 또다시 새로운 전기를 맞게 된다. 1990년대를 넘어서면서 이탈리아 노동운동은 새로운 전환기를 맞이한다. 1991년부터 재개된 노사정 삼자협약은 북구 유럽에서 1980년대에 일찌감치 폐기한 코포라티즘의 이탈리아 모델이 본격적으로 시작하는 서막이었으며, 노동운동은 국가정책의 기조 변화와 맞물리면서 발전하게 되었다. 또한 노동운동이 제도적으로 국가정책의 일부분으로 전환되는 계기가 되었던 것도 이 시기였고, 사용자 우위의 노사관계가 1990년대 중반까지 지배적이 되는 출발점이기도 했다.

IV

정치적 전환기와 제2공화국 시대

IV. 정치적 전환기와 제2공화국 시대

1. 정치적인 지형변화와 새로운 시대

현대 이탈리아를 구분하는 가장 쉽고 간편한 기준은 제1공화국과 제2공화국으로 나누는 방법일 것이다. 헌법 개정 없이 구분된 이러한 구별은 역사학자들과 정치학자들의 임의적 구분에 불과하지만 적어도 현대 이탈리아의 정치·경제·사회·문화의 모든 면에서 분명한 전환기와 분기점을 이루고 있다는 사실에는 동의하고 있다.

1989년 '베를린 장벽의 해체'라는 역사적 사건은 제1공화국의 종료를 더욱 가속화시켰다. 1989년 11월에 발생한 '베를린 장벽' 해체 사건은 당시 이탈리아 공산당 지도부에게는 커다란 충격이었다. 1921년 사회당 전당대회가 열렸던 리보르노에서 그람시와 보르디가가 주도하여 창당했던 이탈리아 공산당의 운명이 다하는 순간이 도래한 것도 바로 이때였다. 베를린 장벽이 무너진 다음날 갑자기 결정된 당명 개정은 노선과 원칙에 대한 철저하고 계획된 특별한 준비 없이 이루어진 것이었다.[1] 1990년 3월 갑자기 소집된 특별 전당대회는 이탈리아 공산당 당수였던 오케토가 제안한 당명 개정과 노선

변경안案에 대하여 2/3 이상이 찬성함으로써 공산당의 분열은 피할 수 없는 대세가 되었다. 결국 여러 달의 논의 끝에 오케토의 제안은 받아들여졌지만, 약 11%(15만 6,440여 명)에 달하는 당원들은 탈당하는 최악의 사태가 벌어졌던 것이다.

1991년 1월이 되면서 이탈리아 공산당의 당명개정과 노선변경 문제를 최종적으로 결정하기 위한 전당대회가 리미니Rimini에서 열렸다. 68%의 대의원이 찬성한 가운데 이탈리아 공산당은 좌익민주당Partito Democratico della Sinistra으로 개명하였고, 자본주의 사회 안에서의 개혁과 진보라는 기본 원칙이 표명되었다. 반대표를 던졌던 27%는 소비에트 사회주의를 신봉하던 아르만도 코수타Armando Cossuta 일파와 늙은 공산당 지도자 피에트로 잉그라오Pietro Ingrao를 따르던 소수 분파였다. 이들은 후에 공산주의 재건당 Rifondazione comunista을 창당하였던 순수 공산주의 좌파 그룹으로 CGIL 내부 소수파를 형성하게 되는 노조근본주의Essere sindacato 2)와 관련이 깊은 분파였다.

변화된 정치 상황에 더욱 상황을 악화시킨 것은 1990년 7월에 있었던 무디스Moodys의 발표였다. 세계 국가신용도 평가에 막강한 영향력을 끼치고 있던 무디스는 이탈리아의 경제 상황, 특히 국가 공공부채 비율의 과다를 부정적으로 평가하는 결과를 발표하면서 유럽단일통화연합국에서 제외될 것이라는 결론을 내렸다. 이탈리아 국민들은 커다란 충격에 휩싸였고 정부는

---

1) 당시의 상황은 너무나 갑자기 발생한 것이었는데, 실제로 공산당의 개명을 결정했지만 어떤 이름을 붙일 것인지 결정되지도 않았고, 시기와 방법에 대한 것도 결정되지 않을 정도로 다소 즉흥적인 측면이 있었다. 또한 오케토가 지향하는 새로운 당의 이념이나 노선은 이전의 당수였던 톨리아티나 베를링게르의 그것과도 달랐으며, 단지 자신의 측근 그룹이었던 에밀리아 로마냐Emilia Romagna 분파의 의견에 근거한 원칙이었을 뿐이었다. Ginsborg, *L'Italia del tempo presente*, pp. 299~304. 참조.
2) Essere sindacato의 어원적 의미는 '노조 있음 또는 되기' 정도이다. Essere는 영어의 Be 동사에 해당하는데, '존재하다, ~이다, 되다' 의 의미를 갖는다. 따라서 본 논문에서는 '노조가 되다, 또는 노조가 존재하다' 라는 어원적 의미를 살려, '노조근본주의' 라는 좀 더 확대되고 강조된 해석을 하였다. 참고로 국내에서 정병기 같은 이는 이를 '노조의 본질로 해석하고 있다.

대책 마련에 고심하게 되었다. 이에 정부는 공공지출을 줄이고, 재정적자를 축소하는 방향으로 정책을 수립하였고, 산업계와 사용자들은 고임금 정책의 지양과 함께 1992년부터 오랫동안 노동자들의 실질임금 보장의 보호 장치였던 임금연동제의 완전한 폐기를 결정하였다. 이렇게 하여 경제위기와 국제 정치적 상황 변화 등이 맞물리면서 이탈리아 사회 전반의 변화의 바람이 일고 있던 이 시기, 이탈리아뿐만 아니라 세계를 경악시킨 또 다른 사건이 터졌다. 바로 마니폴리테였다.

1992년 2월 17일 우연찮게 터진 밀라노 사회당 지부 위원장이었던 마리오 키에자Mario Chiesa의 뇌물수수 사건에 의해 시작된 '마니폴리테'는 이탈리아 전역을 뒤흔들어놓은 중대한 사건이자 사회변혁 운동의 시발점이었다. 전후 최대의 정치 스캔들이자 정치개혁의 촉매가 되었던 이 사건은 12년이 지난 현재까지 계속되고 있다. 비록 오늘이라는 시점에서 '마니'가 갖는 정치적인 의미가 많이 축소되었다 할지라도 여전히 진행형적인 사건이라는 점은 현재 한국에서 여전히 논란이 되고 있는 불법정치자금 문제 등을 고려한다면 흥미롭고 유의미한 비교 사항이 될 사건이었다.

이를 위해서는 먼저 이탈리아 검찰의 탄생 과정과 역사적 배경에 대해 이야기하는 것이 마니폴리테를 이해하는 선결 조건일 것이다.[3] 제2차 대전이 종결되었지만 청산된 역사와 새로운 출발이라는 이탈리아 국민의 여망은 미국의 정치적 개입으로 인해 순조롭지 못했다. 반파시즘 투쟁의 주역이었던 공산주의 계열의 정치세력들이 정부 수립과 함께 완전히 배제되면서 이후 이탈리아 정치는 또 다른 굴절과 모순에 빠지게 되었다. 정치적으로 굴절된 출발은 그를 견제할 수 있는 사법부라는 국가권력도 자기모순과 기만에 빠

---

3) 검찰 부분에 대한 것은 다음의 자료를 참조하시오. Paolo Ginsborg, *L'Italia del tempo presente*, Torino, Einaudi, 1998. pp. 356~365. AA.VV. a cura di Gianfranco Pasquino, *La politica italiana. Dizionario critico 1945~95*, Roma-Bari, Laterza, pp. 463~475. C. Guarnieri, *Magistratura e politica in Italia*, Il Mulino, Bologna, 1993. 등.

지게 하였다. 1948년 제헌헌법으로 출발하였던 사법부와 검찰은 파시즘의
잔재를 극복하지 못했고,[4] 구성원의 성향이 대부분 보수적이었으며, 행정부
의 통제를 많이 받던 집단이었다. 이후 1959년 헌법상에만 명시되어 있던 최
고검찰위원회의 설치를 계기로 독립적인 지위와 신분을 보다 분명하게 갖게
되었다. 검사 개개인의 독립과 신분이 헌법에 보장되게 되었고, 이는 상급기
관의 압력이나 통제에 비교적 자유로울 수 있었던 원인이 되었다. 이는 당대
프랑스나, 영국, 독일 등 다른 유럽의 주요 국가들과 비교해보아도 상당히
자유로운 수준의 독립성을 보장받고 있었다고 평가된다.[5]

따라서 이 시기는 소장파 검사들을 중심으로 보수적이던 검찰 조직에 새로
운 바람을 불러 넣으며, 최고검찰위원회의 구성원을 둘러싸고 검찰 내부 기
득권 세력과의 치열한 투쟁이 벌어졌다. 사회정의 실현이라는 검찰 본연의
임무에 충실한 용감한 검사들이 등장한 것도 바로 이 시기이며, 그동안 심심
찮게 들어왔던 마피아와 전쟁을 벌였던 일군의 검사들 역시 이때 등장하였
다. 동시에 검찰 그룹 내부에도 정치 투쟁과 함께 이념과 활동을 달리하는 분
파들이 생겨났다. 민주주의 검찰Magistratura Democratica(좌파 성향의 검찰 그
룹) 분파, 헌법을 위한 통일Unità per la Costituzione(중도 성향의 검찰 그룹) 분
파, 독립검찰Magistratura Indipendente 분파가 바로 그들이었다.[6] 그러나 이와
같은 내부 권력구조는 검찰 조직 안에 격렬한 권력 투쟁의 양상을 가져왔고,
궁극적으로 현실 정치의 각 정당들과 연결될 수 있는 여지가 있었다.

이를 가장 극명하게 보여준 것은 두 명의 젊은 검사가 이탈리아 중앙은행
의 총재와 부총재를 기소했던 사건이었다.[7] 이 사건을 시작으로 많은 사건

---

4) 실제로 전쟁이 종결된 뒤, 파시즘 치하에서 정권에 협력하고 국민들을 탄압하였던 상당수의 판사들
과 검사들이 재판 과정에서 사형이나 무기징역 등의 중형을 선고받았음에도 재판의 종결 과정에서
감형과 복권 등이 난무하여 제대로 된 청산절차를 거치지 못한 채 이탈리아 공화국 사법부로 출발하
였다. *La politica italiana. Dizionario critico 1945~95*, pp. 463~65. 참조.
5) *L'Italia del tempo presente*, p. 358.
6) 앞의 책, p. 359.

에서 정치적으로 수사되고 판결되는 경우가 많았다. 결국 검찰 개혁이라는 문제는 정당 개혁의 문제와 연결될 수밖에 없었으며, 이는 소수의 젊고 개혁적인 검사들이 조직 안에서 소외되는 결과를 초래하였다. 1980년대 초반에 드러났던 몇몇 부패한 정치사건들 수사를 통해 입증되듯이, 정의구현을 위해 부패한 정치가들에게 칼을 들이댔던 소수의 검사들이 조직에서 소외되고, 좌천되는 경우가 심심치 않게 일어나게 된 것도 이러한 이유 때문이었다. 오랜 기민당 정권과의 밀월 과정에서 보수적인 기조가 변하기 힘든 구조로 고착화되었으며, 정치적인 의미에서 지나친 정실주의와 후견인주의의 영향을 받았던 검찰 역시 개혁을 이끌 수 있는 집단이 아닌 개혁의 대상이 될 수밖에 없었던 것이다.

이와 같은 상황이 반전될 수 있었던 것은 젊고 개혁적인 검사들이 증가하면서 정치가들이나 정당들과 갈등을 빚기 시작했던 1980년대 후반이었다. 특히 마피아를 비롯한 범죄조직 검거에 앞장섰던 일단의 검사들의 용기와 행동이 커다란 동기부여를 했고, 국가 전반에 뿌리박혀 있던 부패가 드러나기 시작하면서 제도와 정치개혁에 대한 국민적 동의가 형성되는 시점이었다.[8] 더욱이 1980년대 후반 대마피아 전쟁을 통한 몇몇 가시적인 결과들로

---

7) 1979년에 로마 검찰청 소속 두 검사 알리브란디Alibrandi와 갈루치Gallucci가 이탈리아 중앙은행의 총재인 바피Baffi와 부총재인 사르치넬리Sarcinelli를 기소하는 사건이 발생했다. 기소 이유는 개인적 이해와 용무를 위해 직위를 남용하고, 한 화학회사에 불법적인 재정지원을 했다는 죄목이었다. 그러나 실제는 이들 두 사람이 당시 수상이던 안드레오티Andreotti의 친구인 카탈지로네Catalgirone 건설회사의 자금요청을 거절한 데에 대한 보복조치였으며 이 기소로 인해 유죄 판결을 받은 두 사람은 실형을 선고받았다. 2년 뒤 무죄로 판명된 이 사건의 본질은 기소한 두 검사의 성향과 당대 정권과의 교분관계에서 찾을 수 있는데, 모두 우익 성향의 검사로 갈루치는 안드레오티 수상의 친구들과 각별한 관계였고, 알리브란디는 극우민족주의 정당 MSI의 주요 지지자였던 것으로 밝혀졌다. 이와 같이 당시 검찰 내의 분파들은 각각의 성향에 따른 정당과의 관계를 통해 정치적인 기소나 수사사건 등을 지휘하고 조작하는 경우가 많았다. *앞의 책* pp. 360~362. 참조.
8) 이 시기가 바로 우리에게도 잘 알려진 팔코네Falcone 검사나 보르셀리노Borsellino 검사 등이 대마피아 전쟁을 수행하였던 시기이며, 이후 정치권이 개입하건서 이탈리아는 1970년대 테러리즘 시대를 이어 또다시 혼란스런 시기가 도래하게 된다.

인해 마피아가 오랫동안 정치권과 연결되어왔다는 사실이 밝혀지면서 정치권에 대한 폭넓은 개혁의 필요성이 제기되었고, 이에 대한 당위성을 제시할 수 있는 세력은 검찰이었다. 당시 마피아가 국가의 적대적 세력의 하나였다는 기존의 관념이 국가 정치권력 구성의 주요 세력의 하나로 인식되면서 자연스럽게 마피아가 국가권력 안으로 스며들게 되었고, 이를 뒷받침한 세력은 말할 것도 없이 정치가들과 정당[9]이었다는 사실 때문에 더더욱 검찰 독립과 정치권이나 마피아에 대한 수사가 상당 부분 국민적 공감대를 이끌어 낼 수 있었다.

결국 이러한 와중에 발생한 사회당 간부의 수뢰사건이 계기가 되고, 용감하고 치밀한 일군의 검사들이 힘을 모으면서 시작된 마니폴리테는 이탈리아 정치권 전반에 대한 부패한 정치자금 수사로 발전하였고, 정치적인 측면에서 뿐만이 아니라 경제사회 전반에 걸쳐 이탈리아 전역을 뒤흔든 역사적 사건이자 전환점이 되었던 것이다. 사건의 발단은 앞서 언급한 사회당 지부 대표였던 마리오 키에자라는 인물의 정치자금 수뢰사건이었다.

그는 크락시의 절친한 친구로 당시 밀라노의 요양원 비오 알베르고 트리불치오Pio Albergo Trivulzio의 책임자였다. 사건의 전말은 조그마한 청소용역 회사의 사장이었던 루카 마니Luca Mgni가 키에자에게 사업청탁의 대가로 7백만 리라를 건네주는 자리에서 루카 마니가 디 피에트로 검사의 요청으로 펜형 녹음기를 상의 안에 넣고 대화내용을 녹음하였다. 또 건네준 뇌물의 일

---

9) 이에 대한 근거는 여러 가지가 있다. 마피아가 이탈리아 경제에 미친 영향관계를 다룬 보고서나 정치적 관련을 다룬 사건들이 발표되었지만, 국가를 담당하던 정치세력들은 이를 바꾸려는 의지나 생각조차 하지 않고 있었다. 마피아가 이탈리아 경제에 끼친 영향관계를 가장 잘 보여준 보고서의 하나는 비올란테L. Violante의 저서로 여기서 저자는 이탈리아 국민총생산의 4.4%가 이들 범죄조직의 직접적인 활동으로 인해 발생된 비율이라고 지적하고 있다. 또한 이미 1986년 Censis(국가경제통계) 조사에서도 무려 12.5%가 이들 마피아와 관련된 범죄조직들이 경제적 활동 분야에서 거둔 비중이라고 보고하고 있다. 또한 밀라노 주식 시장에 영향력을 미치고 있는 알도 라벨리Aldo Ravelli 역시 마피아를 이탈리아 3대 부르주아의 하나로 꼽고 있다. L. Violante, *Non e la piovra*, Torino, Einaudi, Cesis, *A meta decennio, Riflessione e dati sull' Italia dall'80 all'85*, Roma, Istat. 1994., pp. 87~88.

부였던 7백만 리라 지폐 위에 모두 표시를 함으로써 검찰 측에 결정적인 증거를 남겼다. 이 사건을 통해 심증뿐이던 부패한 정치자금 수사가 물증을 통한 전방위적인 수사 확대가 가능하게 되었다.10) 계속적으로 이를 수사하던 밀라노의 검사그룹이 뇌물의 연결고리가 키에자 한 사람에게 국한된 것이 아니라 당시 수상이었던 크락시까지 연계가 되었다는 사실을 알게 되었다. 크락시는 이를 개인적인 뇌물수수사건으로 축소시키고 TV 방송에까지 출연하여 이를 담당하던 디 피에트로Di Pietro 검사그룹을 비난하였다.

사건은 이렇게 묻히는 듯했다. 곧 다가올 총선으로 이 사건은 언론의 커다란 주목을 받지 못하였고, 이전부터 이와 유사한 사건들은 종종 발생했기 때문에 국민이나 언론은 그런 유형의 사건이라고 가볍게 생각했다. 그러나 디 피에트로 검사를 비롯한 밀라노 수사팀은 이 사건의 경위를 철저히 밝히는 데 수사력을 집중하고 동시에 키에자를 설득하여 오랫동안 하나의 관행으로 정해진 불법정치자금 시스템을 규명하는 데 성공하였다. 키에자의 수사 과정에서는 여러 가지 새로운 사실들이 밝혀지게 되는데, 공사 입찰의 대가로 받는 정치가의 몫이 전체 공사비의 10%라는 사실이나 각 정당에 대한 배분 비율 등이 소상하게 드러났다.11)

사건의 전모가 밝혀지면서 밀라노 검찰청의 대응도 빨랐다. 보렐리와 담브로지오는 수사팀의 확대와 보강이 절실하다고 판단하고 디 피에트로 이외에 콜롬보와 다비고 검사를 팀에 합류시키고 줄리아니 밀라노 경찰청 수사

---

10) G. Barbaceto, P. Gomez, M. Travaglio, *Mani Pulite. La vera storia*, Roma, Riuniti, 2002, p. 9~10.
11) 가장 흥미를 끌었던 사실 중의 하나는 건네진 정치자금에 대한 각 정당의 분배비율이었다. 전체 공사비의 10%가 목표 정치가에게 전달되면, 이중에서 사회당PSI에 2/5, 공산당PCI에 1/5, 기민당DC에 1/5, 1/5은 나머지 군소 정당에 지급되었다고 키에자는 밝히고 있으며, 이는 하나의 시스템과 같이 밀라노 주변의 입찰 관련기업들, 특히 건설이나 관공서의 하청업체들에게 공통적으로 나타나는 배분 비율이었다. 여기서 한 가지 특이한 사실은 주요 야당인 공산당과 다른 군소 정당들에게도 일정한 비율이 항상 지급되었다는 것으로, 부정부패의 수준이 정치권 전반에 걸쳐 광범위하게 확산되고, 하나의 규범과 규칙으로 고착화되었다는 점이다. 앞의 책, pp. 11~16. 참조.

과장의 지원과 세무감찰 요원 및 수사보조요원 등을 충원하여 밀라노 풀pool을 탄생시켰다. 이와 동시에 밀라노 시민들을 중심으로 한 국민들의 지지도 행동으로 표출되었다. 시민들의 지지집회나 시민단체와의 연계는 마니폴리테 수사에 대한 정당성과 국민적 공감대를 확산시키는 원동력이 되었다. 5월 12일부터 밀라노 지검청사에 모인 2만여 명의 시민지지집회를 시작으로 시민들의 자발적인 지지집회는 연일 계속되었고, 언론과의 협조와 공조체계도 이루어졌다. 마니폴리테를 취재하던 주요 언론들 역시 하나의 풀을 만들어 정보를 공유하면서 사건의 진상을 알렸고, 특종을 위해 사전정보 유출이나 보도경쟁을 자제하는 등 국민과 검찰 편에서 중요한 역할을 담당하였다.

이와 같은 국민적인 지지와 발 빠른 대응으로 4월 22일에는 1차로 여덟 명의 사업가가 구속되었는데, 이들은 모두 키에자에게 뇌물을 주고 입찰공사를 따낸 사업가들이었다. 이후 수사는 전방위적으로 확장되었고 결정적인 기여를 한 것이 바로 7월 16일 체포된 밀라노의 건축업자 살바토레 리그레스티Salvatore Ligresti 사건이었다. 리그레스티는 당시 밀라노의 유력한 사업가였는데, 자신의 사업을 위해 주요 정치가들에게 불법적으로 정치자금을 제공했다는 혐의로 기소되었으며, 그의 사건을 계기로 부패한 정치자금 수사가 전국적으로 그리고 전방위적으로 확대되었다. 안드레오티의 처남이었던 필리테리Pillitteri의 10억 리라 수뢰사건, 안드레오티 정부 시절 각료를 역임했던 토뇰리Tognoli의 5억 리라 수뢰 사건 등이 연이어 밝혀졌다. 뒤이어 로마 시의 차관보였던 만치니Mancini의 수뢰사건(2천 800만 리라 규모)이 드러났고, 베로나의 로디지아니Lodigiani 기민당 지역위원장의 수뢰사건이 불거졌다. 레지오 칼라브리아의 시장이었던 리칸드로Ric 사건, 마스트리히트 조약에 서명했던 외무부장관 디 미헬스De Michels의 사건 등이 연이어 세상에 알려졌다.

사건의 확대와 함께 당시 중요한 정치적 사건은 총선이었다. 당시 집권 야당의 주요 인물들은 수상이었던 크락시를 비롯하여 안드레오티Andreotti 전

수상, 그리고 기민당의 포를라니Forlani였다. 이들은 키에자 사건이 발발한 뒤에도 여전히 향후 정국운영에 대하여 낙관하고 있었고, 따라서 4월의 총선에서 승리를 확신하고 있었다. 그러나 결과는 이들의 예상과 정반대로 흘렀다. 이전 선거에서 기민당은 34.3%의 득표율을 기록했지만, 1992년 총선에서는 최초로 29.7%의 지지율을 얻는 데 그쳤고, 그나마 남부를 중심으로 한 지지였다. 주요 지지기반인 북부에서는 10%대의 지지를 얻는 데 그쳤던 것이다. 18%의 비첸차Vicenza와 12% 미만의 베로나Verona와 파도바Padova, 13% 미만의 벨루노Belluno 등이 대표적 지역이었다.12)

연립정부의 한 축이었던 사회주의 정당 역시 득표율이 저하되었다(14.3%에서 13.6%). 이와 같은 상황에서 상대적으로 야당이었던 좌익민주당DS(이탈리아 공산당의 후신)이 집권 여당의 표를 흡수해야 했지만, 사정은 그렇지 않았다. 부패한 정치자금에서 자유롭지 못한 좌익민주당 역시 16.6%를 얻는 데 그쳤고, 공산주의 재건당Rifondazione comunista은 5.6%의 지지율 답보상태를 벗어나지 못하고 있었다. 결국 새로운 정치적인 변화의 흐름은—그 귀착점이 나치즘과 파시즘 정당이었음에도 불구하고—전혀 다른 방향에서 나타났고, 그것이 북부 독립을 주장하며 3차 산업 종사자들과 전문직업인들과 자영업자들을 기반으로 하였던 북부동맹Lega Nord과 파시즘적인 민족주의를 표방하던 국민동맹AN으로 귀착되었다.

새로운 3차 산업종사자들 중심으로 동북부 지역에서 두드러진 세를 확산한 북부동맹의 선전은 의미심장한 것이었다. 당수인 움베르토 보시Umberto Bossi 역시 부패한 정치자금 사건에 연루되었다는 사실이 밝혀지긴 하지만, 이전의 선거에 비해 무려 8%가 넘는 지지 증가율(0.5%에서 8.7%)을 기록했다. 아울러 기존 기민당 지지지역이었던 북부에서 10%대와 20%대의 지지율을 획득한 것이었다. 롬바르디아 주에서는 무려 25.1%를, 피에몬테 주에서

는 19.4%, 베네토 주에서는 18.9%, 리구리아 주에서는 10.6%를 획득하는 선전을 하였다. 이는 정치적으로 여러 의미로 해석될 수 있는 것이었다. 새로운 변화의 열망이 정치적인 지형변화로 표출되었다고 볼 수도 있으며, 기존 정치세력의 이념 노선을 대체하는 인종이나 경제적인 이해를 제1차적으로 표방하는 지역 정치세력의 등장이라는 새로운 정치현상으로 볼 수 있는 사건이었다.

선거가 끝나자 기존의 정당들은 다시 한번 연립정부를 구성하는 데 합의하고 빠른 시간 안에 마니폴리테 사건의 정치적인 해결을 도모하고자 했다. 그러나 대통령이었던 코시가Cossiga가 임기를 한 달 앞두고 사임하면서 상황은 전혀 예기치 않은 방향으로 흐르게 되었다. 가장 유력했던 후임 대통령 후보는 안드레오티나 포를라니였지만, 그들과 함께 역시 후임 대통령을 꿈꾸고 있던 크락시의 야망 등이 얽히게 되어 상황이 전혀 예상치 못했던 방향으로 흐르게 된 것이다. 그런 와중에 밀라노에서 키에자 사건의 전말 보고는 이탈리아 정치 방향과 흐름을 역류시켰다.

수많은 정치가들, 특히 크락시를 비롯한 안드레오티와 같은 유력 정치가들의 부패한 정치자금 수뢰연루 의혹은 정국을 뒤흔들기에 충분했고, 이를 수습하기 위해 기민당에서는 서둘러 포를라니를 대통령으로 추천하여 새로운 내각을 출범시키고자 했다. 그러나 인준에 필요한 508표의 찬성을 얻는 데 실패하고, 다시 크락시 정부 시절 장관이었던 바살리Vassali를 지명했지만, 포를라니보다 참담한 결과를 낳으면서 계속적으로 대통령이 선출되지 못하는 상황까지 악화되었다.[13] 더군다나 이 시기를 전후해서 마피아에 의한 팔코네 검사의 폭탄테러 암살 사건과 보르셀리노 검사 암살사건으로 국가질서 자체가 위협받는 상황에까지 이르게 되었다.[14] 결국 크락시와 안드

---

13) 부연하면 포를라니의 경우 표결에 부쳐졌지만, 인준에 필요한 508표보다 30여 표가 모자라는 479표를 획득하는 데 그쳤으며, 바살리는 351표에 그치는 참담한 결과를 가져왔다. *앞의 책*, p. 486.

레오티, 포를라니 세 사람은 기민당을 포함한 모든 정당들이 참여 하에 크락시 정부에서 내무부장관을 역임했던 스칼파로Scalfaro를 공동 추천하여 더 이상 미룰 수 없는 대통령 선출을 합의하여 국회에서 인준 통과되었다.

그런데 혼란스런 정치 상황을 수습하려고 했던 세 정치인과 정당들의 기대와는 달리 사태는 예상과는 다른 방향으로 흘렀다. 새로이 선출된 스칼파로는 크락시나 안드레오티의 의도와는 달리 마니폴리테 수사에 대해 중립적 입장을 취하였고, 키에자 사건과 밀라노 검사팀에 대한 지지를 표명함으로써 사태를 더욱 확산시키는 역할을 하였던 것이다. 시민들과 시민단체들의 지지집회와 언론과의 공조체제 구축 및 대통령의 중립적인 입장 표명은 마니 수사에 대한 정당성과 보다 철저한 수사의 필요성을 강화시켜주었다.

수많은 정치가뿐만 아니라 경제인들, 지방행정가들까지 이탈리아 전역이 부패사건으로 휘말리게 되었다. 콘핀두스트리아Confindustria(한국의 전경련과 유사한 단체)를 비롯한 재계와 여야 말할 것 없이 수많은 정치가들이 연루되었던 일련의 이 사건을 우리는 '마니폴리테'라고 불렀다. 이 사건은 이탈리아 사회의 부정적 모습을 세계에 알렸던 상징적 사건이었다. '깨끗한 손' 운동으로 알려진 이 부정부패 척결운동은 당시 재판에 회부된 사람의 수가 무려 3천 200명에 달할 정도로 전 이탈리아의 주요 정치가와 경제인들이 연루되는 사상 초유의 부패사건이었고, 국민들에게는 정치 개혁과 새로운 정권에 대한 기대를 열망하게 하였다. 결국 이 사건으로 인해 50년 간 정권을 담당했던 기민당과 사회당 등 주요 정당들은 몰락하였고, 전문적인 행정 관료들이 수반이 된 과도정부가 구성되었다.

이탈리아 전역을 뒤흔든 이 사건은 정치적인 결과 외에도 경제적으로나 사회적으로 적지 않은 파장과 결과들을 가져왔다. 그 영향 관계나 결과가 갖는 시차성에 의해 직접적인 결과와 간접적인 결과로 이분할 수 있는데, 직접

---

14) 앞의 책, pp. 487~494. 참조.

적인 결과로는 이탈리아 전역에 만연해 있던 부패 시스템이 만천하에 드러나 전면적인 개혁의 필요성이 대두되었으며, 이를 뒷받침하고 있는 정치세력의 교체가 제기되었다. 간접적인 결과로는 이탈리아 경제와 사회 전반의 점검과 근본적으로 정치적 지배세력의 변화를 수반하게 되었다.[15]

가장 먼저 가시적인 결과를 보인 것은 선거제도와 기존 지배세력의 퇴진이었다. 이는 새로운 정치와 제도가 필요했음을 의미했고, 이를 가시화 한 것이 바로 선거제도의 전면 개정이었다. 기민당이 해체되고 사회당이 수세국면에 몰리면서 모든 정당들은 새로운 선거제도에 합의하게 되었다. 기존의 정당명부식 비례대표제 100%를 주축으로 하던 선거법이 개정되었다. 1993년 국민투표에 의해 확정되어 개정된 선거제도의 핵심은 소선거구에서는 다수대표 원칙으로 의원을 선출하고(75%), 기존 비례대표제를 동트 식의 비례대표제(25%)로 전환한 것은 바로 이와 같은 계기에 의해서였다. 기존의 비례대표제에서 다수대표제로의 변화는 기존의 집권여당이었던 기민당의 장기집권을 마감하고, 새로운 정치세력의 등장을 용이하게 하였으며, 언제든지 야당에 의한 정권교체 가능성을 마련한 획기적인 변화였다. 정당명부제에 의한 비례대표제는 정치적인 후견인주의와 명망가들에 의한 연정이 가능하게 하였던 제도였지만, 다수대표제는 후보의 당락을 지역구민인 국민들이 던진 표의 다수에 따라 결정하였기에 후견인주의를 어느 정도 무력화시키면서 전국적인 인물보다는 지역의 참신하고 새로운 인물이 등장할 수 있는 가능성이 높아진 선거제도였다. 따라서 오랜 집권으로 부패했던 기민당이 몰락할 수 있는 제도적인 기반이 완성이 되었고, 새로운 정치세력의 대두와 함께 야당의 집권 가능성이 그 어느 때보다 높았다고 볼 수 있었다.

---

15) 이외에도 여러 가지 측면에서 마니폴리테 수사는 사회 제도의 투명성을 제고하는 계기를 제공했는데, 실제로 마니폴리테 수사 이후 이탈리아에서 공사입찰비가 이전에 비해 약 50% 정도 감소하는 성과를 거두었다. 그리고 어느 정도까지는 정경유착의 폐해를 줄이면서 국가 공기업 제도에 대한 전면적인 검토와 함께 민간기업들의 경쟁력 강화에 일정 부분 공헌을 하게 되었다.

선거법 개정의 정치적인 중요성은 이를 전후로 하여 제1공화국과 제2공화국의 시대 구분을 할 정도였다. 1948년 제헌헌법을 통해 공화국이 수립된 이후 한 시대를 마감하고 새로운 시대를 의미하는 '제2공화국'이 들어서게 되었던 것이다. 먼저 수립된 정부는 과도정부의 성격을 갖는 아마토Amato 내각이었고, 이어 새로운 선거법에 의해 집권하게 된 이는 신흥 이탈리아 자본가를 대표하는 베를루스코니Berlusconi였다. 어째서 베를루스코니였는가에 대해서는 여러 의견이 있다. 그러나 한 가지 중요한 사실은 당시 기득권 정치세력들은 자신들의 정치적 영향력과 세력을 유지하기 위하여 채택할 수 있었던 최선의 선택으로 베를루스코니를 내세웠고, 1992년 불어닥친 유럽의 재정위기 타개를 위해서도 성공한 사업가 출신이었던 그는 적임자처럼 보였던 것이다. 다시 말해 베를루스코니야말로 짧은 기간에 성공한 기업가였고, 당시 마니폴리테의 직접적 타격을 받은 정치가도 아니었기 때문이었다. 이렇듯 적자는 아니지만 양자인 베를루스코니를 기존 정치세력들이 내세웠고, 베를루스코니 역시 자신이 기존 정치세력과 연계되었을 뿐만 아니라 마니폴리테의 화살이 직접 자신과 자신의 기업들을 겨냥하면서 이를 방어할 필요성을 느꼈으며, 이러한 양측의 이해가 맞아떨어지면서 베를루스코니가 성공적으로 등장하였다.

베를루스코니는 이탈리아의 눈부신 경제성장기였던 1960년대 사업을 시작한 이로 처음에는 조그마한 건설회사로 시작하였다. 이후 밀라노 주변에 대규모 주택단지를 지으면서 세상의 주목을 받기 시작했고, 이를 바탕으로 금융과 방송 및 프로축구 사업으로까지 영역을 확대하여 이탈리아에서는 보기 드문 재벌그룹을 이룩한 신흥자본가를 대표하는 인물이었다. 그가 집권하게 된 가장 커다란 이유는 당시 국민들은 기민당뿐만 아니라 연정 파트너였던 사회당 소속의 국회의원은 물론이고 야당이던 공산당 의원들까지—비록 그 수는 적었다 할지라도— 부패한 정치자금의 사슬에서 벗어나지 못하고 있다는 점에 충격을 받았고, 새로운 대안세력과 정치세력의 등장을 원하고 있었는데, 바로 베를루스코니야말로 성공한 사업가로서 국민의 시선을 사로잡을 만한 인물이었던 것이다.

그러나 이와 같은 성장의 배경에는 경제 수완 못지 않은 정치적인 보호와 연계가 있었다. 1969년 이후 유력한 정치가들과 관계를 맺으면서 전형적인 정경유착 기업가가 되었으며, 특히 크락시가 수상이었던 시절 크락시와의 후견인 관계를 통하여 눈부신 성장을 하게 되어 이탈리아 경제계의 기린아로 성장함으로써 오늘에 이르렀다. 주요 회사로는 에딜노르드Edilnord(건설), 이탈칸티에리Italcantieri(조선), 임모빌리아레 산 마르티노Immobiliare San Martino(부동산 및 투자), 핀인베스트Fininvest(방송 및 금융) 등이 있다. 새로운 선거법에서 자본의 위력을 통해 1994년 잠시 수상에 오르기도 했지만, 연금문제의 실책과 정경유착을 통한 정치적인 부담이 부메랑으로 돌아와 지난 1994년 불신임 투표에서 캐스팅 보드를 쥐고 있던 북부동맹의 반대를 견디지 못하고, 당시 일정 부분 부패 혐의에 연루되었다는 사실 등으로 수상 직을 내놓게 된 인물이었다.

마니폴리테 수사에 의해 새롭게 조성된 정치 환경으로 기존 정당들의 몰락과 새로운 정당의 등장 그리고 베를루스코니를 정점으로 한 정치세력의 교체는 역설적이게도 여전히 진행되고 있던 마니폴리테 수사에 커다란 방해가 되었다. 이러한 우려는 현실로 드러났다. 정치적인 지형변화 속에서도 수많은 정치가들과 경제인들을 구속하고 재판에 회부하던 마니폴리테 수사팀은 1994년 베를루스코니의 등장 이후 곳곳에서 암초에 부딪히게 되었다. 정권을 잡은 베를루스코니는 자신과 측근들을 겨냥한 마니폴리테 수사를 피하기 위해 여러 방책들을 사용하였고, 수상이라는 직은 많은 면에서 유용했다. 검사와 판사들을 매수하는 일에서부터, 부패한 정치자금으로 사용된 기업자금을 감추기 위한 분식회계를 자행하고 자신이 소유하고 있던 기업들을 가족들과 측근들을 이용하여 교묘하게 분산하였다.

그러나 디 피에트로를 비롯한 밀라노 풀은 굴하지 않고 자신들의 의지대로 수사를 진행시켰다. 굳건한 의지와 타협을 모르는 수사 팀은 여러 가시적인 수사 성과들을 토대로 베를루스코니 소유 기업들까지 수사 대상으로 삼았고, 그의 측근들인 쿠자니Cusani, 프레비티Previti, 베를루스코니 동생들의 혐의 사실들을 밝혀내는 성과를 거두었다.16) 상황이 이렇게 되자 베를루스코니 직접적으로 밀라노 풀을 매수하고 회의하려는 공작을 시도하였다. 실제로 1994년 베를루스코니 정부가 출범할 당시 선거전에 다비고 검사와 디 피에트로 검사를 포르차 이탈리아Forza Italia 당의 국회의원으로 입후보하려고 했으며, 디 피에트로에게는 베를루스코니가 직접 내무부 장관직을 제시하기도 했다. 또한 1995년에는 디 피에트로를 기소하는 사건이 발생하였다. 다름 아닌 일군의 검사들이 디 피에트로를 직권남용과 뇌물수수 등의 혐의를 적용하여 기소한 이 사건은 베를루스코니와 가까운 일군의 검사들이 진행시킨 사건으로 디 피에트로는 1995년 한 해 동안 무려 54번이나 조사를 받았고, 언론을 호도 하여 밀라노 풀의 도덕성에 치명타를 가하면서 마니폴리테 수사가 시작된 이래 가장 커다란 위기 시기를 맞기도 하였다. 결국 디 피에트로가 법복을 벗고 현실 정치로 뛰어들게 만드는 데 성공함으로써 이후 마니폴리테 수사는 새로운 차원에서 전개되는 계기가 되었다.

그럼에도 베를루스코니를 겨냥한 수사는 계속 진행되었다. 1996년 이후 피닌베스트 그룹의 분식회계와 정치자금 위반 사건, 알 이베리안All Iberian 항공사 사건, 몬다도리Mondadori 출판사 사건 등이 속속히 밝혀지면서 2001년 총선으로 재집권한 베를루스코니가 현직 수상이었음에도 기소되는 상황까지 이르렀다. 이 사건은 한 사회의 기득권과 정경유착의 고리가 심한 경우 근절이나 개혁이 어렵다는 사실을 증명하고 있으며, 그러한 개혁과 의지에 대항하는 기득권 세력들의 조직적인 저항이 한 사회 개혁이 얼마나 어려운 것인가를 보여준다는 점에서 충분한 의미를 부여할 수 있을 것이다. 따라서

---

16) *Mani pulite. La vera storia*, pp. 223~264. 참조.

〈표1〉 마니폴리테 관련 기소 관련 세부항목과 결과

항목			사건 및 사람 수
혐의사실이 입증된 사건의 합계	기소 이후 사건이 재판에 회부된 사람들의 수		3,200
	재판에 회부된 사람들이 수		1,320
	소계		4,520
재판에 회부된 사람들의 경우	GUP(특별재판부)에서 다른 심리부로 이송된 사람들의 수		427
	GUP에서 재판이 진행된 사람들의 수		274
	GUP 결정에 의해 판결을 선고받은 사람들의 수		1,306
	GUP의 판결로 형이 확정되어 형량을 받은 사람의 수	혐의사실 확정	506
		약식	103
		소계	609
	GUP의 결정으로 방면된 사람들의 수	무혐의 입증	269(9.19%)
		혐의사실 취하	211(7.12%)
		공소시효 만기	179(6.12%)
		소계	480
	소계		3,200
GUP 결정에 의해 판결을 선고받은 사람들의 수	법정에서 다른 상급법정으로 이송된 경우		38
	법정에서 여전히 심리가 진행 중인 경우		193
	법정에서 형을 선고받은 경우	평결	304
		실질심사	341
		소계	645
	법정에서 방면된 사람의 수	무혐의 입증	161(14.46%)
		혐의사실 취하	269(24.17%)
		공소시효 만기로 (이 부문의 수치는 앞의 항과 기타에서 유사한 항의 사람 수를 합산한 수치이다)	243(21.83%)
		소계	430
	소계		1,306
기타의 경우(청산, 면제, 복직, 무효 등)			104
최종 판결로 범죄사실이 입증된 경우			1121

나타난 1992년부터 진행되어온 마니폴리테 수사 결과는 많은 것을 담고 있다고 평가할 수 있을 것이다.[17]

2. 정치제도와 국가체계

2-1. 개요

이탈리아 헌법 제1조는 이탈리아 정체를 다음과 같이 표현하고 있다. "이탈리아는 노동에 기초한 민주공화국이다." 다른 서구 국가들이 정체를 표현하는 어구와는 조금 다른 느낌을 갖는가. 그렇지만 이 표현은 이탈리아가 갖는 정치적 다양성과 독특함을 이해하는 주요한 표현이다. 서구 자유민주주의의 그 어떤 나라도 노동을 헌법 제1조에 포함하지 않기 때문이다. 이탈리아라는 국가의 정체성과 제도나 시스템이 독특한 것도 바로 이런 헌법정신에 기인한 것일지도 모른다.

이번 항에서는 이탈리아 정치제도와 국가의 체계를 다룰 것이다. 짧은 지면 안에 어떤 것을 담아야 할지 고민스럽지만, 아마도 이탈리아만의 독특한 제도와 특징을 중심으로 서술하는 것이 이탈리아 정치를 이해하는 데 바람직할 것이다. 따라서 여기서는 주로 제도적인 측면에서 권력구조와 독특한 제도를 중심으로 이탈리아 정치가 어떻게 변화하였고, 그 현재의 모습은 어떤 것인가를 주로 다루려고 한다. 이러한 의미에서 정치제도로서는 행정부와 입법부를 아우르는 내각책임제에 대한 간단한 설명과 대통령제와 연방제 관련 사항 및 지방의회와 선거제도 등에 대해 간략하게 언급하겠다.

---

17) 이 사건의 결과는 밀라노 지검의 마니폴리테 지검의 수사 팀의 공식적인 수사 자료를 바탕으로 작성된 것이며, 출처는 밀라노 지검이고, 앞의 책, pp. 704~5에서 재인용한 것이다.

이탈리아의 경우 내각책임제라고는 하지만 대통령의 존재와 제1당을 중심으로 항상 연정을 해왔다는 점 등이 다른 국가들과 차이가 있다. 대통령은 권한이나 역할 면에서 독일과 프랑스 대통령의 중간적 수준에 위치해 있다. 그러나 공화국이 처음으로 출발했던 때에는 독일의 대통령과 그다지 차이가 나지 않은 형식적 지위와 기관에 불과했다. 그러나 1992년 마니폴리테를 기점으로 대통령도 실질적인 권한을 행사하면서, 형식적이었던 총리의 임명과 조각권을 행사하는 오늘날의 대통령과 유사한 역할과 권한을 가지게 되었다. 이외에도 주요 권한으로는 5명의 헌법재판소 재판관에 대한 임명권, 군대의 최고 통수권자, 최고사법평의회 의장 등의 직무를 맡지만, 실질적인 권한 행사에는 다소간의 한계가 있다.

대통령에 비하여 임기 중 절대적인 권력을 갖게 되는 이가 바로 총리이다. 행정부의 수반으로 국가권력의 실질적 집행자이기도 한 총리는 내각의 업무를 관장하여 조정 및 협의하여 국가정책 전반을 책임지고 있다. 이탈리아의 경우 득표율에 따라 제1당의 당수나 총리 후보자가 일반적으로 총리로 지명된다. 그리고 난 뒤 연정에 참여하는 각 당의 대표자들이 협의하여 내각의 장관직을 배분한다. 연정이라는 기본구도와 총리는 언제든지 불신임될 수 있다는 점 등으로 이탈리아 총리는 상당히 자주 바뀌었다. 공화국 수립 이후 지금까지 총 58번이나 총리가 교체되었지만, 총선의 주기(5년) 내에는 제1당의 총리 후보 권리가 유효하기 때문에 정권 자체의 혼란이나 혼선 등은 그다지 존재하지 않는 역설적인 구조를 갖고 있다.

총리가 중심이 되는 행정부는 상하양원제에 기반 한 입법부에 의해 뒷받침된다. 임기 5년의 상하 국회의원들은 선출 방식에 차이가 있고, 그 권한이나 특징에도 다소간의 차이가 있다. 하원과 상원의 권한의 크기가 기능 상의 대소 문제는 헌방 상에 명확하게 규정되어 있지는 않다. 다만 그 수에 있어서 하원의원이 상원의원 수에 비해 두 배 정도 많고, 하원의원이 입법활동 영역이 상대적으로 다양하다는 점이다. 1948년 제헌헌법으로 출발할 당시에는 정당 명부식 선호투표제에 의한 100% 비례대표제를 채택하고 있었으나, 1992년 마니폴리테를 계기로 75%의 단순다수대표제에 의한 소선거구제도와 25%의 비례대표제를 채택하고 있다.

이러한 정치 관련 제도의 운영과 함께 주목해야 할 다른 영역은 지방자치제도와 사회적으로 확산되어 있는 정치문화적인 배경이다. 이탈리아의 경우 오랜 역사에 비하여 지방자치제도가 현대적인 정치제도로서 정비된 것이 1970년대에 불과하다는 사실은 우리나라에 시사 하는 점이 상당하다고 볼 수 있다. 특히 짧은 시행 과정에도 불구하고 여러 면에서 성공한 지방자치제도의 하나로 평가받는 이탈리아 지방자치제도는 한국적 상황과 비교하여 여러 면에서 유용할 것이다. 아울러 지방의회 및 지방선거제도에 대한 제도적 설명 역시 이탈리아의 정치·사회를 이해하는 데 중요한 제도이다. 이러한 제도의 뒷받침은 이탈리아 특유의 정치문화와 어울리면서 유럽 국가들 중에서도 독특하고 주목할 만한 정치사회구조를 가진 국가가 되었다.

여기서는 주요한 이탈리아의 모든 제도를 거론할 수는 없지만, 통치구조와 관련된 의회를 비롯한 주요 제도들을 중심으로 한국 사회에 충분한 정치적 함의를 부여할 수 있다고 판단되는 독특한 제도를 중심으로 설명할 것이다. 대통령제나, 지방자치제도, 지방의회의 구조와 특징 및 선거제도 등은 그러한 측면에서 가방 유효적절한 연구 대상이 될 수 있을 것이며, 지난 1996년 이후의 총선 결과들을 중심으로 선거와 정당을 통한 정치 과정 역시 이번 장을 통해 설명하고자 한다.

2-2. 의회와 내각책임제

한국의 대통령제에 익숙해 있는 한국인들에게 이탈리아의 총리의 권한과 대통령의 권한은 간혹 혼동을 불러일으키거나 구별 자체가 용이하지 않을 것이다. 더군다나 이탈리아의 의회제도는 의회중심제의 기원이라 할 수 있는 영국과도 다른 측면이 있고, 다른 나라에는 존재하지 않는 몇 가지 독특한 제도가 존재한다. 1993년 이전의 제1공화국에서는 100% 비례대표제를 기반으로 하는 다당제 구조의 의회중심제였지만 제2공화국에서는 단순다수선거구제와 비례대표제를 혼용하고 있다. 또한 영국의 양원제와는 다소 차이가 있는 양원제를 기초로 양극다당제 혹은 불완전 양당제 형태의 다당제 지형을 형성하고 있는 점 등에서 몇 가지 설명이 필요한 국가이다. 더군다나 지난 2006년부터 해외지역선거구제를 도입하고 있고, 원내정당의 교섭단체 구성이나 의회 운영의 제도적 개혁 방안들은 한국 의회와 비교 가능한 유용한 시사점들을 제공할 수 있을 것이다.

오늘날 국가 정체의 상이함에도 불구하고 대부분 국가들에서 채택하고 있는 의회제도는 운영과 제도적 차이점이 존재한다. OECD 국가들이건 발전도상국들이건, 혹은 사회주의 체제의 국가들이건 직접민주주의를 기반으로 하지 않은 국가들에서 대의제로서 의회는 가장 중요한 의사결정기구의 역할을 하고 있다. 이탈리아 역시 영국이나 프랑스와 같이 오랜 의회제도의 전통을 간직하고 있다. 의회중심제 국가로서 양원제를 채택하고 있는 이탈리아가 대통령제와 단원제 의회 제도를 채택하고 있는 대한민국에 제도적인 유용성이 있을 것인가는 그리 쉽지 않은 문제이다. 그러나 제도적인 효율성이나 유용성보다 제도의 근간이 되는 정치·문화적 배경을 고려하고 제도 운영의 측면에서 발전적인 방식을 비교한다면 충분한 비교가치와 의미가 있을 것이다.

모든 국가들에서 그렇듯이 이탈리아의 의회제도 역시 헌법에 그 조직과 내용이 규정되어 있다(이탈리아 헌법 제2부 1장 의회 부문 55조에서 69조까지). 이탈리아 헌법에서 규정하고 의회제도의 가장 주요한 원칙은 양원제 Bicameralismo이다. 상원Senato과 하원Deputato의 양원은 인구수를 기반 하여 의석수 630석을 전체인구에 비례하여 나누어 선출하는 하원과 주를 단위로 하는 지역을 기반으로 315명의 상원의원을 선출하는 상원으로 구성되어 있다.

양원제를 도입하게 된 가장 주요한 이유는 좌파정당들과 우파정당들의 당파적인 이해관계의 산물이었다. 좌파정당들(사회당, 공산당, 행동당 등)은 국민주권의 유일성을 주장하며 단원제를 주장하였지만, 우파정당들(기민당, 자유당 등)과 연방주의를 주창했던 정당들(공화당 및 기타 지역 정당들)은 사회 각 계층의 경제적·문화적·정치적 이해관계를 반영하기 위해서는 하원과는 다른 원을 조직해야 한다고 주장했다. 좌파정당들과 우파정당들의 이와 같은 대립은 동일한 권력과 기능에 기반 한 서로 다른 두 개의 원 조직에 합의하게 되었고, 1948년 제헌헌법에 이와 같은 원칙이 구현될 수 있었다.

상하양원 사이의 기능과 역할의 차이는 네 가지 차원에서 서로 다른 차이점을 갖고 있다. 첫째는 선거인 연령이다. 하원의 경우 18세 이상의 남녀에게 선출권이 부여되지만, 상원의 경우어는 25세 이상의 성인으로 차이를 두고 있다. 피선거인의 연령 역시 하원과 상원이 다른데, 하원의 경우 선거일 현재 25세가 되어야 입후보할 수 있으며, 상원의 경우에는 40세 이상이어야 한다. 의원 수 역시 차이가 있는데 하원의 경우 650명의 정족수를 상원의 경우 315명의 선출직과 지명 및 당연 종신 상원의원으로 구성된다. 지명직 종신 상원의원은 정치, 사회, 문화, 과학, 예술 등의 분야에서 이탈리아를 위해 혁혁한 애국심과 공헌을 한 시민들 중에서 다섯 명이 넘지 않는 상원의원을 지명할 수 있다. 또한 대통령을 역임한 이는 당연직 지명 종신 상원의원에 임명된다.

하원과 양원 사이 권한의 대소 여부는 헌법상에 명시되어 있지 않다. 그러나 양원 사이에 권한 조정의 필요가 생기거나 정치적 갈등이 초래되면 대통령의 중재를 통해 해결하는 것이 관례로 되어 있다. 이 경우 국회 안 여러 정당 대표들의 조정회의 혹은 상하양원 의장의 조정을 통해 대통령이 중재하는 것이 일반적이다. 만약 이러한 중재 과정이 받아들여지지 않을 경우에는 대통령이 헌법에 명시된 국회 해산의 명을 내릴 수 있다.

상하양원 모두 의회 구성에 있어 두드러진 특징은 비례대표제 의석 배분 방식과 다수정당 프리미엄 비례대표제였다. 2005년 12월 개정된 선거법은 비례대표의 원칙을 1993년 이전으로 돌림과 동시에 과반수 확보를 보장하는 방식을 채택했다. 이와 더불어 변화된 봉쇄조항sbaramento을 두면서 제1당이나 제1정당연합체에게 나머지 추가 의석을 모두 배분하는 방식을 채택하였다.[18] 새롭게 개정된 선거제도의 가장 큰 특징은 1위를 한 정당이나 선거연합체에게 하원과 상원 모두 과반수의 수치까지 결정하여 안정적 정국운영이 가능하도록 보장했다는 점이다. 이는 상하양원에서 비례대표 의석수를 할당받는 각 정당이나 선거연합체의 최저 전국 득표율을 조정하여 최대 다수당에게 과반수를 보장하고 있다.

하원의 경우 선거 연합체의 경우 적어도 연합체 소속 한 정당이 전국 득표율 2%를 초과한 상태에서 10%의 득표율을 획득하거나 특별 주[19] 중에서 전국에서 10%를 획득하지 않더라도 주에서 20% 이상의 득표를 했을 경우 비례대표 의석수를 할당받았다.[20] 선거 연합체에 소속되지 않은 개별 정당의 경우에는 전국적으로 4%의 최저득표율을 획득하면 비례대표 의석수를 할당받을 수 있다. 선거연합체의 경우 주차원에서 20%이상의 유효 득표를 차지해야 하며, 선거연합체 소속 정당 중 적어도 하나의 정당이 주州 차원에서 3% 이상의 유효표를 획득해야만 비례대표 의석을 배분받을 수 있다.[21] 또한 독자 출마한 정당의 경우에는 20% 미만의 득표율을 획득했다 할지라도 주차원에서 8% 이상의 득표율을 획득하면 비례대표 의석을 배분받을 수 있다. 이렇게 하여 최대 다수당에게 내부 과반수 확보 비율quozienti interi(하원 총의석의 54%)을 배정하고 상원에서도 총의석의 55%를 확보토록 한 것이다. 하원은 총 630개 의석이 전체 26개 선거구의 득표율에 따라 배분된다.

---

18) www.interno.it/legislazione/pages/pagina.php?idlegislazione=716 (검색일; 2008년 8월 12일)
19) 이탈리아는 총 20개 주가 있는데, 이중에서 다섯 개의 특별주가 있다. 이번 선거에서는 특별 주인 트렌티노 알토 아디제 주의 경우에는 소수 언어 보호 지역 차원에서 해당 주 선거구에서 득표율 20%를 넘는 경우에는 전국 차원에서 8%를 넘게 되면 비례득표 의석수를 할당받을 수 있도록 했다.
20) www.interno.it/news/articolo.php?idarticolo=21931(검색일; 2008년 8월 13일)
21) Collana Timone. 2007. Elementi di Diritto Parlamentare, Napoli; Simone. p. 38.

그중 발레 다오스타Valle d'Aosta 주 1석을 포함해 618석은 18세 이상 국내 거주 이탈리아인(4천 7백만)이 선출하고 12석은 역시 18세 이상 외국 거주 이탈리아인(260만)이 선출한다.[22] 그러나 1위를 한 선거연립체나 정당이 과반수를 차지하지 못했을 경우에는 재외 국민과 자치주의 하나인 발레 다오스타 주를 제외하고 총의석의 54%인 340석을 우선적으로 배분받는다. 또한 모든 선거연합체는 공동 강령과 공동 총리후보를 낼 수 있도록 하고 있다.

한편 상원은 총의석 315석을 전체 20개(regione를 의미) 선거구별로 후보명부의 득표율에 따라 배분한다. 국내 309석 중 종신의원(현재 여섯 명, 전직 대통령)을 제외한 의석은 25세 이상 국내거주 이탈리아인이 선출하고 여섯 석은 25세 이상 외국 거주 이탈리아인이 선출한다. 상원 역시 추가의석제를 두어 주별로 1위를 한 선거연합체나 정당이 최소한 55% 이상을 확보하도록 했다. 그러나 상원의 경우에는 반드시 안정적인 다수로 연결되지는 않는다는 문제가 있다. 또한 주 단위로 순위를 매김으로써 전국 단위에서 1위를 한 정당이나 선거연합체가 다수를 확보하지 않을 수도 있다. 중도-좌파 선거연합체인 '연합'이 '자유의 집'보다 전국 득표율이 더 낮음에도 불구하고 다수 의석

---

22) 지난 2006년 4월 총선에서 유럽 국가들 중에서도 가장 포괄적이고 혁신적인 해외선거구 제도를 도입하였다. OECD 국가들 중에서 비교적 늦게 도입한 해외부재자투표제도임에도 불구하고 이탈리아 해외선거구 제도는 유럽연합뿐만이 아니라 세계의 많은 국가들의 주목을 받았다. 해외선거구 제도 중에서 가장 뛰어난 것으로 평가받고 있는 이탈리아의 해외선거구 제도의 시행에 따라 400여만 명에 달하는 이탈리아 해외 국민들은 자신이 살고 있는 해외 권역별 기준에 따라 자신들의 대표를 상하양원에 보낼 수 있게 되었다. 이미 오래 전부터 해외 이주 국민들로부터 참정권 시행 문제가 제기되어왔지만, 시행에 따르는 현실적 제약에 의해 실시가 유보되었다. 그러나 해외 이탈리아 공동체 사회의 국내 재산권 문제와 이중국적이 실질적으로 허용되고 있는 여러 외부적 요인들과 정치적 이해관계가 맞물려 지난 2003년 법 개정을 통해 2006년 선거에서 처음으로 재외국민 선거를 실시하였다. 2006년 4월 실시된 총선에서 해외선거구를 4개 권역으로 나누어 설치하였다. A 지역은 러시아의 극동지역과 터키를 포함한 유럽 권역으로 상원 2명 하원 6명의 의석이 배당되었다. B 지역은 남미 권역으로 상원 2석과 하원 3석이 배정되었고, C 지역은 북미와 중미 권역으로 상하원 각 1명씩이 할당되었으며, D 지역은 아프리카·아시아·오세아니아 등의 기타 권역으로 상하원 각 1명씩 배정하였다. 이에 따라 상원에서 6명의 상원의원과 하원에서 12명의 하원의원을 선출하여 재외국민 대표 18명이 선출되었다.

을 획득한 2006년 총선이 바로 이러한 결과로 이어진 첫 번째 사례가 되었다.

선거제도의 중요성은 의회 구성과 원내 정당의 구조 및 권력관계까지 함께 돌아볼 수 있다는 점에서 의회 연구의 전제이다. 이탈리아 역시 75%의 단순다수 소선거구제도의 지역대표와 25%의 비례대표제를 통해 의회를 구성하고 있는데, 1990년대 이후 제2공화국의 출범과 함께 시행된 제도 개혁의 대표적 사례로 들 수 있다. 양원제 의회 제도를 채택하고 있는 이탈리아의 경우 의회 권한에서 다른 의회주의 국가들과의 커다란 차별성은 보이지 않는다. 그러나 양원 사이의 권한과 기능 면에서 독특하고 주목할 만한 사항들은 몇 가지 거론할 수 있다.

가장 중요한 의회의 권한은 모든 나라에서와 마찬가지로 입법권이라 할 수 있지만, 의회중심제 권력구조의 이탈리아에서는 가장 중요한 의회의 기능과 역할의 하나가 정부의 정치적인 조정과 방향 설정이라는 역할이다.[23] 의회 다수당이 곧 정부인 이탈리아에서는 정부 수립과 동시에 추진해야 할 국정전략의 기조가 입법 활동에 의해 결정된다는 의미이기 때문에 의회에서 행정부와의 정책 공조와 조화를 위한 방향 설정과 조정은 가장 중요한 기능이 된다. 1996년, 2001년, 2006년, 2008년 정부에서도 이와 같은 조정과 방향 설정을 위해 조각과 동시에 여러 법안들을 제안하여 의회에서 통과시켰다.

두 번째 기능으로 특징적인 것은 선출직 고위직에 대한 의회 할당 선거이다. 주요 선거는 다음과 같다. 공화국 대통령 선거, 헌법재판소 다섯 명의 재판관 선거, 최고사법평의회 위원 여덟 명 선거, 헌법재판소 보조판사들이 선출한 배심원들의 선거, 행정심판의장평의회 위원 네 명 선거, 개인정보보호보장위원회 위원 네 명 선거 등이 있으며, 상하 양원 의장들은 군사사법평의회 위원 두 명을 선출할 권한이 있다. 세 번째 기능으로는 공화국 대통령의 탄핵권 및 헌법재판소 기소권이 있으며, 네 번째는 상하 양원 모두 자체의

---

23) 이하 내용은 아래 서적 참고. Collana Timone(2007), pp. 76~78.

〈표1〉 이탈리아 의회 조직과 구성도

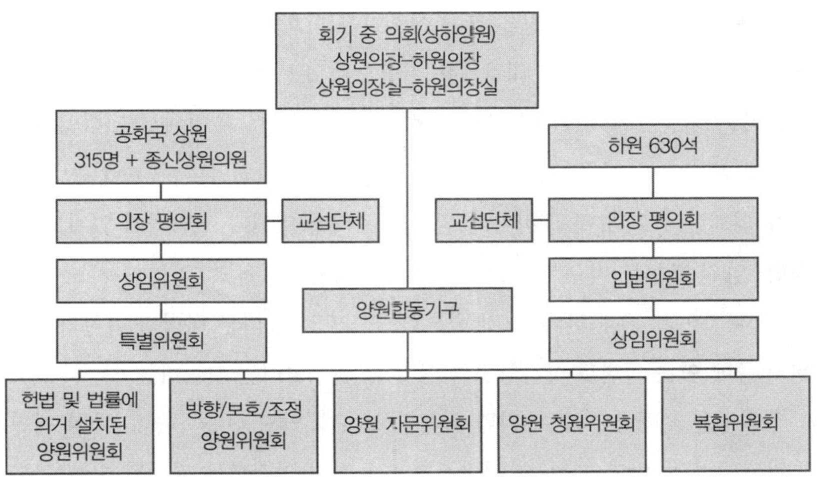

심의, 규칙제정, 행정적 기능을 소유하고 있다.

이상과 같은 의회의 기능과 권한 이외에 주목할 만한 사항은 의회 법안 제출과 관련한 법안 상정의 주체이다. 통상 의원들이 발의하는 것이 일반적이지만, 행정부에 해당하는 정부 역시 가장 중요한 법률안 제출의 주체이다. 또 다른 주체로는 CNEL(경제 및 노동 국가평의회)[24]로 이탈리아 헌법 제98조에 이와 같은 권한을 명시하고 있다. 이외에도 독특한 주체로는 선거권자인 유권자를 들 수 있는데, 헌법 제71조 2항에서 규정하고 있는 법안제출 주체로서 유권자는 5만 명 이상의 유권자 서명을 받아 법률안을 국회에 제출할 수 있다고 명시하고 있다.[25] 제출된 법안이나 법률에 대해서는 소속 위원회

---

24) CNEL은 90년대 이후 네오코포라티즘을 성공적으로 정착시켰다고 평가받는 이탈리아의 경제통제위원회와 같은 기구이며, 우리나라의 노사정위원회와 같은 기구라 할 수 있다. 이탈리아의 경우 서구 국가들로는 드물게 1960년대 폐기했던 코포라티즘을 90년대에 새롭게 정착시켜 성공한 국가로 평가받고 있다.

25) 관련 법규로는 다음과 같은 것들이 있다. 헌법 71조 2항, 74조, 75조와 1970년 352호 법령 48조 등에서 이와 관련된 내용들을 규정하고 있다.

에서 심의하여 정해진 절차에 따라 확정하여 공포한다.

이와 같은 제도적인 특징을 갖는 이탈리아 의회는 그 운영 면에서도 독특한 특징이 있다. 양원제와 내각제를 기반으로 하는 의회중심제 국가로서 이탈리아는 기능적인 측면에서뿐만이 아니라 제도적인 측면에서도 다양하고 독특한 특징들이 있다. 상하양원제의 특징을 고스란히 보여주고 있는 이탈리아 의회는 상원과 하원 각각에 원이 설치되어 있거나 조직되어 있기도 하지만, 양원 모두를 아우르는 조직으로도 구성됨으로써 그 역할과 기능에 다소 간의 차이가 존재 한다. 가장 중요한 조직으로는 다른 나라와 마찬가지로 회기 중에 있는 의회로 상하양원의 입법 활동이 열리는 장이다.

상하양원 의장은 개원이 되면 일정한 절차에 의해 선출하는데, 국회 개원까지의 공백을 막고 개원 시 원활하고 효율적인 의정활동 진행될 수 있도록 임시국회의장실을 상하 양원에 설치한다. 하원의 경우 임시국회의장이 되는 이는 이전 국회의 부의장 중에서 연장자를 선임하는 데 반해, 상원의 경우 의원 중 연장자를 선임하는 차이가 있다. 그러나 이 기구는 임시적이고 과도기적 성격의 기구로 개원에 의해 상하양원 의장이 선출되면 자동 폐쇄된다.

공식적으로 선출된 상하양원 의장은 각각 의장실을 구성하여 의회의 가장 중요한 정치기구로 출범시킨다. 의장실 조직의 가장 중요한 기구는 의장이다. 하원의장의 경우 하원의 재적의원 2/3 이상의 찬성에 의해 비밀투표로 선출되며, 첫 투표에서 이 조건을 충족시키지 못하면 4단계에 걸쳐 조건완화

<표2> 4단계의 의장 선출 방식 및 조건

	하원의장	상원의장
제1차 투표	재적의원 2/3의 득표	재적의원의 절대과반수 득표
제2차 투표	투표의원 2/3의 득표	재적의원의 절대과반수 득표
제3차 투표	재적의원 절대 과반수	투표의원의 과반수 득표
제4차 투표	재적의원 절대과반수	투표율

부 형식으로 재투표가 실시된다. 이는 상원의장의 경우에도 마찬가지이지만, 단계에 따른 조건에서는 다소 간 차이가 있다. 그러나 4차 이후에도 동점자가 나올 경우에는 연장자를 의장에 선출한다.

의장과 함께 네 명의 부의장이 선출되어 구성된다. 이밖에도 사무총장이 의장의 업무와 의회의 효율적인 운영을 돕는데, 하원의 경우 16명의 사무총장이 선출되며 상원은 여덟 명의 사무총장이 선출된다. 또한 상하양원 의장실 각각 세 명의 감찰관이 존재하는데, 이들은 의회의 행정 업무 진행과 개의 중인 총회와 분과회의 질서 유지 및 의사진행규정 및 법령 적용 등의 업무를 담당한다.

10명으로 구성된 상임규정협의회는 의회 규칙이나 규정의 보완 변경 등의 업무를 위해 상설적으로 운영되고 있다. 선거관리위원회(상원의 경우 선거 및 면책관리위원회로 명칭이 다소 다르다)는 상하양원 선거뿐만 아니라 헌법에 규정되어 있는 다양한 선거관리 업무를 위해 의회 내부에 설치되어 있는 기구이다. 이는 의회 내부에서 담당하고 있는 선거업무의 실질 권한과 내용을 규정하고 의회 특유의 고유한 위상을 대외적으로 보장받고 있는 기구라 할 수 있다.

원내교섭단체장 회의는 국회의 원내 교섭단체의 지도부나 당수 등 대표자들의 연속회의 기구로서 국회 운영에 필요한 규칙 제정에 관한 세 가지의 권한이 주어진다. 첫째는 입법활동 혹은 의정 활동 프로그램의 숙의이며, 둘째는 의사일정 숙의이고, 셋째는 의사당 내에서의 토론 순서 및 일정 조직이다. 원내교섭단체장 회의는 하원의회법 제13조에 규정된 사항으로 대개 의장이나 정부 또는 구성원 중의 하나인 원내정당 대표가 필요에 따라 소집요구를 할 수 있다. 보통 의사일정이나 위원회 직무에 관련하여 의장이나 정부가 협조 혹은 요청을 구할 때 소집되는데, 이를 위해 정부는 회기 내에는 매일 혹은 시간마다 수시로 정부활동이나 위원회 결정 사항 등에 대하여 정보를 제공하고 있다.

지금까지의 기구들이 주로 의회 조직 내에서 의회 기능과 역할을 위해 설치되고 조직된 기구라 할 수 있다면, 지금부터 보게 될 기구들은 회기 중 의원들이 중심이 된 직무 관련 조직이다. 가장 중요한 것으로는 의회 위원회가 있는데, 보통 상임위원회 14개와 다수의 특별 위원회가 존재한다. 가장 대표적인 것으로는 2007년 1월 30일에 설치된 이탈리아 해외동포문제를 위한 위원회로, 해외투표구 설치 문제를 통해 해외동포의 참정권 문제를 해결하기 위해 설치한 특별위원회였다. 상임위원회의 경우 상하양원 모두 14개씩 존재하는데 순서와 차례에 약간의 차이가 있지만, 그 활동 내역이나 내용은 유사하다고 볼 수 있다.

그러나 이들 위원회와는 달리 상하양원혼합위원회를 설치하기도 하는데, 이 경우 아주 엄격한 심사와 상하양원의 합동결의가 필요한 문제를 다루고자 할 때 설치한다. 예를 들면 지역문제, TV와 라디오 방송관련 업무, 정보통신상의 기밀과 안전 문제 등을 다루는 특별위원회로서 상하양원혼합위원회가

〈표3〉 상하양원의 상임위원회 구성 및 내용

상임위원회	
하원	**상원**
1° 헌법위원회	1° 헌법위원회
2° 사법위원회	2° 사법위원회
3° 외무위원회	3° 외무 및 이민 위원회
4° 국방위원회	4° 국방위원회
5° 예결산위원회	5° 예결산위원회
6° 재정위원회	6° 재정금융위원회
7° 문화위원회	7° 공적기구 및 문화재위원회
8° 환경위원회	8° 공공업무 및 통신위원회
9° 운송위원회	9° 농업 및 농업생산품위원회
10° 생산활동위원회	10° 산업, 무역, 관광 위원회
11° 노동위원회	11° 노동 및 사회보장위원회
12° 사회복지위원회	12° 보건 및 위생 위원회
13° 농업위원회	13° 영토, 환경, 환경재 위원회
14° 유럽연합정책위원회	14° 유럽연합정책위원회

설치된다. 이는 상정안의 시급함이나 시급함에 따라 상하양원이 함께 참여하여 절차상의 시간낭비를 줄이면서, 지역대표성과 국민대표성을 함께 상징적으로 논의할 수 있는 문제를 다루고자 할 때 합의에 의해 설치할 수 있다.

이와 함께 정치적인 필요에 의해 의회 내의 교섭단체들의 요구로 자문이나 입법외 활동에 대한 의회협의체를 설치할 수 있다. 하원의 경우 의장이 선임한 21명의 하원의원들로 구성된 인허가심의위원회나 상원의 경우 23명의 상원의원으로 구성된 선거 및 면책특권협의체를 구성할 수 있다. 또한 원내교섭단체 역시 정당을 대표하거나 소수 정당간의 연합체 성격을 띠면서 원내에서 활동할 수 있는 기구로, 상원은 10명 이상의 상원의원과 하원의 경우 20명 이상의 하원의원으로 구성할 수 있다. 2008년 총선에 의해 원내 교섭단체를 구성하고 있는 원내 정당은 〈표4〉와 같다.

〈표4〉 제16대 국회의 원내정당의 명칭 및 소속의원

상원		하원	
이탈리아가치당(Italia dei Valori)	14	이탈리아가치당(Italia dei Valori)	28
파디니아 북부동맹당 (Lega Nord Padania)	26	파디니아 북부동맹당 (Lega Nord Padania)	60
민주당(Partito Democratico)	119	민주당(Partito Democratico)	218
자유인민당(Il Popolo della Liberta)	146	자유인민당(Il Popolo della Liberta)	272
우파연합(UDC), SVP e 자치당 (Autonomie)	11	우파연합(UDC)	35
의원혼합(Misto)	6	의원혼합(Misto)	17
		자유민주공화당 (Liberal Democratici–Repubblicani)	3
		소수언어당(Minoranze Linguistche)	3
		자치운동당 (Movimento per l'Autonomia)	8
		무소속	3
총의원수	**322**	**총의원수**	**630**

자료출처: www.parlamento.it(검색일: 2008년 9월 1일)

이탈리아 양원제는 최근의 정치적 변동의 가장 주요한 제도이자 권력기관이 되고 있다. 특히 베를루스코니가 1994년 처음으로 수상에 올라 권력을 잡은 이래 끊임없이 변화와 개혁의 대상이 되고 있다. 이탈리아 사회 내에서 국민 신뢰도가 최저인 직군과 기관에 속하는 국회는 이탈리아 공화국 건국 이래 항상 주요한 개력의 대상이자 효율성 제고의 국가 권력기관이었다. 따라서 역사적으로나 제도적으로 여러 번에 걸쳐 의회 운영과 관련한 변화와 제도를 도입하였다.[26]

다양한 제도 변화나 개혁 방안들 중에서 몇 가지 특징적이고 정치적인 효율성을 갖는 것들은 다음과 같다. 첫째, 국회소집과 관련 이탈리아는 국회 개원을 위한 소집이 대통령령으로 확정되어 있다(대통령령 제61조와 제87조 3항). 국회의원 선거일로부터 20일 안에 첫 회의가 소집될 수 있도록 법령에 명시함으로써 국회 개원과 관련된 정치적인 책략이나 전술에 따른 지연을 방지하고 있다. 또한 상하양원은 각각 국회 활동과 업무를 보완하고 개정할 필요가 있을 경우 '업무 개정 동의에 관한 소집'을 결정할 수 있다. 이는 보다 신중하고 보완의 필요성이 있는 사안이나 법률에 대한 준비와 법안 중복 등을 예방하기 위한 조치로 볼 수 있다.

둘째, 총선에 임박하여 국회 활동이 종료되거나 제한적일 경우에도 법안이나 국회 업무의 연속성을 위해 국회활동과 권한의 유예를 인정하고 있

---

26) 1948년 국민투표 끝에 탄생한 이탈리아 공화국은 양원제를 기반으로 하는 의회중심제를 지속적으로 채택하고 있다. 그러나 내용적인 측면에서 몇 번에 걸친 결정적이고 뚜렷한 제도적 변화를 거치게 되는데, 가장 중요한 변화는 1992년 "마니폴리테Mani Pulite"에 의해 촉발된 시기로, 언론이나 역사학자들은 이를 제1공화국과 제2공화국의 분기점으로 설명하고 있다. 이후에도 베를루스코니가 등장한 이래 집권 정당의 이해관계를 반영하는 선거법 개정과 국회법 개정이 있었다. 이에 대한 보다 자세한 내용은 다음의 책을 참조하시오. 김종법 역, 2004. 『이탈리아 선거법』, 중앙선거관리위원회; AA.VV. *Associazione per gli studi e le ricerche parlamentari*, Torino; Giappicchelli Editore, Quaderno n. 5~17(1994~2007), AA.VV. *La Politica Italiana. Dizionario Crictico 1945~95*, Roma; Laterza, 1998. ASTRID. *Per Far Funzionare il Parlamento-Quarantaquattro modeste proposte*, Bologna; il Mulino 2007.

다.(헌법 제61조) 이는 총선이 예정되어 있는 해에는 총선 준비와 여러 이유 등으로 당해 국회 활동이 일시 정치되거나 상정된 법안 등에 대하여 고의로 지체하는 정파적인 책략을 예방하고 국회 고유 기능에 대한 연속성을 보장하기 위한 조처이다. 이러한 유예 기간은 90일을 초과하지 않도록 헌법에 명시되어 있다.(헌법 61조 1항)

셋째, 국회 자체의 권한 강화와 효율성 제고를 위하여 국회 내부의 제도나 소관 부처 등의 신설 등에서 비교적 독립적이고 상대적으로 자율적인 준비와 진행이 가능하다는 점이다. 의회와 행정부가 유기적이고 상호 연관성이 밀접함에도 불구하고 국회 내부의 독립적인 위상과 권한을 강화하는 필수적인 기구와 업무에 대한 자치권을 인정해준다는 의미에서 의회 권력 강화의 주요 내용이라 할 수 있다.

이 밖에도 입법 과정에서 법안 제정의 진행 과정에서 나타난 여러 기능과 절차는 국회 위상과 권한의 독립적인 지위확보라는 측면에서 국회 자체의 권한을 확대하고 인정하는 방향으로 진행되고 있다. 또한 회기 중에는 돌발적인 안건이나 의사 진행을 예방하기 위해 본회의 및 각 위원회별로 프로그램화된 일일명령 안이 마련되어 있다. 이는 돌발적이거나 사안과 다른 불순한 정치 의도를 막고 의사 진행의 효율성을 높이기 위한 제도로 볼 수 있다.

그러나 이러한 구체적이고 실질적인 제도 개선과 개혁적인 방안들이 있음에도 불구하고 이탈리아 의회제도가 안고 있는 몇 가지 문제점들도 분명히 존재한다. 첫째는 상하양원제라고 하는 양원제로 인한 비효율성의 문제이다. 국민의 직접적인 의사결정이나 정책 제안이 실질적으로 어려운 상황에서 대의민주주의 제도의 효율성을 논의한다는 것이 어쩌면 불필요한 것일지도 모르지만, 이탈리아의 경우 상하양원의 권한이나 기능의 중복과 비효율성은 향후 어떠한 방식으로든 개선의 필요성이 있다. 둘째는 의회중심제를 채택하고 있지만 내각 중심의 권력구조를 갖는 이탈리아에서 의회의 자체적인 역량 강화가 현실적으로 쉽지 않다는 점이다. 내각 수반이나 장관들의 겸직뿐만 아니라 행정부 수반이 제1정당의 정책이나 정책 방향과 유사하다는 점은 의회에 대한 행정부의 영향력과 간섭을 최소화 할 수 있는 실질적이고 효과적인 예방책이나 제도 보장이 어렵다는 단점을 갖게 한다. 셋째는 중앙의회뿐만 아니라 지방의회의 다층적인 구조는 오히려 의회의 효율성이나 책임성을 떨어뜨린다는 지적을 받게 한다. 이 밖에도 세세하고 구체적인 제도와 운영상의 단점들역시 향후 개선과 함께 적극적인 제도화의 필요성을 요구하고 있다.

현재 이탈리아에는 의회의 정책 역할과 권한 및 운영상의 효율성 개선을 위한 조직과 협회들이 비교적 잘 조직되어 있다. 2001년 조직된 단체로 '민주주의 제도 개선과 행정개혁을 위한 연구활동 협회ASTRID'를 비롯하여, 20여 년의 역사를 지니고 있는 '의회활동연구회APSRP'와 대학과 연구소들이 주도하는 의회개혁 연구회 등이 전국 각지에서 활동하고 있다. 이들은 지속적인 연구 결과물들을 생산하고 있는데, 최근의 개혁 방안들로는 44가지 의회제도 개혁방안을 제시하고 있는 ASTRID의 연구 성과물은 주목할 만하다.[27]

2-3. 대통령제와 연방제로의 전환 가능성

2-3-1. 권력구조의 변화와 연방제 문제

1990년대 이후 급변하고 있는 정치적인 전환기의 속성들은 현재 이탈리아의 권력구조와 깊은 연관성을 가질 수밖에 없다. 선거제도의 변화가 이탈리아

---

27) 2007년에 출간된 저서에 담은 의회의 제도적 개선을 위한 44가지 제안에는 선거제도뿐만 아니라 의회 운영에 있어 우선적으로 개혁해야 할 제도 개선 제안을 담고 있다. 의장 선출의 효율적이고 실질적인 개선 방안이나 국회 효율성 제고를 위한 원내교섭단체에 대한 자격 조건 문제 등의 여러 부문과 내용에 대해 다루고 있다. ASTRID. *Per Far Funzionare il Parlamento–Quarantaquattro modeste proposte*, il Mulino, 2007.

를 제1공화국과 제2공화국으로 나누는 데 결정적인 기여를 했다면,[28] 전후 제헌의회에 의해 성립된 이탈리아 정체polity 안에서 새로운 정치적인 모색이 21세기에 들어서면서 더욱 빈번히 발생하고 있다는 사실은 그에 대한 결과나 성공 여부와는 별도의 새로운 분석과 현상에 대한 정치학적인 접근이 필요하다.

그러한 의미에서 연방주의와 대통령제로의 전환 문제는 현재 이탈리아에서 전개되고 있는 권력구조 개편에서 가장 중요한 주제이자 논쟁점의 하나이다. 2006년 총선 이전에 이미 연방제로의 전환을 위한 시도가 있었고, 이는 1999년 이후 꾸준히 전개된 노력의 연장선이라고 볼 수 있다. 대통령제로의 전환이나 대통령의 지위 변환에 대한 시도들은 1990년대 이후 꾸준히 증가하고 있다. 의원내각제를 채택하고 있는 이탈리아이지만, 1992년의 새로운 대통령 선거에서 나타났던 대통령의 지위 변화나 비교적 오랜 연방주의 전통이 1970년 지방자치법의 제정으로 인해 실현되는 과정에서 보여준 연방주의 요소 역시 계속하여 정치적인 논란을 불러오고 있다.

통합의 역사보다는 분열의 역사가 훨씬 긴 이탈리아가 21세기의 정치 지형을 어떻게 그릴지 아직은 안개 속이다. 그러나 21세기에 들어서면서 보다 분명한 정치 궤적과 변화의 흐름 한 가운데 정치권력 구조의 변경을 모색하고 있다는 사실은 이탈리아 사회의 정치적인 역동성만큼이나 흥미로운 점이다. 그러한 흥미로움과 새로운 분석틀의 요구에서 우리가 그려해야 할 변수에는 몇 가지가 있다. 하나는 베를루스코니라는 인물의 정치적 성향과 행동 및 선택이다. 1994년 새로운 선거법 개정에 의해 출범한 첫 정부의 수반으로 정치계에 등장한 이래, 세계 40위권의 부자이면서 이탈리아 총리를 3번이나

---

28) 1993년의 선거법 개정에 의해 비례대표제 100%는 단순다수 소선거구제 75%와 비례대표제 25%로 바뀌게 됨으로써, 새로운 정치세력의 등장을 가능케 하였으며 동시에 기성 정치세력의 세대교체와 새로운 정치집단의 등장을 가능하게 하였다.(정병기 2003; 김종법 2004)

역임하고 있는 베를루스코니야말로 21세기 이탈리아 정치에서 빼놓을 수 없는 인물이며, 변수이자 곧 상수이다. 비록 2011년 말에 불명예 퇴진을 했지만, 여전히 그의 정치 행보는 이탈리아 정치를 바라보는 기준의 하나가 될 것이다. 둘째는 남과 북의 차이만큼 북부 내에서 존재하고 있는 동서 간의 차이와 이를 둘러싼 정당 간의 대립구도 역시 중요한 것이다. 셋째는 헌법에서 보장하고 있는 특별주의 지위와 위상이다. 특히 이 문제는 제1차 대전 무렵까지 거슬러 올라가는 실지회복운동Irredentismo과 관련된 문제로 이미 헌법상에서 연방주의 특징을 갖는 특별 지위와 연관되어 있다.29)

결국 이러한 변인들과 연방주의에서 이야기할 수 있는 여러 원리들이 이탈리아의 상황에서 어떻게 적용되어 현재에까지 이르렀던 것인가를 규명하고, 현재의 부조화된 모습의 권력구조 전환에 대한 시도를 분석할 필요가 있는 것이다. 중세 이후 오랫동안 분열되었던 이탈리아가 하나의 왕국으로 재통일 된 것은 1961년이었고, 다시 1870년 보불전쟁 이후 로마를 회복하면서 완전한 통일을 이룩하였다. 그런데 이미 통일 방식을 두고 벌어졌던 갑론을박에는 당대의 수많은 정치사상과 제도들이 동원되었는데, 연방주의 역시 주요한 정치적 지향점의 하나였다.

흔히 리소르지멘토라고 하는 이탈리아 통일운동 기간을 지배했던 통일 이탈리아에 대한 정체를 지향하는 주요 흐름은 크게 세 가지 정도로 볼 수 있다. 하나는 마치니가 주도했던 공화주의를 지향하는 다소 급진적인 성향의 정치가 및 사상가들이었고, 둘째는 입헌군주제를 지향하는 자유주의 계열의 정치가와 사상가들이었으며, 세 번째는 권력분점과 이탈리아의 지역 다양성을 인정하고자 하는 정치가 및 정치 사상가들이 지향하는 연방주의가 그것

---

29) 미수복 영토회복운동이라 할 수 있는 이레덴티즈모Irredentismo는 제1차 대전에서 승전국이었던 이탈리아가 이전에 자신들의 영토였던 여러 지역에 대한 영토 소유권을 주장하면서 발생된 일련의 정치적 운동으로 미수복 영토에 대한 회복을 목적으로 하였다. 남티롤이나 이스크라 및 단눈치오가 의용군을 이끌고 점령했던 피우메 시 등은 이레덴티즈모의 대상 지역이었다.

이었다.30)

　이탈리아 연방주의의 뿌리가 자유주의적 특징을 갖는 것은 바로 그러한 이유이다. 이 시기 가장 대표적인 연방주의 주창자들은 카타네오와 페라리, 그리고 피사카네이다. 피사카네가 보다 사회적인 문제에 관심을 갖는 급진적 성향인데 반하여 카타네오와 페라리는 이탈리아의 지역적 분할과 역사적 경험을 고려한 연방주의를 주창하였다.31) 특히 카타네오의 연방주의에 대한 주장은 현재까지도 그 적실성 면에서 많은 지지를 얻고 있으며, 이탈리아의 지리적이고 역사적인 특수성에 가장 적합한 연방주의 이론이자 제도로서 인용되고 있다.

　카타네오는 사회 구성에서 세 가지 차원의 체계와 분야를 연계시켜 설명하고 있다. 경제체계와 법률적·제도적 체계 및 문화와 윤리 분야의 결합으로 사회가 구성된다고 주장하였다.(G. Galasso 1962, 8) 그는 자신의 이러한

---

30) 리소르지멘토의 해석과도 관련된 이 문제는 후대의 역사 비평가들에게도 많은 과제를 남겼다. 보다 다양한 흐름으로 분류하기도 하지만 일반적으로는 서술한 세 가지 흐름이 보편적이다. 프랑스혁명 이후에 자유주의와 민족주의자들이 중요한 사상적 흐름을 지배했지만, 왕정복고로 인해 군주제가 주요한 흐름으로 동참했고, 이후에는 이들 세 흐름들이 정치 지향과 통일운동의 주류로 작용했다. 그러나 일단의 자유주의들 중에서 온건파와 급진파가 나누어지면서 카타네오(Cattaneo)와 페라리 (Ferrari) 등의 급진파를 중심으로 이탈리아라는 지리적이고 역사적인 배경을 고려하여 연방주의를 정치 방향과 운동으로 내세우면서 통일에 이르는 1870년까지 이탈리아의 세 가지 주요한 정치적 흐름이 되었다. 이에 대한 보다 자세한 내용은 다음의 책을 참조하시오. L. Salvatorelli. 1975. *Il pensiero politico italiano dal 1700 al 1870*(Einaudi, 228~336); L. Salvatorelli. 1969. *Sommario della storia d'Italia*(Einaudi, 412~442); G. M. Bravo, C. Malandrino. 1994. *Il pensiero politico del Novecento*, Piemme; 189~215.

31) 피사카네는 리소르지멘토 시기 이탈리아의 급진 자유주의를 대표하는 사상가이다. 마치니의 공화주의 주창자들과 온건 자유주의자들 사이에 대립하고 있던 정치적 지향점과 목적의 대안을 제시하고 일반 민중의 문제를 먼저 해결하고 통일 역시 민중이 주체가 되는 방향에서 지역적 특성을 감안한 연방주의를 주창했던 인물이다. N. Rosselli, *Carlo Pisacane nel Risorgimento italiano*, Einaudi, 1977: 페라리는 실증주의자로 역사 속의 경험들을 통해 혁명에 이르는 방법을 찾으려 했다. 그 과정에서 이탈리아의 경우 가장 적합한 정체로서 연방주의를 주창한 것이었고, 많은 후학들을 배출하여 이탈리아 연방주의 지지자들을 길러내었다. L. Salvatorelli(1975), 337~366: 카타네오는 리소르지멘토 시기 가장 대표적인 연방주의자로 오랜 역사적 지방주의의 전통을 이탈리아의 특수성으로 보고, 이를 정치적으로나 제도적으로 해결하기 위한 방안으로 연방주의를 주창했다. 당시 그는 이

논리를 발전시켜 한 국가의 성립 역시 이렇게 구성된 여러 사회의 결합으로 보았으며, 따라서 개별 사회와 구성 요소의 자율성을 최대한 인정하면서 개별성을 어떻게 효율적으로 연계시키는가에 관심을 가졌고, 이를 완성해줄 수 있는 제도로서 연방주의를 주창한 것이다. 그러나 연방주의라는 정체의 주체와 적용 대상에 대하여 중산층이나 한정된 계층과 집단에 국한하였기에 국민국가나 민족국가로서 발전하는 연방주의 국가로 이탈리아를 상정하지 않는 모순과 한계를 지니게 되었다. 다시 말해 이탈리아의 정체성에 대한 경제와 사회적인 측면에서의 기준으로 접근함으로써 리소르지멘토의 정치적 목적성에 대한 좌표를 상실하였고, 연방주의에 대한 지지 기반을 확장시키지 못하는 결과를 가져왔다.

그러나 통일의 주도권은 온건파 자유주의자들에게 넘어갔고, 결국 카보우르와 다젤리오 등이 주장하던 입헌군주제의 이탈리아 왕국이 탄생하였다. 통일 이후에도 연방주의의 흔적은 여전히 남아 있었고, 역사학자인 무라토리Muratori나 개혁적인 법학자 베카리아Beccaria 등으로 이어졌다. 이탈리아 반도의 통일이 곧 사회적 · 정치적 통합이 아니었다는 사실은 여러 사회문제들이 해결되지 않은 채로 여러 개의 이탈리아가 하나의 왕국 아래 존재하게 하였다.

연방주의 문제가 다시 한번 정치적으로 국민들의 관심을 받게 된 것은 제2차 대전이 끝난 뒤, 패전국이었던 이탈리아의 정체를 결정하는 국민투표였다. 1946년 6월 2일 국회의원 선거와 동시에 실시된 이탈리아 정치사의 최초의 국민투표는 입헌군주제와 공화제를 국민의 손으로 직접 결정하는 선거였

탈리아 중산계층의 대표적 지식인으로서 이탈리아 민족을 중시하는 민족주의 통일보다는 지역과 계층에 맞는 통일, 즉 연방주의 통일을 주장했다. 그가 보기에 민족주의 운동은 필연적으로 경제적으로나 행정적으로 사회적 불평등을 야기할 수밖에 없는 것으로 간주했다. 이로 인해 그의 연방주의가 갖는 이론상이나 적용 면에서의 탁월함에도 불구하고 민중적인 지지를 받지 못했던 원인이었다. 그러나 그의 연방주의적 사상은 현재까지 이탈리아 연방주의자들에게 많은 지지를 받고 있다. G. Galasso, *Cattaneo*, il Mulino, 1962.

다. 공화제에 찬성하는 표가 12,717,923이었고(총 유효 득표에 54%에 해당), 입헌군주제를 찬성하는 표는 10,719,284였다(약 200만 표 뒤진 것으로 유효득표율 46%에 해당).32) 이탈리아 공화국은 이렇게 탄생되었지만 여전히 해결해야 할 문제는 남아 있었다. 특히 북부가 주로 공화제에 찬성하였던데 반해 남부는 입헌군주제를 선호하였고, 이는 연방주의 전통이 북부에 여전히 강하게 남았다는 내용 이외에도 남과 북의 인식과 정치적인 견해 차이가 상당히 큰 것이었다는 사실을 증명하는 것이었으며, 중앙권력과 지방권력의 배분이나 국가 안에서의 조화 문제가 커다란 국가의 정치적인 문제로 남게 되었음을 의미하였다.

1948년 제헌의회는 몇몇 헌법 조항 안에서 '보충성의 원리'33)에 의거한 연방주의 원칙을 밝히고 있다. 헌법 제11즈, 제118조, 제119조, 제128조, 138조 등에서 규정하고 있는 내용들이 그것이며, 상원에 대한 규정을 다루고 있는 조항들 역시 넓게 보아 연방주의의 근거로 볼 수 있고, 이들 조항들은 주로 국가와 주 및 지방자치단체들 간의 권한과 권력 배분을 규정하고 있다. 그러나 이탈리아에서 연방주의 본격적인 시작은 1972년 지방자치 법안이 의회에서 통과되어 시행에 들어가면서 부터이다.

다시 1977년에 이르러 실질적인 지방자치가 시행되고, 이후 지속적인 보완과 입법 등을 통하여 오늘날에 이르고 있다. 2002년 기준으로 이탈리아에

---

32) 공화국 초대 대통령은 Enrico De Nicola였으며, 1946년 6월 28일 출범하였다. 또한 동시에 실시된 국회의원 선거에서도 기민당DC이 35.2%를 이탈리아사회당PSI이 20.7%를 이탈리아공산당PCI이 19%를 획득함으로써 제헌의회에서도 총 557명 중에서 426명에 달하는 약 75%에 달하는 의원들을 세 개의 당에서 점유하였다. F. Chabod. *L'Italia contemporanea(1918~1948)*, Einaudi, 1961, 144~157.

33) 보충성의 기본원리는 개인, 주 및 사회의 기본적인 분할에 기초하고 있다. 보충성의 고전적 개념정의는 가톨릭의 사회문제에 대한 가르침에서 발견 된다: '사회나 국가의 도움 없이 자신이 할 수 있는 데까지 자신에 관계된 일은 스스로 처리하라. 사회는 다만 보충적으로만 개입한다." 이런 원리는 국가의 계층적인 구조에도 적용된다……일련의 법들은 "공평한 평등분배"를 하도록 하며, 문제가 되는 지역에 대한 지원을 강화한다. 박응격 외. 2006. 『서구연방주의와 한국』(서울; 인간사랑, 39~40).

지방자치에 해당되는 행정구역으로 주에 해당하는 레지오네Regione는 모두 20개, 프로빈치아Provincia는 102개에 이르고 코무네Comune는 모두 8천 104개가 존재한다.34) 이전까지는 실질적인 지방자치의 근거가 되는 법률에 의한 지방자치나 권력분점 등에 대한 내용들이 막연하고 추상적이었던데 반하여 1970년을 기점으로 본격적인 지방자치와 더불어 연방주의로의 전환을 위한 모색과 준비가 정치권에서도 본격적으로 일어났다.35)

이론적인 측면에서 보자면 연방주의를 지방자치와 동일시하거나 유사한 것으로 보기에는 한계가 있지만, 이탈리아의 경우 제도적으로 국민 대표성과 지역 대표성을 의미하는 상하양원제를 채택하고 있으며, 3권 분립 문제나 중앙정부와 주정부의 '수직적' 권한 배분이 비교적 오랫동안 잘 지켜진 국가라는 측면에서 보면 넓은 의미의 연방주의의 제도화는 법률에 의한 성문화가 되었다고 볼 수 있다.

2-3-2. 대통령과 총리의 정치적 관계

최근 이탈리아에서의 권력구조의 변화 문제에서 또 다른 중심에 위치하고 있는 것이 대통령과 대통령의 지위에 대한 것이다. 1948년 제헌헌법에서 정의한 대통령의 지위는 다음과 같다. 헌법 제87조부터 제113조까지 언급하고 있는 대통령의 지위는 '국가의 원수이며, 국가를 대표한다'라는 제87조 조항으로부터 시작한다.36) 제헌 헌법에서의 이탈리아 대통령은 말 그대로 명

---

34) 김종법. 2003. "이탈리아 지방자치제도의 비교연구". 『이탈리아어문학』, 이탈리아어문학회, 제12집; 1~30.

35) 1970년 지방자치법의 발효로 인해 현재의 20개 주에 대한 헌법적 지위가 5개의 특별주와 보통주로 나뉘게 되었고, 이 법안에 의해 보충성의 원리나 분권화, 민주적 다원주의 원칙 등의 연방주의의 이론적 원리들이 법률안에 실질적으로 반영되었다. David Hine. *Federalism, Regionalism and Unitary Sate*. in edited by Carl Levy. *Italian Regionalism*, BERG, 1996. 113~120.

목상의 대통령일 뿐 헌법상에 명기된 국회 해산권한이나 소집권한이 없었다. 이러한 전통은 제헌헌법에서 채택된 실질적인 국가권력이 내각수반(수상에 해당)과 정당에 의해 주도되는 상하 양원에 집중되었기 때문이다. "정당과 양원에 의해 포로가 된 대통령"이라는 말은 그러한 제한적이고 중립적인 대통령의 권한을 잘 표현하고 있다.37)

따라서 제헌헌법에 의해 선출된 초대 대통령 루이지 에이나우디Luigi Einaudi 이래 제1공화국 말엽까지의 역대 대통령은 하원과 상원을 대표하는 내각 수반과 정당정치partitocrazia 38)라는 이탈리아 정치적 특성에 비교적 순응적인 국가기관으로서 역할을 하였다. 내각수반의 지명이나 양원의 해산 문제에서도 비교적 집권 여당이나 내각의 의사를 존중하여 실행하는 전통을 유지했다. 제한적이던 대통령의 권한에 좀 더 분명한 변화와 권한 강화의 측면에서 이야기할 수 있는 전환점이 되었던 시기는 코시가F. Cossiga (1985~1992 기간 중 대통령 역임)에 의해서였다.

기민당 출신으로 1958년부터 하원의원 생활을 시작한 그는 내무부 장관을 비롯하여 1979년에는 내각수반을 역임하였으며, 이후 상원의장 직을 수행하기도 할 정도로 화려한 정치 경력을 가진 이였다. 1985년 상원에서 임기 7년의 이탈리아 공화국 제8대 대통령에 선출될 때만 해도 다른 전임 대통령과 다를 바 없는 평범한 대통령이었다. 그러나 1987년부터 1992년까지의 시기는 이탈리아 정치 지형과 속성의 변화를 수반하는 격동기이자 전환기였

---

36) 김종법 역. 『이탈리아 선거법』(중앙선거관리위원회, 2004. 9~10). 참조.

37) S. Merlini. *I presidenti della Repubblica, nella Politica italiana: Dizionario critico 1945~95.* a cura di G. Pasquino, Laterza 1995. 93.

38) 정당정치라는 용어는 이탈리아 정치의 특징을 대표적으르 나타내는 개념이다. 이탈리아 공화국 성립에 있어 주도적인 역할을 했던 기민당DC과 사회당PSI 및 공산당PCI은 제헌헌법 이후에도 여전히 행정과 국가제도 곳곳에서 정당과 긴밀한 관계를 통한 통치와 정치를 수행했다. 이런 특징은 지방권력까지 연결되는 폐해를 낳기도 함으로써 이탈리아 정치의 온정주의나 엽관주의 성격을 보이게 되는 원인이 되었다. G. Pasquino. *La partitocrazia. nella Politica italiana: Dizionario critico 1945~95.* a cura di G. Pasquino, Laterza 1995, 341~354. 참조.

다. 국내외적으로 정치 환경이 끊임없이 변하고 있던 시기였고, 이탈리아 정치 역시 개혁과 변화라는 흐름 속에서 다양하고 새로운 시도들이 있었다.[39] 전환기라는 변화 속의 정치 지형 속에서 코시가 역시 대통령이라는 직무를 수행하는 과정에서 새로운 정치적인 변화를 시도하였다.

새로운 변화의 핵심은 양원과 내각과의 관계에 대한 것으로 '메시지 messaggio'라는 형태로 양원에 전달되는 일종의 대통령 교서와 같은 것이다.[40] 코시가는 1991년 6월 26일에 양원에 메시지 형태로 자신의 의견을 담은 일종의 교서를 전달하였다. 비록 이 메시지가 처음은 아니었지만, 격론 끝에 양원에서 받아들여지게 되었다. 이는 제헌헌법에서 제기하고 있던 대통령의 중립의 의무를 침해하는 것이었으며, 헌법의 수호자로서 국가원수라는 헌법상의 책무를 스스로 위반하는 결과였다. 그러나 역으로 보자면 대통령이라는 지위와 권한의 강화라는 정치적인 역학 관계와 구조의 변화를 의미하는 것이었고, 코시가는 이를 통해 대통령의 주요 권한의 하나인 법률안의 거부 및 회부rinvio를 재임 기간 중에 21차례나 단행했다.[41]

더군다나 코시가는 의회와의 마찰을 이유로 임기를 3개월 앞둔 1992년 2월에 사임해버리게 됨으로써 대통령의 지위와 권한에 상당한 영향을 끼쳤고, 우여곡절 끝에 제9대 대통령으로 선출된 스칼파로Scalfaro에게까지 이어졌다. 스칼파로 대통령부터 이전까지는 명목적이고 당파적이었던 정치 중립이라는 대통령의 정치적인 입장이 실질적이고 효율적인 정치 중립이라는 방향으로 선회하여 확립되었고, 국민들과 정치인들에게 일정 부분 영향력이

---

39) P. Ginsborg. *L'Italia del tempo presente: Famiglia, scoieta' civile, Stato 1980~1996*, 1998, Einaudi, 319~337.

40) 물론 이러한 메시지가 코시가에 의해서 처음 시도된 것은 아니었다. 이미 1955년 그론키Gronchi 대통령이나 1963년의 세니Segni 대통령 및 1975년 레오네Leone 대통령에 이르기까지 정치적으로 그다지 성공하지 못했지만 대통령의 메시지가 양원에 전달된 경우는 있었다. S. Merlini(1995), 112~113.

41) S. Merlini(1995), 115.

증대되는 결과를 낳았다.[42]

이는 의원내각제를 줄곧 표방하였던 이탈리아 정치시스템의 변화가 불가피하다는 것을 알리는 징표였다. 대통령의 위상과 지위 강화는 정치권력 구조에서 하원과 내각의 권력 약화를 수반할 수밖에 없는 것이었고, 새로운 관계정립의 필요성이 대두되었다. 결국 코시가 대통령으로 촉발된 대통령의 권한 강화는 1990년대 이탈리아 정치의 주요한 특징으로 자리 잡았고, 대통령의 지위와 권한 강화 요소는 이후 이탈리아 정치 변동의 주요 의제와 논제가 되었다.

1990년대 이탈리아의 정치적인 전환기는 새로운 정치세력의 출현과 그에 걸 맞는 새로운 제도 및 구조의 변화가 수반되었다. 특히 마니폴리테를 계기로 하여 촉발된 부패한 정치자금수사 및 정치적인 지각변동은 전후 지속적으로 유지하던 선거법 개정으로 이어졌고, 이는 기존 정치세력의 몰락과 함께 새로운 정치세력의 출현 및 제2공화국의 시작을 알리는 역사적인 사건으로 이어졌다. 베를루스코니라는 기업가 출신의 정치가의 등장한 것도 이러한 환경 하에서였으며, 이탈리아 사회주의와 공산주의를 대표하던 이탈리아 공산당의 노선전환과 중도좌파 혹은 중도우파를 표방하는 새로운 중도 정당들이 등장하게 된 것이나, 분리주의 운동을 주창하거나 이탈리아의 수구적인 민족주의 정당의 재탄생 역시 이와 같은 환경 변화가 가져온 정치적인 산물이었다.

결국 헌법상의 대통령 지위와 권한 강화는 제헌헌법에서 설정하고 있는 기존의 내각책임제 하의 부수적 국가 권력기관으로서의 대통령이 아닌 권력

---

[42] 이는 실제 당시 부패한 정치자금 수사를 진행하고 있던 마니폴리테 기간 중에 분명하게 증명되었는데, 당시 집권 여당이었던 기민당과 사회당은 자신들의 지원으로 새로이 선출된 스칼파로 대통령이 밀라노 풀의 검사들에게 일정 정도의 영향력을 행사해줄 것으로 기대하고 있었지만, 스칼파로는 언론과 국민 앞에 철저한 중립을 약속하고 오히려 엄정한 수사를 당부함으로써 마니폴리테 수사가 보다 심도 있게 진행될 수 있었다.

구조 개편 과정에서 새롭게 위상을 정립하고 있는 국가의 주요 권력기관인 대통령이라는 측면에서 분석되고 해석되어야 할 여지를 남기는 것이다. 물론 이러한 변화의 틀과 내용을 준대통령제semi-presidential system나 프랑스에서 이야기되는 이원정부제의 틀까지 확장시켜 논의할 수는 없지만,[43] 명목상 국가원수로서 지위를 갖는 독일 형의 대통령과는 분명 이론적으로나 실질적으로 차이가 있다는 것을 알 수 있기에 새로운 이론적인 유형화의 필요성은 가능하다고 볼 수 있다.

2-3-3. 연방제로의 가능성과 대통령제의 변화

이탈리아의 정치 환경과 조건의 변화는 1990년대 집중적으로 발생하였다. 특히 이는 앞서 서술한 대통령의 권한 강화와 연방제로의 전환 등의 권력구조 변화문제와 관련하여 몇 가지 중요한 논쟁점을 제시해주고 있다.

첫째, 분리주의와 연방주의의 구분 문제이다. 이는 북부동맹의 등장 이후 더욱 불거진 문제로 몇 가지 변수와 함께 묶어서 고려해야 한다. 가장 중요한 것은 이탈리아의 가장 큰 행정단위로 규정하고 있는 20개의 주 중에서 헌법에서 그 지위와 성격을 보장하고 있는 다섯 개의 특별주의 존재이다.[44] 이탈리아의 20개 주 중에는 지방자치의 독립성과 자치성의 기준에 따라 헌법에서 부여한 일반 주(피에몬테, 롬바르디아, 베네토, 리구리아, 에밀리아 로마냐, 토스카나, 움브리아, 마르케, 몰리제, 아브루조, 라치오, 캄파냐, 칼라브리아, 바실리카타, 풀리아)의 성격을 갖는 15개의 주와 다섯 개의 특별 주

---

43) 앤드류 헤이워드 지음/조현수 옮김. 『정치학: 현대정치의 이론과 실천』, 성균관대학교 출판부, 2003. 623.

44) Brosio Giorgio, *Il sistema del Governo locale in Italia, in Il Governo locale*, Il Mulino, 1996, 3~4.

(발레 다오스타, 트렌티노 알토 아디제, 프리울리 줄리아 베네치아, 시칠리아, 사르데냐)가 있다.

　보통 일반 주는 중앙정부나 상위체계의 국가기관에 덜 독립적이라 할 수 있으며, 특별 주는 헌법에서 지위를 보장할 정도로 입법권이나 조세권에 대하여 일반 주에 대하여 특별한 지위를 갖는 주를 의미한다. 위에서 언급한 다섯 개의 특별 주는 국가의 기본 법률에 의해 구속적인 다른 15개의 일반 주들과는 달리 비교적 그 구속력이 크지 않으며, 오히려 자유롭다고 말하는 편이 나을 정도로 중앙정부에 대한 종속 정도가 미미하다. 국가의 상위 법률에 대한 구속력이 약하다는 의미는 주 의회나 주 정부의 결정에 따른 주령이나 주 법률에 따라 새로운 사업이나 재원 마련의 방안이 더욱 용이하다는 의미이기에 이탈리아에서 가장 지방자치의 정도와 수준이 높은 지역은 이와 같은 다섯 개의 특별 주라고 할 수 있다. 충분한 자율성과 자치를 헌법에서 보장하고 있음에도 북부동맹과 같은 분리주의를 지향하는 정당이 정치활동을 전개하고 북부 지역을 중심으로 선거 시 10~20% 사이의 지지율을 획득하고 있다는 사실은 이탈리아 연방주의 성격이나 특이성을 설명할 수 있는 변수인 것이다.

　두 번째로 고려해야 할 요소는 흔히 남부문제로 일컬어지는 지역문제가 통일이 된 지 60여 년이 지났음에도 여전히 존재하고 있다는 사실이다. 이는 자치self-rule 협치shared-rule의 기준이 통합과 상충하는 문제를 어떻게 해결할 것인가의 갈등을 유발하는 원인이 되고 있다.

　세 번째 요소로는 유럽통합과 관련된 넓은 의미의 연방주의와 이탈리아라는 지리적인 경계를 대상으로 하는 연방주의와의 관계설정이다. 이탈리아의 경우 전후 첫 내각수반이었던 데 가스페리나 스피넬리와 같은 유럽과의 연방주의를 주창했던 정치가들이 있었으며, 이들은 정책적으로 연방주의가 실효성을 거둘 수 있도록 많은 노력을 기울였다. 그러나 마셜 플랜과 나토NATO의 창설 및 슈망 플랜 등이 작동되면서 이탈리아의 내부에서 연방주의로의 지향과 실천은 국내정치의 복잡성으로 인해 약화되었다. 이러한 상황에서 최근에 정치 주역으로 등장한 프로디Prodi와 그의 유럽주의라는 정책 지향으로 인해 새롭게 부상하고 있는 요소이다.

지금까지 기술한 세 가지 요소는 이탈리아의 연방주의를 이론적으로 규명함에 있어 충분히 그리고 심도 있게 고려해야 할 요소이며, 최근의 연방주의를 지향하는 여러 움직임들의 핵심에 위치하고 있다. 이러한 연방주의 요소들과 함께 떠오르고 있는 두 번째 논쟁점은 대통령제에 대한 것이다. 이 문제 역시 몇 가지 고려해야 할 요소들이 존재한다.

하나는 베를루스코니의 정치적 의도와 야망이다. 1994년 총선에서 처음 총리에 오른 이래 2011년 불명예 퇴진까지 베를루스코니라는 존재는 이탈리아 정치를 해석하고 분석하는 주요 기준이자 상수가 되었다. 비록 2006년 정권을 중도좌파에게 내주긴 했지만, 그 표 차이가 불과 25만 표에 불과했으며, 2008년 총선에서 다시 세 번째 권자에 올랐기에 그를 빼고 권력구조 문제나 대통령제의 전환 문제를 논의하기 어렵다. 각종 추문과 추잡한 일에 연루되면서 2011년 추진했다고는 하나 아직 그의 왕국이라 할 수 있는 미디어세트와 측근들 그리고 그의 후계자라 할 수 있는 자식들이 건재하다는 점은 여전히 미래에도 이탈리아 정치의 상수라는 의미를 갖는다.

두 번째 요소는 양당제로의 전환 문제이다. 이는 대통령제로의 전환에 있어 전제조건이 되기 때문에 그동안 불완전한 양당제Bipartismo imperfetto 혹은 구심적 다원주의Pluralismo centripetto라는 정당체제가 어떻게 변화할 것인가의 문제이다.45) 이는 최근에 나타나고 있는 선거법 개정에서 핵심적인 요인으로 작용하면서 안정적인 과반수 확보라든지 비례대표제의 원칙 변화 문제

---

45) 이에 대한 보다 자세한 내용은 아래 논문을 참조하시오. 정병기, "정치 변동과 정당 특성 분석을 통해 본 전진이탈리아Forza Italia의 성공 요인과 전망", 『국제 · 지역연구』 12권 1호, 2003, 93~94.; AA.VV. a cura di Farnetti, Paolo, *Il sistema politico italiano*, Il Mulino, 1973.

와 관련된 것이다.

세 번째 요소는 상하 양원제의 변경 가능성이다. 이 요소는 특히 2006년 총선을 앞두고 개정된 선거법에서 주요한 내용을 구성하고 있다. 개정된 선거법에서 주장하고자 하는 바는 하원에서의 과반수 확보와 실질적인 지역과 국민의 대표성을 보장하는 것이었다. 그러나 보다 중요한 사실은 연방주의와 대통령제의 상관성 문제를 따로 떼어놓고 보더라도 이탈리아에서의 권력구조 문제는 최근의 제도 전환의 시도와 모색을 통해 이탈리아의 정치적인 정체성의 재설정 문제까지 연결될 수 있는 것이다. 또한 2008년 총선에서도 이 문제가 가장 중요한 의제로 상정되었고, 북부분리주의 운동과의 긴밀한 상관성 아래에서 파악해야 하는 문제라는 성격을 지닌다. 따라서 연방제로의 전환 문제나 대통령제로의 지향은 단순한 정체나 정치제도의 변화라는 측면보다는 그 이상의 의미를 담고 있는 것이다.

이탈리아 정가에서 연방제로의 전환 문제가 베를루스코니 정부에 들어서서 처음 시도된 것은 아니었다. 베를루스코니의 등장 이후 지속적으로 포르차 이탈리아Forza Italia 정당은 연방제의 가능성에 대해 준비와 헌법 개정까지를 염두에 둔 정치 의도를 공공연하게 밝혔다. 특히 1994년의 연방제로의 전환 준비 작업은 베를루스코니의 정치 의도와 연정 안에 소속되어 있던 북부동맹의 정치적인 이해가 일치되면서 보다 구체적인 내용들이 발표되었다.

1996년 총선에서 탄생한 중도좌파 연정의 제2기에 해당하는 시기인 지난 1999년부터 이탈리아는 새로운 의미에서 미국식 모델을 기초로 하는 상하 양원의 연방제로 가기 위한 작업들을 지속적으로 해왔다. 이를 위해 몇 년간 준비를 하고 합의하여 제출된 연방제법안이 2001년 4월에 정부에 의해 임시 법안의 초안으로 마련되었다. 이후 정권이 바뀌면서 베를루스코니에 의해 다시 한번 개악을 거쳐 2004년 10월 15일에 개정안이 상원과 하원 양원을 모두 통과하였다. 우리 식으로 보면 국회를 통과한 법률이 일반적으로 효력을 발생하여 시행되는 것이 보통이지만, 이탈리아의 경우 이 법안은 아직 확정되었다고 보기 어렵다.

특히 야당이 법안에 서명조차 하지 않았을 뿐더러 마르케Marche를 위시한 몇몇 주가 중심이 되어 헌법재판소에 헌법위헌소지에 대한 청구를 하였다. 현재의 중앙정부와 지방정부의 간의 정치 역학관계를 심하게 훼손하고 있고, 북부동맹의 자치를 지나치게 허용하는 쪽으로 법을 개악함으로써 일국 다체제라는 최악의 상황을 초래할 수도 있다는 것이 헌법소원을 발의한 쪽의 입장이다.

법안의 주요 내용은 양원제를 보다 명확하게 연방제 개념의 상원으로 확정하는 것이며, 하원의원의 수를 현재 630명에서 518명(이중 18명은 해외에서 거주하는 이탈리아인의 대표로 선출하는 것을 골자로 한다)으로 상원은 315명에서 252명으로 축소하는 것이다. 또한 피선거권 역시 하원은 21세로 상원은 25세로 하향조정했다. 그 외에는 주로 지방자치에 관련된 헌법 제114조에서 제134조까지의 내용을 부분 또는 전체조항을 바꾸는 것을 내용으로 하고 있다.

그러나 문제는 이와 같은 헌법 개정의 문제가 아니라 현재 대통령이 갖고 있는 책무를 제한하여 정부해산권을 수상에게 넘겨주는 방안과 지방 경찰권과 의료, 보건, 교육 부문에 대한 지방자치단체로의 이양을 주요 골자로 하고 있다는 것이다. 이는 베를루스코니 개인의 정치적인 야심과 집권여당에 속해 있는 북부분리주의 정당의 정치적 요구사항을 포함하여 대통령제로 전환하기 위한 전단계의 성격을 갖는다는 점이다. 이 문제는 간단하게 결정할 수 없는 문제이며, 정치적 이해관계에 따라 그 전개 방향을 예측하지 쉽지 않은 사안이었다. 결국 다가올 선거와 일정 등이 맞물리면서 그 논의는 이후로 연기되었다.

분명한 것은 이러한 시도가 결국 베를루스코니의 정치 의도인 대통령제로의 전환을 통해 미국식의 정치제도를 갖겠다는 점이다. 그러나 이러한 시도에 대하여 야당을 비롯한 정치권과 시민단체 및 노동계 등이 중심이 되어 저지하고 있으며, 국민들 역시 지방선거 등을 통하여 베를루스코니의 입장에 대하여 명확하게 반대하고 있다는 점이 정치적인 안정성이 급격하게 허물어지지 않고 있는 요인이라 할 것이다. 이렇듯 권력전환 과정에서 핵심 요인이자 결과물로서 대통령제와 연방주의는 이를 채택하고 있는 국가들과는 다른 특징들을 보여주고 있다. 이탈리아 대통령의 경우 "수평적인 분점형 대통령"이라 부를 수 있으며, 연방주의로의 전환 시도 역시 미국식 연방주의와 스위스식 연방제도의 절충적인 성격을 띠고 있는 것이다.

이탈리아 연방주의에 대한 이론화 작업은 또 다른 접근과 분석을 필요로 하는 것이다. 여기서는 그 이론적인 토대를 밝히는 수준에서 글을 전개하겠다. 지금까지 수많은 학자들이 연방주의에 대한 국가별 사례를 통해 이론화 작업을 꾸준히 전개해왔다. 도이치Deutsch(1957), 웨어Wheare(1963), 라이커Riker(1964), 버치Birch(1966), 와츠Watts(1996) 등이 주장하고 있는 연방주의의 여러 요소들을 종합해보면 연방주의를 현실화하고 이론적으로 주장하기 위해서는 최소한 다음과 같은 요소들을 두 가지 영역에서 공통적으로 검토해야 할 필요성이 있다.46)

이탈리아의 경우 위의 〈표1〉에서 구할 수 있는 요소들은 두 영역에서 모두 찾아볼 수 있다. 공동의 이해요소 항에서는 1)번부터 12)번까지의 요소 모두 발견할 수 있다. 1)의 경우 이미 오래전부터 정치적인 유대성과 사회적인 가치에 대한 공유가 이루어진 상태이고, 2)나 3의 경우 역시 동일한 수준에서 각 지역에서 전개되고 있으며, 4)의 경우 북부동맹의 독립주장이나 알토 아디제 주의 이탈리아 공화국에서의 분리 주장 등은 오래 전부터 전개되고 있다.

---

46) K. W. Deutsch, et al., *Political Comunity and North Atlantic Area*. 1957, Princeton, NJ: Princeton University Press; K. G. Wheare, Federal Government. 1963, Oxford: Oxford University Press; A. H. Birch, 'Approaches to the Study of Federalism', *Political Studies*, 1966, XIV(1); W. H. Riker, *Federalism: Origin, Operation, Significance*. 1964, Boston: Little, Brown & Company; R. I. Watts, *Comparing Federal Systems in the 1990s*. 1966, Kingston, Ont: Queen's University, Institute of Intergovernmental Relations; 참조.

<표1> 연방주의의 기반이 될 수 있는 두 개 영역과 내용들[47]

공동의 이해요소	대내 혹은 대외적인 위협요소들
1) 정치적인 가치의 공유	a) 실제적이든 이미지 상이든 군사적인 불안정성이 존재한다는 느낌
2) 강력한 경제적인 유대와 사회적인 이익에 대한 기대	b) 실제적이든 이미지 상이든 경제적인 불안정성이 존재한다는 느낌
3) 커뮤니케이션과 정보처리 영역의 다양성	c) 실제적이든 이미지 상이든 문화적인 불안정성이 존재한다는 느낌
4) 정치적인 독립에 대한 열망	d) 현존하는 정치 질서의 안정성에 대해 감지할 수 있는 위협의 존재
5) 이전의 정치 결합의 경험	
6) 전략적(영토적)인 고려	
7) 지정학적인 유사성	
8) 민족주의, 종교, 계승된 전통과 관습 등과 같은 공통의 문화적–이데올로기적 요소	
9) 정치 리더십과 정치 엘리트의 확산	
10) 사회적 · 정치적 유사성	
11) 연방 모델에 대한 호소	
12) 이전의 정치 참가에 기초한 역사적인 과정의 축적	

출처: Michael Burgess(2006)

5)의 경우 역시 통일 이전과 이후의 정치적인 상황에서 보면 정치 결합의 수많은 경험들이 존재하고 있으며, 6)의 경우에도 헌법상에 존재하는 5개의 특별 주는 영토적인 고려의 대상이고, 7)의 경우는 이탈리아 반도라는 지정학적인 유사성을 말해주고 있으며, 8)의 경우에는 로마제국과 르네상스라는

---

47) M. Burgess, *Comparative Federalism: theory and practice.* 2006, Routledge, 100.

문화적이고 이데올로기적인 유사성이 존재하고 있고, 9)의 경우에도 좌우 정당을 중심으로 강력한 리더십과 정치 엘리트가 존재하고 있다. 10)의 경우 역사적인 경험을 통한 유사성이 존재하고 있고, 11) 헌법상의 특별 주 다섯 개와 북부동맹의 연방주의 주장이나 베를루스코니의 연방주의에 대한 정치적 시도 등은 충분한 사회적 합의를 일정 부분 공유함을 알 수 있으며, 12)의 경우 15세기 가까운 분열의 역사를 통해 통합과 민주적 통합운동에 참가했던 경험이 풍부하다.

또한 두 번째 영역에서도 c)와 d)의 경우는 이미 통일 시기부터 존재해 오던 위협과 감정이라고 볼 수 있다. 더군다나 인종적으로나 문화적으로 이질적인 외국인들의 유입과 이레덴티즈모(실지회복운동) 당시 유입된 영토 등에서는 이러한 문화적인 이질성에 기초한 갈등과 충돌의 가능성이 상존하고 있다. 또한 남부뿐만 아니라 북부동맹을 비롯한 정당이나 정치 결사체들은 헌법 질서를 깨뜨리는 수준에서의 독립 혹은 자치를 정책과 이념으로 표현하고 있다는 점 등은 이탈리아의 연방주의 요소를 분명하게 밝히고 있는 것이다.

결론적으로 이탈리아의 경우 이와 같은 연방주의 요소는 주로 그 기반과 근거들이 인종과 문화의 다양성에 기초하고 있다는 면에서 '다문화적인 연방주의' 모델의 유형이라 할 수 있을 것이다. 이에 대한 이론적인 정교함이나 가설과 검증의 문제를 뒷받침해야 하겠지만, 이는 향후 보다 상관성 있는 연구에서 분명하게 분석할 것이며, 여기서는 제안 수준에서의 유형화 정도에만 그치도록 하겠다.

연방주의 문제와 함께 거론할 수 있는 것이 의회중심제 하에서의 대통령제 특징에 대한 유형화 작업일 것이다. 앞서 언급했던 대통령제의 특징을 전체적으로 고려한다면, 이탈리아 대통령의 경우 헌법상의 실질적인 권한의 행사라는 측면만이 아니라 내각 수반과의 수평적인 관계를 통해 서로의 제도적 자율성을 침해하지 않으면서 일정 부분 권력의 분점을 공유한다는 면

〈표2〉 이탈리아의 역대 대통령

차례	성명	투표 회수	득표율	재임기간	소속정당
I	엔리코 데 니콜라 Enrico DE Nicola	1	72,9% (재적의원 556표 중 405표 획득)	1948년 1월 1일 ~ 1948년 5월 12일	이탈리아자유당 PLI
II	루이지 에이나우디 Luigi Einaudi	4	59,4% (재적의원 872표 중 518 표 획득)	1948년 5월 12일 ~ 1955년 5월 11일	이탈리아자유당 PLI
III	조반니 그론키 Giovanni Groncchi	4	78,9% (재적의원 883표 중 658표 획득)	1955년 5월 11일 ~ 1962년 5월 11일	기독표민주당 DC
IV	안토니오 세니 Antonio Segni	9	52,6% (재적의원 842표 중 443 표 획득)	1962년 5월 11일 ~ 1964년 12월 6일	기독교민주당 DC
V	주세페 사라가 Giuseppe Saragat	21	68,9% (재적의원 937표 중 646표 획득)	1964년 12월 29일 ~ 1971년 12월 29일	이탈리아 민주사회당PSDI
VI	지오반니 레오네 Giovanni Leone	23	52,0% (재적의원 996표 중 518 표 획득)	1971년 12월 29일 ~ 1978년 6월 15일	기독교민주당 DC
VII	알레산드로 페르티니 Alessandero Pertini	16	83,6% (재적의원 995표 중 832표 획득)	1978년 7월 9일 ~ 1985년 6월 29일	이탈리아사회당 PSI
VIII	프란체스코 코시가 Francesco Cossiga	1	76,6% (재적의원 997표 중 752 표 획득)	1985년 7월 3일 ~ 1992년 4월 28일	기독교민주당 DC
IX	오스카 루이지 스칼파로 Osca Luigi Scalfaro	16	66,3% (재적의원 1014표 중 672표 획득)	1992년 5월 28일 ~ 1999년 5월 15일	기독교민주당 DC–지금의 민주당으로 소속 변경
X	카를로 아젤리오 참피 Carlo Azeglio Ciampi	1	77,7% (재적의원 990표 중 707표 획득)	1999년 5월 18일 ~ 2006년 5월 10일	독립당 –지금의 민주당으로 소속 변경
XI	조르지오 나폴리타노 Giorgio Napolitano	4	54,8% (재적의원 990표 중 543표 획득)	2006년 5월 10일 ~ 재직 중	좌파민주당DS –지금의 민주당 PD

에서 상호독립적인 지위를 통해 국민들에게 직접적인 정치적 영향력을 행사한다는 특징을 갖는다. 이와 같은 유형을 본서에서는 '중립-분점형 대통령 모델'로 규정할 수 있을 것이다. 앞으로 전개될 정치 변동이나 상황의 가변성을 정확하게 예측할 수 없지만, 처음에 서술했던 이탈리아 정치변동과 관련된 여러 요속들에 대한 충분한 조합과 가능성의 배합을 통한다면, 어느 정도의 유형화와 이를 이론적으로 증명하는 작업이 가능하리라 생각한다.

　서방 선진국뿐만 아니라 유럽의 즈요 국가들 중에서도 정치적인 역동성과 국가적인 특색이 두드러진 이탈리아의 권력구조 전환은 중요한 국제정치적 의미를 갖는다. 유럽연합이라는 정치 통합체가 구체화되고 있는 방향과는 반대로 새로운 국가성을 강조하는 이탈리아의 권력구조 전환은 향후 전개될 유럽통합의 완성에 어떠한 영향을 미칠지 예측하기 어려운 측면이다. 그러나 현재의 전환 구상과 시도는 오랜 이탈리아의 정치적이그 사회적인 문제들을 해결하고, 하나의 국가 안에서 다양성을 인정하는 방향으로 결정된다면 유럽 통합의 연방주의적인 성격어 상응하는 정치적인 움직임이라는 측면에서 그 파장 또한 적지 않은 것이다.

2-3-4. 대통령 선출 규정과 절차

아마도 이탈리아에서 당선된 결정을 위한 조건충족의 투표 중에서 가장 독특한 투표가 대통령 선출 투표일 것이다. 당선인 확정 때까지 투표 회수에 제한이 없다는 점에서 매번의 대통령 선출 때마다 그 회수가 다르다. 초기에는 재적의원(상하양원 재적의원 수) 2/3 찬성 혹은 과반수이상의 찬성으로 당선 여부를 결정하기도 했다. 그런 이유로 인해 후보자가 난립하거나 정해진 득표율에 미치지 못할 경우에는 재투표가 당선조건에 충족될 때까지 투표를 반복해서 했다. 제6대 대통령 선출 투표가 23번까지 실시되었을 만큼 단기 투표로 당선자가 결정되지 않는 경우가 대부분이다.

대통령 선거는 간접선거로 상하양원 의원들에 의해 실시된다. 각 정당마다 후보자를 내기도 하지만, 일반적으로 후보자에 대한 사전 합의를 통해 선출한다. 정당 소속이 바뀐 경우 이탈리아 정치계의 지형변화가 심한 편이기도 하고, 대통령 후보자가 정치적인 중립을 표방하기는 하지만 자신의 정치적인 견해에 대해서는 대외적으로 분명하게 밝히는 것이 일반적이다.

2-4. 지방자치의 제도적 특징과 의미

2-4-1. 이탈리아 지방자치제의 조직[48]

우리나라와 달리 이탈리아 정부체계는 중앙집권적인 대통령제가 아닌 내각 중심제의 분권체제라고 말 할 수 있다. 중앙정부를 축으로 하부구조라 할 수 있는 각 지방과 소도시 및 소지역을 지방정부라 부를 수 있는데, 이탈리아에서 지방정부라 할 수 있는 행정체계는 모두 세 가지 형태를 갖는다. 우리나라의 도에 개념에 가까운 레지오네가 가장 큰 규모의 지방정부 형태이며, 한국의 행정구역과는 일치하지 않지만 군을 서너 개 정도 합쳐 놓은 규모의 개념이나 또는 대도시 주변에서는 광역시라는 개념을 갖는 프로빈치아라는 것이 주의 하위 행정체계이고, 읍이나 면 그리고 시의 개념을 갖는 코무네가 최하위 지방 행정체계이다.

이탈리아에서 지방자치의 전통은 역사적으로 오래된 것이지만, 이는 역사적이고 문화적인 의미에서의 지방자치라 볼 수 있고, 실질적인 의미에서 행

---

48) Brosio Giorgio, *Il sistema del Governo locale in Italia, in Il Governo locale*, il Mulino, 1996, pp. 3~4. 참조.

정적으로 현대식 지방자치 제도가 도입된 것은 제2차 대전 이후이다. 전쟁
이후 집권당이었던 기민당은 전통적으로 지방자치를 선호했지만, 야당이었
던 공산당 세력의 성장으로 실질적인 지방자치에 대한 입법을 미루고 있다
가 25년이 지난 1972년에야 지방자치법안을 입안하여 공포하게 된다. 다시
1977년에 이르러 실질적인 지방자치가 시행되고, 이후 지속적인 보완과 입
법 등을 통하여 오늘날에 이르고 있다. 2002년 기준으로 이탈리아에 지방자
치에 해당되는 행정구역으로 주에 해당하는 레지오네는 모두 20개, 프로빈
치아는 102개에 이르고 코무네는 모두 8,104개가 존재한다.

2-4-1-1. 레지오네[49]

이탈리아에는 현재 헌법에 보장된 지방 행정단위로서 가장 큰 주가 모두 20
개가 있다. 그러나 20개 주에는 지방자치의 독립성과 자치성의 기준에 따라
헌법에서 부여한 일반 주(피에몬테, 롬바르디아, 베네토, 리구리아, 에밀리
아 로마냐, 토스카나, 움브리아, 마르케, 몰리제, 아브루조, 라치오, 캄파냐,
칼라브리아, 바실리카타, 풀리아)의 성격을 갖는 15개의 주와 5개의 특별 주
(발레 다오스타, 트렌티노 알토 아디제, 프리울리 줄리아 베네치아, 시칠리
아, 사르데냐)가 있다. 여기서 중요한 것은 일반 주와 특별주의 성격에 대한
분명한 구분이다. 보통 일반 주는 중앙정부나 상위체계의 국가기관에 덜 독
립적이라 할 수 있으며, 특별 주는 헌법에서 지위를 보장할 정도로 입법권이
나 조세권에 대하여 일반 주에 대하여 특별한 지위를 갖는 주를 의미한다.

　일반적으로 주의 행정체계는 행정권을 관장하는 주 정부와 입법권을 관장
하는 주 의회 및 기타 위원회로 구성된다. 주정부의 장인 주지사는 국민의 직

---

49) Ivi. pp. 4~10. 참조.

접선거로 선출되며, 연합 정당이 독립된 후보를 내어 선거에 임하기 때문에 주의 주민 대표성을 충분히 담보하고 있다. 주 의회를 구성하는 의원선거는 비례대표제를 가미한 직접선거제이며 임기는 5년이고 의원 수는 주의 규모에 따라 50명에서 80명 사이이다. 주 정부의 구성은 지사 1인과 부지사 1인 및 15명 이내의 주 장관으로 구성된다. 각 분야의 주 장관 밑에는 여러 국이 있어 행정과 업무를 분담한다. 이외에도 분야나 기능별로 다양한 위원회가 설치되어 있으며, 중앙정부에서 파견되어 주 정부와의 행정적 업무조정과 협의를 하는 주 감독관이 있고, 보다 작은 지방행정 체계들과의 행정과 업무상의 연계와 조정을 위해서 주 통제위원회라는 것이 존재한다. 또한 지방행정법원의 기능을 하는 주 행정법원 역시 중요한 조직기구 중의 하나이다.

주 정부에서 입법하여 시행할 수 있는 분야는 중앙정부에서 입법하여 시행하는 분야와 비슷하지만, 주라는 하위 행정조직의 특성상 사법권이나 군 및 경찰권 등에 대한 입법조치는 불가능하다. 입법조항에 대한 세부 분야는 최상위 법인 헌법에 규정되어 있지만, 헌법 자체가 오래되었기에 현재에는 보통 입법 내용에 따라 특별 입법 위원회가 설치되어 입법 활동과 입법내용 등을 심사하는 경우가 많다. 그러나 이 경우 역시 보통 주이냐 특별 주이냐에 따라 입법의 내용과 규정 사항 등이 달라진다.

2-4-1-2. 프로빈치아[50]

이탈리아 행정체계 중에서 가장 외래적인 요소가 많은 것이 바로 이 프로빈치아인데, 제도 도입의 모델은 프랑스였다. 그 이유는 어렵지 않게 설명될 수 있는데, 이탈리아의 통일 당시 통일주도 세력은 피에몬테였다. 이 지역을

---

50) Ivi. pp. 11~12. 참조.

통치했던 사보이 왕가는 프랑스 방백 출신의 왕가였으며, 나폴레옹의 지배도 받았던 주였고, 지리적인 여건으로 프랑스의 영향을 가장 많이 받은 주였다. 따라서 통일 뒤에 자신들의 국가제도와 행정제도, 특히 지방 행정제도를 이질적인 다른 지방에 이식할 때 바로 프랑스의 모델을 본떠 이탈리아 전 국토에 이식하게 된 것이다.

그러나 이는 도입 시 행정구역상의 리모델링일 뿐 실질적인 의미에서나 행정적인 면에서 프랑스의 그것과 다소 차이가 많다. 특히 프랑스와는 다른 지형적이고 문화적인 차이로 인해 현재의 이탈리아의 프로빈치아는 보다 변형된 이탈리아적인 특징을 갖는 중간 지방 행정체계로 보는 것이 옳을 것이다.

실제로 이 프로빈치아는 도입 초기 많은 면에서 논란의 여지가 있었는데, 이는 프랑스의 사정과 이탈리아의 사정이 너무나 달랐던데 원인이 있었다. 대륙적인 지형에다 절대왕권의 확립이 비교적 일찍 발달했던 프랑스와 달리 이탈리아는 구릉과 산악이 대부분인 지형이고, 더군다나 강력한 왕권이 확립되었던 때는 한 번도 존재하지 않았을 뿐더러 중세 도시국가의 전통이 너무나 강했기 때문에 행정적으로 프로빈치아는 이탈리아에 어울리지 않는 제도였다. 그러나 최근 대도시나 중소 도시에서 다소 불필요했던 이 중간 행정구역이 농촌이나 산악이 많은 지방 및 도서를 중심으로 하는 탈도시형 지역에서 주 정부와 코무네를 연결하는 행정구역 단위로서 역할이 중요해지고 있다. 반면에 중간 규모 도시 크기인 각 프로빈치아의 거점도시에 대한 중요성이 증대하면서 프로빈치아의 행정적인 중요성에 대하여 여전히 의문이 남아 있기 때문에 자체적인 행정구역으로서 위상정립을 위한 새로운 입법과 보완이 다소 필요하다.

프로빈치아 주요 조직은 의회와 정부로 구성되어 있다. 프로빈치아 의회는 비례 대표제로 지방선거 기간 중에 함께 선출되며, 다수당의 대표가 의회 의장을 겸함과 동시에 프로빈치아 정부의 수장이 된다. 그 외에 중요한 행정조직으로는 중앙정부에서 파견한 감독관과 지방 국세청 및 교육관이 주요 기관이라 할 수 있다. 헌법에서 보장하고 있는 지방 행정체계이기 때문에 헌법에서 보장된 일반 법률에 의해 그 기능과 분권의 정도가 명시되어 있다. 1990년에 제정된 지방정부개혁법에 의해 로마, 밀라노, 토리노 등의 대도시를 광역시 개념으로 묶어 대도시 지역이라는 명칭으로 프로빈치아의 기능을 담당하게 하고 있다.

한 가지 이탈리아에서 흥미로운 것은 하나의 프로빈치아가 하나의 주를 구성하고 있는 발레 다오스타나 트렌티노 알토-아디제 주를 구성하고 있는 두 개의 프로빈치아는 아주 특별한 지위에 있다는 사실이다. 특히 알토 아디제 주의 두 개(트렌토Trento와 볼차노Bolzano)의 프로빈치아는 그 구조나 행정 조직 중에서 하나의 독립된 주와 유사한 조직과 업무를 담당하고 있다.

2-4-1-3. 코무네[51)

이탈리아 지방 행정구역 중에서 아주 독특한 위치를 차지하고 있는 체계가 바로 이 코무네이다. 위에서 설명한대로 규모나 인구수 또는 경제력 등의 어떠한 기준으로도 적용이 힘든 행정체제라고 볼 수 있다. 이탈리아에서 통용되는 도시는 보통 이 코무네를 의미하며 중세 이후부터 내려온 오랜 역사적인 배경을 가진 행정제도이다. 코무네의 수장이라고 할 수 있는 시장은 직접 선거에 의해 선출하며, 임기는 하원의원과 마찬가지로 5년이다. 시의 규모에 따라 행정조직이 다소 차이가 나지만, 보통 규모 이상의 코무네는 15명에서 80명의 시의회를 갖고 있으며, 시장 아래 부시장과 4~16명까지의 시 장관을

---

51) 한국어로 번역하면 자치시로 번역하는 경우가 많지만, 그 규모는 로마의 약 300만에 가까운 주민이 있는 도시에서 인구 500명 이하의 코무네도 존재할 정도로 인구나 경제력의 기준으로 결정할 수 없는 지방 행정구역 중의 하나이다. 항목에 대한 설명은 Ivi. pp. 13~17. 참조.

둘 수 있다. 대규모의 시에서는 이와 같은 구조 자체가 중앙 정치구조와 유
사하며, 정파에 따라 대결구도가 형성되기도 한다.

코무네 업무 영역은 중앙정부나 주 정부에서 수행하는 고유 업무와 유사
하며, 별도의 공기업을 설립하거나 별도의 투자 사업을 할 수 있다. 시에 소
속된 공무원은 중앙정부나 주 정부 공무원들과 대우나 처우 면에서 동일한
대우를 받으며, 채용이나 승진 등에서 중앙정부나 주 정부의 압력에서 비교
적 자유스러운 편이다. 여기서 한 가지 중요한 정치적이고 행정적인 면에서
중요한 관계가 있는데, 주 정부와 코무네의 관계이다. 중앙정부의 통제를 비
교적 많이 일반 주는 산하의 코무네에 대한 조정과 통제 권한이 있음에도 불
구하고 코무네에서 통과된 정책이나 계획은 의무적으로 승인한다는 의무조
항이 있다는 사실이다. 이와 같은 사실은 이탈리아의 지방자치 조직 중에서
코무네가 비교적 정치적으로 자치의 정도가 높다는 의미이다.

2-4-2. 지방정부 자치의 정도와 현황

2-4-2-1. 문화적인 자치 수준

한국적 상황과 입장에서 문화적인 자치의 정도나 수준에 대한 비교는 그리
커다란 관심 항목이 아닐 것이다. 그러나 진정한 지방자치를 이루기 위한 가
장 기본적인 요건이 바로 문화적인 기반에서 얼마나 대도시나 중앙의 집중
된 지역과 차별화를 이룰 수 있을까라는 점과 얼마만큼의 독립성을 가질 수
있는가 하는 것이다. 이미 잘 알려진 대로 이탈리아는 로마시대 이전부터 수
많은 문화 유산과 전통이 각 지역과 지방별로 잘 보존되어 있다. 이는 문화
적으로 상당한 중요성을 갖는데, 각 지역마다 독특한 문화와 역사 그리고 그
에 적합한 사회 경제적 특성을 갖고 있다는 의미이다. 한국의 경우 지방의

고유색이란 한정된 몇 곳을 제외하고는 그다지 커다란 차별성을 갖지도 않을뿐더러 문화 유적이나 전통이 변질되지 않은 채로 남아 있는 경우가 많지 않은 현실을 비교해보면 다소 부러운 이야기이기도 하다.

이탈리아는 각 지역과 지방에 따라 이와 같은 문화적인 기반의 차별성을 바탕으로 그 지역에 맞는 적절한 사회적이고 경제적인 기반을 조성하여 발전시켜 왔던 것이다. 실제로 이탈리아의 코무네는 자신들의 특성에 맞는 문화산업과 문화유적 및 특화산업을 갖고 있다. 이는 지역경제 차원에서 전全 주민의 복지와 삶의 수준을 일정 수준까지 유지시킬 수 있는 원동력이 되며, 젊은 세대에게도 일자리를 찾거나 더욱 나은 경제적 여건을 위해 무작정 대도시나 보다 큰 지역을 지향하는 이주 성향과 선호사상을 막음과 동시에 지역별 균형발전이 가능하게 할 수 있는 기본 조건이 될 수 있는 것이다.

이 경우 중앙정부의 역할이란 전국의 이와 같은 문화 산업적인 기반을 적절히 보존하고 조정할 수 있는 총 관리자의 역할을 하는 것이며, 실질적인 지역 문화산업의 주체는 각 지역의 코무네가 담당하게 할 수 있도록 보조하고 장려하는 것이라 볼 수 있다. 또한 이와 같은 문화적인 자치 유지에 필수적인 요소 중 하나는 해당 지역 주민의 문화의식 고양과 그에 알맞은 정치의식 고양일 것이다. 이탈리아의 경우 각 코무네에는 이를 뒷받침할 수 있는 문화 시설들과 제도들이 충분히 조성되어 있다. 지방사학에 대한 연구 장려, 지역에 맞는 인재 육성, 장인적 기술 수준이 뒷받침되는 토착 산업 육성 등이 충분한 시간과 계획을 가지고 시행되고 있는 것이다. 혈연과 지연 및 학연에 구속되어 있는 한국사회의 현실은 이러한 문화적인 관점에서의 지방자치에 대한 가장 커다란 걸림돌일 것이다. 혈연과 지연에 얽매인 '우리'라는 문화에서 도덕과 정의와 실력이 바탕이 되는 새로운 '우리'의 문화가 시급한 이유가 바로 여기에 있는 것이다.

국가의 정치제도 자체가 우리와 다른 이탈리아는 중앙정부 체계가 의원 내각제를 기본 골격으로 하면서 독일과 프랑스의 대통령 지위의 중간 정도 성격을 갖는 부분적 대통령제를 가미한 정치 제도를 갖고 있다. 이 의미는 지방자치에 대한 접근이 프랑스나 영국 또는 독일 등의 지방자치와는 또 다른 의미를 가질 수밖에 없다는 것을 뜻한다.

이탈리아 지방자치에 관련된 행정체계는 모두 헌법에 보장되어 있는 국가 조직의 일원이라는 이야기는 앞장에서 이미 언급했다. 결론적으로 이탈리아는 1970년에 법률로써 시행된 지방자치제도가 이후 실질적인 지방자치의 구현으로 현실화되면서 점점 그 방향성에서 중앙정부와 보다 긴밀한 관계로 나아가고 있는 것이 현 시점에서의 경향이라는 점을 미리 밝힌다. 이는 지방자치 본래의 의미가 퇴색되는 것처럼 보일지 모르지만, 오히려 정치적인 면에서는 긍정적으로 바라 볼 수 있는 점이다.

그 이유를 설명하자면 다음과 같다. 첫째, 이탈리아의 지역 색은 통일 당시 너무나 강했는데, 예를 들면 이탈리아어를 사용할 줄 아는 이의 비중이 열 명 중 세 명 정도였을 정도로 문화적으로나 언어적으로 이질적인 요소를 갖고 있었기에 국가라는 개념에서의 이질성이 너무나 강했다. 이는 새로운 정책추진이나 중앙정부 차원의 균형적인 국토개발에 부정적인 요소였다. 또한 지방정부와 중앙정부와의 정책과 행정 업무의 연계성이 일관성을 가지고 이루어지지 않음으로써 행정적으로나 정치적으로 공백과 중복이 일어날 수 있었다.

두 번째는 1990년대 이후 이전의 정치적인 역학 관계와 지방선거에서의 후보선출 과정이 다소 다르게 변하고 있다는 이유이다. 이탈리아 정당제도는 우파의 대표정당을 중심으로 다수의 군소 정당들이 결집하여 한 축을 이루고 그 반대편에 좌파의 대표정당을 중심으로 다시 군소 정당들이 결집하여 한 축을 이루고 있는 양극 다당제의 형식을 취하고 있다. 그런데 이와 같은 구조가 1990년대 이후 지방선거에서 후보 선출이 각 축에서 단일한 공동 후보를 추대하는 쪽으로 바뀌고 있다는 것이다. 이는 각 당별로 후보를 내었던 이전의 선거 양식과는 다소 차이가 있는 것으로 중앙정부뿐만 아니라 지방정부에서도 정치적으로 책임정치와 행정이 구현될 수 있는 기반이 조성되고 있다는 의미로 해석할 수 있다. 또한 이는 단일 정당에서 한 명의 후보를 추대하는 것보다 지역의 특성에 맞게 공동 축을 이루는 여러 정당에서 후보를 선출함으로써 지방자치의 의미를 살리면서 지방자치의 단점을 보완하는 이점이 있는 것이다.

현실적으로 지방자치 단체들의 정치적 · 행정적 자율의 정도는 이와 같은 1990년대 이후의 변화된 정치 상황에 따라 만족할 만한 수준은 아니라고 할 수 있다. 그러나 법률에 보장되어 있는 수준에서의 지방자치는 비교적 엄격하게 실시되고 있으며, 오히려 통일 당시의 지나친 국가적인 이질성의 동질화라는 측면에서는 바람직한 것이고, 어느 정도 이를 조화시키느냐가 중요한 점이라 할 수 있다.

2-4-2-3. 재정적인 자치 수준

이제 막 걸음마를 시작한 한국의 지방자치에서 보면 가장 흥미 있고 중요한 점은 지방자치의 재정적인 독립성의 수준일 것이다. 앞서 설명한 세 가지 주요한 조직인 주와 프로빈치아 및 코무네 모두 각각의 독립적인 지위의 자치 단체이기 때문에 이들에 대한 자치수준 역시 개별적이다. 이는 각각의 지방 행정체계에 따라 그 운용과 독립성의 정도가 다소 차이가 있다는 점을 감안하여 지방자치에 대한 접근을 해야 한다는 의미이다. 가장 큰 지방자치 조직인 주의 재정적인 자립성 정도는 다른 두 가지의 지방 행정체계와의 비교에서도 매우 중요한 기준이 된다. 한 가지 미티 밝힐 점은 그 운용과 수준에서, 특히 일반 주와 특별 주의 재정적 자치 수준이 차이가 난다는 사실인데, 국가의 예산과 관련하여 이는 매우 중요한 의미를 가진다.

그러면 먼저 일반 주의 재정 자립도에 대하여 알아보도록 하자. 이탈리아의 20개 주 중에 15개의 주가 일반 주의 성격을 갖고 있다고 이미 언급하였다. 일반 주의 재정에 대한 기본적 조달 원은 다음과 같다. 첫째는 정부 소유의 공공 지나 주 소유 유적지에 대한 처분권, 자동차의 판매와 이전에 대한 세금 부과, 자동차 등록세, 휘발유에 대한 지역별 부과 세 가능, 지역 의료보험료의 운용 및 의료 관련 제품에 대한 세금 등이다. 그 외에도 가장 중요한 재원이라 할 수 있는 네 가지 명목의 기금이 중앙정부에 의해 조성되어 있다. 네 가지 주요 기금의 내용은 다음과 같다.

첫 번째는 일반적 용도로 사용되는 코무너 기금이 있다. 이는 주안의 지역적 발전을 위한 투자기금으로 볼 수 있다. 두 번째는 저개발 되고 소득이 다소 낮은 주들에서 벌 수 있는 주 투자개발 기금이다. 세 번째는 지방 운송 및 교통사업을 위한 국가 보조기금이다. 네 번째는 주의 지출 내역 중에서 가장 많은 비중을 차지할 뿐만 아니라 규모 면에서도 가장 큰 국민보건 기금이 그것이다.52) 이와 같은 모든 기금의 운용은 법률이 정한 범위 내에서 운용되며, 중앙정부를 통하여 해당 주에 예산이 배정된다. 중앙정부의 예산에 의해 주의 예산이 결정된다는 것은 지방자치의 취지를 훼손할 수 있는 것이나, 이미 법률에 정한 범위 내에서 지방자치 단체의 예산이 운용되는 것이기에 한국적인 상황에서의 지방자치와는 다소 정황이 다르다고 볼 수 있다. 그러나 어쨌든 이들 15개의 일반 주들은 중앙정부의 예산 편성에서 자유롭지 않다는 사실은 진정한 지방자치를 위해서는 그다지 바람직하지 않다.

이를 종합하여 2000년을 기준으로 한 과세와 재정상의 자치정도를 나타

---

52) Ivi. p. 9.

〈표1〉 이탈리아 지방자치제도의 재정자립도 수준(1999.12.31 기준)

단위: 백분율

분류	세금부과의 자립정도	재정의 자립정도
레지오네	47.8	48.7
프로빈치아	51.5	56.4
코무네	40.0	60.4

출처: 공공행정 무임소

낸 것이 〈표1〉이다. 지방행정기구 전체의 평균 자치정도는 50% 정도를 나타내고 있는데, 각각의 항목과 수준에 따라 다소 다르지만, 일반적으로 레지오네보다는 프로빈치아가 프로빈치아보다는 코무네가 자치 수준이 다소 높다는 것을 알 수 있다.

이에 반하여 특별 주들은 재원 조달의 방법이 일반 주들과 많이 다르다. 개개인에게 징수하든 법인체나 사업체에서 징수하든 특별 주에서의 세금은 중앙정부에서 통제하는 것이 아니라 지방 정부, 즉 주의 영역 안에서 운용될 수 있다는 점이 가장 중요하다. 아울러 자체적인 예산 집행권이 있다는 점에서 일반 주들과의 재원 조달 방법에 많은 차이가 있다. 결론적으로 이탈리아의 각 지방자치단체들의 재정적인 자립도는 중앙정부와 긴밀한 종속관계에서 수평적 상호협조 관계로 이동하고 있다고 말 할 수 있다.

반도라는 지리적 특성 이외에도 한국과 이탈리아는 유사한 점이 많다. 지방자치 측면에서도 비교적 지연에 얽매이는 점 등은 부정적인 의미에서 한국과 이탈리아의 자치제도가 다소 유사하게 느껴질 수 가 있다. 그러나 실제로 역사적인 배경이나 문화적인 배경이 다른 두 나라를 일률적인 기준에서 비교할 수는 없으며, 나름대로의 문제점을 따로 떼어내어 비교하는 것이 바람직하다.

일반적으로 이야기하는 이탈리아 자치제도의 문제점은 다음과 같다. 첫째는 중앙정부와 지방자치 단체들 간의 업무의 중복과 적절한 업무분할이 결여되어 행정상의 중복과 책임 소재의 귀결 문제이다. 둘째는 중앙정부의 지나친 간섭과 영향력 행사인데, 각 지방자치 단체에 중앙에서 파견된 감독관의 역할과 지방자치 단체장의 업무 관할을 둘러싼 갈등 문제이다. 세 번째는 법률이 정해진 범위 내에서의 자치란 곧 중앙장부에 대한 재정 의존도가 심해지기 때문에 발생하는 자치 훼손의 문제이다. 네 번째는, 특히 코무네에 대한 것으로 규모나 영향력 면에서 천차만별의 크기를 가지고 있는 코무네의 통일적이고 보다 체계적인 방향정립의 필요성이 대두되고 있다.

1990년대 이후 이탈리아 자치정부들의 예산은 지속적으로 증가하고 있는데, 이는 지역 주민의 복지 증진과 지방자치 본래의 취지에서 보면 바람직한 현상이다. 그러나 법률에 정해진 범의 내에서의 예산 지출은 결국 적자 시정의 원인이며, 이는 결국 궁극적으로 시민의 세금 부담 증가라는 문제를 수반할 수밖에 없다.

따라서 이를 어떻게 적절하게 적용하는 가의 문제가 바로 현재 이탈리아 지방자치 재정의 가장 기본 문제라 할 수 있다. 어쨌든 법률에 정해진 범위 내에서 재정적인 자립도가 명시되어 있는 이탈리아의 경우에는 그 재정적인 자립도를 확충하는 방안의 정책적인 필요가 현재의 정책 방향이라 할 수 있다.

2-5. 지방의회와 지방선거

2-5-1. 이탈리아 지방선거제도의 정치적인 의미

고대 로마 이후 오랜 민주주의의 역사 속에서 그 중요성이 증명되었고, 현재까지도 정치적인 역동성이 가장 왕성한 국가의 하나인 이탈리아 지방의회

선거제도는 오랜 역사적인 경험을 통해 지역적인 복잡함 등이 중첩되어 있다. 또한 이데올로기 스펙트럼이 다양한 이탈리아의 권력구조와 정부제도와 연계하여 지방 역시 쉽게 이해하기 힘든 제도적인 특징을 나타내고 있다. 실제로 이탈리아 선거제도와 정당제도의 독특함은 이미 여러 논문을 통해 지적되어왔지만,[53] 여기에서는 이탈리아 지방정치와 풀뿌리 민주주의 핵심인 지방의회제도에 대한 구체적이고 실질적인 제도와 내용을 분석하고자 한다.

이탈리아에서 지방자치가 시행된 것은 다른 서구 국가들에 비하면 그리 오래된 역사를 가진 것은 아니다.[54] 의회중심제를 채택하고 있는 이탈리아에서 지방정부라 할 수 있는 행정체계는 모두 세 가지 형태를 갖는다고 이미 밝혔다. 이와 같은 지방자치단체들에는 각각의 정치 시스템 안에 고유의 독립적이면서 자율적인 입법기관이 분리되어 있다. 레지오네 의회, 프로빈치아의 의회나 코무네 의회라고 불리는 이들 기관들은 상하양원 시스템을 갖고 있는 국가의 입법기관과 유사한 역할과 기능을 하고 있다. 자치의 수준과 내용 면에서 다소 다른 차이성에도 불구하고 이들 지방의 입법기관들은 각각의 제도적이고 지역적인 독특성을 인정받으면서 이탈리아 풀뿌리 민주주의의 근간을 구성한다.

---

53) 주요한 논문을 정리하면 다음과 같다. 김종법, 2004. "하부정치문화요소를 통해 본 베를루스코니 정부의 성격", 『한국정치학회보』(제38집 제5호), 417~437.: 김종법 역, 2004. 『이탈리아 선거법』, 중앙선거관리위원회.: 김종법, 2006. "변화와 분열의 기로에 선 이탈리아: 2006 이탈리아 총선", 『국제정치논총』(제46집 4호), 267~288.: 김종법, 2007. "좌우동거의 기묘한 불안정한 양당제 국가 이탈리아", 미네르바 정치연구회 편, 『지구촌의 선거와 정당』, 한국외국어대학교. 434~465.: 김종법, 2007. "이탈리아 권력구조 전환가능성과 시도: 연방주의와 대통령제로의 전환모색", 『세계지역연구논총』(제25집 3호), 353~373.: 정병기, 2001. "중도좌파 대한 이탈리아 정치적 지역주의의 생성과 북부동맹당(Lega Nord)의 변천", 『한국정치학회보』(제34집 제4호), 397~419.: 정병기, 2003. "이탈리아 정치사회변동과 중도-좌파정부(1996~2001) 정책", 『한국정치학회보』(제36집 제3호). 219~239.

54) 이하 지방자체제도에 대한 내용은 아래 글에서 정리하여 발췌한 것이다. 김종법. 2003. "이탈리아 지방자치제도의 비교연구". 『이탈리아어문학』, 이탈리아어문학회, 제12집; 1~30. Brosio Giorgio, *Il sistema del Governo locale in Italia*, in Il Governo locale, il Mulino, 1996. 등.

여기에 정치문화적인 측면에서 이탈리아 특유의 지역문제가 결합되어 있는데, 이탈리아의 지역문제는 형태와 양상이 그 어느 나라보다 다양하게 존재하고 있다. 이렌티즈모Irredentismo라고하는 실지회복운동은 이탈리아의 구영토를 둘러싸고 주변 국가들과 벌어진 영토회복 문제로 현재의 5개의 특별 주와 연관이 깊은 문제이며, 흔히 남부문제라고 불리는 지역문제는 제2차 대전 성립한 이탈리아 공화국의 주요 사회문제가 되었다. 또한 80년대에는 북부에서의 분리주의 운동이 북부동맹이라는 정당에 의해 본격적으로 추진되면서 연방제와 권력구조 개편 문제 등과 맞물리면서 현재 이탈리아 정치의 주요한 이슈가 되고 있다.

따라서 이탈리아의 정치 상황과 현실에서 지방자치의 수준이나 제도는 지역 민주주의 그리고 풀뿌리 민주주의의 중요한 역할과 기능을 하고 있다. 일상의 정치와 중앙정치와의 관계를 복원하고 연결하는 데 가장 중요한 경로와 통로를 담당하고 있는 이탈리아 지방자치단체를 구성하고 있는 세 가지 수준의 지방행정단위와 이를 구성하기 위한 선거거제도는 지방자치의 역사가 그리 길지 않은 한국의 지방선거제도에 유의미한 시사점을 던져주고 있기 때문에 의미 있는 비교가 될 것이다.

여기에서는 이러한 두 국가의 지방선거와 의회에 대한 비교의 편의성을 위해 글의 순서를 다음과 같이 구성하였다. 다음 항에서는 이탈리아 지방자치단체의 구성과 조직에 대해 서술하고, 지방자치단체의 구성의 기본적인 원칙과 선거제도에 따른 정치적이고 행정적인 문제를 연결하여 서술할 것이다. 아울러 지방자치 시행의 역사적 배경을 시작으로 법률에 따른 제도와 내용의 변화를 살펴보고, 이러한 내용이 반영된 지방자치단체의 변화의 모습을 설명하고자 한다. 제2항에서는 본격적인 이탈리아 지방선거제도를 다룰 것이다. 특히 세 가지 지방자치단체마다 독특한 선거제도를 국회의원 선거제도와의 비교를 통해 다룰 것이며, 이탈리아 선거제도가 갖는 제도적이고 정치적인 특징을 중심으로 그 한계와 문제점까지도 함께 거론하게 될 것이다. 제3항에서는 이탈리아의 지방선거제도를 통해 들여다볼 수 있는 한국 지방선거제도와의 비교 및 적용 가능성을 모색하고자 한다.

2-5-2. 이탈리아 지방자치단체의 구성과 조직

이탈리아의 지방자치단체 시스템은 앞장에서 언급한 세 가지 수준에서 구축되어왔고, 이번 항에서도 이를 중심으로 살펴 볼 것이다. 레지오네라고 하는 주, 프로빈치아라고 하는 현, 코무네라고 하는 자치도시의 세 가지 유형의 지방자치단체에 대한 각각의 권력구조를 살펴보고, 특히 주민의 선거로 직접 선출되거나 간접적으로 선출되는 대의제 유형의 입법 기능을 수행하고 있는 지방자치 기구인 의회 구성을 분석할 것이다. 세 가지 유형의 지방자치단체가 각각의 고유성과 기능적인 특징을 통해 어떠한 제도와 방식을 통해 지방정치권력을 구성하고 행사하는지를 이해하는 것이 이번 항의 주요 목표가 될 것이다.

　다른 나라들과 마찬가지로 이탈리아 역시 통치구조나 정부형태 등의 정치권력을 규정하고 있는 상위법은 헌법이다. 1948년 제헌의회에서 개정되어 통과된 헌법에서 통치구조 및 의회 관련 규정을 담고 있는 조항은 헌법 제2부에서 다루고 있으며, 지방자치단체 조직에 대하여는 헌법 제5장에서 다루고 있다. 특히 헌법 제5장에서 다루고 있는 지방자치의 원칙은 헌법 조항 안에서 '보충성의 원리'에 의거한 연방주의 원칙을 밝히고 있다. 헌법 제11조, 제118조, 제119조, 제128조, 138조 등에서 규정하고 있는 내용들이 그것이며, 상원에 대한 규정을 다루고 있는 조항들 역시 넓게 보아 연방주의적인 근거로 볼 수 있고, 이들 조항들은 주로 국가와 주 및 지방자치단체들 간의 권한과 권력 배분을 규정하고 있다.

　1972년부터 시행된 지방자치가 1977년에 이르러 실질적으로 실시되면서,

이후 지속적인 보완과 입법 등을 통하여 오늘날에 이르고 있다. 그동안 지방 자치와 관련한 법률 개정 사항과 내용들을 보면 다음과 같다. 1970~80년대 의 이탈리아 지방자치제도는 시행에 따른 실질적인 집행력이나 기능을 다하 고 있지는 못했다. 일반적인 보충성의 원칙에 의해 지역적인 특징을 존중하 는 문화적 수준에서의 자치였으며, 일반적인 행정적이고 재정적인 수준에서 의 정치적인 자치 수준에는 이르지 못했다. 이러한 상황에 가장 중요한 전기 를 마련한 것이 1990년 6월 8일자 법령과 1993년 5월 25일자 법령이었다.(L. Vandelli 2004, 26~30) 1990년 법률은 각 지방자치단체의 권한과 기능을 명확하 게 설정하고 통치구조에 대한 재규정 및 재정적 자립을 위한 과세권 등을 명 시한 법률이었다. 1993년 법률은 프로빈치아와 코무네 수장에 대한 직접선 거 원칙과 지방의회 구성 관련한 선거법을 개정하는 내용을 담고 있다. 주요 내용은 인구 1만 5천 명 이상의 프로빈치아나 코무네는 의회 선거에서 시장 혹은 프로빈치아의 수장과 정치적으로 결속된 정당 공천을 통해 지방의회를 구성하며, 지나친 독점을 막기 위해 의회 구성원의 60% 이상을 시장과 동일 한 정당에서 배분받지 못하도록 규정하고 있는 것이 특징이다.55) 이후 1997 ~99년 사이 지방자치제도에 대한 개편 법률이 실행되었고, 그 내용은 중앙 정부와 지방자치단체와의 관계 설정 및 협의 기구체의 발족이었다. 이 시기 이후 본격적인 중앙정부로부터의 탈 중앙정치화와 제도화가 진행되었고, 다 양한 수준에서의 지방자치가 실시될 수 있는 근거를 마련하였다. 이어진 2000년 제267호 법률은 그동안의 여러 관계 법률들을 집대성한 측면이 강하 다. 지방자치단체별로 혹은 제도적으로 분리되거나 구분되었던 내용들을 하 나의 법률로 통합함으로써 새로운 시대에 맞는 지방자치 법률을 제정하였 다. 이후에도 2001년과 2003년에 지방자치 법률이 개정 및 보완되었는데, 코 무네 구획 정비를 비롯하여 지방의회 권능에 대한 추가 사항들이 입법 보완

---

55) L. Vandelli 2004, 31

되었다. 또한 유럽연합과의 관계를 지방자치단체까지 확대시키고 유럽연합의 단위이자 주체로 지방을 설정할 수 있는 법률 근거를 마련하였다. 그리고 가장 중요한 입법 기능과 관련하여 정부의 입법결정 과정에 지방자치단체의 참여가 가능하도록 제도적인 보완을 완료했다.

주와 프로빈치아에 대한 내용은 이미 앞의 항에서 설명하고 상술했기 때문에 여기에서는 독특하고 보다 상세한 설명이 필요하다. 주와 프로빈치아가 현대 이탈리아 지방자치의 시작과 함께 출발한 제도적 구분이자 조직이었던에 반하여 코무네는 다소 독특한 역사적 기원과 정치적 특징을 갖는 행정구역이다.[56] 주만 수 1만 5천 명 이상과 그 이하의 코무네로 보통 대별하며, 로마나 밀라노와 같은 대도시 코무네들은 메트로폴리타나Metropolitana라고 하는 1990년 이후 등장한 거대도시 개념으로 통합해 부르기도 한다. 그러나 일반적으로 현재의 이탈리아 코무네는 주민 수가 2천 명 이하인 경우가 8천여 개에 이를 정도로 코무네의 규모가 작은 것이 상당한 문제로 지적되고 있다. 코무네의 조직은 보통 세 가지 영역으로 크게 나뉜다. 신다코Sindaco라고 하는 시장과 지운타Giunta라고 하는 시행정부 및 코무네 의회가 그것이다. 시장은 주민들의 직접 및 보통 선거로 선출되며 시를 대표하고 시 행정부의 수반이며 당연직 코무네 의회의 의원이 된다. 임기는 5년이며 시장의

---

56) 코무네는 자치도시 혹은 도시공동체 등으로 번역하여 부르고 있다. 프랑스혁명 이후 등장한 파리코뮌이나 현대에서 이야기하는 도시공동체의 기원이 되는 중세 도시이다. 코무네의 등장은 중세의 무대가 농촌에서 도시로 옮겼다는 명확한 증거이며, 이후의 역사는 도시를 무대로 하는 자본주의 시대로 들어서는 데 중요한 계기를 부여했다는 점에서 상당한 역사적인 의미를 부여할 수 있다. 코무네라는 새로운 공간과 부르주아라는 새로운 계층의 등장은 중세의 농업경제와 물물교환 경제를 넘어서서 근대적인 의미의 자본주의로 전환할 수 있는 공간적인 발판을 마련하고 영국과 프랑스 및 네덜란드 등으로 공화주의를 전파하였다. 동시에 유럽의 정체성을 확립하는 데 주요한 공헌을 하게 되는 르네상스를 전유럽으로 전파했다는 점에서 역사적인 의의를 획득하였다. 오늘날에도 코무네의 이러한 자유주의적이고 공화주의적인 전통은 다양하고 분화된 지역정치와 지역적인 특색을 유지할 수 있었던 원동력이 되었고, 한 국가 안에서 지역의 수평적이고 균등한 발전의 밑거름이 되고 있다. 김종법, 2007. "이탈리아 도시국가와 공화주의 전통", 『민주주의 강의1 역사』. 민주화운동기념사업회. 참조.

유고 시에는 두 명의 위임자가 시장의 임무를 대신하여 직무를 수행하는 데, 시장이 2년 6개월 1일 이상의 직무 기간을 재임하고 사퇴하거나 유고한 경우에는 후속 시장을 재선출하지 않는 것이 일반적이다. 시 행정부는 중앙정부의 행정부와 유사한 행정 및 공무수행을 감득, 조정 및 시행한다.

이와 같은 세 가지 수준의 지방자치 행정단위에서 지방선거를 치르고 구성되는 지방자치단체는 주민들의 직접 선거로 선출되는 지방자치단체의 행정수장과 지방의회라고 할 수 있는 지방의 입법기구들이다. 주지사, 현懸지사, 코무네 시장, 주 의회, 현 의회, 시 의회가 그것이며, 각각 그 운영방식과 선출방식에 해당 자치단체의 특성을 반영하여 구성하고 운영되고 있다. 각각의 선출 방식과 제도적 특징은 다음 항에서 본격적으로 논의할 것이고, 여기서는 이들 지방자치 단위와 기구들이 갖는 정치적 역할과 기능 및 중앙정부와의 관계 등을 중심으로 제도적 수준의 문제점들을 중심으로 살펴볼 것이다.

가장 먼저 제기될 수 있는 문제는 중앙정부와 지방정부 간의 권한과 기능의 구별이다. 기본적으로 행정, 입법 및 사법과 관련된 3권 분리에 입각하여 권력기관을 구성하는 점은 동일하지간, 그 헌법적 지위와 위상은 차이가 존재한다. 앞서 언급한 대로 다섯 개의 특별 주(시칠리아, 사르데냐, 트렌티노 알티 아디제, 발레 다오스타, 프리울리-베네치아 줄리아)와 일반 주와는 헌법에서 규정하는 주의 위상은 차이가 있다. 또한 중앙정부와의 관계 역시 일반 주들과는 다른 관계를 부여받았는데, 주로 입법권과 주 정부 차원의 권력구조에 대한 것들이다.

주의 경우 헌법에서 보장한 자치 원리를 구현하기 위해 주 행정부와 입법부의 독립성을 철저하게 규정하고 있다. 특히 중앙정부와는 입법의 범위와 내용 등을 통해 명확하게 권력 관계를 규정하고 있다. 헌법 제117조 2항과 3항 및 4항에서 규정하고 있는 중앙정부와 주정부의 입법사항에 대한 규정을 구분하면 다음과 같이 정리할 수 있다. 이탈리아 공화국만이 제정 가능한 입법사항은 헌법 제117조 2항에, 주와 국가 함께 제정 가능한 사항은 동조 제3

〈표1〉 국가와 주의 입법사항 분류 및 범위

국가의 고유한 입법사항: 헌법 제117조 2항	국가와 주 모두 제정 가능한 입법사항: 동조 3항	주의 입법사항: 동조 4항
유럽연합과의 외교관계; 보육원; 비유럽연합 국민 및 이민자; 종교적 고백; 방위; 국가안보; 군대; 화폐; 저축 및 재정; 국가회계 및 조세 시스템; 국가기관 및 선거제도; 국민투표; 국가 행정시스템 및 질서; 공공질서; 시민권; 사법부; 최저 사회보장 및 기초생활 등에 관한 규정; 교육 규범; 사회보장제도; 지방자치제도 및 지방선거; 관세 및 도량형; 통계조정; 천재적 행위 및 지적재산권 보호; 문화재, 생태 시스템 및 환경 보호	유럽연합과 주 정부 간 국제관계; 해외 통상; 노동에 대한 보장 및 보호; 교육지침(직업형성 제외); 직업; 과학 연구; 건강; 식품; 스포츠; 시민보호; 영토지배; 공항 및 항구; 수송 및 해운 네트워크; 커뮤니케이션; 에너지에 대한 전국 보급, 수송 및 생산; 예산의 조화; 공공재정 및 과세 시스템에 대한 조정; 문화재 및 환경에 대한 가치 평가; 저축은행; 주차원의 신용 공사	제117조 2항과 3항에서 규정하지 않은 모든 입법사항

자료: Diritto Costituzionale(2008) p. 351.

항에, 그리고 주정부가 제정할 수 있는 입법사항은 제4항에 규정되어 있다.

이에 반해 프로빈치아나 코무네의 경우에는 중앙정부의 직접적 통치와 보조적이고 자율적인 자치 수준이 반반 정도로 혼합되어 있다. 1970년대와 1980년대에는 프로빈치아에 대한 행정 효율성 문제가 빈번하게 제기되어, 무용론까지 등장했지만, 최근 산악지방이나 도서 지역 등 인구밀도가 떨어지는 지역을 중심으로 행정 역할에 대한 기여와 중요성을 높이 평가하고 있다. 다시 말해, 산간이나 도서 지방의 코무네는 인구가 비교적 적기 때문에 행정 효율성이나 중앙정부의 정책 등이 시행되지 않게 되지만, 프로빈치아를 광역 개념으로 묶게 되면 중앙정부가 지방의 곳곳까지 행정력과 영향력을 끼칠 수 있게 된다. 따라서 최근 프로빈치아에 대한 새로운 영역과 역할에 대한 평가가 이루어지고 있다.

최근 이탈리아에서 행정구역의 조정과 거편 문제로 가장 주목을 받고 있는 지방자치단체가 코무네이다. 앞서 언급한 대로 워낙 숫자가 많고, 주민 수 역시 로마와 같이 300만이 넘는 도시가 있는 반면 인구 1천 명 미만의 코무네도 상당히 많이 존재하기 때문이다. 이탈리아에서는 풀뿌리 민주주의 근간으로서 코무네의 역할과 기능을 살리면서, 행정 효율성과 지방의 활성화를 위해 주민 수에 따른 코무네 분류와 경제적이고 산업적인 측면에서의 특화를 위한 대도시(메트로폴리타나)나 무니치피Municipi라고 하는 두세 개의 코무네를 합친 형태의 새로운 유형의 도시와 같은 재구획 사업을 추진하였다.

이는 지방도시의 산업적인 특화와 경제적인 발전의 구심체를 조성하기 위한 새로운 시도이다. 지방선거제도의 변화 없이 규모와 도시영역의 재조정을 통해 지방자치단체와 기구의 행정 효율성과 지역발전을 도모하고 있다는 점에서 의미 있는 작업이다.

2-5-3. 이탈리아 지방선거제도의 특징과 제도적 장점

이탈리아 선거제도를 이야기할 때 통상 거론되는 것은 국회의원 선거를 의미한다. 이탈리아 지방선거제도의 경우 국회의원 선거제도와는 몇 가지 점에서 차이가 있고, 그 내용적인 측면에서도 다른 점들이 존재한다. 이번 항에서는 이와 같은 선거제도의 차이를 통해 도출할 수 있는 지방선거제도의 제도적인 특징들을 살펴보고, 문제점들과 한계에 대해서도 간략하게 살펴보고자 한다.

이탈리아 지방선거제도를 이야기할 때 가장 먼저 거론 할 수 있는 것이 지방선거의 선출 대상과 선출 방식이다. 이탈리아에서 지방선거의 선출 대상은 주, 프로빈치아, 코무네의 수장들과 각각의 지방의회 의원들이다. 주와

프로빈치아 그리고 코무네의 수장에 해당하는 지사, 시장의 경우 선출 방식
에 약간의 차이가 존재한다. 또한 공통적으로 각 지방자치단체장 선거와 함
께 각 지방의회 구성까지 함께 진행되는 일반적인 특징이 존재한다.

주민들의 보통 및 비밀선거로 직접 선출하는 주지사는 주 행정부의 수반
이자 지방권력의 핵심이다. 풀뿌리 민주주의의 가장 중요한 정치단위이자
현재의 유럽통합 과정에서 가장 기본이 되는 자치단체이기 때문에 이탈리아
에서 주지사는 정치적 영향력이 웬만한 중앙부처의 장관들보다 월등하다.
실례로 지난 1999년부터 약 2년여 간 총리직을 수행했던 달레마와 같은 거
물급 정치인들이 자신의 출신 지역 주지사 선거에 입후보하여 당선되기도
하는 경우도 발생한다. 주지사의 선출은 주민들의 직접 투표에 의해 단순다
수제를 채택하여 유효표의 다득표 획득자를 주지사로 선출한다. 주지사 직
접선출 제도가 헌법적인 수준에서 보장된 것은 1/19991 헌법 개정안에 의해
서였고, 2/2001 헌법 개정안에 의해 확정되어 비밀보통직접 선거의 원칙으
로 시행되기에 이르렀다.

지방자치단체장의 임기는 보통 5년이고 특별한 경우를 제외하고는 국회
의원의 임기와 동일하며, 전국적인 차원에서 일률적으로 실시를 하는 것이
아니라 두세 개 주 단위로 묶어서 순서에 의해 선거를 실시하는 것이 특징이
다. 정당공천제를 기반으로 다수 정당들이 선거연합체를 구성하여 시장 후
보를 내세우는 경우가 일반적이다. 따라서 좌파연합과 우파연합의 두 후보
간의 대결일 경우가 대부분이고, 특별 주에서는 지역 정당들이 중앙정당과
연합하여 공천하는 경우가 많다. 주지사뿐만이 아니라 프로빈치아의 장과
코무네 시장 역시 이와 같은 공천과 방식에 의해 유효 투표자의 과반수 득표
에 의해 선출된다. 그러나 프로빈치아 장이나 코무네의 경우 그 선출 방식이
규모와 단위의 성격에 따라 다소 상이점들이 존재한다.

주지사의 경우 1993년 이전에는 국회의원과 함께 비례대표제에 의해 선
출되는 것이 원칙이었지만, 1993년 선거제도의 획기적인 전환에 의해 현재

〈표1〉 트렌티노 알티 아디제 주 의회의 2008년 주 선거 의석수 및 배분 의석

정당	의석수
Sudtiroler Volkspartei / P.A.T.T.	21
Partito Democratico	10
Il Popolo della Libertà	8
Lega Nord	7
Unione per il Trentino	7
Die Freiheitlichen	5
Federazione dei Verci	3
Süd-Tiroler Freiheit	2
Civica per Divina Presidente	2
Italia dei Valori	1
Amministrare il Trentino	1
Union für Südtirol	1
Unitalia	1
Union Autonomista Ladina	1
총계	**70**

출처: Servizio elettoral Alto-Adige

는 주민들의 직접 · 보통 · 비밀선거에 의해 선출되고 있다. 현재 주지사 선거와 함께 주 의회 의원선거가 밀접한 제도적 상관성과 연관성이 있는데, 주지사의 득표율에 따른 주 의회 의원의 비례대표적 배분 방식이 그것이다. 주 의회 의원 수는 주의 크기와 헌법적 지위 등에 따라 결정되지만, 보통 30명(주민 수 100만 명 이하의 주일 경우)~80명(주민 수 600만 명 이상일 경우) 사이의 지방의회의원들을 선출한다. 총 의석수의 80%를 비례대표 방식으로 선출하는데, 프로빈치아 단위의 선거정당들의 득표율에 연계해서 선거연합

체나 각 정당에 투표한 득표율을 기준으로 의석수를 배분한다. 이 경우 선거 연합체 정당명부 득표율이 3% 이상일 경우에만 해당되며, 단일정당일 경우 지역 득표율이 5%를 초과해야 의석수를 배분받을 수 있다.

80%의 의석수를 뺀 20%의 의석수는 비례대표 시스템의 변형된 단순다수 제에 의해 직접 선출된다. 이 경우 80%의 의석수 배분 방식과는 다르게 주지 사와 동시에 입후보한 각 정당들의 명부에서 할당하여 배분한다. 또한 투표 용지 역시 인물 투표용과 정당 투표용을 따로 사용하는 것이 아니라 한 장의 투표용지를 사용하여 투표한다. 그리고 한 가지 특이한 점은 중앙정치 차원 에서 국회의원 선거제도에서 채택하고 있는 다수정당 프리미엄 제도를 주 의회 선거에서도 채택하고 있다는 것이다. 다수당에게 지역 행정과 입법 활 동의 안정성을 부여하고 있는 제도이다.

제도적인 연장선에서 정부구성과 입법 활동의 연계성을 보장하기 위해 일 반적으로 5년의 임기를 보장하는 것이지만, 주 의회와 주 행정부와의 신임여

〈표2〉 프리울리–베네치아 줄리아 주의 2008년 주지사 선거 및 주 의회선거 결과

주지사 후보	득표수	득표율(%)	정당	득표수	%	의석수
Renzo Tondo (렌초 톤도)	409,370	53.8	Pdl	187,052	33.0	21
			Lega Nord	73,240	12.9	8
			Udc	34,848	6.1	4
			Partito Pensionati	8,888	1.6	1
Riccardo Illy (리카르도 일리)	351,205	46.2	Pd	169,584	29.9	15
			Sinistra Arcobaleno	32,035	5.7	3
			Cittadini X il Pres	28,867	5.1	2
			Idv	25,432	4.5	2
			Slovenska Skupnost	7,003	1.2	1

출처: Servizio elettoral Friulli–Giulia Venezia

부에 의해 5년 임시를 2년으로 축소할 수 있다. 이는 주지사 입후보 시 정당 명부와 주 의회의 원 명부와의 정치적인 연계성과 동일 정당 소속임을 유권자들에게 알리고 있는 규정에 의해서도 확인할 수 있다. 그리고 주지사 결정 방식은 프랑스에서 채택하고 있는 결선투표제 방식을 채택하고 있다. 1차 투표에서 50% 이상을 획득하지 못할 경우에는 2차 투표를 치르게 되는 점도 이탈리아 중앙정치와의 차별성이 분명히 드러나고 있다. 기타 주 의회의 내부 조직들은 하원이나 상원에 설치된 여러 기구들과 구조와 유사하다.

프로빈치아의 경우 다음과 같은 선거제도를 갖는다. 프로빈치아의 장은 거대 코무네 선거와 마찬가지로 결선투표제를 통해 선출한다. 또한 프로빈치아 의회 의원 선거와 연계하여 단기무기경 투표제도에 따라 다수당 프리

<표3> 2008년 시칠리아 프로빈치아 행정구역 지방선거 결과

후보자	득표수	득표율(%)	정당	득표수	득표율(%)	의석수
Francesco Piro	114555	27.70	Pd	36135	17.85	8
			Italia dei Valori	18198	4.52	2
			Rifondazione Comunista	11819	2.94	1
			Uniti per la Sicilia	7988	1.98	1
Giovanni Avanti	298998	72.30	Pdl	61851	30.55	14
			Udc	45141	22.29	10
			Movimento per l'autonomia			
			Alleanza Azzurra Sicilia	48709	12.10	5
			Alleanza per la libertà-pri	16759	4.16	2
			L'Aquilone-Pli-Movimento per la	5121	1.27	1
			libertà	198	0.05	0
			La destra	8169	2.03	1

자료: www.wikipedia.it

미엄 제도를 통해 동트식 비례대표제 시스템으로 선출한다. 60%의 프로빈치아 의원 의석수를 선출된 프로빈치아 장과 동일한 정당 혹은 정당연합에 의석을 배분한다. 나머지 40%는 기타 정당 혹은 정당 연합체에게 득표율에 의거 정당 별로 배분한다.

코무네의 경우에도 이와 유사한 선거방식을 채택하고 있다. 5년 임기의 시장 선거는 시의회 선거와 함께 실시하며, 의석 수 배분이나 당선자 결정까지도 시장 후보자를 낸 정당이나 정당연합체와 밀접하게 연관되어 있다. 앞서 이야기한 주나 프로빈치아와는 달리 코무네의 주민 수에 따라 선거 방식에 다소 차이가 있다. 다수정당 프레미엄 시스템을 채택하고 있다는 점이나 안정적인 코무네의 행정력을 위해 시장과 시 의회의 연계는 다른 지방자치 단체들과 유사하다. 가장 중요한 차이는 코무네 주민 수에 따른 선거제도의 구별이다. 주민 수 1만 5천 명을 기준으로 그 이상의 코무네와 그 이하의 코무네는 선거방식에서 차이가 있다.

주민 1만 5천 명 이하의 코무네에서는 결선투표제 없이 단선투표로 진행한다. 총 유효 득표의 단순다수를 차지한 후보자가 시장에 당선된다. 시장 후보자는 자신과 함께 정당명부에 의원 후보자까지 작성하여 명부를 제출하여 주민들에 의해 직접 선출된다. 투표자인 주민들은 후보자 중에서 선호하는 입후보자에게 기표함으로써 시장 선출을 위한 투표를 하게 된다. 시의원 전체 정족수의 2/3를 승리한 시장과 함께 명부를 작성한 시의원에게 배당하고, 나머지 1/3은 나머지 정당들이나 연합체에게 배분하는 방식을 취한다.

이에 반해 주민 수 1만 5천 명 이상인 경우에는 결선투표제를 채택한다. 절대 다수에 의해 선출되는 방식이나 1차 투표에서 과반수를 넘지 못할 경우 두 명의 그 다음 주 일요일에 2차 결선 투표를 실시한다. 다수당 프리미엄 시스템의 비례대표제를 채택하고 있는데, 여기에는 세 가지의 경우 수가 존재한다. 첫째, 1차 투표에서 시장이 결정되었지만, 시 의원 명부의 득표율이 50% 미만일 경우 총 의석수는 동트식으로 계산하여 모든 정당에게 배분하여

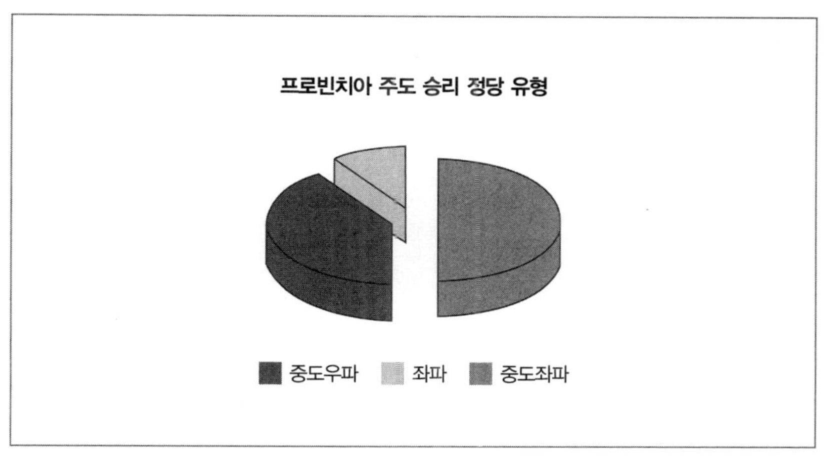

할당한다. 둘째, 1차 투표에서 시장이 결정되었고, 시 의원 명부의 득표율이 50% 이상(60%에는 못 미칠 경우)일 경우 총 의석수의 60%까지 시장과 연계된 의원 명부에 60%의 의석수를 배당하고, 나머지 40%를 동트식 비례대표제에 의해 각 후보자 정당에 배분한다. 셋째, 결선투표에서 시장으로 선출된 정당 및 정당명부 의원들에게 60%의 의석수를 먼저 배분하고, 나머지 의석수는 동트식 비례대표제에 의해 나머지 정당들에게 배분하여 할당한다.

〈표3〉은 2008년 이탈리아 지방선거 중에서 프로빈치아의 주도인 코무네 시장 선거에서 정당 유형별 당선자 수를 나타낸 그림인데, 총 10개의 프로빈치아 주도 중 민주당이 주축이 된 중도좌파정당연합 출신이 시장에 당선된 곳이 다섯 개, 현재의 집권 여당인 중도우파정당 출신이 당선된 코무네가 네 개, 그리고 좌파정당이 한 개의 코무네에서 당선되었음을 나타내고 있다. 이는 2008년 치러진 코무네 선거가 총선 이후 지방의 민심을 읽을 수 있는 일종의 지표였다는 점에서 비교적 많은 관심과 참여를 불러일으킨 것으로 볼 수 있다.

〈표4〉 2008년 로마 시장 및 시의회 선거 결과

후보자	득표수	득표율(%)	정당	의석수
Giovanni Alemanno	783,225	53.7	Pdl	35
			Lista Civica Sindaco Alemanno	1
			Pri	–
			Mov. Aut. All. per il Sud	–
			Lista Civica la Voce dei Consumatori	–
			Lista Civica il Popolo della Vita	–
Francesc o Rutelli	676,472	46.3	Pd	17
			Sinistra Arcobaleno	2
			Di Pietro Idv	1
			Lista Civica per Rutelli	1
			Lista Bonino–Radicali	–
			Unione Democratica per i Consumatori	–
			Lista Civica Under 30	–
			Lista Civica per Roma Baldi Sindaco (X)	
			Lista Civica i Moderati per Roma	–
			Forza Roma (X)	–
			Avanti Lazio (X)	–

출처: www.wikipedia.it

그중에서도 가장 많은 국민적 관심이 집중된 곳은 바로 로마시장 선거였다. 인구 250만 명이 넘고 정치적 의미에서 1번지와 같은 역할을 하고 있는데다 민주당의 아성으로 오랫동안 중도좌파 후보가 승리했던 곳이기에 더욱 관심과 흥미를 유발시켰던 곳이다. 1차 투표율이 73.6%에 달할 정도였고, 비록 50%를 획득하지는 못했지만, 민주당PD의 루텔리Rutelli 후보가 45.8%

를 차지했기에 결선 투표 결과 역시 그에 준하여 치러지리라 예상하였다. 그러나 40.7%를 획득한 알레만노Alemanno가 결선투표율 63.0%의 다소 저조한 투표율 속에서 53.7%를 획득하여 시장에 오르는 이변이 발생하였다.

지금까지 살펴본 내용과 사례를 통해 알 수 있는 사실은 이탈리아 지방선거제도가 중앙정치의 행정적이고 정치적인 편의에 따라 제도 보완이나 발전을 해온 것이라기보다는 지방정치의 효율성과 고유성을 강조하면서 오랜 역사적인 배경을 통한 개별적이고 자치 수준의 제도적인 보장이라는 목적을 통해 발전되었으며 시행되고 있다는 점이다. 행정구역의 단선화와 단순화를 통해 지방자치의 고유성을 충분히 살리면서 지방정치의 관심과 효율성을 촉발시키고 있거나, 의무투표제 등의 주민 참여의 제도적 보장을 지방자치까지 실시하면서 로마 시장 선거의 경우 투표율이 73%~63%에 이르렀다는 점은 시사하는 바가 매우 크다. 또한 정책과 이데올로기 기준에 의거한 양당정치구도가 지방자치 수준에서도 가능케 하는 정당연합공천제도나, 〈표1〉의 알토 아디제 주지사 선거에서 볼 수 있었듯이 지역의 특징에 맞는 지역 정당의 소수자 권리를 위해 봉쇄조항의 수준을 지역에 맞게 조정하여 지방정치를 활성화하고 있는 점 등은 이탈리아 지방선거제도가 갖는 정치적인 의미로 평가할 수 있다.

2-5-4. 한국의 지방선거를 위한 제도적이고 정치적인 시사점

지금까지의 사례연구 이탈리아 지방선거제도를 통해 몇 가지 문제와 쟁점 사항들을 2010년 한국의 지방선거와 비교하여 제기할 수 있을 것이다. 첫째는 행정구역 개편 문제와 관련 이탈리아의 단선적이고 비교적 단순화된 행정구역 사례를 통한 변화의 가능성이다. 2012년까지 행정구역이 개편될 가능성은 비교적 낮은 편이지만, 적어도 2010년의 동시 지방선거 결과를 보면 행정구역 개편이 국회의 입법 과정이나 주민투표 등을 거쳐 통과된다면 지방선거의 제도 변화는 지금까지와는 다른 양상으로 전개될 것이며, 이 경우 이탈리아 프로빈치아 행정구역의 단선화와 단순화 사례는 매우 유용한 기준을 제시할 것이다.

둘째, 정당연합공천 문제이다. 지방선거의 활성화라는 측면에서, 그리고 지역 주민의 보다 많은 관심과 참여를 이끌어내기 위한 지역 차원의 연합공천 문제는 전술적인 수준에서 접근할 필요성이 있다. 실제로 6·2 동시 지방선거에서 지방선거의 투표율 제고뿐만이 아니라 지방정치 수준에서의 바람직한 정책 선거의 기대와 희망을 보여준 선거라는 점에서 이탈리아 연합정치와 공동정부는 많은 정치동학적인 의미를 내포하고 있다.

셋째, 지방선거에서의 투표율 제고 방안에 대한 문제이다. 지방선거에서의 투표율 제고를 위한 다양한 방식과 제도적인 보안이 더욱 중요한 전략과 전술이라고 판단된다. 보다 많은 지역 주민들이 지방자치를 실현하는 선거에 참여해야만 선거제도 문제점을 개선할 수 있는 가능성이 있으며, 그럼으로써 보다 효율적이고 지방자치 구현의 수준을 높이는 선거제도의 개편이 가능하다고 보는 것이다. 따라서 지방선거의 경우 이탈리아에서 시행하고 있는 의무투표제와 같은 제도적 보완을 통해 지방정치의 주민 참정권의 확보 및 제고를 위한 방안 모색이 선행되어야 한다고 생각한다.

넷째, 지역적인 특성과 내용에 따른 지역 특성화 전략의 필요성이다. 한국의 경우에도 이미 지역 간의 갈등 문제나 계급과 계층 간의 갈등 문제 등은 여러 번의 선거에서 확인된 바 있다. 이는 호남과 영남의 단순한 이분법적 지역문제를 뛰어넘어 지역에 따른 고유성과 특수한 상황을 일반화시키는 과정에서 불거진 문제라는 측면이 강하다고 판단된다. 따라서 두 가지 정도의 제도 보장과 정책 준비가 지방선거 차원에서 이루어져야 할 것이다. 하나는 사회적 협의와 협약 체계의 구축 문제이며, 둘째는 외국인 노동자들에게 참정권을 확대 부여하는 문제나 봉쇄조항의 조정 문제 등도 전략적인 차원에서 제도 보완이 필요하다고 생각한다.

제도적인 수준에서 보다 안정적이면서 지방자치의 진정한 의미를 살리기 위해서는 한국 지방선거제도의 개편과 투표율 보장을 담보할 수 있는 제도 보완이 필요한 시점이다. 비록 2010년 6·2 동시 지방선거가 다른 지방선거에 비해 투표율이 높았다고는 하지만 진정한 의미의 지방자치를 위한 제도 보완의 필요성은 분명 남아 있다. 따라서 이러한 제도 보완을 위한 준거 틀과 유용한 사례를 이탈리아 지방선거제도를 통해 본격적으로 비교연구 할 필요성을 제기하면서 소결에 갈음한다.

2-6. 해외선거구제도

최근 해외국민투표제도를 시행한 국가들 중에서 가장 주목할 만한 사례가 이탈리아이다. 지난 2006년 4월 총선어서 유럽국가들 중에서도 가장 포괄적이고 혁신적인 해외선거구 제도를 도입하였다. OECD 국가들 중에서 비교적 늦게 도입한 해외국민투표제도임에도 불구하고 이탈리아 해외선거구 제도는 유럽연합뿐만이 아니라 세계의 많은 국가들의 주목을 받았다. 해외선거구 제

〈표1〉 이탈리아 재외국민 분포(내무부 등록자, 2008년 말)

지역	이탈리아인 수
유럽	2,157,537
남미	1,118,338
북·중미	370,009
아프리카/아시아/오세아니아/남극	207,730
합계	3,853,614

출처: Il numero dei cittadini italiani residenti nelle ripartizioni della circoscrizione Estero alla data del 31 dicembre 2008

도 중에서 가장 뛰어난 것으로 평가받고 있는 이탈리아의 해외선거구 제도의 시행에 따라 400여만 명에 달하는 이탈리아 해외 국민들은 자신이 살고 있는 해외 권역별 기준에 따라 자신들의 대표를 상하양원에 보낼 수 있게 되었다.

이미 오래 전부터 해외 이주 국민들로부터 참정권 시행 문제가 제기되어 왔지만, 시행에 따르는 현실적인 제약에 의해 실시가 유보되었다. 그러나 해외 이탈리아 공동체 사회의 국내 재산권 문제와 이중국적이 실질적으로 허용되고 있는 여러 외부 요인들과 정치적인 이해관계가 맞물려 지난 2003년 법 개정57)을 통해 2006년 선거에서 처음으로 재외국민 선거를 실시하였다.

〈그림1〉 이탈리아 4개 권역 해외선거구

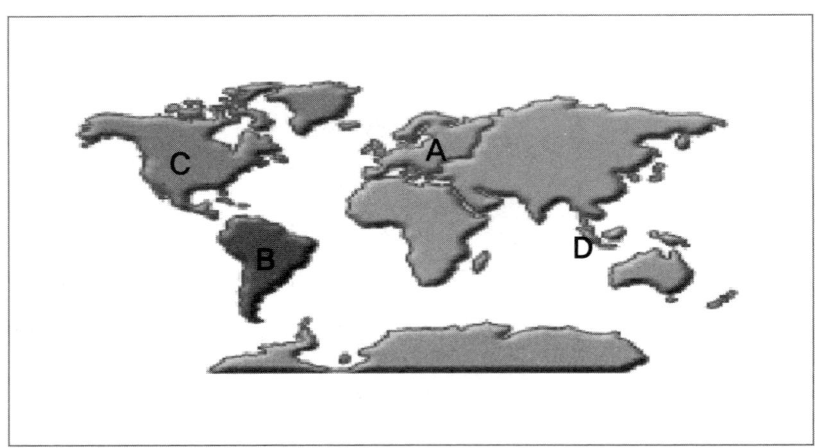

2006년 4월 실시된 총선에서 처음으로 해외선거구를 네 개 권역으로 나누어 설치하였다. A지역은 러시아의 극동지역과 터키를 포함한 유럽 권역으로 상원 두 명 하원 여섯 명의 의석이 배당되었다. B지역은 남미 권역으로 상원

---

57) 보다 자세한 법률적 근거와 내용은 다음의 공식 사이트를 참조하시오. www.esteri.it/polestera/italstra/voto.htm(검색일: 2009년 2월 11일)

〈표2〉 2006/2008 총선 재외동포 투표결과(하원)

정당	2006년 총선 결과			정당	2008년 총선 결과		
	득표자수	득표율 (%)	할당 의석수		득표자수	득표율 (%)	할당 의석수
연합(Unione)	422,330	43.3	6	민주당(PD)	331,567	32.7	6
포르차 이탈리아 (Forza Italia)	202,407	20.8	3	자유인긴당(PDL)	314,357	31.0	4
남미이탈리아회 (Ass. italiane in Sud America)	102,780	10.5	1	남미이탈리아회 (Ass. italiane in Sud America)	61,610	6.1	0
트레말리아 (Tremaglia)	73,289	7.5	1	해외이탈리아당 (Italia)ni all' estero	83,585	8.2	1
디 피에트로당(Di Pietro)	27,432	2.8	1	디 피어트로이탈 리아가치당(Di Pietro Idv)	41,589	4.1	1
기독교민주연합 (UDC)	65,794	6.7		기독교민주연합 (UDC)	81,450	8.0	0
북부동맹가치당	20,227	2.1		무지개 좌파당 (Sinistra Arcobaleno)	28,353	2.8	0
기타 정당들	–	–	0	기타 정당들	–	–	0

출처: www.repubblica.it/speciale/2008/elezioni/camera/riepilogo_estero.html(검색일: 2009.01.12)

두 석과 하원 세 석이 배정되었고, C지역은 북미와 중미권역으로 상하원 각 한 명씩이 할당되었으며, D지역은 아프리카·아시아·오세아니아 등의 기타 권역으로 상하원 각 한 명씩 배정하였다. 이에 따라 상원에서 여섯 명의 상원의원과 하원에서 12명의 하원의원을 선출하여 재외국민 대표 18명이 선출되었다.(〈표2〉과 〈표3〉 참조)

2006년 총선에서 모두 12석의 의석이 할당된 하원에서는 해외 유권자

<표3> 2006/2008 총선 재외동포 투표결과(상원)

정당	2006년 총선 결과			정당	2008년 총선 결과		
	득표자수	득표율 (%)	할당 의석수		득표자수	득표율 (%)	할당 의석수
연합(Unione)	422,330	43.3	6	민주당(PD)	308,157	33.2	2
포르차 이탈리아 (Forza Italia)	202,407	20.8	3	자유인민당(PDL)	315,720	34.0	4
남미이탈리아회 (Ass. italiane in Sud America)	102,780	10.5	1	남미이탈리아회 (Ass. italiane in Sud America)	58,058	6.2	0
트레말리아 (Tremaglia)	73,289	7.5	1	해외이탈리아당 (Italiani all' estero)	69,279	7.5	1
디 피에트로당(Di Pietro)	27,432	2.8	1	디 피에트로이탈 리아가치당(Di Pietro Idv)	37,985	4.1	0
기독교민주연합 (UDC)	65,794	6.7	0	기독교민주연합 (UDC)	55,450	6.0	0
북부동맹가치당	20,227	2.1	0	무지개 좌파당 (Sinistra Arcobaleno)	26,664	2.9	0
기타 정당들	–	–	0	기타 정당들	–	–	0

자료: www.repubblica.it/speciale/2008/elezioni/senato/riepilogo_estero.html(검색일: 2009.01.12)

3,520,809명 중에서 1,623,382명이 투표에 참가하여 38.8%에 달하는 투표율을 기록했다. 2008년의 경우 3,639,377명의 유권자 중에서 1,512,400명이 투표하여 39.5%를 기록하였다. 이에 반해 2006년 총선에서 모두 여섯 석의 의석이 걸린 상원에서는 총 3,521,009명의 유권자 중에서 1,658,521명이 투표에 참가하여 39.4%의 투표율을 나타냈다. 2008년의 경우에는 총 3,649,377명의 유권자 중에서 1,631,560명이 투표에 참가하여 40.3%를 기록하였고, 이는 2006년 투표율 39.4%에 비해 1% 정도 증가한 수치를 나타내고 있다.

처음으로 실시된 해외투표제도의 결과에 대해서는 신중한 접근이 필요하 겠지만, 박빙의 대결 가능성이 있는 선거에서는 충분히 의미심장한 결과를 도출할 수 있다는 점을 보여주었다.[58] 특히 2006년 총선에서 프로디가 승리 하는 데 결정적으로 주요한 역할을 했으며, 2008년 총선의 경우에는 반대로 베를루스코니가 주도하는 집권연정이 상하양원에서 더 많은 의석을 획득하 였다. 이는 집권 가능성이 높은 정당연합이 더 많은 의석수를 획득한다는 사 실을 보여주는 것이다. 그러나 해외투표구 평균 40%를 넘지 않은 투표율은 이탈리아의 국내투표율 80%에 비해 너무 낮은 참여도를 기록하고 있다. 이 는 대의제의 기본 원칙인 대표성의 원칙에 어긋나는 것이고, 해외에 거주하 는 이탈리아인들의 투표 결정 요인들이 이탈리아 국내에 거주하는 국민들과 는 다소 다른 행태를 보이고 있다는 점 등은 해외투표제도가 여전히 해결해 야 할 문제들이 산적해 있다는 것을 의미한다.

그러나 보다 중요한 점은 해외투표구 제도의 시행 내용과 조건 등에 대한 실질적인 사항들이다. 이탈리아 정부의 선거인 명부에 따르면 지난 2006년 선거에 참여한 이탈리아 국적을 가진 전 세계 재외동포들이 총 350여만 명에 이른다고 밝히고 있다. 총 350여만 명에 이르는 유권자들이 국내에서와 동일 한 방식과 선거구의 법적 위상이 같은 해외선거구에서 한 표를 행사했다.

여기서 주목할 점은 해외에 파견된 주재원의 신분과 유학생은 이 선거의 참여대상에서 제외했다는 점이다. 다만 이들의 경우 주소지가 이탈리아 본 국이라는 점 때문에 부재자투표 형식으로 선거에 참여했다. 이와 같이 부재

---

58) 이에 대한 보다 자세한 내용은 다음의 논문을 참조하시오. 김종법. 2005. "하부정치문화요소를 통 해 본 베를루스코니 정부의 성격". 「한국정치학회보」 제38집 5호(한국정치학회); 김종법. 2007. "정 치적 전환기에 선 이탈리아: 2006년 총선 결과와 정치적 의미". 「국제정치논총」 제46집 4호(한국국 제정치학회); 김종법. 2008. "같은 결과 다른 의미: 2008 이탈리아와 한국의 총선비교". 「2008 한국 정치학회 춘계학술회의 자유공모패널」(발표논문집); 정병기. 2006. "2006년 이탈리아 총선: 중도- 좌파의 승리 요인과 정당체제의 변화". 「진보평론」(통권 제26호).

자 투표라는 형식과 직접투표의 방식을 통해 재외국민과 단기체류자 또는 장기체류자 등에게 각각 다른 방식으로 참정권을 행사하게 했다는 점은 다양한 재외국민의 형태를 보유하고 있는 우리나라에게도 많은 시사점을 던져주고 있다.

그렇다면 어째서 이탈리아 해외투표구 제도가 한국 상황에서 유용성을 가질 수 있을까? 제도적인 유용성도 중요하겠지만, 내부적인 정치 상황과 요인들은 더욱 많은 시사점을 던져주고 있다. 19세기 말부터 시작된 오랜 이민의 역사를 통해 발전된 이탈리아 재외동포 사회는 유럽뿐만이 아니라 미국을 중심으로 이미 상당한 영향력을 행사하고 있다. 특히 20세기 초 이탈리아 이민자들이 본국으로 송환했던 미국 달러는 남부를 비롯한 저발전 지역에서 상당한 위력을 발휘했고, 마피아라는 범죄조직의 외형적인 조직 확장과 토착화에도 기여를 하였다. 또한 가톨릭 역시 교황청과의 연계를 통해 지속적인 영향을 미치고 있으며, 혈연과 지연 등을 중시하는 사회적인 전통 또한 이탈리아 해외이민사회와 본국 사이의 관계를 밀접하게 해주고 있다. 여기에 구조적으로 주요한 사회문제로 자리하고 있는 지역문제나, 유럽 국민들 중에서도 비교적 민족주의 성향이 강한 경향, 그리고 이중국적을 사실상 허용하고 있는 사회적인 여건 등은 이탈리아의 해외투표구 제도 실시를 결정하는 데 중요하게 고려했던 요소들이었다.

3. 주요 선거를 통해 본 이탈리아 제2공화국

3-1. 정치 · 사회적 배경

마니폴리테에 의해 제1공화국이 몰락하고 베를루스코니가 등장하면서 제2

공화국의 이탈리아는 무원칙과 무질서의 시대가 되었다. 베를루스코니의 등장과 그 이후의 정치 상황은 몇 가지 측면에서 새로운 방향성을 갖고 전개되고 있었다. 첫 번째는 새로운 정치세력의 등장과 기성정치의 몰락이라는 점이다. 기민당을 비롯한 사회당의 주요 정치지도자들은 물론 기존 정치계 막후에서 상당한 영향력을 행사했던 정치인들이 정치자금 수수 혐의로 구속 혹은 형량을 언도받으면서 정치계를 자의타의로 물러나게 되었다. 이를 대신한 새로운 세력은 베를루스코니를 비롯한 신흥 자본가 계급들이 주축이 된 중도 우파와 노동운동과 사회운동의 주역들이 중심세력을 형성한 중도 우파 세력이 부상하면서 정권교체의 가능성까지를 열어놓게 되었다.

두 번째는 1989년 베를린 장벽 해제 이후 가속화된 동구 사회주의의 몰락이 이탈리아 사회에까지 영향을 미침으로써 탈이데올로기적이면서 탈종교화의 과정 등이 사회 변화의 중요한 방향과 기준으로 작용하기 시작했다는 점이다. 이러한 사실은 반공주의를 기치로 걸었던 기민당의 약화와 친소련 정책을 유지하고 있던 이탈리아 공산당의 동반 약화현상을 초래하였다. 이는 이념에 의한 정당이 아니라 탈이념과 정책을 표방하는 보다 많은 수의 정당들이 등장할 수 있는 사회적인 배경이었으며, 중도나 지역 혹은 특정 정책을 표방하는 새로운 대중정당이 출현할 수 있는 계기를 제공하였다.

세 번째는 새로운 선거법의 도입은 정치신인을 비롯하여 새로운 세대의 전면적인 등장을 알리는 출발이었고, 기존 정치인들뿐만 아니라 구시대의 정치문화까지도 변화되는 양상을 띠었다. 정당 간 갈등과 타협의 산출물이었던 새 선거제도는 비례대표제를 가미한 단순다수대표제가 중심이 되는 혼합선거제도였다. 다수대표제 75%와 25%의 비례대표제를 혼합하여, 기존 지역이나 명망에 의존하던 정치 구세대를 토출시키고, 아울러 정치신인들과 지역의 새로운 세대를 영입하면서 자연스러운 세대교체까지 이어졌다. 또한 새로운 선거법은 그 의도와는 다르게 기존의 정치문화 등이 소선거구제 안에서 복합적으로 작용하면서 정당 간의 선거연합의 가능성을 높이게 되었다.

네 번째는 이러한 사회 변화가 노동운동과 사회적인 분위기에 그대로 반영됨으로써 노동운동과 사회운동의 약화 내지는 변화를 수반하게 되었다는 사실이다. 두 번째 요인과 관련된 내용이지만, 여기에는 연금문제와 복지정책 등의 연계정책이 중요한 변수로 작용하였다. 실제로 1992년 아마토 정부의 연금제도 개혁안은 1994년 새로이 등장한 베를루스코니 정부에게는 가장 불만족스러운 것이었다. 신흥 재벌기업가 출신답게 그는 모든 문제를 경영합리성이라는 기준으로 평가했으며, 노동정책 역시 이를 척도로 하여 세계화라는 기준으로 접근하게 된다. 그러나 유럽에서도 독특한 노동지형과 산업구조의 특징을 가진 이탈리아가 미국이 주도하는 신자유주의 경제정책의 기준을 따르기 힘들었고, 93년 이후 재개된 노사정 협약의 틀을 깨는 것이었기에 결국 전 국민적인 저항에 부닥치고 부패한 정치자금과 부정부패 사건에 휘말린 베를루스코니를 실각시키고 말았다.

그럼에도 불구하고 새로운 사회적인 전환기는 국민들에게 기존의 정치세력과는 다른 세력과 내용을 적극적으로 요구하였다. 1995년 베를루스코니의 실각 이후 들어선 과도정부 형태의 행정관료 집단의 수장이었던 디니Dini 정부는 다시 한번 연금제도 개혁을 실시하려고 하였다. 이를 위해 가능한 노조의 입장을 적극 반영하는 쪽으로 법안을 제정하였고, 그해 5월 9일 노조와 정부는 연금관련 협약을 체결하였다.[59] 비록 사용자측이 내용의 부정확성을 이유로 들면서 서명의 거부했지만, 1996년부터 발효될 새로운 연금법안의 통과로 이탈리아는 유럽단일통화연합국의 일원이 되는 기틀을 다짐과 동시에 노동자들 역시 연금문제에서 상당부분 국가의 양보를 얻어내었다. 결국 이러한 사회적인 분위기는 사회적 협약의 틀과 유럽연합이라는 새로운 정치

---

59) 사용자측의 거부 외에도 CGIL 내부의 반대 역시 만만치 않았다. 금속노동자 및 교사들은 분명한 반대의 입장을 밝혔고, 대의원 총회에서 반대표를 던졌다. 법안에 대한 찬성표 역시 역대 최저일 정도였으며(단지 58%만이 찬성하였다), 그나마 남부지역 노동자들이 대부분 찬성함으로써 결국 이 법안은 CGIL의 승인을 받을 수 있었다. Baccaro, 앞의 책, pp.114~115.

적인 전환기 및 새 시대에 걸맞는 정치세력의 등장을 국민들에게 용인하였고, 1996년 4월 총선은 그러한 국민적인 기대의 결과물이었다.

3-2. 1996년 총선과 좌파연정

1993년 새로운 선거법 개정으로 실시된 첫 총선인 1994년에 집권한 베를루스코니 정부가 8개월 만에 실각한 뒤 국민들의 새로운 정치에 대한 정권 교체의 열망이 현실로 구현된 것은 1996년 총선거였다. 오랜 야당생활을 하던 좌익민주당은 여러 좌파 세력을 묶어 오랫동안 이탈리아 최대의 국영기업체 IRI의 사장을 역임했던 교수 출신의 프로디Prodi를 영입하고 올리브Ulivo 연합을 결성하였다. 전 수상이던 베를르스코니 역시 포르차 이탈리아를 중심으로 우파 연합Polo delle Libertà을 결합하여 선거에 임했지만, 변화를 열망하는 국민들은 오랜 야당이었던 올리브 연합에게 표를 던짐으로써 전후 처음으로 우파에서 좌파로의 선거에 의한 정권교체가 이루어지게 된 것이었다.

<표1> 1994년과 1996년 총선 결과(%)

연도	국민당	좌익 민주당	사회당	전진 이탈리아	재건 공산당	민족 연맹	녹색 연합	북부 동맹	기타
1994	11.1	20.4	2.2	21.0	6.0	13.5	2.7	8.4	14.7
1996	6.8	21.1	–	20.6	8.6	15.7	2.5	10.1	14.6

자료: 이탈리아 내무부

정권교체를 이룬 프로디 정부는 이탈리아를 유럽통합에 포함시키기 위한 경제 개혁 작업에 착수하였으며, 이는 노동계 전반의 합의에 기반 한 것이었다. 이탈리아가 유럽통합국의 회원이 되기 위해서는 유럽통합의 기준조약이던 마스트리히트 조약에서 규정한 '재정적자 비율 3% 이하와 국가부채 비율 60% 이하'라는 조건을 충족시켜야 했다. 그러나 1995년까지 이탈리아는 재정적자 7.7%와 국가부채 122.9%를 기록하고 있어서 이탈리아가 과연 유럽통합에 가입할 수 있을 지에 대하여는 부정적인 전망이 대부분이었다. 그러나 예상과는 달리 프로디 정부는 긴축재정과 과감한 정부 개혁을 통하여 1997년에 2.7%라는 재정적자 비율을 달성함으로써 1998년 유럽연합 가입국이 되었다. 이와 같은 성공적인 목표달성의 이면에는 노동자와 국민들의 합의가 뒷받침이 되었음은 두말할 필요가 없을 것이다.

유럽연합 가입이라는 일차적인 목표가 완성된 이후 1998년에 들어서면서 국민적인 합의는 다시 한번 갈등과 대결 국면으로 내몰리게 되었다. 국가 목표였던 유럽연합 가입이 달성되자 노동자들은 그동안 미루었던 노동정책에 대한 전면적인 실시를 주장하며 정부와 갈등관계를 유지하였다. 노조 입장에서 가장 큰 문제는 안정된 일자리 보장과 주35시간제 노동시간 및 연금관련 연령조정 문제였다. 이에 반해 정부는 국영기업과 정부경영의 효율성을 이유로 각종 공사의 민영화를 추진하고 재정 부담을 줄이는 방향으로 정책을 추진하려고 하였다.

정부와 노동계의 대립을 이해하기 위해서는 집권 연립세력인 올리브 연합의 정치적인 역학관계를 살펴볼 필요가 있다. 올리브 연합의 가장 커다란 세력은 좌익민주당이었으며, 프로디는 특정 정치세력을 거느리지 않은 독자적인 인물이었고(프로디 지지세력은 후에 마르게리타라는 정당으로 결집된다), 녹색당과 이탈리아 인민당 등 여러 소규모 정당들이 연합한 정치세력이었다. 따라서 정치와 정책과 관련하여 주도적 역할을 하고 있던 세력은 좌익민주당이었다. 이렇듯 복잡한 세력구조와 역학관계는 노동정책과 복지정책을 두고 집권연합 내에서도 종종 이견과 갈등이 벌어지는 원인이 되었다. 따라서 연금정책이나 국가경영의 효율성을 내세우는 프로디와 경제전문가들 그룹과 정치적 주도 세력인 좌익민주당의 충돌은 어느 정도 예견된 것이었다. 더군다나 집권연합 세력은 아니었지만 이탈리아 공산당의 당명개정 과정에서 떨어져 나온 재건공산당(구 공산당에서 essere sindacato 그룹이 중심이 되어 결성한 급진적 좌파정당으로 베르티노티가 이끌고 있다)은 정부의 노동자 희생 정책을 반대하였다. 결국 프로디 정부는 이와 같은 역학구도에서 충분한 정치적인 역량을 발휘하지 못하고 퇴장하였고, 좌익민주당의 당수였던 달레마를 수반으로 하는 제2기 중도 좌파정부가 들어서게 되었다.

노동정책이 언제나 국가의 기반정책임은 두말할 필요가 없을 것이다. 그러나 이탈리아의 경우 노동관련 정책의 흐름은 노조와 사용자들에 의해 기본적으로 결정되는 구조였다. 이는 이탈리아 경제가 주로 국가 규제를 최소화하기를 바라는 중소기업에 의해 이끌어졌고, 지방자치와 분권적 형태의 국가조직 전반에서 비롯된 것이었다. 이러한 기본 구조의 틀이 변화하게 된 것은 앞서 이야기한 노사정 합의제도의 정착과 관련이 깊으며, 국가가 노동정책의 전반적인 기조를 재조정하지 않으면 안 될 정치적이고 사회적인 변화—앞장에서 이야기한 바와 같은—의 영향이 크다.

1990년 이후 새로운 정치·사회적 환경 변화는 노동운동에도 구조적인 변화를 수반하였다. 1990년에 제정된 공공부문 파업제한법이나 1991년 재개된 노사정 협의, 또 1992년에 제정된 국영기업과 공사의 사유화 법령 등이 이와 같은 변화의 시작이었다. 특히 1993년의 노사정 삼자협정은 이와 같은 제도화의 본격적인 출발점이라 볼 수 있는데, 그해 7월에 확정된 이 협상은 RSURappresentanza Sindacale Unitaria라는 새로운 기업별 노조통합 대표단이 구성되는 근거를 마련하였다.[60] 또한 물가연동제 폐지에 따른 임금보상의 방법을 어느 정도 명문화시킴으로써 노동운동의 통합과 일반 노동자들의 동

---

60) 1. 매년 두 차례의 정기적 삼자협상 2. 산별과 지역별·기업별 협상체계의 성립 3. 고용, 직업교육, 노동시장 정책 등을 정부에서 의무적으로 마련 4. 협약 지연에 따른 보상제도 도입 5. 산업경쟁력 강화가 협상의 전제조건이자 목적 등이다. L'accordo sulle RSU, *Nuova Rassegna Sindacale*, No. 39, 1993, 12월. I~IV쪽 참조.

의를 이끌어내고 이를 국가제도로서 정착시키는 성과들을 얻었다고 평가받고 있다.

1996년 4월 총선으로 집권한 뒤 정부가 가장 먼저 입법화 한 법안 중의 하나가 노동시장의 유연화 정책이었고, 노동과 관련한 직업교육이나 이에 따른 교육프로그램 등을 제도화 한 것도 이러한 맥락에서였다. 이탈리아의 경우 실업률(평균 12.3%)이 높은 편인데, 특히 남부와 청년층의 실업률은 50%에 이를 정도로 구조적인 문제가 있던 국가이다. 정부는 이와 같은 구조적인 폐해가 노동시장의 경직성에서 비롯된다고 보았고, 이를 해소하기 위한 조처로 노동시장의 유연화와 고용창출을 위한 국가 개입 등을 통하여 제도화하려 한 것이었다. 이탈리아의 경우 고용에 따른 법적인 경직성으로 인해 노동시장에서의 원활한 고용과 일자리 창출은 매우 어려웠다.[61] 따라서 유연화 정책은 고용 경직성을 완화하는 방향에서, 주로 임시직이나 파트타임 노동자의 고용을 통해 해결하려 했다.

그러나 유럽통화연합의 가입을 위해 이와 같은 노동자 중심의 정책들은 유예되었고, 가입을 위한 기본조건들이 마련된 후에야 노동자와 국가 사이의 갈등과 조정 국면을 거쳐 다시 한번 추진하게 된다. 프로디 정부에 이어 탄생한 달레마 정부는 1998년 고용창출과 경제발전을 위한 협약을 노사정 합의로 체결하려고 하였다. 이 협약의 주요 내용은 지역적으로 낙후되어 있으며, 실업률이 높은 남부 이탈리아 문제를 해결하기 위한 발전기구의 설립문제와 노동비용 삭감을 위한 여러 제도적인 장치 마련 그리고 노사정 삼자협의체를 중앙정부뿐만이 아니라 지방정부와 지역 단위로 설치하는 문제 등이었다.

노동정책과 복지정책 등이 국가에 의해 주도되고 변경되는 일이 잦아지면

---

61) 경직성의 의미는 고용 자체가 어려운 것이 아니라 고용에 따르는 부대적 상황, 즉 고용에 대한 세제 체계상, 그리고 제도적인 부담을 사용자가 감당해야 되기 때문에 고용시장의 원활한 흐름 유지가 어려웠다는 뜻이다. 따라서 경직성이란 이와 같은 제도적 · 법적 유연성이 어렵다는 의미이다.

서 노동조합의 역할과 위상도 변하게 되었다. 임금인상과 노동권 등의 기본 사항들을 사용자와의 직접협상을 통해 해결하고, 노사의 조정자로서의 역할에 국한하였던 국가의 기능이 점차로 확장하여 노사와 대등한 입장에서 정책의 입안이나 제안에 이르게 되면서 이탈리아 노동정책은 새로운 시대를 맞이할 수 있었다. 그러나 국가의 의도적이고 제도적인 개입은 2001년 5월 총선에서 베를루스코니가 이끄는 우파 연합Polo delle Libertà의 성립으로 또 다른 전환점에 서게 되었다.

3-3. 2001년 총선과 베를루스코니의 부활

3-3-1. 베를루스코니의 재등장

지난 1994년 새로운 정치지형 아래 성공한 기업가 출신으로 정치적 권력까지 거머쥐었던 베를루스코니는 집권한 지 8개월 만에 실각하였다. 이후 전후 처음으로 좌파연정이 정권을 획득한 '역사적 사건'이 발생하였지만, 좌파연정은 재집권에 성공하지 못하고 다시 베를루스코니에게 권력을 내주고 말았다. 이러한 베를루스코니의 재집권에 대하여 유럽의 많은 국가들은 우려와 당혹감을 감추지 못하고 있다. 이에 대한 분석 역시 다양하게 제시되고 있으며, 재집권에 대한 이유 역시 여러 가지 측면에서 이야기하고 있다.

첫째는 베를루스코니 정권의 신자유주의 성격으로 피아트Fiat나 올리베티 Olivetti 등의 기존 산업자본가들과도 구별되는 베를루스코니 기업의 특징을 원인으로 규명하는 방식이다. 둘째는 가톨릭과 반공주의 이데올로기를 기반으로 하였던 기민당 정권의 몰락 이후 새롭게 등장한 정당의 성격분석을 포르차 이탈리아와의 관계를 통하여 설명하고 있다. 셋째는 이탈리아 정치문화의 가장 커다란 특징이었던 후견인주의와 변형주의62)를 탈피하고 '미디어 포퓰리즘Populismo mediatico' 63)이라는 새로운 정치문화의 유형을 제시하고 있는 베를루스코니의 정치적인 성격에 기인한 것으로 보고 있다.

세 가지의 요인을 통해 설명되든 혹은 다른 어떤 이유에 의해 설명되었든 베를루스코니의 재집권은 많은 정치학자들과 전문가들을 당황스럽게 하고 있다. 실제로 그는 여전히 이탈리아 검찰청에 의해 기소된 상태였고, 정치적인 논리나 기존의 정치학 방법론으로 설명하기 어려운 점들이 있다. 이는 이탈리아 특유의 정치문화로 해석하고 설명하여야 한다는 의미이며, 그에 대한 분석 역시 기존의 방법과는 다르게 진행될 수 있다는 것을 말한다. 그러나 보다 중요한 사실은 2001년 이탈리아 총선의 결과를 통해 현대 이탈리아의 변화하고 있는 정치·사회적 성격을 끄집어낼 수 있다는 점에서 흥미로운 선거결과였다. 그렇다면 좀 더 자세하게 2001년 이탈리아 총선에 대하여 들여다보자.

3-3-2. 2001년 총선 결과와 내용

1996년 총선은 거의 반세기 동안 오랜 야당이었던 좌파민주당에게 집권의

---

62) 19세기 후반 이래 이탈리아에서 정당들이 일정한 원칙이나 기준 없이 반대파를 제거하거나 다수당이 되기 위하여 개별적으로나 집단적으로 변형시켜 외형을 바꾸는 정치양태를 가리킨다. 1882년 선거에서 데 프레티스De Pretis가 선거모토로 내세웠던 트라스포르마르시Trasformarsi에서 유래한 단어이다. 그람시는 리소르지멘토기에 이미 존재하던 정치 행태의 하나로 파악하였다. 그람시에 의하면, 민중적 대표성을 가진 마치니가 카보우르에게 지배되어 이끌리게 된 것을 빗대어서 이야기 했다. 그람시는 변형주의를 남부 사회구조 분석에 사용하면서 중간 계층이나 지식인 계급이 어떠한 방식으로 지배계층에 편입되는가 하는 사실을 입증하고자 했다. 특히 변형주의와 후견인주의를 이탈리아 정치 상황과 이를 기반으로 한 시민사회의 가장 중요한 특징으로 보고자 했다. 한국에서 이에 대한 연구는 최장집, 「한국 민주주의의 조건과 전망」, 1996, 나남, pp. 203~240. 이경일, 「이탈리아 세기 말 위기」, 「서양사 연구」 제17집, 1995, 4월 호, p. 101. 등이 있다.
63) Tranfaglia Nicola 등이 대표적으로 제기하고 있는 표현이다. Tranfaglia Nicola, *La transizione italiana*, Garzanti, 2003.

기회를 주었다. 1994년 새로운 선거법 개정으로 집권한 베를루스코니 정부가 지나친 신자유주의 노선을 통해 추구하려던 정책, 특히 연금정책이 실패로 돌아가면서 연정에서 북부동맹이 탈퇴하였고, 마니폴리테 수사 과정에서 밝혀진 부패한 정치자금과 관련하여 수사를 받는 등 정치 도덕성에 치명적인 오점을 남기면서 집권 8개월 만에 실각하였다. 이후 등장한 참피Ciampi 정부는 과도기 성격을 띠고, 상하 양원제 도입이라는 선거법 개정을 통한 새로운 정부 수립을 위한 준비를 담당하였다. 이에 좌파민주당을 비롯한 야당은 과거 기민당 좌파에 속하였고, 이탈리아 최대 국영공사IRI 사장을 역임했던 볼로냐 대학 교수출신 경제학자 로마노 프로디를 영입하여 올리브 동맹을 결성하였다. 더군다나 공산주의 재건당과의 연합을 통하여, 야당의 결집을 이루어냄으로써 선거에서 승리하였다.

그러나 중도좌파 연정은 절반의 성공과 절반의 실패라는 결과를 보임으로써 재집권에 성공하지 못하고, 2001년 선거에서 또 다시 베를루스코니가 집권할 수 있었던 원인을 제공하였다.64) 베를루스코니가 당수로 있는 포르차 이탈리아의 성공적인 집권 요인에 대하여 정병기는 다음과 같이 이야기하고 있다.65) 첫째, 1970년대 후반 이후 세속화 과정에 따라 가톨릭-보수주의 하부정치문화 중 특히 가톨릭 문화가 해소되어 감으로써 비종교적 보수정당으로서 전진 이탈리아에 유리한 지형이 형성되었다. 둘째, 후견주의 정당지배체제에 대한 이탈리아 국민들의 거부감이 정당혐오증으로 확산되어 신생정당에게 유리하게 작용하였다. 셋째, 단순다수대표제의 도입이 인물 중심 선거를 촉진하고 정당 간 연립을 강제하였다. 넷째, 이탈리아 국민들에 대한

---

64) 이에 대하여 정병기는 비교적 심도 깊은 분석은 하고 있다. 정병기, "이탈리아 정치사회변동과 중도-좌파정부(1996~2001) 정책—재정경제정책, 제도개혁정책, 사회노동정책과 그 영향요인을 중심으로", 『한국정치학회보』 제37집 3호, 2003, pp. 219~239. 참조.
65) 정병기, "정치변동과 정당 특성 분석을 통해 본 전진이탈리아Forza Italia의 성공요인과 전망", pp. 93~106. 참조.

미디어 영향력의 강화가 베를루스코니의 인물적 상징조작과 효과적으로 결합하였으며, 지역편중을 보이는 이탈리아 유권자들의 정당지지 분포에서 전진이탈리아는 효과적인 연립정책을 구사하였다.

그러나 2001년 선거를 통해 표출된 결과는 몇 가지 측면에서 앞서 이야기한 요인들과 다른 내용을 보여주고 있다. 정병기는 가톨릭 중심의 문화해소의 혜택에 대한 수혜자로 포르차 이탈리아를 들고 있는데, 실질적으로 이탈리아에서 가톨릭 문화의 기조가 퇴색한 시기는 68운동 이후라고 볼 수 있다. 즉 1970년대 초반부터 실질적인 가톨릭 문화는 사회적 윤리나 행동의 기준으로서의 유효성을 상실하고 있었다.[66] 그럼에도 불구하고 92년 이후에도 여전히 가톨릭을 비롯한 종교를 믿는 이탈리아인들의 수는 실질적으로 감소하지 않고 있다는 점(〈표1〉 참조)은 여전히 가톨릭을 비롯한 종교가 이탈리아 사회에서는 정당선택의 중요한 매개변수라는 점을 입증하고 있다. 이는 포르차 이탈리아의 강령을 통해서도 확인된다. 제1장 1조의 목적에 따르면 두 가지의 대표적 정신을 가진 시민들의 결사체라는 표현을 사용하고 있는데, 그중 하나가 자유주의적인 가톨릭이다. 따라서 포르차 이탈리아의 집권과 재집권의 요인으로 가톨릭 문화의 퇴조에 따른 반사이익을 꼽기는 다소 무리가 있다고 보인다.[67]

두 번째로 지적하고 있는 후견인주의에 따른 정당 혐오증으로 신생정당에게 유리하게 작용하였다는 문제 역시 다음과 같은 사실을 고려한다면 지나친 확대해석일 수 있다. 1992년 마니폴리테 수사로 인해 이탈리아 정치인 중에서 약 1/3이 기소되는 초유의 사태에 기민당은 정당 자체가 해산되었다.

---

66) 김종법, "이탈리아 68운동의 사회적 함의비교", 『한국의 시민사회와 정치』, op. cit. p. 227.
67) 1997년 1월 18일 밀라노에서 개최된 전국전당대회에서 채택한 포르차 이탈리아 강령 제1장 1조에 다음과 같이 밝히고 있다. "포르차 이탈리아의 정치 활동은 전통적인 자유주의적인 민주주의와 자유주의적인 가톨릭 정신 등에 바탕 한 시민들의 결사체이다." *Statuto di Forza Italia*, Assemblea nazionale 18 gennaio 1997, Milano. 출처 Forza Italia 공식 인터넷 사이트(www.forza-italia.it)에서 검색(2004년 6월 15일).

또한 기민당 정권의 연정 파트너였던 이탈리아 사회당 역시 유명무실한 상태로 1994년 선거를 맞이했다. 선거를 앞두고 2개월 만에 급조된 포르차 이탈리아가 승리를 거둔 것은 이탈리아 사회의 한 축이었던 기민당이 몰락하면서 새로운 대체 정당으로서 포르차 이탈리아가 갖는 보수주의적인 자유주의와 가톨릭적인 친화성 등이 크게 작용하였다. 더군다나 당의 주요 인사들이 미국식 정당모델을 선호하는 친미 성향의 인사들로 채워졌다는 사실은 보수주의 성향의 지지자들과 신흥 자본가들에게는 커다란 매력 요소였다.

<표1> 11세 이상의 국민 중 종교 활동에 대한 연령 및 성비
(1993과 1999년 인구 100명에 대한 비율)

	남성		여성		합계	
	1993	1999	1993	1999	1993	1999
매일	1,2	1,3	3,2	3,1	2,2	2,2
일주일에 한 번 이상	4,8	5,2	10,8	10,5	7,9	7,9
일주일에 한 번	23,2	20,4	34,5	30,9	29,0	25,8
1년에 한 번 이상	15,4	15,9	17,3	17,4	16,4	16,7
1년에 한 번	34,4	35,4	21,8	25,0	27,9	30,0
한 번도 하지 않는다	19,3	18,8	11,0	10,4	15,0	14,4

출처: 이탈리아 통계청(Istata)

여기에 1992년부터의 총선 결과를 분석해보면 포르차 이탈리아의 본질과 성격을 어느 정도 분석할 수 있다.(<표2> 참조[68]) <표2>에서 보면 기민당이 해체된 뒤 탄생한 국민당[PPI](국민당이라는 명칭보다는 이탈리아 민중당으로 해석하는 것이 바람직하다)은 기민당 좌파가 모여 창당한 당이며, 마르게리

---

68) 비교의 편의를 위해 표2는 정병기의 논문("정치 변동과 정당 특성 분석을 통해 본 전진이탈리아의 성공요인", p. 96)에서 축약하여 재인용하였다.

타Margherita 역시 1996년 중도좌파연정의 수상이었던 프로디Prodi의 영향 아래 연합 창당된 중도좌파 계열이다. 또한 전진이탈리아 역시 사민당 인사들이 참여하기는 했지만, 베를루스코니를 정점으로 하는 신흥자본가들과 친미

<표2> 이탈리아 역대 선거결과: 하원 비례대표(%)

연도	기민당	공산당	사회당	사민당	재건공산당	공화당	자유당	네오파시스트	녹색당	북부동맹	기타
1992	29.7	16.1	13.6	2.7	5.6	4.4	2.8	5.4	2.8	8.7	8.2
	국민당 Margherita (2001)	좌파민주당		전진이탈리아				민족연맹	녹색연합 Girasole (2001)		
1994	11.1	20.4	2.2	21.0	6.0	–	–	13.5	2.7	8.4	14.7
1996	6.8	21.1	–	20.6	8.6	–	–	15.7	2.5	10.1	14.6
2001	14.5	16.6	–	29.5	5.0	–	–	12.0	2.2	3.9	16.3

자료: 이탈리아 내무부 자료 종합.

주: 1. 기민당: DC, 1993년 해산, 국민당(PPI), 기독민주센터(CCD), 기독민주연합(CDU) 등으로 분리.
   2. 공산당: PCI, 1991~1997 PDS, 1997 이후 DS.
   3. 재건공산당: PRC, 1991년 공산당 당명개정 때 분리 창당.
   4. (신)공산당: PdCI, 1998년 재건공산당에서 분리 창당.
   5. 전진이탈리아: Forza Italia, 1994년 창당.
   6. 사회당: PSI 1994년 이후 SI.
   7. 사민당: PSDI.
   8. 공화당: PRI.
   9. 자유당: PLI.
   10. 네오파시스트: MSI, 1972년 군주주의자들과 통합. 1994년 이후 민족연맹(AN)
   11. 녹색당: I Verdi.
   12. 녹색연합: Federazione dei Verdi.
   13. 북부동맹: 1987 Lega Lombarda, 1992년 이후 Lega Nord.
   14. Margherita(마르게리따): PPI, Democratici, Rinnovamento italiano, UDEUR.
   15. Girasole(해바라기): Verdi, SDI.
   16. 기타: 1968년 이후 1987년까지 급진당(Radicali)과 프롤레타리아 민주당(DP)이 4~5%를 유지.

계열의 정치가들이 결합하여 창당한 새로운 정당이다. 이와 같은 상황을 기초하여 1992년 선거와 1994년 선거를 비교하면 다음과 같은 흥미로운 점이 발견된다. 약 20%에 달하는 기민당 지지성향의 우파는 사회당 지지 성향의 13% 중 좌파민주당으로 흡수되지 않은 약 7.5% 등과 결합하여 포르차 이탈리아와 민족연맹AN에게 투표하였다는 것을 알 수 있다. 비록 포르차 이탈리아가 선거를 앞두고 급조되었다고는 하지만, 이와 같은 정치적인 상황은 여전히 변화하지 않았다는 짐작할 수 있다. 더욱이 1992년 총선의 투표율(87.4%)과 94년의 투표율(86.1%)이 그다지 커다란 감소세를 나타내지 않았다는 사실 역시 이를 반증하는 요소가 될 수 있다. 그리고 제1공화국과 제2공화국으로 시기 구분을 할 수 있게끔 동기부여를 했던 마니폴리테라는 부패한 정치자금 수사운동 이후 첫 총선에서 투표율에서 그다지 커다란 차이가 없다는 점은 국민적인 거부감이나 정당혐오증으로 설명하기에는 다소 부족한 면이 있다.

그러면 이제 베를루스코니가 재집권하게 된 2001년 총선 결과는 1996년 결과와 어떤 관계를 갖는지 분석해보자. 96년 제1당이 됨으로써 집권연정을 펼쳤던 좌파민주당의 득표율(21.1%)과 2001년의 득표율(16.6%) 간의 차이 4.5%와 공산주의 재건당의 득표율 차이 3.6%는 마르게리타라는 중도좌파정당연합의 득표율(96년 6.8%에서 2001년 14.5%로 증가)로 흡수된 것으로 짐작할 수 있다. 또한 전진이탈리아의 2001년 득표율(29.5%)은 민족연맹의 득표율 감소분 3.7%와 북부동맹의 득표율 감소분 약 6%를 합한 만큼의 증가율을 나타내고 있는 것으로 분석이 가능하다. 결국 보수 대 진보라는 전통적 정당구도는 여전히 유효한 것이며, 전통적인 후견인주의와 변형주의는 자본과 정책노선에 따라 외양을 바꾸어 나타났다.[69]

---

69) 포르차 이탈리아는 북부에서 북부동맹의 주요 인사들과 지지자들을 자본과 정책의 힘으로 자신들의 영향력 아래로 모으는 데 성공하였고, 남브에서는 외국인 불법노동자 문제 등을 통해 민족연맹의 지지자들을 변형시키는 데 성공한 것으로 평가할 수 있다.

실제로 포르차 이탈리아가 92년 이전의 기민당이나 사회당과 여전히 관련을 맺고, 베를루스코니를 중심으로 '단일 후견인주의Clientelismo singolare' 혹은 '보스 정치Politica di Boss'라는 새로운 관계를 창출하고 있다.70) 이는 2001년 총선에서 포르차 이탈리아를 비롯한 우파정당의 비례대표 후보자들의 면목을 보면 명확하게 드러난다.71) 베를루스코니 자신과 함께 프레비티Previti, 델우트리Dell'Utri, 보시Bossi, 라 말파La Malfa, 베루티Berutti, 주디체Giudice, 피라렐로Firrarello, 스가르비Sgarbi 등 경제사범의 전력이 있던 이들이 후보자 명단에 올랐다. 또한 부패한 정치자금 수사 마니폴리테에 의해 기소되었던 브란처Aldo Brancher, 칸토니Giampiero Cantoni, 코민치올리Romano Comincioli, 델 페니노Antonio Del Pennino, 비토Alfredo Vito, 프리제리오Gianstefano Frigerio 등도 후보자 명단에 포함되었다. 한 가지 이목을 끄는 것은 이들과 함께 마니폴리테에 의해 정치적 사형선고를 받았던 이들의 2대들이 후보자 명단에 등록되었다는 사실이다. 크락시 수상의 아들 보보 크락시Bobbo Craxi를 비롯하여 전 기민당 당수 포를라니의 아들 알렉산드로 포를라니Allesandro Forlani, 세르지오 모로니Sergio Moroni의 딸 키아라 모로니Chiara Moroni, 피노 레치지의 아들 이바노 레치지Ivano Leccisi, 니노 드라고Nino Dragodml 아들 필리포 드라고Filippo Drago 등이 명부에 올려졌다. 그리고 베를루스코니가 기소되어 진행되었던 수많은 재판에서 그를 변호했던 변호인단(프레비티, 비온디Biondi, 콘테스타빌레Contestabile, 페코렐라Pecorella, 사포나라Saponara, 라 루사La Russa 등) 역시 대부분 비례대표 후보로 국회의원이 되었다. 이와 같이 국회의원으로서 결격 사유를 가진 이들은 모두 90명에 달하였다. 이 수치는 국회의원 10명 중 한 사람이라는 비율이다. 또한 비례

---

70) 두 용어 모두 저자 자신의 관점에서 현재 이탈리아에서 일어나고 있는 정치 상황을 바탕으로 새로운 정치 행태 유형으로 제시하고 있는 것이다.

71) 이하 비례대표 후보 국회의원 명단은 다음의 책에서 인용하였다. Gianni Barbacetto, *Marco Travaglio, Peter Gomez*, op. cit. p. 652.

대표로 당선된 90여 명 중에서 총 34명이 베를루스코니와 관련이 있거나 베를루스코니 소유 기업 사람들이라는 점은 포르차 이탈리아의 성격을 가늠할 수 있는 지표가 된다.

이와 관련하여 한 가지 중요한 의기를 갖는 여론조사가 총선 직후에 실시되었다. 이탈리아국립선거연구소ITANES(Italian National Elections Studies)가 볼로냐의 카를로 카타네오Carlo Cattaneo 연구소에 의뢰해 실시한 총선관련 여론조사로 총선 결과에 대한 이탈리아 국민들의 의식을 잘 알 수 있었다. 이 조사에 따르면 이탈리아 국민들은 정치부파에 대한 우려를 10번째 순위에 탈세 문제와 함께 올려놓았다는 사실이었다. 2천 325명의 투표자를 대상으로 행한 질문에서 총선 결과에 대해 우선적으로 고려해야 할 문제를 묻는 이 질문에 5.5%의 응답자만이 정치 부정부패에 대해 첫 번째 혹은 두 번째로 심각한 문제라고 대답했다.[72] 이는 이탈리아 정치문화에서 부정부패의 문제가 가장 심각한 것임에도 불구하고 대부분의 국민은 그다지 심각하게 생각하지 않고 있다는 것을 의미하며, 베를루스코니 재집권에 대한 국민적인 동의의 근거가 될 수 있는 것이다.

이에 덧붙여 베를루스코니 재집권의 또 다른 결정적인 요인으로 전임 정권의 실정과 분열을 들 수 있다. 1996~2001년 중도좌파정부의 실정문제는 이미 정병기의 논문(정병기 2003)에서 심도 있게 다루어지고 있기 때문에 여기서는 간략하게 중도좌파정부의 분열 과정을 언급하는 것으로 베를루스코니 재집권 요인을 설명하겠다. 중도좌파연갱이 울리보라는 이름으로 좌파계열의 여러 정당들이 연합함으로써 응집력을 통한 득표율 제고에 성공했다. 그러나 문제는 이들 사이에 작용하고 있던 지향점이 달랐기 때문에 외형뿐인 통합이 분열로 이르는 것은 시간문제였다.

월계수 동맹의 제당파는 유럽통합을 위한 경제 목표에는 일치하고 있었기

---

72) *Ibid.* p. 653.

때문에 프로디의 제1기 정부(96년 5월~98년 10월) 기간에는 모든 정파가 비교적 단합된 모습을 보이고 있었다. 그러나 달레마 정부(98년 10월~99년 12월)가 들어서면서 이들 정당 간 통합은 정치 지향점 차이로 인해 깨졌다. 이러한 위기의 시작은 이미 1998년 6월에 시작되었다. 당시 프로디 정부는 헝가리와 폴란드 및 체코의 나토 가입문제에 대하여 찬성하는 내용의 법안을 통과시키려 했다. 그러나 재건 공산당은 반대하였고, 이를 조정하는 과정에서 유럽민주주의 통합당UDE의 도움을 받아 의회에서 통과시켰다.73) 유럽민주주의통합 당은 1996년 총선에서 월계수 동맹의 반대파 중 하나였기에 더더욱 문제의 소지가 있었고, 결국 재건 공산당의 베르티노티Bertinotti는 연정 내부의 재정정책에 반대하였다. 그러나 달레마는 자신의 재임기간 중 보다 완성된 형태의 양원제Bipolarismo를 제도화시키려 했고, 연정의 확대를 통해 이를 관철시키고자 했다.74) 달레마는 이를 위해 코시가Cossiga가 이끄는 유럽민주주의통합당을 연정 내부로 끌어들였고, 베르티노티는 이러한 외연확대 자체를 반대하였고, 더욱이 보수주의자로 기민당 출신이었던 코시가와의 연합에 반대하였다. 이후 연정 내부에서는 이념이나 노선에 따른 연합보다는 사안이나 정책에 따라 공조와 반대를 거듭하는 양상을 보이다 재건공산당이 연정에서 탈퇴하는 상황에 이르게 되었다.

이는 결국 이탈리아의 변형주의 정치형태가 여전히 구조적인 특징으로 존

---

73) Tranfaglia Nicola, *La transizione italiana*, op. cit. p. 102.

74) *Ibid*, p. 103.

75) 1950년대 톨리아티에 의해 제안된 '사회주의에 이르는 이탈리아의 길'이라는 공산당의 기본 전략은 칠레의 사회주의 정권 붕괴로 새롭게 고민해야 할 전략이었다. 이제 막 당수에 당선된 베를링게르는 공산당의 재건을 위해서는 현실 정치에 참여하는 것이 바람직하며, 이를 위해 집권 기민당과 제휴할 수 있다는 제의를 하였다. '역사적 합의'로 명명된 공산당의 방향 전환은 정치적 무력감과 권위 회복을 바라던 기민당에게도 관심을 가질만한 제안이었다. 전통적인 공산당 지지자에게는 당혹감을 안겨주기는 했지만, 공산당은 새로운 지지 세력을 확장하는 데 일정정도 성공하였다. 그저 기존 지배질서에 새로이 편입하였다는 비난에도 불구하고 지방자치제도의 정비, 낙태의 합법화, 의료제도의 재정비, 방송규제의 철폐 등이 '역사적 합의' 이후의 긍정적인 결과물이었다. 그러나 이 제안에 대한 평가 여부는 엇갈리고 있다.

재하고 있다는 사실을 의미하며, 지난 70년대 초 베를링게르가 제안했던 '역사적 합의' 75)의 변형에 불과한 것이었다.76) 이러한 중도좌파연정 내부의 분열은 전통적인 좌파 지지자들에게 커다란 실망감으로 나타났고, 2001년 선거에서 많은 지지자들이 투표에 참가하지 않거나, 선거에 참여한 이들 역시 백지 표를 던지는 사태가 벌어졌다. 결국 이는 우파의 결속을 더욱 강화시켰으며, 베를루스코니 재집권에 공헌하였던 요인이 되었다.

3-3-3. 포르차 이탈리아의 구조와 성격: 기업화 정당과 제왕적인 정당

이탈리아에는 자본주의 초기 발전 과정에서 형성되어 현재까지 이어져 내려오고 있는 산업자본가들이 존재한다. 우리에게도 잘 알려진 피아트의 아녤리Agnelli 가문이나 올리베티 사의 올리베티Olivetti 가문, 피렐리 사의 피렐리Pirelli 가문, 마르조토 사의 마르조토Marzotto 가문 등 수많은 대기업들은 20세기 전후에 출발하여 파시즘 시대의 굴곡을 거치면서 현재까지 이탈리아 자본주의를 대표하고 있다.77) 이들 전통적인 산업자본가들은 주로 기계, 화학, 자동차, 섬유 등의 중공업 산업과 제조업을 중심으로 오랫동안 이탈리아 산업의 중추를 이루고 있다.

그런데 1960~70년대를 거치면서 새로운 유형의 신흥자본가들이 이탈리아 산업계에 두각을 나타나게 되었다. 이들 기업들은 두 가지 유형으로 분류될 수 있는데, 하나는 주로 경공업 분야나 중소기업 출신의 자본가들에 의해 성공한 기업으로 'Made in Italy' 신화를 바탕으로 성장한 기업들이다. 두 번

---

76) *Ibid*, p. 105.

77) Cingolani Stefano, *Le grandi famiglie del capitalismo italiano*, Roma-Bari, Laterza, 1990, pp. 11~70. 참조.

째 유형은 1960년대부터 시작된 경제부흥과 발전기에 나타난 기업들로, 특히 주력이 되는 모기업이 건설과 관련된 기업들이 많거나 제3차 서비스 분야와 관련된 금융 관련 기업들이 주류를 이루고 있다.

베를루스코니의 경우 바로 두 번째 유형 중에서도 건설업을 모체로 하여 80년대 이후 방송관련 서비스업과 금융업에 진출하여 20년 만에 이탈리아 최고의 자본가로 성장한 경우이다.[78] 1960년대 말 밀라노 주변에 대단위 주택단지 개발의 사업자로 선정되면서 성장하던 그는 크락시 수상과 후견인 관계를 맺으며, 재벌 기업의 면모를 갖추게 되었다. 이렇듯 거대한 재벌로 성장한 베를루스코니는 2000년에는 『포브스』지가 선정한 세계 14위의 부자

<표1> 베를루스코니 소유의 핀인베스트 그룹의 자회사 분포도[79]

TV			영화	출판	스포츠	정보회사	인터넷	건설	금융
Mediaset (TV 3사)			Medusa film	Mondadori			New Media Investment		Mediolanum
R.T.I.			Medusa Video	Elemond					
Mediatrade	Publitalia (광고)	Mediadigit (녹음 및 편집)	Cinema 5	Einaudi Editore	Milan AC	Pagine Italia		Edilnord 2000	Banca Mediolanum
Videotime									
Elettronica Industriale			Blockbuster	Sperling & Kupfer			Jumpy		
			Il Teatro Manzoni	Grijalbo					Medioln um Vita

---

78) 이에 대하여는 김종법, 「마니폴리테(깨끗한 손)의 경과와 정치적 의미」, 2004 한국정치학회 춘계학술대회 발표 논문 참조.

79) *Una vera storia italiana*, Forza Italia 2001년 선거용 선전책자, Forza Italia, 2001. p. 45.

로 인정받았다. 현재 그의 주력 기업은 〈표1〉에서 보는 바와 같이 핀인베스트Fininvest 그룹이다.

이들 기업 이외에도 조선회사인 이탈칸티에리Italcantieri, 부동산 개발 및 투자회사인 임모빌리아레 산 마르티노Immobiliare San Martino 등의 기업들에도 베를루스코니가 직간접적으로 간여하고 있으며, 프랑스에도 지역방송을 소유하고 있는 등 유무형의 자산이 측근들과 친지들 소유로 이탈리아와 유럽에 분산되어 있는 것으로 알려졌다.80)

신흥자본가 세력을 대표하는 베를루스코니를 정치무대로 이끌어 낸 것은 마니폴리테였다. 1992년 시작된 불법정치자금 수사는 크락시와 후견인 관계에 있던 베를루스코니와 측근들에게도 화살이 겨누어졌다. 1960년대 말부터 오랜 정경유착을 통해 건설업을 중심으로 급성장 하였던 베를루스코니 역시 부패한 정치적인 유착관계의 중심에 있었기 때문이다. 또한 마피아와의 연계 가능성에 대하여도 수사가 시작되었다. 이는 당시 반마피아 수사의 주축이며, 팔코네 검사와 함께 국민적인 신망을 얻고 있던 보르셀리노 검사 사건에 의해 잘 알려져 있다. 1992년 5월 23일 마피아의 테러에 의해 살해당한 보르셀리노는 죽기 이틀 전에 기자인 파브리치오 카비Fabrizio Calvi와의 인터뷰에서 놀랄 만한 사실을 이야기했다. 베를루스코니가 마피아와 관련되어 있다는 사실과 지난 1976년부터 1985년까지 베를루스코니 소유의 핀인베스트 그룹에 이탈리아 중앙은행Banca d'Italia으로부터 약 5천억 리라의 특혜지원이 있었다는 수사결과에 대한 내용이었다.81) 이탈리아뿐만 아니라 전 세계를 경악시킬 만한 이 인터뷰는 보르셀리노의 죽음과 함께 아무런 이유 없이 TV 방영이 취소되었지만, 현재까지 많은 사람들은 그로 인해 보르셀리노

---

80) 보다 자세한 내용은 Veltri Elio, Travaglio Marco, *L'odore dei soldi*, Editori Riuniti, 2001, pp. 100~171. 참조.
81) *Ibid.* pp. 47~89. 참조.

가 살해되었을 것이라 추측하고 있다.

결국 이러한 상황은 베를루스코니를 정치무대로 내려오게 하는 외부적인 여건을 조성하였다. 이렇게 하여 베를루스코니는 1993년 가을부터 정당을 조직하는 일에 착수하였고, 1994년 2월 6일 로마에서 창당대회를 갖고 포르차 이탈리아라는 정당으로 출범하였다. 기업가 출신이 조직한 정당이라는 사실만으로 포르차 이탈리아를 기업형 정당이라고 이야기하거나 베를루스코니를 기업형 정치가라고 평가할 수 는 없다. 중요한 점은 포르차 이탈리아의 내부 구성요소로서 정당구조와 특징이다. 포르차 이탈리아의 기본 조직은 크게 세 가지로 분류된다. 중앙기구와 클럽 및 국회의원단이 그것이다.[82] 이 세 조직, 그중에도 특히 앞의 두 조직을 규명하고 각각의 역할을 이해하는 것은 포르차 이탈리아의 집권 배경과도 밀접한 관계를 갖기 때문에 중요한 사항이다.

먼저 중앙기구는 핀인베스트 그룹의 인사들을 중심으로 결성된 개인적인 기구Apparato personale—막스 베버Max Weber는 이를 세습적인 유형 기구로 정의했다—의 성격을 가지며, 구성원들은 핀인베스트 그룹에서 조직과 마케팅을 담당하던 이들이었다.[83] 즉 베를루스코니는 정당구조를 자신 소유의 기업에서 여러 분야의 책임자들을 모아 마치 개인용 정당의 틀에서 출발하였다. 실제로 이와 같은 사적이지만 조직적인 중앙기구는 짧은 시간 안에 국회의원 입후보자의 선택과 이들을 위한 효과적인 선거운동을 진행하는데 커다란 기여를 하였다. 1994년 총선에서 68.7%라는 신인들이 국회의원으로 당선되었다는 사실을 고려한다면, 정치 경험이 없던 신인들에게 이들의 조직적이고 효과적인 정당운영과 선거운동은 상당히 중요한 의미를 지닌다. 또한 포

---

82) Maraffi Marco, "Forza Italia", in *La politica italiana*, op. cit. p. 247.

83) 먼저 주요 인사로 M. Dell'Utri와 R. Spingardi를 들 수 있으며, M. Valducci나 G. Pilo 등은 Publitalia와 Diakron 및 Programma Italia 등의 회사에서 경영과 인사 또는 마케팅을 총괄하던 인물들이었다. *Ibid*, pp. 248~9.

르차 이탈리아의 '기업형 정당Partito-azienda'의 특징은 기존 정당 체계에서 벗어나 효율성과 성과 그리고 마케팅이라는 개념을 도입한 기업과 유사한 운영을 하게 됨으로써 짧은 시간 안에 이탈리다 국민들에게 다가설 수 있었다.

두 번째 기구인 클럽은 지방의 소지역을 단위로 하는 지방기구의 성격을 갖는다. 이 기구는 포르차 이탈리아가 중앙조직뿐만 아니라 지방조직의 정비 필요성을 느끼고 창당과 함께 출범한 기구였다. 이 기구의 모집 과정은 이탈리아에서 처음으로 기업의 마케팅 기법이 도입된 것으로도 유명한데, "자유 이탈리아와 복지국가 이탈리아를 위해 아래의 수신자 부담번호 1670-xxxx로 전화하십시오"라는 회원모집 광고였다.[84] 이 기구는 포르차 이탈리아의 지방기구로 중앙당의 정책과 노선을 전파하는 전통적인 역할뿐만 아니라 지역을 기반으로 하는 자발적인 문화공동체와 사교모임으로서의 역할도 함께하였고 운영방식도 미국식 모델을 따랐다. 또한 이 모임에 가입했던 이들이 주로 기존의 기민당과 사회당 지지자들이 대부분이었다[85]는 사실은 집권당이던 기민당과 사회당의 와해에 따른 공백을 빠른 시간 안에 포르차 이탈리아가 대신하였다는 결론에 도달할 수 있다. 실제로 1994년 여름 이후 클럽의 수가 2천 개에 달한다는 포르차 이탈리아의 발표는 얼마나 짧은 시간 안에 지방조직이 완성되었는가를 보여주는 예였다.

이들 두 기구는 적절한 대립과 경쟁을 통하여 중앙기구와 함께 포르차 이탈리아를 움직이는 중추적인 역할을 하였다. 결국 포르차 이탈리아가 짧은 기간이라는 시간 제약에도 불구하고 기업의 경영기법과 지방의 하부조직 지지자들을 지지정당의 와해에 따른 정신적인 공황을 겪고 있던 기존 기민당과 사회당 지지자들로 채움으로써 집권에 성공할 수 있었다고 볼 수 있다. 그러나 당의 체제가 그렇다보니 민주적인 요구나 절차의 민주화에 대한 응

---

84) *Ibid*, p. 252.
85) *Ibid*, p. 253.

답이 필요하지 않은 제왕적인 정당 시스템이라 할 수 있다. 이는 순수하게 베를루스코니를 위한 정당구조이자 베를루스코니를 정부수반이 되게 하기 위한 정당이라는 독특한 목적과 성격을 가질 수밖에 없는 것이다.

3-3-4. 베를루스코니 정권의 '미디어 포퓰리즘'과 신자유주의 정책

밀라노 지방을 중심으로 롬바르디아와 북부지방에 국한하여 알려져 있던 베를루스코니의 방송국은 1984년에 시작한 미국 드라마 '댈러스Dalla' 와 '다이너스티Dynasty' 는 이탈리아 전역에 선풍적인 인기를 끌며 베를루스코니 방송사에 성공의 기틀을 마련해주었다. 지역적이던 베를루스코니 소유의 방송사가 전국적인 네트워크를 구축하였던 것도 이때부터였으며, 크락시 정부는 이를 용이하게 하는 방송법을 개정하였다. 이 법률은 지역 방송도 전국적 방송시스템을 갖추면 전국방송이 가능하게 하는 법안으로 1984년 10월 20일에 정부가 제안하였고, 한 달 뒤 국회에서 통과하였다.[86]

이후 크락시 정부는 필요에 따라 방송법을 개정해기면서 베를루스코니의 사업을 도와주었고, 견고한 후견인 관계가 형성되었다. 베를루스코니 소유의 상업방송국들이 결정적으로 사업을 확장하고 성장할 수 있었던 계기는 1990년 제정된 맘미Mammi 법안이었다. 이 법안은 상업방송의 방송규정 상의 여러 제약들을 완화시켜줌과 동시에 전적으로 프로그램 중간에도 광고를 허용하는 등 상업방송, 특히 이미 전국적인 네트워크와 규모를 구축하고 있던 베를루스코니의 방송국을 위한 법안이라 할 수 있는 것이었다. 더욱이 1980년대 이후 급속하게 전파되던 TV의 성장은 지방의 기업가였던 베를루스코니를 전국적이고 유럽적인 사업가로 성장시켜 주었다.

---

86) *La transizione italiana*, op. cit. p. 27.

트란팔리아Tranfaglia가 제기하고 있는 '미디어 포퓰리즘'은 이러한 시대적 상황과 베를루스코니의 상업방송 시스템을 정치적인 행동유형과 현상으로 이론화시킨 것이다.[87] 트란팔리아는 다른 무엇보다도 방송사의 소유구조를 강조한 다음 소유주가 곧 정치 지도자와 동일시되는 기본 틀을 강조한다. 이는 다른 형태의 미디어 관련 정치 행동유형들과 다르게 정치 지도자의 주관적 심리요인이나 인격까지도 방송을 통해 형성할 수 있다고 주장한다. 도덕적인 청렴함, 능력 있는 기업가의 이미지, 참신하고 깨끗한 이미지 정치가 가능하도록 할 수 있다는 것이다.

이와 같은 이미지화된 영상을 통하여 자신의 정책과 노선들을 연계시킴으로써 국민들에게 대중적이고 친근한 정치지도자로서 각인시키는 것이다. 이를 통해 대중적 인기와 언제 어느 곳에서도 마치 TV에 등장하는 스타들과 유사한 이미지의 정치지도자의 모습을 그려낼 수 있으며, 이러한 홍보전략을 기반으로 하는 정치가 유형을 트란팔리아는 '미디어 포퓰리즘' 정치가라고 이야기 한다.

이탈리아에는 이와 유사한 정치가들이 몇 명 있다. 북부동맹의 움베르토 보시 역시 대언론 플레이를 통하거나 집회를 통한 이미지와 선동정치를 이미 오래 전부터 하고 있던 인물이다. 또한 오랜 노동운동을 했던 노조지도자들 역시 이와 유사한 유형에 속하는 정치가들이다. 그러나 이들 정치가들이 베를루스코니와 다른 점은 이들이 방송이나 언론을 소유하고 있지는 않다는 것이다. 이 점에 있어 정병기 같은 이가 거론하고 있는 자이셀베르크J. Seisselberg의 '미디어매개인물정당Media-Mediated Personality-Party' 론과 다른 점이 아닌가 한다.[88]

---

87) 이하의 주요 내용들은 *Ibid*, pp. 17~54. 참조.
88) 이 점에 대한 보다 깊이 있는 분석은 아직 도달하지 못했다. 저자 본인이 아직 명확하게 자이셀베르크의 이론을 파악하지 못했으며, 보다 깊이 있는 비교분석을 위해서는 시간적인 제약이 뒤따르기 때문이다.

결국 이와 같은 이탈리아의 매스 미디어 환경 아래에서 공정한 선거란 기대하기 어려운 것이며, 좌익민주당을 비롯한 좌파연정은 TV와 신문 등의 매스 미디어와 새롭게 떠오르는 인터넷의 영향 관계를 과소평가했거나 무시했다는 결론에 이르게 된다. 따라서 1996년부터 시작된 정권 집권 기간 중에 이 문제를 명확하게 해결하지 못한 것이 2001년 총선에서 패배하게 된 원인 제공을 하였던 것으로 볼 수 있다.

또한 이 문제와 관련하여 한 가지 유의해야 할 사항은 이탈리아의 공정한 방송이라는 방송 본래의 목적을 유지시키는 소비자나 유권자 단체가 거의 없다[89])는 사실 역시 베를루스코니의 이미지 정치에 공헌을 하고 있다는 점이다. 이는 독립적이고 자발적으로 성숙하여 발달한 미디어 환경에 의해 시민들 스스로 발전시킨 것이 아니라, 독점자본과 정치권력이 결합하여 강제적이고 인위적으로 조성된 측면이 강하다는 점에서 베를루스코니가 재집권하는 데 일정 부분 기여한 것으로 평가할 수 있다.

이와 같은 요인들은 베를루스코니가 재집권 한 뒤에도 국가의 주요 정책적인 기반이나 노선 등을 임의적으로 조성하여 국민들에게 전달할 수 있다는 측면에서 눈여겨 볼 수 있는 점이다. 특히 베를루스코니가 재집권한 2001년 이후에 TV에서 강조하고 있는 내용이 '세계화'와 '신자유주의' 이념이다. 다시 말해 개정해야 할 필요가 있는 법안을 베를루스코니 소유의 방송국들이 먼저 제기한다. 다시 이에 대한 TV 토론과 공론화 과정을 거치고, 이를 다시 공영방송과 다른 상업방송들, 그리고 언론 등에서 제기함으로써 정책과 노선에 대한 대중적이고 국민적인 동의 과정을 획득해나가는 것이다. 이와 같은 정책화 과정의 대표적인 것이 노동법 개정, 이라크 파병문제, 최근

---

89) 이에 대해 감시와 견제 기능을 할 수 있는 것은 제도와 법률이지만, 최근에는 가스파리Gaspari 법안(2003년 12월 3일)이 상정되는 등 상황은 더욱 열악해지고 있다. 현재 이러한 감시 기능을 수행하고 있는 단체는 마니폴리테에 의해 결성된 몇몇의 시민단체, 시민사회, 마니폴리테 등이다.

에 확정된 새로운 연금법안, 각종의 법안들에 대한 국민 동의를 구할 때 사용하고 있는 것이다.

3-3-5. 베를루스코니 재등장의 의미와 2001년 총선의 정치적인 의미

집권 여당의 능력부족과 분열이라는 반사이익을 방송과 언론을 통한 이미지 정치로 집약시키는 데 성공한 베를루스코니는 재집권을 달성하였다. 그러나 베를루스코니 정권이 갖는 비민주성과 자본적인 특성은 이탈리아 특유의 정치제도 자체를 위협하는 것이며, 국가 이익보다는 자신의 기업 이익에 민감한 베를루스코니의 성격을 보여주고 있다. 이러한 의미에서 트란팔리아가 2001년 총선 전에 한 논문에서 밝혔던 다음의 이야기는 의미심장하다. "만약 베를루스코니가 자신이 소유하고 있는 미디어 수단에 의해 승리한다면, 이후 정치 상황은 베를루스코니의 기업 이익이 봉합되는 것이 아니라 오히려 더욱 격렬해질 것이다."[90]

이를 증명이나 하듯 집권하자마자 그는 국가의 효율적인 운영과 세계화라는 기치 하에 무려 40여 개에 달하는 법률의 '개혁'을 목표로 삼았다. 그중에도 가장 심각한 문제는 노동법 개정이었다. 노동법 개정을 둘러싼 정부와 노동단체들의 힘겨운 협상이 현재까지 계속되고 있다. 문제가 되는 노동법 18조는 노동자의 해고 문제를 다루고 있는 것으로, 특히 해고의 사유 등에 대한 기본 조항이다. 베를루스코니 정부는 이 해고 조항을 일방적으로 개정, 아니 개악하려는 것으로 아무런 사유 없이 해고가 가능하도록 법률을 수정하겠다는 의도를 담고 있다.

이에 대하여 노동단체의 입장은 명확했다. 절대로 이에 대한 개정은 있을

---

90) Maraffi Marco, *Forza Italia*, op. cit. 1995, p. 108.

수 없는 일이며, 노동조직의 사활을 걸고 이에 대한 반대 투쟁을 정권퇴진 차원으로까지 확대시켜 전개해 나가겠다는 입장이었다. 그러나 여전히 이후에도 베를루스코니는 몇 가지 눈에 띠는 실정과 악재를 두어왔다. 이탈리아는 지난 2001년 G8 정상회담을 제노바에서 개최하였는데, 회담기간 중 반세계화 시위대와 진압경찰의 충돌 과정에서 시위대의 젊은이 한 사람이 경찰이 쏜 총에 맞아 사망하는 사고가 발생하면서 베를루스코니의 책임문제가 거론되었다.

이에 대한 국민들의 반응은 2002년 지방선거에서 분명하게 나타났다.[91] 외형적인 선거결과만으로는 우파의 승리라고 볼 수 있지만, 내용상으로 보면 분명한 좌파의 약진이었다. 이후에도 그는 이탈리아 헌정 사상 최악의 법안으로 평가받은 치라미Cirami 법안을 제안하여 국회에서 통과시켰다. 이 법안은 사건 피의자가 심정적인 이유만으로도 재판부나 판사의 관할지까지 바꿀 수 있는 악법 중의 악법이었다. 이 법안 덕분에 베를루스코니는 자신이 연루된 여러 재판을 옮겨가며 받음으로써 시간을 끌었고, 결국 공소시효를 넘기는 데 성공하여 자신의 범죄사실에 면죄부를 받을 수 있었다.

베를루스코니의 악법 제정은 여기서 끝나지 않고 면책특권을 악용한 새로

---

91) 2002년 5월 26~27일에 걸쳐 이탈리아 전역에서 1천 200만 명의 투표권자가 26개 코무네 시장과 10개의 프로빈치아의 수장을 뽑는 선거로 현 집권 정부의 정책노선에 대한 국민적 평가를 보여줄 수 있다는 점에서 각별한 관심이 모아졌던 선거였다. 가장 관심을 모았던 코무네 선거는 제노바였는데, 제노바는 2001년 G8 정상회담이 열렸던 곳이었으며, 위의 '총기사망사건'으로 세인의 이목을 집중시켰던 곳이다. 이번 시장 선거에서는 좌파연합 후보가 66.4%를 득표하여 18.7%의 득표에 그친 우파연합 후보를 무려 세 배가 넘는 득표 차를 내면서 승리하였다. 즉 베를루스코니의 내정과 파시즘적 경찰 진압정책을 제노바 시민들은 분노하였고 이를 투표를 통해 확인시켜 주었던 것이다. 또한 중요한 점은 2001년 총선 결과와 비교한 득표율에 관한 것인데, 좌파연합이 43.2%의 전체 득표율을 얻어 총선의 41.8%보다 다소 상승한 득표율을 보였고, 우파연합은 51.2%를 얻어 총선의 54.9%에서 다소 떨어지는 현상을 보였다. 좌파연합 중에서는 좌익민주당(15.3%⇒17.5%)과 재건공산주의당(4.7%⇒5.2%)이 두드러진 약진을 보였으며, 이에 반해 우파연합에서는 현 총리인 베를루스코니가 당수로 있는 강한 이탈리아당(29%⇒21.3%)과 국민당(9.5%⇒8.2%)의 지지율이 현저히 하락한 반면 북부동맹(8.7%⇒11.7%)의 지지율은 상승하였다. www.repubblica.it 2002년 5월 28일자 기사 참조(검색일: 2004년 5월 29일).

운 법안을 제정하였다. 새로운 법은 국가의 5대 고위직(수상, 대통령, 국회 상원의장, 하원의장, 헌법재판소장)에 대한 면책권을 악용한 것으로 재위 중 여하한의 범죄로 기소되지 않는다는 법안이었다. 이 사건은 전 유럽을 경악 케 하였고, 2003년 하반기의 EU 의장국이었던 이탈리아를 불안의 눈초리로 쳐다보게 된 결정적인 계기가 되었다. 더군다나 2003년 12월 3일에는 이탈 리아 정보통신부 장관인 가스파리에 의해 제안된 법안이 제정되었다. 이 법 안은 언론의 독점과 사유화를 막기 위해 소유 지분 제한을 두고 있던 이전의 법을 소유 지분 철폐와 함께 광고시장의 독점을 허용하는 법이었다. 이는 언 론재벌 베를루스코니의 입지를 강화해주고 공영방송까지도 베를루스코니 소유가 될 수 있게 하는 법으로 간단히 말해 이탈리아의 모든 언론을 베를루 스코니가 소유할 수 있도록 하는 법안이었다.

이외에도 노사정 합의체제의 무시, 국민 동의 없이 이라크 파병 문제에 대 한 미국과의 공동보조, 미국의 신자우주의 정책에 대한 동조 등을 통하여 이 탈리아의 국가적 이익보다는 신흥자본가들과 금융 자본가들의 이익을 우선 시 하고 있다. 특히 무엇보다 자신이 소유하고 있는 기업 활동에 유리한 방향 으로 국가의 제도와 법률을 개정하려는 의도를 갖고 있다는 점은 베를루스코 니 정권의 성격을 잘 알 수 있게 한다. 이에 대한 국민들의 반응은 호의적이 지 않았다. 이전보다 더욱 강력해진 메스미디어의 베를루스코니 편향성에도 불구하고 지난 2004년 6월 16일 지방선거에서 좌파연정은 승리를 거두었 다.92)

---

92) 63개 프로빈치아와 19개의 코무네, 6개의 주도 등의 수장을 뽑는 이번 지방행정선거에서 1차 선거
가 끝난 뒤 대부분의 지역에서 좌파연합은 승리하였다. 좌파연합이 내세운 흑보들이 나폴리, 파르
마, 트레니, 페사로, 페루지아 등의 현(프로빈치아)에서 자치단체장으로 선출되었다. 특히 이탈리아
전통적 좌파지역으로 지식인들과 시민들의 의식수준을 보여주고 있는 볼로냐 시 선거에서 세르지
오 코페라티Sergio Cofferati는 55.9%의 득표율을 얻어 40.7%에 그친 우파연합이 공천한 과잘로카
Giorgio Guazzaloca를 물리치고 시장에 당선되었다.www.repubblica.it 6월 15일자 기사 참조(검
색일: 2004년 6월 16일).

따라서 2001년 총선 이후의 베를루스코니의 정책들과 정치적 행동 등을 종합해보면 베를루스코니 정권이 갖는 자체적인 정책개발 능력이나 중도적 이념 또는 노선에 기인하여 집권한 것이라기보다는 다음의 두 가지 요인으로 설명할 수 있을 것이다. 첫째는 외부 요인이라 할 수 있는 야당의 분열과 자본과 결탁한 변형된 변형주의에 따른 새로운 외부환경이 조성되었다는 점이다. 두 번째는 주관적인 요인이라 할 수 있는 기업형 정당의 효율적 대처 그리고 자신이 소유한 거대한 매스 미디어 그룹을 통한 이미지 정치에 성공함으로써 결정적으로 재집권하였다. 그러나 기존의 가톨릭과 반공주의라는 하부정치문화를 신자유주의와 미디어 포퓰리즘으로 대체한 것에 불과하다고 볼 수 있다.

3-4. 2006년 총선과 프로디의 귀환

3-4-1. 서론: 변화와 분열의 기로

이탈리아의 21세기 첫 10년을 정리하는 총선이 2006년 4월 9~10일 이틀에 걸쳐 실시되었다. 유럽에서는 매번 그렇듯이 5년 주기로 주요한 선거들이 각 국가들과 지역에서 연이어 치러지고 있는데, 2006년 이탈리아 총선 역시 뒤이어 예정된 프랑스 총선의 결과를 예측해볼 수 있는 의미 있는 자료가 된다는 점에서 많은 이들의 주목을 끌었다. 지난 5년간 베를루스코니 정부의 재신임 여부를 묻는 이번 선거의 최대 쟁점과 인물은 유럽연합 국가 중에 최저 수준을 기록하고 있는 이탈리아의 경제정책에 대한 국민들의 선택과 1996년 제1기 좌파연정의 수상이었고 유럽연합 집행위원장을 역임한 프로디를 앞세운 중도좌파연정인 연합의 승리 여부였다.

2001년 집권에 성공한 전문 경영인 출신인 베를루스코니는 자신의 경영

철학을 정치에 접목시키면서 국민들의 기대와 우려 속에서 연정을 이끌었다. 수상의 평균 재임 기간이 1년이 못되는 역사적 경험 속에서 5년 동안 장기집권에 성공한 배경에는 베를루스코니를 대체할 만한 집권 연정 내의 인물이 없었다는 점과 정부의 입장과 정책의 방향이 곧 베를루스코니의 그것과 동일하다는 점 등이었다. 2002년 연두기자회견에서 밝힌 40여 개의 개혁입법의 시도를 공언 한 뒤, 노동법 개악이나 자신의 이익과 관련된 법안을 차례로 개정했던 베를루스코니에 대해 국민들이 어떤 판단을 내릴지 바라보는 일은 제3자에겐 자못 흥미로운 정치 이벤트였다.

그러나 재집권에 대한 베를루스코니의 강력한 열망을 뒤로 하고 이탈리아 선거 사상 가장 적은 득표 차이(약 0.1%)를 통해 프로디를 내세운 중도우파 연합이 다시 한번 이탈리아 정치의 중심에 서게 되었다. 이번 선거는 몇 가지 점에서 이전 선거와는 다른 양상과 의미를 담고 있다. 여기에서는 이러한 2006년 이탈리아 총선의 결과를 통해 도출된 분석 가능한 기본 자료를 토대로 변화된 선거양상과 정치문화와 속성을 정치적인 의미로 해석하고자 하였다. 또한 이러한 변화의 양상이 이탈리아의 사회의 근본적인 변화나 의미를 담고 있는가에 대하여도 언급할 것이다.

이를 위해 몇 가지 기준을 통해 2006년 이탈리아 총선을 해석하고자 했다. 첫째는 선거제도의 변화를 통한 제도적인 수준의 분석과 그에 따른 해석이다. 둘째는 이전 선거결과와의 비교를 통한 선거 내용의 변화에 중점을 둔 정치·사회·문화 수준에 대한 분석 결과의 설명이다. 셋째는 이번 총선 결과로 인해 전개될 향후 이탈리아 정치의 정책 변화에 대한 전망 수준에 대한 것이다. 이러한 해석과 설명은 2006년 총선이 가져올 이탈리아의 정치문화와 선거제도에 대한 변화의 모습을 예상해보고자 한다. 또한 변화의 모습이나 양상이 신자유주의와 세계화를 지향했던 지난 5년간의 정책 기조 변화를 수반할 것인가의 문제에 대하여도 간단히 짚어보고자 한다.

현재 표출되고 있는 이탈리아 사회문제를 선거 결과와 함께 묶어 의미를 추적하고, 단순히 선거결과에 국한하지 않으면서 다양한 각도와 시각에서 보다 종합적인 분석과 해석의 기준과 계기를 제공할 것이다. 이러한 전개 과정을 통해 궁극적으로 현재의 이탈리아 사회의 주요한 특징을 담아내면서 아울러 그 변화의 양상이 갖는 속성이나 의미를 함께 제시하고자 한다. 어느 나라에서나 선거는 어떤 종류의 것이든지 중요하지 않은 것이 없다. 2006년 총선 역시 비교적 이념적인 틀과 다양한 색채의 정당들이 존재했던 역사적인 경험에 비추어 새로운 양상을 나타낸 것은 아닌가라는 조심스런 해석을 하면서, 정치적으로 역동적인 이탈리아를 둘러보겠다.

3-4-2. 선거제도의 변화: 제도적인 변화와 내용

75%의 단순다수제first-past-the post에 의한 소선거구제도와 25%의 비례대표제를 채택하였던 이탈리아의 선거제도의 틀은 여전히 2006년 총선에서도 유지되었지만, 내용면에서 이전 선거와는 달랐다. 기존의 선거제도에서 두드러진 특징이 파벌이나 지방의 후견인제도의 영향력을 감소시키기 위해 도입한 영국식의 1인 소선거구제의 불합리한 점과 비례대표제에서의 봉쇄조항[93] 이었다. 소선거제의 경우 이탈리아 정치의 오랜 폐해였던 후견인 제도의 완화에는 어느 정도 기여를 했지만, 의석수와 득표율의 불일치에서 오는 대표

---

93) 비례대표제의 경우 전국적 득표율이 일정 기준을 초과해야만 의석을 배분받을 수 있는데, 상하양원제를 채택하고 있는 이탈리아는 이에 대한 상원과 하원의 조항이 다르게 규정되어 있다. 정원 630명의 하원 비례 의석 배분의 기준은 정당명부에 대한 전국 유효득표의 4% 이상을 획득한 정당에 국한시켰다. 정당명부 후보자들 중 직접 출마하여 당선된 후보가 있을 경우에는 정당명부 득표 총수에서 직접출마 후보 당선자의 득표수를 감하며, 이때 감하는 득표수는 해당 선거구 전체 유효표의 25%를 충족시켜야 한다. 다만 당선 후보의 득표율이 해당 선거구 전체 유효표의 25%에 이르지 못할 경우 이 후보의 득표수 전체를 감산한다. 감산된 잔여 득표수는 당선자가 속한 정당명부에 대하여 해당 선거구에서 획득한 득표의 비율에 맞추어 각 정당에 귀속된다. 이에 반해 315명 정원의 상

성의 왜곡 현상이 발생했다. 이는 톤부지역이나 남부에 기반이 강한 지역 정당[94]들의 의석수 배분과 득표율이 일치하지 않는 경우가 많았으며, 정당간의 연합이나 정책공천 등을 강요하거나 비례대표 의석수를 할당받기 힘든 소수정당들의 연합을 피할 수 없는 것으로 만듦으로써 사표를 방지하고 소수의 유권자들의 권리를 대변하자는 비례대표제의 원칙이 희박해지는 현상이 발생했다.[95]

이러한 문제를 해결하기 위해 오랜 논의 끝에 2005년 12월 개정된 선거법은 비례대표의 원칙을 1993년 이전으로 돌림과 동시에 과반수 확보를 보장하는 방식을 채택했다. 이와 더불어 변화된 봉쇄조항sbaramento을 두면서 제1당이나 제1정당연합체에게 나머지 추가 의석을 모두 배분하는 다수정당 프리미엄 비례대표제를 채택하였다.[96]

새롭게 개정된 선거제도의 가장 큰 특징은 1위를 한 정당이나 선거연합체에게 하원과 상원 모두 과반수의 수치까지 결정하여 안정적인 정국운영이 가능하도록 보장했다는 점이다. 이는 상하양원에서 비례대표 의석수를 할당받은 각 정당이나 선거연합체의 최저 전국 득표율을 조정하여 최대 다수당에게 과반수를 보장하고 있다. 하원의 경우 선거 연합체의 경우 적어도 연합

원의 경우 비례 의석은 정당이나 선거연합별로 직접 출가한 후보자들의 총득표 수에서 다수대표로 당선된 후보의 득표수를 감한 표들을 각 주별에 다라 비당하여 환산한 후, 주별로 할당된 비례대표의 수가 지수 100에 대한 일정 비율 이상을 획득한 정당들에게 배분된다. 김종법(2004)과 www.interno.it/stampa.php?sezione=1&id=21931 (검색일; 2006년 6월 12일), 참조.

94) 예를 들면 1996년의 경우 북부동맹은 10.1%의 득표율로 20석의 하원의석을 차지했으며, 재건 공산당은 8.6%의 득표율에도 20석을 획득하였고, 이탈리아 개혁-디니(Rinnovamento Italaino-Dini) 당은 4.3%의 득표율에도 8석을 차지한 반면 소수연합정당인 POP-SVP-PRI-UD-PRODI 연합은 6.8%의 득표율에도 불구하고 4석밖에는 획득하지 못했다. www.repubblica.it/speciale/elezioni2001/camera.html(검색일: 2006년 6월 12일).

95) 이에 대해 정병기 같은 이는 베버Weber(1994)의 표현을 빌려 '다수대표제의 가면에 비례대표제가 숨겨져 있는 현상, 혹은 다수대표제 안에 비례대표제적 원칙이 실현된 현상'이라고 표현했다. 정병기(2006).

96) www.interno.it/legislazione/pages/pagina.php?idlegislazione=716 (검색일; 2006년 6월 13일)

체 소속 한 정당이 전국 득표율 2%를 초과한 상태에서 10%의 득표율을 획득
하거나 특별 주97) 중에서 전국에서 10%를 획득하지 않더라도 주에서 20%
이상의 득표를 했을 경우 비례대표 의석수를 할당받았다.98) 선거 연합체에
소속되지 않은 개별 정당의 경우에는 전국적으로 4%의 최저득표율을 획득
하면 비례대표 의석수를 할당받을 수 있다.

이렇게 하여 최대 다수당에게 '내부 과반수 확보 비율quozienti interi(하원
총의석의 54%)'을 배정하고 상원에서도 총의석의 55%를 확보토록 하는 것
이다. 이와 같은 선거법 개정을 추진했던 이는 다름 아닌 베를루스코니 전
총리였다. 정치 분석가들이나 주요 일간지들은 선거 이전부터 여론조사99)
나 모의투표 결과를 통해 중도좌파의 승리를 조심스럽게 예측했지만, 베를
루스코니는 자신의 대중적인 인기가 여전히 강고한데다가, 공영방송 RAI까
지 장악하면서 선거에서의 승리를 지나치게 과신하였기 때문에 이와 같은
선거법 개정을 밀어붙였다. 공산재건당을 비롯한 중도-좌파정당들은 이와
같은 개선안에 줄곧 반대했지만, 과반수를 확보하고 있던 집권여당의 법안
이 의회를 통과하는 데 큰 어려움은 없었다. 그러나 역설적이게도 베를루스
코니의 의도와는 전혀 다른 결과를 초래하면서, 선거법 개정의 혜택은 0.1%
차이로 신승한 좌파연합에게 돌아갔다.

또 다시 변화된 선거법100)에 따라 실시된 지난 4월 9일과 10일의 선거에

---

97) 이탈리아는 총 20개 주가 있는데, 이중에서 5개의 특별주가 있다. 이 번 선거에서는 특별 주인 트렌
티노 알띠 아디제 주의 경우에는 소수 언어 보호 지역 차원에서 해당 주 선거구에서 득표율 20%를
넘는 경우에는 전국 차원에서 10%를 넘지 않더라도 비례득표 의석수를 할당받을 수 있도록 했다.

98) www.interno.it/news/articolo.php?idarticolo=21931(검색일; 2006년 6월 13일)

99) 2006년 3월 22일부터 1주일간 지속적으로 여론조사가 진행되었는데, '중도좌파연합'(52%~52%)
이 '자유의 집'(47%~49%)보다 줄곧 앞서는 결과를 보였다.
www.repubblica.it/speciale/2006/elezioni_sondaggi/index.html (검색일: 2006년 6월 13일)

100) www.interno.it/stampa.php?sezione=1&id=21931(검색일: 2006년 6월 12일). 이와 함께 정병
기는 다음과 같이 새로운 선거법을 설명하고 있다. "모든 정당과 선거연립체들은 후보자 명부를
제출해야 한다. 하원은 총 630개 의석이 전체 26개 선거구의 득표율에 따라 배분된다. 그중 발레

서 좌파연합은 그야말로 드라마와 같은 승리를 연출했다. 총선이 끝난 직후 여론조사기관 넥서스Nexus 폴이 실시한 출구조사에서 중도좌파연합이 50~54%, 베를루스코니의 우파연합이 45~49%의 득표를 할 것으로 예상하였다. 또한 국영방송 RAI를 비롯한 현지 방송사들의 출구조사와 부재자투표 전화 설문조사에서도 중도좌파연합이 근소하게 앞선 것으로 보도되어 5년 만의 정권교체가 가능한 것으로 예측되었다.

그러나 실제로 개표에 들어가면서 양 진영의 득표율과 의석수는 엎치락뒤치락하면서 매시간 희비가 엇갈렸다. 특히 출구조사의 예측과는 다르게 우파 연정이 우세했던 자정까지도 출구조사의 예상과는 다른 실제 득표율과 결과가 나오는 것이 아닌가하는 이변을 확신하였다. 그러나 11일 새벽 1시 (이탈리아 시간)가 넘어서면서 미미하게나마 중도좌파연합이 우세해지자 개표는 말 그대로 한 치 앞을 예상할 수 없는 혼돈의 상황으로 빠져들었다.

언제든지 뒤집힐 수 있는 불안한 좌파연합의 우세가 90% 이상 확정된 것은 국내 개표가 모두 끝난 뒤였다. 이번 선거에서 특이한 것의 하나가 여섯 개에 달하는 해외 선거구였는데, 개표가 비교적 순조로웠던 국내에 비해 해외는 시차 문제 등이 얽혀 아직 개표가 끝나지 않은 상황이었다. 그러나 투

다오스타(Valle d'Aosta) 주 한 석을 포함해 618석은 18세 이상 국내 거주 이탈리아인(4천 700만)이 선출하고 12석은 역시 18세 이상 외국 거주 이탈리아인(260만)이 선출한다. 그러나 1위를 한 선거연립체나 정당이 과반수를 차지하지 못했을 경우에는 재외 국민과 자치주의 하나인 발레 다오스타 주를 제외하고 총의석의 54%인 340석을 우선적으로 배분받는다.…… 모든 선거연립체는 공동 강령과 공동 총리후보를 내야 한다. 한편 상원은 총의석 315석을 전체 20개(regione, 州) 선거구별로 후보 명부의 득표율에 따라 배분한다. 국내 309석 중 종신의원(현재 6명: 전직 대통령)을 제외한 의석은 25세 이상 국내거주 이탈리아인이 선출하고 6석은 25세 이상 외국 거주 이탈리아인이 선출한다. 상원도 역시 추가의석 제를 두어 주별로 1위를 한 선거연립체나 정당이 최소한 55% 이상을 확보하도록 했다. 그러나 상원의 경우에는 반드시 안정적인 다수로 연결되지는 않는다는 문제가 있다. 또한 주 단위로 순위를 매김으로써 전국 단위에서 1위를 한 정당이나 선거연립체가 다수를 확보하지 않을 수도 있다. 중도–좌파 선거연립체인 '연합'이 '자유의 집'보다 전국 득표율이 더 낮음에도 불구하고 다수 의석을 획득한 이번 선거가 바로 이러한 결과로 이어진 첫 번째 사례가 되었다. 봉쇄조항은 선거연립체의 경우 지역별로 55%, 전국 20%이며 연립소속 정당은 3%, 독자 출마한 정당은 8%이다." 정병기(2006) 참조.

〈표1〉 2006년 이탈리아 총선 결과

	연합		자유의 집		무소속	
	득표율	의석수	득표율	의석수	득표율	의석수
하원(총 630석)	49.8%	348	49.7	281	0.5%	1
상원(총 315석)	48.9%	158	50.2%	156	0.7%	1

자료: 내무부 선거국Ministero dell' Interno

표가 끝난 뒤 확정된 양 진영의 득표결과는 중도좌파연정이 0.1% 정도 앞서는 49.8%의 득표율을 얻었고, 우파연정은 49.73%를 획득하여 표 차이는 불과 2만 5천 224표였다.[101](〈표1〉 참조)

하원에서 중도좌파연합이 0.07%의 득표율과 2만 5천여 표라는 미미한 차이에도 다수당에 과반수 확보를 위한 비례대표제 할당 원칙이 적용되면서 실제 의석수는 67석이나 나는 결과를 초래했지만, 상원의 경우 오히려 '자유의 집'이 1.3%의 차이로 승리했음에도 의석수는 2석이나 모자라는 결과가 발생한 것은 앞서 이야기한 선거법의 결과였다. 그럼에도 불구하고 중도좌파 연합이 승리한 것은 새로운 선거법이 갖는 안정적인 국정운영의 원칙을 실현한 것이었고, 이는 이후 진행되었던 공화국 대통령 선거에서도 여실히 증명되었다. 따라서 개정된 선거법과 제도를 통해 이탈리아의 불완전한 양당제[102]가 완전한 양당제나 안정적인 정당체계를 바뀌게 되는 계기이자 제도 전환의 가능성을 보여주었다는 의미를 부여할 수 있었다.

---

101) www.corriere.it/Speciali/Politica/2006/Politiche2006/SEAS/camera/italia/20060409(검색일: 2006년 4월 9일).

102) AA.VV. a cura di Farnetti Paolo, *Il sistema politico italiano*, Il Mulino, 1973.

3-4-3. 정치·사회·문화의 변화: 선거 행태와 속성 수준에 대한 분석

신자유주의적 정책 기조를 유지했던 베를루스코니 정부의 이번 패배는 몇 가지 측면에서 변화의 양상과 결정적인 요소들의 작용을 원인으로 꼽을 수 있다. 먼저 소외계층을 중심으로 한 선거에 대한 관심과 참여의 증가이다. 〈표 2)[103]는 1972년부터 2006년 총선까지의 지난 30여 년간의 총선 투표율을 보여주고 있다. 서유럽 국가들 중에서는 드물게 투표율이 높은 이탈리아는 지난 수십 년간 계속적으로 투표율이 저하되고 있다. 그러나 올해의 투표율은 지난 10년간 최고의 수준에 달할 정도로 정치에 대한 관심과 정치권력에 대한 유권자의 선택 의지가 복원되고 있다고 조심스럽게 평가할 수 있다.

〈표2〉 총선투표 참여율: 하원

(단위:백분율)

연도	1972	1976	1979	1983	1987	1992	1994	1996	2001	2006
투표율	93.2	93.7	90.6	89.0	88.9	87.4	86.1	82.9	81.4	83.6

자료: 내부무 선거국Ministero dell' Interno

물론 2001년(81.4%)에 비해 2.2%가 증가한 수치만을 보고 정치에 대한 관심의 복원이나 국민에 의한 참여민주주의의 실현이라고 보기에는 어렵다. 특히 이번 총선의 가장 두드러진 특징이자 중요한 변수였던 해외 투표구의 설치는 낮은 투표율(상하양원 모두 39% 정도의 투표율을 기록)에도 불구하고 2001년에 비해 투표율이 높아졌다는 의미는 그만큼 많은 유권자들이 투표에 참여함으로써 정권교체의 밑거름이 되었다는 사실을 간과할 수 없기 때문이다. 해외 유권자의 수(약 350여만 명에 달하는 해외 유권자의 수)가

---

103) 비교와 분석의 유용성을 위해 이 그림은 정병기(2006)의 논문에서 재인용하였다.

증가하였고, 안정적인 과반수 확보를 위한 새로운 선거제도, 특히 12석이 걸린 하원의 해외 선거구에서 '연합'이 일곱 석을 차지함으로써 승리에 결정적인 원동력이 되었다는 사실은 베를루스코니가 재검표와 선거결과에 대한 불복을 불러오기까지 했다.[104]

실질적인 증가라고 보기 어렵다고 해도 이러한 투표율의 증가는 지난 5년간 베를루스코니 정책에 대한 심판의 성격을 갖는다는 점과 베를루스코니 정부의 정책 기조였던 신자유주의 정책의 희생자들이었던 젊은이들과 중남부의 농민과 빈부 계층들이 '자유의 집' 대신 '연합L'Unione'을 선택했다는 사실을 조심스럽게 분석해볼 수 있다. 이와 같은 사실은 다음의 표를 보면 확연히 드러나는데, 중부와 남부의 경우 '자유의 집' 득표율이 2001년 선거에 비해 줄어들었고, 반대로 투표율은 증가한 것으로 나타나고 있다.(〈표3〉 참조)

물론 '연합'과 '자유의 집' 모두 획득 표는 수치상으로 증가했지만('연합' 160만 표와 '자유의 집' 360만 표), 절대적인 측면에서 보면 '연합'의 지지율 신장세는 두드러진다. 특히 '연합'의 표는 2001년에 비해 160만 표 정도가 증가한 것으로 잠정 집계되었다.[105] 이는 2001년 총선에 비해 총 9.4%나 증가한 것이며, 이는 좌파연합이 승리하는 데 상당한 기여를 한 것으로 볼 수 있다. 더군다나 중부의 많은 주에서는 '연합'이 2001년에 비해 20%가 넘는 신장세를 기록한 점과 캄파니아, 라치오, 아브루조, 몰리제, 바실리카타 등의 중남부 주에서 득표율이 증가함과 동시에 '자유의 집' 득표율이 감소한 것은 바로 이러한 이유 때문이다. 득표율이 증가했음에도 '자유의 집' 득표

---

104) 실제로 베를루스코니는 1,100만여 표의 재검표를 요구하였고, 무효표 50만 표에 대해서도 기민당과 다른 정당에서 재검표를 요구했다. 이에 이탈리아 선관위는 8만여 표에 대한 재검표를 단행했지만, 선거결과를 뒤집지는 못했다.

105) www.istcattaneo.org/pubblicazioni/analisi/pdf/Analisi_Cattaneo_Voto_2006(검색일 2006년 12월 14일)

〈표3〉 지역별 투표율 비교(2001년과 2006년)

지역	증감율(%)*		유효증감 득표수(천표)**	
이탈리아 전 지역 평균	투표율(2006)	83.6	투표율(2001)	81.4
	연합***	+9.4	중도연합***	1,630.5
	자유의 집	+2.1	자유의 집	390.8
PIEMONTE 피에몬테	투표율(2006)	84.8	투표율	86.2
	연합	+5.8	중도연합	+79.1
	자유의 집	-1.6	자유의 집	-23.5
LOMBARDIA 롬바르디아	투표율	87.6	투표율	86.5
	연합	+5.3	중도연합	+138.7
	자유의 집	+4.2	자유의 집	+146.1
TRENTINO- ALTO ADIGE 트렌티노 알토-아디제	투표율	87.7	투표율	84.6
	연합	-1.8	중도연합	-7.4
	자유의 집	+16.6	자유의 집	+32.3
VENETO 베네토	투표율	87.7	투표율	85.1
	연합	+3.6	중도연합	+43.9
	자유의 집	+6.6	자유의 집	+123.3
FRIULI-V. GIULIA프리울리 줄리아	투표율	84.0	투표율	78.3
	연합	-2.1	중도연합	-7.7
	자유의 집	+6.6	자유의 집	+27.3
LIGURIA 리구리아	투표율	83.5	투표율	82.1
	연합	+0.3	중도연합	+1.6
	자유의 집	+0.2	자유의 집	+1.1
EMILIA ROMAGNA 에밀리아 로마냐	투표율	89.5	투표율	88.8
	연합	+1.1	중도연합	+19.2
	자유의 집	+1.6	자유의 집	+18.7
TOSCANA 토스카나	투표율	87.4	투표율	86.5
	연합	+3.3	중도연합	+48.9
	자유의 집	-0.4	자유의 집	-3.9

지역	증감율(%)*		유효증감 득표수(천표)**	
UMBRIA 움브리아	투표율	87,1	투표율	85,8
	연합	+5,2	중도연합	+16,6
	자유의 집	+1,7	자유의 집	+4,1
MARCHE 마르케	투표율	86,4	투표율	84,2
	연합	+7,9	중도연합	+41,2
	자유의 집	+3,4	자유의 집	+14,9
LAZIO 라치오	투표율	84,8	투표율	81,6
	연합	+13,0	중도연합	+210,2
	자유의 집	+2,8	자유의 집	+49,5
ABRUZZO 아브루조	투표율	83,7	투표율	77,8
	연합	+19,3	중도연합	+74,1
	자유의 집	−2,4	자유의 집	−10,1
MOLISE 몰리제	투표율	82,2	투표율	69,8
	연합	+10,6	중도연합	+10,2
	자유의 집	+13,1	자유의 집	+11,9
CAMPANIA 캄파니아	투표율	78,7	투표율	77,0
	연합	+28,0	중도연합	+387,0
	자유의 집	−0,4	자유의 집	−6,7
PUGLIA 풀리아	투표율	79,3	투표율	78,3
	연합	+12,3	중도연합	+132,7
	자유의 집	+1,8	자유의 집	+22,9
BASILICATA 바실리카타	투표율	80,3	투표율	75,1
	연합	16,0	중도연합	+30,5
	자유의 집	+9,4	자유의 집	+12,5
CALABRIA 칼라브리아	투표율	74,2	투표율	70,9
	연합	+34,6	중도연합	+165,2
	자유의 집	−11,4	자유의 집	−62,7

지역	증감율(%)*		유효증감 득표수(천표)**	
SICILIA 시칠리아	투표율	74.9	투표율	71.3
	연합	−16.8	중도연합	+174.2
	자유의 집	+4.2	자유의 집	+67.7
SARDEGNA 사르데냐	투표율	77.9	투표율	77.4
	연합	−15.1	중도연합	+72.3
	자유의 집	−4.8	자유의 집	−23.8

출처(La Repubblica; 2006년 4월 13일자와 카타네오 연구소 자료 참조)

*의 증감률은 2001년에 비해 2006년의 득표율을 게 대한 편차를 증감의 형태로 나타낸 것이다.

**는 2001년 대비 유효한 증감 득표수를 수치로 산정한 것이다.

***는 연합의 경우는 좌파연정에 포함된 모든 정당들을 의미하며, 중도좌파 역시 공산주의 재건당을 포함한 중도좌파연합을 의미한다.

율이 줄어든 것은 이전의 지지층이 투표를 포기하거나 '연합'에게 투표했다는 것을 의미한다.[106]

이와 같은 지지층 변화의 핵은 젊은이들(이탈리아는 하원은 만 18세부터, 상원은 만 25세부터 선거권이 있다)과 중남부의 주민이었다. 이탈리아는 유럽 주요 국가들 중에서도 높은 실업률을 기록하고 있으며, 그중에서도 가장 중요한 경제활동인구의 실업률이 높은 편이고, 특히 청년 실업률은 전체 평균 실업률에 비해 두 배에 달할 정도이다.[107] 그러나 더 심각한 문제는 지난

---

106) 남부의 주 중에서 '자유의 집'이 '연합'과 동시에 유효 총득표수가 증가했지만, 전년 선거에 비해 유효 총득표율의 증가가 '연합'의 증가율에 비해 현저히 감소됨으로써 전체적인 유효 득표율에서 상당히 뒤처지는 현상이 발생했다. 이는 결국 득표수는 증가했지만, 1인을 선출하는 소선거구제의 특성상 '연합'의 후보가 더욱 많이 당선되었다는 것을 의미한다.

107) 2005년 3/4분기를 기준으로 전체 실업률은 8.2%이지만, 15~24세의 청년 실업률은 25%에 달한다. 더군다나 북부와 남부의 실업률 차이는 거의 2배에 달할 정도인데, 북부의 경우 전체 실업률이 4.3%이며 15~24세 청년 실업률은 12.6%인데 반하여 중부의 경우에는 각각 6.7%와 22%의 실업

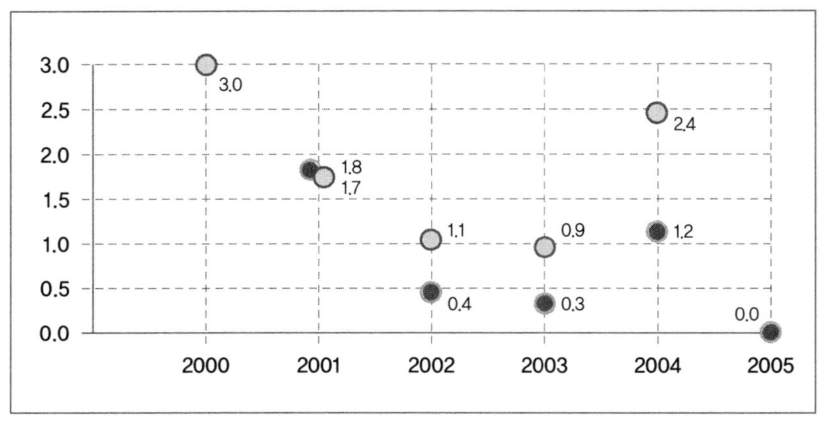

〈그림1〉 이탈리아 국민총생산GDP 및 유럽연합 국민총생산 증감률 비교

6년간의 경제성장률이나 국민총생산 및 국가 경쟁력 등의 분야에서 유럽에서 최하위권일 뿐만 아니라 세계 평균에도 못 미치는 결과를 나타내고 있다는 점이다. 〈그림1〉은 그러한 지표를 보여주는 경제지표들이다.

지표상의 수치를 통해 알 수 있듯이 이탈리아는 지난 5년간 다른 유럽의 주요 국가들에 비해서 실질적 경제 후퇴를 기록했다. 이러한 저성장과 경제 후퇴는 재임기간 중의 경제정책의 실패를 의미한다. 지난 5년간 베를루스코니 연정의 주요 경제정책의 방향과 기조는 신자유주의 세계화 정책이었다.108) 이탈리아와 같이 이미 공적인 영역에서의 사회 안전보장정책이나 복지정책의 근간을 오랫동안 유지하던 국가에서의 기반이 흔들릴 만큼 방향전

률을 기록하고 있으며, 남부는 더 열악해서 각각 15.6%와 41.2%의 실업률을 기록하고 있다. 수치상으로는 이전보다 나아진 것처럼 보이지만, 실제로 구직 희망자를 잠장 취업률로 산정하였다거나 취업률 중에서도 많은 수의 비정규직과 파트타임 근로자를 포함한 수치이기 때문에 실업률의 수치만으로 이탈리아 경제의 위치를 파악하기에는 한계가 있다. www.istat.it/salastampa/comunicati/in_calendario/forzelav/20050620_00/testointegrale.pdf(검색일: 2006년 6월 16일)

환을 가져왔다는 것은 곧 중산층 이하 국민들의 생활에 대한 질적 저하와 실질적 소득 저하를 피할 수 없다는 점에서, 베를루스코니 연정의 정책 기조는 많은 이들에게 비판의 대상이었다.

따라서 경제상황의 악화와 복지혜택의 감소 정책 등은 젊은이들과 중산층 이하의 국민들에게 정권 교체의 당위성을 심어주었을 것이다. 선거 행태의 분석과 이와 같은 득표율에 대한 해석은 다음 장에서 설명하는 구체적인 근거를 통해서도 확인할 수 있다. 특히 2001년 베를루스코니 집권 이후 5년간의 정책 수준에서의 변화는 많은 부문과 영역에서 정치적인 의미까지도 변화를 주게 되었으며, 그러한 정책 기조의 변화가 주로 신자유주의 정책으로의 전환에 기인하였다는 사실을 알 수 있다. 그렇다면 베를루스코니 집권 5년간의 중도우파연정에서 실시된 각 부문별 정책에서는 어떤 변화와 전환점들이 있었는가를 구체적으로 살펴보겠다.

3-4-4. 정책의 변화: 대내외 정책 수준의 분석과 전망

2001년부터 집권하였던 베를루스코니 정부는 국내외 정책의 기본입장을 매년 연초에 진행되는 신년 기자회견이나 정책발표를 통해 분명히 밝혔다. 특히 2002년 신년의 연두기자회견에서 베를루스코니가 행한 대국민 연설에서의 화두는 '변화와 개혁'이었다. 이를 위해 자신의 집권 기간 동안 40여 개의 법안을 개혁적으로 바꾸겠다고 이야기했으며, 그러한 일련의 법안 개혁의 출발점으로 삼은 것이 노동법 개정이었다. 문제의 쟁점이 되었던 노동법 18

---

108) 이러한 정책 기조에 대해 이미 베를루스코니는 정견발표와 연두기자회견 등을 통하여 분명히 밝혔고, 실제로 재임 기간 중에 입법한 여러 법률 중에는 기업경쟁력 강화나 국가 조직의 효율성 제고의 명분을 걸고 개정한 법률들이 상당 수 있다. 보다 자세한 내용은 다음의 책을 참조하시오. G. Alborghetti, *Il libro nero del Governo Berlusconi*, Nutrimenti, 2005.

조는 노동자의 해고 문제를 다루고 있는 것으로, 특히 해고의 사유 등을 다루고 있는 기본 조항이었다. 베를루스코니 정부는 이 해고 조항을 일방적으로 개정하면서 구체적인 사유 없이도 해고가 가능하도록 법률을 수정하겠다는 의도를 내비쳤다.

베를루스코니 정부의 주장은 노동시장의 경직성을 재고하면서 새로운 일자리 창출을 위해서 노동법의 개정이 가장 중요하고 기본적인 개혁 법안이라는 것이었다. 결국 노동자들과 국민들의 저항과 논란에도 불구하고 국민투표를 거쳐 확정된 새로운 노동법은 베를루스코니의 노동정책 심의관이었던 비아지Biagi가 입안한 법안109)을 모태로 하는 2003년 2월의 30호110) 법률이었다. 2003년 2월의 30호 법률은 베를루스코니의 신자유주의 정책 구축과 의도를 가장 정확하게 드러낸 법안이었다.

우파 연정이 50년이 넘게 집권했다고 하지만, 이탈리아에는 강력한 좌파 정당과 이를 뒷받침하는 노동자들이 존재하였기 때문에 비교적 노사 간 상

---

109) 이법의 초안을 작성한 비아지Biagi는 노동부 노동정책 심의관이자 베를루스코니 정부의 노동정책 입안가였다. 그는 2002년 10월8일에 자신의 저택 앞에서 피살되었는데, 붉은 여단Brigate Rosso이 용의자로 지목된 그의 피살사건은 베를루스코니 정부의 노동정책이나 경제정책에 유리한 환경을 조성하는 데 일익을 담당하였다.

110) 2003년 10월 24일부터 발효된 이 법안의 주요 내용은 다음과 같다.

1. 기존의 산업군이나 직종에 따른 직업분류를 단순히 계약의 내용과 종류에 따라 분류했다는 점이다. 계약의 내용에 따라 40여 개로 구분한 계약의 유형별 구분을 통해 계약 대상이 되는 노동자를 해당 기업의 사정이나 조건에 맞게 구분하여 선택할 수 있게 한 점은 이해할 수 있지만, 노동자들 간에 신분 구분을 지나치게 세분화함으로써 수직적이고 정규직과 비정규직 안에서도 계약의 유형에 따른 차별이 존재할 수 있게 한 현대판 카스트 제도라 비난받았다. 정규직과 비정규직이라는 단순한 이분법에 의해 노동자의 신분을 구별한 것이 아니라, 수많은 경우와 가지 수를 산정 하여 산업별 혹은 직종별로 계약의 유형을 선택할 수 있게 하였다. 언뜻 보기에 합리적이고 기업 경쟁력을 강화시키는 데 유효한 것으로 비쳐지지만 노동자들의 단결력을 약화시키고 더 나아가 회사의 여러 노조를 무력화하면서 동시에 전국적 차원과 산별 차원의 교섭구조에도 결정적인 영향을 미칠 수 있는 내용이었다.

2. 제5조에서 다루고 있는 육체 노동직의 수급과 사용의 주체가 되는 국영 및 민간기업들의 새로운 필요조건에 전국적 수준에서 조직을 갖춘 노조들만이 협상할 수 있도록 규정하고 있는데, 이는 이탈리아의 여러 정황이나 연건을 고려하면 쉽지 않은 부분이며, 외국인 노동자들의 경우 불이익의 여지가 너무 많다는 문제가 있다.

생의 정치와 경제구조를 지향해왔다. 또한 제조업 중심의 기존 산업자본가들의 경제적인 이해와 금융이나 방송 등의 서비스업을 대표하는 베를루스코니를 중심으로 하는 신흥 자본가 계급들의 입장이나 기업적 이해와 공존하기 힘든 성격을 갖고 있었다. 주지하다시피 세계적 재벌의 반열에 올라 있는 베를루스코니는 정경유착을 통한 신흥재벌로 특히 방송과 금융 등의 서비스 산업에 기반하고 있다. 이는 피아트나 올리베티 등의 기계산업과 섬유산업 등으로 대표될 수 있는 기존의 산업자본가들의 경제적 이해와는 다소 상충적인 요소를 갖는 것이었다.

노동시장의 유연화와 기업경쟁력 강화라는 목적으로 개정된 비아지 법안의 실행은 그 효과를 보기도 전에 사회적인 갈등을 조성하였고, 이 법안의 실효성에 대해 베를루스코니가 장담했던 경제 효과는 제대로 실현되지도 못했다. 실제로 지난 2004년에서 2005년까지 노동시장의 변화를 통계를 통해 보면, 많은 것이 바뀌었음에도 정부가 장담했던 노동시장의 '거품제거 효과

---

3. 제12조에서 다루고 있는 기금 4%에 대한 것은 아직 정부 쪽 안일뿐 기존 노조들과 합의가 안 된 사항인데, 노동자들 월급의 4%에 해당하는 금액을 노동자를 그용하는 회사에서 기금 형식으로 운영한다는 것이다. 그러나 실제로 기금의 액수가 너무 작고, 이러한 기금으로 노동자의 임금을 보전하는 데 한계가 있다는 지적이다.
4. 노동자의 권리와 직장을 보장받기에는 지나치게 한정적이고 일시적인 법안이라는 비판이 있다. 전국적이고 지역적 수준에서의 노동조합과 기업 간의 교섭이 진행되고 있는 기간 중이거나, 완결되지 않은 채 5개월이 흐른 뒤에는 자의적으로 노동부 장관이 포고령을 발할 수 있다는 예외 규정이 존재한다. 또한 6개월 안에 공공부문 장관은 공공부문 노동자 조직에 관한 포고령을 임의적으로 제안할 수 있다는 점 등은 충분히 악용 가능성이 있는 법안이라는 것이다. 또한 새로운 계약기간의 적용이 직종이나 계약에 따라 6개월이나 18개월로 한정된다는 점 역시 이 법안이 한정적이고 일시적이라는 비난을 받기에 충분하였다.
5. 결론적으로 이 법안을 통해서 그동안 정부가 지속적으로 주장해왔던 고용 기회의 확대를 통한 실업률을 낮추고, 사회보장금 규모를 감소하면서 비정규직 노동자 고용을 합법화하기에는 너무나 확연한 여러 부작용과 역효과가 발생할 수밖에 없다는 것이 노동계와 노동관계 연구자들의 일관된 주장이다. 파트타임 노동자들은 저임금과 불안정한 지위 속에서 언제 해고될 지도 모르는 위험에 노출되어 있고, 정규직 노동자 역시 끊임없이 위협받고 있는 해고의 위험과 불안전한 노후대책에 시달릴 수밖에 없다는 평가가 지배적인 것이다. 보다 상세한 내용은 이탈리아 국가노동경제위원회CNEL의 사이트(www.cnel.it)를 참조하시오.

L'effetto di scrematura' 는 발생하지 않았다.111) 더군다나 세 개의 주요 상급노
조가 결국 비아지 법안의 개정 약속과 시행유보를 얻어냈다는 점과 정부의
우군이라 할 수 있는 사용자단체나 기업가 단체들 역시 이 법안에 대해 그리
우호적이지 않았다는 사실도 베를루스코니의 노동정책이 그리 성공적이지
않았다고 평가할 수 있다. 노동시장의 유연화를 통한 국가경쟁력 강화라는
신자유주의 정책 기조를 강조하고자 했던 베를루스코니의 식언은 이탈리아
의 국가 경쟁력 지표를 통해서도 여실히 증명되었다.

〈그림2〉 1998년부터 2005년까지의 이탈리아 국가경쟁력 지수 추이

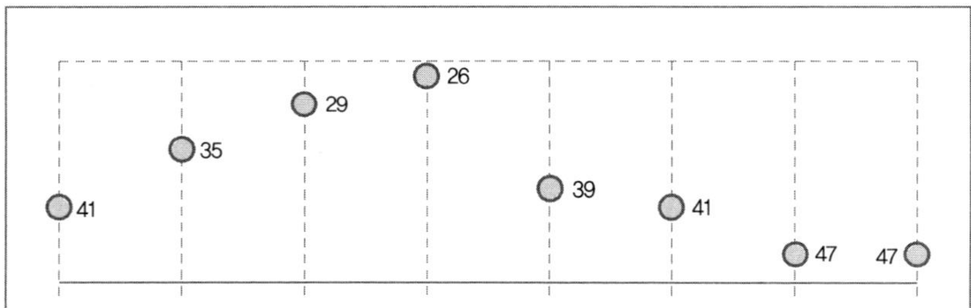

출처:World Economic Forum(WEF)

---

111) CGIL 내 부설 연구소인 Ires와 Nidil은 550명의 노동자들에 대한 표본조사를 통해 지난 2003년 10
월부터 2004년 9월까지의 노동자들의 지위변화와 관련된 결과와 그에 따른 의식변화를 보여주는
자료를 발표했다. 이 발표에 따르면 11%에 해당하는 60명만이 법안 전과 동일한 조건에서 일을
하고 있으며, 정규직의 지위를 갖고 있다고 대답했다. 또한 4%만이 고용주로부터 재고용과 계약
갱신을 제안 받았을 뿐 나머지는 계약이 끝난 뒤 아무런 직업보장을 받지 못했다고 응답했다.
44.2%는 제안조차 받지 못했고, 30.5%는 계약조건을 조정중이라고 답했으며, 9.1%는 부가가치
세 문제를 해결하지 못한 상태라고 응답했으며, 나머지 5%는 시간이 흐르면 계약문제가 해결될
것이라 답했다. 설문에 응한 노동자들의 순수입을 살펴보면, 44%는 월 800에서 1, 200 유로의 급
여를 받으며, 25.5%는 400에서 800 유로의 수입을, 7.7%는 여전히 월 400 유로 이하의 수입으로
생활한다고 응답했다. 또한 고용주들 중에서 계약문제 등에서 법안 이전과 동등하거나 같다고 대
답한 사람은 모두 48.3%에 달했고, 34.7%는 법안 발효 후에 더 열악해졌다고 생각하고 있으며,
17%만이 이전에 비해 향상되었다고 대답했다. 출처(www.ires.it)

국가경쟁력 순위 역시 2002년 32위에서 2005년 53위로 주저앉았다.112) 결국 베를루스코니가 추진했던 노동시장의 유연화와 기업과 국가 경쟁력 강화란 노동자 지위의 불안정성을 통하여 강력한 정치세력이자 자신을 지지하지 않는 노조를 무력화하고, 주요 지지계층인 자영업자들의 경제 이익을 보다 강화하면서 동시에 자신의 기업 이익을 국가정책으로 전환시키려는 의도를 담고 있는 것으로 판단할 수 있다. 이러한 실례의 전형적인 법률이 메를로니Merloni 법이었다.

메를로니 법안은 2002년 집권하자마자 준비하여 발효시킨 것으로서 침체된 국내경기의 활성화를 위해 사회간접자본에 대한 투자와 활성화를 촉진하는 법안이다. 물론 표면적인 의도는 국내경기의 활성화이지만, 실제로 이 법안의 혜택을 누릴 수 있는 기업들은 건설과 금융 분야에 집중되어 있음을 알 수 있다. 이는 베를루스코니 주력 기업이 건설과 금융이라는 사실을 고려하면 이 법안이 돌아올 혜택의 수혜자가 누가 될 수 있을 것인지는 명약관화한 일이었다. 이는 피아트 사태113)로 분명히 증명되고 있는데, 이탈리아 자동차 산업의 중추라고 할 수 있는 피아트사가 여러 문제 등으로 어려운 위기 상황에 빠졌지만, 정부는 거의 방임하다시피 함으로써 결국 GM과의 합작으

---

112) 이외에도 지난 5년간 이탈리아 경제상황에 대한 부정적인 공과에 대해서는 다음의 책을 참조하시오. G. Alborghetti(2005), pp. 80~154. 참조.

113) 가장 큰 문제는 잇따른 책임 경영자의 죽음과 피아트 자동차들의 판매부진 등으로 인한 경영난 악화였다. 특히 피아트 그룹의 정신적인 지주이자 실질적 소유주였던 움베르토 아넬리 회장의 죽음은 어려운 피아트의 상황을 더욱 악화시켰다. 형인 죠반니가 2003년 2월에 사망한 뒤 그룹 회장직을 수행하던 동생 움베르토의 연이는 사망은 피아트의 전망을 더욱 암울하게 하는 것이었다. 물론 피아트사의 경영에 참가하고 있던 GM의 입장에서야 움베르토의 사망이 GM의 영향력 확대 및 투자확대의 가능성 면에서 호기일수도 있지만, 이탈리아 경제를 전체적으로 본다면 단순한 피아트의 문제가 아닌 경제 위기 상황까지 초래할 수 있는 중차대한 사안이었다. 피아트사의 창업주 및 그 가문을 떠받치고 있던 유력한 인물들의 엿단 죽음은 피아트사의 장래를 어둡게 할뿐만이 아니라 외국 자본의 지나친 유입으로 인한 금융 산업의 위기까지도 초래할 수 있다는 측면에서 충분한 함의를 가질 수 있는 사건이었다. 세계적인 규모나 수준에서 초대형 금융기관을 갖고 있지 않은 이탈리아에서 지나친 외국자본의 유입과 외국계 기업이 주도하는 금융사의 인수합병 등은 건전한 국내자본에 의해 유지되는 이탈리아 경제력을 저해할 수 있는 요인이 되기 때문이다.

로 나타나게 되었다.

이와 같은 연장선에서 실행된 연금법 개정 문제 역시 이탈리아 사회를 또 다른 갈등 국면으로 나아가게 하였다. 연금제도는 사회 문제일 뿐만 아니라 노동조직 조합원의 대부분을 차지하고 있는 연금생활자들에 직접적으로 연결되는 문제이기 때문에 쉽사리 처리할 수 있는 성격의 문제는 아니었다. 더군다나 베를루스코니의 1994년 실각의 직접적인 원인이 바로 이 연금법 개정에 대한 국민적인 저항이었음을 고려한다면, 사안 자체가 쉬운 문제는 아니었다. 그러나 정부의 입장에서 유럽연합의 회원국으로서 준수해야 할 "유럽연합의 성장과 안정 조약"의 규정인 예산 적자폭이 GDP의 3% 이내라는 점이나 국가예산에서 연금부문이 차지하고 있는 비율 14%는 결코 무시할 수 없는 것이었기에 이를 개정하지 않을 수 없었다. 결국 2004년 2월 19일에 다소 완화된 연금법 개정안[114]을 제출했다.

이와 같은 일련의 법안들의 공통 목적은 이탈리아 경제의 근본적인 구조 개혁을 통해 현재의 신자유주의 경제구조 속으로 편입시키려는 것이었다. 그러나 이에 대한 국민적인 합의가 분명하지 않은 상태였고, 사회보장정책이나 노동정책이 그다지 커다란 변동 없이 노사 간의 상생과 합의라는 커다란 틀에서 잘 작용하고 있던 이탈리아 경제구조의 토대 변화에 대해 국민들이나 노동자들이 반대함으로써 경제적인 이해관계에 따라 극단적인 계층과 계급으로 분열시키게 되었다.

더군다나 집권 이후 지속적으로 시도하고 있는 여러 법안들의 개정은 사회적 안정을 가져온 것이 아니라 오히려 사회 안정을 더욱 불안하게 하였다. 가장 대표적인 법안이 2001년 치라미 법안[115]이다. 이 법을 통과시킴으로써

---

114) 개정안의 주요 내용은 2008년부터 35년의 연금납입기간을 준수하여 연금의 수령가능 연령을 남성과 여성 모두 60세로 한다는 것이다.
115) *La transizione italiana*, p.132.

베를루스코니는 자신이 연루된 부정부패 사건들에 대한 추궁을 무마시키는데 성공하였다. 이 법안의 골자는 사건의 피의자가 판사나 재판부가 적대적이라고 판단되면 재판 관할지나 재판부의 변경까지 요청할 수 있었다. 베를루스코니는 이러한 점을 악용해 몬다도리 사건이나 핀인베스트 사건 등에서 공소시효 만료로 무혐의 처리되었다.

2002년에는 국가 5대 고위직 면책특권법, 2004년 12월에는 언론사와 방송사의 소유 지분(이전에는 20%의 개인 소유 지분 제한)과 광고 수주비율 등의 제한비율을 폐지시켜 독점을 강화할 수 있는, 법과 같은 악법을 제정하였다. 이는 재력을 이용하여 공영방송(RAI가 대표적인 공영방송이다)까지 자신의 수중에 넣겠다는 베를루스코니의 의도가 담긴 법안이었다.

이는 미디어세트Mediaset라는 방송그룹을 소유하고 있는 베를루스코니에게 절대적으로 우호적인 법이었다. 정권 수립 이후 베를루스코니의 방송권 장악 의도와 자신이 총수로 있는 미디어세트에게 유리한 정책을 끊임없이 전개해왔다는 면에서 이 법안으로 인해 공영방송마저 자신이 장악할 수 있을뿐만이 아니라 광고 수주면에서도 미디어세트의 수익성이 증가할 수 있었다. 실제로 정권 수립 이후 양대 방송사인 라이RAI와 미디어세트의 경영실적을 나타내고 있는 〈표4〉는 이러한 가능성을 현실로 보여주는 증거이다.

베를루스코니 정부아래 개혁이라는 이름으로 행해진 이와 같은 일련의 법률 개정은 이탈리아 사회의 여러 분야에 새르운 갈등과 기업적 인식을 도입

〈표4〉 라이와 미디거세트의 총수익 비교

(단위; 백만 유로)

2003		2004	
RAI	MEDIASET	RAI	MEDIASET
807.0	1,423.6	758.8	1,512.9

출처: 2004년 라이와 미디어세트 결산회계보고서

함으로써 경쟁 사회와 양극화라는 신자유주의 정책 기조가 갖는 폐해들을 증가시켰다. 이러한 성격의 대표적인 법률 하나가 바로 이탈리아 공교육 체계116)를 뒤흔들 만큼 위력이 컸던 모라티Moratti 법률이었다. 2001년 집권 초기부터 준비한 이 법안으로 인해 국가의 공교육 시스템은 위기에 내몰리게 되었고, 중산층 이하 국민들은 그동안 비교적 저비용으로 자식들 교육을 시킬 수 있었던 상황에서 고비용의 교육비 부담을 감내할 수밖에 없는 상황으로 내몰리게 되었다.117)

이외에도 집권 기간 중 지속적인 이주노동자의 증가는 이탈리아의 정체성과 문화충돌의 문제를 돌출시켰고, 베를루스코니 자신이 연루된 부정부패

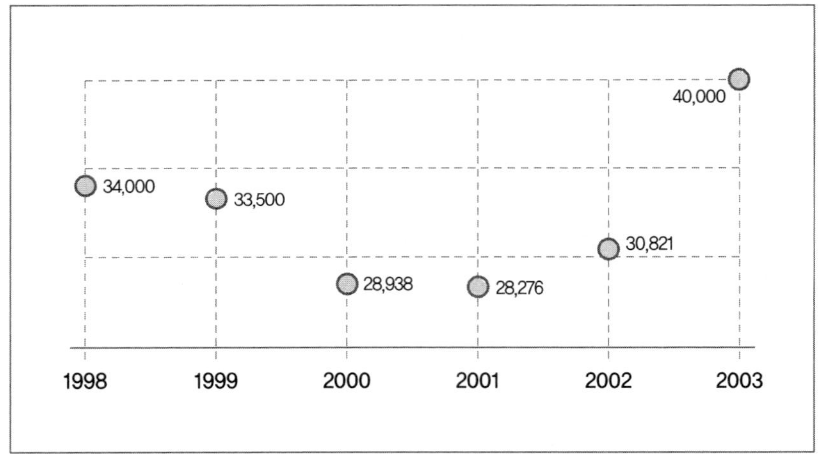

〈그림3〉 1998년~2003년 사이 건설 관련 부정부패 사건 추이

(단위; 건)

환경운동연합Legambiente

---

116) 이탈리아 통계청ISTAT 자료에 의하면 이탈리아에는 약 총 8,868,000명 정도의 학생 수를 기록하고 있다. 이중 약 85.8%에 해당하는 7,609,000명 정도는 공교육 기관에 재학 중인 학생들이고, 약 14.2%에 해당하는 1,258,000명의 학생들은 사교육 기관에 재학하고 있다. G. Alborghetti, 2005, p. 137.

117) 모라티 법률에 대한 보다 자세한 내용은 G. Alborghetti, 2005, pp. 157~195.을 참조하시오.

사건들로 인해 '법에 의한 정의 구현'이라는 사회 정의는 실현이 불가능할 정도였고, 앞서 언급한 치라미 법률은 그러한 시도의 결정판이었다. 또한 마니폴리테라는 불법정치자금에 대한 정풍운동 이후 잠잠하던 부정부패 사건이 급등하기도 하였다(《그림3》 참조).

새로운 사회 갈등 야기와 부정부패의 지속 등은 베를루스코니 정부가 추진해온 연방제로의 전환 문제를 통해 이탈리아 사회의 정체 문제로까지 발전하게 되었다. 베를루스코니가 제기한 연방제로의 전환 문제는 단순한 정체나 정치제도의 변화라는 측면 이상의 의미를 담고 있다. 이탈리아 정가에서 연방제로의 전환 문제가 베를루스코니 정부에 들어서서 처음 시도된 것은 아니었다. 지난 1999년부터 이탈리아는 미국식의 상하 양원의 연방제로 가기 위한 작업들을 지속적으로 해왔다. 이를 위해 몇 년간 준비를 하고 합의하여 제출된 연방제법안이 2001년 4월에 정부에 의해 임시법안의 초안으로 마련되었다.

이후 정권이 바뀌면서 베를루스코니에 의해 다시 한번 개정을 하였고, 2004년 10월 15일에 개정안이 상원과 하원 양원을 모두 통과하였다. 그러나 이 문제는 다시 한번 정치권에서 논의가 되었고, 결국 2006년 총선을 앞둔 시점에서 비례대표제를 중점적으로 바꾸는 방향에서 법률 개정으로 결론지어졌다.

상황이 이렇게 전개 된 데에는, 특히 야당이던 좌익민주당DS 등이 법안에 서명조차 하지 않았을 뿐더러 마르케Marche를 위시한 몇몇 주가 중심이 되어 헌법재판소에 헌법위헌소지에 대한 청구를 하였기 때문이었다. 현재의 중앙정부와 지방정부의 간의 정치적인 역학관계를 심하게 훼손하고 있고, 북부 동맹의 자치를 지나치게 허용하는 쪽으로 법을 개악함으로써 일국 다체제라는 최악의 상황을 초래할 수도 있다는 것이 헌법소원을 발의한 쪽의 입장이다.

법안의 주요 내용은 양원제를 보다 명확하게 연방제 개념의 상원으로 확정하는 것이며, 하원의원의 수를 현재 630명에서 518명(이중 18명은 해외에서 거주하는 이탈리아 인의 대표로 선출하는 것을 골자로 한다)으로 상원은 315명에서 252명으로 축소하는 것이다. 또한 피선거권 역시 하원은 21세로 상원은 25세로 하향조정했다. 그 외에는 주로 지방자치에 관련된 헌법 제114조에서 제134조까지의 내용을 부분 또는 전체조항을 바꾸는 것을 포함하고 하고 있다. 언뜻 보면 국민의 세금으로 운영되는 의원 수 축소와 선거권의 확대라는 효율성 강조의 긍정적인 효과를 기대할 수 있지만, 보다 근본적인 문제는 다른 곳에 있었다.

이는 단순히 헌법 개정으로 변경되는 국회의원의 수나 지방자치의 내용을 조정하는 문제가 아니라 현재 대통령이 갖고 있는 책무를 제한하여 정부해산권을 수상에게 넘겨주는 방안과 지방 경찰권과 의료, 보건, 교육 부문에 대한 지방자치단체로의 이양을 주요 골자로 하고 있는 문제였다. 이 문제는 결국 베를루스코니 개인의 정치적인 야심과 집권여당에 속해 있는 북부분리주의 정당의 정치적 요구사항을 포함하여 대통령제로 전환하기 위한 전단계의 성격을 갖는다는 점이다. 따라서 헌법 개정 문제는 간단하게 결정할 수 없는 것이었고, 만약 베를루스코니가 재집권에 성공했다면 이 문제는 전개 결과에 따라 몇 개의 이탈리아가 생겼을지도 모르는 일이었다.

이런 상황에서 어렵게 승리한 좌파연합은 그동안 흐트러졌던 대내외 정책의 기조를 다시 한번 추스르고, 유럽통합의 방향이나 대외 정책의 기조를 수립하였다.[118] 총선 승리 이후 조각된 내각의 구성을 보거나 각부 장관들의 면모에서 이미 그러한 의지 표현을 읽을 수 있었으며,[119] 오랫동안 이라크

---

118) 지난 5년간의 이탈리아 대외정책과 대유럽연합 정책에 대한 것은 다음의 글을 참고하시오. 이탈리아의 경우 대외정책의 기본 틀이 미국과의 입장이라는 측면과 유럽의 인간존중 가치관이 혼재된 상태에서 교황청의 의지 등에 의해 많은 영향을 받았다. 또한 유럽통합과 관련하여도 유럽주의와 대서양주의가 공존하는 형태를 취하고 있었다. 그러나 베를루스코니 정부에서는 친미 성향이 상당히 강했으며, 국내의 다양한 목소리들과 입장들이 제대로 반영되지 않은 측면이 있었고, 대서양주의에 보다 가까이 서게 되었다. 이러한 정책 흐름은 정권교체에 따라 상당한 노선전환이 예고되고 있다. 이탈리아의 대외정책에 대하여는 다음의 책을 참고하시오. S. Romano, *Guida alla*

전쟁에 개입하고 있던 이탈리아의 대외정책 역시 철병을 비롯한 모든 가능
성이 재검토되었다.

3-4-5. 2006년 총선의 정치적 의미

사상 초유의 박빙 승부를 통해 정권교체를 이룬 2006년 총선에서 초래된 극
단적인 분열과 대결 구도는 그렇지 않아도 분열된 이탈리아의 갈등이 쉽게
가라앉지 않을 것이라 예상되었다. 선거에서 패배한 쪽이나 승리한 쪽 역시
이를 치유하기가 쉽지 않다는 커다란 정치적 문제가 불거질 수밖에 없었다.
결국 이번 선거 결과를 통해 다음의 몇 가지 사실을 분명하게 읽을 수 있다.
첫째는 2001년 이후 5년간의 베를루스코니 정부가 보여준 실정이 장기적인
경제적 침체와 함께 국민들에게 변화의 바람을 불게 했고, 이러한 변화와 정
권교체의 열망이 표로 나타난 것이었다.

둘째는 1996년 이래 다시 한번 중도좌파연합이 프로디를 중심으로 결집
함으로써 새로운 유권자들, 특히 젊은이들과 중남부 서민들 및 자영업자들
이 향후 총선에서도 중요한 역할을 할 수 있을 것으로 기대되었다. 특히 공
산주의 재건당이 연정 안에 들어옴으로써 중도좌파 연정의 득표율을 결집시
켜 베를루스코니의 재집권을 막을 수 있었다. 여기에 유럽연합 집행위원회

---

politica estera italiana Rizzoli, 2004, Etore Greco, a cura di A. Colombo e N. Ronzitti. *La riforma della composizione del Consiglio di Sicurezza dell'ONU: sviluppi del dibattito e posizione dell'Italia.* in *L'Italia e la politica internazionale* il Mulino, 2005, pp. 85~97. e R. Aliboni e G. Bonivicini. *La poltica estera dell'Italia.* in *L'Italia e la politica internazionale* il Mulino, 2005. pp. 99~113.

119) 1996년 올리보 동맹의 제2기 내각의 수상이었던 달레마가 부수상 겸 외무부 장관으로 입각한 것
은 그동안 이탈리아 대외 정책 기조에 상당한 변화가 있으리라 예상되며, 유럽부 장관에 여성의
힘Rosa del Pugno 정당 출신의 엠마 보니노Emma Bonino가 임명하여 대유럽연합의 정책 기조
역시 유럽주의를 강화시켰다.

의장을 역임하면서 보여주었던 프로디 개인의 인기와 역량 역시 선거에서 표로 나타난 것으로 볼 수 있었다.

셋째는 이탈리아의 다양한 정책과 이념들에 기반 하였던 양극 다당제라는 정당 구조가 친베를루스코니와 반베를루스코니라는 양극체제로 굳어질 가능성이 있으며, 이는 향후 불완전한 양당제 하에서 오랫동안 잦은 정부교체로 정국이 불안정했던 이탈리아가 완전한 양당제 체제를 구축할 수 있는 계기가 조성되었다는 점이다.

넷째는 베를루스코니를 정점으로 하는 국민들의 갈등과 대립의 양상이 보다 치열하고 복잡해질 것이라는 점이다. 실제로 이번 총선을 통해 나타난 민심은 극한 대결 양상을 보이고 있으며, 승자와 패자라는 이분법적인 사고가 지배하고 있다. 이는 총선 이후 프로디 정부의 정국운영이 순탄치 않을 것이라는 사실을 쉽게 예측할 수 있었다.

어쨌든 2006년 총선 결과는 향후 이탈리아에서 당분간 진통과 갈등의 양상을 지속시켰으며, 언제든 폭발할 시간만 남겨두고 있었다. 실제로 선거 직후 우파연정은 재검표를 주장하고 나섰고, 재검표의 결과에도 불구하고 일부 지지자들은 결과에 승복할 수 없다는 입장을 표명하였다. 또한 '우리와 적'으로 나눠진 이탈리아 국민들의 표심 역시 쉽게 치유할 수 없는 것이었다. 더군다나 이러한 표심이 지역별로 분명하게 갈렸다는 점 역시 그렇지 않아도 '남부문제'라는 지역문제와 북부 지역 안에서도 '동서문제'로 나뉜 소지역문제 등이 복잡하게 얽히면서 정치적인 결단이나 해결이 어려움을 겪게 되었던 원인이 되었다.

3-5. 2008년 총선과 좌파의 몰락

3-5-1. 2년 만의 총선과 3선의 베를루스코니

이탈리아 의원 임기는 5년이기 때문에 일반적으로 총선 주기 역시 5년이 통상적이다. 1948년 이탈리아 공화국이 성립한 이후에도 정부의 임기가 평균 1년이 안 되었음에도 불구하고 5년 총선 주기는 특별한 경우를 빼고는 비교적 지켜졌다. 그런데 2006년 총선이 끝난 뒤 2년이 지난 뒤 다시 치러지는 2008년 총선은 몇 가지 중요한 정치적인 의미를 부여할 수 있다. 2008년 4월 13~14일 이틀간 실시된 이탈리아 총선에서 프로디 정권의 교체가 현실화되어 이미 두 번이나 수상을 역임했던 베를루스코니가 이끄는 연합정당이 승리함으로써 집권당이 바뀌는 결과를 가져왔다.

또한 이전 총선에 비해 저조한 투표율과 총선 이슈의 가장 중요한 문제가 '경제 살리기'였다는 점을 보면 2008년 총선의 주요 이슈가 경제문제라는 점을 분명히 부각시킨 선거였다. 더군다나 비록 역사적 배경이 다르긴 하지만 비교적 진보적이라고 할 수 있는 좌파정당들[120]이 원내 진입에 실패한 점이나 진보적인 가치의 약화 현상은 2008년 이탈리아 총선의 가장 중요한 의미였다. 또한 지역적 지지기반이 뚜렷한 지역정당의 새로운 부상은 총선에서 다시 한번 '지역'이라는 요소가 투표에서 지지 여부를 결정하는 주요 변수로 작용하였다는 사실을 보여주었다.

2년만의 총선에서 다시 한번 화려하게 복귀한 베를루스코니와 그에 반하여 이탈리아 의회에서 쓸쓸하게 퇴장한 진보정당들이라는 정치적인 의미를

---

120) 이 부분은 다소 오해의 소지가 있는데, 이탈리아의 경우 민주당(구 좌파민주당)을 순수한 의미에서 좌파정당으로 분류하기 어렵고, 한국의 경우에도 통합민주당을 비롯한 창조한국당이나 민노당 및 진보신당을 유럽의 좌파정당으로 분류할 수 있느냐의 문제가 남는다.

부여했던 2008년 총선은 2008년 새롭게 집권한 이명박 정부의 등장과도 유의미한 유사성을 보이고 있다는 점에서도 흥미로운 선거였다. 이에 2008년 이탈리아총선을 중심으로 이탈리아 특유의 정치문화와 선거제도를 통해 총선 결과에 대한 정치적인 의미를 함께 다루어보고자 한다.

3-5-2. 2008년 이탈리아 총선 결과 분석

많은 사람들은 유럽의 주요 국가 중에서 정치적인 안정성 기반이 가장 약한 국가로 이탈리아를 꼽는 데 주저하지 않는다. 이탈리아는 1948년 국민투표에 의해 의회중심의 공화국 체제를 결정한 뒤 2006년까지 재임한 수상의 평균 기간이 약 9개월 정도에 이를 정도로 1년 이상의 정부가 지속된 경우가 별로 없었던 역사적인 경험을 갖고 있다. 2001년 베를루스코니가 이끄는 중

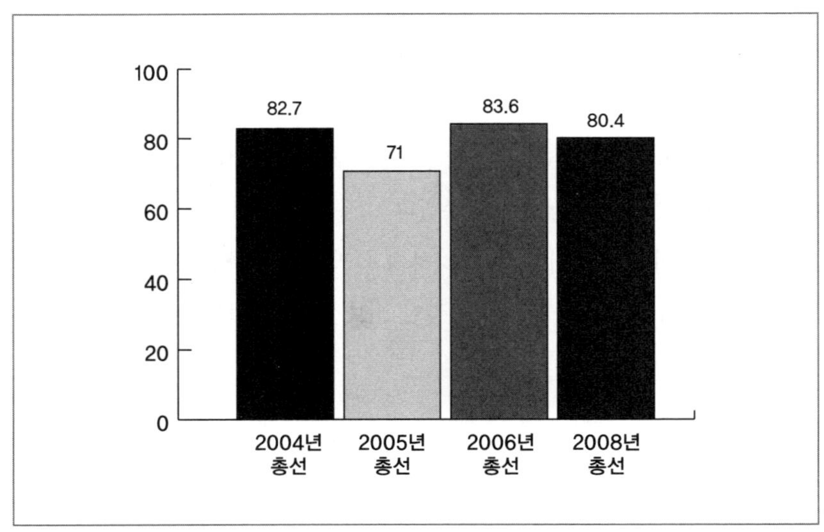

〈그림1〉 이탈리아 총선/주 선거 투표율 추이

도 우파정당이 승리 한 뒤, 베를루스코니라는 정치인이 무려 5년 동안 장기집권 한 것이 예외였다는 사실은 이를 증명하고 있다. 2008년 1월 23일 프로디 총리에 대한 불신임안의 부결로 실시된 2008년 총선은 베를루스코니의 승리가 이미 예견되었을 만큼 여론조사나 여러 상황에서 중도 좌파연정에게 우호적이지 않았던 선거였다. 이러한 분위기는 총선 투표율에도 반영되어 최근 총선에서 가장 낮은 80.4%의 투표율을 기록했다.(〈그림1〉 참조)

그림에서 보듯 최근 선거에서 가장 낮은 투표율을 보인 요인으로 주로 거론하는 것에는 다음과 같은 원인들이 있다. 첫째, 유권자들이 아프가니스탄 파병 연장 안을 통과시킨 중도좌파연정의 정체성에 대한 실망이었다. 둘째, 프로디에 걸었던 경제회복의 기대가 무너지면서, 그에 대한 상대급부적 대안으로 떠오른 부패한 전임 총리를 어쩔 수 없이 선택할 수밖에 없다는 현실적인 이유였다. 셋째, 프로디 총리를 실각시키는 데 결정적인 역할을 한 법무장관 클레멘테 마스텔라 장관이 자신과 아내의 부패 스캔들로 검찰 조사를 받게 된 것이었다. 넷째, 마스텔라가 속한 기독교민주당이 보수적인 교황과 교황청의 영향력에서 자유롭지 못함으로써 가톨릭 유권자들의 보수적인 투표성향에 영향을 미쳤다는 것이다. 더군다나 미국에서 시작된 세계경제의 침체에 따른 경제적 위기에서 이탈리아 역시 자유롭지 못함으로써, 오랜 침체에 빠진 경제회복과 경기부양을 위해 기업가 출신 베를루스코니에게 다시 한번 기회를 주고자 했던 유권자들이 선택한 결과였다.

2008년 총선에서 가장 두드러지게 나타난 변화는 몇 가지 면에서 주목할 만한 것이었다. 첫째는 움베르토 보시가 이끄는 북부동맹의 부활 및 지역에 기반 한 정당들의 원내진입 성공이었다. 두 번째는 1921년 그람시와 테라치니 등에 의해 창당된 이탈리아 공산당PCI을 기반으로 베르티노티 등에 의해 유지되던 좌파정당의 몰락이다. 특히 뛰어난 공산주의 이론가이자 행동가인 베르티노티가 이끄는 공산주의재건당의 후신인 좌파-무지개당을 비롯하여 노동자공산당 등이 한 석도 건지지 못하였을 뿐만 아니라 비례대표의석 할

정당연합의 유형	정당	유효득표수	득표율(%)	의석수
	자유인민당(Il Popolo della Libertà)	13,628,865	37.388	272
PdL–LN–MpA	북부동맹(Lega Nord)	3,024,522	8.297	60
	남부자치와 연합을 위한 운동당(Movimento per l' Autonomia–Alleanza per il Sud)	410,487	1.126	8
PD–IdV	민주당(Partito Democratico)	12,092,998	33.174	211
	가치이탈리아당(Italia dei Valori)	1,593,675	4.371	28
없음(이하 없음)	중도연합당(Unione di Centro)	2,050,319	5.624	36
	좌파–무지개당(La Sinistra–L' Arcobaleno)	1,124,418	3.084	–
	우파–삼색 횃불당 (La Destra–Fiamma Tricolore)	885,229	2.428	–
	사회당(Partito Socialista)	355,581	0.975	–
	노동자 공산당 (Partito Comunista dei Lavoratori)	208,394	0.571	–
	비판좌파당(Sinistra Critica)	167,673	0.459	–
	남티롤인민당(Südtiroler Volkspartei)	147,667	0.405	2
	생활방어연합당(Associazione difesa della vita. Abortoü No grazie)	135,578	0.371	–
	도시복지를 위한 당(Per il Bene Comune)	119,420	0.327	–
	새로운 힘(Forza Nuova)	108,837	0.298	–
	이탈리아자유당(Partito Liberale Italiano)	103,760	0.284	–
	소비자를 위한 민주연합당 (Unione Democratica per i Consumatori)	91,486	0.25	–
	유로화 사용반대당 (No Euro–Lista dei Grilli Parlanti)	66,844	0.183	–
	베네토공화국연맹당 (Liga Veneta Repubblica)	31,353	0.086	–
	디 프라하이트리첸당(Die Freiheitlichen)	28,347	0.077	–
	다양한 유럽운동당 (Movimento Europeo Diversabili Associati)	16,449	0.045	–

정당연합의 유형	정당	유효득표수	득표율(%)	의석수
	사르데냐행동당(Partito Sardo d' Azione)	14,856	0.04	–
	퇴직자연맹 롬바르디아자치동맹을 위한 정당 (Lega per l' Autonomia Alleanza Lombarda Lega Pensionati)	14,003	0.038	–
	남티롤 연합당(Union für Südtiro)	12,836	0.035	–
	사르데냐민족주의당(Sardigna Natzione)	7,182	0.019	–
	남부연맹(Lega Sud)	4,346	0.011	–
	베네토지향당(L' intesa Veneta)	2,388	0.006	–
	공산주의대안당 (Partito di Alternativa Comunista)	2,049	0.005	–
	로토당(Il Loto)	1,799	0.004	–
	행동–사고 정치당 (Movimento Politico Pensiero Azione)	945	0.002	–
총계				617

* 해외지역구와 발레다오스타 주의 득표율과 득표수 등은 프함시키지 않았다.

출처: Repubblica(2008.4.14일자; www.repubblica.it/)

〈표2〉 2008년 이탈리아 총선 정당별 득표상황–상원

정당연합의 유형	정당	유효득표수	득표율(%)	의석수
	자유인민당(Il Popolo della Liberta)	12,510,306	38.174	141
PdL–LN–MpA	북부동맹(Lega Nord)	2,642,167	8.062	25
	남부자치와 연합을 위한 운동당(Movimento per l' Autonomia–Alleanza per il Sud)	355,076	1.083	2
PD–IdV	민주당(Partito Democratico)	11,042,325	33.695	116
	가치이탈리아당(Italia dei Valori)	1,414,118	4.315	14
없음(이하 없음)	중도연합당(Unione di Centro)	1,866,294	5.694	3
	좌파–무지개당(La Sinistra–L' Arcobaleno)	1,053,154	3.213	–

정당연합의 유형	정당	유효득표수	득표율(%)	의석수
	우파—삼색 횃불당 (La Destra—Fiamma Tricolore)	687,211	2.096	–
	사회당(Partito Socialista)	284,428	0.867	–
	노동자 공산당 (Partito Comunista dei Lavoratori)	180,454	0.55	–
	비판좌파당(Siniatra Critica)	136,396	0.416	–
	남티롤인민당(Südtiroler Volkspartei)	105,937	0.323	–
	생활방어연합당(Associazione difesa della vita, Aborto No grazie)	100,721	0.307	–
	도시복지를 위한 당(Per il Bene Comune)	85,630	0.261	–
	새로운 힘(Forza Nuova)	77,725	0.237	–
	이탈리아자유당(Partito Liberale Italiano)	49,476	0.15	–
	소비자를 위한 민주연합당 (Unione Democratica per i Consumatori)	47,677	0.145	–
	유로화 사용반대당 (No Euro—Lista dei Grilli Parlanti)	45,622	0.139	–
	베네토공화국연맹당 (Liga Veneta Repubblica)	20,029	0.061	–
	디 프라하이트리첸당(Die Freiheitlichen)	15,292	0.046	–
	다양한 유럽운동당 (Movimento Europeo Diversabili Associati)	12,388	0.037	–
	사르데냐행동당(Partito Sardo d' Azione)	8,078	0.024	–
	퇴직자연맹 롬바르디아자치동맹을 위한 정당 (Lega per l' Autonomia Alleanza Lombarda Lega Pensionati)	7,119	0.021	–
	남티롤 연합당(Union für Südtirol)	6,966	0.021	–
	사르데냐민족주의당(Sardigna Natzione)	5,249	0.016	–
	남부연맹(Lega Sud)	4,275	0.013	–
	베네토지향당(L' intesa Veneta)	3,736	0.011	–

정당연합의 유형	정당	유효득표수	득표율(%)	의석수
	공산주의대안당 (Partito di Alternativa Comunista)	1,776	0.005	–
	로토당(Il Loto)	1,602	0.004	–
	행동-사고 정치당 (Movimento Politico Pensiero Azione)	301		

* 해외지역구와 발레다오스타 주 및 트렌티노 알토 아디제 주의 득표율과 득표수 등은 포함시키지 않았다.

출처: Repubblica(2008.4.14일자; www.repubblica.it/)

당의 기준인 4% 득표에도 미치지 못함으로써 제16대 국회에서 진보좌파정당 소속 의원들의 모습을 한 사람도 볼 수 없다는 사실이다. 세 번째는 박빙의 승부가 아닌 안정적인 과반 득표율 확보에 따른 강력한 정부여당의 등장과 원내 진입한 정당들의 수가 감소하면서 양당제의 과도기적인 정착이라는 해석이 가능하다는 점이다.

지역 정당으로 분류할 수 있는 정당으로는 북부동맹 외에도 남부자치와 연합을 위한 운동당, 베네토공화국연맹당, 사르데냐 행동당, 퇴직자연맹 롬바르디아자치동맹을 위한 정당, 사르데냐민족주의당, 남티롤 연합당, 남부동맹 등이다. 언급한 모든 정당이 원내진출에 성공한 것은 아니지만, 이탈리아의 경우 일반 주州와 특별 주의 헌법적인 지위가 다르고,[121] 선거법상에서도 비례대표의원 선출 방식이 다르기 때문에 이와 같은 소수정당들,[122] 특히 지역에 기반을 둔 정당의 출현이 계속될 여지를 남기고 있다.[123]

무엇보다 2008년 총선에서 두드러진 사실은 이러한 소수 정당의 난립보

---

121) 1970년 지방자치법의 발효로 인해 현재의 20개 주에 대한 헌법적 지위가 5개의 특별주와 보통주로 나뉘게 되었고, 이 법안에 의해 보충성의 원리나 분권화, 민주적 다원주의 원칙 등의 연방주의의 이론적 원리들이 법률안에 실질적으로 반영되었다. David Hine. **Federalism,** *Regionalism and Unitary Sate.* in edited by Carl Levy. *Italian Regionalism*(BERG, 1996, 113~120).

다는 북부동맹의 부활이다. 지난 2001년과 2006년 총선에서 3~4%대의 득표율을 기록했지만, 2008년 선거에서는 하원에서 각각 8%가 넘는 두 배 이상의 득표율을 기록한 것은 이탈리아의 새로운 지역주의의 등장을 조심스럽게 전망할 수 있다. 더군다나 2007년 11월 18일 프랑코 피니Franco Fini가 이끌고 있는 민족연합이 베를루스코니의 정당인 포르차 이탈리아와 합당하면서 민족연합의 지지 기반이었던 많은 남부 주들에서 자유인민당이 과반이 넘는 압도적인 지지를 획득하였다는 점은 주목할 만하다. 특히 함께 실시된 시칠리아 주지사 선거에서 여당인 PD-IdV-SA 연합정당의 후보 안나 피노키아리오Anna Finocchiaro가 30.38%의 득표율에 그친 반면 PdL-Mpa-UDC의 연합 후보인 자치운동당Movimento per l'Autonomia 소속 라파엘레 롬바르도Raffaele Lombardo가 두 배가 넘는 압도적 지지(65.35%)로 당선되었다는 점 역시 이러한 지역주의 부활과 연합정치에 의한 새로운 정당구조의 가능성을 조심스럽게 예상할 수 있는 것이다.

두 번째 특징으로 들 수 있는 것은 좌파정당의 몰락에 가까운 참패이다. 최근 투표 행태에서 나타난 투표성향의 중도 혹은 보수화 경향은 이번 선거에

---

122) 비례대표제의 경우 전국적 득표율이 일정 기준을 초과해야만 의석을 배분받을 수 있는데, 상하양원제를 채택하고 있는 이탈리아는 이에 대한 상원과 하원의 조항이 다르게 규정되어 있다. 정원 630명의 하원 비례 의석 배분의 기준은 정당명부에 대한 전국 유효득표의 4% 이상을 획득한 정당에 국한시켰다. 정당명부 후보자들 중 직접 출마하여 당선된 후보가 있을 경우에는 정당명부 득표 총수에서 직접출마 후보 당선자의 득표수를 감하며, 이때 감하는 득표수는 해당 선거구 전체 유효표의 25%를 충족시켜야 한다. 다만 당선 후보의 득표율이 해당 선거구 전체 유효표의 25%에 이르지 못할 경우 이 후보의 득표수 전체를 감산한다. 감산된 잔여 득표수는 당선자가 속한 정당명부에 대하여 해당 선거구에서 획득한 득표의 비율에 맞추어 각 정당에 귀속된다. 이에 반해 315명 정원의 상원의 경우 비례 의석은 정당이나 선거연합별로 직접 출마한 후보자들의 총득표 수에서 다수대표로 당선된 후보의 득표수를 감한 표들을 각 주별에 다라 배당하여 환산한 후, 주별로 할당된 비례대표의 수가 지수 100에 대한 일정 비율 이상을 획득한 정당들에게 배분된다. 김종법(2004)과 www.interno.it/stampa.php?sezione=1&id=21931 (검색일; 2008년 4월 30일) 참조.
123) 이탈리아는 총 20개 주가 있는데, 이중에서 5개의 특별주가 있다. 이 번 선거에서는 특별 주인 트렌티노 알티 아디제 주의 경우에는 소수 언어 보호 지역 차원에서 해당 주 선거구에서 득표율 20%를 넘는 경우에는 전국 차원에서 10%를 넘지 않더라도 비례득표 의석수를 할당받을 수 있도록 했다.

서 다시 재현되었다고 볼 수 있는데, 이데올로기적인 정체성만으로 유권자들의 선택을 강요하는 시대 분위기가 그대로 드러난 것이라 볼 수 있다. 그러나 한편으로 좌파정당들에게 보내는 국민들의 경고라는 분석도 설득력 있게 제기된다. 특히 지난 15년간 이들 정당들의 유효득표율이 8~9%에 달했지만, 이들을 지지했던 지지자들에게 그다지 특별한 정치적인 결과물들을 보여주지 못한 정당에 대한 책임론이라는 것이다. 따라서 일시적인 지지유보의 성격이 강하다는 분석이다. 이는 좌파정당에게 실망한 표가 민주당이나 기타 정당에게 쏠리지 않았다는 점에서 확연하게 드러나며, 실제로 이전의 선거보다 무당층의 증가와 투표율의 저하 등으로 설명이 가능한 부분이다.124)

　　세 번째의 특징인 안정적인 양당제로의 전환 가능성이다. 이탈리아의 경우 전통적으로 불완전한 양당제 혹은 구심적 다원주의라는 정당체제를 구축하였다. 좌우 정당을 중심으로 수많은 정당들이 중심축을 둘러싼 형태의 정당체제에서 선거제도의 전환에 따른 양당제의 정착 가능성은 이번 선거를 통해 두드러지게 드러났다. 특히 국회의원을 배출한 정당이 예전의 15개 내외에서 이번 총선에서는 일곱 개 내외의 정당들에 국한되었다는 점은 양당제와 연방제로의 전환에 주요한 계기를 마련했다고 평가할 수 있다.

　　이와 같은 특징을 통해 유추할 수 있는 2008년 총선에서 자유인민당의 승리 요인을 분석해보면 다음과 같다. 첫째, 베를루스코니는 지지층의 다변화에 성공함으로써 전통적인 지지층과 갈 곳 없어 방황하던 부동층까지 지지자로 전환시키는 데 성공하였으며, 남부를 중심으로 전국의 고른 지지를 획득했다는 점이다. 실제로 지난 2006년 총선에서 남부 지역의 지지율은 좌파

---

124) 2008 3월 8일자 「Il Sole 24」 지를 통해 발표된 무당층에 대한 여론 조사 결과이다. IPSOS Public Affairs 기관이 분석한 결과에 따르면 전화응답방식으로 총 3, 176명의 표본 추출자 중에서 설문조사에 참여한 500명의 유권자 중에서 추출된 결과 이미 투표를 결정한 비율은 70.4%였고, 아직 투표를 할지 안할지 혹은 후보자를 결정하지 않은 비율은 29.6%에 이를 정도로 30% 가까운 이들이 무당파였다는 점은 이전 선거에서 20% 대의 무당층에 비하면 10% 정도의 부동층이 늘어났다는 사실을 보여주고 있다. (출처 www.sondaggipoliticoelettorali.it/ 검색일; 2008.04.24)

민주당(현재의 민주당)이 우세하거나 박빙의 대등한 지지율을 유지할 수 있었지만, 이번 선거에서 지지정당을 바꿈으로써 베를루스코니가 승리하는 데 많은 기여를 하였다. 〈표3〉은 각 지역별로 2006년 총선과 비교한 주요 정당의 득표율 편차에 대한 것이다.

2006년 총선과 비교하여 지역별 득표율 편차는 앞서 언급한 여러 가지 요인들에 대한 설명을 수치상으로 증명하고 있다. 남부에서의 득표율 변화나 좌파정당의 몰락과 표심의 변동 및 전체적으로 보수화되고 있는 투표 행태에 대한 적절한 설명들과 함께 지역별 주요 정당의 득표율 변화를 볼 수 있다.

지역별 득표율 변화와 함께 눈여겨 볼 수 있는 것이 계층과 직업별 득표 현황이다. 지역적으로 남부에서 많은 득표를 하였던 자유민주당이 전통적인 지지층이던 주부와 농민들 그리고 자영업자들이 중심인 상인들 외에도 노동자를 비롯한 여러 계층에서 지지를 받았으며, 무엇보다 북부동맹의 지지계층 분석 결과는 충격적인 것이라 할 수 있다.[125] 농민 및 상인들에서 획득한 13% 득표율은 우파 진영 내부에서도 이변으로 평가할 수 있을 만한 수치인 것이다. 자유인민당이 획득한 51.9%를 합하여 이들 연합정당이 획득한 총 64.9%의 득표율은 이와 같은 북부동맹의 선전에 기인한 것이다. 이에 반해 민주당은 이전 총선에 비해 다소 감소한 33.2%라는 득표율을 기록했다. 이는 중도좌파연합정당의 또 다른 한 축인 가치이탈리아당의 득표율 부진과 맞물리면서 전체적인 득표율을 저하시키는 데 주요한 원인으로 분석할 수 있다.

또한 전통적으로 보수정당들에게 투표해온 주부들에게서 받은 자유인민당의 지지율 47.9%와 5.8%의 북부동맹의 총합은 27.9%에 그친 민주당이나 3.3%에 머문 가치이탈리아당의 득표율 총합에 비해 상당한 득표율 격차를

---

125) 이하의 주요 자료와 수치는 총선 직후인 지난 4월 19일에 RAI E SKY 24 방송국의 프로그램 Ballaro에서 실시한 여론조사 결과를 반영하여 표기한 것이다.

〈표3〉 2006년 대비 주요 정당의 지역별 득표율 차이(%)

지역	좌파 정당	중도좌파(Pd +Idv+Ps)	중도 연합당	중도우파(Pdl +Ln+Mpa)	우파 정당	기타
PIEMONTE피에몬테	−61.1	−2.1	−21.1	+6.1	+152.2	−44.4
LOMBARDIA롬바르디아	−59.5	+2.1	−30.5	+8.7	+91.6	−56.9
TRENTINO−ALTO ADIGE 트렌티노 알토−아디제	−55.3	+11.3	−17.5	−0.2	+103.7	−6.8
VENETO베네토	−59.7	−2.7	−30.8	+11.9	+102.5	−48.0
FRIULI−V. GIULIA 프리울리 쥴리아	−55.9	0	−19.4	−2.2	+121.7	−10.0
LIGURIA리구리아	−60.0	+0.2	−42.4	+3.7	+132.3	−52.5
EMILIA ROMAGNA 에밀리아 로마냐	−59.6	−0.5	−29.2	+6.4	+183.3	−11.8
TOSCANA토스카나	−58.1	+3.4	−33.2	+4.1	+181.1	−19.9
UMBRIA움브리아	−62.7	+7.9	−33.1	+2.9	+194.9	−36.0
MARCHE마르케	−60.9	+3.6	−26.8	+3.5	+182.9	−38.8
LAZIO라치오	−65.4	+11.0	−34.4	+3.7	+91.6	−58.6
ABRUZZO아브루조	−59.5	+0.5	−7.7	+9.9	+106.2	−69.3
MOLISE몰리제	−66.9	+10.9	−28.4	+4.1	+44.5	−82.9
CAMPANIA캄파니아	−69.5	+0.3	+7.1	+23.7	+23.5	−83.8
PUGLIA풀리아	−61.1	+1.3	−3.0	+9.7	+93.9	−79.1
BASILICATA바실리카타	−63.0	+4.6	+7.4	+10.4	+91.3	−85.2
CALABRIA칼라브리아	−63.4	−3.1	+0.8	+26.1	+43.3	−80.8
SICILIA시칠리아	−57.1	−7.0	−8.1	+19.5	+93.3	−80.0
SARDEGNA사르데냐	−63.2	+1.5	−32.4	+12.0	+35.1	−43.8
이탈리아 전체	−61.5	+1.3	−20.5	+10.1	+104.3	−56.3

자료출처: www.cattaneo.org/pubblicazioni/analisi/
pdf/Analisi_Cattaneo_Politiche2008_Vincitori_e_vinti.pdf(검색일: 2008.05.05)

초래하였다. 기업인들과 중소 자영업자들에게서도 유사한 결과가 나타났는데, 자유인민당에게 42.5% 북부동맹에게 10.5%를 투표했다. 이에 반해 민주당은 30%의 지지율과 가치이탈리아당은 4.5%의 지지율을 획득하였다. 노동자 계층에게서는 이전과 다른 선거 결과가 나타났는데, 항상 절대적인 지지를 받고 있던 민주당이 30%가 채 안 되는 29.4%의 득표율에 그쳤다. 이는 전통적으로 노동자들에게 많은 지지를 받지 못하던 자유민주당의 37%에도 뒤지는 결과를 나타냈고, 더군다나 북부동맹당이 노동자들에게 무려 11.3%에 달하는 지지율을 기록한 사실 역시 특이한 사실이었다. 이에 반해 노동자 정당이라 할 수 있는 좌파-무지개당은 12.5%의 득표율에 그쳤다.

대졸 이상의 고학력자들에게서도 북부동맹과 자유인민당은 총 44.2%의 득표율을 기록했고, 민주당은 34.3%를 가치이탈리아당은 4.7%의 득표율을 기록했다. 학생들의 경우에는 민주당이 36.4%를 획득하였고, 자유인민당은 31.9% 그리고 북부동맹은 7.6%의 지지율을 얻었다. 사무직들은 민주당에 38%와 가치이탈리아당에게 5.3%의 지지를 보낸 반면, 자유인민당에게 30.6%를 북부동맹에게는 0.8%의 지지만을 보낸 것으로 조사되었다.

이러한 각 계층과 직군별 유권자들의 투표 성향을 분석해볼 때, 다음과 같은 결론을 도출할 수 있다. 자유인민당과 북부동맹의 전통적인 지지층들의 변화가 있었으며, 특히 북부동맹의 선전에는 이전 좌파정부 지지자들 중에서 많은 이들이 지지정당을 바꾸었다고 분석할 수 있었다. 특히 자유인민당의 전통적인 지지계층인 상공업자들과 자영업자들 및 자유주의 성향의 기업가들에게 여전히 지지를 받고 있을 뿐만 아니라, 노동자들과 학생층까지 지지 영역을 확대하는 데 성공했다는 의미로 받아들여질 수 있다. 이에 반해 민주당은 전통적인 표밭이라 할 수 있는 노동자와 학생들의 지지를 획득하는 데 실패했으며, 거대 통합정당인 자유인민당의 공약과의 차별성을 부각시키지 못하면서 정책정당이나 수권정당으로서의 모습도 보여주지 못했다는 측면이 있다.

게다가 전통적으로 좌파정당의 정통성을 이어오고 있던 공산주의재건당의 지지가 3% 대에 머물면서 지난 2006년 총선에서 획득한 10%의 지지율을 무색하게 했을 뿐만 아니라 국회의원을 한 명도 배출하지 못하는 초유의 역사적인 사건이 발생하였다. 이는 좌파정당으로서의 정체성과 정책정당으로의 한계를 그대로 보여주면서 이전 지지층들이 이탈하는 결과가 나왔기 때문인 것으로 분석된다. 특히 많은 지지자들이 대안정당으로 민주당이 아닌 북부동맹이나 자유인민당을 선택했다는 분석과 평가는 단순하게 좌파정당의 몰락을 이야기하기에는 다소 이른 감이 있다. 오히려 지지 철회를 통한 새로운 도약과 내부 혁신을 통한 새로운 모습을 요구한 것이 아닌가라는 분석도 제기되고 있다. 아울러 한 가지 흥미로운 점은 북부동맹 세력의 지지기반의 남진이다. 북부동맹 지지의 남방한계선이 중부인 에밀리아 로마냐 주나 토스카나 주 및 움브리아 주까지 내려왔다는 점은 이후의 선거에서 북부동맹의 남방한계선이 어디가 될 것인가에 대한 예상이 무척 흥미로울 수 있다는 예측을 가능하게 한다.

3-5-3. 2008년 총선을 통해 본 한국 총선과의 비교

'잃어버린 10년'을 되찾겠다는 한나라당의 바람이 예상대로 18대 총선에서 확인되었다. 지난 대선 결과 이명박 대통령이 당선되었지만, 인수위 활동이나 각종 정책에 대한 헛발질이 거듭되면서 혹시 통합민주당을 비롯한 구여권 정당이 승리하는 것이 아니냐는 예상을 낳기도 했다. 그러나 결국 하나의 해프닝에 지나지 않은 것으로 국민들은 판단했고, 한나라당은 수도권과 영남을 중심으로 153석이라는 국회의원을 배출하는 과반수 집권여당이 되었다.

제18대 총선 결과에 대하여는 이미 언론이나 방송 등을 통해 많이 알려져 있기에 여기서는 18대 총선의 특징적인 점 몇 가지만을 거론하고, 이를 2008

년 이탈리아 총선과 어떤 방식으로 등치시켜야 유의미한 선거 결과에 대한 비교를 가능하게 할 것인가를 모색해볼 것이다. 이를 위해 사건이 갖는 개별성과 고유성에 대한 인정 및 지역의 특수성을 고려하면서 현상보다는 변인관계와 변수들에 대한 분석을 중심으로 두 나라 총선에 대하여 살펴보고자한다.

제18대 한국 총선 결과가 이전 선거와 총선 결과들에 비해 두드러지게 다른 점들을 간추려보면 다음과 같다. 첫째는 새로운 지역주의의 부활이라는 점이다. 한국의 선거에서 지역이라는 변수가 정당이나 후보자 선택의 주요한 기준이라는 점은 분명하다. 특히 14대 총선 이후 이와 같은 지역 중심의 투표 성향이 두드러지게 되었다고 평가되는데, 이러한 지역주의 투표행태에 대한 연구는 오랜 역사를 가지며, 정치적 의도에 맞추어 오히려 악용되었다고 보는 것이 일반적이다.[126] 그러나 이번 총선은 오히려 기존 지역주의와는 다른 의미에서 경제적인 이해관계를 중심으로 전통적인 지역연고의 틀을 벗어나 서울과 수도권을 중심으로 등장한 '중앙지역주의'라 부를 만한 것이다.

둘째는 '욕망의 정치'라는 신조어를 탄생시킬 만큼 특별한 이슈나 정책에 의한 투표행태를 보인 것이 아니라 유권자들의 재산증식과 관련된 개발이나 부동산 정책의 공약화 및 자녀들의 교육과 관련된 정책적인 구호가 난무하는 선거였다는 점에서 그나마 이제까지 어렵게 쌓아왔던 정당정치의 기반마저도 무너뜨리는 결과를 초래했다. 이는 이미 17대 대선을 통해 어느 정도 표출된 양상이었지만, 이번 총선을 통해 하나의 선거 유형으로 고정화되고 있다는 의미를 부여할 수 있을 것이다.

셋째는 대의제 민주주의의 위기라고도 할 만큼 정치적인 정당성의 인정 여부이다. 46%라고 하는 역대 최저의 투표율 외에도 30%대의 투표율을 보인 곳도 20여개 소에 이를 정도로 정치적인 대표성에 대한 정당성의 위기라고

---

126) 이갑윤 1997 ; 박상훈 2001 ; 이남영 1998

할 만하다. 투표율 저조에 대한 분석이나 설문조사에서 보면 대부분의 기권자들이 '투표할 만한 후보자가 없어서'라거나 집권당인 한나라당뿐만 아니라 야당인 민주당이나 기타 정당들에 대해서도 정치적인 신뢰나 지지를 나타내기에는 부족한 점이 많다고 평가한다. 그러나 단지 이러한 요소 때문에 국민의 권리이자 의무인 참정권을 포기했다는 점은 그다지 설득력이 없어 보이며, 민주주의에 대한 새로운 성찰과 반성이 필요한 때가 아닌가 생각한다.

넷째는 지난 17대 대선에서 비례대표제 실시로 원내 진입에 성공하여 11석의 의원을 거느린 민노당이 이번 총선에서는 두 개의 정당(민노당과 진보신당)으로 분열되면서, 진보정당의 의석수가 민노당이 획득한 5석에 그쳤다. 진보정당의 세력 감소 요인을 분석하는 이들이 주로 거론하는 사실은 민노당의 '종북주의' 논쟁으로 이어진 분당에 기인한 바가 크다는 것이다. 또한 전반적으로 보수화하고 있는 유권자의 의식이 득표율에 반영되어 있는 있다는 지적도 있다. 그러나 무엇보다 진보정치를 바라는 국민들의 인식과 진보정당의 진보정치에 대한 실제와의 편차가 크다는 점을 간과할 수 없을 것이다. 분당이나 유권자의 보수화로는 설명하기 힘든 진보정당 자체의 반성과 현실 정치에서의 진보성을 구현하는 데 일정 부분 실패했다고 볼 수 있다.

다섯째는 한국 정치 지형의 변화 가능성의 대두이다. 이는 첫 번째 항에서 언급한 지역주의의 부활과도 관련이 있는 것인데, 한국의 정당정치는 전통적으로 양당제를 근간으로 하며, 좀 더 정확하게 말하면 온건적 다당제the Moderate Multiparty Systems를 유지하고 있는 정당정치 구조이다.(김광수 2002, 45~47) 그러나 18대 총선 결과를 보면 온건한 다당제가 완화되고 있는 것이 아닌가라는 분석이 가능하다는 점이다. 극단적 다당제the Extreme Multiparty Systems의 수준이 아니긴 해도 중도좌파정당과 보수주의 정당의 대립구도를 중심으로 두 개의 축이 형성되는 불완전한 양당제Bipartismo imperfetto 혹은 구심적 다원주의Pluralismo centripetto라는 정당체제(Farnetti 1973)의 전개 가능성이다. 보수적인 한나라당 외에도 친박연대나 자유선진당이라는 보수 정당이 두 개나 원내 진출했으며, 무소속에서도 많은 의원들이 보수적 성향이라는 점은 이합집산에 의해 또 다른 보수 정당의 창당이 가능하다. 그 반대의 축에도 통합민주당을 중심으로 민노당과 창조한국당이 원내에 진입하는 데 성공했고, 원외정당인 진보신당 역시 잠재적인 원내정당의 가능성이 있다는 점에서 두 개의 축을 중심으로 구심적 다원주의 정당 체제를 구축하고 있다는 추론이 가능한 것이다.

이외에도 정치 투표 행사 주체의 노령화 문제나, 민주적인 정당 시스템의 부재 등의 문제 등이 이번 총선을 통해 드러난 특징이라 볼 수 있다. 이번 총선을 통해 드러난 문제들에 대하여는 제도적인 측면이나 득표율 제고를 위한 여러 방안들에 대하여는 좀 더 논의가 필요하겠지만 드러난 결과만으로도 적지 않은 정치적인 의미들을 내포하고 있다. 이러한 점들은 이미 앞의 장에서 언급한 이탈리아 총선의 여러 결과들과 비교가 가능한 항목으로 분류할 수 있다는 점에서 의미를 가질 것이다.

지금까지 살펴본 여러 항목에서의 비교를 통해 이탈리아와 한국 총선의 유사점과 상이점에 대한 몇 가지 주목할 만한 해석이 가능하다. 이탈리아의 경우 총선 직후 실시된 여러 여론 조사나 분석 결과를 살펴보면 신자유주의 정부의 탄생이라는 의미 외에도 정부의 지향점에서 유사한 행태들이 나타나고 있다. 이는 한국과 이탈리아의 정부 형태의 차이점에도 불구하고 상당한 정치적인 의미를 비교할 수 있다.

특히 이탈리아의 총선 결과에 대한 국민들의 평가와 전망을 묻는 다음의 여론 조사 결과는 이와 같은 정치적 의미를 고스란히 담고 있다.[127] 좌파정당의 몰락이나 정치 지형의 안전성 확보와 같은 항목에서 많은 이탈리아인

---

127) 이 자료는 2008년 4월 15일에 국영방송의 RAI 프로그램 Ballaro에서 발표한 내용이다. 1,000명의 표본 추출된 18세 이상의 유권자들에게 전화응답 방식을 통해 도출된 여론조사 결과이다.(출처: www.sondaggipoliticoelettorali.it/ 검색일; 2008.04.24)

들이 긍정적으로 생각하고 있다는 〈표4〉의 결과는 이탈리아 총선의 정치적
의미가 위에서 언급한 여러 특징들에서 벗어나지 않고 있다. 또한 승리한 베
를루스코니 연정에 거는 기대도 감세나 혜택의 증가라는 자유주의적인 경제

<표4> 2008년 총선 결과에 대한 평가 조사

	이번 총선에서 가장 중요한 사건과 정쳐적 의미는 무엇이라 생각하십니까?	응답비율(%)
항목 1	압도적인 과반수의 지지를 통한 베를루스코니의 승리	21
	북부동맹의 괄목할 만한 선전	18
	좌파정당의 원내진입 실파	24
	원내 진입한 정당이 현저히 감소하면서 정치즈 지형의 안정성 확보	19
	지난 총선에 비해 증가한 기권자의 수	3
	디 피에트로 정당(이탈리아 가치당)의 지지율 증가	4
	기타	2
	무응답	9
	총계	100
	원내 진입한 정당이 현저히 감소하면서 정치적 지형의 안정성 확보어 대한 귀혀의 생각은?	응답비율(%)
항목 2	긍정적으로 성각한다	77
	부정적으로 성각한다	12
	무응답	11
	총계	100
	베를루스코니가 북부동맹과의 연정을 옹이하게 진행하리라 생각하는지 알고 싶습니다	응답비율(%)
항목 3	아무런 문제없이 연정을 꾸려나갈 것이다	30
	연정을 구성하겠지만, 다소간의 문제가 발생할 것이다	45
	아주 많은 문제를 노정할 것이다	17
	무응답	8
	총계	100

선거 기간 중 자유인민당의 공약 중 가장 먼저 실현되리라 생각하는 것은 무엇입니까?		응답비율(%)
항 목 4	부동산보유부과세의 폐지	26
	자동차인지세의 폐지	5
	연금액의 증액	23
	기업 차원에서 알이탈리아(All' Italia) 항공사의 구제 및 보호	8
	단기간에 캄파냐 지방의 쓰레기 수거 문제의 해결	20
	특별세 면제	10
	기타	4
	무응답	4
	총계	100
이번 총선 결과를 보면 여전히 선거제도를 개혁할 필요성이 있다고 생각하십니까?		응답비율(%)
항 목 5	예	66
	아니오	22
	무응답	12
	총계	100
만약 선거제도가 개정된다면 베를루스코니뿐만 아니라 벨트로니(Veltroni; 민주당의 당수로 총선에 출마한 정치인)까지도 영향이 있다고 생각하십니까?		응답비율(%)
항 목 6	예	84
	아니오	12
	무응답	4
	총계	100

이익 혹은 욕망을 가감 없이 드러내고 있다는 점은 이번 이탈리아 총선이 갖는 경제 이슈의 정치성으로 해석이 가능한 것이다. 이는 역으로 생각해보면 만약 경제적인 이해관계가 뒤따르지 않을 때 발생할지 모르는 지지철회의 가능성이 상존한다는 의미를 담고 있다.

2008년 총선 승리의 결정적 요인을 묻는 또 다른 여론조사128)에서 응답자들의 대부분은 전임 정부인 프로디의 실정에 힘입어 반사 이익을 얻었다고 대답하거나(27%), 좌파의 분열에 의한 것이라고 대답한 이들이 대부분이었다(50%). 이에 반해 베를루스코니의 정치지도자로서의 능력이나(3.2%) 정책을 통한 실현가능한 공약에 의해 승리했다고(5.6%) 응답한 이들은 예상보다 적었다. 오히려 북부동맹의 성공 요인이 치안의 보장과 연방제 실시 및 알리탈리아 항공사의 합병저지 등을 공약으로 내걸은 것이 주효했다고 대답한 이들이 많았다(14.2%).

이와 같은 총선의 정치적인 의미를 볼 때, 2008년 이탈리아 총선은 정책이나 상황 변화에 따른 정치문화의 속성과 배경 등의 근본적인 변화라기보다는 문제와 사건 중심의 개별요인의 변화에 의한 결과 도출이라는 해석이 가능하다. 특히 2006년 총선에서 나타난 제도적이고 문화적인 변화로는 설명하기 어려운 투표 행태에 대한 변화가 두드러진다. 전통적으로 이탈리아의 투표 행태를 설명하는 모델로 자주 언급되었던 합리적 선택 모델이나 사회학적 모델에 대한 투표의 속성과 내용의 변화로 해석해야 할 것이다.

분식회계와 뇌물 공여 등의 혐의로 법원에 계류 중인 사건의 피의자 신분으로 총선에 임해 승리했다는 사실은 합리적 선택 모델이나 사회학적 모델로 설명할 수 없는 사실이며, 거대 언론과 방송을 장악하고 있는 베를루스코니에 대한 막연하고 암묵적인 동조와 '대안부재의 체념적 대안'으로 지지를 표명하였다는 것이다. 이는 여전히 베를루스코니와 같은 정치가의 유형을 '미디어 포퓰리즘Populismo mediatico' 129)의 전형으로 분류하는 이유가 되며, 유권자들의 착시 투표행태에 따른 귀결 현상으로 파악할 수 있다.

---

128) 출처 espresso.repubblica.it/sondaggio-risu tati?idpol=2019756(검색일: 2008.05.05)
129) Tranfaglia N. 등이 대표적으로 제기하고 있는 표현이다. Tranfaglia N, 2003, La transizione italiana, Torino: Garzanti.

한국의 경우에도 18대 총선 전에 실시되었던 17대 대선에서 당선된 현재의 이명박 대통령에 대한 착시 현상의 연장선에서 총선에서 승리할 수 있었다는 사실은 유권자들이 보여준 경제적인 이해 증진에 대한 욕망과 경제성장과 성공에 대한 과신이 겹쳐지면서 나타난 현상으로 볼 수 있는 것이다. CEO 출신의 성공한 기업가로 각인된 이명박 대통령에 대하여 서울 시장 재임 시 이룩한 청계천 복원사업 성공만으로 국가경제와 개인의 물질적인 부의 증진이 가능하다는 착시 효과를 갖게 된 유권자들의 선택이 총선까지 연결되면서 이전까지와는 다른 선거 행태와 현상들이 나타난 것이다. 따라서 이번 총선은 쟁점이나 정책이 존재하지 않은 정당 중심의 선거였고, 이는 대선의 연장선에서 특별한 이슈 없이 특정 인물(예를 들면 박근혜와 같은 이들)에 의해 치러진 선거로 볼 수 있다.

3-5-4. 다른 결과 다른 의미의 정치적 해석

4일의 시차를 두고 실시된 한국과 이탈리아의 2008년 총선을 통해 많은 투표 행태와 결과에 대한 유사성을 발견할 수 있었다. 그러나 이번 결과를 통해 두 나라의 선거문화와 정치적인 수준에 대한 몇 가지 다른 의미를 분석해보면 다음과 같은 점을 지적할 수 있을 것이다.

첫째, 투표율의 차이이다. 한국의 경우 46%라는 절반도 안 되는 투표율을 기록했지만, 이탈리아의 경우 80.4%라는 투표율을 기록했다는 사실이다. 비록 투표 제도 상의 차이에 기인한 바가 있다 하더라도 두 국가의 투표율 차이는 민주주의 본질을 생각하게끔 하는 차이로 볼 수 있다. 이탈리아의 경우 지난 총선에 비해 3.2%가 하락한 수치이기는 하지만 유권자들의 정치참여에 대한 열망은 여전하다는 점과 대의제 민주주의의 대표성에 대한 정당성을 부여하고 있다는 점에서 한국의 경우 민주주의의 위기로 이야기하는 대표성의 정당성 문제와 확연하게 다른 차이를 보이고 있다.

둘째, 투표 행태와 성향의 차이이다. 이번 한국 총선에서 나타난 현상을 진정한 보수화라고 이야기하기에는 어렵지만, 투표 행태를 결정짓는 요소가 경제적인 것이었다는 점은 투표 성향의 보수화를 이야기하기에는 충분한 것이다. 한국의 경우 투표 성향이 뚜렷하고 지역별로 한 정당에게 집중되는 후진국형 선거문화가 존재하는데 반해, 이탈리아에서는 전국정당의 면모를 갖춘 두 개의 정당이 분명한 정책과 정체성을 갖고 있다는 점이다. 특히 이번 선거에서 한국의 경우 경제문제에 대한 정책 대결보다는 국회의원 권한 밖의 공약—예를 들면 수도권의 뉴타운 개발 공약과 같은—을 내걸거나 박근혜가 중심이 되어 치러진 선거라는 측면이 강하지만, 이탈리아의 경우 국가의 정책 전반에 대한 내용을 통해 유권자들에게 심판을 받는 문화가 정착되고 있다는 점에서 두 나라의 선거문화와 정당 수준의 차이를 분명하게 느낄 수 있다.

셋째, 정당제도의 구조적인 변화의 문제이다. 이탈리아의 경우 일찍이 불완전한 양당제 체제를 유지했던 대표적인 국가였다. 좌우에 거대 정당을 중심으로 수많은 군소정당이 양극에 몰려있는 형태를 띠었는데, 이번 총선에서는 그러한 구도가 두드러지게 허물어지고 있다. 특히 자유인민당과 민주당의 양대 정당의 가능성을 분명하게 각인시켜준 선거로, 향후 이탈리아의 정당 체제가 양당제로 굳어질 것으로 예상하는 전문가들이 많다는 점이다. 그러나 한국의 경우 오히려 안정적이던 양당제 구조가 균열의 조짐을 보이면서 다당제 체제로 전환되는 것이 아닌가라는 예상이 가능할 정도이다. 선진당이나 친박연대 등의 등장이나 각 선거구별로 수많은 정당과 후보자들이 난립한 것은 다른 총선에서 보기 힘든 상황이었다. 더군다나 비례대표제의 안정적인 실시는 다음 총선에서 절대 과반수를 차지하지 못하는 정당의 등장과 함께 여러 지역당과 군소정당이 공존할 수 있는 다당제로의 전환이 가능하리라는 예상을 할 수 있다.

넷째, 투표성향의 질적인 차이이다. 이번 총선에서 외형적으로 보면 양국 모두 보수적인 투표행태를 보인 것은 사실이다. 한국의 경우 보수 성향의 국회의원이 정족수의 2/3를 훌쩍 넘었지만, 이탈리아의 경우 여전히 좌우의 득표율에서는 일정 부문 균형을 유지하고 있다는 점이다. 비록 좌파정당이 몰락하긴 했지만, 이는 이번 총선을 앞두고 공산주의 재건당이 분열되어 좌파무지개당을 비롯하여 노동자공산당 등으로 분당된 이유와 가톨릭의 영향에서 자유로울 수 없는 이탈리아에서 교황이 이들 정당에 대한 거부감 등이 복합적으로 작용하여 투표 결과에 나타났기 때문이다.

총선 결과를 통해 나타난 민의는 새로운 모습의 정치를 보여달라는 것이었다. 승리한 정당이건 패배한 정당이건 해결해야 할 산적한 문제가 기다리고 있다. 이탈리아의 경우에도 국가 위기를 해결하기 위한 새로운 정책과 구체적인 해결방안이 필요하고, 경제위기를 극복하기 위한 구체적인 조처가 요구되고 있다. 더군다나 총선 승리 요인이 침체에 처한 이탈리아 경제위기의 회복정책에 대한 기대감이었다는 점 등은 베를루스코니 정권의 앞날이 그리 탄탄하지만은 않은 것으로 보인다. 특히 최근 언론과 정부를 통해 발표되고 보도되는 베를루스코니 정부의 정책은 이러한 우려를 확인해주고 있으며, 실제로 소득세 감면 정책과 교육법 체계와 시스템의 전환 과정에서 나타난 국민적인 분열과 저항 등을 보면서, 2008년을 걸어온 우리나라의 정치적인 상황과 매우 유사하다는 것을 확인하였다. 이제 향후 전개될 이탈리아와 한국의 정치 상황과 내용이 더욱 흥미롭게 전개될 것이라는 점에서 두 나라에 대한 비교 관찰이 2008년 총선이 끝난 시점 이후에도 여전히 유효할 것이다.

4. 경제와 사회문화

4-1. 이탈리아 경제성장과 산업구조의 특징

세계화와 신자유주의라는 말이 더 이상 경제의 영역에서 사용되는 용어가 아니라 일상에서 흔히 거론되는 말이 된 지도 벌써 오랜 시간이 흘렀다. 이탈리아 역시 G8 국가들 중에서 6~7위권을 꾸준히 유지해왔고, 현재에도 국가브랜드 가치가 가장 높은 서방선진국의 하나이다. 그러나 이탈리아의 산업적인 특징이나 경제 구조상의 특징은 미국이나 영국 혹은 독일이나 프랑스와도 사뭇 다른 점들을 나타내고 있다. 이탈리아가 현재와 같은 경제구조와 기반을 구축한 것은 아무래도 제2차 대전 이후였다.

제2차 대전 이후 정치적dls 통일을 바탕으로 이탈리아 정부 및 기업은 1950~60년대의 '경제기적'으로 요약되는 기존 산업구조의 근본적인 변혁을 일으켰다. 이는 공산품 및 서비스 사업 규모를 늘림으로써 여러 관련분야의 경제 비중을 변화시켜 경제 시스템 구조의 획기적인 전환을 가져왔다.[130]

이탈리아 농업분야는 비록 제2차 대전 이후까지도 다른 산업분야에 비하여 최다 종사자를 보유하였음에도 불구하고 국내총생산PIL(Prodotto Interno Lordo=GDP)에서의 비중은 점차 줄어들기 시작했다. 반면 산업 및 서비스 부분은 노동력 점유부분 및 국가 총 생산량 비중이 높아지면서 그 중요성이 강조되기 시작하였다. 이러한 근본적인 산업구조 개혁은 산업 생산력 증진을 통하여 국민 1인당 소득수준을 향상시켰으며 일반적인 경제발전 과정에서 아주 중요한 결정 요소로 인정되었다.

---

130) 성장과 발전에 대한 개념 정의와 내용에 대하여는 다음의 책을 참조하시오. R. Cameron, *Storia economica del mondo. Dalla preistoria ad oggi*, il Mulino 1989, pp. 17~22.

<**표1**> 각 산업분야 별 국내총생산PIL 비중 변화 추이(1861~1963)[131]

연도	농업	제조업	서비스	공공행정
1861	46.1	18.4	30.4	5.1
1913	37.6	24.9	32.0	5.5
1938	26.6	30.3	31.7	11.4
1963	16.5	49.5	26.0	8.0

<**표2**> 각 산업분야별 전체 노동력 분포 변화 추이 (1881~1981)[132] (*공공 행정부분 포함)

연도	농업	제조업	서비스	공공행정
1881	59	24	17*	–
1911	59.1	23.6	15.3	2.0
1936	52.0	25.6	19.0	3.4
1963	26.6	40.1	25.6	7.7
1981	11.1	41.5	34.4	13.0

한편 2차 산업분야는 다양한 제조산업부문 비중의 재조정을 통하여 현대적인 산업구조로 변모하게 된다. 이는 기계 금속 산업 및 화학 산업의 비중을 높이는 동시에 직물 및 식품 산업 등의 전통적인 산업부문의 규모를 재조정함으로써 일반적으로 선진국에서 보이는 산업구조 변화와 일치하는 것이었다.

그러나 전후 한때 이탈리아 경제는, 큰 재정적자와 높은 인플레를 떠안고, 리라(화폐단위)가 폭락하는 등의 사태도 초래되었던 때도 있었다. 그러나 유

---

131) V. Zamagni, *Dalla periferia al centro. La seconda rinascita economica dell' Italia 1861~1981,* il Mulino 1990, p. 54.

132) Istituto centrale di statistica (Istat), *Sommario di statistiche storiche dell' Italia 1861~1965,* Roma 1968, p. 96; G. Fu, *Lo sviluppo economico in Italia. I. Lavoro e reddito,* Milano 1981, p. 259; V. Zamagni, *Dalla periferia al centro* cit., p. 49.

<표3> 제조산업부문 노동력 비중 변화 추이(1911~1961), (총 제조 산업부문 대비 %)[133]

부문	1991	1937-1939	1961
식음료	13.8	14.0	8.8
섬유	22.9	17.6	13.1
의류	8.9	8.3	7.5
목재와 가구	11.9	8.3	8.5
금속	1.9	3.0	4.3
기계	16.7	24.9	31.1
화학	2.6	4.5	6.0
고무	0.1	0.7	1.2

럽 통합의 가입조건을 충족시키고, 세출삭감. 민영화에 의한 정부증수, 증세 등에 의한 재정건전화, 물가 연동제 폐지 등에 의한 인플레 억제 등에 몰두했다. 또한 2002년 1월부터 유로화 도입에 있어서도, 물가상승이라는 일시적인 요인이 초래했음에도 원활히 추진되었다고 평가받는다. 한편, 최근 몇 년은 유로화의 고환율 지속, 유로권 경제의 약화, 재정적자해소방지를 위한

<표4> 2005년 기준 이탈리아 주요 경제지표

- 재정적자 대 GDP 비율 : 4.3% (2005년)
- 소비자물가상승률 : 2.3% (2005년)
- 실질성장률 : 0.0% (2005년 예상)
- 실업률 : 7.7% (2005년)

출처: ISTAT

---

133) V. Zamagni(1990), p. 106.

긴축 재정 등의 영향으로 각 분야에 이탈리아 산업의 경쟁력 저하가 현저히 드러나게 되었다. 특히 이탈리아는 유럽의 중심 국가 중에서도 경기 회복이 더디다고 평가되었다.

2006년 현재 당면하고 있는 이탈리아 경제의 제문제는 이탈리아 산업의 국제경쟁력 회복(이탈리아 제품의 시장 경쟁력의 회복), 산업 인프라의 정비 강화, 연구개발투자강화 등), 연금개혁, 고용형태의 유연화, 행정 절차의 간소화 등의 개혁을 진행하는 것이다. 이를 통해 1960년 로마올림픽 이후 구조적으로 안정화되어 있는 중소기업 중심의 산업구조와 대외 경쟁력을 강화하고, 기계와 섬유 중심의 이탈리아 산업 특화의 특징을 살려나갈 수 있도록 해야 한다.

4-2. 주요 산업도시의 특화와 경제적 특징

4-2-1. 패션산업의 중심지 밀라노

중소기업 중심의 산업구조와 기계·섬유산업이 주가 되는 구조는 도시 규모가 크지 않았던 이탈리아 도시들의 전문화와 특화에는 상당한 효과를 보게 되었다. 따라서 대도시들(이탈리아에서 산업적으로 주요한 대도시로는 밀라노, 토리노, 볼로냐, 제노바 등을 들 수 있다)은 이러한 집약화되고 특화된 중소도시의 산업적인 특성을 집약하고 극대화하는 조직과 기구들을 갖춤과 동시에 최종생산물을 상품화하거나 유통을 위한 도시 구조를 갖추는 데 노력하였다. 이러한 노력들에 힘입어 밀라노를 중심으로 하는 토리노에서 베네치아로 이어지는 산업지구는 유럽에서도 1인당 GNP가 가장 높은 지역의 하나가 되었다.

결국 이탈리아의 대도시들은 세계화나 글로벌 수준에 맞는 규모나 양적인 팽창과는 다른 의미에서 집약과 효율의 극대화라는 의미에서 세계적인 산업 중심지 역할을 수행하고 있다. 이런 이유로 인해 여러 어려움에도 불구하고 이탈리아 산업구조가 중소기업 중심의 글로벌화된 기업과 경영에 성공할 수 있었다고 평가할 수 있는 것이다. 이들 이탈리아의 특화된 대도시들 중에서 밀라노나 토리노 및 볼로냐 등은 여러 가지 측면에서 유의미한 경제적이고 산업적인 의미를 부여할 수 있는 도시들이다.

이탈리아의 경우 지방분권화뿐만 아니라 정치 · 경제 · 사회 · 문화적으로 영역에 따라 그중심이 되는 도시들이 중심 역할을 하고 있다. 정치 수도인 로마 이외에도 예술의 수도는 피렌체, 산업의 수도는 토리노 그리고 학문의 수도는 볼로냐 등으로 분류하고 있다. 밀라노는 바로 그러한 영역에서도 경제와 서비스 산업의 중심지이자 수도로서 역할을 하고 있다. 밀라노하면 으레 떠올리는 것이 패션의 도시라는 것이다. 화려한 패션쇼가 일 년 내내 열리고 전 세계 최고 유명 브랜드들이 밀집해 있는 패션 거리 몬테 나폴레오네 Monte Napoleone가를 비롯한 수많은 패션 거리가 밀라노를 상징적으로 말해주듯이 밀라노는 이탈리아 경제의 중추적 인역할을 담당하고 있다.

상업적인 화려함 뒤에도 밀라노에는 주요한 문화 유적지가 몇 군데 있다. 전 세계의 오페라 팬들을 사로잡는 스칼라Scala라는 극장이 자리하고 있으며, 아름답고 화려한 두오모Duomo 대성당의 위용이 숨 쉬는 곳이자, 레오나르도 다빈치의 최대 명작 중의 하나로 손꼽히는 '최후의 만찬'이 소장되어 있는 도시이다. 경제적 화려함과 다소 어지러운 듯한 도시를 뒤로 하고 조금만 벗어나면 시원하고 멋진 자연환경과 금방 만날 수 있는 곳도 이 지방이다.

이탈리아에서 바다가 가장 먼 내륙에 위치한 지형적 불리함을 보상이라도 하듯 롬바르디아 주는 이탈리아에서도 가장 아름다운 호수들이 밀집해 있다. 특히 호반의 도시로 이탈리아 최대의 실크 산지인 코모Como를 중심으로 맑고 푸른 휴양 호수들이 북쪽으로 넓게 산저해 있으며, 서쪽으로는 이탈리아 최대의 호수인 가르다Garda 호수가 멋진 알프스의 풍격과 함께 이탈리아 최대의 휴양 호수로서의 면모를 갖추고 있다. 또한 이탈리아에서 성탄절이나 새해 그리고 부활절 등의 축제일에 빼놓을 수 없는 것 중의 하나인 파네토네panetone라는 원추형의 빵 케이크가 태어난 곳으로도 유명하며, 바이올린 제작 도시로 유명한 크레모나Cremona 시 및 오랜 중세도시로 유서 깊은 만토바Mantova 시, 또한 롬바르디아 주의 가장 아름다운 르네상스 시기의 건축물로 파비아Pavia에서 약 8km 정도 외과에 위치한 체르토자 디 파비아 Certosa di Pavia 역시 롬바르디아의 아름다움을 더해주는 유적이다. 이와 같은 주요 도시들과 함께 롬바르디아는 이탈리아 경제의 심장부로서 역할을 하고 있다.

밀라노가 패션의 세계적인 수도로 자리 잡을 수 있었던 계기는 1960년 로마 올림픽이었다. 당시 이탈리아 정부는 올림픽을 계기로 전 세계에 이탈리아만의 독특한 문화와 산업을 알리고자 다양한 홍보 정책과 사업을 시행하였다. 바로 그러한 정책과 사업 중의 하나가 패션산업에 대한 홍보였다. 창조적이고 우수한 디자인을 바탕으로 실용적이고 독창적인 제품들을 올림픽 기간 중에 적극 홍보함으로써 국가의 기간산업으로의 육성에 전력을 다했다. 이렇게 하여 이탈리아 패션산업은 국제 시장에 Made in Italy를 알리기 시작했다. 서구의 다른 선진국들에 비하여 진정한 의미의 산업혁명을 거치지 못했으며, 패션산업 분야에서 이탈리아가 오랜 전통을 갖고 있었다 할지라도 주변국인 프랑스나 오스트리아 등의 하청 국가로서의 역할밖에는 하지 못했던 상황에서 올림픽을 계기로 독자적인 국가의 기반 산업으로의 틀을 구축하였던 것이다. 비록 시기상으로 다른 유럽의 선진 패션 국가들에 비해 늦었지만 독특한 전통과 오랜 기술력을 바탕으로 짧은 시간 안에 패션 강국이 될 수 있었다.

이탈리아 산업들은 주로 디자인과 관련된 산업이 발달하였는데, 바로 패션산업 분야가 이러한 분야의 대표적 업종 중의 하나로 창조적이고 독창적인 디자인과 결합하여 실용적이면서 고품질의 제품들을 단기간 안에 생산할

수 있었다. 더군다나 제2차 대전의 패전국이라는 상황과 천연 자원이 거의
없는 열악한 경제 조건 속에서도 급격한 경제적인 발전을 이룩할 수 있었던
것도 바로 이와 같은 자신들만의 장점들을 산업적으로 적용시켜 계발할 수
있었던 능력 때문이라고 할 수 있다.

1960~70년대의 꾸준한 성장으로 국가의 산업 기반이 충실해졌다. 이러한
성장세는 1980년대까지 이어졌으며 보다 전문화되고 특화된 의미의 이탈리
아 패션산업은 해외 시장으로의 진출이 보다 활발해졌다. 이탈리아 패션 산
업이 국제 경쟁력에서 확실한 비교 우위를 점유할 수 있었던 때는 1980년대
중반이었다. 특히 1970년대부터 시작된 일본을 비롯한 극동 아시아 지역과
유럽 이외 지역으로의 본격적 진출은 세계 속에 이탈리아 패션산업을 이들
분야에서 전형적으로 성공한 발전 모델로 제시하였다. 이러한 성공적인 이
탈리아의 패션산업이었지만 국내 경제의 침체와 더불어 어려운 위기를 겪게
된다.

특히 패션산업의 어려움은 내수 시장의 불황뿐만 아니라 해외 시장에서까
지 이어졌다. 한국을 비롯한 중국, 인도 및 동아시아 국가들과 아프리카 연
안국들이 값싼 노동력과 기술력을 바탕으로 중저가의 상품들을 해외 시장에
공급하면서, 이탈리아 내부의 패션산업도 이에 대응하기 위한 구조적인 조
정기와 재편기를 가질 수밖에는 없었다. 거의 모든 패션 관련 분야에서는 고
부가 가치를 창출할 수 있는 고품질과 중고가의 제품들을 개발 생산하는 쪽
으로 방향을 설정하였으며, 이 과정에서 많은 업체들과 공장들이 어려움을
겪었다. 그러나 이탈리아는 이러한 위기를 호기로 전환시키는 데 성공하게
된다. 여기에는 이탈리아만이 갖고 있었던 산업적이고 구조적인 장점과 특
징이 많은 작용을 하게 되었는데, 다음과 같은 점들이 바로 그러한 특징과
장점이라고 할 수 있다.

첫째로 중소기업 중심의 건전한 기업 구조와 오랜 전통이다. 이탈리아의
기업 구조는 재벌 위주의 구조가 아니라 몇몇 대기업을 제외하고는 건전한

중소기업이 중심이 되어 상호보완적인 협업 체제를 통하여 오랜 기간 축적된 기술을 바탕으로 각 지역별로 체계화된 이상적인 기업 구조를 갖고 있다. 소량·다품종 위주의 생산 체제로 각 지역마다 자율적이고 독창적이며, 독립적인 중소기업들이 독특하며 창조적인 제품들을 생산하고 있다. 또한 중소기업 고유의 영역을 고수·발전시킴으로써 제품이 전문화와 창조성이 유지되고 있으며, 소비자들의 욕구에도 신속하게 대응할 수 있는 기동성을 갖출 수 있다.

둘째로 이러한 구조를 바탕으로 가족 중심의 경영과 장인 정신이 투철한 숙련 노동자들에 의해 기업이 운영되고 있다는 점이다. 중세 이후부터 도제 제도를 통해 이어져 내려온 기술 전통은 오늘날까지도 그대로 전수되고 있으며, 재투자와 합리화를 통하여 현대적인 취향에 적합하면서도 실용적인 제품들을 각 기업별로 차별화시켜 생산하고 있다.

셋째는 국가 차원의 지원책으로 각종 전시회를 통한 적극적인 마케팅 전략이다. 프랑스에 비하여 마케팅 능력이 떨어졌다고 평가받았던 이탈리아 정부는 각 지방과 협력하여 대대적인 홍보 전략을 수립하여 실행하였다. 각종 전시회의 상설 개최와 각종 매체를 통한 홍보는 섬유산업에 대한 국민적 공감과 관심을 유발시키고 해외 바이어들의 관심을 집중시키는 데 커다란 역할을 하였다. 국가적 차원의 노력이 박차를 가하게 되어 각종 전시회가 구성되고, 관련 협회들이 조직되었다. 또한 TV나 언론 매체들이 국민들에게 지속적인 관심을 불러일으키도록 이러한 전시회나 패션쇼를 기획 편집하여 방영하고 보도함으로써 국민적인 관심과 일체감을 조성하고 있는 것이다.

마지막으로 꼽을 수 있는 장점이 우수한 디자이너와 기술자를 양성하는 교육 시스템이다. 이탈리아의 교육제도는 우리나라와는 현격한 차이가 있다. 특히 예체능계 교육은 그 체계가 전혀 다른데 일반적으로 이탈리아의 정규 대학 과정에는 디자인학과가 없다. 몇몇 국립대학 안에 유사한 과정이 있지만 정규 과정은 아니며, 이에 대한 강좌는 주로 사설 학원이나 전문 기관이 담당하고 있다. 그러나 이러한 교육 기관이라 해서 우리 식의 학원 교육 정도라 생각하면 오산이다. 이곳에서는 이론과 실습이 적절히 혼합된 철저한 직업교육을 통하여 디자이너와 기술자를 전문적으로 양성하고 있는 것이다. 패션의 중심지인 밀라노 지역에는 이와 같은 디자인 관련 학원이나 기관이 100여 개가 넘는다는 사실만 보아도 이탈리아의 디자이너 전문인 과정의 수준을 짐작할 수 있다.

이러한 특징을 가장 잘 조직화하고 성공적으로 도시화시킨 곳이 바로 밀라노인 것이다. 패션산업의 유통을 도시 차원에서 조직화하는 데 성공하였을 뿐 아니라 국제적으로 밀라노가 갖는 도시 브랜드를 고양시킴으로써 이탈리아 패션이 국제적 경쟁력을 갖도록 하는 데 결정적 역할을 하였다. 이는 패션 관련 여러 단체들과 각종의 협회뿐만 아니라 도시 차원에서 패션을 하나의 도시 브랜드로 특화하여 전문화하는 데 성공할 수 있도록 대규모의 전시회장을 조직하고 효율적으로 기업과의 네트워크를 설치하였다. 결국 이탈리아아가 대표산업으로 패션산업을 내세울 수 있었던 데에는 이와 같은 밀라노라고 하는 대도시의 도시 브랜드를 통해 내세울 수 있었던 산업 경쟁력이라고 할 수 있다.

흔히 이탈리아 패션산업의 특징을 이야기할 때 두드러진 특징임에도 불구하고 놓치기 쉬운 부분이 지역 특화 문제일 것이다. 이탈리아 패션산업의 가장 커다란 특징 중의 하나인 지역 특화는 이미 오래 전부터 품목이나 업종에 따라 이루어졌다. 이탈리아 패션산업에서 이야기할 수 있는 지역화도 바로 특정 산업이나 품목 별로 오랫동안 진행되어온 전문화와 집중적인 특화 과정을 통해 이룩되었다. 제2차 대전이 종전되었지만 패전국이었던 이탈리아가 생산 수준이나 생산품의 차별화 단계로까지 진입하는 데에는 아직 국가적으로 또한 경제적으로도 어려움이 많았다. 그러므로 주로 소규모 단위의 새로운 기업이나 기존의 직인 단체 등에 의한 단위 경제적 경향이 강했다.

이후 1950년대 중반과 1960년대를 거치면서 이러한 경향들은 국가 차원에서 주력하게 되는 국책사업의 집중 육성이라는 형태와 기존의 소규모 단위 위주의 동종 기업의 육성이라는 정책을 지역에 따라 단위 업종 별로 개발하는 지역화 정책으로 자연스럽게 이어졌고, 이를 토대로 경제개발정책이 진행되었다. 따라서 이탈리아의 지역화 과정은 기본적으로 다음과 같은 두 가지 기준에서 수립하여 시행되었다.134) 먼저 거대한 국책 사업에 대해서는 경제발전 분야로서의 내부 경제 조건들을 고려한 전략을 수립하였다.135) 즉 이러한 전략은 수직적 통합 과정, 생산품의 차별화 전략, 다변화 정책 그리고 통상 정책으로의 변환이라는 세부 정책들을 통해 수행하게 되었다. 이에 반해 중 · 소규모의 기업들에 적합한 하위 개념적인 사업에 대해서는 외부 경제조건에 기반 하여 전략을 수립하였다.

바로 이러한 하위 개념의 사업으로서 외부적 경제조건에 의해 지역 화된 분야가 이탈리아 섬유산업이라고 할 수 있다. 다시 말해 생산성의 관점에 의해 동종의 기업이나 품목을 한 지역에서 집중적으로 생산하는데 섬유산업이 이러한 외부 경제조건의 이탈리아적인 특성에 적합하였기 때문에 지역 특화 정책을 적용시킬 수 있었다. 이탈리아에서의 외부 경제요소들은 금융, 조직화, 상업성, 기술 집약도, 운송비, 노동 요소 및 사업성 등으로 구분할 수 있다. 비교적 섬유산업이나 의류산업은 이 같은 외부 경제요소의 기준에 여러 면에서 적합하였던 것이다. 지역 특성이 유달리 강했고 많은 흔적을 갖고 있던 이탈리아 사회의 기본 구조를 산업 정책에 적용시킴으로써 1950~60년대의 패션산업은 비약적인 발전을 할 수 있었다. 그러나 이러한 외부 경제요소들은 섬유산업에 유리한 점들이었지만 본질적으로 섬유산업의 성장 한계를 갖게 하는 단점으로 작용하기도 하였다.136) 즉 산업적인 발전 단계에서 새

---

134) R. Baldassari, *Decentramento produttivo e ristrutturazione industriale*, in *Economia e Politica Industria*, No. 11, 1984, p. 130.
135) *Ibid*, p. 130.

로운 소규모 기업들의 성장은 재정과 상업적 측면에서 계속적으로 자본을 축적하고 창출하여 성장할 수 있도록 도와준다. 이에 반해 이러한 상황이 계속되면 소자본의 한계에 의해 계획적이고 보다 혁신적인 기술 개발이나 계획화를 이룩하는 데에는 어려움이 있을 뿐만 아니라, 자체적인 시장 개발이 힘들기 때문에 외부의 영향을 받음으로써 종속 화되기 쉽고, 국가적인 차원이나 국제적인 차원에서의 재정 지원이 어렵다는 한계가 있다. 이와 같은 점들을 염두에 두고 지역을 기준으로 해서 섬유와 의류산업을 구분해보면 다음과 같다.

이탈리아는 행정적으로 크게 20개의 지방으로 구성되어 있다. 이는 위에서 언급한 것처럼 전통적으로 구분되는 지역에 기초하여 분할한 것이다. 이러한 특색으로 인해 20개 지방 모두 각자의 제도와 행정 체계 및 특성을 갖고 있다.137) 그러나 패션 분야에서 이야기되는 지역은 이 보다는 좀 더 작고 협소한 지역적 개념을 갖는다. 다시 말해 각 지방의 주요 도시들을 거점으로 주변에 관련 분야의 공장이나 회사들이 밀집해 있는 양상을 보이고 있는데, 각 지방의 업종별 특징과 전통을 토대로 오랜 기간에 걸쳐 자연스럽게 형성된 것이다. 이 같은 개념에 의해 이탈리아 패션산업의 거점별 주요 지역을 구분해보면 다음과 같은다. 코모 지역, 프라토 지역, 카르피 지역, 부스토 아르시지오 지역, 비엘라 지역, 베르가모 지역, 비첸자 지역, 트레비조 지역, 피렌체-엠폴리 지역 등이다.

먼저 코모 지역은 주요 생산 품목이 실크나 실크 관련 제품으로 국내와 국외 시장에 널리 알려진 이탈리아 최대의 전통적 실크 생산 지역이다. 코모는

---

136) *Ibid*, p. 131.

137) 바로 이 점 때문에 한국의 기업들이 이태리와 무역 거래를 할 경우 당혹감과 곤란함을 겪는다고 할 수 있다. 각 지방마다 서로 다른 행정 체계와 상거래 전통을 갖고 있기 때문에 일반적인 상거래나 무역상의 개념만을 가지고는 간혹 난감할 때가 있다. 따라서 무역 거래에 있어서는 보다 신중하고 철저한 사전 준비와 조사가 필요한 것이다. 이러한 상황은 이태리의 거의 모든 산업 분야에서도 이와 유사한 형태를 보이고 있다.

밀라노에서 북쪽으로 약 40 km 정도 떨어진 곳에 위치한 아름다운 호반의 도시이다. 밀라노에서 기차로 약 30분 정도 걸리는 이곳은 예로부터 고품질의 실크를 생산해왔는데, 1960년대 이후에는 전통적인 연사撚絲 직조 방법을 현대적인 열 공정 과정Testurizzazione으로 대체하여 생산 기술을 혁신하였다. 이는 오랫동안 이어져 내려오던 전통적 기술과 결합하여 더욱 정교한 양질의 실크 제품을 생산할 수 있게 되었으며, 특히 풍부한 수자원을 바탕으로 오랫동안 색상을 변하지 않고 유지시킬 수 있는 염색 기술이 발달한 곳이다.

코모와 같이 새로운 기술 혁신을 이룩하여 급속하게 섬유 부문, 그중에서도 소모방 분야에서 발전하고 있는 지역이 프라토이다. 피렌체에서 서북방 방향에 인접해 있는 이곳은 이탈리아에서도 보기 드물게 잘 짜인 섬유 단지라 할 수 있다. 19세기 이후 본격적인 직물 생산 체계를 갖춘 프라토는 제2차 대전 이후 국가 지원과 지역 특색이 조화를 이루어 직물 생산지로 상당한 발전을 이룩하였다. 그러나 1970년대 초반부터 모방 업계에 불어닥친 가격 경쟁력 저하로 커다란 위기를 맞게 되었지만, 프라토 지역은 소모방 위주로 생산 구조를 개편하고 가내 수공업 형태에서 보다 전문적이며 체계적인 대기업 형으로 변화를 꾀하였다. 또한 생산 품목도 소모사나 니트 위주의 단일화와 전문화를 지향하고 적극적인 투자 정책을 실시하여 국내외 시장에 제품을 공급하고 있다.

흔히 이탈리아 산업구조의 가장 일반적이고 두드러진 특징을 이야기할 때 제일 먼저 거론되는 점이 중소기업이 그 다수를 차지하여 산업구조가 견실하다는 것일 것이다. 바로 이러한 특징이 패션 분야에서 지역적으로 가장 잘 드러나는 곳이 에밀리아 로마냐Emilia Romagna 지방의 카르피Carpi를 중심으로 한 지역이다. 이 지역은 이탈리아의 여러 지역 중에서도 중소기업에 대한 사례 연구로 채택될 정도로 지역의 산업구조가 모범적이라고 할 수 있다. 볼로냐와 파르마의 중간 지점에 위치한 이곳의 주 생산 품목은 니트이다. 처음에는 국내 시장에 직간접으로 제품을 공급했지만, 1970년대 이후부터는 중간 굵기의 니트 제품을 중심으로 해외 시장으로 판로를 확대하였다.

다음은 이탈리아의 대표적인 면제품 생산 지역이라 할 수 있는 바레제 Varese 지역이다. 코모 지역 서쪽에 인접해 있는 이곳은 아주 오래된 전통을 갖고 있지만, 최근에는 전반적으로 면綿산업이 점차로 위축되고 있다. 보다 저렴한 아시아나 아프리카 등지의 면제품의 수입 증가와 중소기업이 갖는 구조적인 한계로 인해, 계속적으로 전문화된 제품의 개발 부족과 기술 혁신의 미진 및 보다 적합한 시장 정책의 개발에 대한 어려움 등으로 면산업 전반에 걸쳐 어려움에 직면하고 있다. 그러나 이를 타개하기 위하여 지속적으로 중소기업 규모에 맞는 제품 개발과 이에 따른 자연스러운 업종 전환 등을 통하여 새롭게 구조 개편이 이루어지고 있다.

모방 제품에 있어서 보다 전문화되어 있으면서 국내 시장보다는 해외 시장에 더욱 많은 제품을 수출하고 있는 지역이 비엘라Biella 지방이다. 토리노의 북동쪽으로 약 70여km 떨어진 곳에 위치한 이곳은 풍부한 수자원과 오래 전부터 이웃 인접국의 하청 공장이 많았던 전통 덕분에 기술 축적이 잘 되어 있는 곳이다.

현재에는 새로운 제품과 최신의 기술을 끊임없이 개발하고 있지만, 이곳은 1960년대 이후 섬유산업의 전반적 위기를 겪으면서 그 구조 개편을 수반하였다. 이탈리아의 다른 지역보다도 기업 규모의 효과가 큰 곳이며, 국내보다는 해외 시장에서 인지도가 높은 기업들이 많이 있다.

지금까지의 지역들이 주로 섬유 분야의 특화 지역이라면 베르가모 Bergamo는 의류산업으로 유명한 곳이다. 밀라노의 북동쪽으로 40km 떨어진 이곳은 원단 자체의 생산보다는 완성된 의류 제품을 많이 생산하는 곳이다. 이곳은 지역 내에 제품 생산 공장과 원단 생산 공장을 동시에 갖추고 있는 장점 때문에 해외 시장에서의 경쟁력이 비교적 높은 곳이다. 특히 이 지역에는 의류 생산에 있어 두 가지 서로 다른 기업 규모를 가지고 서로 다른 품목을 생산하는 독특한 이중 구조를 보이고 있다. 하나는 종업원이 100명 미만인 소규모 기업이고 다른 하나는 종업원이 400~500 명 정도인 중견 기업이다. 이 두 종류의 기업은 규모 면에서뿐만 아니라 생산 품목에서도 확연하게 구별된다. 비교적 규모가 작은 소기업에서는 전통적으로 캐주얼이나 스포츠 의류를 주로 생산하고 있으며, 중견 규모의 기업은 일반 의류 생산에 전력하고 있다.

이탈리아의 여러 지역들 중에서도 한 지역 안에 어떤 특정한 제품을 생산하기보다는 다양한 품목의 제품들을 생산하는 대표적 지역이 트레비소 Treviso 지역이다. 베네치아에서 북서쪽으로 20km 정도 떨어진 곳에 위치한 이 지역은 면, 모방, 니트 등의 원단과 각종의 의류들을 생산하고 있다. 이러한 다품종 생산 구조는 인근의 비첸차 Vicenza 지역의 산업구조와 유사성을 갖는데, 이들 지역에서는 이와 같은 다품종 생산 구조로 인해 보다 전문화되거나 집약적인 기술 축적이 어려운 구조 결함을 갖고 있다. 그러나 이에 반해 비교적 소규모인 기업들을 중심으로 하나의 품목에 전력하면서 주위의 시장들에 공동으로 접근하거나 이 지역 나름의 독자적이고 독특한 마케팅 정책을 수립함으로써 구조적인 한계를 극복하려 하고 있다.

이 외에 피렌체–엠폴리 Firenze-Empoli 지역은 비교적 중저가의 기성복 제조에 아주 오래된 전통을 갖고 있다. 이러한 구조는 외부 시장 조건이 변동에 따른 대처가 용이하다는 장점이 있기 때문에 항상 제품을 지속적으로 공급할 수 있는 안정성을 갖는다. 그러나 이 지역에서도 1970년대 이후의 전반적인 위기로 인해 구조 개편이 이루어짐으로써 새로운 생산 구조로 변화되고 있다. 이와 같은 지역들 이외에도 지방자치단체인 현 단위에서 패션과 관련한 지역 클러스터 개념의 산업단지의 개요는 다음의 〈표1〉을 통해 잘 알 수 있다.

〈표1〉에서 알 수 있듯이 이탈리아는 전全 지역에 걸쳐 패션산업의 집적화와 특화가 잘 조직되어 있다. 이와 같은 환경은 지역을 중심으로 하는 클러스터의 성장과 개발 가능성을 높여주고 있을 뿐만 아니라 이탈리아 패션산

<표1> 생산 활동 기업체 수를 통해본 이탈리아 패션산업단지의 집적화 순위(현 단위)

지역	섬유기업	의류 및 피혁 제품	수공예 및 가죽관련	총 패션기업	전체패션 산업에 대한 비중	현의 총제조업에 대한 비중	현의 총 기업 수에 대한 비중
이태리전체	32470	46553	24524	103547	100%	16%	2%
피렌체	839	2120	3569	6528	6%	40%	7%
밀라노	1801	3323	1189	6313	6%	13%	2%
프라토	4122	1905	106	6133	6%	75%	23%
나폴리	662	3229	1700	5591	5%	22%	3%
바리	1142	2645	713	4500	4%	27%	3%
아스콜리	160	372	2839	3371	3%	49%	8%
모데나	1925	1111	118	3154	3%	26%	5%
바레제	1543	898	244	2685	3%	22%	4%
로마	358	1867	336	2561	2%	11%	1%
비첸차	658	976	883	2517	2%	17%	3%
브레시아	1081	1059	287	2427	2%	13%	2%
파도바	593	1323	463	2379	2%	18%	3%
피스토이아	1403	337	517	2257	2%	43%	8%
마체라타	232	282	1573	2087	2%	37%	6%
트레비조	688	868	467	2023	2%	15%	2%
피사	225	261	1456	1942	2%	35%	6%
레체	725	890	244	1859	2%	22%	3%
페루지아	791	892	1011	784	2%	22%	3%
토리노	534	1012	154	1700	2%	7%	1%
코모	912	645	53	1610	2%	19%	4%
베르가모	737	760	97	1594	2%	12%	2%
베로나	336	763	477	1576	2%	14%	2%
테라모	213	724	562	1499	1%	33%	5%
볼로냐	331	854	275	1460	1%	12%	2%
베네치아	273	618	531	1422	1%	17%	2%

지역	섬유기업	의류 및 피혁 제품	수공예 및 가죽관련	총 패션기업	전체패션 산업에 대한 비중	현의 총제조업에 대한 비중	현의 총 기업 수에 대한 비중
레지오 에밀리아	619	748	32	1399	1%	16%	3%
만토바	851	421	62	1334	1%	25%	3%
살레르노	204	902	179	1285	1%	12%	1%
아레초	348	486	400	1234	1%	21%	4%
아벨리노	72	491	585	1148	1%	26%	3%
비엘라	995	96	13	1104	1%	39%	6%
카세르타	154	471	385	1010	1%	17%	1%
로비고	180	687	84	951	1%	29%	4%
안코나	239	531	175	945	1%	29%	4%
루카	151	154	609	914	1%	17%	2%

자료: Camera di Commercio di Milano(밀라노 상공회의소)

업의 국가경쟁력을 뒷받침하는 원동력이 되고 있다. 밀라노는 그러한 특화된 산업으로서 패션산업을 국가 차원에서 소통해주는 공간이자 도시인 것이다. 이탈리아 산업구조의 특징인 중소기업구조와 이를 산업적으로 구조화시킨 지역특화의 문제를 도시 차원에서 한 곳에 집중시켜 전문화하고 생산과과 소비를 조직적으로 연결하고 국제적 거래의 중심지로서 조직화하는 데 성공함으로써 국가 경쟁력까지 갖출 수 있게 된 것이다.

4-2-2. 기계산업의 중심지 토리노

한국의 충청북도와도 자매결연을 체결하고 있으며, 2006년 동계 올림픽 개최지이기도 한 토리노가 주도인 곳이다. 이탈리아 최대의 대표적 자동차 기업인 피아트 본사가 위치한 토리노 시가 주도이며, 전통적으로 포도주뿐만 아니라 목축이나 유가공 산업이 발달한 주이기도 하다. 역사적으로 이곳 피에몬테 주는 중요한데, 특히 근대와 현대 역사에서는 더더욱 그러하다. 이곳을 지배했던 사보이 왕가는 프랑스계의 왕국으로 오래 전부터 프랑스의 영향을 많이 받았으며, 유럽의 나폴레옹 시대에는 나폴레옹이 이곳에 자주 머물렀을 정도로 한때는 프랑스 문화가 지배적이었던 곳이다. 이후 이탈리아에서 최초로 산업혁명을 경험했던 곳이었으며, 그로 인한 기계산업과 섬유산업 및 한국에도 많이 알려져 있는 이탈리아 영화산업 등이 처음으로 이탈리아에서 탄생한 곳이기도 하다. 19세기 유럽에서 일었던 국민국가 열기에 영향을 받아 근대 이탈리아 국가를 통일한 지역으로, 당시 이곳을 지배하던 사보이 왕가가 중심이 되어 현재 이탈리아의 근간이 되는 독립국가를 완성시킨 주로도 잘 알려져 있다.

주도인 토리노가 역사적으로나 문화적으로 가장 중요한 도시인데, 흔히 알려져 있듯이 그저 이탈리아 자동차 산업의 중심지라는 것보다는 문화적으로 풍부한 역사성을 갖고 있는 도시이다. 로마제국 시대에 프랑스와 북부 유럽을 정복하기 위한 중간 병참기지로 출발한 오랜 역사적 전통을 갖고 있으며, 군사기지라는 목적의 계획도시라는 점은 다른 도시들과 다르게 직사각형으로 곧게 뻗은 도로 구조를 갖고 있는 점도 특이한 점이다.

오랜 역사적인 전통만큼 중요하고 흥미 있는 것들이 곳곳에 산재해 있는데, 세계에서 규모 면에서 두 번째로 큰 이집트 박물관은 그 소장품의 수와 풍부함에서 방문하는 이들의 시선을 오래 잡아두는 곳이다. 또한 이탈리아 자동차 산업의 중심지답게 수많은 자동차들이 전시되어 자동차의 역사를 한눈에 볼 수 있는 자동차 박물관 역시 문화적인 즐거움을 배가시켜준다. 그 외에도 토리노의 상징탑으로 현재 영화박물관으로 사용하고 있는 몰레 안토넬리아나Mole Antonelliana는 꼭대기 부분에 전망대가 있어 시내의 전경을 한눈에 내려다볼 수 있는 명소이다. 이탈리아에서 가장 긴 강인 포Po 강이 시내를 관통하고 있는 토리노는 강 주변을 따라 자연스럽게 펼쳐진 크고 작은 녹지들과 시에서 가장 큰 발렌티노Valentino 중앙 공원은 시민들의 안식처로 손색이 없다. 도시 전체가 프랑스 바로크 양식에 영향을 받아 중심가의 수많은 건물들이 아름다운 바로크 풍을 하고 도열해 있을 정도로 건축적인 아름다움을 가진 도시이다.

한국에도 이미 알려진 예수의 성의聖衣—진본 여부를 떠나서 중요한 역사적 의미를 갖는다—가 전시되어 있는 중앙 성당 역시 종교를 믿는 이이건 아니건 간에 매우 흥미로운 곳이다. 그 외에도 협궤열차를 타고 올라갈 수 있는 수페르가Superga라는 산 위의 성당은 토리노의 수호신처럼 위용을 자랑하고 있으며, 한 여름에도 볼 수 있는 눈 덮인 알프스는 도시에서 볼 수 있는 색다른 즐거움이다.

한국인들에게 토리노라는 도시는 너무나 잘못 인식되어 있다. 혹자는 피아트라는 이탈리아 최대 자동차 회사가 있는 것 때문에 '이탈리아의 울산' 이라고 부르는 사람이 있기도 하고, 그저 공장의 굴뚝만 즐비한 산업도시의 하나라고 생각하는 경우가 흔히 볼 수 있는 편견이다. 산업도시라는 측면에서는 어느 정도 일리가 있는 생각일 수 있지만, 보다 근본적인 측면에서 토리노를 보자면 산업도시라는 의미 이상의 역사적인 커다란 함의가 담겨 있는 도시이다.

이탈리아에서 거의 유일하게 산업혁명이라 할 수 있을 만한 경제 변화를 겪은 도시로 이탈리아 자본주의가 태동했던 곳이며, 계층과 계급이라는 근대적인 개념의 사회구조가 확립된 도시이도 하다. 오늘날 우리가 알고 있는 여러 분야의 이탈리아 산업부문들이 태어난 곳으로 근대 이탈리아 영화산업이 시작되었고, 기계와 자동차 산업이 가장 먼저 산업화된 곳이며, 직물과 섬유산업 역시 가장 먼저 근대화된 곳이다. 초콜릿, 포도주, 커피, 치즈 등의 식품산업이 특화되어 발달한 지역이며, 오늘날에도 항공산업이나 방위산업 등이 발달한 산업지대이다.

산업의 수도로서 토리노는 이미 오래 전부터 이탈리아 산업의 중추적인 역할을 수행해왔다. 통일 왕국의 수도로 출발했던 토리노는 역사적으로 매우 중요한 도시이며, 통일 이전에도 이탈리아 산업혁명을 가장 먼저 시작했을 만큼 근대 이탈리아 산업의 시작도시이기도 했다. 기계, 섬유, 영화, 자동차, 화학 산업 등이 이탈리아에서 가장 먼저 시작될 정도로 이탈리아의 산업을 주도했다. 통일 이후에도 그 경제적 지위를 한동안 유지하면서 오늘날 이탈리아의 대표적 산업인 기계산업을 주도하면서, 피아트라고 하는 세계 굴지의 자동차 회사를 키워낸 곳이기도 하다.

20세기에 들어서도 독특한 이탈리아적인 노동운동을 조직화한 곳이며, 아울러 1950년대 이탈리아 경제기적을 선도했던 곳이기도 했다. 최근에는 토리노 동계올림픽을 통해 국제적인 인지도를 높이면서, 산업도시라는 오명에서 벗어나 쾌적한 도시 환경과 함께 국제적인 수준의 도시로 발전하고 있다. 토리노를 국제적인 수준에 적합한 대도시로 탈바꿈시키는 과정에서 주목받는 기구를 만들었는데, 바로 토리노 인터내셔널Torino Internazionale이다.138)

토리노 인터내셔널은 토리노 시민들의 주거환경과 도시발전을 조화롭게 계획하면서, 산업 발전과 개발의 흔적이라 할 수 있는 도시 곳곳의 공장지대의 재배치와 녹지 혹은 자연공간의 활용과 창출 등을 통해 국제도시로서의 면모를 갖추고자 설립한 공사합동 기구이다. 법인의 법적 지위를 가지며, 시의 주요 기관들이나 공무원들뿐만이 아니라 시민들도 함께 참여할 수 있는 범凡도시 기구이다. 토리노 시는 이 기구를 통해 도시민들과의 소통을 통해 도시 발전과 성장 계획 등을 공유하고, 시민들로부터 직접 제안을 받기도 하면서 다양한 문화와 도시민들이 거주할 수 있는 국제도시로서의 도시화 계획을 수립하려고 하고 있다.

---

138) 이하의 내용은 아래 사이트를 참조하시오. www.torino-internazionale.org/(검색일: 2008년 3월 3일)

토리노 인터내셔널의 전략적인 활동 목적은 여섯 가지의 방향을 통해 잘 드러나고 있다. 첫째, 국제적인 수준과 시스템으로 도시지역을 통합한다. 이는 유럽통합 시대에 토리노를 유럽의 중심 도시의 하나로 성장시키고자 하는 열망을 담은 전략이라고 볼 수 있다. 이를 위해 접근 용이성 확보를 위한 수송과 운송 네트워크를 조직화하고 경제의 중심지로 성장시키려는 계획이 포함되어 있다. 둘째, 토리노 시와 주변의 중소도시들을 포함하는 범도시 지방정부의 수립을 계획한다. 도시 간의 연계와 보다 조직화된 지역 네트워크의 창설을 위해 유통과 서비스의 통합 시스템을 구축하고 관련 기관과 기구의 통폐합을 위한 대도시 성장 프로젝트의 일환으로 메트로폴리탄 컨퍼런스를 새로이 창설하는 것을 포함한다. 셋째, 도시의 역량강화와 전략적인 자원개발에 노력한다. 도시 혁신을 위한 지식기반 확충과 전략 상품의 개발 및 사회경제적 발전을 함께 담보하는 방안의 강구가 주목적이다. 이는 전체적으로 도시 활성화 계획의 가장 주요한 방향의 하나로 국제적인 수준에 맞는 인적·물적 자원 개발을 목표로 한다. 이를 위해 세계적인 대학과 연구기관을 육성하고, 피아트나 관련 기업들을 중심으로 국제적 수준의 도시공학연구소 등을 설립하여 자동차에 관련된 종합 연구소 등을 구축하는 계획들을 포함하고 있다. 넷째, 기업의 생산 활동과 경제활동을 진흥하고 수준 높은 일자리 창출을 목적으로 한다. 토리노 시에는 주지하다시피 피아트를 비롯한 올리베티 본사 등이 위치하고 있던 곳이기 때문에 장점인 기계산업을 기반으로 첨단 산업과의 접목을 통한 새로운 기업과 일자리를 창출하려는 방향에서 이런 계획을 수립하였다. 다섯째, 산업도시로서의 토리노뿐만 아니라 관광과 문화 도시로서 토리노시를 발전시키고자 하는 방향이다. 세계적으로 유명한 축구클럽 유벤투스와 토리노를 보유하고 있는 도시이며, 동계 올림픽을 치룬 중심도시이고, 역사적으로 그 중요성이 증명된 곳이기 때문에 이를 제조직하고 시너지 효과를 창출할 수 있는 관련 계획과 상품의 개발을 통해 국제문화관광 도시로서 토리노를 육성시키고자 하는 계획이다. 여

섯째, 국제적 수준에 걸맞은 도시 환경의 향상을 지향점으로 하고 있다. 이
는 대도시의 공간과 양적인 팽창에 따른 폐해를 최소화하면서 대도시이지만
인간의 삶을 보장하고 향유할 수 있는 기반시설을 확충하는 계획을 통해 국
제도시에 맞는 국제적인 수준의 도시 삶을 코장하기 위한 계획이다.

토리노 인터내셔널은 이와 같은 장기적인 계획을 위해 도시민과 주변 도
시들이 함께 참여할 수 있는 공간이자 집행기구로서 새롭게 출발하게 되었
다. 2006년 7월 공식적으로 이 기구를 창설하고 토리노 시장을 의장으로 하
여 토리노뿐만이 아니라 피에몬테 주를 모두 아우르는 성장발전 기구로서
현재 활동하고 있다.

4-2-3. 클러스트Cluster의 성공사례로서 에밀리아 로마냐

4-2-3-1. '제3의 이탈리아' 와 클러스터

이탈리아 중소기업형 지역개발 정책과 관련하여 세계적으로 주목받았던 사
례가 제3의 이탈리아La Terza Italia라고 하는 것이다. 1980년대 중반 이후 지
역을 거점으로 한 지역경제개발정책의 성공사례로 주목을 받으면서 경제학
에서 이야기하는 산업지구론으로 설명139)하거나, 보다 직접적으로 이탈리
아 형을 독립적인 이론으로 이야기하는 이들도 있다.140) 또한 최근에는 신

---

139) 19세기의 경제학자 알프레드 마셜Mashall에 의해 처음으로 사용되고 제기된 개념이다. 대기업의
    대량생산방식과 중소기업들의 공간적 집적어 의한 산업지구방식을 설명하면서 처음으로 제기하
    였다.
140) 여기에는 다양한 유형의 이론가들이 있는데, 베카티니G. Becattini와 같은 이는 제3이탈리아의 산
    업지구를 마셜이 이야기하는 산업지구와 유사하게 보고 "제품생산 과정을 여러 단계로 분리하여
    생산하는 중소기업들의 영역적 체계"로 정의하고 있다. 그리고 스포르치F. Sforzi는 산업지구를
    "특정산업으로 전문화된 소기업들의 집적체"로 설명한다. 세이블C. Sabel은 소규모 기업들로 구

산업지구, 신산업공간, 산업클러스터, 기술지구, 지역혁신체제 등의 새로운 개념과 이론으로 설명하려는 시도들이 있다.

이러한 논의들과 이론화에는 무엇보다 이탈리아 산업발달 과정의 경험과 특화와 전문화 수준에서의 관련 산업 간의 연계라는 독특한 특성들이 종합적으로 이루어낸 결과라는 데에는 더 말할 나위가 없다. 더군다나 이탈리아라는 지정학적인 특수성은 기존의 산업지구이론으로 설명하기에는 다소 무리가 따르는 것도 사실이다. 이탈리아의 경우 중앙정부의 종합적이고 체계적인 정책에 의해 이러한 지역개발정책이 작동하는 것도 아니기 때문에 산업지구론 만으로는 설명하기 힘든 다른 요인들이 존재한다.

최근 이와 같은 부족함을 메우면서 가장 근접하게 이탈리아적인 지역발전 모델을 설명하는 것이 허스트Hirst 등이 주장하는 "공공과 민간의 파트너십 Public-Private Partnership"에 의한 '지역 거버넌스Local Governance' 이다.141) 거버넌스라는 용어는 최근 지방분권이나 시민사회의 역할 증대 등을 거론할 때 자주 등장하는 개념으로, 주로 정부에 의한 일방적인 통치와는 다소 상반되는 유형으로 해당 이해 당사자들이나 관련단체 및 지역 등의 사회 구성 주체와의 광범위한 협의와 공동노력을 통해 최종적인 정책이나 지향점들을 도출하는 통치의 새로운 유형으로 해석할 수 있다.

이탈리아의 경우 지방자치단체, 지역의 중소기업, 해당 산업의 전문성의 존재, 생산 자동화의 문제, 여성인력의 활용, 산학연계와 생산네트워크의 연결 등의 여러 문제들을 종하해서 위에서 이야기하고 있는 '지역 거버넌스'와 동일하게 이야기할 수 있을 것인가는 좀 더 신중한 접근이 필요하다. 물론 외

성된 마샬리안 산업지구와 대기업들이 조직의 각 부분에 자율성을 부여하는 형태로 재조직된 결과로 나타난 지역생산 네트워크로 구분하고 있다. 권오혁, 2003, "제3 이탈리아 산업지구 발전 과정에 대한 비교연구", 유럽지역연구회 편, 『유럽의 지역발전정책』(서울; 한울 아카데미, p. 341 재인용).

141) Hirst, Paul. "Democracy and Governance", in Pierre, Jon. ed., *Debating Governance*(Oxford University Press, 2000, ch. 2)

형적으로 보면 분명 "공공과 민간의 파트너십"에 의한 산업지구 운영이라고 이야기 할 수 있지만, 에밀리아-로마냐 주의 경우를 보면 이러한 개념이나 용어 자체를 직접적으로 적용하기에는 다소간의 무리가 있다고 볼 수 있다.

이러한 관점에서 본 보고서에서는 이탈리아적인 산업 특징을 충분히 고려하고, 무엇보다 지역단위의 개발공사들이 존재하고 있다는 점을 주요 특징으로 삼아 '지역개발공사 주도 거버넌스' 형으로 정의하고자 한다. 에밀리아로마냐 주의 ERVET은 바로 이러한 유형으로 설명이 가능한 전형적인 모델이며, 실제로 ERVET의 구성이나 활동은 지역 거버넌스의 특징을 유지하면서 지역개발의 주체로서 정책적으로나 기능적으로 특별한 기능을 수행하고 있다. 따라서 이러한 점에 착안하여 이탈리아의 산업지구 모델을 설명하고, 이러한 기반 하에 직접적으로 운영되고 있는 실제적 예를 살펴보고자 한다.

4-2-3-2. ERVET과 에밀리아-로마냐 형 클러스터

볼로냐가 주도인 에밀리아-로마냐는 이탈리아 중부에 위치한 주로 전통적으로 전자, 기계, 섬유, 식품, 의료기기, 세라믹 산업 등이 발전되어 있다. 총 42만 401 개의 회사가 생산 활동을 하고 있는데, 이는 주에 거주하는 인구 9.87명당 한 개의 기업(2004년 기준)이 있다는 것을 말해준다.[142] 에밀리아-로마냐 주는 여러 가지 측면에서 이탈리아 평균보다 경제지표들이 양호한데, 실업률(3.7%)이나 1인당 소득액(26,413 유로) 등에서 이탈리아 평균치(이탈리아 전체 실업률 8%나 일인당 국민소득액 21,611 유로)를 웃도는 경제력을 갖

---

142) P. Maccani, *The role of a regional development agency in the improvement of regional territorial policies*, 2006, ERVET, (이 자료는 ERVET 지역혁신담당 책임자인 P. Maccani의 ERVET 보고서로 2006년 9월 ERVET 방문 시 브리핑 받은 자료이다. 이하 관련 통계나 수치 등은 이 보고서를 참조하였다.)

고 있다. 이 지역에서 한 가지 특이한 점은 여성고용비율(여성 실업률이 5%인데 이탈리아 평균인 10.6%에 비하면 절반의 수준이다)과 여성의 경제활동 참여율(63.4%로 이탈리아 평균 51.3%에 비하면 10% 이상이 높다) 등에서 다른 이탈리아의 지역들보다 훨씬 높은 비율을 나타내고 있다는 것이다.

이와 같은 양호한 경제지표를 유지하고 나타낼 수 있는 요인에는 여러 가지가 있겠지만, 다른 무엇보다도 에밀리아–로마냐 주의 지역개발정책을 책임지고 있는 ERVET의 존재가 두드러진 특징으로 볼 수 있다. 1970년 이후 변화하는 경제적 환경에 대응하기 위해 주법州法으로 탄생한 공사 성격의 기구이다.143) 각 지역의 특화된 산업군을 중심으로 보다 전문화된 산업지구 혹은 클러스터의 육성을 목적으로 활동하였다. 에밀리아–로마냐 주의 각 현

<표2> 에밀리아–로마냐 주의 산업지구와 분야

지역	산업부문	중소기업(50인 이하) 비율(%)
피아첸자Picenza	기계장비	20.0
파르마Parma	식품	98.1
레지오 에밀리아Reggio Emilia	농기계	85.2
카르피Carpi	니트웨어	99.3
사수올로Sassuolo(모데나)	세라믹	55.7
미란돌로Miraldola(모데나)	의료기기	85.0
볼로냐	포장기계	80.0
푸지냐노Fuginagno(라벤나)	신발	93.7
포를리Forli	인테리어가구	97.0
리미니Rimin	목재생산기계	87.2

자료: ERVET

---

143) Regional Law n. 44 of 18/12/1973에 근거하여 설립하였다.

이나 자치도시Comune별 중심 산업군과 특화 분야들은 다음과 같다.

〈표2〉에서와 같이 에밀리아-로마냐의 주력 산업이 대기업 형보다는 중소기업형이 많으며, 실제로 피아첸자를 제외하고는 대부분의 지역에서 중소기업의 비율이 상당히 높다는 것을 알 수 있다. 이들 분야별 특화된 산업지역들은 주로 1950년대 이후 새로운 경제발전 시기에 지역에서 발전되고 있던 주력 사업을 육성하는 과정에서 자연스럽게 형성된 경우(주로 카르피, 파르마, 사수올로 등의 예)도 있고, 특정한 동기(미란돌아, 푸지냐노, 볼로냐 등의 경우)에 의해 산업지구들이 형성된 경우도 있다. 그러나 무엇보다 이들 산업지구의 활동을 가능하게 했던 것은 ERVET 산하 조직된 아홉 개의 '실질 서비스 센터Real Service Center' 이다. 총 아홉 개의 서비스 센터는 해당 산업지구 안에 설립되어 관련 산업이나 기업들을 연계하고 해당 산업 발전을 위한 지역에 적합한 특정 서비스를 제공하고 있다.

이들 '실질 서비스 센터' 의 역할은 기관별로 다소의 차이가 있지만, 일반

<표3> ERVET 산하 9개의 서비스 센터

서비스 센터	주 업두	고용인 수	설립년도
Centro ceramico	세라믹 타일과 기계 시험 및 연구개발	38	1976
CITER	니트웨어 및 기겨 연구개발	12	1981
CERCAL	신발 제품 연구개발	5	1984
CESMA	농기계 연구개발	3	1986
Nuova QUASCO	건설관련 인증 및 연구개발	17	1986
CERMET	품질인증기관	90	1986
ASTER	지역기술이전 연구개발	30	1986
DEMOCENTER	설비 빛 기계 자동화 연구개발	26	1991
QUASAP	공공사업 수주 및 발주 관리	미확인	미확인

자료: ERVET

적으로 인적자원의 교육, 제품 및 생산 공정에 대한 인증, 시장 분석 및 예측, 마케팅, 제품 실험, 기술이전, 제품과 생산 과정의 혁신, 조직과 기구의 혁신, 정보 및 상담 등의 업무를 담당하고 있다. 서비스 센터의 주체와 운영자들은 ERVET을 비롯하여 지방자치단체, 해당 산업협회, 사기업, 지방 상공회의소이다.

1980~90년대까지 이와 같은 ERVET과 서비스 센터의 활동 및 법률 지위는 2003년에 또 다른 전기를 맞았다. 2003년 개정된 주법에 따르면 주정부와 해당 지방자치단체 및 해당 지역의 단체들로부터 출자를 받을 수 있도록 하였다. 따라서 새롭게 은행이나 지역경제연합회 등의 주체적인 참여가 증가하였다. 이러한 변화된 위상에 따라 조직 역시 조정과 혁신을 통해 새롭게 탄생하였다.

ERVET의 경영자 역할뿐만 아니라 3년 임기의 7인 지도위원회와 부처별 책임을 맡고 있는 아홉 명의 팀장 역할이 중요해졌으며, 감사위원회가 주요한 역할을 맡게 되었다. ERVET 내부에서의 활동과 연간계획 및 감사는 다음과 같은 내용으로 전개된다. 일반적으로 1년에 한 번 개최되는 주주회합에서 연간계획을 작성하고 매월 열리는 정기회의에서 지도위원회와 팀장들이 모여 경과보고와 진행사항을 점검하고 3개월마다 내부감사위원회의 감사를 받으며 6개월마다 독립적인 외부감사회사의 감사를 받도록 되어 있다.

이를 통해 해당기업과 산업부문에 기술적 지원, 목표활동, 파트너십과 네트워크 구축, 조정과 분석활동 등을 수행하게 된다. 이는 이전의 ERVET의 위상과 활동보다 더욱 강력한 지방 거버넌스 시스템을 구축할 수 있게 되었고, 이를 전담하게 될 기구로 ERVET의 활동과 역할이 더욱 증대하였다는 것을 의미한다. 특히 지역발전 프로그램[144]을 1년과 3년 단위로 작성하여 실행하고, 지역발전을 위한 정책 제안과 조정 활동, 지역 내의 산업네트워크를 구축하기 위한 기술 지원, 해외로부터의 직접투자 유치 등의 활동을 집중적으로 벌이게 되었다.

이와 같은 새롭게 정립된 ERVET의 법적인 지위를 통해 에밀리아-로마냐 주의 각 지역별로 산업지구를 더욱 탄탄하게 운용할 수 있게 되었고, 이는 이전보다 변화하는 외부환경에 좀 더 적응할 수 있는 탄력적이고 합리적인 경영이 가능하게 되었다는 것을 의미한다. 실제로 ERVET과 ERVET 산하의 서비스 센터를 중심으로 산학연계와 지역기업들을 직접적으로 연결하는 네트워크를 구축하는 데 성공적이라는 평가를 받고 있다. 이러한 점을 고려하면 이탈리아의 에밀리아-로마냐 주의 경우에서 볼 수 있는 지역혁신정책과 클러스터의 유형을 '지역개발공사 주도 거버넌스' 형으로 부를 수 있을 만한 근거가 될 것이다.

4-2-4. 이탈리아 중소기업의 한계: 패션산업을 중심으로

1980년대 중반 이후 이탈리아 패션산업은 국제 경쟁력 약화와 내수 시장의 성장 한계에 봉착하게 되었고, 이를 타파하기 위하여 이탈리아 패션산업 업계와 국가에서는 몇 가지 대응책과 산업적 측면에서 구조 조정의 필요성을 공감하게 되었다. 특히 1980년대 중반 이후에는 신흥 공업국들이 중저가 제품들뿐만 아니라 중고가 제품들도 함께 생산하게 되어 이탈리아산 제품들을 위협하기 시작하였다. 또한 유럽의 다른 경쟁 국가인 프랑스나 독일 및 영국 등이 해외 시장에서 보다 적극적인 전략으로 전환하면서 이탈리아에게는 또 다른 위협이 되었으며, 외환시장에서는 이탈리아의 리라 가치가 실제 가치보

---

144) 주요한 내용은 다음과 같다. 1. 지역혁신개발 정책에 대한 모니터링, 디자인, 운영. 2. 파트너십의 개발과 운용. 3. 분야별 지역혁신개발 정책의 개발과 시행. 4. 유럽연합 차원에서의 국가별·지역별 네트워크 구축 5. e-정부의 실현. 6. 지역 차원의 마케팅. 7. 재정지원 프로젝트. 8. 지역개발정책을 위한 EU 정책과의 연계. 9. 연구개발 프로그램 등의 3년 계획의 세부 사항들을 지역에 맞게 개발하여 시행.

다 하락하게 되어 수출 저하 현상을 초래하였다. 상황이 이렇게 악화되자 가장 많은 타격을 받게 된 것은 이탈리아 패션산업의 중소기업들이었다. 그동안 이탈리아 패션산업이 지속적으로 발전할 수 있었고 '메이드 인 이탈리아 Made in Italy'의 이미지 제고에 가장 커다란 공헌을 하였던 이들 중소기업의 어려움은 이탈리아 패션산업의 국제 경쟁력 약화로 이어질 수밖에 없었다.

이에 이탈리아 패션산업 업계는 국내 시장의 성장 한계를 타파하기 위하여 해외 시장의 다변화와 적극적인 마케팅 정책을 시행하게 되었고, 내부적으로는 생산 설비의 자동화와 제품의 특화에 전력하는 구조 조정을 통하여 제품의 부가가치를 높이는 방향으로 나가게 되었다. 특히 이를 위해 비가격 요소의 개발과 적용에 힘쓰게 되었다. 비가격 요소란 생산비 중에서 가격 요소에 영향을 받지 않는 요소를 의미하는 것으로, 주로 패션 요소나 디자인 등의 무형의 요소들을 통하여 제품 가치의 극대화를 이룩함으로써 생산비에서 인건비가 차지하는 비중을 극소화시킨다는 것이다. 이는 항상 상품의 경쟁력을 유지할 수 있는 결정적인 요소로 이후 이탈리아 패션산업의 기본 전략으로 채택되었다.

이와 같은 노력에 힘입어 이탈리아 패션산업은 1980년대 중반의 어려운 여건에서도 꾸준한 성장을 하였다. 특히 수출 분야에서는 이러한 성장세가 지속되는데, 1986년을 기준으로 이탈리아 패션산업의 수출액은 19조 4,165억 리라였다. 비록 이 금액이 전년도의 수출액에 비하여 4.6%의 성장률에 그친 것이었지만, 국내 경기의 침체에 비하면 다른 산업군들과 비교하여 상당한 수출 실적을 기록한 것이었다. 이후 그리 높지는 않지만 평균 6~7%의 성장세를 기록하면서 산업구조의 재조정에 어는 정도 성공하였다고 볼 수 있다. 특히 1991년의 패션 분야의 총 수출액이 25조 4,319억 리라로 전년도에 비하여 1.8%의 성장률에 그쳤지만, 패션산업의 국내 생산에 대한 수출 비율을 보면 구조적 조정의 성공 여부를 가름할 수 있다. 1981년에는 이 비율이 17.8%에 그쳤지만, 1991년에는 무려 26.3%를 기록하였다는 사실은 이탈리아 패션산업의 구조가 수출입 위주의 적극적인 무역화 전략으로 전환되었다는 것을 의미하는 것이다.

이와 같은 이탈리아 패션산업의 구조 조정은 새로운 시스템-패션의 구축 면에서 몇 가지 변화들을 보여준다.[145] 첫 번째는 혁신적인 기술의 수용 면에서 섬유 분야와 의류 분야 사이의 편차가 갈수록 벌어지고 있다는 점이다. 새로운 마이크로 전자식 기술의 적용과 생산 과정의 자동화는 실제로 섬유 분야에서는 보다 폭넓은 적용의 가능성을 보이는데 반하여, 의류 분야에서는 수공예 전통과 낮은 생산 표준화 수준으로 인해 새로운 기술적인 해결방안의 확산에는 커다란 방해물로 등장하고 있다. 이것은 섬유 분야에서는 자동화에 따른 대량 생산과 규모의 확대가 어느 정도 가능한데 비하여, 의류 분야에서는 이 같은 대량생산 체제의 구축이 이탈리아 의류산업의 전통에 비추어 어렵다는 것을 의미한다.

두 번째는 이러한 어려움에 직면한 이탈리아의 주요 의류업체들이 인건비의 부담을 줄이기 위하여 주요 경쟁 상대국인 극동 지역 국가들과 지중해 연안국들로 분산화와 직접투자 정책을 펼치고 있다는 것이다. 이는 인건비가 많이 소요되는 전통적 의류생산 방식의 생산비 부담을 보다 저가의 노동 집약적인 국가로 이전함으로써 계속적인 가격 경쟁력을 유지하겠다는 정책의 일환으로 볼 수 있다.

세 번째는 각 기업들이 재정적인 면에서뿐만 아니라 기업 차원의 집중화 과정을 추구하게 되었다는 점이다. 단지 동일업종에서의 규모 통합이 아니라 하나의 범주 안에 있는 관련 분야의 기업들을 인수나 합병 또는 조인트 벤처의 형태를 통하여 원사에서 판매까지의 통합 생산 판매 체제를 구축하려는 것이다.

네 번째는 디자이너들과 생산 업체들 사이의 협력 관계를 통한 공동생산

---

145) Censis, *Moda e comunicazione*, Angeli, Milano, 1995, pp. 164~166 요약 정리.

체제의 구축이다. 작업과 역할 분담을 통하여 보다 대량적이고 독점적인 이미지를 갖는 전문화된 제품의 생산이라는 면에서 이를 추구하고 있다.

끝으로 다섯 번째는 거대 기업들과 그룹들을 중심으로 브랜드의 이미지와 유통 규모의 경제성을 최대한 이용하려는 기회 활용이 많아졌다는 점이다. 구두나 가죽 또는 액세서리 혹은 시계 등의 다양한 분야의 기업들과 연계하여 금융 통제와 다양화 전략을 앞세워 종합 패션화 정책을 지향하거나, 기술과 특허에 대한 독점적 계약을 맺고 이를 자사의 유통망을 통하여 공급하는 형태의 공동생산 체제를 구축하려는 경향이다.

이와 같은 다양하고 새로운 방법들을 적용하면서 이탈리아 패션산업은 구조 조정기를 거치게 되었다. 그러나 1990년 이후에 세계 경기의 침체와 국내 시장에서의 불황은 이탈리아 패션산업을 다시 한번 어려움에 빠뜨리게 되었으며, 산업구조 측면에서의 이 같은 조정기에 새롭게 해결해야 할 문제들이 등장하였다. 이는 이탈리아 패션산업이 계속적으로 세계 시장에서 비교 우위를 점하기 위해 넘어야 할 장벽이었으며, 본질적인 구조 개편의 확실한 성공을 위해서도 분명히 다루어야 할 것들이었다. 이는 사회간접자본이나 서비스와 같은 공공부문의 비경제적 요소들을 배제하고 모두 여섯 가지 문제로 분류할 수 있다. 첫 번째는 제품의 질과 비용간의 전략적인 장애물 문제이고, 두 번째는 매출액에 대한 낮은 투자비율 문제, 세 번째는 상업화에 대한 구조적·기능적 부적격성 문제이며, 네 번째는 외형적으로 단편적인 국내 시장 유통 구조의 비효율성 문제, 다섯 번째는 통합적이고 체계적인 정책 부재에 기인한 해외 판촉 활동들의 비효율성 문제이며, 실제 생산 분야와 직업적 정보 분야 사이의 지나친 차이의 존재이다.146)

첫 번째 문제는 이탈리아 패션 업체들의 해외직접투자 문제와 관련된 것으로, 생산비 중에서 인건비가 차지하는 부담을 줄이면서 동시에 해외 시장

---

146) Censis(1993), 172~178 요약 참조.

으로의 직접적인 접근 가능성이다. 이는 해외의 각 시장들에 직접적으로 공장을 설치하여 판매하는 방식을 채택할 때 발생할 수 있는 여러 가지 장해 요소를 없애면서 직접적으로 생산투자하는 문제이다. 이 경우에 있어 발생할 수 있는 새로운 문제들은 해외의 직접 투자지의 기술력이 이탈리아 업체들의 기술 수준을 소화할 수 있느냐는 기술 이전의 문제와 기계 설비의 이전 설치 및 교육 문제 또는 숙련된 노등력 확보의 문제와 운송 문제 등이 발생한다는 것이다. 이를 해결하기 위해서는 투자지를 선정할 때 이러한 요소들에 가장 적합한 지역의 선택이 중요하며, 단지 인건비가 싸다거나 투자비용의 최소화라는 요소에만 국한해서는 안 된다. 또한 일단 투자지가 선정된 뒤에도 기술력을 향상하고 유지시키기 위하여 끊임없는 기술 교육과 전문화 수준을 유지하는 것이 관건이라 할 수 있다.

두 번째는 매출액에 대한 낮은 투자비율 문제로, 생산 공정의 기술 요소뿐만 아니라 기업의 조직화 수준과 사업의 상업성 차원에서의 개혁 과정에서도 이 문제는 장애물로 작용하고 있다. 특히 섬유 분야보다는 의류 분야에서의 이러한 낮은 투자율은 생산 설비의 자동화나 조직화 면에서 많은 어려움을 안게 되었다. 1980년대 이후 의루 분야의 기업들을 대상으로 한 매출액 대비 총 투자액 비율을 보면, 평균 2.3%대에 머무르고 있다는 것을 알 수 있다. 이탈리아 패션산업의 기업 규모가 비교적 작다는 사실은 제품의 전문화나 특화 문제에서는 커다란 장점이 될 수 있지만, 이와 같이 적절한 투자를 통한 기업의 혁신이나 상업화 문제에는 어느 정도 한계를 보이고 있다. 그러므로 기업 규모와 상관없이 보다 적절하고 바람직한 기업화와 상업화를 위해서는 동일 지역 안의 소규모 기업들을 대상으로 공동 투자나 기업 연합 등의 방법을 통하여 생산 설비의 자동화나 기술력 제고를 위해 노력함으로써 기업의 성장 가능성을 높이도록 해야 할 것이다.

세 번째로 상업화에 대한 기능적·구조적 부적합 문제는 경쟁력 약화에 따른 해외 시장에서의 점유율이 점차로 낮아지고 있다는 점과 국내 시장에서의 수입 비율이 점차 높아지고 있다는 사실과 관련하여 이야기할 수 있다. 이 문제의 해결을 위해서는 해외직접투자 문제나 보다 적극적인 마케팅 또는 해외 시장의 다변화 등을 통하여 해결해야 할 것이다.

네 번째는 국내 시장 유통 구조의 단편성과 비효율성 문제이다. 이탈리아 패션 업체들은 일반적으로 기업 규모가 작기 때문에 판매망을 많이 갖고 있거나 프랜차이징을 통한 유통 확장이 어려웠다. 이는 제품의 특화와 전문화에는 어느 정도 유리한 점이 있겠지만, 기업의 발전과 성장이라는 면에서는 한계를 가질 수밖에 없는 것이다. 특히 하나의 공장이 하나의 상점을 운영하여 판매하거나 독립적인 소매상을 통하여 제품을 판매하는 비교적 단선적 유통 구조는 기업의 성장에 커다란 장애가 되었다. 이는 다음의 도표(T.2~9)를 보면 더욱 명확히 드러나는데, 총 유통 비율에서 독립적인 소매상을 통한 비율이 70%에 달한다는 사실은 이탈리아 유통 구조의 단편성을 보여주는 좋은 예이다. 이를 개선하기 위해서는 대형 상점이나 백화점 또는 전문화된 체인점이나 프랜차이징 등을 통한 다양한 유통 경로의 개발과 확장이 필요하다.

다섯 번째는 해외 판촉 활동이나 체계에 대한 통합적이고 지속적인 정책의 부재 문제를 거론할 수 있다. 지금까지 이탈리아는 주로 국내에서 개최되는 전시회를 중심으로 해외에서 방문하는 참관인 위주의 홍보와 마케팅이 이러한 판촉 활동이나 시스템의 대부분을 차지하고 있었다. 그러나 앞으로는 이를 좀 더 적극적인 홍보 정책으로 전환하여 해외에서도 이탈리아 패션 제품들의 이미지 강화에 노력해야 할 것이다. 경쟁국이라 할 수 있는 프랑스는 비교적 이러한 면에서 잘 조직화되고 체계적이라 할 수 있는데, 예를 들어 루브르 박물관 안에는 'Città della Moda'라는 전시관을 따로 설치하였으며 프랑스 국내뿐만 아니라 해외에서도 프랑스 제품들의 이미지 제고를 위해 노력하고 있다. 이탈리아의 경우도 이탈리아 무역공사ICE와 이탈리아 섬유협회FEDERTESSILE가 주관한 미국과 일본에서의 홍보가 상당한 상과를 거두었다는 것을 전례로 삼아 다른 국가들에서도 이 같은 체계적이고 꾸준한 홍보와 판촉이 필요하다.

여섯 번째는 실제로 활용되는 생산현장에서의 기술과 직업 교육기관에서의 교육내용이 격차가 심하다는 것이다. 이는 이탈리아 패션산업의 전통적 기술교육 방식이 주로 도제 제도와 같은 개개의 기술전수 방식이었기 때문에 통합적이고 공공적인 의미의 기술교육이 사실상 어려웠다. 또한 이러한 기술교육을 담당하는 전문 학원에서는 각 기업의 특성에 맞는 특정화된 기술교육보다는 일반적이고 기본적인 내용을 위주로 교육하기 때문에 이러한 교육을 받은 인력이 현장에 투입되었을 때 발생하는 격차는 예상보다 클 수밖에 없다. 이를 해결하기 위해서는 지역 단위의 기업들과 전문 학원들이 연계하여 각각의 특성을 살리면서 현장에서 활용 가능한 새로운 기술교육 시스템의 개발이 요구된다.

지금까지 언급한 여섯 가지 문제들의 해결은 산업적 측면에서의 구조 조정이라는 문제와 직접적으로 연결되어 있는 것들이다. 이미 첫 부분에서 언급한 이탈리아 패션산업의 장점들이 이탈리아식의 독특한 산업으로서 성장하는 데에는 커다란 기여를 했지만, 산업적 측면에서 하나의 기반 산업으로서 발전하는 데에는 장애와 한계의 요소로 작용하였던 것이다. 특히 1980년대 말부터 1990년대 초반까지 이탈리아는 국내적으로는 정치의 불안과 경제 침체로 인해, 국외적으로는 걸프전과 국제 경기의 후퇴 및 극동 아시아 국가들을 중심으로 새로운 경쟁 상대국들이 등장하면서 해외 시장에서의 수출 감소와 더불어 수입증가라는 경제 약화 현상이 두드러졌으며, 국제 수지면에서도 무역 적자의 폭이 컸다.

경제 상황의 악화는 패션산업의 구조 조정을 더디게 하였고, 상기 언급한 본질적인 문제들의 해결을 요구하였다. 이어 이탈리아의 패션 업계는 다시 한번 다양한 전략과 세부적인 정책들을 입안하여 시행하였으며, 1990년대 중반 이후에는 이러한 전략과 정책들이 어느 정도 성공하여 패션산업국 중에서 제일 강국으로의 도약 기반을 조성하였다고 볼 수 있다. 특히 해외직접

투자의 확대, 비교 우위 품목을 중심으로 한 수출 강화 정책, 중저가 제품들을 중심으로 한 과감한 수입 정책, 적극적인 해외 시장의 공략과 수출 대상국의 다변화 정책, 최근의 미국 시장에서의 성공 등을 바탕으로 확실한 국가전략 산업으로서의 위치를 다지고 있다.

4-2-5. 새로운 전환기와 21세기의 이탈리아 패션산업[147]

새로운 세기를 앞둔 이탈리아 패션산업은 여러 측면에서 커다란 위기에 봉착했다. 이러한 이유에는 여러 가지가 있겠지만, 가장 커다랗고 위협적인 요인은 중국의 등장이었다. 중국의 등장은 특히 의류산업 분야보다는 섬유산업 분야에서의 손실이 컸다. 2001년부터 2004년까지의 판매량이 무려 38억 유로나 하락했다는 사실은 예상보다 그 손실 폭이 크다는 사실을 말해준다. 더군다나 유럽에서 가장 큰 시장이라 할 수 있는 독일과 미주에서 가장 큰 시장인 미국에서 71%에 달하는 판매량 감소는 섬유산업 자체의 생존능력에 회의를 안겨주기에 충분한 손실이었다.

특히 수출 부문에서 직물은 2001년과 2003년도에 무려 12.3%까지 전변대비 수출액 감소를 가져왔고, 2004년 역시 2.3%의 감소를 기록했다. 의류와 가죽제품 역시 2003년 3.5%와 2004년 2.4%의 수출 감소를 기록했고, 생산업체의 수 역시 2004년에 8.2%(3,000 여개)와 10.6%(5,500여 개)의 관련업체들이 폐업을 했으며, 종업원은 각각 23.4%(10만 명)와 28.8% (12만 명)이 일자리를 잃었다. 더군다나 중국으로부터의 수입량은 매년 기록적인 증가량을 보이고 있는데, 2004년 상반기에만 전년대비 800%가 증가한 29억 4,500

---

147) 이번 항에서 언급되는 각종 통계자료와 수치는 이탈리아 패션협회Sistema Moda Italia와 통계청 Istat 및 이탈리아 섬유협회Federtessile에서 확인된 자료와 수치에서 인용한 것이다.

만 유로(약 3조 9,000억 원)의 제품이 이탈리아에 들어왔다.

이와 같은 이탈리아의 상황은 유럽 전역에 공통적으로 작용하고 있는 현상이기에 유럽 차원에서 이에 대한 대책을 마련하고 있다. 그 일환으로 2005년부터 시행되는 쿼터제 폐지와 함께 도입된 사후 통계감시제도를 들 수 있다. 2004년 12월 31일자 유럽 이사회를 통해 2005년 1월 1일부터 섬유 쿼터제를 폐지한다고 발표함과 동시에 중국산에 대하여만 2005년 1월 1일부터 12월 31일까지 사전수입 감시제도를 도입했다. 또한 사후 통계감시제도를 도입했는데, 이는 수입대상국의 대상 제품들에 대해 EU 시장에서의 현황과 유통 과정 등을 파악하기 위해 44개의 섬유의류 카테고리에 대한 감시제도이다. 이러한 일련의 과정을 통해 GSP(개도국에 대한 일반특혜관세제도)를 수정하였다.

이는 GSP 졸업기준을 강화해 중국의 수입제품들에 대한 엄격한 기준 적용을 의미했는데, 결국 중국산 섬유의류 제품들은 GSP 수혜대상에서 제외되었다. 이는 이전에 GSP의 혜택을 받았던 품목의 80% 정도가 새롭게 강화된 제도 하에서는 혜택을 받을 수 없는 것으로 유럽집행위에서 평가하고 있다. 이외에도 원산지 기준을 강화하거나 유럽산Made in EU이라는 레벨링의 강화―이탈리아나 프랑스의 경우에는 그다지 달가워하지 않고 있는 제도이다―나 흔히 짝퉁이라고 하는 위조 상품에 대한 단속의 강화, 정부조달 분야에서 외국 업체의 참여를 제한하는 조처들을 시행하거나(특히 그리스나 이탈리아의 경우에 해당) 더 나아가 중국산 제품에 대한 세이프가드 조치를 도입하고 중국산 섬유의류 제품에 대한 반덤핑 관세까지 부과하고 있다.

이러한 일련의 조치들을 통해서 보면 여전히 이탈리아 패션산업의 경쟁력이 가능하다는 의미를 유추할 수 있다. 21세기 세계화 시대의 본격적인 전개에도 불구하고 이탈리아에서의 패션산업은 국가의 기반 산업으로서의 확고한 위치를 점유하고 있다. 2003년 기준으로 이탈리아서 활동하고 있는 기업 수는 7만여 개이며, 종업원 수는 70만 명 정도가 있다. 이는 이탈리아 전체 제조업에 종사하고 있는 390만 명의 17.9%에 해당하는 수치로 기계산업의 56만 명의 종사자 수에 비해서도 월등히 많은 비중을 차지하고 있다. 또한 패션산업의 총매출액에 50%가 넘는 비율이 수출액으로 산출될 만큼 이탈리아 산업계 중에서도 흑자산업으로의 역할을 충실히 이행하고 있다. 그러나 이탈리아 기업당 평균 종업원 수(9.0명)에는 약간 못 미치는 8.5명으로 여전히 영세성과 중소기업 위주의 산업으로 역할하고 있다.

이는 변화하는 국제환경 요인들에도 불구하고 이탈리아 패션산업 특유의 특징들이 더욱 집약적이고 전문화된 경쟁력 강화를 위한 다양한 정책들을 실시하고 있으며, 전문적인 숙련노동자들을 육성하고 강화함과 동시에 산학연계의 고급 인력의 충원이 원활하게 이루어지고 있다는 점도 빼놓을 수 없는 장점 중의 하나이다. 기업경영에서도 여전히 중소기업 형의 가족중심 경영 역시 이탈리아 패션산업의 경쟁력 유지에 주요한 요인이며, 대기업과 중소기업 간의 원활한 업종별 · 지역별 네트워크의 구축은 세계화 시대의 규모의 적정성을 대체할 수 있는 요인으로 작용하고 있다. 또한 중소기업이라 할지라도 해외로 눈을 돌려 직접투자와 간접투자 등의 여러 방식을 통해 생존과 경쟁력 강화의 길을 모색하고 있다는 점 역시 이탈리아 패션산업의 현재와 미래가 아직은 긍정적인 모습으로 평가할 수 있는 부분인 것이다.

4-2-6. 중소기업형 패션산업의 해외직접투자 문제[148]

지난 30년간 이탈리아 패션산업의 국제화에 대한 연구, 특히 해외직접투자와 관련된 경제적인 의미는 그동안 크게 주목받지 못했다. 1991년 말까지 50

---

148) 이 부문에 언급되는 사실들과 사항들은 주로 다음의 책을 참고한 것으로 도표와 수치들은 이 책에서 인용한 것이다. G. B. Navaretti, *Trade policy and foreign investment in textile and clothing: an analytical framework*, Centro studi Luca d'Angliano, Torino, 1992.

여 개의 이탈리아 패션 관련 기업에서만 해외투자를 하고 있었을 뿐이었다. 이와 같이 이탈리아 패션 관련 기업들의 해외직접투자가 저조한 주요 원인에는 다음과 같은 몇 가지 이유가 있다. 첫 번째는 이탈리아 패션산업의 구조적인 특징과 관련된 것으로, 기업 규모의 중소형 화이다. 이탈리아 패션산업의 가장 큰 특징이라 할 수 있는 중소기업형 구조로는 막대한 자금이 소요되는 해외직접투자가 상당히 어려운 문제인 것이다. 두 번째는 패션 제조업체들이 거의 대부분 숙련된 기술력을 바탕으로 한 수공업적 전통에 의존하기 때문에 아무리 임금이 싸고 경제 여건이 좋다 할지라도 생산지의 기술 수준이 이를 따라오지 못할 경우에는 그들 국가로의 해외투자가 어렵기 때문이다. 더군다나 각 지역이나 각 국가별로 경제 상황이나 여건들이 차이가 있고, 수출 제품의 특성이나 성향이 가변적인 상황에서 대상 국가에 직접적으로 투자한다는 것은 위험 부담이 많은 사업이었다.

1990년까지 이탈리아의 해외기지 설립이 주로 몇 개의 소수 대기업에 의해 주도되었으며, 그중에서 상위 네 개의 대기업인, 베네통BETTON, 지에프티GFT, 마르조토MARZOTTO, 미롤리오MIROCLIO에서 전체 투자의 53%를 차지하였다는 사실은 이러한 직접투자의 어려움을 잘 대변하고 있다. 더욱이 이들 상위 몇 개의 기업들조차 국내 판매액 규모와 비교해볼 때, 마르조토와 미롤리오를 제외하고는(41%와 31.8%) 총생산에 대한 해외직접투자 비율이 높지 않다는 사실이다. 베네통이 8.7%, GFT가 18.9%, 주키니Zucchini 6%, 칸토니Cantoni 5.4% 및 스테파넬Stefanel 1.2%로 일반적으로 규모가 큰 기업일수록 해외직접투자 비율이 그리 높지 않다는 사실을 알 수 있다. 이탈리아 패션 기업들의 해외직접투자의 일반적인 양상은 기업 규모가 클수록 해외직접투자 대한 중요성이 줄어드는 반면 규모가 작은 기업일수록 이에 대한 상대적인 중요성이 높다는 것을 알 수 있다.

이탈리아 패션기업들 사이에서 해외직접투자가 하나의 기업 전략으로 중요성을 갖게 된 시기는 1985년부터였다. 섬유산업보다 의류산업에서 이 같은 해외직접투자가 중요성을 더해 갔던 시기와 해외직접투자에 대한 증가 시기가 일치하는 이유는 섬유산업에 비해 의류산업이 훨씬 노동 집약 산업이기 때문이다. 국내에서의 인건비 부담이 늘어가면서 이탈리아 의류업계는 생산비에서 인건비의 부담이 덜한 국가로 직접투자하기 시작했다. 더욱이 섬유 제품의 최종 소비 대상 산업이 의류산업이라는 사실은 소비자인 해당 국가의 국민들에게 직접적으로 접근할 수 있는 이 같은 직접투자가 선호되는 이유가 되었다.

그러나 이탈리아 패션산업의 경우에는 일반적인 해외직접투자의 결정 요소들과는 다른 특이한 몇 가지 요인들이 존재한다. 첫 번째는 다른 나라의 경우와는 달리 이탈리아는 섬유 부문의 해외 투자 비율보다 의류 부문의 투자가 훨씬 큰 55% 정도의 비율을 나타내고 있다는 점이다. 이는 앞서 이야기한 노동 집약도 면에서 이 같은 결과가 나타난 것이며, 아울러 섬유산업의 자동화 수준이 높기 때문에 비교적 인건비 요소에 그리 커다란 영향을 받지 않는다는 사실에도 이유가 있다.

두 번째는 1980년대 중반 이후 이탈리아는 의류 부문에서 경쟁 상대국인 프랑스나 영국 또는 독일보다 노동 생산성 면에서 훨씬 뒤떨어지고 있다는 점이다. 그러나 섬유 부문에서는 이와 반대로 이탈리아가 다른 경쟁 국가들에 비하여 월등히 노동 생산성이 개선되었다. 이러한 상황은 이탈리아 의류산업의 비중이 OECD 국가들 안에서 급격히 떨어지게 하였고, 이 같은 상황의 악화가 이탈리아 의류업체들이 국내생산에서 해외직접투자로 정책의 변화를 가져오게 하는 요인이 되었다.

마지막으로 거론할 수 있는 점이 유럽 통합에 따른 패션 부문에 대한 유럽 시장의 전면 개방이다. 이는 유럽 전체의 패션산업이 구조 개편을 수반할 수밖에는 없으며, 이탈리아의 경우 특히 주요 수출 대상국이 유럽 국가들이라는 사실 때문에 더욱 이와 같은 해외직접투자가 필요한 것이다. 다른 유럽의 섬유산업국에 비하여 이탈리아의 의류산업이 수출 면에서 상당히 유럽 지향적인 산업이라는 사실은 경쟁력 강화라는 측면에서도 해외로의 생산 시설의 이전이 필요한 것이다. 이상의 특징에 의하 이탈리아 패션산업은 미미하지만 지난 30년간 꾸준하게 해외직접투자를 해오고 있다.

그러나 섬유 부문과 의류 부문이 약간은 다른 양상으로 전개되고 있다는 점에서 두 개의 부문을 나누어 해외직접투자 문제를 살펴보겠다. 섬유 부문에서 해외직접투자가 집중되어 있는 지역은 인접한 EU 지역으로 전체 투자의 약 60% 정도의 투자 비율을 보이고 있다. 이는 여러 면에서 다른 지역보다 이들 지역이 경제적으로나 시장 여건 면에서 많은 이점이 있기 때문이다. 이탈리아 섬유 부문의 해외직접투자는 투자지역에 따라 약간의 시기별 구분이 가능하다. 1960년대부터 1980년더 초반까지 섬유 부문의 해외직접투자는 주로 인근 유럽 국가들 중에서도 이탈리아보다 경제 수준이 떨어지는 국가나 라틴 아메리카 및 지중해 연안국들에 집중되었다. 스페인이나 포르투갈 또는 그리스 등을 중심으로 투자되었던 이 시기의 두드러진 특징은 투자의 비효율성 문제이다. 투자 건수나 종사자의 규모 면에서 다른 지역 국가들에 비하여 월등히 높음에도 불구하고(약 70% 정도), 총 생산액 규모가 27.9%로 그리 높지 않다는 것이다. 이는 이들 지역의 종업원 일인당 생산성이 낮다는 사실에 기인한 것으로 단지 임금이나 기타의 경제 여건이 양호하다고 해서 노동 생산성까지 향상되지 않는다는 사실을 보여주는 좋은 자료이다.

두 번째 시기는 1980년대 중반 이후부터 1990년대 초까지이다. 이 시기의 주요 특징은 투자 대상국이 미국이나 유럽의 선진국들에 집중되었던 시기였다. 임금이 낮은 국가로의 투자 이동이 기술 요소가 뒷받침이 되지 않을 경우 효율성 면에서 문제가 된다는 점을 깨달은 이탈리아 섬유업계는 투자지를 보다 선진적인 국가들로 옮겼던 것이다. 처음에는 유럽 지역 국가들보다는 미국에 투자를 하였는데, 이는 유럽 지역 국가들의 높은 관세 장벽 때문이었다. 비록 미국에 대한 투자 기업의 수가 적었음에도 불구하고 규모 면에서 보다 중요한 의미를 갖는다. 실제적으로 이 생산시설에 종사하는 수는

1,400명(1985년과 1989년 사이에 해외 생산 공장에서의 총 종사자 수의 55.5%에 해당하고, 이전 시기에 종사했던 인원수에 거의 근접한 종사자 수였다)에 달했고, 총 생산액도 1,400억 리라(같은 기간의 총 생산액에 비해 58.4%에 해당하는 규모였다)를 기록했다. 이것은 이탈리아 섬유업계에서 어느 정도 이와 같은 큰 규모의 경영능력과 다국적인 경영에 대한 사고가 성장하고 있다는 것을 보여주는 중요한 사실이었다. 이는 동시에 EU 이외의 다른 지역 국가들에서의 투자비중이 점차로 낮아지면서 투자를 결정하는 요소가 절대적으로 임금이라는 요소에 의해서 좌우되지 않는다는 것을 보여주었다. 이와 함께 그동안 최적의 투자지로 여겨왔던 저임금 국가들의 투자가 줄어든 대신에 유럽의 국가들에 보다 많은 수의 투자가 이루어졌다. 실제로 이 기간 중에의 투자 규모는 미국의 경우에 비해 훨씬 작은 규모의 투자가 이루어졌지만, 해외직접투자의 62.5%를 차지하고 종사자 수에서는 29.4%, 생산액 면에서는 39.1%로 지난 시기보다는 상대적으로 향상되었다는 것을 보여주었다.

이는 EU가 하나의 단일한 시장으로 통합될 경우 수직적인 전문화[149](즉 다국적 투자 기업들이 하나의 통합된 시장 안에서 낮은 생산비를 제공하는 국가들에 직접 투자한다는 의미에서)보다 수평적인 전문화[150](서로 다른 시장에서 요구되는 전문적인 다양성이라는 면에서 보다 효율적으로 전문화할 수 있는 지역에 해외직접투자를 전개한다는 의미에서)를 이룰 수 있는 지역으로 자본이 이동한다는 것을 의미한다. 이러한 유럽 지역으로의 직접투자 현상은 1990년대에 들어서서 더욱 강화되고 있다. 더욱이 1989년을 시작으로 동유럽 지역에 불어 닥쳤던 사회주의 정권의 몰락은 이탈리아 패션산업의 이들 지역으로의 투자를 더욱 촉진시켜 1991년까지 90%가 넘는 신장

---

149) *Ibid*, p. 9,
150) *Ibid*, p. 9,

세를 나타냈다. 이와 같은 투자 양상은 1992년 마스트리히트 조약에 의해 더욱 촉진되었고, 현재까지 계속되고 있다.

그런데 여기서 한 가지 흥미로운 것은 1990년대 초반부터 이와는 별도로 이탈리아 섬유업체들이 또 다른 해외직접투자지로 최적의 조건을 갖고 있는 곳으로 평가되는 중국에 대한 관심을 점차 높여 가고 있다는 점이다. 현재의 시장 규모보다는 향후 세계 제일의 시장이 될 중국에 장기적인 관점에서 최고의 투자 대상국으로서의 직접투자를 시작했다는 점이다. 거의 모든 부문에서 최저의 비용 요소를 제공할 뿐단 아니라 향후 최대의 시장이 될 중국에 대한 투자에 상당히 적극적이다. 또한 이탈리아의 몇몇 도시들, 특히 패션산업이 집중적으로 발달한 프라토나 비엘라 및 북부의 도시들에는 중국인 노동자를 비롯한 아시아권 국가의 노동자들이 이탈리아 노동자들을 대신하여 섬유공장이나 의류공장에서 일을 하고 있다. 생산비에서 인건비가 차지하는 비중이 갈수록 높아지자 이탈리아 패션 업체들이 인건비 절감과 향후 시장 진출을 위한 직접 투자지에서의 기술력 확보라는 이중의 목적을 가지고 이들 중국인 노동자들을 고용하여 공장을 운영하고 있다.

이와 같은 해외직접투자가 가장 많이 이루어지고 있는 분야는 면직물 분야이다. 1991년을 기준으로 이탈리아의 전체 해외직접투자에서 면 분야가 차지하는 비중이 29.6%에 달하였다. 종사자 수에서는 39.9%이었고, 총 매출액 규모로는 46.2%에 달하는 것이었다. 이들 면 분야의 해외직접투자지 중에서 가장 커다란 비중을 차지하는 곳은 미주 지역이다. 이는 면 분야에서 세계에서 가장 커다란 시장 규모를 갖고 있는 미국 시장에 직접 진출하기 용이하고, 미국에 인접한 멕시코 등지에도 공장 설립이 가능하기 때문이다. 실제적으로 북미와 라틴 아메리카 지역의 투자 비율은 총 해외직접투자에서 모두 40%가 넘는 비중을 보이고 있다.

면 분야에 이어 두 번째로 규모가 큰 분야는 실크 산업이다. 태국에 설립한 합작 투자 회사를 제외하면 거의 모든 직접 투자지는 유럽에 집중되어 있다. 그러나 유럽 지역에서도 각기 다른 경제 수준과 실크산업의 발전 수준 때문에(예를 들어 독일, 프랑스, 아일랜드 및 몰타 등) 해외직접투자 전략의 주안점을 어디에 두어야 하는가에 대한 어려움이 있는 것이 단점이다. 이를 반영하여 전체 해외직접투자의 22.2%의 비중을 보이고 있지만, 종사자 수(13.7%)나 총 매출액(11.4%) 면에서는 그리 효율적이라 할 수 없다. 그 외 분야 중에서 해외직접투자 비중이 비교적 높은 분야는 피니싱 직물 분야(18.5%)와 울 분야(11.1%) 등이 있다.

지금까지 살펴본 여러 자료들을 근거로 다음과 같은 몇 가지 사실을 이야기할 수 있다. 1970년대와 1980년대를 거치면서 해외 직접 투자지로서 가장 커다란 이점이 있는 지역은 임금이 싼 저개발 국가보다는 경제력 수준이 높은 유럽 지역이라는 것이다. 시장에 대한 접근 용이성과 생산 제품의 품질에 대한 관리의 편리함 등이 노동비라는 요소의 비중을 대체하고 남음이 있다는 것이다. 그러나 1990년대 들어 개발도상국들의 치열한 공세와 경쟁국들의 발전은 이탈리아 섬유산업을 위협했으며, 이에 적합한 구조 조정을 수반하게 하였다. 해외직접투자 전략도 구조 조정에 의해 부가가치가 높은 제품의 개발과 특화 상품의 개발에 맞추어, 새로운 성장 가능성을 가진 국가들과 신흥 경쟁국들의 경제 여건 등을 고려하여 결정하는 방향으로 나가고 있다. 특히 이들 지역에서의 기술력 수준이나 경제 규모 및 구매력 정도 등의 요소들을 기준으로 이에 대한 가능성 여부에 따라 점차로 해외직접투자가 증대할 것으로 생각된다. 이는 국내 시장에서의 경제 여건, 특히 인건비와 물가 면에서 계속적으로 비용 상승의 요소가 잠재함으로써 국내 생산을 더욱 어렵게 하고 있다는 현실을 감안할 때 앞으로 해외직접투자는 이탈리아 입장에서 계속 증가할 것이다.

섬유 분야와는 달리 이탈리아 의류 분야는 시기적으로 늦게 해외직접투자를 시작했다. 그러나 그 출발이 늦었음에도 불구하고 의류산업의 해외 투자 활동은 지난 수년 동안 비교적 빠르게 증가해왔다. 더욱이 최근에는 총 해외

직접투자의 거의 70% 정도가 의류 분야에 집중되고 있다. 섬유와는 달리 의류 분야의 투자는 거의 비非EC 지역에 집중하고 있다. 그런데 의류 분야의 경우 이들 지역에 대한 투자에서 투자 건수나 종사자 수에 비하여 생산액 면에서 상당히 저조하다는 것을 알 수 있는데, 이는 이들 지역이 주로 소규모 단위로 많은 기업에서 투자하였다는 것을 의미한다. 또한 의 산업의 노동 집약적이라는 특징으로 인해 많은 기업에서 EC지역 이외의 지역에 공장 시설을 이전하였음 알 수 있다.

의류 분야의 시기별 구분은 섬유 분야와 같은데, 먼저 1960년대 중반 이후 1980년대 중반까지의 최초의 시기에는 주로 임금이 싼 저개발국에 집중적으로 투자하였다. 이 시기의 이들 대상국에 대한 투자 건수는 전체 투자 건수의 77%를 차지하며, 종사자 수에서는 85%를, 총 판매액 면에서는 69%에 해당하는 것이었다. 이들 저개발 국가의 분포를 보면, 지중해 연안국들이 38.5%이고 EU 내의 미발전국이 30.8%이며 7.7%가 라틴아메리카에 투자되는 양상을 보였다.

이 같은 양상을 보이는 주요 요인은, 의류산업에서는 섬유와는 달리 임금이라는 요소가 생산의 가장 중요한 요인으로 간주되었다는 점이다. 이는 같은 유럽 지역에서도 경제 상황에 따라 무역상의 차별이 존재하기 때문에 스페인이나 포르투갈 및 그리스 등의 저개발 국가들을 통하여 프랑스나 독일 및 영국 등지로 우회 수출하는 것이 무역 장벽을 없앨 수 있는 가장 좋은 방법이었다. 이는 미국에 직접 수출하는 것이 어려워 멕시코나 푸에르토리코에 생산 시설을 건설하여 미국으로 수출하는 것과 같은 이유다. 이 같은 양상은 1980년대 중반 이후 약간 변화된 모습을 보이고 있다. 섬유 분야에서와 마찬가지로 이 시기에는 EU 지역의 선진국들에 보다 많은 투자가 일어나긴 하지만, 여전히 저개발국이 매력적인 투자자로서의 위치를 잃지 않고 있다. 이전의 시기에 투자하였던 저개발국가의 투자 비율이 77%에서 43.4%로 감소하였다. 투자의 상당한 감소에도 불구하고 모자라는 부족분을 기타 라틴

아메리카나 동유럽 국가들에서 찾을 수 있다. 그러나 단지 수치상의 지수만을 가지고 이들 의류 분야의 투자 전략이나 정책적 기조가 크게 변하지 않았다고 이야기할 수는 없다.

저개발국가에서 선진 산업국으로의 투자지역 이전은 1980년대 후반의 생산과 판매 전략의 변화와 관련된 것이다. 비록 임금이라는 요소가 여전히 투자지를 결정하는 중요한 요소로 인식되고 있지만, 1980~90년대 후반 이탈리아 의류업체들이 산업의 구조조정 노력을 하면서 판매 정책의 기조가 보다 공격적이고 적극적인 방향으로 바뀌었다는 사실이다. 이는 제품의 고부가가치를 이룩하여 인건비 요소의 부담을 줄이겠다는 이탈리아 의류업체들의 생산전략에 기인한 것이다. 임금보다는 디자인이나 색상 또는 패션 요소를 강조한 고부가가치 제품을 생산하여 채산성이 큰 선진 산업국에 직접 수출하겠다는 전략이다. 이러한 양상은 1992년 마스트리히트 조약에 의한 유럽 시장의 개방화가 진행될수록 더욱 확대될 것이다. 또한 1990년대부터 본격적으로 시작된 미국 시장에서의 판매 성공은 이와 같은 선진 산업국으로의 투자를 촉진하는 자극제 역할을 하고 있다.

지금까지의 섬유와 의류 분야의 해외직접투자 추이를 보면, 시기 별로 경제적 상황의 변화에 따라 약간씩 변화한다는 것을 알 수 있다. 그러나 여기서 한 가지 더 중요한 사실은 이탈리아 기업들의 투자 시 보이는 투자 회사 경영권의 시기별 양상이다. 결론적으로 이탈리아 기업들은 현지 투자 법인의 설립을 할 때, 거의 대부분이 완전한 경영권 장악이나 또는 대규모 지분을 가지고 투자한다는 것이다. 이탈리아뿐만 아니라 거의 모든 투자 회사들에서 공통적으로 보이는 현상이겠지만, 이탈리아의 경우에는 이와 같은 투자 양상이 다른 국가들에 비하여 지나치게 높다는 것이다. 완전 또는 대규모 지분에 의한 경영권 장악이 전체 투자 회사의 형태 중에 87.7%라는 높은 수치를 보이고 있다는 것은 이탈리아 기업들의 투자에 대한 기본 생각을 잘 보여주는 지표이다.

투자국의 상황이나 여건을 알려줄 수 있고, 경영의 최저한도 내에서 상대국 회사들과 합작하는 것이 이탈리아 기업들의 일반적인 특징인 것이다. 그러나 1980년대 중반까지의 이와 같은 양상은 1990년대에 들어서면서 상당히 완화되는 모습을 보이고 있다. 절대적인 경영 우위의 투자 비율은 1980년대 중반까지는 평균 54.5%에서 1990년대 초반 15.4%로 떨어졌는데, 여기에는 다음과 같은 몇 가지 이유가 있다. 첫째는 동유럽 국가들에 대한 투자가 증가하면서 이와 같은 절대적인 경영 우위 상태의 합작은 많이 감소하였다는 점이다. 이는 동유럽 국가들이 자국의 산업 보호와 발전을 위하여 투자법 상에서 절대적 우위의 경영 합작을 막고 있다는 것이다. 두 번째는 그동안 해외직접투자를 해왔던 이탈리아 기업들이 계속적으로 해외투자지역의 확대를 꾀하면서 전액 출자나 다수 출자에 의한 합작투자를 할 수 없게 되었다. 마지막 요인은 이와 같은 해외직접투자의 확대가 거시 경제적인 관점에서 고려되고 있다는 점이다. 총 수요의 정체, 구매 요건이 될 수 있는 소득의 감소, 투자 여건의 최적 조건이라 할 수 있는 이율의 증가 등의 요인은 해외직접투자 시 최소비용의 형태를 택할 수밖에 없게 하였다.

현재까지 이러한 해외직접투자 회사의 경영권 형태의 기본적 양상은 두 가지이다. 주로 유럽이나 미주 지역 혹은 극동 아시아 지역에 대한 투자는 전액 투자나 절대 다수의 투자로 특징지을 수 있으며, 그 외 저개발 국가들에 대한 투자는 소수의 지분에 의한 합작 투자라는 사실을 알 수 있다. 향후 세계 경제가 GATT 체제에서 WTO 체제를 가편된다는 사실은 이와 같은 투자 형태는 당분간 지속되리라는 것과 마스트리히트 조약이 실제적으로 효력을 발휘하게 될 경우 해외직접투자는 상당히 증가하리라 예상된다.

5. 부패의 정치문화 및 구조

5-1. 국가 행정효율성 제로 국가

2007년 국제투명성기구에서 발표한 '2007년 뇌물공여지수BPI(Bribe Payers Index)'에 의하면 한국은 10점 만점에 5.83점으로 조사대상인 세계수출 주도 30개국 중 21위를 차지하였다.[151] 괄목할 만한 경제성장과 어느 정도의 민주주의를 이룩했음에도 불구하고 여전히 부패 이미지가 강한 국가로 인식되고 있다. 이런 상황으로 인해 노무현 정부 이후 국가청렴위가 신설되었다는 점에서도 우리나라의 부패문제가 구조 요인으로서 자리하고 있다는 사실을 반증하는 것이다.

한국에서의 부패Corruption가 오랜 역사 속에서 하나의 문화이자 구조 요인에 의해 자연스럽게 생성되었다는 점은 국가의 세계 11위의 경제대국이라는 위상을 반감시키는 부정적인 요소일 것이다. 그런데 우리나라보다 훨씬 규모가 크고 G8의 일원인 국가 중에도 한국과 유사한 부패수준과 문제를 갖고 있는 국가가 이탈리아다. 유럽연합의 주요 국가임과 동시에 문화대국이자 제조업을 중심으로 하는 상공업이 발달한 경제대국의 이미지를 갖고 있는 이탈리아가 서구 선진국들 중에서 가장 대표적인 부패국가라는 사실은 의구심을 자아내기에 충분한 것이다.

---

151) 국제투명성기구Transparency International에서는 국가별 투명성을 나타내는 방법으로 뇌물공여지수BPI(주요 수출국 기업이 외국에서 그 나라 공무원에게 뇌물을 공여하는 정도를 나타내는 지수이다; Bribe Payers Index) 이외에도 부패인식지수CPI(한 국가의 부패정도를 총체적으로 평가하여 지수화한 것; Corruption Perceptions Index)과 GCB(한 국가의 부패정도를 15개 분야로 나누어 해당 국민에 대한 직접 설문조사를 통해 조사 발표하는 자료이다. 이를 통해 부패척결의 우선순위를 설정하는 데 이를 활용하거나, 부패문제에 대한 국민의 인식을 알 수 있다; Global Corruption Barometer)를 통해 연간이나 다년 다단위로 국가별 부패의 수준을 조사하고 있다. 주요 내용은 다음의 사이트를 참조하시오.(www.transparency.org)

　　그러나 실제로 이탈리아는 부패의 수준이나 지수 등에서도 한국과 대등한 수준을 보일 정도로 그다지 투명한 국가가 아니다. 이러한 부정적인 부패국가의 실상 역시 어느 날 갑자기 돌출된 것은 아니다. '로마는 하루아침에 이루어진 것이 아니다'라는 말처럼 이탈리아에서의 부패 역시 오랜 역사와 문화 요인 및 구조 요인으로서 제도를 통해 고착화되었다고 볼 수 있다. 이탈리아 정치문화의 전형적인 특징의 하나인 부패문제를 역사적인 관점에서 이탈리아 사회 안에서 형성된 문화 요인으로서 부패를 가능하게 해주는 요소들과 국가에 의해서 제도나 기구 등을 통해 구조적으로 항존 할 수 있게 하였던 제도 요인의 두 가지 수준에서 분석하고자 하는 이유는 이탈리아 국가의 특수성을 설명하기 위한 것이다.

　　오래 역사적 경험과 사회적 인식 등을 통해 하나의 문화현상으로까지 발전된 부패의 문화적 요인들을 다음의 몇 가지 요소들—파시즘이라는 역사를 제대로 청산하지 못한 문제, 가족주의와 후견인주의로 대표되는 사회적 분위기, '교환의 논리la logica dello scambio'라고 하는 상호호혜적인 문화인식, 그리고 사회 곳곳에 자리하고 있는 마피아의 문제—을 구분하여 부패와의 상관성을 기술할 것이다. 또한 이러한 문화 요인들이 국가의 제도나 기구 안에서 어떤 방식으로 부패가 구조화되었는가를 돌아볼 것이다. 부패방지와 수사를 책임지고 있는 검찰과 이탈리아 사회의 근본적인 문제를 검토하며, 중앙정부와 지방정부와의 관계와 내용을 통해 부패에 얼마나 취약한 구조를 갖고 있는지를 돌아보고, 변형주의에 입각한 정당관료정치partitocrazia로 명명되는 정당인들에 의해 이루어지는 부패의 상설화를 설명함과 동시에 최근의 상황을 통해 발생하고 있는 다양한 부패를 가능하게 하는 관련 법률들에 대하여도 알아볼 것이다. 부패의 문제가 단편적인 요인이나 하나의 요소만으로 발생하지 않는다는 평범한 진리를 통해 이탈리아 사회가 당면하고 있는 현재의 모습을 이해하는 것 역시 의미 있는 작업일 것이다.

5-2. 이탈리아 부패의 정치문화적 요인

5-2-1. 미완성의 역사청산 문제[152]

역사적으로 이탈리아는 1861년 정치적 통일을 이루었지만 법적인 통일에 불과했을 뿐 실질적인 의미에서의 국민통합을 이루지 못했고, 이는 결국 '남부문제'라는 지역문제를 고착시키는 구조적 결함을 안게 되었다. 이후 국가 구조의 불안정에서 연유한 파시즘을 겪게 되었고, 전쟁을 통해 어렵게 이룬 해방은 또 다른 역사적 굴절을 겪게 되었다. 1944년 여름부터 46년 국민투표 전까지 지속되었던 미군정은 반파시즘 운동의 주체세력이었던 공산당과 사회주의 세력들을 제외시켰다. 오히려 미국적 이익에 적합한 동맹세력으로 가톨릭 중심의 정치세력을 선택하였고, 1947년 이후 기민당 중심의 연립정부가 집권할 수 있는 원인을 제공하였다. 잔존하는 파시즘 세력을 남겨두고, 가톨릭이라는 종교적 배경까지 떠맡았던 이탈리아가 미국의 마셜 플랜에 의한 경제 원조를 통해 구체제의 모순을 안고 가게 되는 불행한 역사를 다시 한번 시작하던 것이다.

이와 같은 기형적 출발은 많은 분야에서 파시즘의 잔재들을 일소하지 못하게 되는 배경이 되었으며, 정치, 교육, 법률, 제도 등의 여러 분야에서는 파시즘의 색채를 띠게 되는 직접적인 원인이 되었다. 이후 1950~60년대의 눈부신 경제성장은 외형적 변화를 가져왔지만, 실질적인 사회변혁을 이룩하지 못함으로써 진정한 의미에서 사회변혁과 개혁은 68운동[153] 시기를 기다려야만 했다. 68운동이 이룩한 여러 성과에도 불구하고 정치적 분야, 즉 정

---

152) 김종법a, 2005, "이탈리아 마니폴리테의 사회적 · 정치적 의미", 『세계지역연구논총』(한국세계지역학회 제23집 1호), pp. 118~119. 요약
153) 이탈리아 68운동에 대한 것은 아래 논문을 참조하시오. 김종법b, 2005, "이탈리아 68운동과 시민사회의 성장", 『한국국제지역학회보』(한국국제지역학회 제5집).

당과 정치인들에 대한 변혁은 가장 미진한 부문이었다.

이는 1970~80년대를 거치면서 또 다시 정치적으로 후견인제도나 파벌주의 및 마피아와 연계 등으로 인한 폐해를 극복하지 못하는 원인이 되었다. 집권세력이었던 기민당과 사회당 등의 연립정당들은 그러한 구조적인 악순환을 조정할 수 있는 세력이 될 수 없었을 뿐만 아니라 오히려 이와 같은 상황을 이용하고 조장했다. 결국 오랜 관행에서 비롯된 부패한 정치자금(이탈리아어로 탄젠토폴리Tangentopoli라그 한다)의 사슬에서 벗어나지 못하고 전사회적인 부패를 구조적으로 만연시켰다.

5-2-2. 가족주의familism●와 후견인주의clientelism●

이탈리아 사회는 전통적으로 남성중심의 대가족 제도를 근간으로 삼았던 국가이다. 특히 20세기 초 파시즘에 의해 진행된 남성우월적인 가족과 사회제도는 가부장적인 가족제도를 유지하고 있던 남부나 중부 이탈리아에 보다 깊은 흔적을 각인시켰다. 혈연과 가족에 대한 중시는 '가족famiglia' 을 사회의 중심과 주체로 설정하게 하였고, 이는 지연과 결합하면서 더욱 강력한 가치판단의 기준이 되었다.

용어로서 '가족주의'가 처음으로 사용된 것은 1958년 에드워드 반필드 Edward Banfield가 바실라카타Basilicata의 키아로몬테Chiaromonte 지역 농부들의 행동양식을 연구하는 와중에 "무도덕적 가족주의familismo amorale"라는

---

154) Ginsborg Paolo, *L'Italia del tempo presente-Famiglia, societa civile, Stato 1980~1996*, Einaudi, 1998, pp. 185~191. 이탈리아 가족주의에 대한 보다 자세한 내용은 다음의 책을 참고하시오. E. Banfield, *Le basi morali di una societa arredata*, a c. di D. De Masi, Il Mulino, 1976, C. Tullio Altan, *La nostra Italia*, Feltrinelli, 1986, G. Gribaudi, "Familismo e famiglia a Napoli e nei Mezzogiorno"(「Meridiana」n. 17), 1993, pp. 13~41.

용어를 사용하면서부터였다.154) 그러나 이러한 용어에 정치적인 의미를 달아 해석한 것은 진스보르그Gisborg였다. 그는 자신의 저서에서 가족주의를 다음과 같이 정의하고 있다.155)

> 가족주의는 가족과 사회 및 국가 간의 관계를 특징적으로 나타내는 말이다. 이 용어 속에는 가족의 이해와 가치가 인간의 삶속에서 부닥치는 다른 이해관계나 순간에 작용하게 되는 우월적인 원칙으로 윤리적이고 도덕적인 판단의 기준을 떠나 몰윤리적이고 무도덕적인 원칙에 의해 형성된 사회관계의 기준이라고 할 수 있다. …… 특히 이탈리아에서는 국가나 사회에 대한 응집력이 약하기 때문에 전통적으로 국가나 사회에 대한 불신을 통해 우리라는 결속의 단위를 가족을 통해 형성해온 역사적인 경험들이 강하게 작용하여 만들어진 사회 작동의 원리로 이해할 수 있다.

이러한 가족주의가 사회운영의 커다란 원칙으로 작용하게 된 것은 진스보르그가 이미 밝혔듯이 이탈리아(특히 남부)에서 시민사회가 더디게 발전하였고, 이탈리아 통일 과정에서 남부와 북부의 지향점이 다르면서 발생했던 지역차이가 국가적으로 통합되지 못하면서 오늘날까지 하나의 사회문제로 발전되었다고 볼 수 있다.156) 특히 이탈리아가 내세우고 있는 가족중심의 기업경영의 신화 속에도 이러한 가족주의 원칙이 작용하고 있는 것이다.

가족주의와 함께 또 다른 사회 작동의 원리가 바로 후견인주의clientelismo

---

155) P. Ginsborg, *Stato dell' Italia*(Mondadori), 1994, pp. 78~82.

156) 리소르지멘토를 거치면서 남부와 북부는 경제적이고 사회적인 여건이나 목표하는 지향점들이 충돌하게 되었는데, 이는 결국 북부 피에몬테 왕국에 의해 달성된 통일이 미완성적인 형태로 오랫동안 유지되면서 드러나 '남부문제' 나 공화주의와 입헌군주제의 충돌 및 보호무역주의와 자유무역주의 등의 충돌과 대립으로 상황이 더욱 악화되었다.

157)이다. 가족주의가 비교적 비공식적인 관계를 규정하는 용어인데 비하여 후견인주의는 공식적인 관계를 나타내고 있다는 점에서 보다 분명한 사회 작동의 원리라고 할 수 있을 것이다. 여기서 의미하는 '공식적인'이라는 것은 개인과 개인 차원뿐만이 아니라 개인과 정치인, 정치인과 정당, 정당과 정부와의 관계까지도 후견인주의라는 원칙이 작용된다는 것을 말한다.

특히 1950년대 이후 가장 중요한 정치권력이자 정당이었던 기민당을 정점으로 하는 수직적인 구조의 후견인주의가 공고하게 자리 잡으면서 지역과 중앙을 연결하는 유대의 끈으로 기능하였다. 후견인주의를 뒷받침하고 있는 가장 중요한 요인은 정서적이고 심리적인 것들이 많다. '친분관계amicizia' '추천raccommandazione' '호의favore' '사적인 관계rapporto privato' 등의 정서들을 통하여 지역 유지와 중앙정부의 유력한 정치가들이 개입한 일련의 관직의 임명이나 사업의 성공까지도 결정되었다. 국가의 입장에서 보면 지방에서 정부에 대한 우호 여론을 형성하거나 정부의 정책시행에 대한 협조와 성공을 이와 같은 후견인주의를 통해 해결할 수 있다는 점에서 상당히 매력적인 것이라 볼 수 있다. 반면에 지방의 유지나 중앙 정치가들 역시 지역에 기반 한 정치 세력을 항상 유지할 수 있고, 그러한 정치 관계를 통해 기왕의 권력을 관리할 수 있다는 원리에서 상호공존과 필요성에 의해 자동 조절 되면서 작동하는 것이다.

1950년대 초반에는 후견인주의를 뒷받침할 수 있었던 것이 가족주의나 친분관계라는 비공식적인 관계들이 주를 이루었다면, 이후 가장 중요한 후견인주의의 매개체는 정당이었다.

---

157) 후견인주의의 다양한 사례와 연구들은 다음의 자료를 참고하시오. P. Allum, *Potere e societa a Napoli nel dopoguerra*, Einaudi, 1975, L. Graziano, *Clientela epolitica nel Mezzogiorno in Il sistema politico italiano*, a cura di P. Farneti Il Mulino, 1973, L. Graziano, *Clientelismo e mutamento politico*, Rosenberg & Sellier. ecc.

이탈리아뿐만 아니라 그 어느 나라에서 청탁에 따른 대가를 이야기할 때 매개되는 가장 간단한 수단이 돈이다. 이러한 대가성 돈은 반드시 그에 따른 반대급부로 환원된다는 점에서 각양각색의 모습으로 변할 수 있는 요술과 같은 존재이다. 권력 행사의 윤활유 같은 역할을 하는 돈은 결국 '교환'의 전제조건이자 최종적인 귀결점이 되는 것이다. '교환'이 작동하는 메커니즘 속에는 정치권력이 매개자의 기능을 한다. 이러한 구조 속에서 가장 유용하게 교환의 논리를 달성시킬 수 있는 것은 국가가 발주하는 여러 사업이나 용역의 입찰을 받아내는 것이다.

정치가에게 불법적인 정치자금이나 낙찰자 선정의 대가로 지급되는 검은 돈은 이탈리아 정계에서 하나의 공식으로 굳어져 있었다는 것을 지난 마니폴리테 수사에서 밝혀진 바 있다. 이미 기술했듯이 마니폴리테를 계기로 이탈리아 사회에 만연한 부패구조와 공생 관계 등이 분명하게 드러났다. 공사 입찰의 대가로 받는 정치가의 몫이 전체 공사비의 10%라는 사실이나 각 정당에 대한 배분 비율 등이 소상하게 드러나기도 했으며,[158] 심지어는 각 당의 분배비율까지 소상하게 밝혀졌다.

건네진 정치자금에 대한 각 정당의 분배비율에 따르면 다음과 같은 비율이 규정되어 있었다. 전체 공사비의 10%가 목표 정치가에게 전달되면, 이 중에서 사회당에 2/5, 공산당에 1/5, 기민당에 1/5, 1/5은 나머지 군소 정당에 지급되었던 사실이었다. 이는 하나의 시스템과 같이 밀라노 주변의 입찰 관련기업들, 특히 건설이나 관공서의 하청업체들에게 공통적으로 나타나는 배분 비율이었다. 여기서 한 가지 특이한 사실은 주요 야당인 공산당과 다른 군소 정당들에게도 일정한 비율이 항상 지급되었다는 것으로, 부정부패의

---

158) G. Barbaceto, P. Gomez, M. Travaglio(2002), pp. 11~16.

수준이 정치권 전반에 걸쳐 광범위하게 확산되고, 하나의 규범과 규칙으로 고착화되었다는 점이다. 이와 같은 교환비율에 의해 검은 돈과 국가사업의 낙찰 혹은 선거에서의 입후보자의 확정 등의 불법거래가 있었고, 더 나아가 매관매직을 통한 '교환의 논리'를 철저하게 지켜왔다는 것이다.

5-2-4. 이탈리아의 범죄조직

지금까지 논의되었던 주제들이 주로 정서와 감정적인 측면에서 사회와 정치를 움직이는 기준과 주의주의라는 특징에 의해 이야기할 수 있다면 마피아는 이와는 다른 직접적이고도 구체적인 사회 집단이자 실체의 의미를 갖는다.159) 마피아는 지방(주로 남부나 시칠리다와 같은 섬 지방)의 입후보자나 득표까지도 통제할 수 있을 정도의 막강한 지방권력을 가지고 있다.160) 이와 같은 마피아의 정치적인 특징은 제2차 대전 이후 기민당의 출현과 밀접한 관계를 가지며, 현재까지 그 정치적 영향력은 측정이 불가능할 정도로 다양한 형태를 띠고 전개되고 있다. 이들 마피아는 후견인주의와 정치적으로 연결되고, 정책적으로는 1950년대 이후 남부문제의 해결책으로 국가에서 시행하였던 남부개발정책들과 연계하면서, 현재에는 공식적인 사업체를 갖추고 중앙정치세계에까지 더욱 많은 영향력을 미치고 있다.161)

---

159) 이에 대한 논의는 상당히 많다. 이탈리아 마피아가 현실 정치에 끼치는 영향관계를 비교적 잘 나타내고 있는 자료로는 다음과 같은 것들이 있다. Catanzaro Raimondo, La mafia, in *La politica italiana*, 1995, Laterza, 417~431. Catanzaro, R., *L' delitto come impresa. Storia sociale della mafia*, 1991, Rizzoli. Arlacchi, P., *La mafia imprenditrice*, Il Mulino. Lupo, S., *Storia della mafia dalle origini ai giorni nostri*, Donzelli). 1993, etc.

160) Catanzaro, P.(1995), p. 420.

161) 기민당 정권과 동반성장을 시작한 마피아가 보다 본격적인 모습을 드러낸 것은 1950년대 이후였다. 특히 남부개발이라는 명목으로 시행된 국가정책은 지방에서 막강한 영향력을 끼치고 있던 마

마피아가 하나의 사회집단과 정치 세력으로 성장하게 된 것은 몇 가지 요인에 기인하였다. 첫째는 오랜 역사적인 경험을 통해 19세기부터 지역의 주요한 무장 세력이자 지방 유지들의 보호 세력의 역할을 하였다는 점이다. 둘째는 미국으로부터 역수입된 재정 지원과 자금을 통해 국제적인 범죄조직으로 성장하였다는 점이다. 이는 마피아의 주력 사업이 주로 지역 이권에 개입하거나 법률에서 금지된 사업—매춘이나 밀매 및 마약 등—으로 수익을 얻는다는 사실을 상기하면 보다 이해하기 쉬울 것이다. 셋째는 기민당과의 밀월 관계를 유지하면서 정부의 공식적인 정책 등을 통해 합법화의 길을 걸었고, 비교적 성공하였다는 것이다. 특히 남부개발기금 이외에도 1980년대 관광 및 서비스 산업의 활성화를 위한 국가정책의 최대 수혜자의 하나가 되었다는 점은 밝은 대낮에서 공식적으로 사업을 하면서 어두운 지하에서는 비합적인 사업까지 함께 운영할 수 있게 된 점은 지역 경제와 지방에서의 정치적인 영향력이 확대되는 주요한 계기가 되었다.

그렇지만 마피아 역시 국가와 시민사회 등으로부터 불법 폭력단체와 범죄의 온상으로 지목되면서 공권력으로부터 해결하여야 할 '국가의 적'이자 '공공의 악'이 되자 본격적인 마피아와의 전쟁 시기에 들어선다. 이렇게 하여 1970년대부터 시작된 마피아 수사들이 1980년대까지 이어졌고, 1980년대 후반 대마피아 전쟁을 통해 몇몇 가시적인 결과들이 알려지면서 마피아가 오랫동안 정치권과 연결되어왔다는 사실이 밝혀졌다. 이에 따라 정치권에 대한 폭넓은 개혁의 필요성이 제기되었다. 이전까지는 마피아가 국가의 적대적 세력의 하나였지만, 이제는 국가 정치권력 구성의 주요 세력의 하나로 인식되면서 자연스럽게 국가권력 안으로 스며들었다.[162] 이를 뒷받침한 세력은 말

피아들에게 도로 건설이나 교량구축 등의 건설 분야에서 합법적인 경제적 근거를 제공하였고, 이 탈리아 관광산업이 정착하기 시작한 1970년대 이후에는 요식업이나 호텔업에 진출하면서 또다시 경제적 기반을 조성하였다.

할 것도 없이 정치가들과 정당이라는 사실 때문에 정치권이나 마피아에 대한 수사의 필요성에 대한 국민적 공감대가 자연스럽고 정당하게 이루어졌다.

이렇듯 이탈리아에서 마피아는 이미 합법적인 사회의 구성원으로서 국가와 공생 또는 기생 관계를 유지하면서, 한편으로는 테러나 협박 및 살인 등의 무자비한 방식으로 또 다른 한편으로는 검은 돈이나 부적절한 관계 등을 통해 정치권뿐만이 아니라 검찰과 관료에게까지 상당한 영향력을 발휘하고 있다. 이러한 사실은 이제 마피아가 이탈리아 사회 구성체 논의에서 필요악으로서 인식되고 있다는 것을 의미한다.

5-3. 이탈리아 부패의 구조적 요인

5-3-1. 검찰과 마니폴리테Mani pulite 163)

이탈리아 검찰과 마니폴리테의 관계는 이미 앞에서 충분히 서술되었다. 검찰 164)의 굴욕적인 역사는 주로 파시즘 지배기에 이루어졌다. 1920년대 초 파시

---

162) 이에 대한 근거는 여러 가지가 있다. 마피아가 이탈리아 경제에 미친 영향관계를 다룬 보고서나 정치적 관련을 다룬 사건들이 발표되었지만, 국가를 담당하던 정치세력들은 이를 바꾸려는 의지나 생각조차 하지 않고 있었다. 마피아가 이탈리아 경제에 끼친 영향관계를 가장 잘 보여준 보고서의 하나는 비올란테L. Violante의 저서로 여기서 저자는 이탈리아 국민총생산의 4.4%가 이들 범죄조직의 직접적인 활동으로 인해 발생된 비율이라고 지적하고 있다. 또한 이미 1986년 Censis(국가경제통계) 조사에서도 무려 12.5%가 이들 마피아와 관련된 범죄조직들이 경제적 활동 분야에서 거둔 비중이라고 보고하고 있다. 또한 밀라노 주식 시장에 영향력을 미치고 있는 알도 라벨리Aldo Ravelli 역시 마피아를 이탈리아 3대 부르주아의 하나로 꼽고 있다. L. Violante, *Non e la piovra*, Einaudi, 1994, Cesis, A meta decennio. *Riflessione e dati sull'Italia dall'80 all'85*, Istat, 1990, pp. 87~88.

163) 이 부분은 다음의 논문을 참조하시오. 김종법a(2005)

164) 검찰 부분에 대한 것은 다음의 자료를 참조하시오. *Paolo Ginsborg, L'Italia del tempo presente*, Einaudi, 1998, pp. 356~365. AA.VV. a cura di Gianfranco Pasquino, *La politica italiana*.

즘이 자유주의 정치세력을 대체할 수 있는 정치집단으로 떠오를 수 있었던 것
은 당대의 검찰 대부분과 언론들이었다. 특히 밀라노의 검찰과 『코리에라 델
라 세라』지는 1920년대 초의 오랜 기간 동안 (파시스트의 불법적이고 폭력적
인 행동에 대한) 침묵과 파시스트의 폭력에 대한 재판을 오래 끌지 않음으로
써 공범의 역할을 하였다.165) 이후 파시즘의 공고화와 일상화에 검찰과 언론
은 커다란 기여를 했다. 이러한 검찰이 새로운 계기를 맞이한 것은 제2차 대
전의 패배로 몰락한 파시즘 체제 이후 들어선 이탈리아 공화국의 출발이었다.

1948년 제헌헌법으로 출발하였던 사법부와 검찰은 파시즘의 잔재를 극복
하지 못했고,166) 구성원 대부분이 보수 반동적이었으며 행정부의 통제를 많
이 받던 집단이었다. 그러나 1959년 최고검찰위원회가 본격적으로 설치되면
서 검찰 독립의 주요한 계기를 마련하였다. 수사와 검사 신분의 독립 보장으
로 검찰 내부에 이데올로기와 정치적 성향을 달리 하는 검사들이 생겨나면
서 검찰 조직 내부에 분파와 소그룹 등이 만들어졌다. 따라서 이 시기는 내
부개혁적인 소장파 검사들과 보수적이던 기득권층과의 갈등과 투쟁이 벌어
졌고, 검찰의 본연의 입장과 역할에 충실하기 시작하였다. 이렇게 시작된 검
찰 내부의 상황은 68운동 시기를 거치면서 다시 한번 새로운 모습을 갖추게
되었고, 검경유착이라는 오명에도 불구하고 1980년대에는 반마피아 전쟁을
통해 일군의 용감하고 정의로운 검사들이 등장하였다. 이후 앞장에서 서술
한 마니폴리테가 시작되었으며, 현재까지 정치권력과의 대결을 불사하면서
까지 국민들의 존경과 신뢰를 받는 검찰이 탄생하였다.

Dizionario critico 1945~95, Laterza, 1995, pp. 463~475. C. Guarnieri, *Magistratura e politica in Italia*, Bologna, 1993, 등.

165) F. Tacchi, *Storia illustrata del Fascismo*, Giunti, 2000, p. 36.

166) 실제로 전쟁이 종결된 뒤, 파시즘 치하에서 정권에 협력하고 국민들을 탄압하였던 상당수의 판사
들과 검사들이 재판 과정에서 사형이나 무기징역 등의 중형을 선고받았음에도 재판의 종결 과정
에서 감형과 복권 등으로 인해 제대로 된 청산절차를 거치지 못한 채 이탈리아 공화국 사법부로
출발하였다. AA.VV. *a cura di Gianfranco Pasquino*, 1995, pp. 463~65.

5-3-2. 중앙정부와 지방정부

국가의 정치제도 자체가 우리와는 다른 이탈리아는 중앙정부의 체계가 의원내각제를 기본 골격으로 하면서 독일과 프랑스의 대통령 지위의 중간 정도 성격을 갖는 부분적 대통령제를 가미한 정치 제도를 갖고 있다. 이 의미는 지방자치에 대한 접근이 프랑스나 영국 또는 독일 등의 지방자치와는 또 다른 의미를 가질 수밖에 없다는 것을 뜻한다. 이탈리아는 1970년에 법률로써 시행된 지방자치제도가 이후 실질적인 지방자치의 구현으로 현실화되면서 점점 그 방향성에서 중앙정부와 보다 긴밀한 관계로 나아가고 있는 것이 현 시점에서의 경향이다.

그러나 무엇보다 부패와 관련한 중앙정부와 지방전부 간의 문제는 중앙정부 차원에서 견제와 감찰 기능을 수행할 수 있는 제도로서 중앙감찰기구가 부재하다는 사실이다. 1980년대 이후 지방정부 수준에서의 공공사업의 규모가 증가하면서 예산 집행이나 지방행정 관료의 부패 문제가 터져 나오기도 했지만, 관할 기관은 대부분 검찰의 수사에 의지할 수밖에 없었다. 더욱이 1993년 개정된 선거법에 의해 지방자치단체장이 중앙정부와 정당이 다를 수 있는 가능성이 높아지면서 중앙정부의 통제에서 벗어나는 경우가 많았다.

또한 1990년대 이후 관광 사업이 각 주의 주력 산업으로 각광받으면서 지방자치단체 수준에서 역사 유물의 정비라든지 지역의 사회간접자본의 확충과 정비가 자치단체장의 주요 공약이 되면서 더더욱 부패의 개연성과 가능성이 높아졌다. 또한 최근에는 집권 연정의 기반이 각기 다른 지역을 통해 형성되고 있다는 점에서 연정 내부에서도 서로의 영역이나 지역에 대한 간섭이나 개입이 어려워졌다는 점은 지방정부나 지방자치단체의 부패와 관료들과 지역 경제인들의 유착 가능성을 높였다.

따라서 이탈리아에 가장 시급한 중앙정부 차원의 감찰기구나 유사한 독립적 감시기구를 제도화 하지 않는다면, 지방의 정치권력과 결탁하고 있는 마피아 및 지역 경제인 단체 등에 의해 부패는 개선될 가능성이 적게 되고 향후 여전히 상존할 수밖에 없는 구조로 나아갈 것이다.

5-3-3. 정당관료정치partitocrazia 167)와 변형주의Trasformismo

1948년 이탈리아 공화국의 출범과 정치권력을 선택하는 총선에서 기민당은 과반수 득표를 하지 못하였다. 이후 50여 년이 넘게 집권여당은 항상 연정에 참가할 파트너를 구해야 했고, 이후 이탈리아는 불완전한 정당제Bipartismo imperfetto 혹은 양극다당제Pluralismo centripetto라는 정당체제를 구축하였다.168) 이와 같은 정당체제는 유력한 정당 지도자들이 자신들의 지역 근거지를 볼모로 삼아 정치 생명을 연장하는 수단으로 전락하였다. 정치적인 후견인주의와 지역문제의 접목은 남부에 기반을 둔 기민당 지도자들의 강력한 지지기반으로 변형되었다. 이는 1950년대부터 1980년대까지 기민당 주도하의 정권에서 표방하던 주요 정책 방향으로 표출되었다.

이는 '남부문제'라는 남부에 기반 한 지역문제나 1980년대 이후 등장한 북부에 근거한 새로운 지역문제로서 '북부문제' 169)라는 다양한 지역문제로 발전하였고, 이러한 지역문제가 정치 환경을 결정하는 요소로서 중요한 기능을 수행하면서 이탈리아 정치 상황은 복잡해져만 갔다. 특히 이탈리아에는 시민사회나 시민단체들이 이익집단화하면서 정당을 견제하거나 순기능

---

167) 여기서 의미하는 정당관료정치라는 의미는 개념적으로 정당의 권력과 힘이 지나치게 강력하거나 커서 중앙정부의 관료나 공사의 간부들까지 정당 출신의 정치가나 정당인으로 채워질 정도로 국가의 통치가 주오 주요 정당에 의해 이끌어지는 경우를 의미한다. G. Pasquino, "La partitocrazia", in *La politica italiana: Dizionario critico 1945~1995*, Laterza, 1995, p. 341.

168) A cura di Farnetti, Paolo(1973)

169) 김시홍 "이탈리아 지역주의의 사회적 기원", 「유럽연구」(한국유럽학회 제17권, 2003년 여름), pp. 169~185.

을 원활하게 해주는 보조적 역할에 한계를 보이면서 바람직한 정치문화의 확립을 어렵게 하였다.170)

더군다나 야당의 역할을 하고 있던 이탈리아 공산당과 그 후신인 좌익민주당 역시 주요한 시기마다 보다 개혁적인 정치적 역량을 집결하지 못함으로써 집권 정당의 역량강화나 확장에 대하여 수동적인 입장을 견지하는 데 그쳤다. 이러한 원인에는 주로 변형주의의 전통이었다. 파시즘 잔당들과 가톨릭 세력을 모아 창당한 기민당나 파시스트당의 후신으로서의 이탈리아 사회주의 운동당 역시 그러한 연장선에서 볼 수 있는 것이었다.

이러한 정치현상에 대해 그람시 같은 이는 리소르지멘토시기에 이미 존재하던 정치 행태의 하나로 파악하였다. 그람시에 의하면 민중적 대표성을 가진 마치니가 카보우르에게 지배되어 이끌리게 된 것을 빗대어서 이야기했다. 그람시는 변형주의를 남부 사회구조 분석에 이용하고자 했다. 특히 변형주의와 후견인주의를 이탈리아 정치 상황과 이를 기반으로 하는 시민사회의 가장 중요한 특징으로 보았다. 결국 정당관료정치를 가능하게 하였던 변형주의를 통해 한 정당을 중심으로 하는 연정에 의한 장기집권이 가능하였으며, 이는 동일한 정당이 그 외형과 세력 확장이라는 방식을 통해 정당우위의 구조를 지속할 수 있었다.

5-4. 최근의 상황과 법적 근거들

2007년 10월 4일 발표한 국제투명성기구에서 발표한 뇌물공여지수에서 우리나라보다 한 단계 위에 있는 국가가 바로 이탈리아였다(〈표1〉 참조). 문화

---

170) 김종법, "이탈리아 시민사회의 전개와 현재", 『시민사회와 NGO』, 제1권 2003 가을/겨울, 한양대학교 제3섹터 연구소, pp. 189~213.

<**표1**> 국제투명성기구에서 발표한 국가별 뇌물공여지수와 국가별 부패인식지수

국가명	BPI(뇌물공여지수)						BPI개선도		CPI(2005)	
	2006년		2002년		1999년					
	순위	점수	순위	점수	순위	점수	'06년	'02년	순위	점수
Switzerland(스위스)	1	7.8	3	8.4	5	7.7	−0.6	0.7	7	9.1
Sweden(스웨덴)	2	7.6	2	8.4	1	8.3	−0.8	0.1	6	9.2
Australia(호주)	3	7.6	1	8.5	2	8.1	−0.9	0.4	9	8.8
Austria(오스트리아)	4	7.5	4	8.2	4	7.8	−0.7	0.4	10	8.7
Canada(캐나다)	5	7.5	5	8.1	3	8.1	−0.6	0.0	13	8.4
United Kingdom(영국)	6	7.4	8	6.9	7	7.2	0.5	−	11	8.6
Germany(독일)	7	7.3	10	6.3	9	6.2	1.0	0.1	16	8.2
Netherlands(네델란드)	8	7.3	6	7.8	6	7.4	−0.5	0.4	11	8.6
USA(미국)	9	7.2	13	5.3	9	6.2	1.9	−	17	7.6
Belgium(벨기에)	9	7.2	7	7.8	8	6.8	−0.6	1.0	19	7.4
Japan(일본)	11	7.1	14	5.3	14	5.1	1.8	0.2	21	7.3
Singapore(싱가포르)	12	6.8	9	6.3	11	5.7	0.5	0.6	5	9.4
Spain(스페인)	13	6.6	11	5.8	12	5.3	0.8	0.5	23	7.0
United Arab Emirates (아랍에미리트연합)	14	6.6							30	6.2
France(프랑스)	15	6.5	12	5.5	13	5.2	1.0	0.3	18	7.5
Portugal(포르투갈)	16	6.5							26	6.5
Mexico(멕시코)	17	6.5							65	3.5
Hong Kong(홍콩)	18	6.0	16	4.3		−	1.7		15	8.3
Israel(이스라엘)	18	6.0							28	6.3
Italy(이탈리아)	20	5.9	17	4.1	16	3.7	1.8	0.4	40	5.0
South Korea(대한민국)	21	5.8	18	3.9	18	3.4	1.9	0.5	40	5.0
Saudi Arabia (사우디아라비아)	22	5.8							70	3.4

국가명	BPI(뇌물공여지수)						BPI개선도		CPI(2005)	
	2006년		2002년		1999년		'06년	'02년	순위	점수
	순위	점수	순위	점수	순위	점수				
Brazil(브라질)	23	5.7							62	3.7
South Africa (남아프리카공화국)	24	5.6							46	4.5
Malaysia(말레이지아)	25	5.6	15	4.3	15	3.9	1.3	0.4	–	–
Taiwan(대만)	26	5.4	19	3.8	17	3.5	1.6	0.3	32	5.9
Turkey(터키)	27	5.2							65	3.5
Russia(러시아)	28	5.2	21	3.2		–	2.0		126	2.4
China(중국)	29	4.9	20	3.5	19	3.1	1.4	0.4	78	3.2
India(인도)	30	4.6							88	2.9

자료: 국제투명성기구(TI)

적 요인과 제도 요인들이 상호 연관성을 가지고 복잡한 양상으로 나타나고 있는 이탈리아의 부패가 선진국임에도 여전히 상당히 만연해 있다는 사실은 여러 가지 의미를 시사하고 있다. 더근다나 오랜 기민당 중심의 연정을 거쳐 베를루스코니나 중도좌파 연정의 등장이라는 일련의 변화에도 불구하고 여전히 부패지수가 높다는 사실은 여러 곳에서 확인할 수 있다.

최근 국제협력개발기구OECD의 '국제상거래에서 외국공무원에 대한 뇌물방지협약'을 잘 이행하지 않거나 느슨한 형태로 이행하는 국가로 이탈리아, 영국, 캐나다, 일본, 네덜란드의 5개국이 선정되었다고 『인터내셔널 헤럴드 트리뷴』지가 보도했다.171) 이는 정당이나 국가의 부패 수준이 상당히 높은 국가라는 것을 의미하며, 앞서 언급한 여러 요인들이 여전히 복합적인 요인

---

171) "국제투명성기구 이伊 등 5개국 '뇌물방지협약' 준수 안 해", 〈서울신문〉(2006년 6월 28일자 기사)

으로 작용하고 있다는 사실을 반증한다.

이러한 최근의 변화 중에서 2001년 이후 등장한 베를루스코니 정부를 중심으로 여전히 개선되지 않고 있는 부패를 가능하게 했던 일련의 정책들과 그에 대한 법률의 근거 등은 2003년 비아지 법안의 개정이나 최근의 다양한 법률 개정 등으로 증명되고 있다.

5-5. 이탈리아 부패문화의 정치적 연속성

전통적으로 이탈리아는 부정부패의 순환 고리가 오랜 역사성 속에서 구조적으로 이어져 내려오고 있다. 이는 근대국가로의 전환 과정에서부터 지방의 토착세력과 관료 그리고 마피아로 대표되는 범죄조직 등이 정당이나 정치가들과 유기적으로 연결되는 일종의 부패사슬이 형성되었기 때문이다. 서로마 제국의 멸망 이후 오랜 기간 동안 분열되어 있던 이탈리아 반도의 역사적 사실을 기반으로 시간의 흐름에 따라 중첩되어 온 수많은 요인들이 현대라는 시점에서도 여전히 작용하고 있는 것은 그러한 부패 사슬의 역사성과 사회성이 어우러진 결과인 것이다.

어느 사회에서나 부패의 문제가 어느 한쪽의 일방적인 요인에 의해 발생하는 것이 아니라는 점에서 어째서 이탈리아가 서방선진국의 일원임에도 여전히 부패에 관해서는 후진국임을 나타내고 있다는 사실에서, 이탈리아의 부패 문제는 사회를 구성하는 거의 모든 영역에서의 일종의 관행이자 정치 행태의 대표적 양상으로 볼 수 있는 것이다. 따라서 이탈리아 부패 현상의 이해를 위해서는 앞에서 언급한 남부문제를 위시한 여러 요소들에 대한 정확한 이해가 선행되어야 하며, 유기적으로 관련 요소와 제도들 및 사회 현상들을 분석하고 관련시킬 수 있을 때에 보다 정확한 부패 메커니즘을 이해할 수 있다. 더욱이 시민사회가 공고하지 못하고, 혈연이나 지연 등의 가족주의적 전통이 여전히 뿌리 깊은 이탈리아의 경험과 역사적인 사례는 유사한 환경과 조건을 갖고 있는 우리나라가 반면교사로 삼을 만할 것이다.

결론적으로 이탈리아 부패 현상은 다음과 같은 작동 메커니즘을 통해 나타나고 있다. 가족주의나 후견인주의와 같은 혈연이나 지역 중심의 심리적인 요소를 바탕으로 지방의 정치가나 관료 등의 매개체를 통해 마피아라는 범죄조직의 개입과 국가나 지방정부 등에서 주도하는 사업 등을 둘러싸고 발생하는 것이 일반적이다. 여기에 국가권력이나 기관 등이 정치적으로나 경제적으로 얽히고 설킨 복잡한 구조를 형성하고 있다. 따라서 이탈리아의 부패 해소를 위해 가장 먼저 접근해야 할 것은 혈연과 지연, 그리고 오랜 사회적 관습을 깨는 의식과 문화의 갱신이 필요하다. 그렇지 않고서는 제도적인 힘만으로는 개선의 여지가 너무 작고, 실제로 1960년대와 1980년대까지 존속했던 남부개발기금 사업이 마피아를 합법화하고 양적으로 성장할 수 있었던 아주 주요한 계기였다. 1990년대 중반 이후 프로디를 중심으로 하는 새로운 정치세력의 출현은 그런 측면에서 많은 기대를 동반하고 있지만, 정치적 개혁 의지보다는 여전히 강력한 부패의 일상화가 사회전반에서 강력하게 작용하고 있기에 아직은 좀 더 시간과 보다 효율적인 제도의 계발이 필요하다고 판단할 수 있다.

V

남겨진 과제와
새로운 이탈리아의 시작을 위하여

V. 남겨진 과제와 새로운 이탈리아의 시작을 위하여

서방 선진 8개국의 일원이자 유럽문화의 근간을 제공했던 이탈리아가 현재 세계경제 위기 속에서 국가부도의 위기까지 몰리고 있다. 이탈리아가 부도로 쓰러진다는 의미는 단지 이탈리아만의 문제가 아니라 유럽연합과 세계경제 전반에 막대한 타격을 끼칠 것이라는 당연한 사실을 굳이 거론하지 않아도 알 수 있다. 이탈리아 정부는 이를 타개하기 위해 베를루스코니 총리를 자진 사퇴시키고 후임으로 몬티Monti라는 전문 경제관료를 후임 총리로 인선하여 그 해결에 최선을 다하고 있다. 이와 같은 대응과 과정이 향후 어떤 결과를 초래할 수 있을지 그 귀추가 주목되고 있다. 그러나 경제위기의 해결 여부와 상관없이 이탈리아라는 국가의 정치사회를 구성하는 여러 요소들을 들여다보면 몇 가지 재미있는 사실을 알 수 있다.

첫째, 이탈리아와 대한민국은 정치 · 경제 · 사회적인 측면에서 상당한 수준에서 유사성이 존재한다는 점이다 둘째, 이탈리아는 사회의 구조가 봉건적인 틀과 내용을 기반으로 여전히 중세와 현대가 공존하는 형태를 띠고 있다는 사실이다. 셋째, 다른 국가들과 조금은 다르게 이탈리아는 정치를 비롯한 사회의 다양한 영역들이 각기 다른 구조와 별개의 요인들에 의해 움직인다는 점이다. 넷째, 종교국가가 아닌 세속국가임에도 불구하고 종교의 영향력이 그 어떤 국가보다 큰 편이고, 이는 이탈리아의 정치사회를 해석하는 가장 주요한 키워드 중의 하나라는 사실이다.

첫 번째 요소인 양 국가의 유사성은 다양한 영역에서 제기할 수 있다. 근대 국가의 성립 과정에서 나타난 성격과 내용을 보면 이탈리아나 대한민국은 봉건적 질서에서 근대로 곧바로 진입한 특이한 근대국가의 특징을 나타내고 있다. 서기 476년 오도아케르에 의해 멸망한 서로마제국이 다시 이탈리아라는 국가로 통일되기까지 무려 1,400여 년 가까이 걸렸다는 점과 통일 역시 다른 서구 선진국들과는 달리 산업혁명이나 산업화 등을 거쳐 탄생한 민주주의 국가의 일반적인 여정을 따르지 않았다는 점이다. 마치 한국의 경우 이씨 조선에서 일본에 의한 강점기, 그리고 타자에 의해 획득한 독립국가의 지위까지 갑자기 근대국가로 탄생한 역사적 맥락과 유사성을 갖는다. 역사적인 영역에서의 유사성은 그 이후 전개되는 다양한 사회문제들의 발생에서도 상당한 유사성을 보이고 있다. 남부문제라는 지역문제 역시 우리의 영호남 문제로 대표되는 지역문제와 유사성을 보이고 있으며, 혈연과 지연을 중시하고 엽관주의와 같은 사회문화적인 전통 역시 유사한 점이 존재한다. 더군다나 미국의 개입에 의한 남북의 대치 상황과 그 이후에도 지속되었던 미국의 영향력은 파시즘이라는 역사청산이 실패하게 된 원인이 되기도 하였다. 정치적인 측면에서는 권력구조나 메커니즘이 다르긴 하지만, 1948년 자유민주주의 정부가 수립되었다는 시점뿐만 아니라 정당구조의 전근대성 등은 선진국이라는 칭호가 무색할 만큼 한국의 정당구조와 닮았다는 평가를 받고 있다. 경제적인 영역에서도 대기업과 중소기업의 비중이 유사할 뿐만 아니라 수출입을 중심으로 하는 무역 위주의 경제구조 역시 상당 부분 닮은 점이다.

두 번째 요소인 이탈리아 국가 구조의 봉건성과 근대성의 공존 문제는 프랑스나 영국 같은 국가들과 달리 내부적인 사회변혁의 계기를 갖지 못했던 이탈리아의 사회구조에 기인한다. 이탈리아가 근대국가로 발전해가는 과정에서 피에몬테와 밀라노 등의 북부 일부 지역만 산업화 과정을 겪었을 뿐이며, 더군다나 프랑스혁명 같은 시민혁명을 경험하지도 못한 배경이 있다. 이는 오랫동안 분열되었던 역사적 배경과 외세에 의해 지배받았던 남부의 정치사회적인 상황이 정리도 되지 않은 상황에서 우연하게 찾아온 통일에 의해 봉건적인 사회구조를 해체하지도 못한 채 근대국가로 출발하게 된 이유에서 기인한다. 따라서 전근대적인 남부와 지방의 사회질서를 고스란히 유지한 채, 단지 외형적인 통일만으로 근대국가로 출발함으로써 사회 곳곳에 봉건성과 근대성이 공존하는 구조를 갖게 되었다. 이는 지금까지도 해결되지 않고 사회 곳곳에 흔적을 남김으로써 현대 이탈리아의 본질을 이해하는 데 어려움을 제공하는 원인이 되고 있다.

세 번째 요소인 영역별 자율성과 독립적인 구조라는 의미는 이탈리아라는 국가가 정치·경제·사회·문화 등의 영역이 긴밀하게 연계되어 하나가 흔들리면 모두 위험에 빠지는 그런 구조는 아니라는 것을 말한다. 정치를 담당하고 있는 정당이나 정부의 기능과 역할이 정치 이외 부문까지 광범위하게 영향을 미치는 그런 구조는 아니다. 특히 정부와 경제는 비교적 독자성을 갖고 있으며, 중앙 정치권력과 지방 정치권력 간의 수직적인 종속성이 그리 높지 않다는 것이다. 그렇다고 지방자치가 완전한 자율성을 보장받는 구조라는 이야기는 아니지만, 적어도 중앙의 정치가 지방 정치를 좌우하거나 중앙권력의 영향력이 절대적인 것은 아니라는 의미이다. 그렇기에 분리 독립을 주장하는 정당이 특정 지역에 국한하기는 하지만 20~30% 대의 지지율을 나타내고 있을 수 있으며, 특별 주오 같은 곳은 헌법상으로도 그 독립성과 자율성을 보장받고 있을 정도이다. 또한 현재의 글로벌 경제위기에서 자주 이야기되는 이탈리아 부도에 대한 문제는 이탈리아 경제 주체들과 중소기업의 역량을 고려한다면 그리 큰 걱정을 할 필요는 없을 것이다. 다만 국민생활 전체와 사회보장 시스템 등의 몇몇 정치와 행정 영역에서의 타격은 불가피할 뿐이다.

네 번째의 요소는 가톨릭에 대한 것이다. 이미 본문에서 여러 차례에 걸쳐 언급했듯이 이탈리아 사회에서 가톨릭이 차지하고 있는 위상과 역할은 충분히 개진한 바 있다. 오랜 이탈리아 역사에서 미륵彌勒과도 같은 존재였을 뿐만 아니라 현대 이탈리아 사회의 모습을 더욱 복잡하게 만드는 데 가장 큰 공헌을 한 세력도 가톨릭이기 때문이다. 이탈리아 헌법에서는 가톨릭에 대한 정치적 자유와 독립을 보장하고 있으며, 실제로 바티칸은 수도인 로마 한가운데 자리하고 있는 종교국가이다. 그럼에도 불구하고 이탈리아 가톨릭은 종교적인 의미에서뿐만 아니라 생활의 윤리이자 가치라는 측면에서 이미 이탈리아 국민들과 생활 속에 깊숙이 자리 잡고 있다. 마치 한국 사회가 종교로서의 유교가 아닌 생활의 원리이자 규범으로서 유교적인 전통을 지켜오고 보존하는 것과 유사한 원리인 것이다.

지금도 대통령이나 수상의 정치적인 수사나 연설만큼이나 교황의 한마디는 상당한 영향력을 가지며, 실제로 주요 현안이나 쟁점들에 대하여 교황은 수시로 의견을 개진한다. 마치 내정간섭과도 같은 이야기를 서슴지 않고 하지만, 그 어느 누구도 교황의 권위와 위상에 도전하지는 않는다. 그만큼 특정 종교이지만 모든 국민들의 생활의 규범이자 원칙으로 수용되고 기능하고 있다는 의미이다. 그러나 그러한 영향력의 크기에 비례하여 반감이나 반대세력 역시 적지 않은 것도 현실이다. 부패하고 타락한 이미지를 여전히 벗어나지 못하고 있는 가톨릭에 대하여 많은 이들이 등을 돌리고 있는 현실은 실제 미사 참석 인구수가 전체 인구 중에서 10~20%에 불과하다는 사실에서 충분히 알 수 있다. 그러나 가톨릭은 여전히 이탈리아 정치사회를 읽는 가장 중요한 키워드 중의 하나이다. 비록 45년이 넘게 집권했던 기민당이 해체되었다고는 하지만, 여전히 수많은 군소 정당들이 앞 다투어 가톨릭과의 우호와 관계 증진에 노력하고 있다는 사실은 비록 단일정당으로서 가톨릭이 아니라 할지라도 단일 세력으로서 가톨릭은 충분히 현실정치를 좌지우지할 수 있기에, 이탈리아 현대 정치사회를 해석하는 가장 주요한 기준이자 원칙이라 할 수 있다.

우리가 지금까지 살펴본 이탈리아의 복잡성과 해석의 어려움은 바로 이와 같은 다양하고 독특한 사실과 요인들에 기인한다. 1948년 자유민주주의 공화국으로 출발한 이탈리아가 새로운 21세기의 주역으로 살아남을 수 있을지에 대하여 많은 사람들이 회의적인 시각을 갖고 있다. 당장의 경제위기뿐만 아니라 사회구조 자체의 불합리성과 부정부패한 사회의 불투명성은 이탈리아를 선뜻 강대국이나 선진국으로 평가하는 데 주저하게 만드는 요소이다. 그럼에도 불구하고 이탈리아는 그에 상응하는 수준의 국가적인 장점과 역량을 갖고 있는 것 또한 사실이다.

이탈리아라는 국가의 가장 큰 장점과 역량은 무엇일까? 많은 사람들은 다음과 같은 점들을 지적한다. 첫째, 무엇보다 국가의 내적인 문화역량이 다른 어느 국가보다 풍부하고 뛰어나다는 점이다. 이는 문화적인 역량이 곧 산업적이고 경제적인 부와 잠재력을 가늠한다는 측면에서 보자면 앞으로도 여전히 이탈리아의 산업 경쟁력이나 경제적인 잠재성이 뒤떨어지지 않을 수 있다는 예상을 어렵지 않게 할 수 있다. 실제로 이탈리아의 산업 경쟁력의 기반은 창조적이면서도 독창적인 디자인과 이를 바탕으로 구체화시킨 상품들에서 나오기 때문에, 쉽사리 그 어떤 경제위기에도 약화되거나 퇴화하지 않는 높은 제품 경쟁력을 보유하고 있다. 이는 이탈리아를 선도하고 있는 산업들이 패션산업과 가구, 그리고 디자인 관련 유관 산업들이라는 점을 감안하면 충분히 이해할 수 있는 점이다.

둘째, 문화적인 역량의 기반이 되는 문화재와 역사가 현재에도 고스란히 살아 숨 쉬고 있다는 점이다. 이는 관광산업의 비중이 크고, 지역마다 독특한 관광자원이 풍부하기 때문에 아시아를 비롯한 신흥 국가들이 경제적으로 성장하면 할수록 이탈리아 관관산업의 성장 속도는 다른 산업에 비해 증가할 수밖에 없는 구조를 가지고 있다. 또한 이러한 문화유산과 자연유산 등이 삶의 질을 중요시하는 현대인들의 기호나 욕구에 적합한 특징을 나타내고 있다는 점도 이탈리아의 국가 경쟁력이 미래지향적이라고 볼 수 있는 것이다.

셋째, 비록 사회적으로 불투명하고 예측 가능하지 않은 구조를 가지고 있다 하더라도, 사회를 운영하고 작동하는 메커니즘의 소프트웨어는 그 어떤 나라보다 뛰어나다는 점이다. 적어도 기술적으로나 내용적인 측면에서의 장점은 그 어떤 산업적인 경쟁력이나 제도적인 우수성과 비교하더라도 떨어지지 않는다는 장점을 보여주고 있다. 바로 이러한 점들이 이탈리아 사회의 부정부패한 구조나 외형적인 불안정과 비효율성을 충분히 대체하고도 남음으로써 여전히 상대적으로 비교우위의 국가 경쟁력을 유지한다고 평가할 수 있는 것이다.

너무나 뚜렷하면서도 대비되는 장단점을 양면적으로 갖고 있는 이탈리아이기에 더욱 미래를 평가하는 일이 쉽지 않다. 정치적으로 후진성을 면치 못하고 있는 이탈리아가 향후 어떤 모습을 보일지는 아직 정확하게 판단할 수는 없다. 그러나 보다 분명한 것은 현재의 이탈리아가 갖고 있는 복잡하고 미로 형의 사회구조와 혈연이나 지연 등에 얽매이는 전근대성을 버리지 못할 경우 앞서 언급한 다양하고 독특한 장점들이 제대로 국가 경쟁력이나 잠재적인 역량으로 승화되어 구체화되기에는 한계를 보일 것이라는 점이다. 따라서 이탈리아 입장에서 보면 시간을 담보하고라도 사회구조 전반에 대한 점진적 개혁과 변화를 이끌어가야 할 필요가 있다. 특히 이념을 떠나 기득권의 정치경제적인 이해관계가 구조적으로 고착화되거나 영구화될 경우 더 이상의 국가 발전을 기대하기는 어렵다고 예상할 수 있기 때문에, 그람시가 그토록 주장했던 헤게모니 유지를 위한 질서와 구조를 타파하고 새로운 정치문화를 확산시킬 필요가 있다.

의회 중심제 정치권력 구조에서 총리의 평균 집권 기간이 1년이 채 안 되는 이탈리아이지만, 정치권력의 잦은 교체와는 상관없이 정치적 안정성을 어느 정도 유지하고 있는 국가라는 사실은 이탈리아 정치가 국가의 전부 혹은 모든 것을 결정하지 않는다는 사실을 역설적으로 증명하고 있다. 몬티라는 전문 경제관료를 중심으로 위기 때마다 구성되었던 과도기적인 전문 관료내각이 경제위기에 빠진 이탈리아를 얼마나 빠른 시간 안에 구해내어 정상 궤도에 올릴지, 아니면 이대로 영원히 부도국가의 언저리에서 헤매게 될지는 아직 판단하기에 이르다. 다만 몇 가지 방향에서 이탈리아의 미래를 어렴풋이 예측해볼 수 있을 것이다.

가장 쉽게 예상할 수 있는 시나리오는 현재의 위기 상태에서 그다지 개선되거나, 반대로 악화되지도 않은 상태를 당분간 유지할 가능성이다. 이러한 판단과 예상의 기준은 이탈리아 국가부채 규모가 단기간에 해결할 수 없을 정도이며(2011년에는 GDP의 3.9% 재정적자율을 기록), 정부부채 규모는 2010년 GDP의 118.7%에서 2011년 120.1%로 증가하였다. 이와 같은 정부부채 악화는 1996년 120.6%를 기록했던 시기 이후 가장 높은 정부부채 비율이다.

그럼에도 많은 전문가들이 이탈리아가 국가부도에 빠지지는 않을 것으로 전망하고 있는데, 이는 국채 대부분을 이탈리아 국민들이 소유하고 있으며, 이탈리아 경제력의 잠재력이 생각보다는 크기 때문에 대외적 여건이 호조를 보일 경우 개선될 것이라고 보고 있기 때문이다. 이러한 상황에서 전문 관료 중심의 정부는 현상유지 정책을 유지할 것이며, 점진적인 적자비율 감소정책을 시행할 경우 더 이상의 악화는 없을 것이라는 긍정적인 전망에 따른 것이다.

두 번째의 가능한 예상은 정치적인 혼란의 가능성이 더욱 높아지는 경우이다. 이는 베를루스코니라는 우파 지도자를 대체할 다른 정당의 우파 지도자가 두드러지지 않기 때문에, 각 계파와 정파 별로 치열한 주도권 다툼으로 정국이 다소 혼란스러운 상황으로 전개되리라는 예상에 기인한 것이다. 실제로 이탈리아 우파 정당의 3대 정파의 수장은 베를루스코니 외에 프랑코 피니Franco Fini와 북부분리주의자 정당의 당수인 움베르토 보시Umberto Bossi로 나눌 수 있는데, 퇴장한 베를루스코니를 대체하기에는 지역적으로나 이념적으로 지나치게 편중된 상황이다. 결국 상호 간의 대립과 반목으로 우파의 분열과 갈등이 지속되면서 정국이 혼란에 빠질 수 있다는 우려를 가능한 미래의 정치 상황으로 예측하고 있다.

세 번째 예상은 중도 좌파 정부의 집권과 함께 베를루스코니 일가, 다시 말해 후계자인 아들 피에르 실비오Pier Sivio가 정치계 전면에 등장할 가능성이다. 베를루스코니 총리가 불명예이긴 하지만 자진사퇴의 형식을 취한 것은 바로 후계 구도와 관련이 깊다는 관측이다. 베를루스코니 가문의 막대한 부를 지키기 위해서는 여전히 정치적인 방패막이 필요하고 가문의 후계자인 장자 피에르 실비오의 등장은 그래서 가능한 시나리오가 되는 것이다. 피에르 실비오의 정치계 등장을 앞당길 수 있는 것은 베를루스코니에 대한 사법 처리와 관련이 깊지만, 현실적으로 베를루스코니가 징역형을 살거나 실형을 선고받을 가능성은 거의 없다. 따라서 피에르 실비오의 등장은 베를루스코니보다는 베를루스코니 가문의 재산에 집중될 경우에 예상보다 빨리 현실화될 수 있을 것이다.

지금까지 몇 가지 전망과 미래 이탈리아에 대한 예상은 말 그대로 예상과 가능성에 지나지 않는다. 이탈리아 사회의 30% 이상이 고정적으로 사회주의나 공산주의와 같은 좌파를 지지하고, 그 반대편의 30%는 여전히 베를루스코니에 대한 절대적 지지를 보내고 있는 이탈리아 현실을 이해하는 것이 쉽지는 않다. 더군다나 다른 유럽 국가들과 달리 1992년 이후에는 어느 한쪽도 연속해서 집권하지 못하고 있다는 사실은 이탈리아 정치의 역동성과 불안정성 고스란히 보여주고 있다. 이는 국민들이 그 어느 정파의 정책이나 리더십에도 지속적인 지지를 보내지 못하고 있다는 점과 함께 반대로 지속적으로 정치권력의 선택을 바꿈으로써 정당 간 상호경쟁과 정책계발에 더욱 노력하라는 의미를 갖는다. 또한 총리를 지냈던 인물일지라도 지역정치에 도움이 된다고 생각하면 주지사나 시장 선거에 입후보하기 때문에 지나친 권위주의적 사고나 경직된 정치문화에서는 벗어나 있는 것도 눈여겨볼 특징이다.

미래의 이탈리아를 예측하고 그려볼 수 있는 또 다른 기준은 아마도 이탈리아 범죄조직이다. 특히 얼마 전 발생한 나폴리의 '쓰레기 대란' 사태 이후 가장 주목할 만한 것은 범죄조직에 대한 국가의 통제 여부이다. 현재 나폴리는 국가 공권력이 거의 무력화되다시피 한 도시이다. 나폴리를 장악하고 있는 카모라Camorra라는 범죄조직에 의해 시정이나 일반 시민들의 통제를 국가가 결정할 수 없는 상황에 이르고 있다. 이러한 원인에는 사회구조 자체의 불투명성도 있지만, 보다 큰 이유는 정치가들이 과거부터 범죄조직과 지속적으로 결탁해온 측면이 존재하기 때문이다. 특히 지방으로 갈수록 지역의 유지와 중앙 정치인, 그리고 건설이나 요식업 같은 합법적인 사업을 통해 지역에 기반을 두고 있는 범죄조직의 결합은 오랜 이탈리아의 정치문화적인 특징이다.

결국 이러한 전통이 오늘날 지역으로 갈수록 지방권력의 사유화를 넘어 범죄조직이 장악하는 수준으로까지 발전하였고, 가장 대표적인 도시가 바로 나폴리 같은 곳이다. 한때는 세계 3대 미항으로 불렸던 나폴리가 쓰레기 더미에 묻힌 가장 지저분하고 더러운 도시가 되어 관광객들이 기피하는 도시가 되었다는 사실은 이탈리아의 미래에 커다란 부정적인 요소가 될 것이다. 지금 이탈리아 정부가 우려하는 것도 바로 이러한 사태의 진전이나 고착화가 가져올 국가 이미지의 훼손과 하락이다. 가뜩이나 어려운 국가경제에 관광업을 기반으로 하고 있는 이탈리아에서 지역 경제의 어려움이 가중되는 것은 국가적으로나 지역적으로 상당한 손실을 초래하게 될 것이다.

불안정한 통일과 그 이후의 지역문제, 파시즘의 발흥과 쇠락, 두 개의 혼란스러운 이탈리아의 성립, 세속적인 가톨릭과 국가권력의 이해상충과 모순, 부패하고 불투명한 사회구조, 노조와 정당 중심의 전근대적인 정치구조, 마피아를 비롯한 범죄조직의 비대해진 영향력과 비중, 혈연과 지연 등의 비합리적 요소에 의해 움직이는 사회 시스템, 과장하기 좋아하고 화려한 외모와 남의 눈을 의식하는 이탈리아 국민들의 특징, 일반적으로 놀기 좋아하고 자기 중심적인 가치관과 사회적 풍조, 평범한 다수보다는 비범한 소수에 의해 국가 경쟁력이 결정되는 메커니즘, 그 외에도 수많은 특징들을 가진 이탈리아라는 국가는 어떤 면을 기준으로 보느냐에 따라 천의 얼굴을 가진 모습으로 그려질 수 있다.

최근 이탈리아에 대한 다양하고 독특한 소개가 넘쳐나고 있다. 아마도 그런 모습은 모두가 어느 정도의 일반성과 수긍할 수 있을 정도의 특징으로 평가할 수 있을 것이다. 그러나 진정한 이탈리아의 모습을 알기 위해서는 그러한 특정의 시각보다는 이탈리아를 구성하고 있는 다양한 요소에 대한 접근을 통해 보다 객관화하고 구체화하는 것이 바람직하지 않을까 생각한다. 천의 얼굴을 가진 이탈리아를 객관화시키고 다양한 시각을 함께 조명하는 것이야말로 변화무쌍한 이탈리아의 다양성을 보다 더 적극적으로 이해하고 알릴 수 있는 지름길이 아닐까 생각한다.

아마도 이탈리아는 여전히 생기 있는 모습으로 내일이면 아무 일 없었다는 듯이, 수많은 외국인들을 맞이할 것이다. 정치가의 부패와 스캔들이 일상의 웃음거리나 대화거리일 뿐 국가 전체의 운명을 바꾸지는 않을 것이라 믿는 이탈리아 국민들을 우리의 시각으로 평가하거나 평점을 매기는 일 역시 그다지 바람직하지 않은 일이다. 더욱이 여전히 우리가 모르는 이탈리아의 구석구석을 알기 위해서라도 이탈리아에 대한 보다 세밀하고 구체적인 연구가 필요할 것이다. 세계 인구의 15% 정도만이 사용하고 있는 영어라는 언어가 진리의 열쇠처럼 여겨지고 있는 현실에서 갑자기 이탈리아를 강조한다는 것이 어쩌면 더욱 우스꽝스러울지도 모른다. 그러나 대한민국의 미래를 위해서도 문화적 다름과 역량을 갖춘 국가 중심의 연구는 더욱 필요할 것이다.

이 책은 그러한 이탈리아 연구의 조그마한 디딤돌이자 출발점이 되기를 간절히 기대하면서, 천 개의 이탈리아를 그려낼 수 있는 다음 연구를 위한 초석이 되길 바라면서 글을 마친다.

■ **참고문헌**

국문 참고문헌

강경태. 2003. "한국 대통령 선거 어떤 유권자가 참여하나?" 『한국정치학회
　　보』 37집 1호, 91~111.

강옥초. 1997. "초기 그람쉬의 사상과 이탈리아 남부주의." 『서양사론』 제
　　55호.

강원택. 2003. 『한국의 선거정치: 이념, 지역, 세대와 미디어』. 푸른길.

강원택. 2004. "한국에서 보궐선거의 특성과 정치적 의미." 『의정연구』 10권
　　1호.

강원택. 2005. 『한국의 정치개혁과 민주주의』. 인간사랑.

강원택. 2006. 『대통령제, 내각제와 이원정부제』. 인간사랑.

국회사무처. 2003. "해외부재자투표 도입문제." 『법제현안』 제151호.

권오혁. 2003. "제3 이탈리아 산업지구 발전과정에 대한 비교연구." 유럽지
　　역연구회 편. 『유럽의 지역발전정책』. 한울 아카데미.

김동훈. 1987. 『대통령제와 의원내각제』. 일신사.

김성곤. 2007. "재외국민 투표권 부여의 추진과정과 해결과제." 재외국민 참
　　정권 대토론회~2007 대선, 재외국민 참정권 어떻게 할 것인가!. 국
　　회 헌정기념관 대강당. 4월 13일.

김시홍. 1994. 『이탈리아사회연구입문』. 명지출판사.

김시홍. 2001. "2001년 이탈리아 총선과 Berlusconi정부." 『EU연구』 제9호.

김시홍. 2003. "이탈리아 지역주의의 사회적 기원."『유럽연구』제17권.

김왕식. 2006. "1인 2표제 도입의 정치적 효과." 어수영 편.『한국의 선거 V: 제16대 대통령 선거와 제17대 국회의원 선거』. 오름. 155~184.

김용철 · 윤성이. 2004. "제17대 총선에서 인터넷 영향력 분석: 선거관심도와 투표참여를 중심으로."『한국정치학회보』38집 5호.

김용철 · 윤성이. 2000. "인터넷의 정치적 활용과 16대 총선."『한국정치학회보』34집 3호.

김욱. 2002. "선거와 정치주식시장."『한국정치학회보』36집 2호, 199~221.

김욱. 2005.『정치참여와 탈물질주의 : 한국과 스웨덴의 비교』. 집문당.

김욱. 2006. "16대 대선에서 세대, 이념 그리고 가치의 영향력." 어수영 편.『한국의 선거 V: 제16대 대통령 선거와 제17대 국회의원 선거』. 오름. 75~108.

김은선. 2005. "재외동포에 투표권 주지 않는 한국: OECD 국가 중 유일… 일본 · 미국 동포 중심으로 참정권 회복 운동 일어."『뉴스위크한국판』제15권 제10호.

김제완. 2002. "해외부재자 투표 도입과 폐지의 과정."『재일교민지 월간 아리랑』5월호.

김종법. 1997.『섬유/패션 강국 이탈리아 스터디』. 한국섬유신문사.

김종법. 2003.『남부문제에 대한 몇 가지 주제의 논문 외』. 책세상.

김종법. 2003. "이탈리아 시민사회의 전개와 현재."『시민사회와 NGO』제1권 2003 가을/겨울.

김종법. 2003. "이탈리아 68운동의 사회적 함의비교."『한국의 시민사회와 정치』, 제1회 비판정치학 대회 발표논문, 한국정치연구회.

김종법. 2003. "이탈리아 남부문제와 그람쉬."『인문과학연구』제4 집 2003년 12월.

김종법. 2003. "이탈리아 공무원노조의 약사와 현황."『한국 공무원노동조합운동, 무엇을 할 것인가?』, 공무원노조 관련 학술대회, 한국노총중앙연구원, 2003년 10월.

김종법. 2003. "이탈리아 지방자치제도의 비교연구."『이탈리아어문학』제12집.

김종법. 2004. "하부정치문화요소를 통해 본 베를루스꼬니 정부의 성격."『한국정치학회보』제38집 제5호.

김종법. 2004.『이탈리아 선거법』. 중앙선거관리위원회.

김종법. 2004.『이탈리아 노동운동의 이해』. 한국노동사회연구회.

김종법. 2004. "이탈리아 남부문제의 역사—카부르에서 니띠까지 부르주아 지배계급의 관점에서."『이탈리아어문학』제14집.

김종법. 2004. "이탈리아 남부문제에 대한 정치사상적 연구—카부르에서 그람쉬까지 남부문제의 형성과 역사."『전환기의 유럽과 유럽통합』, 2004 한국유럽학회 춘계학술회의, 5월 19일, 한국유럽학회.

김종법. 2004. "이탈리아 마니뿔리떼의 경과와 정치적 의미."『이론과 실천』 2004년 1월호.

김종법. 2005. "이탈리아 마니뿔리떼의 사회적 · 정치적 의미."『세계지역연구논총』제23집 1호.

김종법. 2005. "하부정치문화요소를 통해 본 베를루스코니 정부의 성격."『한국정치학회보』제38집 5호.

김종법. 2005. "이탈리아 68운동과 시민사회의 성장."『한국국제지역학회보』제5집.

김종법. 2006. "이탈리아 남부문제에 대한 정치사상적 기원: 치꼬띠에서 그람쉬까지."『세계지역 연구논총』제24집 2호.

김종법. 2006. "변화와 분열의 기로에 선 이탈리아: 2006 이탈리아 총선."『국제정치논총』제46집 4호.

김종법. 2007. "좌우동거의 기묘한 불안정한 양당제 국가 이탈리아." 미네르

바 정치연구회 편, 『지구촌의 선거와 정당』, 한국외국어대학교출판
    부. 434~465.

김종법. 2007. "이탈리아 권력구조 전환가능성과 시도: 연방주의와 대통령
    제로의 전환모색." 『세계지역연구논총』 제25집 3호.

김종법. 2008. "지역혁신개발정책 사례연구: '제3의 이탈리아'와 에밀리아
    로마냐 주 패션 산업을 중심으로". 『이탈리아어문학』 제23집.

김종법. 2008. "이탈리아의 이레덴즈모의 역사." 김승렬 외. 『유럽영토 분쟁
    과 역사분쟁』. 동북아역사재단.

김종법. 2009. "이탈리아 의회개혁". 『이탈리아어문학』 제26집.

김종법. 2009. "2008년 이탈리아와 한국의 총선비교—정치문화와 투표행태
    분석을 중심으로". 『지중해지역연구』 제11권 1호.

김종법. 2009. "재외동포 참정권이 국내정치에 미치는 영향 분석". 『정책연
    구』 2009년 봄호.

김종법. 2010. "이탈리아 지방 선거제도의 정치동학". 『현대정치연구』. 2010
    가을호(통권 6호).

김종법. 2010. "이탈리아 부패의 정치문화 및 구조적 요인 분석". 『동북아연
    구』 제15권.

김진호. 2002. "재외국민 참정권 무시는 횡포: 법안 개정을 위한 공청회 개
    최…국가경쟁력 제고 차원 기본권 돌려줘야." 『뉴스메이커』 제11권
    제8호.

김형준. 2002. "지방의회 선거구 획정에 관한 고찰: 광역의회를 중심으로."
    진영재 편. 『한국의 선거제도 I』, 177~204. 사회과학데이터센터.

듀건. 크리스토퍼. 2001. 김정하 역. 『미완의 통일 이탈리아사』. 개마고원.

문상부. 2007. "국외부재자투표제도 도입방안." 『재외국민 참정권 대토론
    회—2007 대선, 재외국민 참정권 어떻게 할 것인가!』, 국회 헌정기
    념관 대강당, 4월 13일.

박응격 외. 2006. 『서구연방주의와 한국』. 인간사랑.

박찬욱. 2004. "제17대 총선에서 2표병립제와 유권자의 분할투표: 선거제도
의 미시적 효과 분석." 『한국정치연구』 제13집 2호.

서은지. 2005. "재외동포 정책과 주요 과제." 『개혁시대』 제7권 제2호.

서현진. 2007. "투표의사의 변화와 투표참여." 『변화하는 한국 유권자: 패널
조사를 통해 본 5.31 지방선거』. 동아시아연구원(EAI).

세르지오 볼로냐, 안또니오 네그리. 1997. 이원형 편역, 『이탈리아 자율주의
정치철학』. 갈무리.

신명순. 2006. 『비교정치』. 박영사.

안병진. 2004. "탄핵 이슈와 제17대 총선: 미국 1998년 중간선거와의 비교."
『한국정치연구』 제13집 2호.

안순철. 2002. "16대 총선의 이데올로기적 예측 공간 분석." 진영재 편. 『한국
의 선거 IV: 16대 총선을 중심으로』, 61~100. 사회과학데이터센터.

안또니오 네그리, 마이클 하트. 2000. 이원영 역. 『디오니소스의 노동 I』. 갈
무리.

어수영. 2006. "세대와 투표양태." 어수영 편. 『한국의 선거 V: 제16대 대통
령 선거와 제17대 국회의원 선거』, 277~268. 오름.

앤드류 헤이워드. 2003. 조현수 옮김. 『정치학: 현대정치의 이론과 실천』. 성
균관대학교 출판부.

윤종빈. 2006. "제17대 총선과 탄핵쟁점." 어수영 편. 『한국의 선거 V: 제16
대 대통령 선거와 제17대 국회의원 선거』, 329~352. 오름.

윤종빈. 2002. "현직의원의 지역구 대표활동과 16대 총선: 초선 요인 및 득
표차 변수를 중심으로." 진영재 편. 『한국의 선거 IV: 16대 총선을
중심으로』, 135~174. 사회과학데이터센터.

이종훈. 2002. "재외국민 참정권 문제 :해외 부재자 투표 제도 재도입 방향."
『OK times: overseas Koreans times』 통권 제99호.

이종훈. 2002. "해외 부재자 투표제도 재도입 방향."『입법정보』제47호.

이종훈. 2004. "한국의 재외동포정책: 주요 현안."『OK times : overseas Koreans times』통권 제130호.

이철우. 2004. "이중국적의 규범적 평가."『법과 사회』제27호.

이현우. 2007. "5.31 지방선거의 유동투표자 분석."『변화하는 한국 유권자: 패널조사를 통해 본 5.31 지방선거』, 119∼145. 동아시아연구원 EAI.

임성호. 2008. "비교방법: 정치학의 희망과 한계." 한국정치학회 편.『정치학 이해의 길잡이』정치학핸드북 vol. 2. 364∼404. 법문사.

임성학. 2005. "제17대 총선의 선거자금과 경제개혁의 효과."『한국정치학회보』제39집 2호.

임성학. 2002. "제16대 총선 선거자금의 조달과 지출: 인터뷰 자료의 분석."『한국정치학회보』제36집 3호.

장훈. 2006. "혼합형 선거제도의 정치적 효과."『한국정치학회보』제40집 5호.

전용주. 2005. "후보공천과정의 민주화와 그 정치적 결과에 관한 연구: 제17대 국회의원 선거를 중심으로."『한국정치학회보』제39집 2호.

전원배. 2003.『해외부재자투표 도입문제』. 국회사무처 법제실.

정병기. 2000. "이탈리아 정치적 지역주의의 생성과 북부동맹당Lega Nord의 변천."『한국정치학회보』제34집 4호.

정병기. 2000.『이탈리아 노동운동사, 현장에서 미래를』. 2001.

정병기. 2001. "중도좌파 대한 이탈리아 정치적 지역주의의 생성과 북부동맹 당Lega Nord의 변천."『한국정치학회보』제34집 제4호.

정병기. 2003. "이탈리아 정치사회변동과 중도―좌파정부(1996∼2001) 정책."『한국정치학회보』제36집 제3호.

정병기. 2003, "정치 변동과 정당 특성 분석을 통해 본 전진이탈리아(Forza Italia)의 성공 요인과 전망."『국제ㆍ지역연구』제12권 1호.

정병기. 2006. "2006년 이탈리아 총선: 중도—좌파의 승리 요인과 정당체제의 변화."『진보평론』통권 제26호.

조기숙. 2002.『16대 총선과 낙선운동: 언론보도와 논평을 중심으로』. 집문당.

중앙선거관리위원회. 2005.『외국의 선거제도 비교분석집 II』. 중앙선거관리위원회.

최영진. 2001. "제16대 총선과 한국 지역주의 성격."『한국정치학회보』제35집 1호.

최준영 · 조진만. 2005. "지역균열의 변화 가능성에 대한 경험적 고찰: 제17대 국회의원선거에서 나타난 이념과 세대 균열의 효과를 중심으로."『한국정치학회보』제39집 3호.

홍지연. 2004. "영국의 부재자투표 제도."『선거논단』제2호.

외국어 참고문헌

AA.VV. a cura di Farnetti, Paolo. 1973. *Il sistema politico italiano.* Bologna: Il Mulino.

AA.VV. 1994~2007. *Associazione per gli studi e le ricerche parlamentari.* Torino: Giappicchelli Editore. Quaderno n. 5~17.

AAVV. a cura di Gianfranco Pasquino. 1995. *La politica italiana; Dizionario critico 1945~95.* Roma—Bari: Laterza.

AA.VV. 1998. *La Politica Italiana. Dizionario Crictico 1945~95.* Roma: Laterza.

AA.VV. 1999. "Il corporativismo, Il neocorporativismo, Critica al patto sociale, ecc.," *Il Quadro Sindacale,* No. 5.

AA.VV. a cura di Sani, Giacomo. 2001. *Mass Media ed Elezioni*. Bologna: Il Mulino.

AAVV. a cura di J. Blondel e P. Segatti. 2004. *Politica in Italia*. Edizione 2003. Bologna: Il Mulino.

AAVV. a cura di V. Della Sala e S. Fabbrini. 2005. *Politica in Italia*. Edizione 2004. Bologna: Il Mulino.

Accornero, A. 1992. *La parabola del sindacato*(노조의 추이). Bologna.

Alborghetti G. 2005. *Il libro nero del governo Berlusconi*. Roma: Nutrimenti.

Aliboni, R. e Bonivicini, G. 2005. "La poltica estera dell'Italia." in *L'Italia e la politica internazionale*. Bologna: il Mulino.

Allum, P., 1975. *Potere e società a Napoli nel dopoguerra*. Torino: Einaudi.

Altan, Tullio. 1986. *La nostra Italia*. Milano: Feltrinelli.

Arlacchi, P. 1983. *La mafia imprenditrice*. Bologna: Il Mulino.

ASTRID. 2007. *Per Far Funzionare il Parlamento—Quarantaquattro modeste proposte*. Bologna: il Mulino.

Baccaro. 2002. "Il corporativismo in Italia." *Rassegna sindacale* 2호, 2002 4~6월 호.

"La teoria del corporativismo rivistata, Democrazia come strumento di coordinameno." *Rassegna sindacale* 2호, 2002 4~6월 호.

"Il corporativismo "democratico" in Italia, Annotazioni conclusive." Rassegna sindacale 2호, 2002 4~6월 호.

Bagnasco, A. 1996. *L'Italia in tempi di cambiamento politico*(정치적 변환기의 이탈리아). Bologna.

Baldassari. R. 1984. "Decentramento produttivo e ristrutturazione industriale." *Economia e Politica Industria* No. 11.

Banca, F. e Visco, I. 1993. *L'economia italiana nella prospettiva europea:*

terziario protettivo e dinamica dei redditi nominali(유럽적 전망에서 본 이탈리아 경제, 방어적인 제3차 산업과 고정소득의 변동관계). Bologna. 1993.

Banfield, E. 1976. *Le basi morali di una società arredata, a c. di D. De Masi.* Bologna: Il Mulino,

Barbaceto, G., Gomez, P., Travaglio, M. 2002. *Mani Pulite. La vera storia.* Roma: Riuniti.

Barbacetto, Gianni., Travaglio, Marco., Gomez, Peter. 2003. *Mani Pulite.* Roma: Editori Riuniti.

Basch, Linda. Schiller, Nina Glick. and Szanton Blanc, Cristina. 1994. *Nations Unbound: Transnational Projects, Postcolonial Predicaments and Deterretorialized Nation*—States London: Routledge.

Baubock, Rainer. 2005. "Expansive Citizenship—Voting beyond Territory and Membership." *Political Science and Politics* Vol. 38, Issue 4.

Birch, A. H. 1966. "Approaches to the Study of Federalism." *Political Studies,* XIV(1).

Bravo, G. M., Malandrino, C. 1994. *Il pensiero politico del Novecento.* Piemme: Alessandria.

Brosio, G. 1996. "Il sistema del Governo locale in Italia." in *Il Governo locale.* Blogna: Il Mulino,

Burgess, M. 2006. *Comparative Federalism:* theory and practice. London and New York: Routledge,

Catanzaro, R. 1991. *Il delitto come impresa. Storia sociale della mafia.* Milano: Rizzoli.

Catanzaro, R. 1995. "La mafia." in *La politica italiana* Roma—Bari: Laterza,

Catanzaro, R. 1991. *Il delitto come impresa. Storia sociale della mafia.* Milano: Rizzoli.

Cella, G. P. (a cura di). 1983. *Lavoro, solidarietà, conflitti. Studi sulla storia delle politiche e delle relazioni di lavoro*(노동, 연대, 갈등. 정치와 노동관계에 대한 연구). Roma.

Censis. 1993. *Moda e comunicazione.* Milano: Angeli.

Cesis. 1990. *A metà decennio. Riflessione e dati sull'Italia dall'80 all'85,* Roma: Istat.

CESOS, 1987/88. *Rapporto.* Roma.

CGIL. 1970. *CIGIL* 총회 제1권. Roma: CGIL.

CGIL. CGIL, 1979. *Rapporto annuale*(연간 보고서). CGIL 토리노 지부 문서보관소.

CGIL. 1992. *Lo Statuto della CGIL(XII Congresso nazionale della CGIL), Sede della GGIL Piemonte,* Torino. Centro d'Archivio.

CGIL, 1993. "L'accordo sulle RSU(통합노조대표에 대한 합의)." *Nuova Rassegna Sindacale* No. 39.

Chabod, F. 1961. *L'Italia contemporanea(1918~1948).* Torino: Einaudi.

Cingolani, Stefano. 1990. *Le grandi famiglie del capitalismo italiano.* Roma—Bari: Laterza,

Coleman, Kevin J. (2007) "The Overseas and Uniformed Absentee Voting Act: Background and Issues," *CRS Report for Congress,* Order Code RS20764, Congressional Research Service, Library of Congress , http://www.fas.org/sgp/crs/misc/RS20764.pdf.

Collana, Timone. 2007. *Elementi di Diritto Parlamentare.* Napoli:

Simone.

Craveri, P. 1977. *Sindacato e Istituzioni nel Dopoguerra.* Bologna: il Mulino,

Dahl, Robert. 1998. *On Democracy.* New Haven: Yale University Press.

Deutsch, K. W. et al., 1957. *Political Comunity and North Atlantic Area.* Princeton, NJ: Princeton University Press,

Dragonetti, Silvana, 2002. "Come cambia il settore pubblico: dalla legge n. 93 del 1983 fino alla riforma del 1998(1883년 93호 법률로부터 1998년 개혁에 이르기까지 공공부문이 어떻게 바뀌었는가?)." *Quaderni di rassegna sindacale* 2002년 가을호, Roma.

Duverger, Maurice. 1954. *Political Parties.* New York: Wiley.

Edwards, R. Garonna, P e Pisani, E.(a cura di). 1988. *Il sindacalismo oltre la crisi*(노조주의 위기를 넘어). Milano.

EIRR 214, Nov., 1991.

Etore Greco. a cura di A. Colombo e N. Ronzitti. 2005. "La riforma della composizione del Consiglio di Sicurezza dell'ONU: sviluppi del dibattito e posizione dell'Italia." in *L'Italia e la politica internazionale* Bologna: il Mulino.

European Commission for Democracy through Law. 2005. *Report on the Abolition of Restrictions on the Right to Vote in General Elections,* CDL—AD(2005)011&012, 4 April 2005.

Foa, V. 1998. "Ma le cose possono cambiare. Qualche considerazione conclusiva(그런데 무엇이 바뀔 수 있을까? 몇몇 결론들)." in A. Lettieri(a cura di). *Ripensare il sindacato*(노조 다시 생각하기). Milano.

Forza Italai. 1997. "Statuto di Forza Italia." *Assemblea nazionale* 18 gennaio 1997. Milano.

Forza Italia. 2001 "Una vera storia italiana." *Forza Italia*(2001년 선거용 선전책자) Forza Italia.

Galasso, G. 1962. *Cattaneo.* Bologna: il Mulino.

Ginsborg, P. 1998. *L'Italia del tempo presente.* Torino: Einaudi.

Ginsborg, P. 1998. *L'Italia del tempo presente.* Torino: Einaudi.

Ginsborg, P. 1994. *Stato dell'Italia.* Milano: Mondadori.

Ginsborg, P. 1998. *L'Italia del tempo presente—Famiglia, società civile, Stato 1980~1996* Torino: Einaudi.

Gorresio, Vittorio. 1951. *I bracci secolari*(세기의 노동자들). Guanda: Parma.

Grace, Jeremy. 2007. "Challenging the Norms and Standards of Election Administration: External and Absentee Voting," in International Foundation for Election Systems (IFES) (eds.), *Challenging the Norms and Standards of Election Administration.* Washington DC: International Foundation for Election Systems.

Gratschew, Maria. 2004. "Compulsory Voting in Western Europe." *Voter Turnout in Western Europe Since 1945: A Regional Report International IDEA.*

Graziano, L. 1973. *Clientela epolitica nel Mezzogiorno in Il sistema politico italiano, a cura di P. Farneti..* Bologna: Il Mulino.

Graziano. L. 1975 *Clientelismo e mutamento politico.* Torino: Rosenberg & Sellier.

Gribaudi. G. 1993. "Familismo e famiglia a Napoli e nei Mezzogiorno" *Meridiana* n. 17.

Guarnieri C. 1993. *Magistratura e politica in Italia.* Il Mulino: Bologna.

Hine, D. 1996. "Federalism, Regionalism and Unitary Sate. in edited by

Carl Levy." *Italian Regionalism.* Oxford: BERG,

Ignazi, P. 1997, *I partiti italiani.* Bologna: il Mulino.

International Institute for Democracy and Electoral Assistance / Institutio Federal Electoral. 2007. *Voting from Abroad: The International IDEA Handbook* Stockholm and Mexico City.

ISTAT. 1971. *Censimento*(1971년 국세조사). Roma: Istat.

ISTAT. 1994. *Rapporto annuo '94*(94년연감). Roma: ISTAT.

Kovács, Mária M. 2006. "The Politics of Dual Citizenship in Hungary." *Citizenship Studies* Vol. 10, No. 4.

Lijphart, Arend. 1984. *Democracies: Patterns of Majoritarian and Consensus Government in Twenty—One Countries.* New Haven: Yale University Press.

Longo, A. e Monti, G. 1998. *Dizionario del '68*(68운동 사전). Roma: Riuniti.

Lupo, S. 1993. *Storia della mafia dalle origini ai giorni nostri* Roma: Donzelli.

Maas, Willem. 1999. "Extending Politics: Enfranchising Non—Resident European Citizens," Paper presented at the 40th Annual Convention of the International Studies Association. Washington DC, Feb. 16~20, 1999.

Maccani, P. 2006. *The role of a regional development agency in the improvement of regional territorial policies.* Bologna: ERVET.

Mangano, A. 1989. *Le culture del sessantotto. Gli anni sessanta, le riviste, il movimento*(68년의 문화. 60년대, 잡지들, 운동). Centro di Documentazione di Pistoia—Fondazione Micheletti—, Comune di Pistoia.

Merlini, S. 1995. *I presidenti della Repubblica, nella Politica italiana: Dizionario critico 1945~95.* a cura di G. Pasquino. Laterza: Roma—Bari.

Musso, Stefano. 2000. *Il sindacalismo italiano*(이탈리아 노조운동). Milano: Fenice,

NavarettiG. B. 1992. *Trade policy and foreign investment in textile and clothing: an analytical framework.* Torino: Centro studi Luca d'Angliano.

Pasquino, G. 1995. "La partitocrazia." in *La politica italiana: Dizionario critico 1945—1995* Roma—Bari: Laterza.

Pizzorno, Alessadro. 1973. "I sindacati nel sistema politico italiano(이탈리아 정치체계에서의 노조들)." nel Paolo Farneti 편집, *Sistema politico italiano*(이탈리아 정치체겨). Bologna: Il Mulino.

Riker, W. H. 1964. *Federalism: Origin, Operation, Significance.* Boston: Little, Brown & Company.

Romano, S. 2004. *Guida alla politica estera italiana* Milano: Rizzoli.

Rubio—Marin, Ruth. 2006. "Transnational Politics and the Democratic Nation—State: Normative Challenges of Expatriate Voting and Nationality Retention of Emigrants." *New York University Law Review* Vol. 81.

Salvatorelli, Luigi. 1969. *Sommario della storia d'Italia.* Torino: Einaudi.

Salvadori, Massimo. 1968. *Il mito del buongoverno*(좋은 정부의 신화). Torino: Einaudi.

Sewell, William H., Jr. 2005. *Logics Of History : Social Theory And Social Transformation.* Chicago: University of Chicago Press.

Spiro, Peter J. 2006. "Perfecting Political Diaspora." *New York University*

Law Review Vol. 81.

Tacchi, F. 2000. *Storia illustrata del Fascismo.* Firenze: Giunti.

Tilly, Charles. 1984. *Big Structures, Large Processes, Huge Comparisons.* N.Y.: Russell Sage.

Tranfaglia, N. 2003. *La transizione italiana.* Torino: Garzanti.

Travaglio, M. 2001. *L'odore dei soldi.* Milano: Edizioni Veltri.

Turone. 1975. *Storia del Sindacato in Italia.* Roma—Bari: Laterza.

Vargas, Jorge A. 1998. "Dual Nationality for Mexicans." *San Diego Law Review* Vol. 35, No. 2.

Veltri, E., Travaglio, M. 2001. *L'odore dei soldi.* Roma: Editori Riuniti.

Verdery, Katherine. 1998. "Transnationalism, Nationalism, Citizenship, and Property: Eastern Europe Since 1989." *American Etymologist* Vol. 25, No. 2.

Viale, G. 1978. *Il sessantotto tra rivoluzione e restaurazione*(혁명과 복구 사이의 '68운동). Milano.

Violante, L. 1994. *Non è la piovra.* Torino: Einaudi.

Watts, R. I. 1996. *Comparing Federal Systems in the 1990s.* Kingston, Ont: Queen's University, Institute of Intergovernmental Relations.

Wheare, K. G. 1963. *Federal Government.* Oxford: Oxford University Press.

서명

인명 및 용어

가

마

마니폴리테Mani pulite 4, 249, 252, 254~265, 276, 287, 332, 341, 342, 345, 346,
350, 351, 356, 454, 458, 461, 462

마르게리타Margherita 336, 343~345

마르크스(주의) 50, 57, 79, 86, 109, 111, 113, 135, 139, 146, 159, 191, 213

마리네티Marinetti 143, 143, 144

마리오 키에자Mario Chiesa 249, 252~256

마치Enzo Mazzi 215

마치니Mazzini 33, 36~40, 43~55, 61, 81, 82, 151, 190, 280, 281

마키아벨리 44, 145

마피아 4, 64, 82, 102, 217, 231, 232, 250~252, 256, 332, 351, 453, 455, 459~462,
468, 469, 482

매틀랜드 윌슨Maitland Wilson 174

모스카Mosca 74, 75

무라토리Muratori 282

무솔리니Mussolini 106, 127, 131~134, 136~138, 141, 143, 144, 148, 150~156, 161,
163, 172, 173, 196~198, 235

미디어 포퓰리즘Populismo mediatico 354, 355, 360, 403

미디어세트Mediaset 290, 379

미래파 134

민영화 336, 409

민족연맹AN 344, 345

바

베르톨루치Bertolucci 214

베르티노티 337, 348, 387

베를루스코니Silvio Berlusconi 4, 20, 220, 259~261, 276, 279, 280, 287, 290~293, 295, 310~335, 339~361, 364~368, 372~387, 392~394, 401~403, 406, 467, 468, 473, 479, 480

베를링게르Enrico Berlinguer 232, 248, 349

베카리아Beccaria 282

변형주의trasformismo 82, 101, 103, 107, 108, 110, 111, 122, 126, 339, 340, 345, 348, 360, 453,464, 465

봅비오Luigi Bobbio 171, 213

봉쇄조항sbaramento 268, 325, 326, 362, 363, 365

부오치Buozzi 166

북부동맹Lega Nord 255, 260, 288, 289, 292, 293, 295, 310, 311, 341, 344, 345, 355, 358, 363, 387~389, 391, 394, 396, 397, 401, 403

북부이탈리아해방위원회CLNAI 165, 169

브로돌리니Giacomo Brodolini 220, 221

빌라리Villari 63, 84, 67, 72, 75, 77, 86, 88, 101, 121

빨치산(파르티쟈니partigiani) 164

사

사르데냐 행동당Partito sardo d'azione 110, 391

사보이Savoy 18, 37, 54, 58, 301, 423

살로Salò공화국 144, 156, 164, 165, 171~174

살바토렐리Salvatorelli 42, 43, 61

살베미니Salvemini 57, 77, 80, 93~98, 103, 109, 121, 123

상호부조회società di mutuo soccorso 188, 189

생디칼리스트(생디칼리즘) 141, 142, 154, 155, 158, 190

세르지오 볼로냐Sergio Bologna 227

저자_ 김 종 법

한국외국어대학교 이탈리아어과를 졸업하고 동대학원에서 '그람시 문화론'으로 석사학위를 받았다. 이후 그람시에 대한 보다 깊이 있는 공부를 위해 1996년 이탈리아로 유학을 떠나 그람시가 대학을 다니고 노동운동을 펼쳤던 토리노 대학 정치학부에 입학하여 라우레아Laurea 과정에서 4년간 수학하였다. 수학 중 정치학부 학장의 권유로 국가연구박사Dottorato di Ricerca의 정치사상사 및 정치기구 과정에 동양인으로는 처음으로 합격하여 3년간 공부를 마치고, "한국의 연구를 통해 본 그람시 헤게모니론에 대한 일고찰"이라는 논문으로 2003년 박사학위를 받았다. 2003년 귀국하여 계명대와 한국외대에서 강의와 겸임교수로 학문의 길을 시작한 이래 한양대, 중앙대, 서강대, 연세대, 이화여대 등에서 강의와 연구를 병행하였다. 현재는 서울대학교 국제대학원 EU연구센터에서 HK연구교수로 재직 중이다.

주요 저서로는 『남부문제에 대한 몇 가지 주제들』(책세상, 2003), 『안또니오 그람시』(이매진, 2004), 『이탈리아 노동운동의 이해』(한국노동사회연구소, 2004), 『지역을 통해 본 이탈리아 문화: 유럽문화의 기원과 현대 이탈리아를 위한 이해』(학민사, 2012) 등이 있다. 그리고 주요 논문으로는 "하부정치문화요소를 통해 본 베를루스코니 정부의 성격", 『한국정치학회보』 제38집 5호(2005), "이탈리아 남부문제에 대한 정치사상적 기원: 치꼬띠에서 그람쉬까지", 『세계지역 연구논총』 제24집 2호(2006), "변화와 분열의 기로에 선 이탈리아: 2006 이탈리아 총선", 『국제정치논총』 제46집 4호(2006), "이탈리아 권력구조 전환 가능성과 시도: 연방주의와 대통령제로의 전환모색", 『세계지역연구논총』 제25집 3호(2007), "2008년 이탈리아와 한국의 총선비교—정치문화와 투표행태 분석을 중심으로", 『지중해지역연구』 제11권 1호(2009), "이탈리아 부패의 정치문화 및 구조적 요인 분석", 『동북아연구』 제15권(2010), "그람시 역사적 블록 개념을 통해 본 한국지배계급 연구", 『동서연구』 제22권 2호(2010) 등이 있다.